I0754871

# DES KAISERS KLOSTER

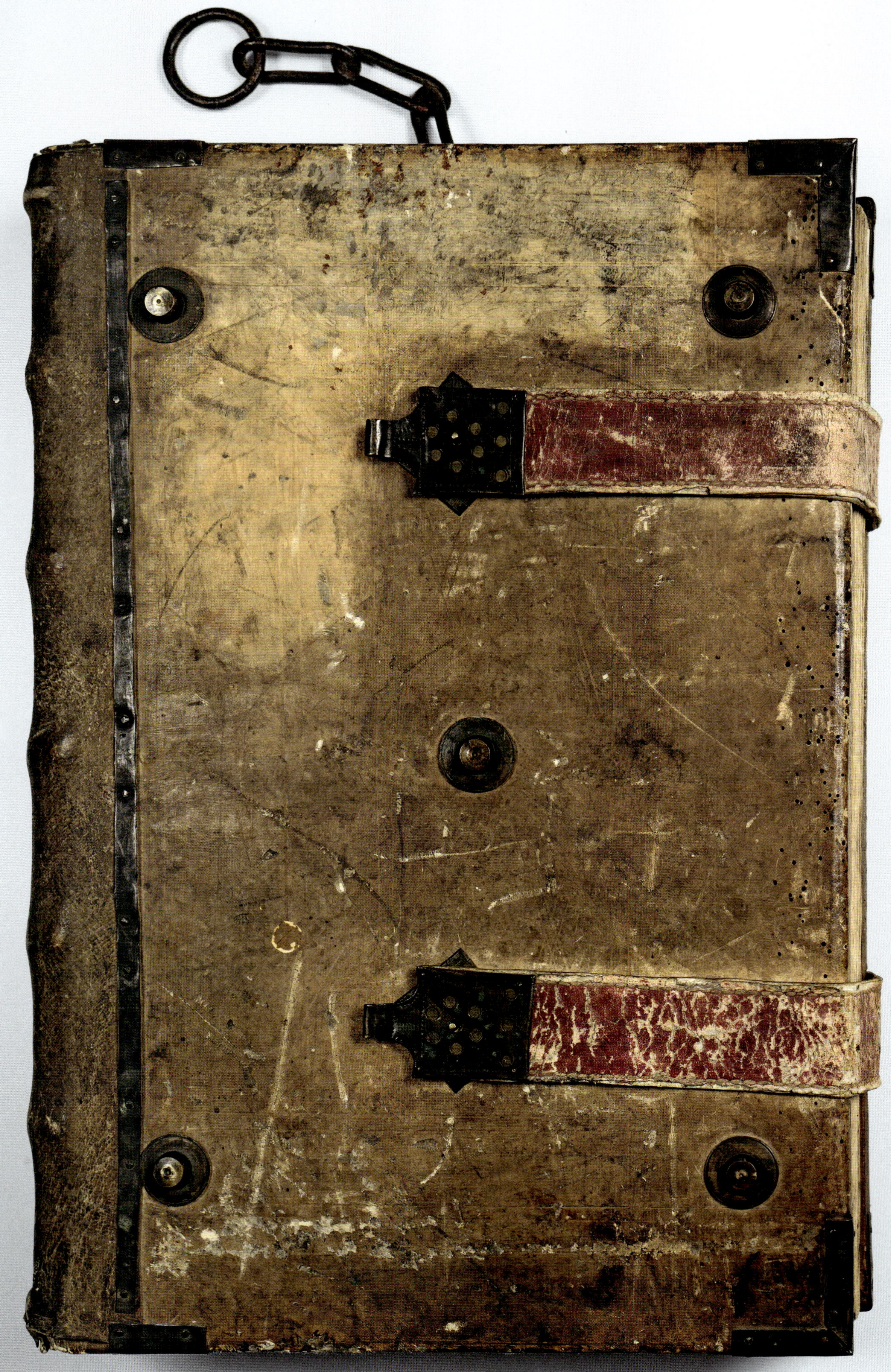

# DES KAISERS KLOSTER

Die Chemnitzer Abtei im Kontext kaiserlicher Politik und benediktinischer Wirkungsgeschichte

HERAUSGEGEBEN FÜR DIE
KUNSTSAMMLUNGEN CHEMNITZ | SCHLOSSBERGMUSEUM
VON UWE FIEDLER UND STEFAN THIELE

SANDSTEIN VERLAG

# Inhalt

# Dank

Der Katalog wurde großzügig gefördert von

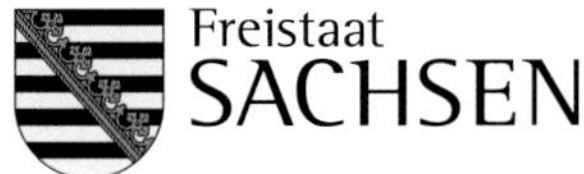


Diese Maßnahme
wird mitfinanziert durch Steuermittel
auf der Grundlage des von den
Abgeordneten des Sächsischen Landtages
beschlossenen Haushaltes

**Sächsische Landesstelle für Museumswesen**
an den Staatlichen Kunstsammlungen Dresden

# Vorwort

Jubiläen sind auch Momente der Selbstvergewisserung. Wann welche Jahrestage gefeiert, welcher historischen Persönlichkeiten oder Momente gedacht wird, auch in welcher Form dies getan wird, sagt viel über eine Gesellschaft oder einen Staat aus – vor allem über seine Projektion in die Zukunft. Gedenkorte dienen der Identitäts- und Erinnerungspolitik, den Regimen und Praxen, die unser Leben mitbestimmen, als Brücke von der Vergangenheit über die Gegenwart in die Zukunft, denn der Blick zurück soll zumeist auch der Vergewisserung dienen, auf dem richtigen Weg in die Zukunft zu gehen.

Dieses Jahr werden zwei Jubiläen gefeiert, die für die Stadt Chemnitz und ihre Bewohnerinnen und Bewohner wichtig sind, wohl aber auch unterschiedlich bewertet werden: die Verleihung des Marktrechts 1143, vor 875 Jahren, an die Benediktiner durch König Konrad III. an den Ort Chemnitz, infolge der Gründung des Klosters St. Marien 1136, die als Ausgangspunkt für die Besiedlung des Umlandes und damit für die Entstehung der späteren Stadt Chemnitz gilt, und der 200. Geburtstag von Karl Marx, der persönlich keine Beziehung zu der Stadt hatte, aber ihr von 1953 bis 1990 seinen Namen lieh. Damit sind zwei ideologisch völlig konträre »Leitbilder« angedeutet, die beide in der Vergangenheit dieser Stadt von Bedeutung waren, aber heute sehr unterschiedlich wahrgenommen werden. Für beide Weltanschauungen und Systeme, die des christlichen Glaubens und die des atheistisch geprägten Sozialismus, existieren mit dem – an der Peripherie des Stadtzentrums gelegenen – Ensemble von Schloßkirche und Schloßbergmuseum auf der einen Seite und dem – mitten im Stadtzentrum stehenden – Monument des Karl-Marx-Kopfes auf der anderen Seite heute in der Stadt wichtige symbolische Erinnerungsorte.

Während die meisten Chemnitzer die DDR-Zeit noch persönlich kennengelernt haben, sind wir bei der weiter zurückliegenden Vergangenheit auf Historiker und historische Museen angewiesen. Mit scheinbar sicherer Distanz schaffen sie ein Bild der vergangenen Zeit aus heutiger Perspektive, um an die Momente und Ideen zu erinnern, die uns noch heute als wichtig und wesentlich gelten könnten. Diesem Umstand verdankt das Schloßbergmuseum seine Gründung, und es ist bis heute ein wichtiger Auftrag an das Museum, die Geschichte des Ortes, des Klosters und der Stadt nicht nur zu bewahren, sondern immer wieder neu zu hinterfragen und neu zu vermitteln.

Ausstellung und Katalog »Des Kaisers Kloster. Die Chemnitzer Abtei im Kontext kaiserlicher Politik und benediktinischer Wirkungsgeschichte« widmen sich den Ursprüngen, Zeugnissen und Folgen der Klostergründung durch den Benediktinerorden und rücken auch die Säkularisation und das Nachleben des Klosters ins Zentrum der Aufmerksamkeit. Denn natürlich spielte im Reformationsland Sachsen das Reformationsjubiläum 2017 eine wichtige Rolle, auch in Chemnitz. Die Einführung des Protestantismus in Sachsen unter Heinrich dem Frommen (1539) und die darauf folgende Auflösung des Klosters (bis 1546) änderten nicht nur die Funktion und das Erscheinungsbild des Klosters, das zum Jagdschloss des Herzogs Moritz von Sachsen umgebaut wurde, sondern prägten fortan auch seine Wahrnehmung als Erinnerungsort, bis heute. So fragt Uwe Fiedler hier im Katalog zu Recht danach, »warum die Erinnerung an das Kloster so gründlich aus dem öffentlichen Bewusstsein gelöscht wurde und wir heute vom Schloß- und nicht vom Klosterberg sprechen«. Mit dem Protestantismus schreibt sich also eine weitere Form der Identitätspolitik in die Stadt Chemnitz ein.

Im Zuge der Jubiläumsfeierlichkeiten der Stadt Chemnitz eine Ausstellung zu den christlichen Wurzeln der Stadtgründung zu zeigen, erscheint als ein wichtiger Beitrag zu einer umfassenden und angemessenen Erinnerungskultur, jenseits von Industriekultur und Stadt der Moderne. Die genauen Umstände der Gründung des Marienklosters liegen im Dunkeln, mögliche Fälschungen zeugen von dem Wunsch nach größerer Unabhängigkeit durch Reichsunmittelbarkeit, der sich nie erfüllte. Geistig und kulturell war das Kloster jedoch immer eingebunden in das Netzwerk des Benediktinerordens in Europa und damit Teil der großen europäischen Kulturgeschichte. In diesem Kontext entstanden wichtige religiöse und herausragende künstlerische Werke in Chemnitz. Kurz verwiesen sei hier etwa auf das »Heilige Grab« (etwa 1480–1525) aus der Marktkirche St. Jakobi, das sich als ein Höhepunkt der Sammlung im Schloßbergmuseum befindet. Das Jakobspatrozinium für eine Kirche an einer wichtigen Handelsstraße deutet bereits auf die europaweiten Vernetzungen im Bereich des Handels – und dann auch der Pilgerschaft auf dem später so genannten Jakobsweg. Erwähnt werden muss aber auch die »Geißelsäule« vom Meister H. W. (um 1515) aus dem Benediktinerkloster, heute in der Schloßkirche, die als einzigartiges Beispiel einer solchen Darstellung im mitteldeutschen Raum gilt.

Die in der Gründung des Benediktinerklosters angelegte enge Verbindung nach Europa aufzuzeigen, ist also ein wichtiges Anliegen von Katalog und Ausstellung, gerade in dem Augenblick, in dem die Stadt mit Stolz auf ihre eigene Geschichte schaut und sich ihrer eigenen Wurzeln vergewissert. Nach der zunehmenden Entkirchlichung der Gesellschaft nach dem Zweiten Weltkrieg, vor allem in Ostdeutschland, steht bei der Erinnerung an den Benediktinerorden heute vielleicht weniger das religiöse Moment im Vordergrund als vielmehr der europäische Kulturgedanke, der das alte und das neue Europa, die Vergangenheit und die Zukunft auch über diese Gemeinsamkeit der Ordensfiliationen verbindet. In dieser Tradition kann ebenso die Präsentation der spätgotischen Skulpturen aus Sachsen gesehen werden, die als Kooperation der Staatlichen Kunstsammlungen Dresden mit den Kunstsammlungen Chemnitz heute einen sehr wichtigen Schwerpunkt des Schloßbergmuseums bildet.

Chemnitz auch als Teil einer europäischen, benediktinischen Kultur in Erinnerung zu rufen, ist das Verdienst des Teams vom Schloßbergmuseum um dessen wissenschaftlichen Leiter Uwe Fiedler. Für seinen beständigen Einsatz danke ich dem Team sehr, das sich mit viel Leidenschaft und hohem Anspruch diesem wichtigen Ausstellungsthema gewidmet hat. Ich danke ferner den Autoren des Katalogs, allen Unterstützern der Ausstellung, vor allem der Sächsischen Landesstelle für Museumswesen und nicht zuletzt den vielen Leihgebern, ohne deren Hilfe die Ausstellung in dieser Form nicht denkbar wäre.

**DR. FRÉDÉRIC BUSSMANN**
Generaldirektor
Kunstsammlungen Chemnitz

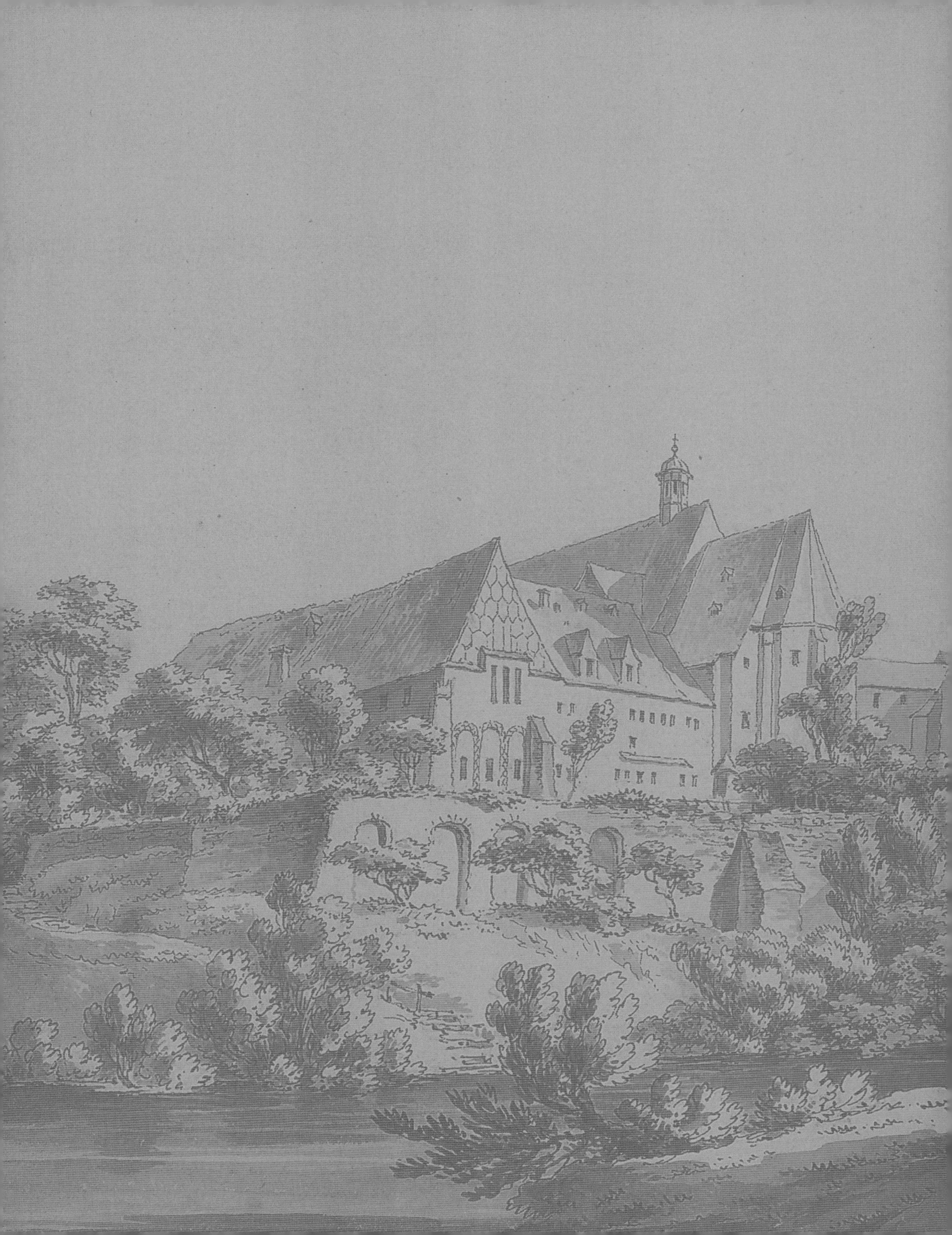

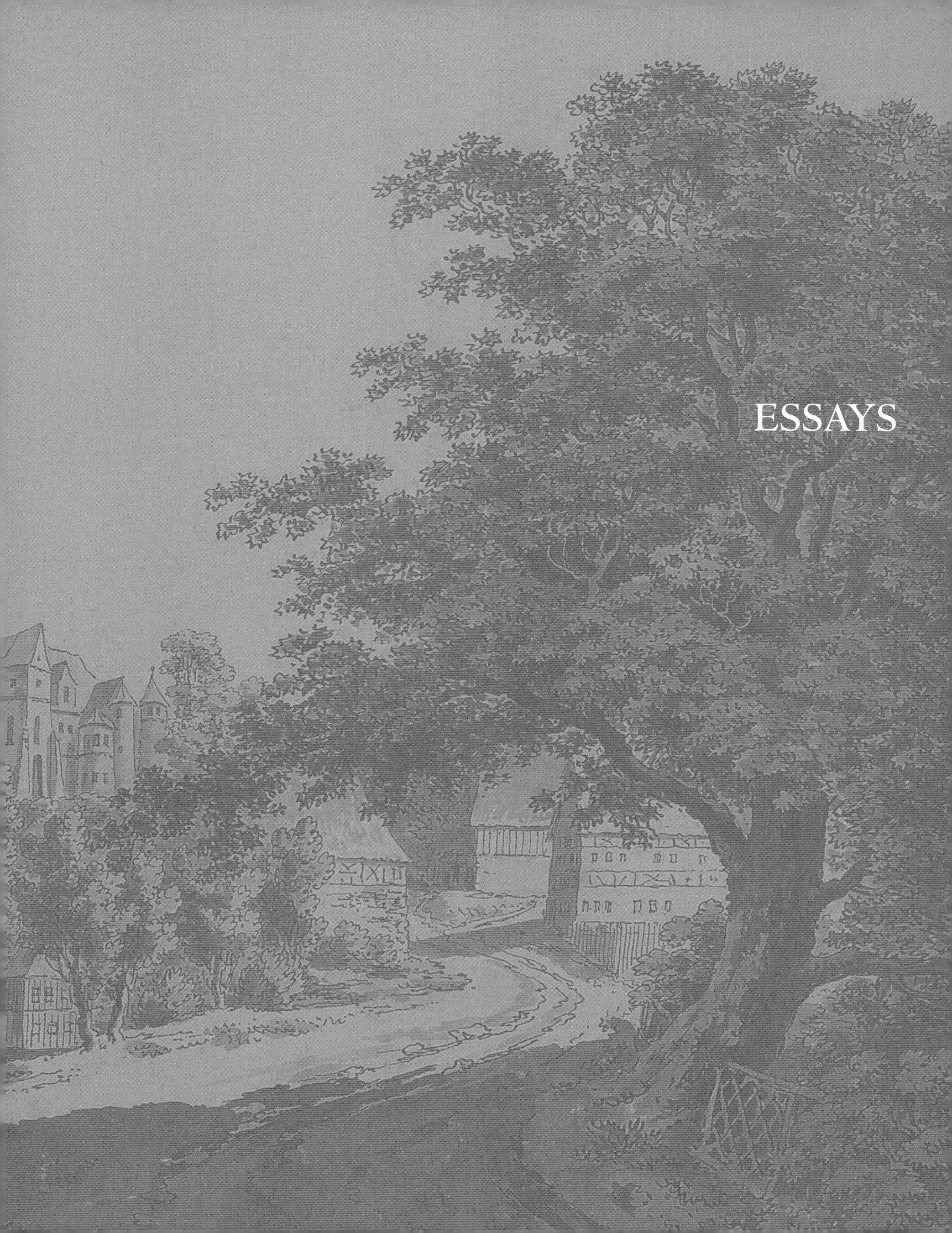

# ESSAYS

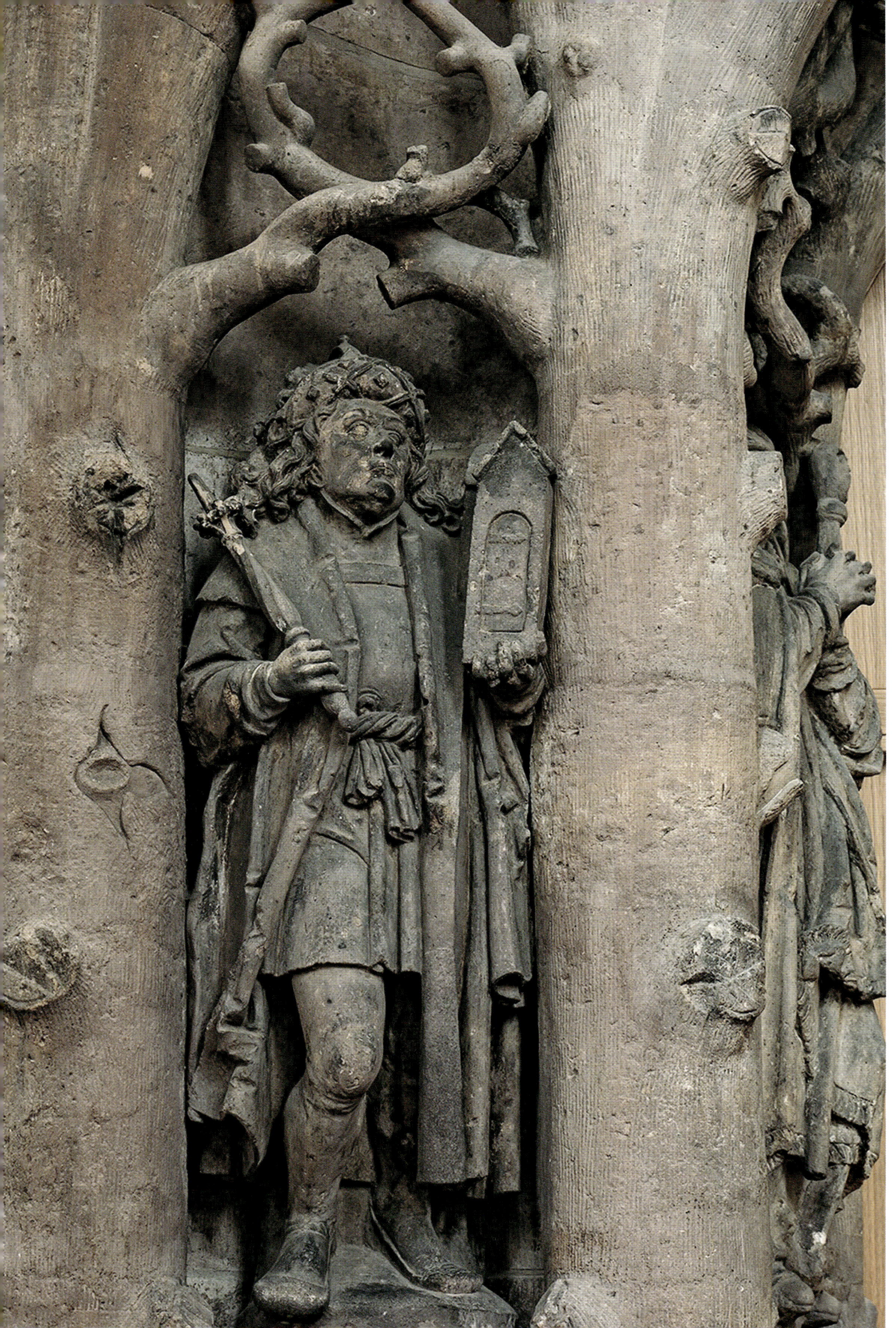

ENNO BÜNZ

# Das Benediktinerkloster in Chemnitz

## Seine Stellung in der sächsischen Klosterlandschaft des Mittelalters

Als 2017 das 500-jährige Jubiläum der Reformation Martin Luthers gefeiert wurde, sollten nicht nur deren langfristige positive Wirkungen reflektiert werden, sondern auch die Brüche, die mit diesem welthistorischen Vorgang einhergingen. Eine Tagung, die 2014 in Eisenach stattfand, thematisierte ausdrücklich »negative Implikationen der Reformation«,[1] allerdings mit einem großen Fragezeichen. Man kann durchaus unterschiedlicher Meinung darüber sein, ob die Aufhebung der Klöster und Stifte im Zuge der Reformation negativ oder positiv zu bewerten ist. Martin Luther unternahm bereits in seiner »Adelsschrift« von 1520 einen ersten Anlauf, das Klosterleben infrage zu stellen, und mit seinen beiden im Folgejahr veröffentlichten Schriften über die Mönchsgelübde versetzte er dieser religiösen Lebensform einen tödlichen Stoß.[2] Seit 1521 begannen die Klöster im ernestinischen Kurfürstentum Sachsen sich zu leeren. Im Herzogtum Sachsen, zu dem auch Chemnitz gehörte, ließ die Reformation hingegen noch bis zum Tod des altgläubigen Herzogs Georg 1539 auf sich warten. Erst dann wurden hier die Klöster und Stifte ebenfalls aufgehoben, auch in Chemnitz.[3]

In der frühen Reformationszeit sprach man vom »Auslaufen« der Mönche (und Nonnen), denn etliche Klöster leerten sich unter dem Eindruck der Äußerungen Luthers zu den Mönchsgelübden fast wie von selbst, namentlich die Konvente der Augustinereremiten, also des Ordens Luthers.[4] Aber ebenso gab es Religiosen, die den Verlockungen der Reformation widerstanden und gar nicht daran dachten, das Klosterleben aufzugeben.[5] Luthers Botschaft fiel keineswegs bei allen Mönchen und Nonnen auf fruchtbaren Boden, und längerfristig bleibt festzuhalten, dass sein Verdikt über die monastischen Gelübde auch theologisch nicht das letzte Wort blieb, denn nach der Reformation ließen sich Männer (und Frauen) weiterhin für die monastische Lebensform gewinnen, letztlich bis heute, trotz aller Krisen der Orden und des religiösen Gemeinschaftslebens. Man mag es in diesem Zusammenhang geradezu als eine Ironie der Geschichte betrachten, dass ausgerechnet in Sachsen mit den Zisterziensrinnenklöstern Marienstern und Marienthal zwei monastische Gemeinschaften bestehen, die auf eine kontinuierliche Existenz seit dem 13. Jahrhundert zurückblicken können. Das ist eine institutionelle Kontinuität, die selbst im (vermeintlich) katholischen Bayern heute alles andere als selbstverständlich ist. Ausgerechnet Sachsen, das »Mutterland der Reformation«, ist bis heute auch ein Hort katholischen Klosterlebens.[6]

Mit diesem Vorwissen sind wir davor gewarnt, historische Entwicklungen von vornherein als zwangsläufig und folgerichtig anzusehen. In Chemnitz endete das Klosterleben bald nach der Einführung der Reformation im albertinischen Herzogtum Sachsen. Der Franziskanerkonvent in Chemnitz wurde bereits 1540 von den Mendikanten verlassen,[7] und das Ende des Benediktinerklosters, das im Mittelpunkt dieses Beitrags steht, wurde 1541 eingeläutet. Im territorialgeschichtlichen Kontext des Herzogtums Sachsen war dieser Vorgang folgerichtig, aber dass die Reformation damals kommen musste, war nicht zwangsläufig.[8]

Im Chemnitzer Benediktinerkloster endete das monastische Leben nach ziemlich genau vier Jahrhunderten, und damit ist auch der Zeitraum benannt, in dem sich geistliches Gemeinschaftsleben im Gebiet des heutigen Sachsen entfaltet hat.[9] Ziel meines Beitrags ist es, die Bedeutung des Benediktinerklosters Chemnitz im Kontext der monastischen Bewegungen des 12. bis

Abb. 1 Franz Maidburg: Kaiser Lothar III. als Stifter, Darstellung am Astwerkportal der Klosterkirche, um 1525

16. Jahrhunderts zu betrachten.[10] Das wird in drei Schritten geschehen, indem ich die Gründung des Klosters Chemnitz in der ersten Hälfte des 12. Jahrhunderts behandle, auf die Stellung des Klosters im späten Mittelalter eingehe und abschließend den Stand zur Reformationszeit betrachte. Schon damit soll angedeutet sein, dass nicht beabsichtigt ist, die Geschichte des Klosters kleinteilig verfassungs-, besitz- und personengeschichtlich nachzuzeichnen,[11] sondern in drei Momentaufnahmen der Benediktinerkonvent im Kontext der Landes-, Kirchen- und Ordensgeschichte verortet werden soll. Eine umfassende Geschichte des Klosters Chemnitz bleibt wünschenswert.

Chemnitz ist als Benediktinerkloster in der ersten Hälfte des 12. Jahrhunderts entstanden.[12] Als Gründer des Klosters ist Kaiser Lothar III. von Süpplingenburg (1075–1137) anzusprechen,[13] doch ist die Überlieferung dieses Sachverhalts etwas kompliziert. Im Februar 1143 bestätigte der erste Stauferkönig Konrad III. (um 1093–1152) bei einem Aufenthalt in Zeitz »auf Bitten des Markgrafen Konrad [von Wettin] die Gründung des Benediktinerklosters Chemnitz und dessen Ausstattung mit dem gleichnamigen Ort, dem Gebiet innerhalb von zwei Meilen im Umkreis und dem dortigen Bergregal sowie dessen Übergabe an den Papst durch Kaiser Lothar [III.]«.[14] König Konrad III. verlieh dem Kloster Chemnitz darüber hinaus das Recht, einen Markt zu gründen (*forum publicum*), und übertrug dem Kloster die dem König schuldigen Einnahmen sowie die Vogtei (*advocatiam*), die seine Vorgänger dem Markgrafen Konrad verliehen hatten.

Die Forschung ist sich heute darin einig, dass diese Originalurkunde Konrads III. nachträglich – und zwar im 14. Jahrhundert – verfälscht wurde, indem der Passus über das Vogteirecht in der Hand des Klosters interpoliert wurde. Darüber hinaus besteht aber kein Anlass, die Urkunde des Staufers insgesamt als Fälschung anzusehen und damit als historisches Zeitdokument in Zweifel zu ziehen. Insbesondere die Aussage der Urkunde, Kaiser Lothar III. habe das Kloster in Chemnitz gegründet und ausgestattet, ist glaubwürdig. Dass Kaiser Lothar eine entsprechende Urkunde für Chemnitz ausgestellt hat, muss vorausgesetzt werden. Der Historiker Wolfgang Petke, der beste Kenner Kaiser Lothars III., setzte in seiner Bearbeitung der Regesten des Kaisers die Gründung des Klosters Chemnitz in das Jahr 1136 (allerdings mit Fragezeichen) und formulierte dazu: »Lothar stiftet das Benediktinerkloster St. Marien in Chemnitz, stattet es mit Land im Umkreis von zwei Meilen aus, überläßt ihm etwaige, der königlichen Kammer gehörende Silbererz- und Salzfunde auf Klostergrund, überträgt es dem römischen Stuhl und bestellt den Markgrafen Konrad [von Wettin] zum Vogt«.[15]

Der Inhalt dieses Regests beruht natürlich vollständig auf den Angaben der Urkunde Konrads III., denn nur durch sie werden wir über das verlorene Diplom Lothars in Kenntnis gesetzt. Dass Kaiser Lothar in Chemnitz als Gründer des Klosters angesehen wurde, zeigt allerdings auch das Nekrolog der Benediktinerabtei, das Mitte des 13. Jahrhunderts angelegt wurde, denn dort heißt es: »II. non. [dec.] obiit pie memorie Lottarius imperator, fundator Kemnizcensis ecclesie« (die letzten drei Worte wurden nachgetragen). Ein zweiter Nekrologeintrag bezieht sich auf die Gattin des Kaisers, Richenza († 1141), die als Mitgründerin erscheint: »IIII. id. [iun.] obiit Richza imperatrix fundatrix Kemniczensis ecclesie«.[16] Das Privileg des Stauferkönigs Friedrich II. (1194–1250) für Chemnitz von 1216 nennt ebenfalls Lothar als Gründer.[17] Dass Kaiser Lothar III. und seine Gattin Richenza die Klosterstifter waren, »kann also nicht ernsthaft bestritten werden«.[18]

Lothar III. gehört zu den weniger bekannten Herrschergestalten des Mittelalters. Er stammte aus einem Grafengeschlecht, das im heutigen Niedersachsen ansässig war. In der Geschichtsschreibung wurde Lothar verschiedentlich nach Süpplingenburg westlich von Helmstedt genannt. Dort steht noch die romanische Kirche des von ihm gestifteten Kollegiatstifts.[19] Aus dem Besitz seiner Großmutter Gertrud von Haldensleben erbte Lothar Königslutter, ebenfalls bei Helmstedt gelegen, wo ein Kanonissenstift bestand, das Lothar später in ein Benediktinerkloster umwandelte.[20] Der Salierkönig Heinrich V. (um 1081/86–1125) erhob Lothar 1106 zum Herzog von Sachsen. Allerdings wurde Lothar bald Führer der sächsischen Fürstenopposition gegen den Salier, den er 1115 in der Schlacht am Welfesholz besiegte. Seitdem hatte Lothar in Sachsen weitgehend freie Hand und konnte gegen den Willen des Königs Albrecht den Bären als Markgrafen der Lausitz und Konrad von Wettin als Markgrafen von Meißen einsetzen. Das waren folgenreiche Weichenstellungen, denn »mit der Erhebung Albrechts des Bären zum Markgrafen der Nordmark 1134 und Konrads von Wettin zum Markgrafen auch der Lausitz 1136 schuf Lothar die Voraussetzungen zur Ausbildung der Landesherrschaften der Askanier und Wettiner, die für die Ostsiedlung wichtig wurden«.[21]

Vor diesem Hintergrund wird überhaupt erst verständlich, warum Lothar als Klostergründer in der Mark Meißen tätig werden konnte, und zwar in einem Gebiet, das kolonisatorisch vor der Mitte des 12. Jahrhunderts noch weitgehend unerschlossen war. Erst um 1150/60 setzte die Phase der Hochkolonisation in der Mark Meißen ein.[22] Da der Chemnitzer Fundator in den Klosterquellen als »imperator« erscheint, muss die Gründung nach der Kaiserkrönung vom 4. Juni 1133 erfolgt sein. Als Gründungsdatum hat bereits Walter Schlesinger den Merseburger Hoftag im Mai 1136 wahrscheinlich gemacht. Auf diesem Hoftag hat Lothar III. am 15. Mai auch das Gründungsdiplom für das Benediktinerkloster Bürgel im Bistum Naumburg ausgestellt.[23] Das Kloster im thüringischen Thalbürgel war eine Gründung des Markgrafen Heinrich von der Lausitz (1070–1103) und seiner Gemahlin Bertha († 1144), einer Tochter des früheren Markgrafen Wiprecht von Groitzsch (1050–1124).[24]

Das Benediktinerkloster Pegau, 1091 von Wiprecht von Groitzsch gegründet, wurde seit der Einführung der Hirsauer Reform 1106 zum Zentrum dieser Reformbewegung in Mittel-

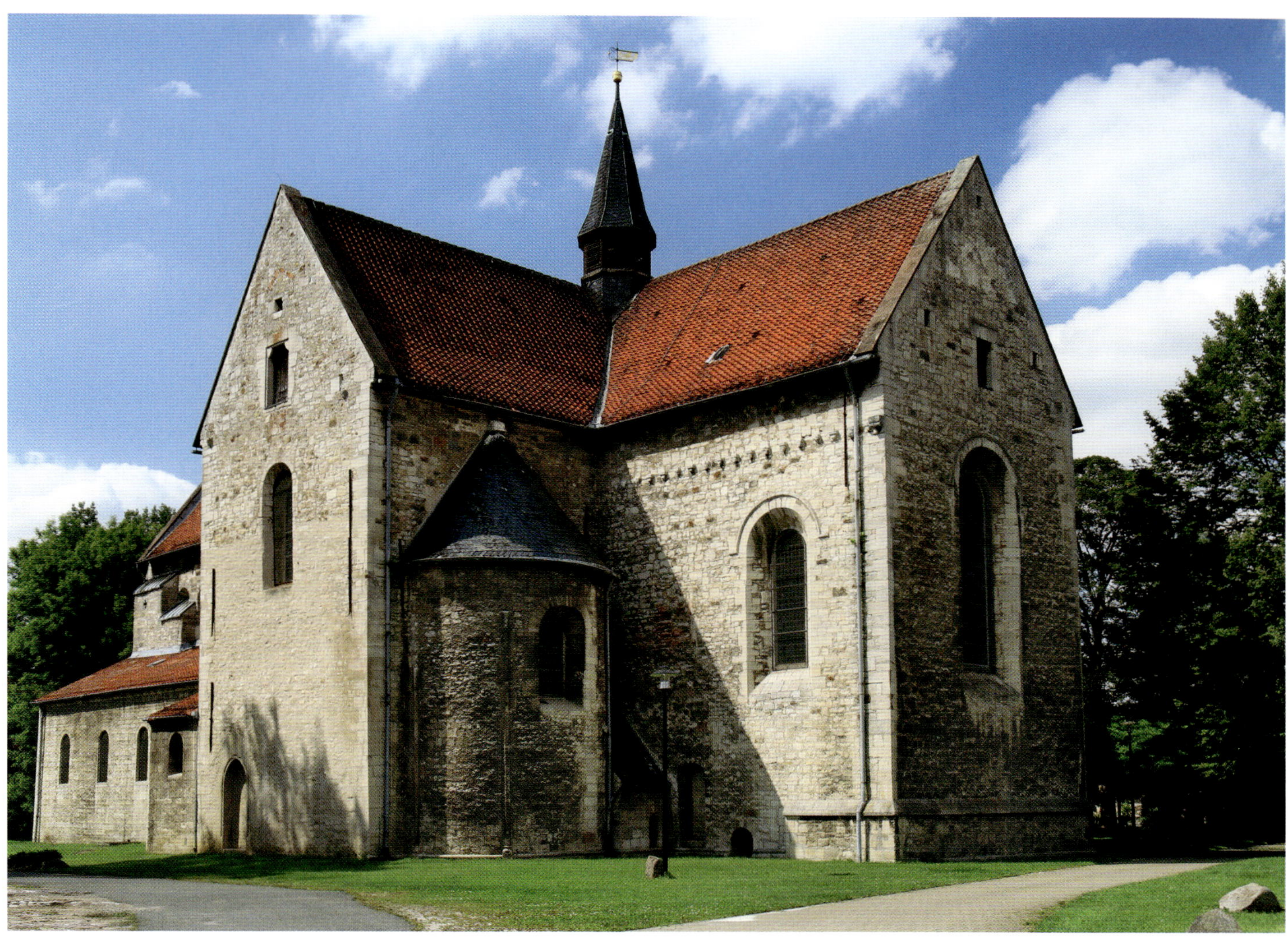

Abb. 2 Süpplingenburg, Klosterkirche, Ansicht von Südosten

deutschland.[25] Der Groitzscher Besitz, auch Pegau, ging 1135 an Kaiser Lothar III. über.[26] Im 12. Jahrhundert war Pegau ein königliches Kloster »und wurde in die königliche Siedlungs- und Städtepolitik eingespannt«; ebenso, wie man von Kloster Bürgel aus das Kloster Remse im siedlungsleeren Gebiet an der Zwickauer Mulde gründete, wurde von Pegau aus »das Kloster Chemnitz in den Erzgebirgswald vorgeschoben«.[27] Deutlicher noch als im Falle von Pegau und Bürgel ist in Chemnitz der Einfluss des Königtums maßgeblich und länger als in anderen mitteldeutschen Benediktinerklöstern prägend gewesen.

Was bedeutet es, dass 1136(?) ein Benediktinerkloster in Chemnitz gegründet wurde? Diese Frage zielt nicht auf die konkreten Siedlungsverhältnisse in und um Chemnitz zur Gründungszeit des Klosters, auch nicht auf die kolonisatorischen Impulse, die von den Chemnitzer Benediktinern ausgingen, denn dieser Fragen nehmen sich auch andere Beiträge des vorliegenden Bandes an.[28] Vielmehr soll es um die Frage gehen, wie Chemnitz in die Geschichte der religiösen Bewegungen östlich von Elbe und Saale einzuordnen ist.

Herrschaftsgeschichtlich betrachtet ist bemerkenswert, dass 1136 in Chemnitz der Kaiser selbst als Klostergründer tätig wurde. Kirchenhistorisch hingegen ist beachtlich, dass er damals ein Benediktinerkloster gründete. Als das Kloster Chemnitz gegründet wurde, war das Bistum Meißen bereits mehr als anderthalb Jahrhunderte alt.[29] Aber die Diözese hatte sich in diesem Zeitraum noch kaum entwickelt. Klare Diözesangrenzen gab es nicht, weil der Großteil des späteren Bistumsgebiets noch gar nicht aufgesiedelt war.[30] Das Bistum umfasste ursprünglich den Kernbereich der Mark Meißen und die Oberlausitz, und erst im 12. Jahrhundert kam noch die Niederlausitz dazu. Um 1100 glich das Bistum Meißen einer langgestreckten schlauchartigen Siedlungsinsel, die sich von Wurzen über Mügeln bis zur mittleren Elbe erstreckte und dort in einem breiteren besiedelten Streifen von Riesa bis Pirna reichte. Eine weitere große Offenlandschaft bestand in der Oberlausitz um Bautzen.[31] In diesen Landschaften lebten ganz überwiegend sorbischsprachige Slawen, kaum deutsche Siedler. Städte im rechtlichen Sinne gab es um 1100 noch gar nicht.

Meißen war wenig mehr als ein großer befestigter Burgsitz des Markgrafen, in dessen Schatten die bescheidene Domkirche des 968 gegründeten Bistums lag. Die Anfänge des Domkapitels sind schwer zu fassen, doch können wir davon ausgehen, dass sich im Laufe des 11. Jahrhunderts dort ein Gremium von Geistlichen herausgebildet hatte, das dem Bischof zur Seite stand.[32] Um die Mitte des 11. Jahrhunderts war dies der Fall. 1063 wird dieses als *monasterium* bezeichnet. Aber dieses Domkapitel blieb noch lange das einzige geistliche Gremium in der Diözese Meißen. Erst 1114 entstand das Kollegiatstift Wurzen, das von Bischof Herwig – wie es in der Gründungsurkunde heißt – als erste geistliche Gemeinschaft außerhalb der Bischofsstadt gegründet wurde,[33] weniger später ein Benediktinerinnenkonvent in Riesa an der Elbe (als Naumburger Eigenkloster),[34] dann das Benediktinerkloster Chemnitz.

Am Anfang der Wurzener Gründungsurkunde von 1114 heißt es: Als Bischof habe er erwogen, dass er mit Ausnahme des Bischofssitzes Meißen an keinem anderen Ort eine geistliche Gemeinschaft zur Unterstützung habe (»Ego itaque Herwicus, Dei gratia Misnensis episcopus, considerans, quod nullum alium nisi in sede nostra Misnensi fraternitatis locum aut congregationis subsidium habuimus«).[35] Das Domkapitel in Meißen war also noch anderthalb Jahrhunderte nach der Gründung des Bistums die einzige geistliche Gemeinschaft. Nun kam das Kollegiatstift in Wurzen hinzu, das in einem alten Besitzzentrum der Bischöfe von Meißen eingerichtet wurde. Das Stift in Wurzen, als Kollegiatstift eine Gemeinschaft von Weltgeistlichen wie das 100 Jahre später gegründete Petristift in Bautzen,[36] blieb bis zum Ende des Bistums Meißen in der Reformationszeit eng mit den Bischöfen und dem Domkapitel in Meißen verbunden.

Ganz anders das königliche Benediktinerkloster Chemnitz, das zwar im Sprengel des Bischofs von Meißen lag, aber unter den Schutz des Stuhls Petri gestellt wurde und dem Königtum unterstand. Das sollte sich erst im späten Mittelalter ändern. Die Gründung des Klosters Chemnitz hat seit langem das Interesse der Forschung gefunden, weil ihr – ähnlich wie in Pegau – die Gründung einer königlichen Stadt folgte, doch will ich auf diese seit Walter Schlesingers Buch über die Anfänge der Stadt Chemnitz immer wieder erörterten Fragen hier nicht weiter eingehen.[37]

Vielmehr ist zweierlei bezüglich der Gründung des Klosters in den 1130er Jahren hervorzuheben: die zu diesem Zeitpunkt geografisch exponierte Lage des Klosters und die Verpflichtung der dort lebenden geistlichen Gemeinschaft auf die Benediktinerregel, von der sich eine Abschrift im Kapiteloffiziumsbuch des Klosters erhalten hat. Zur Einordnung blicken wir auf die sächsische Klosterlandschaft des Hochmittelalters, die mit dem Gebiet der 968 gegründeten Bistümer Merseburg, Naumburg und Meißen umschrieben werden kann.[38] Denn schaut man sich in der sächsischen und mitteldeutschen Klosterlandschaft des Hochmittelalters um, stellt man zweierlei fest: Chemnitz ist nicht nur das östlichste Benediktinerkloster, sondern auch das letzte Männerkloster, das auf die *Regula sancti Benedicti* verpflichtet wurde.

Im Bistum Merseburg bestanden nur zwei Benediktinerklöster, nämlich die 1091 in Pegau an der Weißen Elster gegründete Gemeinschaft,[39] die erste Klostergründung östlich der Saale überhaupt, und das Kloster St. Peter am Bischofssitz Merseburg, das 1091 aus einem Kanonikerstift in ein benediktinisches Männerkloster umgewandelt wurde.[40] Im Bistum Naumburg gab es drei Niederlassungen: am Bischofssitz das 1076 eingerichtete Benediktinerkloster St. Georg, das aus Kleinjena dorthin verlegt worden war,[41] in Bosau bei Zeitz ein Benediktinerkloster, das zwischen 1114 und 1118 entstanden war,[42] und in Bürgel, östlich der Saale, das bereits erwähnte 1133 gegründete Kloster.[43]

Die Gründung des Klosters Chemnitz steht also zeitlich am Ende einer langanhaltenden Welle der Gründung von Benediktinerklöstern, die im deutschsprachigen Raum seit dem 8. Jahrhundert in großer Zahl – wohl weit über 200 – entstanden waren.[44] Von einem Benediktinerorden sollte man im hier zu betrachtenden Zeitraum noch nicht sprechen, denn es gab keine Ordensverfassung mit Generalkapiteln, Mutterklöstern, regelmäßigen Visitationen und anderen Instrumenten, die die Einzelklöster in einem Verband zusammenschlossen. Das haben erst die Zisterzienser als ein Reformzweig des Benediktinerordens im 12. Jahrhundert geschaffen.[45] Einigendes Band der Benediktinerklöster war die Ausrichtung auf die Regel des hl. Benedikt, die allerdings im Laufe des 11. Jahrhunderts durch verschiedene Reformzweige ergänzt wurde. Die Klosterreformen von Cluny, Gorze, Hirsau und anderen sind hier zu nennen.[46] Vor allem die Hirsauer Klosterreform hat die Benediktiner im römisch-deutschen Reich geprägt. Dieses Reformprogramm lässt sich in wenigen Worten so umschreiben: Im Inneren »strenge, alles Individuelle unterdrückende, den Alltag umfassend regelnde Klosterzucht«, in den äußeren Verhältnissen des Klosters der »Ausschluß eigenkirchlicher Fremdeinflüsse durch Laien oder Geist-

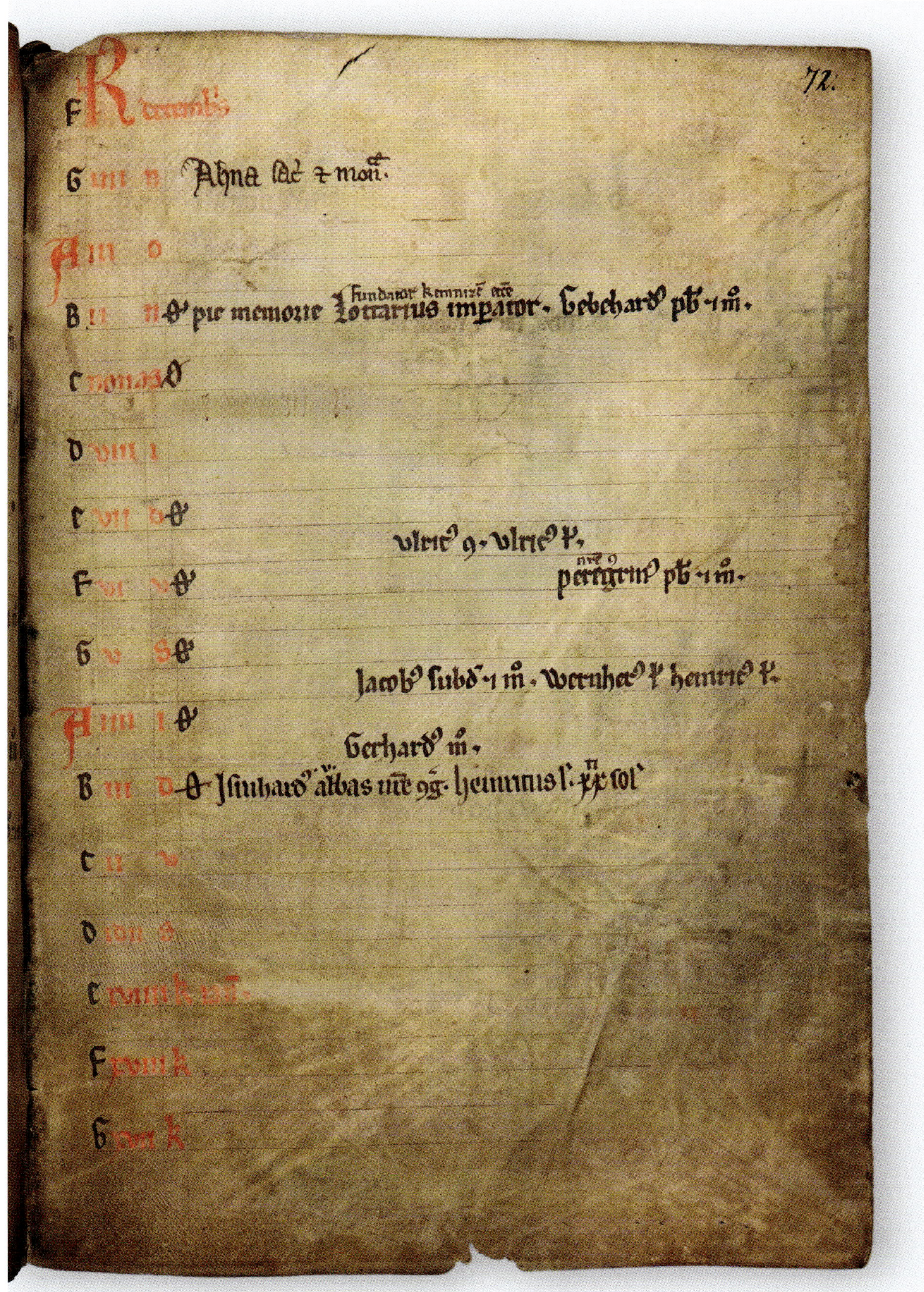

Abb. 3 Kapiteloffiziumsbuch des Chemnitzer Benediktinerklosters mit Nekrologeintrag auf Kaiser Lothar III., UB Leipzig, Ms. 850

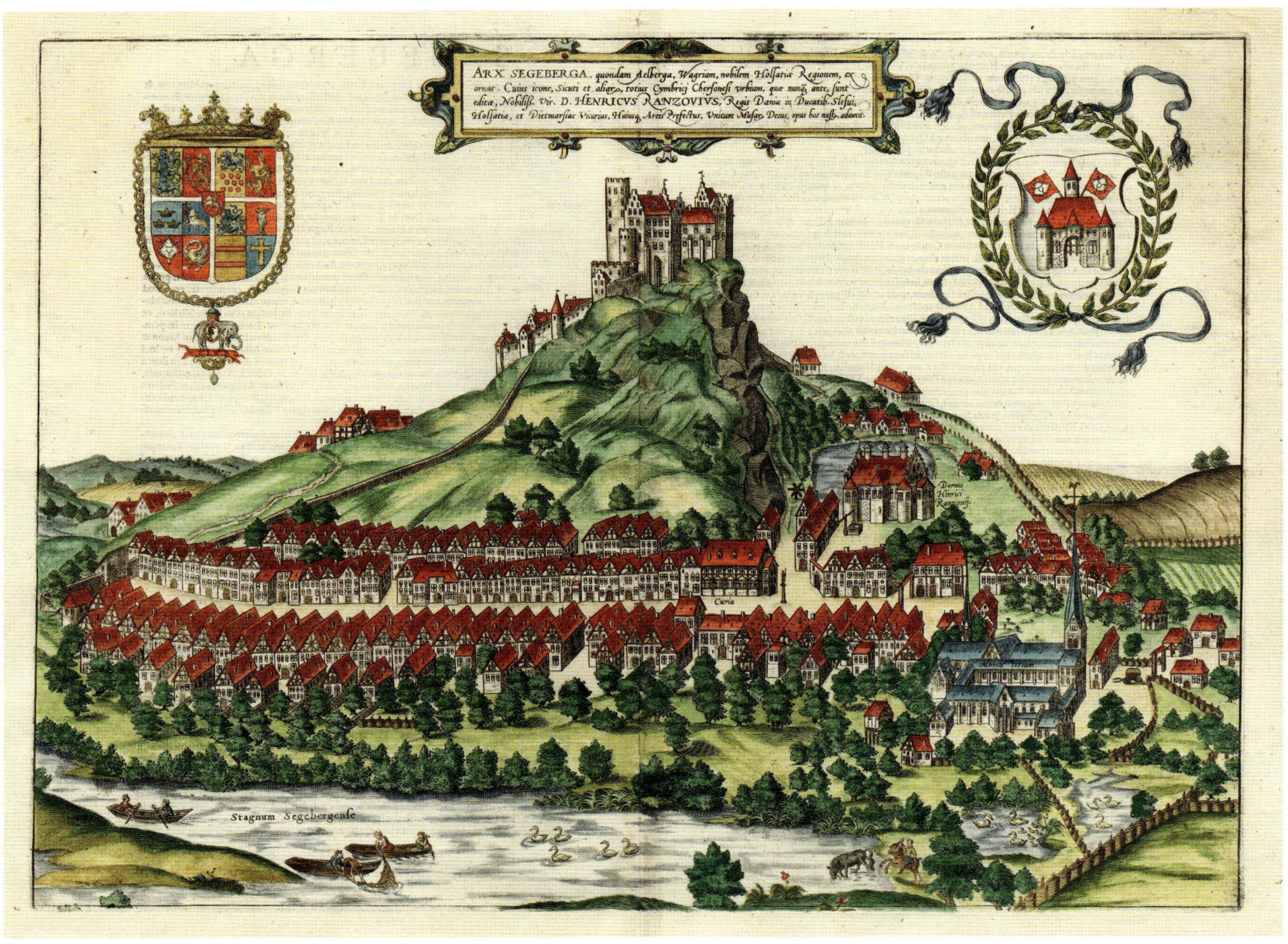


Abb. 4 Das Augustinerchorherrenstift Segeberg im Schutz der Burg, eine Gründung Kaiser Lothars III. von Süpplingenburg, Kupferstich, in: Georg Braun/Frans Hogenberg, Civitates orbis terrarum, 1585

liche«, sei es die Familie der Klostergründer, der Diözesanbischof oder der König. Vielmehr pochte man auf die »libertas Romana«, die Unterstellung der Klöster unter den Schutz des hl. Petrus.[47] Dieses Programm ist vor dem Hintergrund der gregorianischen Kirchenreform des 11. Jahrhunderts zu sehen, doch ist das Faszinierende dabei, dass es sich nicht um kirchliche Kampfpositionen handelte, die mühsam gegen unwillige Laien durchgesetzt werden mussten, sondern dass Könige, Fürsten und andere Adlige aus religiöser Begeisterung dieses Programm zu dem ihren machten.[48]

Gerade in Mitteldeutschland hatte die Hirsauer Reformbewegung Ende des 11. Jahrhunderts noch einmal Fahrt aufgenommen, ablesbar an der Gründung des ludowingischen Hausklosters Reinhardsbrunn in Thüringen 1085, der Reform in St. Peter zu Erfurt 1088/91, der Gründung von Paulinzella 1106 und der Einführung der Hirsauer Reform in Pegau 1106. In diesem Zusammenhang sind die Neugründungen in Bürgel 1133 und Chemnitz 1136 zu sehen, ebenso die Einführung der Reform in Goseck an der Saale 1134 und in Kloster Homburg bei Langensalza 1136.[49]

Damit hatte diese Reformbewegung und mit ihr das Benediktinertum insgesamt erheblich an Schwung gewonnen. Man kann feststellen, dass im gesamten Reichsgebiet nach den 1130er Jahren so gut wie keine Benediktinerklöster mehr gegründet wurden. Vor allem ein Blick auf die Klosterlandschaften, die erst nach der Mitte des 12. Jahrhunderts allmählich Gestalt gewannen, verdeutlicht dies. Dazu gehört Schleswig-Holstein, wo lediglich in der Metropole Lübeck 1177 ein Benediktinerkloster gegründet wurde (es wurde später aufs Land nach Cismar verlegt),[50] ebenso Mecklenburg, wo man zwar 1227 in Dobbertin ein Benediktinermännerkloster einrichtete, dieses aber schon wenige Jahre später in ein Frauenkloster umwandelte,[51] zudem auch Brandenburg, wo das Benediktinertum überhaupt nicht Fuß fassen konnte.[52]

Dass Chemnitz nach der Benediktsregel und dem Hirsauer *ordo*[53] mit einer Gründungsmannschaft aus Pegau (wofür die Eintragungen im Nekrolog sprechen) eingerichtet wurde, dürfte maßgeblich durch den Willen des Klostergründers Kaiser Lothar III. bestimmt gewesen sein. Dafür spricht auch, dass Lothar das Kanonikerstift Königslutter bei Helmstedt, das erst nach 1106 im Erbgang in seinen Besitz gelangt war, 1135 in ein Benediktinerkloster nach Hirsauer Gewohnheiten umwandelte,[54] ein Jahr vor der mutmaßlichen Gründung von Chemnitz. Dass Kaiser Lothar Königslutter zu seiner Grablege bestimmte und dort am 31. Dezember 1137 beigesetzt wurde, verdeutlicht, dass er sein Seelenheil bei den Benediktinern offenbar in besten Händen wusste. Sein Grab ist – wenn auch neuzeitlich umgestaltet – bis heute in Königslutter erhalten.[55]

Man muss sich natürlich fragen, welche Alternativen zur Chemnitzer Gründungszeit bestanden. Hier ist zunächst einmal an den Zisterzienserorden zu denken, der Ende des 11. Jahrhunderts als Reformzweig der Benediktiner entstanden war (Gründung von Clairvaux 1098).[56] Der Orden breitete sich nach dem Filiationsprinzip Mutterkloster – Tochterkloster aus.[57] Als erstes Zisterzienserkloster im römisch-deutschen Reich war 1123 Kamp am Niederrhein entstanden, dessen Tochterkloster 1127 in Walkenried am Harz gegründet wurde. Von Walkenried aus wurde 1131 auf Initiative Bischof Dietrichs I. von Naumburg († 1123) ein Zisterzienserkloster in Schmölln gegründet, das dann 1138 nach Pforta bei Naumburg verlegt wurde.[58] Ebenso hatte die Zisterze Kamp 1131 das Benediktinerkloster in Volkenroda in Thüringen übernommen und in ein Zisterzienserkloster umgewandelt. Mit Pforta und Volkenroda bestanden zwei Niederlassungen der Zisterzienser in Mitteldeutschland, doch sollte es Jahrzehnte dauern, bis diese zum Ausgangspunkt von weiteren Neugründungen wurden: Pforta wurde Mutterkloster der 1162 gegründeten Zisterze Altzella in der Mark Meißen, Volkenroda wurde 1165 Tochterkloster von Dobrilugk in der Niederlausitz. Die in den 1130er Jahren gegründeten Mutterklöster Pforta und Volkenroda mussten vermutlich einen längeren Gründungs- und Konsolidierungsprozess durchlaufen, bis sie eine Generation später in der Lage waren, Tochterklöster personell und wirtschaftlich zu befördern. Insofern dürfte die Frage eines Zisterzienserklosters in Chemnitz 1136 gar nicht zur Disposition gestanden haben. Dies ist umso bemerkenswerter, weil König Lothar von Süpplingenburg im Frühjahr 1131 einen Hoftag in Lüttich abgehalten hat, an dem der Zisterzienser Bernhard von Clairvaux (um 1090–1153) teilnahm, der für die Ausbreitung der Zisterzienser im Reich von Bedeutung wurde. Auch Bischof Dietrich von Naumburg, der Gründer der Zisterze Schmölln-Pforte, hatte an dieser Lütticher Versammlung teilgenommen.[59]

Neben den Zisterziensern spielten als neue religiöse Bewegung in der ersten Hälfte des 12. Jahrhunderts im römisch-deutschen Reich auch die Augustinerchorherren eine Rolle.[60] Die Regularkanoniker waren seit dem letzten Viertel des 12. Jahrhunderts im Reich präsent (Gründung von Rottenbuch 1073), vor allem in Süddeutschland und Österreich. In Mitteldeutschland waren die Augustinerchorherren bereits seit 1124 vertreten, denn in diesem Jahr hatte der Wettiner Graf Dedo (1086–1124) mit der Gründung des Stiftes St. Peter auf dem Lauterberg bei Halle begonnen, die Markgraf Konrad von Meißen seit 1125 vollendete.[61] Wie der Blick auf Naumburg, Zschillen, Meißen und Leipzig zeigt, sollten weitere Stiftsgründungen bis zum frühen 13. Jahrhundert folgen. Warum Kaiser Lothar nicht Augustinerchorherren nach Chemnitz holte, ist schwer zu sagen. Wie ein Blick in das Gebiet nördlich der Elbe zeigt, war der Kaiser mit den Regularkanonikern bestens vertraut, denn 1134 hatte er in Segeberg an der Trave im Schutz einer Burg ein Chorherrenstift gegründet.[62] Die exponierte Randlage des Stiftes ist durchaus mit der von Chemnitz vergleichbar. Dem Stift Segeberg war eine Rolle in der Christianisierung der im Osten Holsteins siedelnden Slawen und im Landesausbau zugemessen, und zumindest Letzteres ist auch für Chemnitz anzunehmen. Allerdings war Kaiser Lothar in der Wahl der Ordenszugehörigkeit in Segeberg nicht frei. Hinter der Gründung stand nämlich Vicelin (1090–1154), der Propst des Augustinerchorherrenstifts Neumünster, der die Leitung der beiden Stifte Neumünster und Segeberg bis zu seinem Tod beibehielt. Dennoch ist der vergleichende Blick auf Sachsen und Holstein in der ersten Hälfte des 12. Jahrhunderts erhellend, weil wir hier wie dort sehen, wie Kaiser Lothar durch die Gründung geistlicher Gemeinschaften strategische Entscheidungen für die Erschließung der Slawengebiete traf.

Chemnitz war 1136 als Reichskloster gegründet und 1143 in dieser Rechtsstellung von Konrad III. bestätigt worden. Die königliche Stiftervogtei übten die Staufer allerdings nicht selbst aus, sondern verliehen sie – wie 1143 beurkundet und wohl schon von Lothar so gehandhabt – Markgraf Konrad von Meißen.[63] Dieser wiederum wird einen Untervogt eingesetzt haben. Der Vogt übte die Gerichtsbarkeit über die auf dem Klosterbesitz lebenden Menschen aus und konnte dafür bemessene Abgaben beanspruchen. Die Zahlung eines Vogteikorns an die

Wettiner ist im 13. und 14. Jahrhundert belegt.[64] Der Klosterbesitz umfasste mehrere Dörfer westlich und südlich des Klosters beiderseits des Chemnitzbaches (Altchemnitz, Gablenz, Bernsdorf u. a.).[65] Für das hohe Alter dieses Besitzes spricht, dass das Kloster dort auch die Kirchenrechte hatte. Ob die aus der Urkunde von 1143 zu erschließende Marktsiedlung des Klosters bei der Kirche St. Nikolai lag, bleibt ungewiss.[66]

Die kirchliche Situation in Chemnitz war kompliziert. Das Kloster war Patronatsherr der Pfarre St. Johannis, die außerhalb der Stadtmauern lag, doch unterstand die hiervon höchstwahrscheinlich losgelöste Stadtpfarrei St. Jakob dem König. Erst 1264 wurden beide Kirchen dem Kloster geschenkt.[67] Die frühe Entwicklung des Klosters zu überschauen, ist kaum möglich, da zwischen 1143 und 1216 keine Urkunden überliefert sind und die Quellenlage auch für das 13. Jahrhundert dürftig bleibt. Umso mehr fällt die große Zahl von päpstlichen Schutzbriefen und Vergünstigungen auf, die das Kloster im Laufe des Jahrhunderts erhalten hat. Schwer zu erklären ist, warum Papst Gregor IX. 1235 den Bischof von Meißen beauftragte, das Kloster dem Zisterzienserkloster Buch bei Leisnig zu übertragen, doch ist dieser Auftrag nicht ausgeführt worden.[68] Möglich, dass das Kloster in existenzielle wirtschaftliche Schwierigkeiten geraten war, die dann überwunden wurden. Im letzten Viertel des 13. Jahrhunderts sprechen umfangreiche Baumaßnahmen an Kirche und Klausur, aber auch größere Gütererwerbungen dafür, dass das Kloster wieder in einem besseren Zustand war.[69]

Ende des 13. Jahrhunderts setzte das Königtum – im offenen Konflikt mit den Wettinern – noch einmal dazu an, die Reichsrechte im einstigen Pleißenland zu erneuern. Sowohl König Adolf von Nassau (1291–1298) als auch sein Nachfolger Albrecht I. von Habsburg (1298–1308) erteilten dem Kloster Schutzbriefe. Adolf von Nassau bestätigte nochmals den Besitz des Patronatsrechts über St. Jakob in der Stadt Chemnitz, das mittlerweile wieder gefährdet war, und gestattete dem Kloster, Güterschenkungen von Reichsministerialen anzunehmen.[70] Anfang des 14. Jahrhunderts richteten die Benediktiner an der Pfarrkirche in Nenkersdorf bei Borna und an der Pfarrkirche zu Penig (beide Orte im Bistum Merseburg) Priorate ein, die beide von Chemnitzer Mönchen besetzt wurden.[71] 1313 wurde außerdem ein neuer Archidiakonatsbezirk im Bistum Meißen mit vier Sedessprengeln eingerichtet, der dem Abt des Klosters Chemnitz unterstand.[72] Die archidiakonalen Rechte verleiteten Abt Johannes Marschalk 1358 dazu, einen jahrelangen Prozess an der päpstlichen Kurie um die Exemption des Klosters und Archidiakonats zu führen, der über mehrere Jahre durch drei Instanzen ging, aber mit einer Niederlage des Abtes endete und das Kloster viel Geld kostete.[73]

Gleichwohl deutet auch im weiteren Verlauf des 14. Jahrhunderts nichts darauf hin, dass das Kloster in irgendeiner Weise neuerlich in wirtschaftlichen Schwierigkeiten gewesen wäre, wie dies im vorangegangenen Jahrhundert der Fall war. Vielmehr dienten mehrere Gütererwerbungen und der Verkauf mehrerer Dörfer 1376 der Arrondierung der Klostergrundherrschaft.[74] 1375 wurde die Herrschaft Rabenstein erworben,[75] deren Besitz viele Jahre angefochten wurde, aber dem Kloster verblieb.

Trotz des allgemeinen Krisenszenarios, das vom Benediktinerorden im späten Mittelalter gezeichnet wird, scheint das Kloster Chemnitz im 14. und 15. Jahrhundert eine insgesamt ruhige Entwicklung durchlaufen zu haben, die keine inneren Krisen oder Konflikte erkennen lässt. Dazu dürfte beigetragen haben, dass das Kloster von 1365 bis 1522 von nur sechs Äbten mit zumeist recht langen Amtszeiten geleitet wurde:[76] Heinrich von Donin (1365–1390), Nikolaus von Meckau (?) (1390–1402), Ortwin Schindeldach (1404–1425), Johannes von Schleinitz (1425–1455), Caspar von Meckau (1455–1483) und Heinrich von Schleinitz (1483–1522). Dieser resignierte 1522 zugunsten Hilarius Rehfelder (von Homburg), der als letzter Abt bis 1540 amtierte und danach noch einige Jahre als Verwalter des Klosters tätig war. Wie die Abtsreihe, aber auch die Reihenfolge anderer Amtsinhaber – soweit bekannt – deutlich machen, war der Adel der Mark Meißen in Chemnitz zwar gut vertreten, aber die Zusammensetzung des Konvents war nicht ausschließlich adlig, wie in etlichen anderen Benediktinerklöstern der Zeit.

Adel und Kirche im Mittelalter ist ein unerschöpfliches Thema.[77] Die Reichskirche der vorreformatorischen Zeit galt geradezu als »des Adels Spital«,[78] – Klöster, Stifte und Ritterordenskommenden wurden als Versorgungsinstitutionen adliger Herren angesehen, die auf ihre wohlerworbenen Rechte als Mönche oder Kanoniker pochten, dabei aber bestrebt waren, die damit verbundenen geistlichen Verpflichtungen auf ein Minimum zu reduzieren. In etlichen Benediktinerklöstern wurde die *vita communis*, das gemeinsame Konventsleben aufgegeben; anstelle der Versorgung an der gemeinsamen Tafel gingen die adligen Benediktiner dazu über, den Klosterbesitz in Einzelpfründen aufzuteilen, deren Einkünfte sie für sich persönlich nutzen konnten. Das hatte unweigerlich zur Folge, dass das geistliche Gemeinschaftsleben Schaden nahm, vor allem das gemeinsame Chorgebet und die gottesdienstlichen Verpflichtungen. Altehrwürdige Reichsabteien wie Fulda glichen im ausgehenden Mittelalter eher Dom- oder Kollegiatstiften, und manche Benediktinerklöster wurden deshalb auch in weltliche Kollegiatstifte umgewandelt, beispielsweise Ellwangen, St. Burkard in Würzburg oder St. Alban in Mainz. Da sie ausschließlich von Adligen besetzt waren, wurden sie auch Ritterstifte genannt. Als das disziplinarisch und wirtschaftlich völlig heruntergekommene Benediktinerkloster Wülzburg im Bistum Eichstätt 1523

Abb. 5 Modell des Chemnitzer Benediktinerklosters, Zustand um 1540

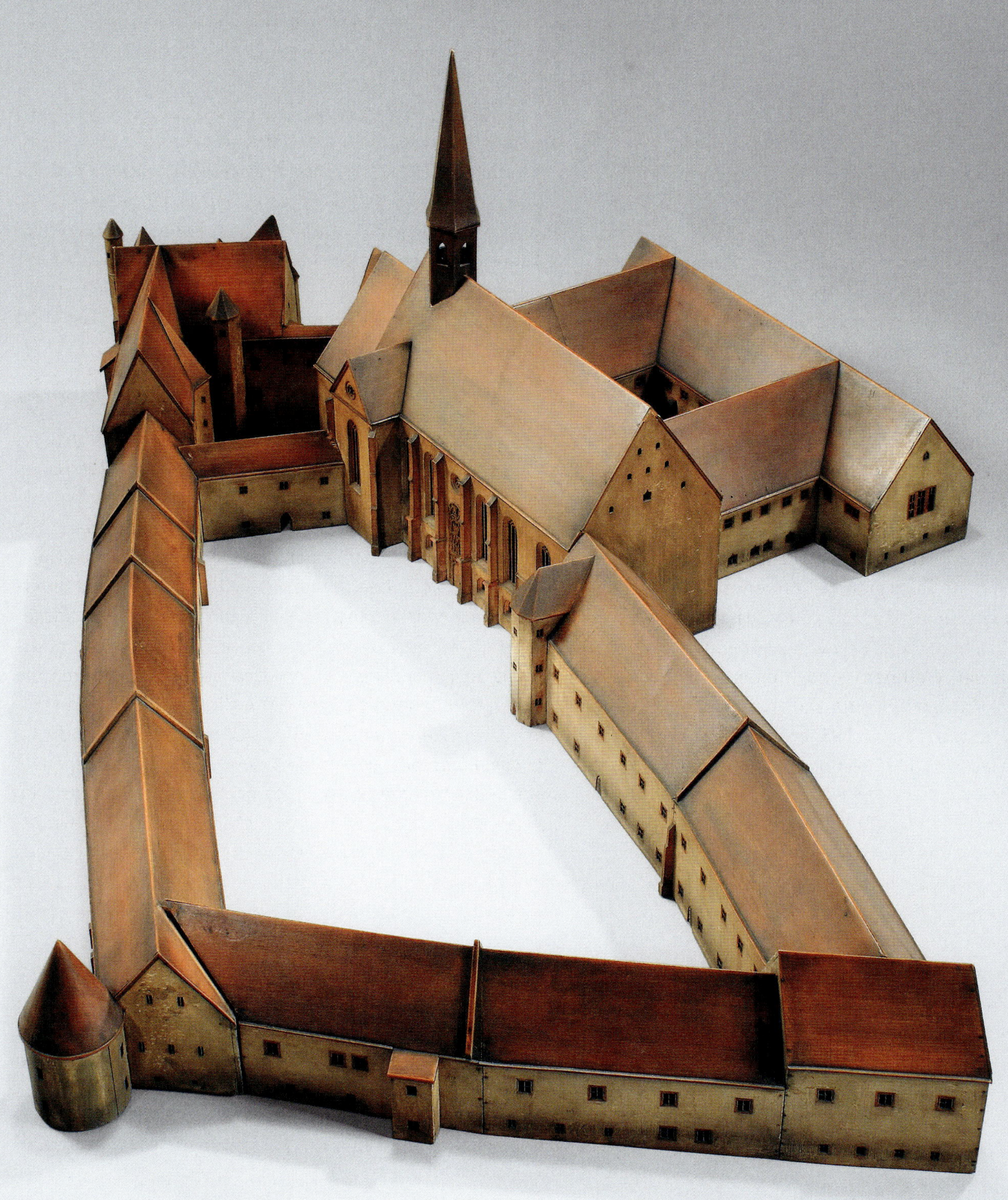

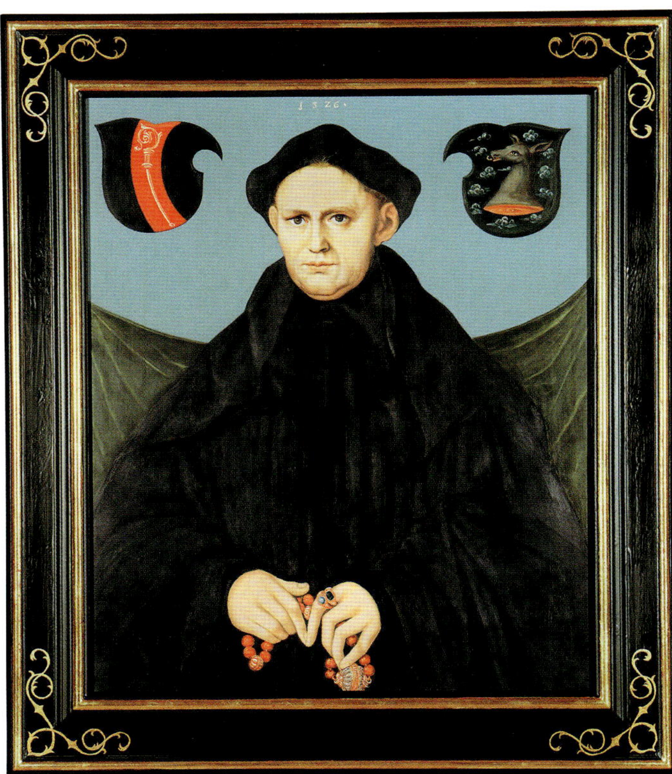

Abb. 6 Porträt des Abtes Hilarius von Rehburg, Kopie nach dem Original im Reiss-Engelhorn-Museum Mannheim, nach 1526

in ein solches Kollegiatstift umgewandelt werden sollte, kommentierte der Humanist und Benediktinerabt Johannes Trithemius (1464–1516) spöttisch, es geschehe nur, damit »aus schlechten Mönchen noch schlechtere Kanoniker würden«, womit er wohl Recht hatte.[79]

Diese Äußerung zeigt, dass jene Entwicklung nicht unkritisch wahrgenommen wurde. Bereits im späten 14. Jahrhundert setzten deshalb im Benediktinerorden Gegenbestrebungen ein. So wurde eine Provinzorganisation eingerichtet, die die Benediktinerkonvente eines bestimmten Gebiets der Kontrolle durch Provinzialkapitel unterstellte. Darüber hinaus entstanden die benediktinischen Reformbewegungen von Kastl (seit 1380), Melk (1418) und Bursfelde (1446), drei bedeutende Reformverbünde, deren Wirkung aber regional beschränkt war.[80] Überregional am erfolgreichsten war die Reformkongregation des Klosters Bursfelde an der Weser, die auch nach Mitteldeutschland und Sachsen ausgriff.[81]

Wie stand das Kloster Chemnitz zu diesen Reformbestrebungen? Papst Benedikt XII. hatte 1336 mit der Bulle »Summi magistri« die Benediktinerklöster 36 Provinzen zugeteilt; auf Provinzkapiteln sollten sich die Äbte alle drei Jahre versammeln und Visitatoren bestellen.[82] Chemnitz gehörte zum Provinzkapitel der Kirchenprovinzen Magdeburg und Bremen mit dem exemten Bistum Meißen. Welche Auswirkungen das für Chemnitz hatte, wissen wir nicht. Der päpstliche Legat Nikolaus von Kues (1401–1464) erneuerte 1451 das Provinzkapitel und bestimmte zu dessen Mittelpunkt das Kloster Berge bei Magdeburg.[83] Der Druck auf die Benediktiner in Chemnitz wuchs, als das vom Kloster Bursfelde beherrschte Provinzialkapitel im Verbund mit dem Bischof von Meißen und dem Landesherrn die Visitation und Reformation des Klosters forderte. Bischof Dietrich von Schönberg stellte in diesem Zusammenhang 1464 umfangreiche Visitationsartikel zusammen.[84] Allerdings gelang es den Visitatoren des Provinzialkapitels nicht, Kloster Chemnitz zu betreten. 1471 wurde sogar die päpstliche Kurie eingeschaltet und der Papst verhängte über das Kloster die schärfsten geistlichen Zwangsmittel der Exkommunikation und des Interdikts, die aber schon 1472 wieder aufgehoben wurden,[85] nachdem der Konvent die Autorität des Provinzialkapitels akzeptiert hatte. In Chemnitz scheiterten die Bursfelder Reformer also, »obgleich sie sich sonst rühmten, stets mit den Kirchen- und Landesoberen zusammenzuarbeiten«.[86]

Die zweite Hälfte des 15. und das frühe 16. Jahrhundert waren geprägt von den langen Abbatiaten des Caspar von Meckau (1455–1483) und des Heinrich von Schleinitz (1483–1522), beides Angehörige namhafter markmeißnischer Adelsgeschlechter.[87] Zwar schrieb der Humanist Paulus Niavis dem neuen Abt 1485/87 das Verdienst zu, »die eingerissene Unordnung im Kloster behoben und u. a. zwei Mönche zum Verlassen des Kloster gezwungen zu haben«,[88] doch wird man daraus nicht pauschal auf die Reformbedürftigkeit des Konvents schließen dürfen. Abt Heinrich von Schleinitz hat in den 1480er Jahren nachweislich sogar dreimal das Provinzialkapitel der Benediktinerklöster (im Kloster Berge vor Magdeburg) mit Vertretern beschickt.[89] Dass in Einzelfällen Mönche das Kloster verließen, wird man schwerlich für oder gegen die Reformorientierung des Konvents werten dürfen. 1467 wurde der Chemnitzer Mönch Albert von Schönberg vor der päpstlichen Bußbehörde in Rom vorstellig, weil er das Kloster eigenmächtig verlassen und seinen Mönchshabit abgelegt hatte, doch wurde er dispensiert.[90] Ob er allerdings ins Chemnitzer Kloster zurückgekehrt ist, wissen wir nicht. Der Chemnitzer Mönch Antonius Höbeler wurde 1490/91 in das Bursfelder Reformkloster auf dem Petersberg in Erfurt aufgenommen, weil ihm die dortige – offenbar strengere – Lebensweise besser gefiel (»fugiens ad reformacionem«).[91] Auch der Rückzug der Benediktiner aus den Propsteien Penig wohl schon vor 1459 und Nenkersdorf 1478[92] ist nicht zwingend als Zeichen monastischen Verfalls zu deuten, denn gerade die benediktinischen Reformbewegungen des späten Mittelalters waren bestrebt, die Verpflichtungen von Mönchen außerhalb des Klosters, beispielsweise durch Pfarrseelsorge, abzubauen, da die Mönche im Konvent leben sollten. »Mönche gehören ins Kloster wie Fische ins Wasser«, lautete eine beliebte Sentenz der Klosterreformer.[93]

Zweifellos waren aber die Bursfelder Gewohnheiten nicht die Norm in Chemnitz, wie die Amtszeit des Abtes Heinrich von Schleinitz deutlich macht.[94] Eine umfangreiche Bautätigkeit in Kirche und Kloster, vor allem an den ausgedehnten Wirtschaftsgebäuden, ist in dieser Zeit dokumentiert. Das Nekrolog des Klosters rühmt ihn als »quasi secundus fundator«.[95] Noch umfassender waren die Baumaßnahmen seines Nachfolgers, des Abtes Hilarius, die bis heute an der Kirche und den angrenzenden Klausurbauten sichtbar sind.[96] Die humanistischen Interessen von Heinrich von Schleinitz haben Spuren in der Klosterbibliothek hinterlassen.[97] Offenbar führte Abt Heinrich eher das Leben eines Prälaten, doch ist nicht nachweisbar, dass dies negative Rückwirkungen auf den Konvent gehabt hätte, indem er seinen Mönchen ein schlechtes Vorbild abgab. Darauf bezieht sich die zeitgenössische Redensart: »Wenn der Abt die Würfel auflegt, spielen die Mönche«,[98] aber das lässt sich für Chemnitz nicht behaupten. Die umfangreichen Forderungen des Abtes Heinrich von Schleinitz im Zusammenhang mit seiner Resignation 1522, unter anderem der Wunsch, auf Schloss Rabenstein residieren zu dürfen und im Kloster ein Privatoratorium einzurichten, also als Ruheständler ganz vom Konventsleben getrennt zu bleiben, sagt nichts über die Zustände im Konvent selbst aus.[99] Grundsätzlich wäre hier zu bemerken, dass man den Erfolg (oder Misserfolg) einer monastischen Reformbewegung nicht als Gradmesser für die Zustände in den Klöstern nehmen sollte. Früher wie heute war die ständige Rede von Reformen kein objektiver Gradmesser für die Gegenwart, und die Wirklichkeit der Benediktiner im späten Mittelalter lässt sich nicht in ein Schwarz-Weiß-Schema zwängen: hier die guten Bursfelder, dort die verstockten Reformverweigerer!

1522 wurde Hilarius Rehfelder von Rehburg zum Abt gewählt,[100] der vorher Abt des Klosters Goseck gewesen war.[101] Seine Amtszeit sollte in die Aufhebung des Klosters nach 1540 münden. Das Ende des Benediktinerklosters Chemnitz wurde mit dem Tod des altgläubigen Herzogs Georg am 17. April 1539 eingeläutet. Abt und Konvent wurden bei der Visitation am 19. April 1540 aufgefordert, den Mönchshabit abzulegen. Der Abt Hilarius von Rehburg war dazu bereit. Der Prior wollte dies hingegen nicht tun und zog weg. Neun Mönche waren bereit, das Ordenskleid abzulegen; zwei von ihnen äußerten den Wunsch nach einem Universitätsstudium. Drei weitere weigerten sich jedoch, das Ordensleben aufzugeben, und von ihnen zogen zwei weg. Demnach umfasste der Konvent noch 1540 neben dem Abt 13 Mönche,[102] wobei zu bedenken ist, dass auch in früherer Zeit der Konvent nicht größer war.[103] Abt Hilarius fungiert mit Einverständnis des Landesherrn als Verwalter des Klosters, heiratete und wurde 1546 abgefunden, als die Klostergebäude in ein landesherrliches Schloss umgewandelt wurden. Die sieben Mönche, die sich bereit erklärten, das Mönchsleben aufzugeben, sollten ebenfalls im Kloster bleiben. Was aus ihnen nach 1546 wurde, ist unbekannt.[104]

Beim Ausbruch der Reformation 1517 gab es im deutschsprachigen Raum Mitteleuropas, im Kerngebiet des Heiligen Römischen Reiches Deutscher Nation, rund 215 Benediktinerklöster.[105] Im albertinischen Herzogtum Sachsen gehörten hierzu die Benediktinerklöster Pegau und Chemnitz, die über vier Jahrhunderte lang die Geschichte Sachsens mit geprägt haben.

Am Ausgang des Mittelalters war die sächsische Klosterlandschaft reich entfaltet. Wie wir eingangs gesehen haben, gehörte Chemnitz zu den allerersten geistlichen Gemeinschaften in Sachsen überhaupt. Am Ende des Mittelalters bestanden in den drei Diözesen Meißen, Merseburg und Naumburg über 120 Domkapitel, Klöster, Stifte und Ritterordenskommenden, und man kann insgesamt festhalten, dass nahezu alle Orden und religiösen Bewegungen auch hier vertreten waren. Chemnitz gehörte schon bald nach seiner Gründung nicht mehr zu den neuen und attraktiven geistlichen Gemeinschaften. Im 13. Jahrhundert wurde die sächsische Klosterlandschaft vor allem von zwei Lebensformen geprägt: den zahlreichen Frauenklöstern, die sich an der Benediktsregel orientierten, teilweise aber auch die Gewohnheiten des Zisterzienserordens befolgten, auf der einen Seite, und auf der anderen Seite die zahllosen Bettelordenskonvente der Franziskaner, Dominikaner und Augustinereremiten. Vor allem die Städte, die ja größtenteils überhaupt erst im 13. Jahrhundert entstanden waren, wurden nicht nur in unserem Raum von den Niederlassungen der Bettelorden geprägt. Generell muss man festhalten, dass die Mendikanten mit ihrer durchweg guten theologischen Ausbildung und ihrer Befähigung zur Predigttätigkeit in der Lage waren, auf die religiösen

Bedürfnisse breiter Schichten in Stadt und Land zu antworten. Auch die Bettelorden wurden im 15. Jahrhundert von Reformströmungen erfasst, die mit dem Schlagwort der »Observanz« eine strengere Beachtung der Regel einschärften. Dieser observanten Reform ist es zu verdanken, dass in der Stadt Chemnitz noch 1485 ein Konvent der Franziskanerobservanten gegründet wurde, worum sich der Stadtrat übrigens schon seit 1458 bemüht hatte.[106] Im Übrigen ist festzuhalten, dass seit dem 14. Jahrhundert in allen drei Diözesen nur noch wenige neue Klöster gegründet wurden. Es waren vor allem die kleinen Orden wie die Marienknechte (Serviten), die Karmeliter, die Wilhelmiten und die Antoniter, die sich nun noch niederließen, wobei sie sich vor allem in Kleinstädten etablierten, die bisher noch gar kein Kloster aufzuweisen hatten, zum Beispiel die Serviten in Radeburg, die Karmeliter in Dahme, die Wilhelmiten in Lübben oder die Brüder vom Gemeinsamen Leben in Merseburg.

Wie eingangs erwähnt wurde, hat der einstige Mönch Martin Luther das Ordensleben in Misskredit gebracht und theologisch infrage gestellt. Insofern trifft Johannes Schillings Diktum zu, dass die Reformation aus dem Mönchtum gekommen ist.[107] Die Botschaft fiel bei den Landesherren wie den Kurfürsten und Herzogen von Sachsen auf fruchtbaren Boden, die dafür sorgten, dass in ihrem Herrschaftsbereich sämtliche Klöster und Stifte bis in die 1540er Jahre aufgehoben wurden. Sicherlich handelten die Landesherren nicht nur aus politischem Kalkül und aus herrschaftlicher Gewinnsucht, sondern auch aus religiöser Überzeugung; aber zweifellos war die Säkularisation der Klöster und Stifte, die vielfach über umfangreichen Landbesitz verfügten, ein gewaltiger Zugewinn, der in die landesherrliche Ämterorganisation eingefügt wurde.[108] Dass mit der Klosteraufhebung nicht nur kirchliche Großgrundbesitzer eliminiert wurden, sondern auch eine religiöse Lebensform verschwand, die jahrhundertelang ihre Prägekraft in Kirche und Welt entfaltet hat, wird in diesem Zusammenhang gern übersehen. Die Quellen, aus denen wir Historiker schöpfen müssen, stellen uns in recht einseitiger Weise die rechtlichen und wirtschaftlichen Dimensionen des Klosterlebens vor Augen, denn die Rechts- und Wirtschaftsaufzeichnungen waren auch nach dem Ende der Klöster für die Rechtsnachfolger von Bedeutung und wurden deshalb aufbewahrt. Aufzeichnungen, die über das alltägliche monastische Leben hinter den Klostermauern, über Gottesdienst und Chorgebet, Seelsorge und geistliches Studium Auskunft geben könnten, sind hingegen nur spärlich überliefert.[109] Dies ist in Chemnitz nicht anders als in vielen anderen sächsischen Klöstern. So wissen wir recht viel darüber, welche Güter die Chemnitzer Benediktiner erwarben, welche Einkünfte und Rechte sie besaßen, wie sie ihre Rechtspositionen gegenüber der benachbarten Stadtgemeinde und anderen Herrschaftsinstanzen zäh verteidigten, aber wir dürfen nicht vergessen, dass dies nur die eine Seite der historischen Wirklichkeit ist und sich das monastische Leben nicht darin erschöpfte.

So können wir abschließend festhalten, dass wir schon vieles über das Kloster Chemnitz wissen, dass uns die Quellen aber vor allem zeigen, was außerhalb der Klostermauern passierte, weniger aber, wie das Leben innerhalb des Kloster aussah. Gleichwohl dürften meine Ausführungen deutlich gemacht haben, dass selbst die überschaubaren Quellen des Klosterarchivs noch manches über das Leben im Inneren des Benediktinerkonvents und seine Haltung zu den monastischen Reformströmungen des hohen und späten Mittelalters erkennen lassen. Künftige Forschungen sollten stärker als bisher den bei sächsischen Klöstern und Stiften keineswegs selbstverständlichen Umstand nutzen, dass neben der archivalischen Überlieferung auch etliche Handschriften und gedruckte Bücher aus der einstigen Klosterbibliothek und bedeutende mittelalterliche Elemente der Klosterkirche und der Klausurgebäude erhalten geblieben sind. Die 400-jährige Geschichte der Benediktiner in Chemnitz wurde in diesem Beitrag als Kontinuitätselement der sächsischen Landes- und Kirchengeschichte sichtbar. In diesen vier Jahrhunderten hat sich auch in Sachsen eine reiche und vielgestaltige Klosterlandschaft entfaltet, in der Chemnitz mit dem einzigen Benediktinerkloster im Land einen besonderen Akzent markiert.

Anmerkungen

**1** Greiling, Werner u. a. (Hrsg.): Negative Implikationen der Reformation? Gesellschaftliche Transformationsprozesse 1470–1620, Köln u. a. 2015 (= Quellen und Forschungen zu Thüringen im Zeitalter der Reformation 4). **2** Vgl. Leppin, Volker: De votis monasticis, in: Ders. u. a. (Hrsg.): Das Luther-Lexikon, Regensburg 2014, S. 156 f.; Muschiol, Gisela: Gelübde, in: ebd., S. 241 f. **3** Vgl. Bünz, Enno: Das Ende der Klöster in Sachsen. Vom »Auslaufen« der Mönche bis zur Säkularisation (1521 bis 1543), in: Marx, Harald u. a. (Hrsg.): Glaube und Macht. Sachsen im Europa der Reformationszeit. Aufsätze, Dresden 2004, S. 80–90; Ders.: Schicksale von Mönchen und Nonnen in der Reformationszeit. Ihre Zukunftsperspektiven nach Aufhebung der Klöster im Kurfürstentum Sachsen, in: Greiling u. a. (Hrsg.): Negative Implikationen der Reformation (wie Anm. 1), S. 81–108; Wolgast, Eike: Die Einführung der Reformation und das Schicksal der Klöster im Reich und in Europa, Gütersloh 2014 (= Quellen und Forschungen zur Reformationsgeschichte 89), S. 26–39 und S. 133–142. **4** Vgl. Bünz, Enno: Luther und seine Mitbrüder. Das Wittenberger Augustinerkloster in der Reformationszeit, in: Dingel, Irene u. a. (Hrsg.): Initia Reformationis. Wittenberg und die frühe Reformation, Leipzig 2017 (= Leucorea-Studien zur Geschichte der Reformation und der Lutherischen Orthodoxie 33), S. 101–117. **5** Siehe beispielsweise Ranacher, Christian: Die Zisterzienserabtei Altzelle in der Reformationszeit, in: Neues Archiv für Sächsische Geschichte 83 (2012), S. 1–34. **6** Die Geschichte der religiösen Gemeinschaften ist untrennbarer Bestandteil der Landesgeschichte wie der allgemeinen Geschichte. Dies hat niemand besser dargestellt als Borst, Arno: Mönche am Bodensee 610–1525, Sigmaringen 1978 (= Bodensee-Bibliothek 5); postume Neuausgabe: Mönche am Bodensee. Spiritualität und Lebensformen vom frühen Mittelalter bis zur Reformationszeit, Lengwil 2010. **7** Der observante Konvent war erst 1485 gegründet worden, siehe Hilsebein, Angelica: Chemnitz, Franziskaner (OFM), in: Sächsisches Klosterbuch. Die mittelalterlichen Klöster, Stifte und Kommenden im Gebiet des Freistaates Sachsen, hrsg. von Enno Bünz in Zusammenarbeit mit Sabine Zinsmeyer und Dirk Martin Mütze, Leipzig 2018 [in Druckvorbereitung]. **8** Vgl. Ziegler, Walter: Die Entscheidung deutscher Länder für oder gegen Luther. Studien zu Reformation und Konfessionalisierung im 16. und 17. Jahrhundert. Gesammelte Aufsätze, Münster 2008 (= Reformationsgeschichtliche Studien und

Texte 151); Bünz, Enno: Getrennte Wege: Die Reformation im Kurfürstentum und im Herzogtum Sachsen (1517–1539/40), in: Kroll, Frank-Lothar u. a. (Hrsg.): Deutschland und Großbritannien im Reformationsgeschehen. Vergleich, Transfer, Verflechtungen, Berlin 2018 (= Prinz-Albert-Studien/Prince Albert Studies), S. 275–301. **9** Grundlegend ist noch immer Schlesinger, Walther: Kirchengeschichte Sachsens im Mittelalter, 2 Bde., Köln u. a., 2., unveränd. Aufl. 1983 (= Mitteldeutsche Forschungen 27/1–2), hier Bd. 2, S. 165–350. Siehe künftig auch die Beiträge in: Bünz, Enno u. a. (Hrsg.): Neue Forschungen zu sächsischen Klöstern und Stiften. Ergebnisse und Perspektiven, Leipzig 2018 (= Schriften zur sächsischen Geschichte und Volkskunde, in Druckvorbereitung), und in: Hilsebein: Sächsisches Klosterbuch (wie Anm. 7). **10** Mit dem Oberbegriff der »monastischen Bewegungen« werden hier die Orden und Klöster bezeichnet, siehe beispielsweise Tremp, Ernst: Weltflucht und Verwandlung der Welt. Monastische Bewegungen in der Westschweiz im Früh- und Hochmittelalter, in: Zeitschrift für schweizerische Kirchengeschichte 92 (1998), S. 125–163. Der Begriff greift die Ansätze des wegweisenden Buches von Herbert Grundmann auf, das zuerst 1935 als Leipziger Habil.-Schrift erschienen ist: Religiöse Bewegungen im Mittelalter. Untersuchungen über die geschichtlichen Zusammenhänge zwischen der Ketzerei, den Bettelorden und der religiösen Frauenbewegung des 12. und 13. Jahrhunderts und über die geschichtlichen Grundlagen der deutschen Mystik, Anhang: Neue Beiträge zur Geschichte der religiösen Bewegungen im Mittelalter, Darmstadt, 4., unveränd. Aufl. 1977. **11** Dafür sei verwiesen auf die ausführlichen Beiträge von Römer, Christof: Chemnitz, in: Die Mönchsklöster der Benediktiner in Mecklenburg-Vorpommern, Sachsen-Anhalt, Thüringen und Sachsen, bearb. von Christof Römer und Monika Lücke, 2 Teilbände, St. Ottilien 2012 (= Germania Benedictina 10), S. 227–287, und von Siewert, Ulrike u. a.: Chemnitz OSB, in: Hilsebein: Sächsisches Klosterbuch (wie Anm. 7) [in Druckvorbereitung]. In beiden Artikeln wird die einschlägige Literatur genannt. Unter den zahlreichen älteren Publikationen ist vor allem von Bedeutung: Ermisch, Hubert: Geschichte des Benedictinerklosters zu Chemnitz bis zum Ende des 14. Jahrhunderts, in: Archiv für Sächsische Geschichte NF 4 (1878), S. 254–278, und Ders.: Geschichte des Benedictinerklosters zu Chemnitz im 15. und 16. Jahrhundert, ebd. NF 5 (1879), S. 193–261. Weitgehend unkritisch ist das Buch von Petzoldt, Klaus: Monasterium Kempnicense. Eine Untersuchung zur Vor- und Frühgeschichte des Klosterwesens zwischen Saale und Elbe, Leipzig 1982 (= Studien zur katholischen Bistums- und Klostergeschichte 25). **12** Die Klosterurkunden sind größtenteils gedruckt in: Urkundenbuch der Stadt Chemnitz und ihrer Klöster, hrsg. von Hubert Ermisch, Leipzig 1879 (= Codex diplomaticus Saxoniae regiae, Hauptteil II, 6, im folgenden UB Chemnitz). **13** Grundlegend ist die Aufarbeitung der Quellen in: Böhmer, J. F.: Regesta Imperii IV, 1: Die Regesten des Kaiserreiches unter Lothar III. und Konrad III. 1: Lothar III. 1125 (1075)–1137, bearb. von Wolfgang Petke, Köln/Wien 1994. Einen biografischen Überblick bietet Petke, Wolfgang: Lothar von Süpplingenburg, in: Beumann, Helmut (Hrsg.): Kaisergestalten des Mittelalters, München 1984, S. 155–176. Ders.: Art. »Lothar III. (v. Süpplingenburg)«, in: Lexikon des Mittelalters, Bd. 5, München u. a. 1991, Sp. 2125–2127. Ders.: Kaiser Lothar von Süpplingenburg in neuerer Sicht, in: Konrad von Wettin und seine Zeit. Protokoll der Wissenschaftlichen Konferenz anläßlich des 900. Geburtstages Konrads von Wettins im Burggymnasium Wettin am 18. und 19. Juli 1998, Halle 1999, S. 113–128. **14** Böhmer, J. F.: Regesta Imperii IV., Abteilung 1: Die Regesten des Kaiserreiches unter Lothar III. und Konrad III. Teil 2: Konrad III. 1138 (1093/94)–1152. Neubearb. von Jan Paul Niederkorn unter Mitarbeit von Karel Hruza, Wien u. a. 2008, S. 115, Nr. 270. Kritische Edition der Urkunde in: Die Urkunden Konrads III. und seines Sohnes Heinrich (Conradi III. et filii eius Heinrici Diplomata), hrsg. von Friedrich Hausmann, Wien u. a. 1969, Nachdruck München 1987 (= Monumenta Germaniae Historica. Diplomata regum et imperatorum Germaniae 9), S. 152–154, Nr. 86. **15** Böhmer: RI IV, 1: Lothar III. (wie Anm. 13), S. 311, Nr. 483. **16** Das Nekrolog gedruckt in: Urkundenbuch der Stadt Chemnitz (wie Anm. 12), S. 470–482, die zitierten Einträge dort S. 481 und S. 477. **17** Vgl. Die Urkunden Friedrichs II. 1212–1217, bearb. von Walter Koch unter Mitwirkung von Klaus Höflinger u. a., Hannover 2007 (= Monumenta Germaniae Historica. Die Urkunden der deutschen Könige und Kaiser 14, 2), S. 425 f., Nr. 384. **18** Römer: Chemnitz (wie Anm. 11), S. 228. **19** Vgl. Berwinkel, Roxane: Süpplingenburg, in: Niedersächsisches Klosterbuch. Verzeichnis der Klöster, Stifte, Kommenden und Beginenhäuser in Niedersachsen und Bremen von den Anfängen bis 1810, hrsg. von Josef Dolle unter Mitarbeit von Dennis Knochenhauer, Teil 3: Marienthal bis Zeven, Bielefeld 2012 (= Veröffentlichungen des Instituts für Historische Landesforschung an der Universität Göttingen 56, 3), S. 1403–1408. **20** Vgl. Mamsch, Stefanie: Königslutter, in: Niedersächsisches Klosterbuch. Verzeichnis der Klöster, Stifte, Kommenden und Beginenhäuser in Niedersachsen und Bremen von den Anfängen bis 1810, hrsg. von Josef Dolle unter Mitarbeit von Dennis Knochenhauer, Teil 2: Gartow bis Mariental, Bielefeld 2012 (= Veröffentlichungen des Instituts für Historische Landesforschung an der Universität Göttingen 56, 2), S. 883–894; Die Reform kam aus Kloster Berge bei Magdeburg: Die Reichschronik des Annalista Saxo, hrsg. von Klaus Nass, Hannover 2006 (= Monumenta Germaniae Historica. Scriptores 37), S. 599. **21** Petke: Art. »Lothar III.« (wie Anm. 13), Sp. 2126. **22** Siehe die Beiträge in: Bünz, Enno (Hrsg.): Ostsiedlung und Landesausbau in Sachsen. Die Kührener Urkunde von 1154 und ihr historisches Umfeld, Leipzig 2008 (= Schriften zur sächsischen Geschichte und Volkskunde 23), und die kartografische Darstellung der Siedlungsverhältnisse: Deutsche Siedlungsnamen der hochmittelalterlichen Ostsiedlung (1100–1350), bearb. von Hans Walther, Erika Weber und Diana Richter, Beiheft und 4 Karten auf einem Blatt, 1: 800 000, Leipzig/Dresden 2010 (= Atlas zur Geschichte und Landeskunde von Sachsen, G II 5). **23** Vgl. Böhmer: RI IV, 1: Lothar III. (wie Anm. 13), S. 306–310, Nr. 481. **24** Vgl. Schlesinger: Kirchengeschichte Sachsens (wie Anm. 9) 2, S. 189; Römer, Christof / Höller, Klaus: Bürgel (Thalbürgel), in: Die Mönchsklöster der Benediktiner (wie Anm. 11) 1, S. 157–225. **25** Einen guten Überblick bietet Weigel, Petra: Klosterlandschaft – Frauenklosterlandschaft: Das Beispiel Thüringen, in: Felten, Franz J. u. a. (Hrsg.): Landschaft(en): Begriffe, Formen, Implikationen, Stuttgart 2012 (Geschichtliche Landeskunde 68), S. 279–350, hier S. 301–316. Zusammenfassend auch Kunde, Holger: Das Zisterzienserkloster Pforte. Die Urkundenfälschungen und die frühe Geschichte bis 1236, Köln u. a. 2003 (= Quellen und Forschungen zur Geschichte Sachsen-Anhalts 4), S. 136. **26** Vgl. Schlesinger: Kirchengeschichte Sachsen 2 (wie Anm. 9), S. 187. Vogtherr, Thomas: Pegau, in: Die Mönchsklöster der Benediktiner 2 (wie Anm. 11), S. 1195–1224. **27** Schlesinger: Kirchengeschichte Sachsens 2 (wie Anm. 9), S. 187. Zur Benediktinerpropstei Remse Römer / Höller: Bürgel (wie Anm. 24), S. 208–214. **28** Siehe vor allem den Beitrag von Karlheinz Hengst im vorliegenden Band und mehrere Beiträge in: Zur Entstehung und Frühgeschichte der Stadt Chemnitz. Kolloquium des Stadtarchivs Chemnitz, 24. April 2002, bearb. von Gabriele Viertel u. a., Stollberg 2002 (= Aus dem Stadtarchiv Chemnitz 6). **29** Siehe die Überblicksdarstellung von Rittenbach, Willi / Seifert, Siegfried: Geschichte der Bischöfe von Meißen 968–1581, Leipzig 1965 (= Studien zur katholischen Bistums- und Klostergeschichte 8). Thieme, André: Bennos Land. Strukturen der Mark Meißen im 10. und 11. Jahrhundert, in: Kunde, Claudia u. a. (Hrsg.): Ein Schatz nicht von Gold. Benno von Meißen, Sachsens erster Heiliger. Albrechtsburg Meißen, 12. Mai bis 5. November 2017. Katalog zur Sonderausstellung, Petersberg 2017, S. 72–79. **30** Siehe die oben in Anm. 22 genannte Literatur. **31** Vgl. die Karte bei Thieme: Bennos Land (wie Anm. 29), S. 76. **32** Eine umfassende Geschichte des Domkapitels wird von mir für die Reihe »Germania Sacra« bearbeitet. Siehe vorerst von Brunn, Kunz, gen. von Kauffungen: Das Domkapitel von Meißen im Mittelalter. Ein Beitrag zur Verfassungs- und Verwaltungsgeschichte der deutschen Domkapitel, in: Mitteilungen des Vereins für Geschichte der Stadt Meißen 6 (1902), S. 121–252 (= Diss. Leipzig 1902), sowie Bünz, Enno u. a.: Meißen, Domkapitel, in: Sächsisches Klosterbuch (wie Anm. 7). **33** Vgl. Bünz, Enno: Das Kollegiatstift St. Marien zu Wurzen im Mittelalter. Seine Bedeutung für das Bistum Meißen und Sachsen, in: Der Dom St. Marien zu Wurzen. 900 Jahre Bau- und Kunstgeschichte der Kollegiatstiftskirche St. Marien zu Wurzen. Beiträge des Kolloquiums vom 17. Oktober 2014, Dresden 2015 (= Arbeitshefte des Landesamtes für Denkmalpflege Sachsen 23), S. 9–27. Bönhoff, Leo: Die Stiftungsurkunde des Wurzener Kollegiatstiftes, in: Beiträge zur sächsischen Kirchengeschichte 27 (1913), S. 1–15. **34** Vgl. Schlesinger: Kirchengeschichte Sachsens 2 (wie Anm. 9), S. 204. Siehe künftig auch Zinsmeyer, Sabine u. a.: Riesa, St. Marien und St. Johannes Bapt., in: Sächsisches Klosterbuch (wie Anm. 7). **35** Bönhoff: Stiftungsurkunde (wie Anm. 33), S. 2. **36** Vgl. Kinne, Hermann: Das (exemte) Bistum Meißen 1: Das Kollegiatstift St. Petri zu Bautzen von der Gründung bis 1569, Berlin u. a. 2014 (= Germania

Sacra, 3. Folge, 7: Die Bistümer der Kirchenprovinz Magdeburg. Das (exemte) Bistum Meißen 1). **37** Vgl. Schlesinger, Walter: Die Anfänge der Stadt Chemnitz und anderer mitteldeutscher Städte. Untersuchungen über Königtum und Städte während des 12. Jahrhunderts, Weimar 1952. **38** Dies ist auch der Raum, der von Schlesinger, Kirchengeschichte Sachsens (wie Anm. 9), behandelt wird. **39** Siehe oben, Anm. 26. **40** Vgl. Stewing, Frank: Merseburg, St. Peter und Paul, in: Die Mönchsklöster der Benediktiner 2 (wie Anm. 11), S. 951–991. **41** Vgl. Ludwig, Matthias: Naumburg, St. Georg, in: Die Mönchsklöster der Benediktiner 2 (wie Anm. 11), S. 993–1031. **42** Vgl. Meier, Heinrich / Wiessner, Heinz / Römer, Christof: Bosau (Posa), in: Die Mönchsklöster der Benediktiner 1 (wie Anm. 11), S. 101–155. **43** Siehe oben, Anm. 24. **44** Zur ersten Orientierung siehe Faust, Ulrich: Die Benediktiner, in Jürgensmeier, Friedhelm u. a. (Hrsg.): Orden und Klöster im Zeitalter von Reformation und katholischer Reform 1500–1700, Bd. 1, Münster 2005 (= Katholisches Leben und Kirchenreform im Zeitalter der Glaubensspaltung 65), S. 11–46, hier S. 12–16 mit Übersichtskarte und Verzeichnis der Männerklöster in Mitteleuropa. **45** Vgl. Oberste, Jörg: Die Zisterzienser, Stuttgart 2014 (=Urban-Taschenbücher 744). **46** Die Grundlinien zeigt auf: Tellenbach, Gerd: Die westliche Kirche vom 10. bis zum frühen 12. Jahrhundert, Göttingen 1988 (= Die Kirche in ihrer Geschichte 2, F 1), S. 230–236. Siehe hierzu auch die Beiträge in: Die Reformverbände und Kongregationen der Benediktiner im deutschen Sprachraum, bearb. von Ulrich Faust u. a., St. Ottilien 1999 (= Germania Benedictina 1), S. 33–193 über die Reformbewegungen des Hochmittelalters. **47** Die Zitate nach Bannasch, Hermann: Hirsauer Reform, in: Taddey, Gerhard (Hrsg.): Lexikon der deutschen Geschichte. Personen, Ereignisse, Institutionen. Von der Zeitwende bis zum Ausgang des 2. Weltkrieges, Stuttgart 1977, S. 537. **48** Vgl. exemplarisch und mit vielen Bezügen zu Mitteldeutschland Fenske, Lutz: Adelsopposition und kirchliche Reformbewegung im östlichen Sachsen. Entstehung und Wirkung des sächsischen Widerstandes gegen das salische Königtum während des Investiturstreits, Göttingen 1977 (= Veröffentlichungen des Max-Planck-Instituts für Geschichte 47). **49** Siehe dazu die oben in Anm. 25 genannte Literatur. **50** Vgl. Grabkowsky, Anna-Therese: Das Kloster Cismar, Neumünster 1982 (= Quellen und Forschungen zur Geschichte Schleswig-Holsteins 80). **51** Vgl. Münch, Ernst u. a.: Dobbertin, Kloster S. Maria, S. Johannes Evangelist (Ordo Sancti Benedicti/ Benediktinerinnen), in: Huschner, Wolfgang u. a. (Hrsg.): Mecklenburgisches Klosterbuch. Handbuch der Klöster, Stifte, Kommenden und Prioreien (10./11.–16. Jahrhundert), Bd. I, II u. a., Rostock 2016, hier I, S. 177–216; zur Gründung als Benediktinerkloster S. 178. **52** Vgl. Heimann, Heinz-Dieter u. a. (Hrsg.): Brandenburgisches Klosterbuch. Handbuch der Klöster, Stifte und Kommenden bis zur Mitte des 16. Jahrhunderts, Berlin 2007 (= Brandenburgische Historische Studien 14). Zwar können die Gründungen des 10. Jahrhunderts in Arneburg und Lenzen als Benediktinerklöster betrachtet werden, doch waren sie nur von kurzem Bestand. **53** Eine Handschrift der »Constitutiones Hirsaugienses« ist übrigens aus der Chemnitzer Klosterbibliothek überliefert: Römer: Chemnitz (wie Anm. 11), S. 273. Die kritische Edition der Quelle im Rahmen des »Corpus consuetudinum monasticarum« wird vorbereitet, siehe Engelbert, Pius: Die Constitutiones Hirsaugiensis des Abtes Wilhelm von Hirsau. Arbeitsbericht zur Edition, in: Studien und Mitteilungen zur Geschichte des Benediktinerordens und seiner Zweige 119 (2008), S. 25–35. **54** Siehe dazu oben, Anm. 20. **55** Vgl. zur Beisetzung und zum Grab Böhmer: RI IV, 1: Lothar III. (wie Anm. 13), S. 409 f., Nr. 656. Mamsch: Königslutter (wie Anm. 20), S. 893 mit weiteren Hinweisen. **56** Siehe dazu oben, Anm. 45. **57** Vgl. zum Folgenden Schulze, Hans K.: Die Kirche im Hoch- und Spätmittelalter, in: Patze, Hans u. a. (Hrsg.): Geschichte Thüringens, Bd. 2: Hohes und spätes Mittelalter 2, Köln 1973 (= Mitteldeutsche Forschungen 48, 2, 2), S. 50–149 und S. 323–336, hier S. 83–85; Weigel: Klosterlandschaft (wie Anm. 25), S. 317–321. Schlesinger: Kirchengeschichte Sachsens (wie Anm. 9) 2, S. 212–227. **58** Vgl. Kunde: Zisterzienserkloster Pforte (wie Anm. 25), S. 254 f. **59** Vgl. Böhmer: RI IV, 1: Lothar III. (wie Anm. 13), S. 163–168, Nr. 266. **60** Vgl. Melville, Gert u. a. (Hrsg.): Regula Sancti Augustini. Normative Grundlage differenter Verbände im Mittelalter, Paring 2002 (= Publikationen der Akademie der Augustiner-Chorherren von Windesheim 3). Für Mitteldeutschland Weigel: Klosterlandschaft (wie Anm. 25), S. 326–330, und Schlesinger: Kirchengeschichte Sachsens 2 (wie Anm. 9), S. 169 f. **61** Vgl. Schlesinger: Kirchengeschichte Sachsens 2 (wie Anm. 9), S. 205 ff. **62** Vgl. Bünz, Enno: Zwischen Kanonikerreform und Reformation. Anfänge, Blütezeit und Untergang der Augustiner-Chorherrenstifte Neumünster-Bordesholm und Segeberg (12. bis 16. Jahrhundert), Paring 2002 (= Schriftenreihe der Akademie der Augustiner-Chorherren von Windesheim 7), S. 19–22; Ders.: Segeberg, St. Maria und St. Johannes Ev. [Abschnitte 1, 2, 3 Mitarbeit, 4, 5.1], in: Hillebrand, Katja u. a. (Hrsg.): Klosterbuch Schleswig-Holstein und Hamburg. Klöster, Stifte und Konvente von den Anfängen bis zur Reformation, Regensburg 2018 [im Druck]. **63** Vgl. Römer: Chemnitz (wie Anm. 11), S. 229. **64** Vgl. ebd., S. 234. **65** Vgl. ebd., S. 231. Die Grundherrschaft des Klosters wurde nach der Säkularisation 1540 als landesherrliches Amt weitergeführt, siehe dazu die Hinweise unten Anm. 108. **66** Vgl. Römer: Chemnitz (wie Anm. 11), S. 232. **67** Vgl. Urkundenbuch der Stadt Chemnitz (wie Anm. 12), S. 2, Nr. 2. Urkunden der Markgrafen von Meißen und Landgrafen von Thüringen, Bd. 5: 1248–1264, bearb. von Tom Graber und Mathias Kälble, Wiesbaden 2017 (= Codex diplomaticus Saxoniae, Hauptteil I, Abteilung A, Bd. 5), S. 317 f., Nr. 231. Siehe auch Römer: Chemnitz (wie Anm. 11), S. 232 f. und S. 268 f., wonach König Adolf von Nassau das Patronatsrecht 1294 nochmals bestätigt hat. **68** Vgl. Die Papsturkunden des Hauptstaatsarchivs Dresden, Bd. 1: Originale Überlieferung, Teil 1: 1104–1303, bearb. von Tom Graber, Hannover 2009 (Codex diplomaticus Saxoniae, Hauptteil III, 1), S. 101 f., Nr. 56; Römer: Chemnitz (wie Anm. 11), S. 235. **69** Vgl. Römer: Chemnitz (wie Anm. 11), S. 237. **70** Vgl. Urkundenbuch der Stadt Chemnitz (wie Anm. 12), S. 276 f., Nr. 322–324. Römer: Chemnitz (wie Anm. 11), S. 237. **71** Vgl. Römer: Chemnitz (wie Anm. 11), S. 237, S. 239 und S. 270 ff. **72** Vgl. Blaschke, Karlheinz / Haupt, Walther / Wiessner, Heinz: Die Kirchenorganisation in den Bistümern Meissen, Merseburg und Naumburg um 1500, Weimar 1969, Kartenblatt 1 und 4. Rittenbach/Seifert: Geschichte (wie Anm. 29), S. 244 und S. 250. **73** Vgl. Rittenbach/Seifert: Geschichte (wie Anm. 29), S. 244. Römer: Chemnitz (wie Anm. 11), S. 241. **74** Vgl. Römer: Chemnitz (wie Anm. 11), S. 242. **75** Vgl. Blaschke, Karlheinz: Art. »Rabenstein«, in: Schlesinger, Walther (Hrsg.): Sachsen, Stuttgart 1965, unveränd. Neudruck 1990 (= Handbuch der historischen Stätten Deutschlands 8, Kröners Taschenausgabe 312), S. 291 f.; Römer: Chemnitz (wie Anm. 11), S. 242. **76** Siehe die Äbteliste bei Römer: Chemnitz (wie Anm. 11), S. 279. **77** Vgl. Schulte, Aloys: Der Adel und die deutsche Kirche im Mittelalter. Studien zur Sozial-, Rechts- und Kirchengeschichte, Amsterdam 1966, unveränderter Nachdruck der Ausgabe Stuttgart 1910 (= Kirchenrechtliche Abhandlungen 63–64); Schreiner, Klaus: Mönchsein in der Adelsgesellschaft des hohen und späten Mittelalters. Klösterliche Gemeinschaftsbildung zwischen spiritueller Selbstbehauptung und sozialer Anpassung, München 1989 (= Schriften des Historischen Kollegs. Vorträge 20); Ders.: Gemeinsam leben. Spiritualität, Lebens- und Verfassungsformen klösterlicher Gemeinschaften in Kirche und Gesellschaft des Mittelalters, Berlin u. a. 2013 (= Vita regularis. Abhandlungen 53). **78** Bünz, Enno: Geistliche Karrieren im Hause Schönberg vor der Reformation. Eine Fallstudie zur Aussagekraft der kurialen Quellen des Vatikanischen Archivs, in: Die Adelsfamilie von Schönberg in Sachsen. Fachkolloquium des Sächsischen Staatsarchivs, Staatsarchiv Leipzig 22. Oktober 2010, Leipzig 2011, S. 22–35, hier S. 22 f. mit weiterführenden Hinweisen. **79** Zitiert bei Bünz, Enno: Stift Haug in Würzburg. Untersuchungen zur Geschichte eines fränkischen Kollegiatstiftes im Mittelalter, 2 Teilbände, Göttingen 1998 (= Veröffentlichungen des Max-Planck-Instituts für Geschichte 128, Studien zur Germania Sacra 20), hier 1, S. 13. **80** Siehe zu diesen Reformverbänden die Beiträge in: Reformverbände und Kongregationen der Benediktiner (wie Anm. 46), S. 225–418, und allgemein zur monastischen Reform im späten Mittelalter mehrere Aufsätze von Schreiner: Gemeinsam leben (wie Anm. 77). **81** Vorzüglich untersucht ist mittlerweile die Reform des Erfurter Petersklosters, siehe Frank, Barbara: Das Erfurter Peterskloster im 15. Jahrhundert. Studien zur Geschichte der Klosterreform und der Bursfelder Union, Göttingen 1973 (= Veröffentlichungen des Max-Planck-Instituts für Geschichte 34, Studien zur Germania Sacra 11), und Eifler, Matthias: Die Bibliothek des Erfurter Petersklosters im späten Mittelalter. Buchkultur und Literaturrezeption im Kontext der Bursfelder Klosterreform, 2 Teilbände, Köln u. a. 2018 (= Veröffentlichungen der Historischen Kommission für Thüringen. Kleine Reihe 51). **82** Vgl. Maier, Peter: Die Epoche der General- und Provinzialkapitel, in: Reformverbände und Kongregationen der Benediktiner (wie Anm. 46), S. 195–224, hier S. 205 f. Felten, Franz J.: Die Ordensreformen Benedikts XII. unter institutionengeschichtlichem

Aspekt, in: Melville, Gert (Hrsg.): Institutionen und Geschichte. Theoretische Aspekte und mittelalterliche Befunde, Köln u. a. 1992 (= Norm und Struktur 1), S. 369–435. **83** Vgl. Meuthen, Erich (Hrsg.): Acta Cusana. Quellen zur Lebensgeschichte des Nikolaus von Kues, Bd. I, Lieferung 3 a: 3. Januar 1451–5. September 1451, Hamburg 1996, S. 962 f., Nr. 1428. **84** Vgl. Urkundenbuch der Stadt Chemnitz (wie Anm. 12), S. 364–366, Nr. 402. Rittenbach/Seifert: Geschichte (wie Anm. 29), S. 329. **85** Vgl. Urkundenbuch der Stadt Chemnitz (wie Anm. 12), S. 375 f., Nr. 412. Römer: Chemnitz (wie Anm. 11), S. 247 f. **86** Ebd., S. 248. **87** Ergänzend zu den Anm. 11 zitierten Arbeiten für diese Zeit auch Igah, Sandra: Abt und Archidiakon. Die Äbte des Klosters St. Marien zu Chemnitz im 15. Jahrhundert, in Fiedler, Uwe/Thoß, Hendrik/Bünz, Enno (Hrsg.): Des Himmels Fundgrube. Chemnitz und das sächsisch-böhmische Gebirge im 15. Jahrhundert, Chemnitz 2012, S. 83–97. **88** Römer: Chemnitz (wie Anm. 11), S. 249. Zur Aussagekraft der Schülerdialoge des Paul Schneevogel (Niavis) für die Verhältnisse des Klosters Chemnitz siehe den Beitrag von Thomas Schuler im vorliegenden Band. **89** Vgl. Berlière, Ursmer: Les chapitres généraux de l'ordre de St-Benoît, in: Revue bénédictine 18 (1901), S. 364–398 und 19 (1902), S. 38–75, S. 268–278 und S. 374–311; Ders: Les Chapitres généraux de l'ordre de Saint-Benoît. Notes supplémentaires, in: Revue bénédictine 22 (1905), S. 377–397. **90** Vgl. Repertorium Poenitentiariae Germanicum V. Verzeichnis der in den Supplikenregistern der Pönitentiarie Pauls II. vorkommenden Personen, Kirchen und Orte des Deutschen Reiches 1464–1471. Text, bearb. von Ludwig Schmugge unter Mitarbeit von Peter Clarke u. a., Tübingen 2002, S. 139, Nr. 1324. **91** Frank: Erfurter Peterskloster (wie Anm. 81), S. 277 f. **92** Vgl. Römer: Chemnitz (wie Anm. 11), S. 270–272. **93** Nachweise bei Svec Goetschi, Milena: Klosterflucht und Bittgang. Apostasie und monastische Mobilität im 15. Jahrhundert, Köln u. a. 2015 (= Zürcher Beiträge zur Geschichtswissenschaft 7), S. 17 mit Anm. 20. **94** Siehe dazu die Beiträge in Fasbender, Christoph u. a. (Hrsg.): »quasi fundator secundus«. Der Chemnitzer Abt Heinrich von Schleinitz (1483–1522) in seiner Zeit, Würzburg 2018 [im Druck]. **95** Urkundenbuch der Stadt Chemnitz (wie Anm. 12), S. 480. Römer: Chemnitz (wie Anm. 11), S. 250. **96** Vgl. Magirius, Heinrich: Die Schlosskirche Chemnitz. Forschungen zur Baugeschichte der Benediktiner-Klosterkirche im Mittelalter, Dresden 2005 (= Landesamt für Denkmalpflege Sachsen, Arbeitsheft 7). **97** Siehe Römer: Chemnitz (wie Anm. 11), S. 272–274, und den bibliotheksgeschichtlichen Abschnitt von Mackert, Christoph in: Siewert u. a.: Chemnitz (wie Anm. 11). **98** Grimm, Jacob und Wilhelm: Deutsches Wörterbuch, Bd. 30, Leipzig 1960, Sp. 2161, s. v. Würfel (Abschnitt A 2e). **99** Vgl. Römer: Chemnitz (wie Anm. 11), S. 251. **100** Über das Porträt des Abtes, das sich im Reiß-Engelhorn-Museum zu Mannheim befindet, siehe zuletzt Fiedler, Uwe: in: Ders. Et alii u. a. (Hrsg.): Gotik ohne Grenzen. Sachsen und Böhmen im Spiegel der Kunst um 1500 (= Katalog zur Ausstellung 8. Mai bis 4. September 2016), Chemnitz 2016, S. 120. **101** Vgl. Zöllner, Walter/Goseck, in: Die Mönchsklöster der Benediktiner 1 (wie Anm. 11), S. 491–503, hier S. 494 und S. 500. Römer: Chemnitz (wie Anm. 11), S. 251. **102** Vgl. UB Chemnitz, Nr. 478. Römer: Chemnitz (wie Anm. 11), S. 255. **103** Vgl. zur Konventsgröße Römer: Chemnitz (wie Anm. 11), S. 265. **104** Vgl. ebd., S. 255–257. **105** Vgl. Faust: Die Benediktiner (wie Anm. 44), S. 11, dazu die dort folgende Karte mit Klosterverzeichnis. **106** Vgl. Repertorium Germanicum VIII. Verzeichnis der in den päpstlichen Registern und Kameralakten Pius‹ II. vorkommenden Personen, Kirchen und Orte des Deutschen Reiches, seiner Diözesen und Territorien 1458–1464. 1. Teil: Text, bearb. von Dieter Brosius u. a., Tübingen 1993, S. 96, Nr. 609. Die Urkunde ist nur abschriftlich im Vatikanischen Archiv überliefert und deshalb im Urkundenbuch der Stadt Chemnitz (wie Anm. 12) nicht enthalten. **107** Vgl. Schilling, Johannes: Klöster und Mönche in der hessischen Reformation, Gütersloh 1997 (= Quellen und Forschungen zur Reformationsgeschichte 67), S. 10. **108** Für das Herzogtum Sachsen siehe Kühn, Helga-Maria: Die Einziehung des geistlichen Gutes im albertinischen Sachsen 1539–1553, Köln u. a. 1966 (= Mitteldeutsche Forschungen 43), hier S. 120 f. zum Besitz des Klosters Chemnitz 1540. Der einstige Klosterbesitz bildete das Amt Chemnitz, siehe die kartografische Darstellung: Blaschke, Karlheinz/Jäschke, Uwe Ullrich: Kursächsischer Ämteratlas 1790. Maßstab etwa 1 : 200000, Chemnitz 2009, S. 64 f. **109** Das betont auch Römer: Chemnitz (wie Anm. 11), S. 265.

Sic paulus Sic iob

Cur ho torqt' ne fast' ei dominet'. C ho. t. ut meritu cumulet'.

Sic maria m.

C. h. t. ut culpe pena

puet'. C. h. t. u ei

Sic herodes

mors ppetuet'.

C. ho torquet' ut xpc

Sic ceco nato

glorificet'.

Cur homo

torquet' ut

xpc

qui festinat. sunt doctrine scor patru quor obser
uatio pducat hominē ad celsitudinē pfectionis. Que
enī pagina aut qs sermo diuine auctoritatis. ue
teris ac noui testamenti n ē rectissima norma uite
hui humane. Aut quis liber scor catholicor pa
trum hoc n resonat. ut recto cursu puenimus
ad creatorē nrm. Nec n & collationes patrū & in
stituti & uita eor s; & regla sci pats nri basilii
quid aliud sunt. nisi bene uiuentium. & obedien
tium monachor. instrumenta uirtutū. Nobis
autē desidiosis & male uiuentib atq; negligen
tibus; rubor confusionis est. Quis quis ergo ad
celestem patriam festinas. hanc minimā inchoa
tionis reglam descriptā. adiuuante xpo pfice;
& tunc demū ad maiora que sup comemorauim
doctrine uirtutū q; culmina. deo ptegente per
venies. A m e n. Amē.

In capella cens ... solidi

De molendino .ii.x. sol. de uilla albis .ix. sol. .xx.

.xxxvi. pullos

In claffinbach .xiii. sol.

A dorf .iiii. sol. iiii. d.

In noua ecclā .v. sol.

In aldendorf .v. sol. .vi. d.

Antiq kemnat .xx. sol.

Cabilencia .xxxii. sol

... dorf .vi. d.

De ciuitate Reinbold .v. sol. talentu cere

bertold .ii. sol

Gunderam .iii. sol. herborto frat ...

Gerung .ii. sol. Engilbt .i. sol. Volcmar

.x. viii. d. bertoldus unco sol. Herlu...

sol. Gisla .viii. d. herembt uilenarius

talentū cere. Clobsu talentū cere

Wilhelm talentum cere. De curia Reich...

.vi. d.

KARLHEINZ HENGST

# Sprachhistorische Fakten zur Erschließung des Gebiets an der Chemnitz bis 1200

## Zur Frühgeschichte des Benediktinerklosters Chemnitz und seiner Dörfer

Entstehung und Frühgeschichte der Stadt Chemnitz waren Themen von wissenschaftlichen Veranstaltungen in den Jahren 1965 und 2002, wesentlich getragen vom Stadtarchiv.[1] Erstmals rücken nun das Kloster Chemnitz und seine Geschichte in den Mittelpunkt. Die Gründung des Benediktinerklosters durch Kaiser Lothar III. in den 30er Jahren des 12. Jahrhunderts erfuhr Ende des Winters 1143 in Zeitz urkundliche Bestätigung durch König Konrad III. Die Ausfertigung der Urkunde erfolgte im Beisein des Erzbischofs von Naumburg, der Bischöfe von Würzburg und Naumburg und hoher weltlicher Vertreter. Diese Einrichtung im heutigen Südwestsachsen vollzog sich damals nach der Gründung der Klöster in Schmölln (1066 bereits erwähnt) und in Pegau (Ende des 11. Jahrhunderts) am weitesten südlich an der Nordstufe des Erzgebirges und seines unbewohnten Waldgebiets. Erst Jahrzehnte später folgte die Einrichtung der Klöster zu Zschillen (1174) sowie von Klösterlein Celle (1173).

Für Chemnitz war die Klostergründung zugleich die Geburtsstunde für seine Entwicklung zur Stadt; für Westsachsen insgesamt war es der Startschuss und Auftakt zur Besiedlung bis zum Erzgebirgskamm. Neben der kirchen- und missionsgeschichtlichen, siedlungsgeschichtlichen sowie wirtschaftlichen Bedeutung der Klostergründung ist auch wesentlich, dass damit die erste Einrichtung als Träger von Bildung und Wissenschaft sowie von juristischer Kompetenz am Chemnitzfluss entstand. Es gilt, das Kloster in seiner Funktion und Verantwortung als vielseitiges, neues, kulturelles und wirtschaftliches Zentrum an der Chemnitz zu sehen – weitab vom Königsgut Rochlitz.

Erstmals können nun auch sprachgeschichtliche Fakten aus dem 11./12. Jahrhundert zum Raum Chemnitz vorgetragen werden. Für diese Möglichkeit bedanke ich mich ausdrücklich bei Herrn Fiedler als Direktor des Schloßbergmuseums in Chemnitz und damit der heutigen Nachfolgeeinrichtung des Klosters. Ich beschränke mich im Folgenden auf die Erläuterung von sprachlichen Phänomenen allein aus dem 11. und 12. Jahrhundert. Mein Anliegen dabei ist es, bei den letztlich wenigen konkreten sprachlichen Äußerungen aus jener Zeit die spezifischen Konditionen und Umstände immer mit zu beachten. Soziolinguistisch ausgedrückt heißt das etwa: Bei jedem Sprachsplitter mit Referenz auf ein Objekt im Raum am Chemnitzfluss ist ebenso das soziale und geografische sowie politische Milieu des 11./12. Jahrhunderts mit in die Erläuterung einzubeziehen. Dies bedeutet auch, jeweils nach volkssprachlichen Formen im lateinischen Text und nach Sprachformen aus der geistlichen und weltlichen Oberschicht zu differenzieren.

Was für den Archäologen die Scherbenfunde im Boden sind, das sind für die Sprachforschung die Sprachsplitter aus der Vergangenheit. Wir finden diese Zeugen in den ältesten – zufällig erhalten gebliebenen – Urkunden und auch in den sehr stabilen Mundartformen. In Schriftform bewahrte Sprachsplitter aus dem Mittelalter sind die in lateinischem Kontext vorkommenden Namen von Gewässern, Landschaften, Orten und Personen. Insofern ist und bleibt konkrete Sprache »Konserve zu Denken und Handeln« im Mittelalter. Sind Namen mit den Tonscherben in der Archäologie vergleichbar? Ja, denn Namen sind in der

Abb. 1 Das älteste Zinsregister (Eintrag im unteren Seitendrittel), Kapiteloffiziumsbuch des Chemnitzer Klosters (UB Leipzig Ms. 850), um 1200

mündlichen Kommunikation und in Urkunden von Generation zu Generation sowie von Sprache zu Sprache weitergereicht worden. Namen sind in der Regel lange vor schriftlichen Aufzeichnungen entstanden und haben zunächst Inhalte vermittelt. Und selbst wenn diese Inhalte nicht mehr verstanden wurden, hafteten die Namen als Identifikatoren an Objekten und dienten in der Kommunikation der Orientierung.

In unserem Betrachtungsraum sind im 8./9. Jahrhundert geprägte slawische Namen später von deutschen Sprechern übernommen und weiterhin verwendet worden. Oft sind diese Namen bis heute in Gebrauch. Namen als alltägliches Gebrauchsgut haben sich wie Gefäße natürlich durch die Sprecher »abgenutzt«, sie sind abgeschliffen, reduziert, also etwas verändert worden. Und Namen sind im Laufe der Zeit zuweilen auch einer bewussten »Pflege« unterzogen worden, man könnte sagen, sie sind »aufpoliert« oder »geschönt« worden. Das ist in den Kanzleien vor allem ab dem 15./16. Jahrhundert geschehen.

Als Geschichtsquellen sind Namen für die Forschung unverzichtbar geworden. Namen sind Produkte des menschlichen Handelns. In den Namen sind die Beobachtungen, Bewertungen und Urteile von Menschen zu ihrer Umgebung von vor mehr als 1 000 Jahren festgemacht worden. Damit sind Namen eine geschichtliche Quelle sowohl von hohem Alter als auch von einer überaus großen Dauerhaftigkeit. Der konservierte Nameninhalt freilich muss vorsichtig erschlossen werden.

## Die Klostergründung am Chemnitzfluss um 1136

Nur knapp 20 Jahre nach der Weihe von St. Marien *in territorio Zwikaviensi* im Muldenraum durch Bischof Dietrich von Naumburg vollzog Kaiser Lothar III. die Gründung des Benediktinerklosters auf dem heutigen Schloßberg von Chemnitz.[2] Sein Nachfolger König Konrad III. bestätigte die Gründung 1143 ausdrücklich mit Verweis auf seinen Vorgänger und veranlasste die Gründung eines Fernhandelsmarktes. Die Urkunde von 1143 erwähnt gleich eingangs, dass das Kloster nach der Regel des Benediktinerordens unter der Leitung eines Abtes stehen soll. Es wird außer dem Ausstellungsort Zeitz (*actum in Ciza*) nur ein geografischer Name genannt, nämlich *locus kameniz*. Wesentlich ist aber die ausdrückliche königliche Erlaubnis, dass die geistlichen Würdenträger des Klosters ein *forum publicum* in aller Freiheit gründen können (»Concedimus [...], ut forum publicum prelati celle illius construant cum omni libertate«). Und der folgende Satz in der Urkunde macht deutlich, dass es dabei um einen Fernhandelsmarkt geht.[3] Diese Urkunde ist erhalten, ebenso das nur rund 50 Jahre später verfasste erste Zinsregister des Klosters aus der Zeit um 1200, das weitere geografische Namen enthält. Ehe dazu Näheres ausgeführt werden soll, ist es nötig, einiges zu den Siedlungsbedingungen in der ersten Hälfte des 12. Jahrhunderts am Chemnitzfluss anzumerken.

Was besagen die ältesten Sprachsplitter aus dem Raum Chemnitz? Gleich vorab sind im Ergebnis langer sprachwissenschaftlicher Forschung einige generelle Feststellungen zu treffen: Es gibt weder Hinweise für eine Vorbesiedlung des Gebiets der heutigen Stadt Chemnitz durch Slawen noch Anhaltspunkte zu der Vermutung, germanische oder gar keltische Siedler hätten sich vorher jemals hier niedergelassen. Sicher ist aber: Schon lange vor der deutschen Besiedlung im Zuge des Landesausbaus im 12. Jahrhundert gab es Verbindungswege durch unseren Raum über das Erzgebirge hinweg nach Süden.

Slawische Gewässernamen südlich der slawischen Altsiedelgaue Plisni und Rochelinze bis hoch ins Erzgebirge sind Zeugnisse für slawische Namensgebung und für die Übernahme dieser geografischen Namen durch die deutsche weltliche und kirchliche Verwaltung ab dem 10. Jahrhundert sowie später durch die deutschen Siedler vor allem im 12. Jahrhundert. Es ist davon auszugehen, dass kundige Slawen aus dem Altsiedelgebiet Rochlitz am Landesausbau unter deutscher Herrschaft mitwirkten. Slawen waren Kenner des Gebiets. Sie bildeten allein in der Zeit nach der deutschen Eroberung ab etwa 930 bis zur Mitte des 12. Jahrhunderts über mehr als 200 Jahre und somit für rund zehn Generationen die deutliche Bevölkerungsmehrheit in den Gebieten Plisni und Rochelinze.

Was sind im Raum Chemnitz die ältesten sprachlichen Zeichen? Das sind die slawischen Gewässernamen. Dies sind zum Beispiel die *Chemnitz*, die *Gablenz* und der *Bahre*-Bach. Nördlich von Chemnitz lässt sich noch die *Claußnitz* nennen, westlich der *Lungwitz*-Bach. Ein Überblick über die slawischen Namen im Umfeld von Limbach-Oberfrohna zum Tag der Sachsen 2016 in den »Sächsischen Heimatblättern«[4] hat klar Folgendes vor Augen führen können: Es ist nur wenig an slawisch-sprachlichem Erbgut südlich vom Rochlitzer Raum zu finden. Der Slawist und Sprachforscher Walter Wenzel hat daher seine entsprechende Betrachtung bis an die Zwickauer Mulde im Westen ausgeweitet.

Im Unterschied zu vereinzelten slawischen Siedlungen an der Zwickauer Mulde im Altgau Zwikowe gab es vor der deutschen Besiedlung im Raum des heutigen Chemnitz bzw. am Fluss Chemnitz keine slawische Ansiedlung. Die nördlich bzw. nordwestlich von Chemnitz gelegenen Orte *Penig*, *Taura* und *Tauscha* tragen zwar slawische Namen, sind aber als solche zunächst Stellenbezeichnungen gewesen und in der Zeit der deutschen Besiedlung erst sekundär zu Siedlungsnamen geworden. Das gilt auch für die Gewässernamen *Claußnitz* und *Murschnitz* sowie *Lungwitz*. Die slawischen Namen enthalten Aussagen zu von den Slawen als wesentlich beurteilten Merkmalen der Gewässer: Die Chemnitz ist von den Slawen nach ihrer Auffälligkeit mit den großen Steinblöcken im Flussbett benannt worden. Die Namensgebung mit slawisch **Kamenica*,[5] »Steingewässer«, erfolgte am Unterlauf des Flusses im Altgau Rochelinze.

Die Wiesen als Überschwemmungsgebiet an der Chemnitz (gleich nördlich der Stadt) waren schon den Slawen aufgefallen. Sie benannten folglich eine größere Flur mit dem Wort **bara*, »Sumpf«. Daher trägt der dort südlich von Draisdorf in die Chemnitz mündende Bach den deutschen Namen Bahre-Bach. Der rechts zur Chemnitz fließende Gablenz-Bach erhielt nach den ihn damals umgebenden Apfelbäumen den Namen **Jablonica*. Die Claußnitz aber wurde nach ihrem Geräusch mit **Kl'uśnica* als »plätscherndes Gewässer« (vergleichbar etwa mit dem deutschen »Rauschenbach«) benannt. Hingegen wurde die Lungwitz wieder nach ihrem Umfeld mit **Lǫkavica* als »Wiesenbach« bezeichnet.

Die slawischen Namengeber kamen aus dem Raum an der Mulde, vor allem wohl aus dem Altsiedelgau Rochelinze. Ihr für den Lebensunterhalt wichtiges Einzugsgebiet für Bienenzucht, Fischfang und Jagd durchstreiften sie entlang von Mulde und Chemnitzfluss. Die Slawen aus dem Raum um Rochlitz kannten das Gebiet zu beiden Seiten der Flüsse Mulde und Chemnitz. Sie gaben einzelnen Gewässern zur eigenen Orientierung die noch heute bekannten Namen. Dieser Benennungsprozess erfolgte zweifelsfrei spätestens im 9. Jahrhundert und somit lange vor der deutschen Eroberung um 930.

Wie gelangten diese slawischen Namen in den dauerhaften deutschen Sprachgebrauch? Nach der militärischen Eroberung unter Heinrich I. hat es offenbar eine gründliche und umfassende verwaltungsmäßige Erfassung und Bestandsaufnahme zu den neuen Gebieten durch die deutsche Obrigkeit gegeben. Angehörige der ansässigen slawischen Führungsschicht mit guten regionalen Kenntnissen haben dabei sicher mitgewirkt. Die genuin slawischen Namen wurden von deutscher Seite von den kundigen Slawen übernommen und unverändert beibehalten. Dass das bereits nach der Eroberung noch im 10. Jahrhundert geschah, beweist unter anderem ein Hydronym wie Lungwitz mit Bewahrung des Nasalvokals aus slawisch **Lǫkavica* [lonkawitsa]. Wäre dieser Name erst nach 1000 ins Deutsche gelangt, würde er heute **Luckwitz* oder **Lockwitz* (wie bei Dresden) lauten müssen, da zu dieser Zeit das slawische nasale /*ǫ*/ [ong] zu /u/ geworden ist. Diese alten slawischen Gewässernamen blieben als Orientierungsnamen – sogar bis in die Höhen des Erzgebirges – vom 10. Jahrhundert an nun auch bei den deutschen Sprechern in alltäglicher Verwendung.

Was berichten die Namen aus dem ältesten Zinsregister des Klosters Chemnitz?[6] Es werden neun Dörfer, eine Mühle und die *civitas* mit 15 zinsenden Bürgern genannt. Klosterdörfer als Neuanlagen frühestens ab bzw. wohl eher deutlich nach Mitte des 12. Jahrhunderts waren nach Süden hin *Stelcindorf*, *nova ecclesia*, *Claffinbach* und *Adorf*. Die Namen mit direktem Bezug zum kirchlichen Leben oder mit sakralem Inhalt wurden im Zinsregister um 1200 lateinisch angegeben, also neben *nova ecclesia* für Neukirchen auch *Capella* und *uuilla abbatis*. Mit deutschem Namen erscheint *Aldendorf*, gefolgt von wieder partiell lateinisch *Antiqua Kemniz* und dem latinisierten *Gabilencia*.

Bereits erfolgte und weitere vorgesehene Dorfgründungen haben dazu veranlasst, für die schon beträchtlich vom Kloster entfernten Orte eine eigene neue Kirche in den Jahren nach etwa 1150 und deutlich vor 1200 zu errichten, was der Name *Neukirchen* in lateinischer Form in der Urkunde bezeugt. Beachtenswert ist, dass bis 1200 alle überlieferten Ortsnamen (ON) keinen Personennamen (PN) ausweisen. Das gilt auch für Stelzendorf, das auf dem mittelhochdeutschen (mhd.) *stelze*[7] beruht. Das Motiv für die Namensgebung kann eine auffällige Erscheinung in der Natur oder eine Einrichtung in der Flur (Gestell mit Ansitz für die Jagd?) gewesen sein. Für Adorf als »Dorf am Wasser« war der zur Würschnitz fließende Bach Motiv für die Namensgebung durch die Siedler. Das Geräusch des Wassers war Anlass, Klaffenbach (zu mhd. *klaffen* »schallen, tönen, klappern«) damals im Sinne von »Rauschenbach« zu benennen.

Die um 1200 nicht erwähnten späteren Klosterdörfer Helbersdorf, Markersdorf und Bernsdorf in der Siedlungslücke zwischen Stelzendorf und Gablenz waren entweder in jener Zeit noch nicht zinspflichtig oder erst in Gründung befindlich. Sie tragen die deutschen PN ihrer Lokatoren und gehören wie Borssendorff und das nördlich von Chemnitz liegende Draisdorf (zu beiden weiter unten mehr) zu den ersten Dörfern mit PN in ON in unserem Gebiet um Chemnitz.

Die mit Kappel, *Abtsdorf[8] und Gablenz erwähnten weiteren drei Dörfer sind ebenfalls wie die schon genannten vier Dörfer in der Zeit nach Gründung des Klosters entstanden.[9] Der slawische Name von Gablenz darf nicht täuschen. Er weist als altsorbisch **Jablonica* auf einen Bachnamen hin, der frühestens ab Mitte des 12. Jahrhunderts auch zum Siedlungsnamen wurde. Bekannt war dieser slawische Bachname allerdings auch deutschen Sprechern schon lange vorher.

Nun bleiben aus dem Zinsregister noch zu betrachten: Altendorf und die lateinische Form für Altchemnitz. Das soll auf ausdrücklichen Wunsch des Herausgebers hier etwas ausführlicher erfolgen. Dazu ist die Frage zu beantworten, was der Zusatz *Alt-* in ON besagt. Der Zusatz *Alt-* oder *Alten-* enthält den Hinweis »hoch an Jahren, längere Zeit schon bestehend«.[10] Im Vergleich zu den Orten ohne diesen Zusatz im Namen sind die mit *Alt-* als anderen Orten »vorausgehend«, also schon vorher angelegt und bestehend bei Ausfertigung des Zinsregisters um 1200 markiert worden. Als Beispiel für solche wiederkehrende Kennzeichnungen mit *Alt(en)-* sei nur Altenburg angeführt: eben der »Ort zu/bei der alten Burg« im Reichsland Plisni. Erst 1143 setzen die *Alt*-Belege mit dem deutschen Namen *Altenburg* ein. Vorher ist die Burg von 976 bis 1132 als *in castro Plysn* mit dem älteren slawischen Namen in den Urkunden zu finden.[11] Dabei ist also in dem dicht slawisch bewohnten Gebiet um Altenburg die slawische Namensform bis etwa Mitte des 12. Jahrhunderts auch von der deutschen Obrigkeit weiter verwendet worden. Erst mit dem Aufkommen einer größeren Anzahl deutscher Siedler ist die deutsche Form gebräuchlich geworden.

Konkret bedeutet das für die beiden Klosterdörfer um 1200 *Aldendorf* und *Antiqua Kemniz* – für ausdrücklich *villa* »Dorf« Altchemnitz – ein deutlich höheres Alter als das der übrigen sieben Klosterdörfer und der *civitas Kemniz*. Die beiden *Alt*-Formen liefern demzufolge eine erste chronologische Abfolge von Ortsanlagen an der Chemnitz. Zur Verdeutlichung: *Alt*- aus der Überlieferungszeit um 1200 ist jedoch wesentlich früher bereits als Zusatz zu *Dorf* für eine kleine Ansiedlung gebildet worden. In der Kommunikation geschah das in der Form *im/zum alden dorf*. Dieses Syntagma – also die Wörter in dieser Abfolge – führten durch den wiederholten Gebrauch zum Namen *Aldendorf*. Die Differenzierung mit *alt* wurde erst sinnvoll mit dem Entstehen von etwas Neuem. Das Neue war die Klosteranlage bzw. bereits die beabsichtigte Anlage eines Klosters, nicht zu weit entfernt von *dem alden dorf*. Folglich ist die Bildung *beim/zum alden dorf* wohl etwa in den 30er Jahren des 12. Jahrhunderts aufgekommen und dann konsequent weiter verwendet worden. Die Entstehung dieses Namens fällt somit möglicherweise bereits in die Zeit von Kaiser Lothar III. Der weitere Gebrauch ab 1143 zur Zeit von König Konrad III. mit Verleihung des Marktrechts darf hingegen als sicher gelten.

Gleiches gilt für eine kleine Ansiedlung am Chemnitzfluss in der Zeit vor der Klostergründung. Diese Ansiedlung aus deutscher Zeit wurde bei Entstehung des Klosters aber ausdrücklich als schon vorher existent bezeichnet. Wahrscheinlich waren erste Anwesen *bei/an der Kemniz* kurz und bündig zunächst – also in der Zeit vor der Klostergründung ebenfalls nach der Lage am Fluss – einfach *Kameniz* genannt worden. In der Kommunikation wurde damit bis zur Zeit der Klostergründung dieses *Kameniz* gegenüber dem *alden dorf* (am Pleißenbach) klar unterschieden. Aus der Klostergründung ergab sich eine kleine Schwierigkeit: Die Bestätigungsurkunde für die Gründung des Benediktinerklosters nennt 1143 *locus kameniz dictus*.[12] Damit wird der Name eindeutig nun erstmals hochamtlich als ON für den neuen Konvent verwendet und dabei blieb es auch. Dies erforderte allerdings, eine bereits am Chemnitzfluss bestehende und somit ältere im Klostergebiet befindliche Ansiedlung mit dem Namen *Kameniz* sprachlich gegenüber dem Konvent mit dem homonymen Namen *Kameniz* zu differenzieren, um den gemeinten Ort eindeutig zu identifizieren. Das geschah ganz einfach und wie üblich mittels des Zusatzes *alt* im deutschen Sprachgebrauch, im lateinischen Kontext durch *antiqua* mit der femininen Form zur Benennung des Dorfes, also der *villa*. Und so wurde dann auch im Zinsregister *Antiqua Kemniz* klar unterschieden vom *locus Kemniz*.[13] Diese Notwendigkeit zur sprachlichen Differenzierung zwecks Sicherung der Eindeutigkeit bezüglich des gemeinten Ortes entstand mit Gründung des Klosters.

Eigentlich ist die Aussagekraft der beiden Namen damit erschöpft. Offen ist dabei noch, wann die ersten Ansiedlungen in Altendorf und in Altchemnitz entstanden sein könnten. Bisher ist nur ein terminus ante quem ermittelt worden – es muss vor 1136 bzw. 1143 gewesen sein. Sprachforschung ist nun immer bemüht, noch etwas weiter in die Vergangenheit vorzudringen. Es werden dabei zugleich auch die Träger der jeweiligen Sprache in ihrer jeweiligen Landschaft und mit ihrer kulturellen Tätigkeit in die Beobachtungen einbezogen. Dazu gehört die transdisziplinäre Umschau – die Ergebnisse der Landesgeschichte zum jeweiligen Gebiet und seiner Besiedlungsgeschichte müssen ebenso beachtet werden wie die Ergebnisse der Siedlungs- und Flurformenforschung, der Altwegeforschung, der Wüstungsforschung und der Forschungen zur Kirchengeschichte.

Was lässt sich aus den Nachbarwissenschaften zur weiteren Präzisierung gewinnen? Zu Altendorf und Altchemnitz wissen wir, dass beide Orte sich durch zwei besondere Fakten von den anderen Orten im Klosterbereich unterscheiden: Erstens gehen beide Siedelplätze auf Standorte bzw. erste kleine Ansiedlungen der Wolfsjäger zurück. Diese waren bereits im 11. Jahrhundert – wenn nicht sogar früher – zur Sicherung der nach Böhmen führenden Wege tätig. Ihr Einsatz war vom Burgward Rochlitz aus, vermutlich im Auftrag des Markgrafen, erfolgt. Denn dem Amt Rochlitz waren Anwesen in den beiden Orten – bei Gewährung einiger Privilegien – bis ins 19. Jahrhundert unterstellt.[14] Altendorf ist 1348 dem *castrum* Rochlitz noch gänzlich, 1548, 1764 und auch 1816 nur noch anteilig unterstellt, Altchemnitz ist 1548 als anteilig, also nur mit einigen Anwesen, als dem Amt Rochlitz zugehörig ausgewiesen.[15] Zweitens sind die beiden Klosterorte selbst mit ihren Anlagen als Waldhufendörfer erst nach Mitte des 12. Jahrhunderts in der Zeit des vom Kloster betriebenen Landesausbaus entstanden. Vorher waren es also nur ganz kleine, wohl auf vereinzelte Anwesen begrenzte Ansiedlungen von von deutscher Seite eingesetzten Jägern. Unter diesen können auch Slawen gewesen sein.

Die einmal am Pleißenbach und zum anderen rechts am Chemnitzfluss zuerst angelegten Standorte bzw. die Wohnstellen jener Wolfsjäger lagen nicht allzu fern von einem alten Verbindungsweg. Dieser kam aus Nordwesten (Altenburg) und überschritt in der Nähe von Waldenburg die Mulde, was 1143 *pons Borens* als Name für eine von einem Slawen betätigte Fährstelle belegt.[16] Der alte Weg führte über den Kahlen Berg (ON Callenberg) und Langen Berg (ON Langenberg) in Richtung der Chemnitz mit ihrer Furt (ON Furth). An diesem alten Weg ist dann später im 12. Jahrhundert auch die Burg Rabenstein angelegt worden. Auf die in einem weiten Umkreis tätigen Wolfsjäger weisen bereits zwei offenbar Anfang des 12. Jahrhunderts weithin bekannte Namen aus dem Raum an der Zwickauer Mulde hin: 1118 *collem, qui Weydemannesciets vocatur* und *fossam, que Hirsissprunck dicitur* […],[17] wobei allerdings eine genauere Lokalisierung schwierig ist.

Wichtig für unsere Erörterungen ist, dass Anfang des 12. Jahrhunderts Orientierungsnamen aus dem Tätigkeitsbereich der erwähnten Jäger in den Kanzleien bekannt waren und daher in die Grenzbeschreibung des Einzugsgebiets der Marienkirche in Zwi-

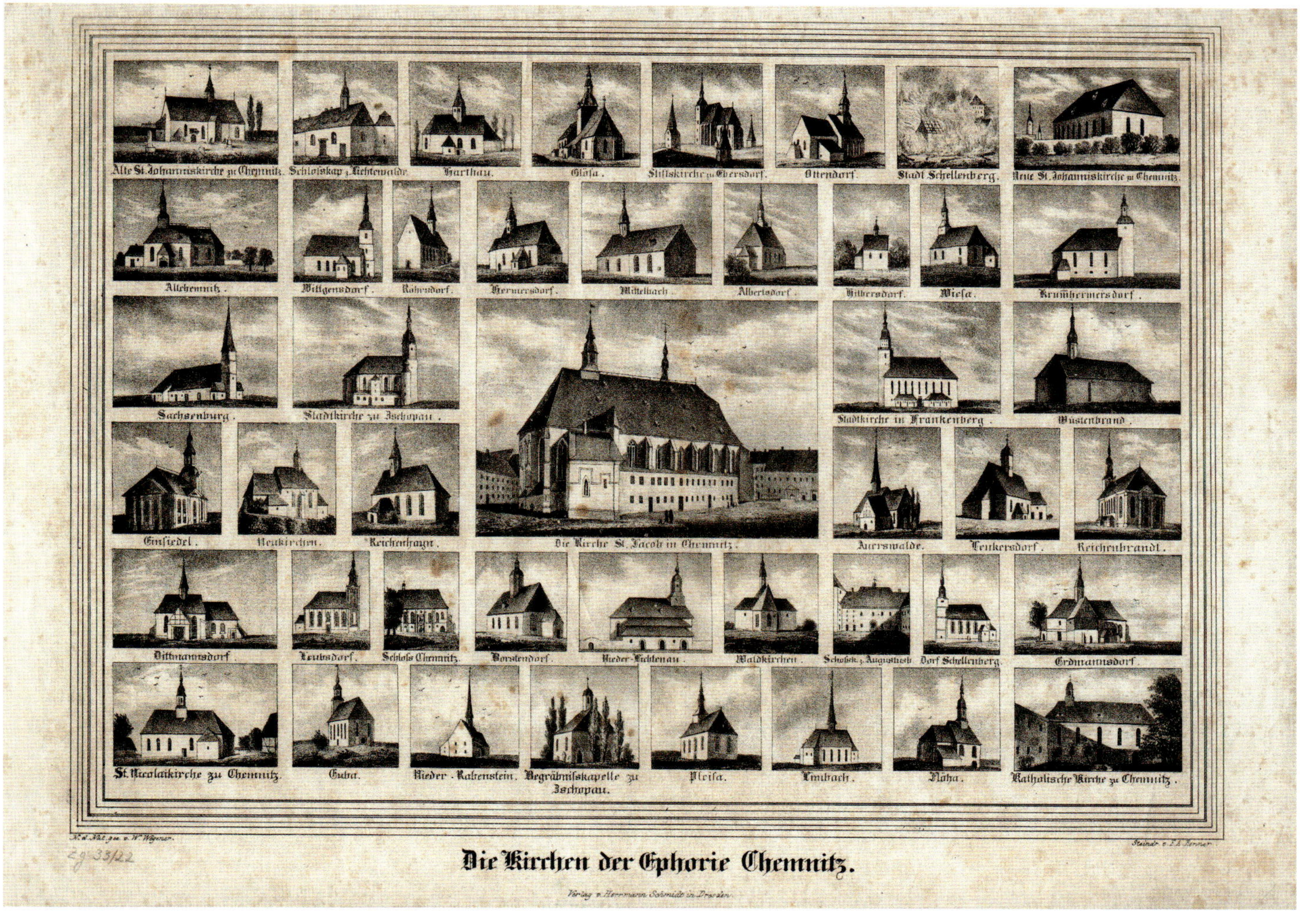


ckau 1118 aufgenommen wurden. Das lässt darauf schließen, dass diese Namen bereits im 11. Jahrhundert entstanden waren. Hinzu kommt noch ein weiterer interessanter sowie aufschlussreicher Name aus der Urkunde von 1118. Als ein südlicher Grenzpunkt wird genannt (*mons*) *Luderni*. Diese ungewöhnliche Form hat schon manches Rätselraten ausgelöst. Im Zusammenhang mit den Wolfsjägern bekommt der Name einen Sinn: Er gehört zu mhd. *lûder, luoder*, »Tierkadaver, Aas«. In der Jägersprache bekannt ist der *Luderplatz* als »Ablage für totes Tier zum Anlocken von Raubtieren«. Ein lateinischer Terminus wurde hier für die Urkunde gebildet mit der Form *ludernus*, Genitiv *luderni*, aus mhd. *luoder, lūder*, »Lockspeise« zu mhd. *luodern*, »locken«. Für *mons Luderni* < mhd. **ze den lūder(e)n*, bei den Lockspeisen«, ergibt sich folglich »Berg am Luderplatz«. Bei diesem Beleg von 1118 handelt es sich wahrscheinlich zugleich um den bisher ältesten Nachweis aus mittelhochdeutscher Zeit zu dem Verb *ludern*.[18]

Auf die Wolfsjäger nimmt noch das »Registrum dominorum marchionum Missnensium« (RDMM), das Verzeichnis der den Landgrafen von Thüringen und Markgrafen zu Meißen jährlich zustehenden Einkünfte (1378), eindeutig Bezug. Unter Amt Rochlitz heißt es: »Item notandum, quod domini habent jurisdicionem

Abb. 2 »Die Kirchen der Ephorie Chemnitz«, Lithografie, um 1840.
Die Ephorie Chemnitz ging im Wesentlichen aus dem Sprengel des ehemaligen Benediktinerklosters hervor.

supremam in villis subscriptis et in campis, primo in Aldindorf prope Kemnicz, ubi resident venatores luporum, qui etiam debent servire in Rochelicz cum carnibus ferinis […].«[19] Wichtig ist zudem noch im RDMM 1378 die Angabe, dass in Altendorf die Wolfsjäger ansässig sind, die auch Rochlitz mit Wildbret zu versorgen hatten. Es ist somit davon auszugehen, dass die *venatores luporum* bereits im 11. Jahrhundert[20] in den später als Altendorf und Altchemnitz genannten Orten ihre Versorgungsbasen bzw. Ruhestellen und somit ersten Anwesen besaßen.[21]

Zum Schluss der Betrachtung der beiden Namen mit dem Zusatz Alt- in Altendorf und Altchemnitz können wir festhalten: Diese beiden Orte sind im Raum Chemnitz als die ältesten Ansiedlungen bestimmbar. Es sind in jener Zeit vermutlich nicht die einzigen Basisorte der Wolfsjäger gewesen, denn noch zu 1548 ließen sich acht in Altendorf, zwei in Altchemnitz ansässig nachweisen.[22] Auch Auerswalde wird dazugerechnet.[23] Dabei muss aber sicher auch mit einer allmählichen Ausweitung des Aufgabenbereichs im Laufe des 11. und 12. Jahrhunderts gerechnet werden. Zudem waren Altendorf und Altchemnitz im 11. und zu Beginn des 12. Jahrhunderts sowie auch noch in der Zeit der Klostergründung zunächst kleine Siedelstellen.[24] Der Ausbau zu Waldhufendörfern vollzog sich ganz gewiss erst nach der Klostergründung.

Wie lautet die Reihenfolge der Klosterdörfer im Zinsregister? An erster Stelle wird *Capella* genannt. Darauf folgt nach der Mühle (*molendinum*) unmittelbar *uuilla abbatis*. Beide Namen vermitteln sofort die kirchlich-klösterliche Zugehörigkeit. Zugleich gehen damit die dem Kloster wohl nächstgelegenen beiden Orte im Zinsregister voran. Direkt hinter *Capella* ist eine längere Rasur erfolgt, »auf der etwa 5 nicht mehr zu entziffernde Wörter gestanden haben.« Diese Angabe von Hugo Ermisch erweckt den Verdacht, dass es sich um eine Angabe zu der später Niklasgasse genannten Ansiedlung handeln könnte. Diese Rasurstelle könnte eventuell ursprünglich **In/De Sancto Nicolao + Zinsangabe* gelautet haben. Doch das ist nicht mehr zu klären.

Es lohnt, auf die Nennung um 1200 *uuilla abbatis* einige Blicke zu werfen. Daher hier nun aus sprach- sowie speziell auch namengeschichtlicher Forschung einige neue Aussagen als Beitrag zur Klärung: Bereits Walter Schlesinger hat in seiner Kirchengeschichte Sachsens unserer *villa abbatis* besondere Aufmerksamkeit geschenkt. Unter Beachtung des geschichtlichen Zusammenhangs zwischen dem Kloster Pegau und dem Kloster in Chemnitz verwies Schlesinger auf die von dem zweiten Pegauer Abt Windolf geleistete ländliche Kultivierungsarbeit und das von ihm gegründete Abtsdorf (nordwestlich vom heutigen Borna bei Leipzig), »das als eine Art Mustersiedlung gelten darf.«[25] Erwähnt wird dieser Ort ad 1001 *Abbatisdorff iuxta fluvium Wira*.[26] Für unsere Chemnitzer *uuilla abbatis* fügte Schlesinger noch hinzu: »Die erfahrenen Mönche verfuhren also hier wie in Pegau, und es wird deutlich, daß der Kaiser mit der Gründung des Klosters auch einen wirtschaftlichen Zweck verfolgte.«[27]

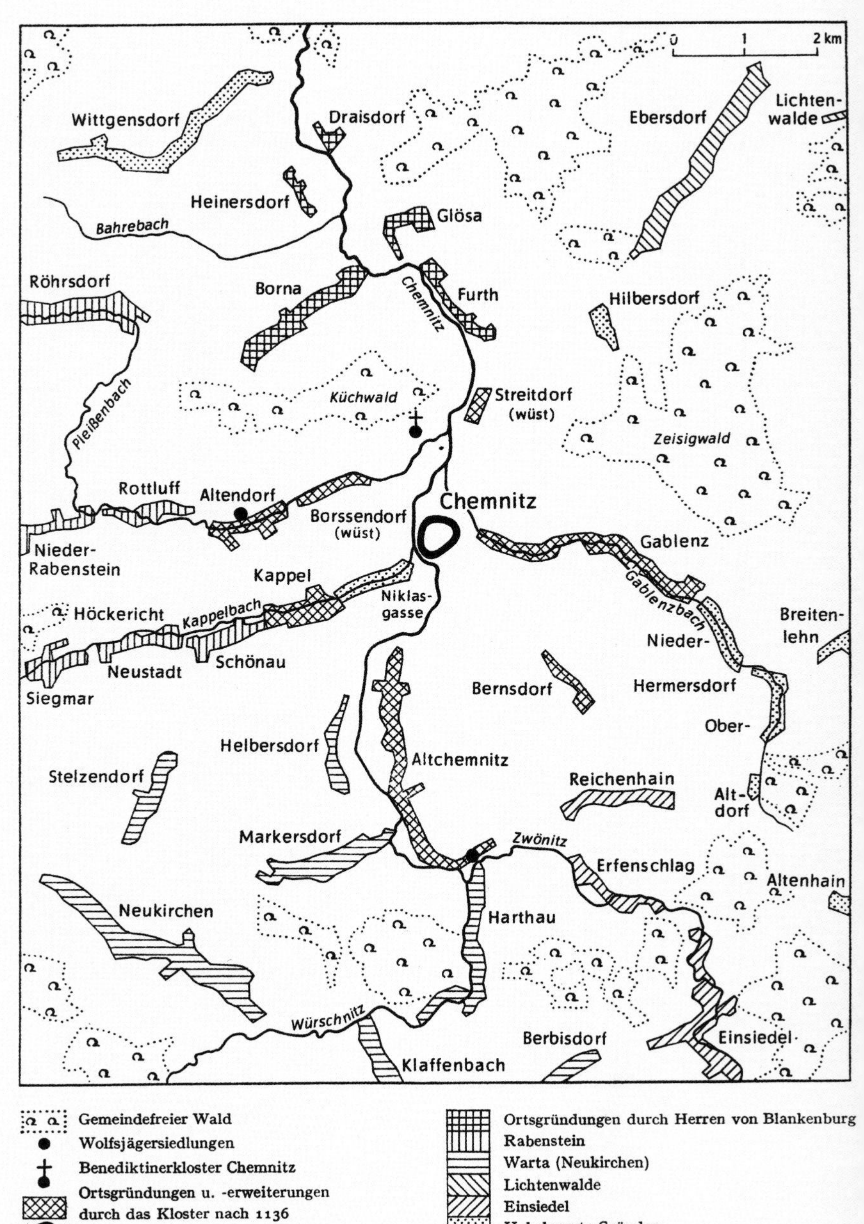


Abb. 3 Besiedlung des Chemnitzer Raumes um 1250

Die *uuilla abbatis*[28] ist schon vom Namen her eindeutig als Gründung durch den Abt des Klosters ausgewiesen. Diese *uuilla* ist mit dem später überlieferten *Borssendorff* identisch. Bisher bezeichneten der Leipziger Siedlungshistoriker und Germanist Hans Walther und ihm folgend der Dresdner Landeshistoriker Karlheinz Blaschke in den neuesten einschlägigen Nachschlagewerken von 2001 und 2006 *Abtsdorf* »als bisher nicht sicher identifizierbares Dorf in der näheren Umgebung von Chemnitz.«[29] Und zu *Borstendorf* heißt es: »Ortswüstung im NW der Stadtflur Chemnitz, in dieser aufgegangen«.[30]

Eine Verbindung zwischen den beiden Namen ist allerdings schon 1910 durch den Heimatforscher Rudolf Ulbricht in der Tagespresse vermutet worden. Der bekannte Chemnitzer Stadtarchivar Rudolf Strauß hat die älteren Erklärungsbemühungen kritisch betrachtet und in einer gründlich gearbeiteten und überzeugenden Studie behandelt. Im Ergebnis hat er sich klar für *Borsendorf = villa abbatis* ausgesprochen.[31] Zuletzt haben sich Gabriele Viertel und Stephan Weingart, ebenfalls mit Stimme aus dem Stadtarchiv Chemnitz, auch für diese Übereinstimmung ausgesprochen.[32]

Die urkundlichen Belege lauten zu dem 1402 noch außerhalb der Stadtmauern bestehenden Dorf: »1402 Czu Borssendorff [...] dryen lehen agkers, dez breyte sich anhebet an Aldindorffer reyne unde wendet neben der Plyßen an dez Kaefsperges ende [...]«;[33] 1504 werden 18 Groschen jährlicher Zins angeführt »von einem platz der Borstenanger genant«[34] und 1548 »vnderm Borstenanger«.[35] Die urkundliche Überlieferung beschreibt damit die Lage am Pleißenbach von Altendorf bis zum Fuße des Kaßberges. Die geografische Lage ist damit eindeutig angegeben. Und diese Lageangabe trifft auch auf das klosternahe Dorf des Abtes von um 1200 zu. Jede andere Verortung widerspricht dem historischen Befund. Die Form *uuilla abbatis* ist lediglich die interne klosteramtliche Namensform gewesen. Sie ist aber von den deutschen Siedlern und Sprechern außerhalb der Klostermauern so bestimmt nicht in der zweiten Hälfte des 12. Jahrhunderts verwendet worden. Da galt bereits *Borssendorff.*

Der erst 1402 belegte Ortsname *Borssendorf* lässt einwandfrei einen altsorbischen Personennamen mit Erstglied *Bor* plus Suffix erkennen. Auszugehen ist von einem Vollnamen *Borislav, Borivoj* oder Ähnlichem. Von diesem zweigliedrigen Namen lautete die vertrauliche Form (Kosename) **Boreš.* Diese slawische Form **Boreš* [gesprochen Boresch] wurde im 12. Jahrhundert in den deutschen Sprachgebrauch übernommen und erscheint als Integrat *Borso.* Die Schriftform *Borsen-* zeigt die Genitivform, also »des Borsen Dorf«. Zu beachten ist, dass damals auch in mittelhochdeutscher Zeit noch bis Mitte des 13. Jahrhunderts das ›s‹ etwa einem heutigen ›sch‹ entsprechend gesprochen wurde. Der Form *Borso* entsprach also die Aussprache deutsch [Borscho]. Der Dorfname ist somit ganz korrekt geschrieben für *des Borsen Dorf.* Später wurde der Name um 1500 an deutsch *Borsten* angelehnt, also mit einem völlig fremden Inhalt versehen, weil das Erstglied für die deutsche Kanzlei undurchsichtig geworden war.

Bei dem Namen *Bor + Suffix* zu *Borislav* oder Ähnliches kann es sich eigentlich nur um den Namen eines im Auftrag des Abtes tätigen Slawen als Ortsgründer handeln. Letzterer war höchstwahrscheinlich Angehöriger der slawischen Oberschicht. Der Abt kommt als Träger des Namens Boreš nicht in Betracht, denn laut Nekrolog hieß der erste Abt Ulrich. *Borislav* ist ein mehrfach bei altsorbischen Adligen belegter Name. Er ist besonders in der Landschaft Daleminze ausgewiesen.[36] Bischof Thietmar von Merseburg erwähnte zu 1007 die Hinrichtung von zwei führenden Slawen in Fallersleben (heute Stadtteil von Wolfsburg). Sie werden als *Sclavi optimi* bezeichnet, also Vertreter des Spitzenadels. Ihre Namen sind *Boris* [Borisch] und *Vezemuiscl* (< **Vęcemysl* [Vengtsemysl]).[37] Urkundlich bezeugte Hinweise auf Slawen aus der Oberschicht in deutschen kirchlichen und weltlichen Diensten im einstigen altsorbischen Sprachgebiet sind reichlich vorhanden.[38] Noch für das 14. Jahrhundert verwies Walter Schlesinger in Verbindung mit dem Kloster Marienstern auf einen slawischen Adligen Borso von Kamenz in der Lausitz.[39] Bekannt ist der PN Borso auch aus der von Böhmen aus begründeten Herrschaft Sayda. Die dortige Befestigung bewahrt den PN Borso im Namen der Burg Purschenstein, 1289 *castrum Borsenstein*, mundartlich *bǫršnšdēn* – zum slawischen PN **Bor-š.*[40] Es handelte sich bei diesem *Borso* um einen Herrn aus dem Geschlecht der Riesenburger.[41]

Der gewonnene Überblick über das frühe Klostergebiet soll mit einer Karte nochmals verdeutlicht werden.

Sicherlich passt die nun erstmals geäußerte Annahme eines Slawen – als im Auftrag des Klosters tätigen Siedlungsgründer und dann noch mit adliger Abstammung – nicht zu dem noch allgemein verbreiteten Geschichtsbild. Es ist aber immerhin doch Folgendes zu berücksichtigen: In den 30er Jahren des 12. Jahrhunderts war bei der Gründung des Klosters doch sicher wesentlich, dass es um eine Anlage südlich von ausschließlich slawisch bewohnten Territorien ging. Oder anders ausgedrückt: Das Hinterland des künftigen Klosters war in slawischer Hand, nur von Slawen bewohnt. Auch für die Anlage von Neusiedlungen waren daher Slawen aus diesem Hinterland perspektivisch nötig und entsprechend zu bedenken. Die gleichzeitig damit verbundene Verwaltungsarbeit konnte nur in slawischer Mundart erfolgen. Eigentlich ergab sich regelrecht zwangsläufig daraus, einen sprachlich und kulturell mit dem Slawischen von Geburt an vertrauten »Einheimischen« einzusetzen. Eine urkundliche Bestätigung dazu gibt es freilich nicht. Zum Vergleich lässt sich nur der für den Altsiedelgau Rochelinze zuständige Bischof Thietmar von Merseburg aus dem 11. Jahrhundert anführen. Er besaß die notwendige Sprachkompetenz infolge seiner Ausbildung in Magdeburg.

Vielleicht dient der Akzeptanz der eben genannten Überlegungen noch ein weiteres Faktum. Der Nekrolog des Klosters setzt im 12./13. Jahrhundert ein und reicht bis ins 16. Jahrhundert.[42] Genannt werden jeweils mit der Angabe *sac. et mo.* für *sacerdos et monachus* – also Geistlicher und Mönch – vier Personen mit slawischen Namen, vom 12. bis ins 14. Jahrhundert. Sie behielten also auch im Kloster ihre slawischen Namen. Der Nekrolog wird sogar direkt in Spitzenposition unter Januar eröffnet mit einem slawischen Namen, mit *Swatoslaus*, und ihm folgen im Weiteren verteilt *Wenezlaus, Bohuslaus, Stanizlaus*. Außerdem erscheinen ohne weitere Angaben *Dislawa* und noch *Zedislaus*, Letzterer mit dem Zusatz *fr.*, also wohl *frater*.[43] Auch bei diesen Namen handelt es sich um Namen mit einer sprachlichen Struktur, die auf Herkunft aus der Obrigkeit verweist. *Bohuslav* (mit dem Vermerk 13. Jh.) bietet mit dem vollzogenen Übergang von *g* zu *h* eine ab dem 13. Jahrhundert übliche altsorbisch gesprochene Form. Bei den vier Mönchen *Svatoslav, Vencslav, Bohuslav* und *Stanislav* sowie frater *Sdislav* (alle mit Vermerk 14. Jh.) handelt es sich mit hoher Wahrscheinlichkeit um Vertreter aus der in deutsche Dienste getretenen slawischen Führungsschicht. Die Dame oder Herrin *Dislawa* erfuhr als Frau mit offensichtlich entsprechender weltlicher Herkunft Aufnahme in den Nekrolog, was für ihre gesellschaftliche Stellung sprechen dürfte. Im Nekrolog finden sich auch noch weit mehr Namen von Angehörigen deutscher Adelsgeschlechter aus der näheren und weiteren Umgebung. Es kann sich bei den Personen mit slawischen Namen nur um ihrer Herkunft nach Angehörige gehobenen Standes handeln. Sie finden sich im Nekrolog neben Regenten wie Kaiser Lothar mit Zusatz *fundator Kemnizensis ecclesie* und seiner Gemahlin *Richinza* sowie Wiprecht von Groitzsch, Markgraf Otto von Meißen, Bischöfen und weiteren Geistlichen.

Das Abtsdorf *Borssendorf* ist quasi am nächsten zum Kloster gelegen gewesen und hat die Lücke hin zu Altendorf geschlossen. Den Namen eines vornehmen Slawen hat bisher niemand in dem Ortsnamen (bzw. wiederholt sogar als Wüstungsname bezeichnet) Borstendorf[44] vermutet, obwohl die Überlieferung mit der präzisen Lageangabe trotz der Lücke von 200 Jahren eindeutig ist. Die Straßennamen *Borssenanger* und *Borssendorfstraße* erinnern noch heute an die Lage des früheren Klosterdorfs und bewahren die Schreibweise von 1402 mit ›ss‹.[45] Wir dürfen davon ausgehen, dass die Form *Borssendorf* zuerst in der alltäglichen mündlichen Kommunikation außerhalb des Klosters gebräuchlich war und erst nach dem Tod des Abtes allmählich auch amtliche und damit offizielle Verwendung fand. Das ist offenbar erst nach 1200 geschehen, also erst nach dem Tod jenes Mannes slawischer Herkunft mit dem Namen *Boreš*.

Nun gab es 2004 eine markante Feststellung im »Stadtjournal« mit der Überschrift »Klosterdorf Borssendorf ist älter als Chemnitz«. Dem ist meines Wissens bisher nicht widersprochen worden, daher dazu nun einige Bemerkungen. Auf keinen Fall ist das Klosterdorf *uuilla abbatis* resp. *Borssendorff* älter als Chemnitz. Eine durchaus vorsichtige Formulierung der Leiterin des Stadtarchivs wurde im »Stadtjournal« als Zitat angeführt und lautete zurückhaltend so: »Das Klosterdorf Borssendorf ist vermutlich [Hervorhebung d. KH] sogar älter als Chemnitz selbst.« Die Überschrift zum Beitrag im »Stadtjournal« mit dem Wortlaut »Klosterdorf Borssendorf ist älter als Chemnitz« klingt jedoch wie eine gültige Feststellung. Gegen eine solche Vermutung oder gar Behauptung sprechen aber doch handfeste Argumente: Erstens zeigt *uuilla abbatis* eindeutig die Reihenfolge an: Zuerst musste das Kloster mit seinem Abt vorhanden sein, erst danach konnte durch den Abt die Dorfgründung betrieben werden. Zweitens ist der sogenannte Mischname *Borssendorff* auf keinen Fall eine deutsche Bildung aus einer Zeit vor Mitte des 12. Jahrhunderts, sondern erst aus dessen zweiter Hälfte.[46] Die Bildung des hybriden Toponyms ist eindeutig durch deutsche Sprecher erfolgt und gibt den Ortsgründer im ersten Teil des Namens an. Voraussetzung für eine derartige Bildung war ein vorhandener größerer deutscher Sprecherkreis. Ein solcher war erst mit dem Kloster, seinen Mönchen und Laien sowie herangezogenen deutschsprachigen Siedlern vorhanden. Drittens ist noch neben Borssendorf auch auf den Namen *Draisdorf* (nördlich vom damaligen Kloster) wiederum mit einem slawischen Personenamen als Bestimmungswort in dem Hybridtoponym einzugehen. In beiden Fällen, also bei Borssendorf und Draisdorf, ist ganz wesentlich zu beachten, dass bei einer Bildung eines Namens durch Slawen als Ergebnis eine gänzlich andere Struktur vorgelegen hätte. Es wären Namen entstanden nach slawischem Bildungsmuster mit Formen wie etwa **Borešovici* und **Droganici*. Doch dazu hätte es erst einmal eines wenigstens schwach slawisch besiedelten Umfelds an der Chemnitz bedurft. Aber auch dafür gibt es keine Anhaltspunkte.[47]

Was ist aus der Überlieferung von Draisdorf zu erkennen? Die hybride Bildung aus slawischem Personennamen plus deutschem Grundwort *-dorf* ist typisch für jene Zeit mit Namensgebung durch deutsche Sprecher im Verlauf der Landesausbauphase unter Mitwirkung von Slawen als Lokatoren oder Ortsgründer im 12. Jahrhundert. Das sozusagen zu Borssendorf benachbarte parallele Beispiel ist *Draisdorf* als Gründung an der Chemnitz, im Norden der heutigen Stadt. Gründer dieses Platzdorfs mit Waldhufenflur war ein Slawe *Drogan*.[48] Ich vermute, dass auch *Drogan* als Bildung zu einem zweigliedrigen Namen wie altsorbisch **Drogoslav* oder **Drogomir* auf den Namen eines Angehörigen der slawischen Oberschicht zurückgeht. Entsprechende Bildungen mit dem Erstglied *Drog-* sind als Namen für Adlige aus der Mark Meißen noch im 14. Jahrhundert belegt.[49] Mit Draisdorf und dem benachbarten Glösa (mit Kirche) liegen aufgrund von Siedlungs- und Flurbild zwei frühe Anlagen vor,[50] die vor den sich nach Süden anschließenden klar strukturierten Waldhufendörfern Furth, Borna und Heinersdorf entstanden sind.[51] Diese Orte bildeten eine kleine reichsunmittelbare Herrschaft, die unter dem Namen Blankenau bekannt wurde.[52] Die Herren von Blankenau hatten ihren Sitz auf der Blankenburg an der Mündung der Bahre in die Chemnitz.[53] Der Name entstand aufgrund der in dem Gebiet häufigen Überschwemmungen, was zu der im Licht glänzenden Aue als Motiv für die Namensgebung *in der blanken Aue* führte. Noch heute ist dort an der Chemnitz der Name *Blankenauer Grund* geläufig.

Schwer zu beantworten ist die Frage nach *Drogan*. Sicher ist nur, dass er ein Slawe war. Verbirgt sich dahinter unter Umständen ein *Slavicus nobilis* und damit eventuell der Ahnherr derer von Blankenburg? War es einer von den in den königlichen Dienst getretenen Vertretern der ehemaligen slawischen Obrigkeit? Bestand vielleicht eine Beziehung zu den Herren von Groitzsch, oder aber hatte jenen *Drogan* Heinrich V. direkt eingesetzt? Oder geschah es erst durch Lothar III.? In diesem Zusammenhang ist aber auch noch zu fragen, ob ein Slawe *Drogan* im Auftrag der Herren von Blankenau Draisdorf angelegt hat? Die Herren der Kleinherrschaft sind nach ihrem Sitz in der vom Überschwemmungswasser der Chemnitz »glänzenden/blanken Aue« benannt worden.[54] Auch die auf der Gegenseite rechts von der Chemnitz liegende Flur ist durch den Namen *Plaue*[55] als ein Überschwemmungsgebiet seit dem 9. Jahrhundert gekennzeichnet und erklärt sich aus dem slawischen **Plava/-o*, etwa »Schwemmflur«.

Die Lage von Draisdorf mit seiner an einen Rundling erinnernden Siedlungsanlage als Platzdorf mit etwa sieben Höfen im Halbkreis und dazu Waldhufen deutet recht klar darauf hin, dass dieser Ort als erster im Anschluss an das nördliche Altsiedelgebiet von Rochlitz entstand.[56] Die Blankenburg befand sich südlich von Draisdorf. Darauf folgte weiter nach Süden die Anlage von Glösa mit der Kirche der Kleinherrschaft. Der direkte Anlass für die Bildung der Kleinherrschaft mit ihren Dörfern dort an der Chemnitz ist sicher in der Chemnitz-Furt gegeben gewesen, was der südlichste Dorfname Furth nachhaltig dokumentiert.

Es ist bei all dem eine Auffälligkeit bemerkenswert: Offenbar hat es bereits vor der Klostergründung an der Chemnitz eine kleine reichsunmittelbare Herrschaft Blankenau gegeben. Ihre Dörfer lagen zunächst direkt an der Chemnitz. Das Gebiet der Herren von Blankenau gehörte aber nicht zum Kloster. Dieses wurde vielmehr genau an diese Kleinherrschaft territorial nach Süden hin anschließend gegründet. Dieser Befund erinnert an eine Parallele bei der Weihe der Parochialkirche St. Marien im Territorium *Zwikowe* im Jahr 1118. Dort waren vorher bereits die Kleinherrschaften Meerane und Mosel westlich der Mulde existent. Es ist also davon auszugehen, dass eine urkundlich nicht belegbare frühe Ansiedlung an der Chemnitz – wahrscheinlich vom Königshof Rochlitz ausgehend – bereits um 1100 oder in den ersten beiden Jahrzehnten des 12. Jahrhunderts bzw. spätestens kurz vor der Klostergründung für Draisdorf anzunehmen ist. Angesiedelt wurden Bauern, was auch für die anderen Orte Glösa, Furth und Borna aus dem wohl gleichen Zeitraum gültig ist. Als letztes Dorf dürfte Heinersdorf entstanden sein. Der ON mit einem deutschen PN + *-dorf* ist eine typische Bildung aus der Zeit des großen Landesausbaus.

Die ON der Kleinherrschaft bieten deutsche Formen. Das dürfte damit zusammenhängen, dass schon bald ab Mitte des 12. Jahrhunderts neben anfänglich wohl slawischen Siedlern auch zunehmend deutsche Bauern und Handwerker hinzukamen. Damit entwickelte sich nach und nach eine deutsche Bewohnermehrheit. Deren Sprach- und Namengebrauch ging somit auch in die amtliche Namenverwendung ein. Auch der ON Draisdorf, alt *Drogansdorf*, hat wohl erst da seine endgültige und bis heute gültige amtliche Form erhalten. Die Entwicklung des Namens verlief folgendermaßen im deutschen Sprachgebrauch: **Drogansdorf* (1338 *Dragansdorff*) > **Drogensdorf* > *Drogisdorf* (um 1518 *Drogistorff*) > *Droisdorf* (1530 *Droistorff*) > *Draisdorf* (1791 *Draisdorf*)[57] und entspricht damit dem Übergang von mhd. */oge/* zu */oi/* und der Senkung mit Entrundung von */oi/* zu */ai/* in der Mundart. Die Anlage des Ortes mit etwa sieben Höfen in Rundlingsform um einen kleinen Platz macht es sehr wahrscheinlich, dass nicht nur der Ortsgründer ein Slawe war, sondern dass auch Slawen als Siedler beteiligt gewesen sind und die für slawische Weiler typische Anlage von nur wenigen Höfen bewohnten. Die Nachbarorte Furth, Borna und Glösa sowie Heinersdorf beweisen aber eindeutig, dass die weiteren bäuerlichen Siedler überwiegend deutscher Herkunft waren und die ON prägten, auch den ON Draisdorf. Offenbar hat das Territorium der Herren von Blankenau bis dicht an das vom Kloster herangereicht, was auch zu Streitigkeiten zwischen beiden geführt hat. Der Siedlungsname *Streitdorf* für eine heute nicht mehr bestehende Dorfanlage belegt das selbstredend. 1318 haben schließlich Otto und Johann von Blankenau dieses Dorf an das Kloster verkauft.[58]

Die Wasserburg an der Mündung der Bahre in die Chemnitz war das kleinherrschaftliche Zentrum für die später (einschließlich Streitdorf) nur sechs Dörfer umfassende frühe bzw. vorklösterliche Siedelzelle an der Chemnitz. Es handelte sich um eine reichsunmittelbare Herrschaft, deren Gebiet daher auch direkt Kaiser Ludwig IV. 1338[59] an das Kloster als Lehen gab.[60] Diese Reichsunmittelbarkeit ist ein zuverlässiges Indiz dafür, dass die aus der Anlage von Draisdorf bis Furth reichende Kleinherrschaft im Blankenauer Grund durch die deutsche Zentralgewalt gebildet wurde. Das alles spricht für eine ursprünglich vor der Klostergründung bereits einsetzende und vollzogene Entwicklung in diesem dem Kloster nördlich vorgelagerten Kleinraum. Dazu passt auch die Angabe in der Bestätigungsurkunde von 1143 zum Klosterterritorium von zwei Meilen im Umkreis (*per circuitum sui termini duo milaria*). Das entspricht etwa einem Durchmesser von sechs Kilometern für das zugewiesene Gebiet. Erfasst ist damit nach Norden die Ausdehnung mit dem zum Kloster gehörigen Küchwald bis an die Herrschaft Blankenau. Und nach Süden umfasst das Territorium noch nicht die späteren Klosterdörfer.

Das Kloster wurde – wie auch andernorts beobachtbar – nicht in einer völlig siedlungsleeren Umgebung angelegt.[61] Auch die 1143 erfolgte Marktgründung setzte ein gewisses bewohntes Hinterland voraus. Und darauf weisen zu jener Zeit auch jene kleinen Ansiedlungen hin, die bereits oben besprochen worden sind. Zu beachten bleibt noch, dass das Territorium an der Chemnitz nördlich von der Herrschaft Blankenau in Richtung Rochlitz erst nach der Gründung des Klosters Chemnitz besiedelt wurde. Das Augustinerkloster Zschillen süd-südwestlich von Rochlitz am östlichen Muldenufer wurde erst 1168 durch Graf Dedo von Groitzsch-Rochlitz, Sohn des Markgrafen Konrad von Meißen, gegründet.[62] Und auch die Rochsburg ist eine Anlage aus der zweiten Hälfte des 12. Jahrhunderts. Der zwischen dem Raum Rochlitz und der Kleinherrschaft Blankenau liegende Bereich ist demzufolge erst nach 1150 aufgeschlossen worden.

## Resümee

Zusammenfassend soll kurz nochmals Folgendes hervorgehoben werden: Südlich vom Altsiedelgebiet Rochlitz hat es zu beiden Seiten des Flusses Chemnitz keine slawischen Ansiedlungen gegeben, auch nicht in der Nähe vom heutigen Chemnitz. Vor der Gründung des Benediktinerklosters[63] an der Chemnitz waren die sogenannten Wolfsjäger in kleinen Anwesen am Pleißenbach und an der Chemnitz ansässig. Aus diesen ersten Siedelplätzen sind in der Zeit nach der Klostergründung die Waldhufendörfer Altendorf und Altchemnitz entstanden. Ein spätestens von Kaiser Lothar III. noch vor der Klostergründung mit einer Kleinherrschaft nördlich vom Klostergebiet belehnter vornehmer Slawe Drogan veranlasste vor 1136 die Gründung von Draisdorf und der Dörfer Glösa, Borna und Furth, später noch von Heinersdorf sowie auch von dem infolge von Zwistigkeiten mit dem Kloster deshalb Streitdorf in der Überlieferung genannten Dorf nahe der Grenze zum Klosterterritorium. Ein aus der slawischen Oberschicht gebürtiger Slawe Boreš hat in deutscher Zeit in der Landesausbauphase ab Mitte des 12. Jahrhunderts gewirkt. Er war aber ebenso wie Drogan kein hier ortsansässiger Slawe, sondern wohl aus dem Raum Rochlitz. Die deutschen Sprecher im Kloster sowie die deutschen Siedler in den Klosterdörfern haben die Namen der beiden Slawen in den deutschen Ortsnamen verankert und bewahrt. Slawen können bei Ausbau bzw. Neuanlage der Klosterdörfer mitgewirkt haben. Genaueres lässt sich dazu nicht mehr feststellen. Aber die Mehrzahl der neuen Siedler war deutschsprachig und hat auch entsprechend die Struktur der neuen Siedlungsnamen bestimmt.

Anmerkungen

**1** Vgl. dazu die Bände: Zur Frühgeschichte von Chemnitz/Karl-Marx-Stadt. Stadtarchiv Karl-Marx-Stadt 1965 (Beiträge zur Heimatgeschichte von Karl-Marx-Stadt, Heft 15), S. 229; Entstehung und Frühgeschichte der Stadt Chemnitz: Kolloquium des Stadtarchivs Chemnitz, 24. April 2002, hrsg. vom Stadtarchiv Chemnitz, Stollberg 2002. Vgl. auch die Rez. zu dem letztgenannten Titel in der im Leipziger Universitätsverlag erscheinenden onomastischen Fachzeitschrift »Namenkundliche Informationen/Journal of Onomastics« im Jahresband 83/84 (2003), S. 178–181. **2** Eine urkundliche Angabe zum Gründungsjahr fehlt. Aus den Aufenthaltsorten von Lothar III. ist das wahrscheinliche Gründungsjahr ermittelt worden. Eine entsprechende Veranlassung kann bei Hoftag in Merseburg 1136 erfolgt sein. Vgl. die im Mai 1136 dort ausgestellte Urkunde in: Urkundenbuch der Stadt Chemnitz und ihrer Klöster, hrsg. von Hubert Ermisch, Leipzig 1879 (= Codex diplomaticus Saxoniae regiae, im folgenden UB Chemnitz, Nr. 106). **3** Vgl. Schlesinger, Walter: Kirchengeschichte Sachsens im Mittelalter. 2 Bde., Köln/Graz 1962 (= Mitteldeutsche Forschungen 27, hrsg. von Olesch, Reinhold / Schlesinger, Walter / Schmitt, Ludwig Erich), hier Bd. 2, S. 25. **4** Wenzel, Walter: Slawische Namen im Erzgebirge mit besonderer Berücksichtigung des Raumes um Limbach-Oberfrohna, in: Sächsische Heimatblätter, Heft 3, 2016, S. 214–217. **5** * = So aber niemals urkundlich belegt. **6** Vgl. UB Chemnitz, Nr. 303. **7** In der Flurnamenforschung ist nachgewiesen, dass auch kleine Nebenhügel oder Senkungen im Gelände damit benannt wurden, vgl. Nyffenegger, Eugen / Graf, Martin H.: Die Flurnamen des Kantons Thurgau. 2. Teilband. Etymologisches Flurnamenlexikon, Stuttgart/Wien 2007, S. 570. **8** Vgl. Etymologisches Wörterbuch des Deutschen, Berlin 1989, S. 39. Ebenso Debus, Friedhelm, in: Niemeyer, Manfred (Hrsg.): Deutsches Ortsnamenbuch, Berlin/New York 2012, S. 27. **9** Das Benediktinerkloster war mit Mönchen aus dem von Wiprecht von Groitzsch gegen Ende des 11. Jahrhunderts gegründeten Kloster Pegau besetzt worden. Die Pegauer besaßen gute Erfahrungen im Landesausbau. Von Pegau aus erfolgte schon früh mit Unterstützung durch Wiprecht der Landesausbau in Richtung Mulde. Diese Erfahrungen konnten für das Kloster Chemnitz genutzt werden. **10** Vgl. Etymologisches Wörterbuch des Deutschen, Berlin 1989, S. 39. Ebenso Debus, Friedhelm, in: Niemeyer, Manfred (Hrsg.): Deutsches Ortsnamenbuch. Berlin/New York 2012, S. 27. **11** Vgl. Eichler, Ernst / Walther, Hans (Hrsg.): Historisches Ortsnamenbuch von Sachsen. Bearb. von Eichler, Ernst / Hellfritzsch, Volkmar / Walther, Hans / Weber, Erika, Berlin 2001 (= Quellen und Forschungen zur sächsischen Geschichte 21). 3 Bde., hier Bd. 1, S. 14. **12** UB Chemnitz, Nr. 302. **13** Der Unterschied zwischen 1143 *Kameniz* und um 1200 *Kemniz* ergibt sich aus dem im Deutschen in der zweiten Hälfte des 12. Jahrhunderts vollzogenen Schwund der Mittelsilbe nach dem Akzent und dem lautgesetzlich vollzogenen sog. Sekundär-Umlaut von *a* zu *e* auf Grund des folgenden *i*. **14** Vgl. zusammenfassend den Bd. 33 der Reihe: Werte unserer Heimat, Berlin 1979, S. 152 und S. 195. **15** Vgl. Blaschke, Karlheinz (Hrsg.): Historisches Ortsverzeichnis von Sachsen. Neuausgabe, bearb. von Baudisch, Susanne / Blaschke, Karlheinz, 2 Bde., Leipzig 2006 (= Quellen und Materialien zur sächsischen Geschichte und Volkskunde 2), hier Bd. 1, S. 64 und S. 144. **16** Vgl. Rosenfeld, Felix: Urkundenbuch des Hochstifts Naumburg. Teil I, Magdeburg 1925 (= Geschichtsquellen der Provinz Sachsen und des Freistaates Anhalt, Neue Reihe 1), S. 140, Nr. 158: … *ad pontem Borens, ad semitam Bohemicam* … in Urkunde von König Konrad III. (Kop. 15. Jh.) zur Übereignung von Land an Kloster Bürgel zur Gründung von Kloster Remse. Vgl. auch Schlesinger, Walter: Die Anfänge der Stadt Chemnitz und anderer mitteldeutscher Städte, Weimar 1952, S. 73. **17** Rosenfeld: Urkundenbuch (wie Anm. 16), Nr. 116, S. 101. Vgl. auch Hengst, Karlheinz: Ortsnamen Südwestsachsens, Berlin 2003 (= Deutsch-Slawische Forschungen zur Namenkunde und Siedlungsgeschichte 39), S. 119. **18** Vgl. Paul, Hermann: Deutsches Wörterbuch. 7. Aufl., bearb. von Alfred Schirmer, Halle/Saale 1960, S. 382: *ludern* in verschiedenen Verwendungen: »durch Köder anlocken« (frühnhd.); »Aas fressen«. **19** RDMM: Beschorner, Hans (Hrsg.): Registrum dominorum marchionum Missnensium. Verzeichnis der den Landgrafen von Thüringen und Markgrafen zu Meißen jährlich zustehenden Einkünfte 1378, Bd. I, Leipzig/Berlin 1933 (= Aus den Schriften der Sächsischen Kommission für Geschichte 37), S. 232. **20** Schlesinger: Die Anfänge der Stadt Chemnitz (wie Anm. 16), S. 20–22 schließt durch Vergleich mit Saalfeld und dort erwähnte *venatores* zu 1074 für den Königshof auch auf Wolfsjäger bei Chemnitz im 11. Jahrhundert, hier für den Königshof in Rochlitz. **21** Heinz-Joachim Voigt hat 1965 den damals ältesten keramischen Fund aus dem Chemnitztal beschrieben und ihn ins letzte Drittel des 11. Jahrhunderts bzw. ins 12. Jahrhundert datiert. Vgl. Vogt, Heinz-Joachim: Die ältesten mittelalterlichen Siedlungsreste aus dem Stadtkern von Karl-Marx-Stadt, in: Zur Frühgeschichte von Chemnitz/Karl-Marx-Stadt (= Beiträge zur Heimatgeschichte von Karl-Marx-Stadt Heft 12), Karl-Marx-Stadt 1965, S. 21. **22** Vgl. Schlesinger: Die Anfänge der Stadt Chemnitz (wie Anm. 16), S. 20: »acht wohnten in Altendorf, zwei in Altchemnitz«. **23** Vgl. dazu RDMM (wie Anm. 19), S. 230: 1378 *Urswalde* unter Amt Rochlitz sowie die Nennung von *Jan de Urswalde* in Verbindung mit *Molendinum in Czolnicz*. Da von Rochlitz kommend eine alte Wegführung, ohne die Chemnitz zu überschreiten, über Auerswalde nach Zschopau verlaufen sein dürfte, ist eine Wegesicherung von einem Stützpunkt Auerswalde aus durchaus wahrscheinlich. Zum Altstraßenverlauf vgl. Leipoldt, Johannes: Die Entstehung von Chemnitz, in: Zur Frühgeschichte von Chemnitz/Karl-Marx-Stadt (wie Anm. 20), S. 84 mit Verweis v. a. auf die Forschungen von Walter Schlesinger. **24** Vgl. Richter, Jörn (Hrsg.): Von der Wolfsjägersiedlung zum Hightech Standort. Eine Chemnitzer Stadtteilgeschichte zu Altchemnitz und Umgebung, Chemnitz 2001, S. 10 f. mit Angaben auch zu den Wolfsjägern. **25** Schlesinger: Kirchengeschichte Sachsens im Mittelalter (wie Anm. 3), Bd. II, S. 22. **26** Eichler/Walther (Hrsg.): Historisches Ortsnamenbuch von Sachsen (wie Anm. 11), hier Bd. 1, S. 7. **27** Schlesinger: Kirchengeschichte Sachsens im Mittelalter (wie Anm. 3), S. 22. Interessant ist, dass W. Schlesinger noch auf Pfaffroda in der Nähe von Kloster Remse an der Mulde als eine weitere mögliche Parallele aufmerksam gemacht hat. Vgl. dazu auch ebd., S. 195. **28** Dieser Ort wird im Internet in Wikipedia unter Benediktinerkloster Chemnitz bei Aufzählung der zinspflichtigen Klosterdörfer um 1200 nicht mit angeführt (Stand 5. 9. 2016). **29** Eichler/Walther: Historisches Ortsnamenbuch (wie Anm. 11), Bd. 1, S. 7 f. und auch Blaschke: Historisches Ortsverzeichnis (wie Anm. 15), Bd. 1, S. 60. **30** Eichler/Walther (Hrsg.): Historisches Ortsnamenbuch von Sachsen (wie Anm. 11), Bd. 1, S. 98 f. und Blaschke: Historisches Ortsverzeichnis von Sachsen (wie Anm. 15), Bd. 1, S. 117. **31** Strauß, Rudolf: Zur Problematik der villa abbatis, in: Beiträge zur Heimatgeschichte von Karl-Marx-Stadt. Karl-Marx-Stadt: Stadtarchiv 1979, Heft 23, S. 65–78. **32** Viertel, Gabriele / Weingart, Stephan: Geschichte der Stadt Chemnitz. Gudensberg-Gleichen 2002, S. 9. Es wird darauf verwiesen, dass Abtsdorf nicht genau zu lokalisieren sei und bisherige Verortungsversuche in und abseits von Chemnitz nicht überzeugend sind. Und es heißt schließlich: »Überzeugender erscheint es, die ›villa abbatis‹ mit dem später vom Kloster verkauften Borssendorf (nördlich des Kaßberges) gleichzusetzen«. **33** UB Chemnitz Nr. 76, S. 62. **34** UB Chemnitz, Nr. 440, S. 405. **35** Zitiert nach Eichler/Walther (Hrsg.): Historisches Ortsnamenbuch von Sachsen (wie Anm. 11), Bd. I, S. 98. **36** Vgl. insbesondere den in einer Bischofsurkunde ad 1071 belegten *homo liber Bor* im Bistum Meißen nach UB Chemnitz, Nr. 142, S. 335 f. **37** Thietmar: Chronik VI, 28. **38** Vgl. Hengst, Karlheinz: Das Gebiet zwischen Saale und Elbe vor tausend Jahren. Betrachtungen von Ostthüringen bis Mittelsachsen aus sprachgeschichtlicher Sicht mit besonderer Beachtung des slawischen Adels vom 10. bis zum 13. Jahrhundert, in: Neues Archiv für sächsische Geschichte 87 (2016), S. 1–58. **39** Vgl. Schlesinger: Kirchengeschichte Sachsens im Mittelalter (wie Anm. 3), Bd. II, S. 471. **40** Eichler/Walther: Historisches Ortsnamenbuch von Sachsen (wie Anm. 11), Bd. 2, 231; vgl. auch weitere ON wie Porschendorf nö. Pirna und Porschdorf nw. Bad Schandau, ebd., S. 203. **41** Vgl. Bahlcke, Joachim u. a.: Böhmen und Mähren. Stuttgart 1998 (= Handbuch der Hist. Stätten), S. 434 f. **42** Vgl. UB Chemnitz im Anhang. **43** Vgl. UB Chemnitz, S. 472–482. **44** So bei Eichler/Walther: Historisches Ortsnamenbuch von Sachsen (wie Anm. 11), Bd. 1, S. 98 f. **45** Vgl. zum Erwerb des Dorfes durch die Stadt Chemnitz aus dem Besitz des Klosters und zur weiteren Geschichte nach mündlichen Angaben der Leiterin des Stadtarchivs Chemnitz, Frau Gabriele Viertel, den Beitrag von Schultz, Marianne: Klosterdorf Borssendorf ist älter als Chemnitz, in: Stadtjournal [Chemnitz], März 2004, S. 14. **46** Zu den slawisch-deutschen Hybridtoponymen generell vgl. Hengst, Karlheinz: Typen slawischer und deutscher Hybridbildungen in der Toponymie, in: Mehrsprachige Landschaften? Das Problem der slavisch-deutschen Mischtoponyme. Akten der Kieler Tagung 16.–18. Oktober 2014, hrsg. von Kathrin Marterior und Norbert Nübler, Leipzig 2016 (= Onomastica Lipsiensia 11), S. 55–82, insbes. zu den slawisch-deutschen Hybridtoponymen S. 64–69. Vgl ferner zu den Mischnamen aus germanistischer Sicht Naumann, Horst: Mischnamen als Beispiel für den Sprachkontakt, in: Beiträge zur Erforschung der deutschen Sprache Bd. 6, Leipzig 1986, S. 172–180 mit weiterer Literatur und die zusammenfassende Feststellung zu den Namen des slawisch-deutschen Typs Bogumilsdorf S. 176: »Die räumliche Verteilung zeigt eine großflächige Streuung vor allem im Bereich der Ränder der slawischen Altsiedelandschaften […].« **47** Mit einer vorsichtigen Formulierung hat Schlesinger: Die Anfänge der Stadt Chemnitz (wie Anm. 16), S. 19, Anm. 3 im Hinblick auf »gewisse slawische Besiedlung der Chemnitzer Gegend« noch die Antwort offen gelassen und die Entscheidung dazu späterer Forschung überlassen. Nach Jahrzehnten intensiver Forschung kann diese Antwort heute begründet eine selbst dünne slawische Besiedlung der Chemnitzer Gegend verneinen. **48** Vgl. ausführlicher mit urkundlicher Tradierung Eichler/Walther: Historisches Ortsnamenbuch von Sachsen (wie Anm. 11), Bd. 1, S. 210. **49** Vgl. Schlimpert, Gerhard: Slawische Personennamen in mittelalterlichen Quellen zur deutschen Geschichte. Berlin 1978 (= Deutsch-Slawische Forschungen zur Namenkunde und Siedlungsgeschichte 32), S. 45. **50** Vgl. dazu Leipoldt: Die Entstehung von Chemnitz (wie Anm. 22), S. 81. **51** Sehr wahrscheinlich verdankt auch Hilbersdorf östlich von Furth und sö. Glösa seine Entstehung den Herren von Blankenau. Hilbersdorf war noch 1539 Filialkirchort von Glösa. Die von Blankenau waren offenbar im 13. Jahrhundert gezwungen, zumindest einen Teil des Ortes Hilbersdorf zu verkaufen, denn die Schönburger übereigneten dem Kloster Chemnitz 1290 und auch nochmals 1318 Zins aus Hilbersdorf (vgl. UB Chemnitz, Nr. 318 und 337). Und 1318 erfolgte auch der Verkauf von Zins aus Hilbersdorf ans Kloster durch die Herren von Blankenau zugleich mit dem Verkauf von Streitdorf (UB Chemnitz, Nr 335). **52** Vgl. die Karte zu den Herrschaften im Umfeld des Klosters von Chemnitz in dem Beitrag von Leipoldt, Johannes: Geschichtliche Leitlinien der Besiedlung des mittleren Erzgebirges, in: Zur Frühgeschichte von Chemnitz/Karl-Marx-Stadt (wie Anm. 22), S. 63. **53** Erst 1338 belehnte der deutsche Kaiser das Kloster Chemnitz mit der Herrschaft Blankenau, vgl. dazu Blaschke, Karlheinz: Blankenau, in: Schlesinger, Walter (Hrsg.): Sachsen, Stuttgart 1965 (= Handbuch der historischen Stätten Deutschlands 8), S. 32. **54** Erst ab 1269 erscheinen die Herren von Blankenau in der urkundlichen Überlieferung mit dem deutschen Rufnamen Albert. **55** Messtischblatt des Freistaates Sachsen, Nr. 96: Chemnitz, Dresden 1915. **56** Auch das etwas weiter nördlich liegende Köthensdorf, 1490 *Kotmarsdorff*, ist als ›Dorf eines Chotěmir‹ (Eichler/Walther: Historisches Ortsnamenbuch von Sachsen (wie Anm. 11), Bd. 1, S. 522) mit seiner Anlage als kurzes zweiseitiges Reihendorf mit Waldhufen offenbar von Rochlitz aus erst nach Mitte des 12. Jahrhunderts unter Leitung eines Slawen gegründet worden, vgl. Walther, Hans: Die Orts- und Flurnamen des Kreises Rochlitz, Halle/Saale 1957 (= Deutsch-Slawische Forschungen zur Namenkunde und Siedlungsgeschichte 3), S. 82. Ebenso sind die umliegenden Orte einschließlich Wiederau – mit einem slawischen Bachnamen – Waldhufendörfer frühestens aus dem späten 12. Jahrhundert. **57** Vgl. dazu Eichler/Walther: Historisches Ortsnamenbuch von Sachsen (wie Anm. 11), Bd. 1, S. 210. **58** UB Chemnitz, Nr. 335. In den Angaben nach Aufzeichnungen von 1597 wird geschrieben *das Dorf Streudorff*. Das ist hyperkorrekte Grafie für mundartlich gesprochenes [streidorf] mit in der Mundart vollzogener Assimilation von *td* zu *d*. Die Streitigkeiten haben sich später zwischen Kloster und Stadt fortgesetzt. Die Urkunde von 1402 erwähnt dabei *Strytdorff*, vgl. UB Chemnitz, Nr. 76, S. 62. Die Schreibung zeigt noch die nichtdiphthongierte Form zu mhd. *strīt*, »Auseinandersetzung«. **59** Kaiser Ludwig reicht dem Kloster die fünf Dörfer *uff Blanckenaw* zu Lehen – UB Chemnitz, Nr. 347. **60** Vgl. zu den fünf Dörfern UB Chemnitz, Nr. 346 und 347; ebenso Blaschke: Blankenau (wie Anm. 53), S. 32. **61** Vgl. Löscher, Hermann / Voigt, Johannes: Heimatgeschichte der Pflege Stollberg i. E., Stollberg o. J. [1931 ff.], S. 79. **62** UB Chemnitz, Nr. 355, S. 245: *cenobium regularium canonicorum […] sancti Augustini […] in […] pago Rochelez in ripa Milde fluminis […]*. **63** Aus neuerer Sicht ist es entgegen früherer Vermutung von mir (in: Werte unserer Heimat, Bd. 33, S. 19) völlig unwahrscheinlich, dass es in Altendorf oder/und Altchemnitz jemals eine slawische Vorbesiedlung oder gar slawische Wohnplätze mit slawischen Namen gegeben hat.

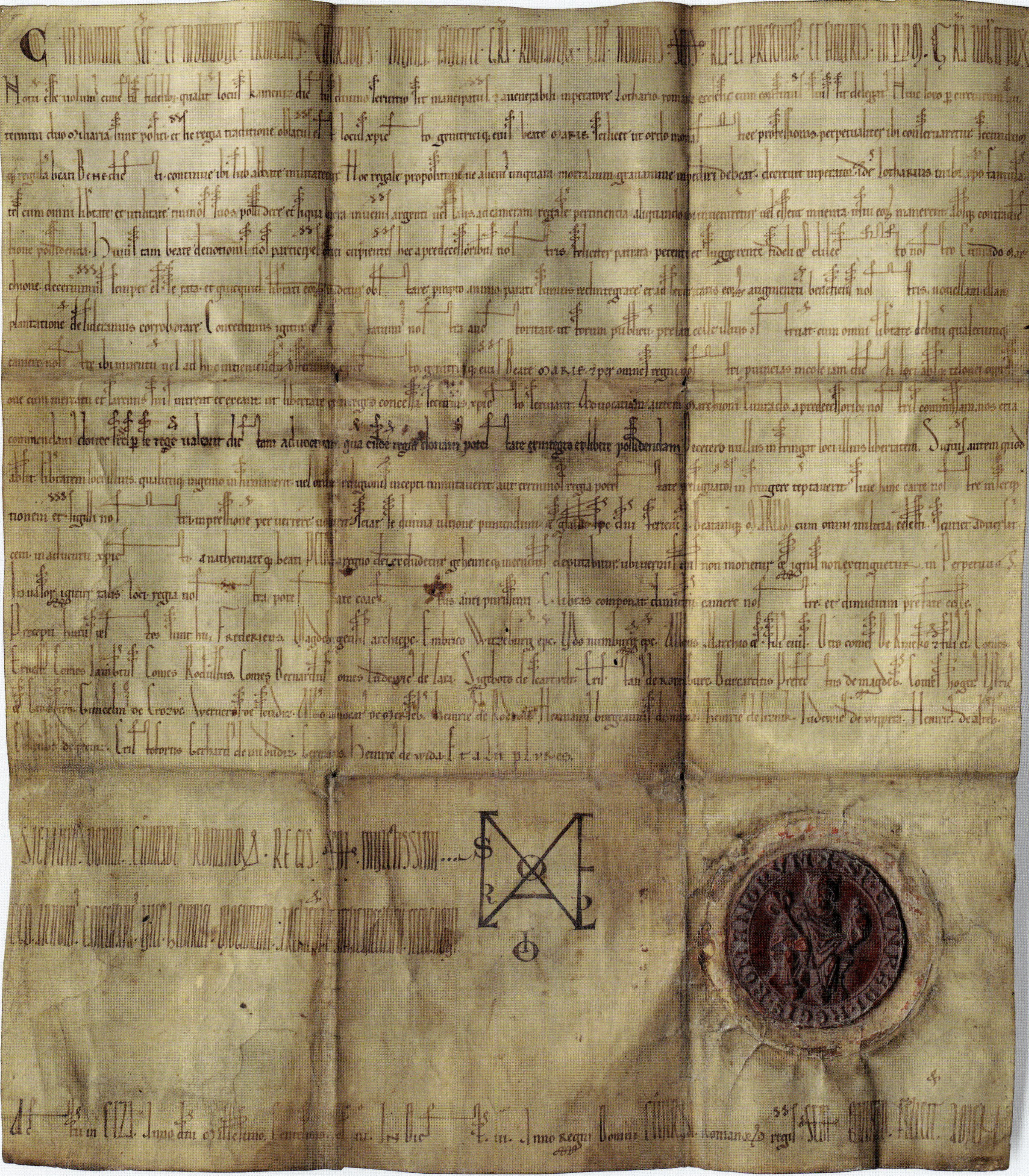

UWE FIEDLER

# Das Selbstverständnis des Klosters, die Urkunden der Krone und das Astwerkportal

## Einige Überlegungen zur Reichsunmittelbarkeit der Chemnitzer Benediktinerabtei

Die Fertigstellung des prächtigen, elf Meter hohen Eingangsportals im Jahr 1525 war in vielerlei Hinsicht ein ganz besonderer Moment in der fast 400-jährigen Geschichte des ehrwürdigen Benediktinerklosters zu Chemnitz. Im Kontext immenser Baubemühungen der Äbte Heinrich von Schleinitz und Hilarius von Rehburg war damit ein Kunstwerk von deutlich überregionalem Rang für die Nachwelt geschaffen worden, an dem mit Franz Maidburg und dem Meister H. W. zwei Künstler beteiligt waren, deren Strahlkraft deutlich über den regionalen, ja territorialen Rahmen hinausreichte.[1] Die aufgrund ihrer expressiven Einfassung »Astwerkportal« genannte Hauptpforte der Klosterkirche ließ in ihrer Ausführung, obwohl in Teilen noch dem alten künstlerischen Ausdruck verhaftet, durchaus schon einiges von jenem neuen Geist erahnen, der mit dem humanistisch gebildeten, klugen und weltgewandten Abt Heinrich von Schleinitz bereits Ende des 15. Jahrhunderts Einzug in die Abtei gehalten hatte.[2]

Es war nun an Schleinitz' Nachfolger, dem reformfreudigen Hilarius Carpentarius von Rehburg, Leistungen und bauliche Ambitionen seines Vorgängers zum Abschluss zu bringen, und diesem Vorhaben widmete sich der Abt mit einer bemerkenswerten Intensität – eine Leistung, die bislang nur selten im verdienten Maße gewürdigt wurde.[3] Die Zeiten indes hatten sich zum Jahr 1522 hin, als Hilarius zum Abt gewählt wurde, dramatisch verändert, denn obwohl sich der meißnische Bischof Johann VII. von Schleinitz und der albertinische Landesherr Herzog Georg vehement gegen die Reformation stellten – Letzterer forderte das Chemnitzer Kloster zu einer harten Gangart den Lutherischen gegenüber auf[4] – ließen »Mormelei und Aufruhr« und natürlich die Vorgänge im ernestinischen Teil Sachsens deutliche Gefahrenparadigmen erkennen.[5]

Vor allem die Erscheinungen im Kurfürstentum, einhergehend mit der Auflösung der Klöster, und der im Grunde eklatant gegen altes, tradiertes und bestehendes Recht verstoßenden Aneignung ihres Besitzes durch den Landesherrn mögen bei Hilarius von Rehburg zunehmend dazu geführt haben, sich der alten statuarischen Rechte des Klosters nachhaltig und dauerhaft zu versichern. Das, worauf Abt Hilarius in der »Außenpolitik« des Klosters setzte, visualisierte sich nun eindrucksvoll in Formensprache und konstruktivem Aufbau des Schmuckes der neuen Eingangspforte: Umrahmt von knorrigem Astwerk dominiert, flankiert von Engeln, Gottes Gnadenstuhl die obere Portalzone. Unter Gottes Gnade stehend präsentiert sich, eingefasst durch Ordensgründer Benedikt von Nursia und seine Schwester Scholastika, in der Mittelzone symbolisch das Kloster selbst mit den wohl bereits um 1503/04 von Meister H. W. geschaffenen Figuren der Gottesmutter, Johannes des Täufers und Johannes des Evangelisten – den Schutzheiligen der Chemnitzer Abtei.[6]

Abb. 1 Das sog. »Marktrechtsprivileg«: Urkunde König Konrads III. von 1143, wohl spätere (teilweise verfälschte) Ausfertigung

Die künstlerische, architektonische und vor allem inhaltliche Basis jedoch, aus der die Gesamtkomposition erwächst, bilden die Figuren Kaiser Lothars von Supplinburg (geb. 1075; König ab 1125; Kaiser ab 1133; gest. 1137) und seiner Gattin Richenza (geb. um 1087; Königin ab 1125; Kaiserin ab 1133; gest. 1143). Es sind die Gründer des Klosters, mithin also jene Autoritäten, von denen sich der Status des Klosters bis auf die Zeit der letzten Chemnitzer Äbte fortschreibt. Konsequenterweise finden wir hinter der physischen künstlerischen Präsenz der kaiserlichen Gründer – und damit in direkter Beziehung zu diesen stehend – zwei Äbte (wohl Schleinitz und Rehburg), die ihre Darstellung als Porträtskulptur (?) gefunden haben.[7] Die Darstellung der Klostergründer, Kaiser Lothars und seiner Gattin Richenza, bilden damit ein Schlüsselmoment für das Verständnis des Selbstbewusstseins der Chemnitzer Äbte, zunächst bezüglich deren letzter Vertreter im ersten Drittel des 16. Jahrhunderts. Obwohl die Chemnitzer Äbte zu keiner Zeit den Status eines Reichsprälaten genossen, begriff sich das Chemnitzer Kloster als Reichskloster, und es war exakt jenes Verständnis, das jetzt als Aktivposten in den Abwehrkampf gegen die Gefährdungsparadigmen der Reformationszeit geworfen wurde.

Die symbolischen Darstellungen der Reichszugehörigkeit nicht nur an exponierter Stelle des Kircheneingangs, sondern etwa auch in den Wappenkartuschen auf den Schlusssteinen der Gewölbe des Kirchenschiffs und vermutlich auch in einzelnen Kunstwerken wie der unikalen Geißelsäule waren dabei nicht die einzigen Mittel, auf die nun Hilarius von Rehburg zurückgriff, denn der Abt konnte den reichsfreien Status seines Klosters auf der Grundlage einer recht überzeugenden urkundlichen Überlieferung in Anspruch nehmen.[8] Die heute noch vorhandenen Urkunden, die den von den Chemnitzer Äbten in Anspruch genommenen Status der Reichsunmittelbarkeit ihres Klosters untermauern, stellen in ihrer Gesamtheit quantitativ zwar keine allzu üppige Quellensammlung dar, doch belegen sie recht überzeugend seine Rechtmäßigkeit. Die elf bzw. zehn von der deutschen Zentralgewalt ausgestellten Urkunden – die auf 1226 datierte Urkunde Kaiser Friedrichs II. wird bislang als Fälschung angesehen, doch deuten aktuelle Forschungen in gegenteilige Richtung – finden überdies ihre Ergänzung durch weitere Quellen, die im Kontext des Klosters bzw. der wettinischen Landesherrschaft entstanden. Obwohl ein Gründungsdokument heute fehlt, lassen sowohl die seitens der Könige und Kaiser des Heiligen Römischen Reiches ausgestellten Urkunden als auch der Nekrolog des Klosters keinen Zweifel daran, dass nur Kaiser Lothar von Supplinburg und dessen Gattin Richenza als Gründer der Abtei infrage kommen.

Es ist dabei völlig unwesentlich, ob – wie Petzold postulierte[9] – bereits Wiprecht von Groitzsch die Gründung eines Klosters nahe des Ursprungs des *kamenici voda* intendiert haben könnte, denn bereits das wenige Jahre nach erfolgter Klostergründung vom König Konrad ausgefertigte, heute im allgemeinen Sprachgebrauch als »Marktrechtsprivileg« bezeichnete Dokument von 1143 nimmt ausdrücklich auf Kaiser Lothar als Gründer des Klosters Bezug. Als nächster Herrscher bestätigte Friedrich II. im Oktober des Jahres 1216, zu diesem Zeitpunkt römisch-deutscher König, die Gründung des Klosters in der *Provincia Kempnitz* allgemein als Werk seiner kaiserlichen Vorfahren, ohne dabei freilich explizit Kaiser Lothar und dessen Gattin Richenza zu nennen. Friedrich setzte in diesem Dokument nicht nur das Kloster in die durch die Krone bestätigten alten Rechte und Freiheiten wieder ein; mit dem am 6. Oktober zu Altenburg gegebenen Dokument erhielt die Chemnitzer Abtei auch ihre im vorausgegangenen Krieg mit Böhmen verlustig gegangenen Güter zurück. Wenig später benennt nun auch das Nekrologium des Klosters in einem handschriftlichen Eintrag die Gründer *Lottarius imperator* als *fundator Kemnizcensis ecclesie*, analog seine Gattin Richenza (hier in der Abbreviatur »Richza«) als *fundatrix Kemnizcensis ecclesie* erneut auch namentlich.[10] Die Namen Kaiser Lothars sowie König Konrads III. werden auch in der bislang als Fälschung angesehenen Urkunde Friedrichs II. (nunmehr Kaiser) von 1226 explizit erwähnt – selbst wenn man davon ausgeht, dass das Kloster zu Chemnitz der Initiator dieser Fälschung war, lässt das zumindest einen nicht unbedeutenden Rückschluss auf das Selbstbewusstsein der Abtei zu.

Offenbar betrachtete man sich mit großer Selbstverständlichkeit als ein kaiserliches bzw. königliches Kloster – auch, wenn der Terminus *monasterium imperatoris* expressiv verbis in den vorhandenen Quellen nicht auftaucht – und man war bereit, diesen Fakt gerade in Gefährdungssituationen immer wieder als ein gewichtiges Argument der Selbstbehauptung ins Feld zu führen. Die Jahre nach den böhmischen Verwerfungen, die das Kloster nicht nur in seiner Bausubstanz als »von Grund aus zerstört« zurückließen, sondern in denen man laut über die Frage nachdachte, ob das Chemnitzer Kloster aufzubauen oder aufzugeben sei, zählen durchaus zu den Jahren der existenziellen Gefährdung, denen sich die Abtei zeit ihrer Existenz immer wieder einmal zu stellen hatte.[11] Offenbar insistierten die Chemnitzer Äbte erfolgreich, König Adolf von Nassau bestätigte die Zugehörigkeit zum Reich in der Urkunde von 1293,[12] und die zweite Hälfte des 14. Jahrhunderts sieht zunächst, nachdem Kaiser Karl IV. im Jahr 1348 die echte wie auch die als gefälscht angenommene Urkunde Friedrichs II. und damit die Abtei in seinen Rechten und Privilegien bestätigt hatte,[13] das Kloster offenbar auch in der Gunst der ihm zu dieser Zeit durchaus nicht immer gewogenen wettinischen Landesherren.

Überhaupt erfuhr das Kloster in seinen weltlichen wie auch geistlichen Belangen in den Jahren um die Jahrhundertmitte einen bemerkenswerten Bedeutungszuwachs, der sich zum Beispiel in der Anbindung des Archidiakonats an die Abtei oder in den Erwerbungen von Dörfern und Grundherrschaften im Umland sowie im Böhmischen äußerte.[14] Doch war der kurzzeitige Aufschwung des Klosters erst einmal eine vorübergehende Epi-

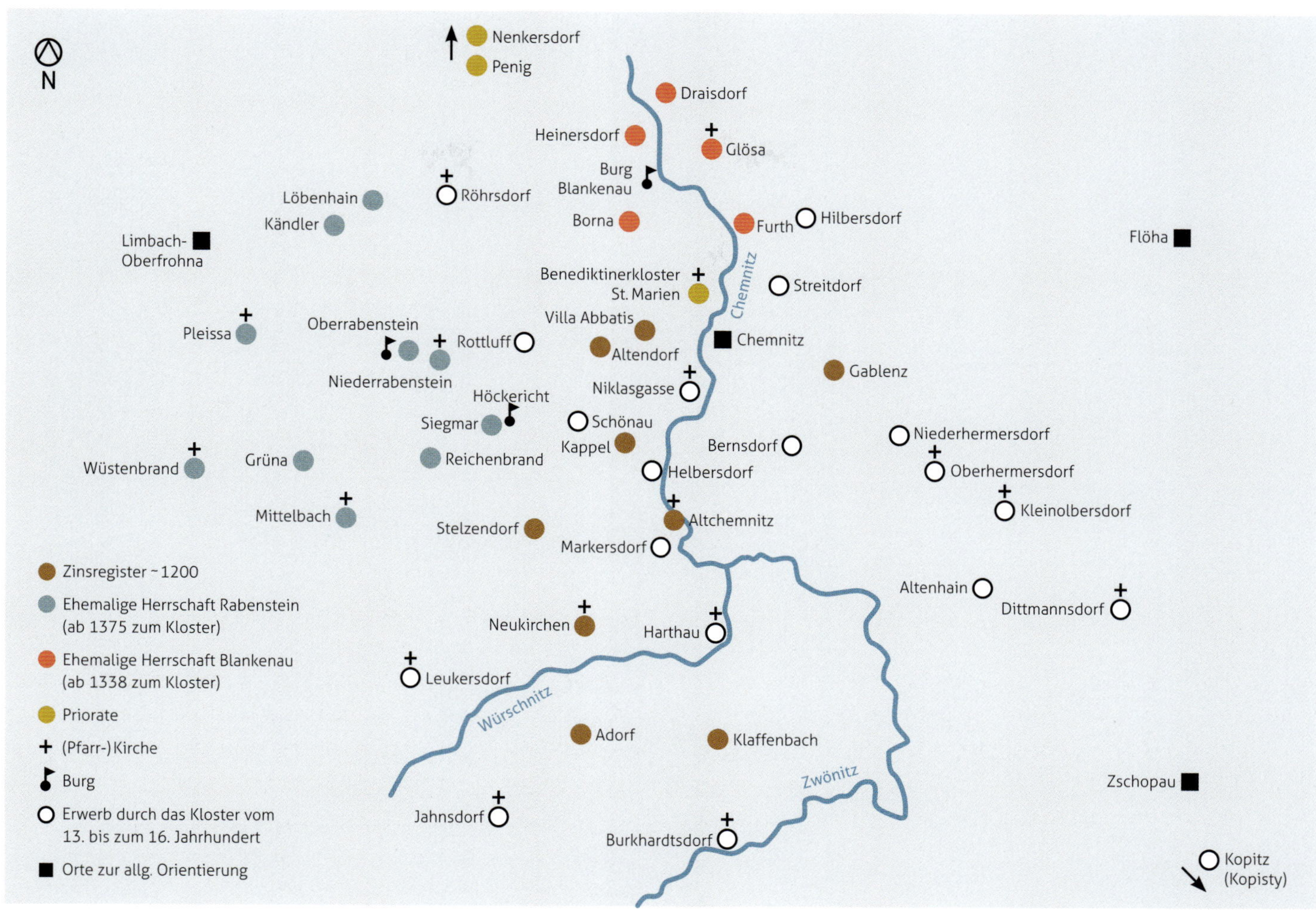


Abb. 2 Territorium des Chemnitzer Benediktinerklosters vom 13. bis zum 16. Jahrhundert

sode, und die seitens der Chemnitzer Äbte wohl gewünschte und angestrebte dauerhafte allgemeine Anerkennung des reichsunmittelbaren Status wohl nur eine Illusion: Wenige Jahre nach dem Erwerb der Herrschaft Rabenstein, die Kaiser Ludwig der Bayer als Reichslehen in Anspruch genommen hatte, wurde das Kloster mit seiner neuen Besitzung Gegenstand »merkwürdiger Manipulationen« des Meißner Markgrafen Wilhelm I., die schließlich die sattsam bekannte »Rabensteiner Fehde« zur Folge hatte, in welcher der in vermeintlichen Besitzansprüchen übergangene Burggraf Albrecht von Leisnig mit Waffengewalt versuchte, das dem Reichskloster zugesprochene Reichslehen Rabenstein mit der Burg und elf Dörfern wieder abzunehmen.[15]

Aber nicht nur das Agieren des Markgrafen, auch die zunehmenden »notorischen Irrungen« mit der Stadt Chemnitz wirkten der angestrebten Unantastbarkeit des klösterlichen Reichsstatus wohl entgegen.[16] Die Ereignisse, die dem »großen Landverkauf« an die Stadt, der die Spannungen zwischen Rat und Kloster durch Gebietsaustausch und eindeutigere Grenzziehungen wenigstens kurzzeitig etwas entschärfte, vorausgingen, ließen die Vulnerabilität des klösterlichen Anspruchs auf unmittelbare Zugehörigkeit zum Reich deutlich zutage treten.[17] Es ist daher wohl auch kaum verwunderlich, dass die Chemnitzer Äbte – Abt

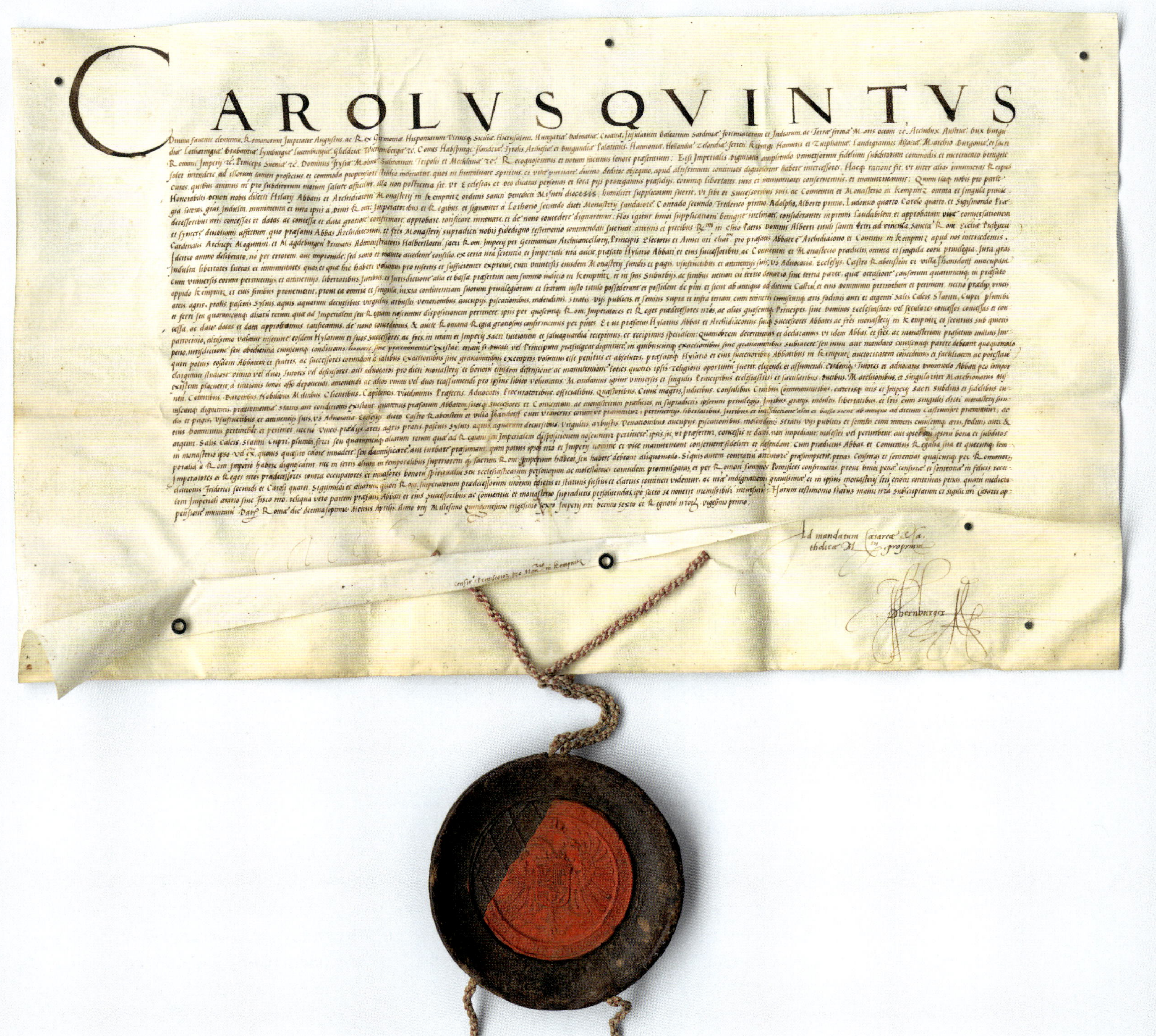
CAROLVS QVINTVS

Abb. 3 Urkunde mit der Bestätigung aller Rechte und Privilegien des Chemnitzer Benediktinerklosters seit Lothar III. durch Kaiser Karl V., 1536

Ortwin Schindelbach bzw. in seinem Namen der Konventuale und spätere Nachfolger Ortwins, Johann von Schleinitz – die Anwesenheit König Sigismunds auf dem Konstanzer Konzil erneut nutzten, um aktiv die Bestätigung der Reichszugehörigkeit, aller damit verbundenen Rechte, Privilegien und Freiheiten gegenüber der markgräflichen und städtischen Konkurrenz einzuwerben.[18] Diese erfolgte durch den König urkundlich am 14. April 1415.[19] Offenbar bestand ein recht gutes Verhältnis zwischen dem Abt Ortwin Schindelbach und König Sigismund. Das war wohl auch im Umfeld des Klosters bekannt, denn die lokale Fama dichtete dem Abt ein Asyl am Königshof in Notzeiten an, wofür es selbstverständlich keinen historischen Beleg gibt. Greifbarer ist jedoch das Verhältnis vom Kloster zum Hof, was die Besitzverhältnisse der Chemnitzer Abtei anbelangt: Vor dem Hintergrund der Hussitenbewegung brachte Ortwin »zuwege, dass dem Kloster die Güter etlicher Ketzer in Böhmen« vom König geschenkt wurden – strittig ist hingegen, ob die Chemnitzer Äbte tatsächlich jemals realiter die Herrschaft über diesen Besitz antreten konnten.[20]

Für das gute Verhältnis Abt Ortwins spricht sicher auch die Bitte der Brüder Anark und Heinrich von Waldenburg zu Wolkenstein, sich betreffend der Klärung ihrer finanziellen Ansprüche, die sich aus dem dreijährigen Halten der böhmischen Stadt Kommotau in den Hussitenkriegen ergaben, beim König zu verwenden.[21] Dem Schema, sich in Gefährdungssituationen auf die von der Zentralgewalt dem Kloster verliehenen Rechte zu berufen, folgte 1471 schließlich auch Bischof Dietrich von Meißen, als er sich in seinem Visitationsrecht über die Chemnitzer Abtei von »gewissen Äbten des Erzbistums Magdeburg«, Abt Herrmann vom Kloster zu Berge bei Magdeburg und Abt Heinrich vom Georgskloster zu Naumburg, übergangen sah: Unter dezidierter Berufung auf »unßers allergnedigsten hern deß keysers schrifften« und »so daz gnante closter ein keyserlich gestifte« sei, bat Bischof Dietrich die sächsischen Fürsten Ernst und Albrecht, in dieser Frage bei Papst und Kaiser zu intervenieren.[22]

Es hat den Eindruck, dass auf fast eineinviertel Jahrhunderte hinweg die Klosterverhältnisse keine neuerliche Bestätigung des reichsunmittelbaren Status erforderlich machten. Zwar hielten die »notorischen Irrungen« mit der Stadt Chemnitz an, jedoch waren die eher kleinlichen Zerrungen etwa um die Frage, welchen Einfluss Kloster und Kommune auf die städtische Lateinschule haben sollten, oder auch die kleinen Sticheleien seitens der Landesherren um ausgeübte Jagdgepflogenheiten zwischen Gelenau und Burkhardtsdorf, den Äbten im schlimmsten Falle lästig, keineswegs aber statusbedrohend.[23] Die Amtszeiten der Äbte Johannes von Schleinitz, Caspar von Meckau und schließlich Heinrich von Schleinitz erlebten die Chemnitzer Benediktiner nicht nur in stabilen, sondern auch prosperierenden Verhältnissen, sowohl was die ökonomische als auch was die politische Seite anbelangt – zu denken ist hier zu allererst an das Engagement der Abtei im erzgebirgischen Bergbau, an dem das Kloster in unvorstellbarem Maße profitierte und die Revenuen aus dem Bergbau auch machtpolitisch umzusetzen in der Lage war: Dass Abt Heinrich von Schleinitz Kurfürst Friedrich von Sachsen auf dessen Wallfahrt ins Heilige Land begleitete, dürfte ein beredter Ausdruck der Akzeptanz der Abtei auch seitens der Wettiner gewesen sein.[24]

Ganz anders sah das nun freilich in den Jahren der Reformation aus: Die Äbte Heinrich von Schleinitz und Hilarius von Rehburg hatten aus der Abtei nicht nur architektonisch eine bedeutende Anlage gemacht.[25] Die Bibliothek erfuhr eine Erweiterung, die dem Kloster würdig war – unter Schleinitz zogen wichtige Werke theologischen, naturwissenschaftlichen, juristischen, ökonomischen oder belletristischen Inhalts in die Chemnitzer Mauern ein.[26] Der Abt gönnte sich – auch dieses ein äußerlicher Ausdruck seines Anspruchs – mit dem »Abtsbau« genannten Gebäudeteil ein durchaus fürstliches, schlossähnliches Domizil, ausgeführt unter Mitwirkung Arnolds von Westfalen. Das alles wollte Hilarius von Rehburg vollenden: Eine buchstäbliche Krönung – weithin sichtbares Attribut von Herrschaftsanspruch und Machtbewusstsein – sollte die geplante mächtige Doppelturmfassade der Klosterkirche werden. Wir wissen, dazu kam es nicht. Hilarius Carpentarius von Rehburg musste die alte Strategie seiner Vorläufer im Amt bemühen, um das wohl von ihm deutlich erkannte drohende Unheil im Gefolge der Reformation von den Chemnitzer Benediktinern abzuwenden. Am 17. April 1536 bestätigte auf des Abtes Bitte hin Kaiser Karl V. von Rom aus die Gründung seines kaiserlichen Vorfahren Lotharius Secundus sowie alle von den deutschen Kaisern und Königen erlassenen Privilegien und gewährten Freiheiten.[27] Das Schreiben nennt namentlich Konrad II., Friedrich I., Adolf von Nassau, Albert I., Ludwig den Bayern, Karl IV. und schließlich Sigismund – interessant hierbei ist die Tatsache, dass die Aufstellung den Staufer Friedrich II. ausschließt, und man mag spekulieren, ob der kaiserlichen Kanzlei nicht vielleicht jene Urkunde von 1226 suspekt erschien, die von der modernen Forschung lange als Fälschung betrachtet wurde ...

Auch König Ferdinand I. wird auf die »unnderthenigste[.] pit von dem ersamen unserm lieben andächtigen Hilariusen abbte und archidiaconen [...]« hin »vermelts gotzhaus zu Kempnitz [...] in hochgedachter kayserliche[r] mayestat unsern und des hailigen reichs [...] schutz und schurm« Rücksicht nehmen und diesen kaiserlichen und königlichen Schutz und Schirm allen weltlichen und geistlichen Fürsten, wie auch allen bürgerlichen Funktionsträgern, in Summa allen Untertanen des Heiligen Römischen Reiches zu wissen geben, verbunden mit der Androhung höchster »kaiserlicher Ungnad und schwerer straff«.[28]

Ob die letzten Schutzversprechungen der Kaiser und Könige des Heiligen Römischen Reiches gegenüber dem Chemnitzer Benediktinerkloster zur Beruhigung der Existenzsorgen des Abtes Hilarius beigetragen haben? Er hatte wohl zunächst diese Hoffnung, sonst hätte er dem Wunsch nach Bestätigung der

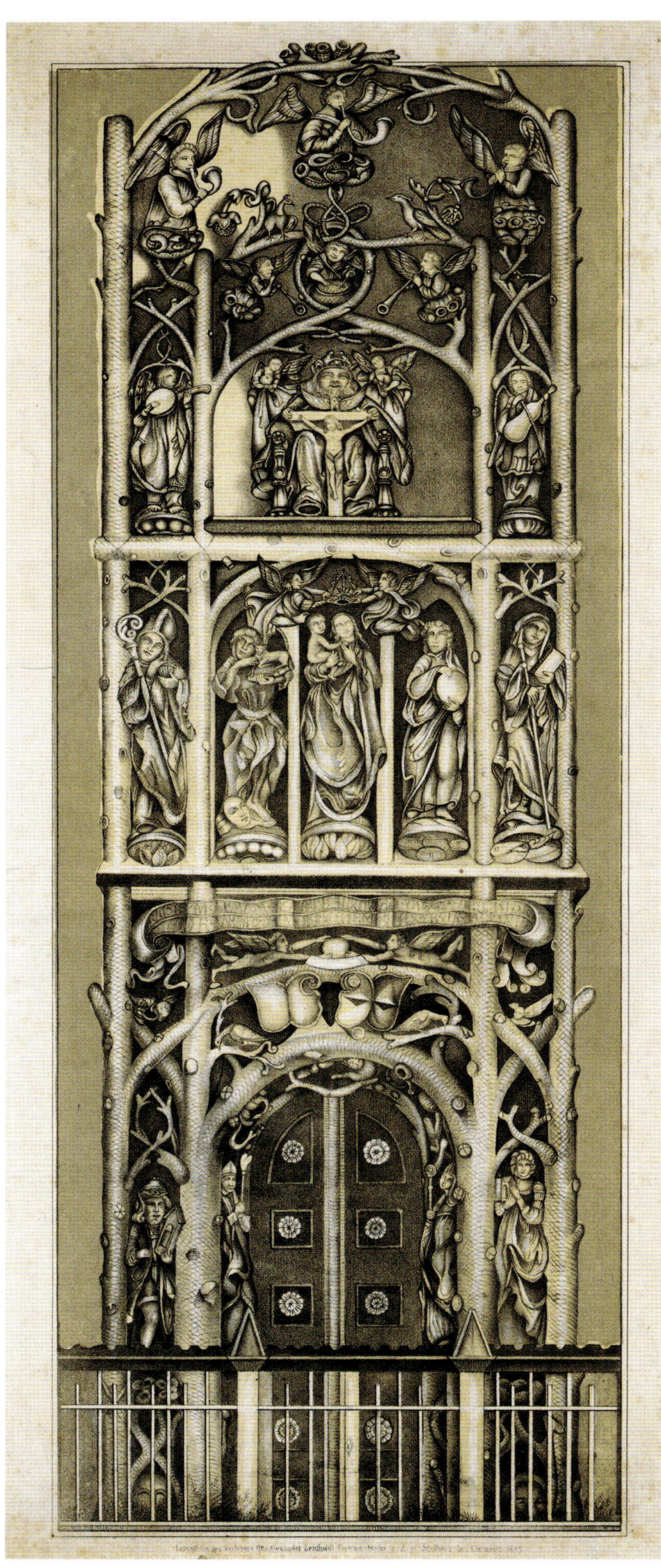

Abb. 4 O. A. Leidholdt: Astwerkportal an der Nordseite der Klosterkirche, Lithografie, 1849

▷

Abb. 5 Die stadtwärts gerichtete Schauseite des Klosters mit dem spätgotischen Wabengiebel des Südflügels der Klausur

Reichszugehörigkeit auf den vielen Ebenen, von denen wir wissen – im Schriftverkehr, in Bautätigkeit und Kunstproduktion, nicht zuletzt in seinem etwa im Schreiben an den sächsischen Herzog vom 29. März 1540 niedergelegten Selbstverständnis als »Unterthan der kayserlichen Mayestät« – nicht so eindringlich Ausdruck verliehen.[29] Ohne freilich hierfür einen eindeutigen quellenmäßigen Beleg geben zu können, halte ich jedoch Hilarius Wagner, der sich als Abt der benediktinischen Reichsabtei zu Kempnitz Carpentarius von Rehburg nannte, für klug genug, trotz aller seiner Bemühungen erkannt haben zu können, dass spätestens seit den Tagen der Staufer die Machtmittel der Zentralgewalt des Heiligen Römischen Reiches viel zu limitiert waren, um tatsächlich im Sinne des Klosters noch wirksam eingesetzt werden zu können. Vielleicht lässt sich das scheinbar mühelose Umschwenken von Rehburgs auf die neuen Verhältnisse im Gefolge der Reformation im Chemnitzer Raum auch mit seiner Erkenntnisfähigkeit gegenüber den politischen Vorgängen seiner Zeit erklären.

Das Berufen auf den reichsunmittelbaren Status der Abtei war sicher zu Anfang ihres Bestehens in existenziellen, später aber wohl nur noch in den vielen – man möchte sie fast als »alltäglich« bezeichnen – kleinen weltlichen und gelegentlichen geistlichen Querelen ein probates »außenpolitisches« Mittel der Chemnitzer Äbte – eine Schutzgarantie angesichts der universellen Herausforderung der Reformation konnte dies freilich nicht mehr sein. Dass Hilarius sich in seinen Bemühungen der Anerkennung seines neuen Herrn Herzog Moritz von Sachsen gewiss sein durfte, mag dem letzten Abt ein kleiner Trost gewesen sein – aber einer, wie ich finde, den er sich in seinen Mühen um die ihm anvertraute Abtei sicherlich verdient hat.

Damit sei abschließend nochmals zusammengefasst: Um das Jahr 1136 stifteten Kaiser Lothar von Supplinburg (Süpplingenburg) und seine Gattin Richenza im bis dato noch weitgehend unbesiedelten Land südlich der bei Rochlitz gelegenen Waldgrenze ein Kloster. Die neue Abtei in unmittelbarer Nähe des bereits im 10./11. Jahrhundert bei Thietmar von Merseburg erwähnten Chemnitzflusses wurde mit Mönchen aus dem Benediktinerkloster Pegau bei Leipzig besetzt. Lothars Stiftungsakt sollte die kaiserliche Macht gegenüber den weltlichen und geistlichen Fürsten stärken: Aus dem Kloster am *lokus kameniz dictus*, jenem »Chemnitz genannten Orte« ging später nicht nur die Stadt Chemnitz hervor. Vom Kloster als Kristallisationskern aus erfolgte zielgerichtet die Besiedlung des gesamten westlichen Gebirgsraums.[30] Aus diesem formten die Nachfolger Kaiser Lothars, die Herrscher aus dem Geschlecht der Staufer, schließlich das Reichsterritorium Pleißenland.[31] Zusammen mit dem Vogt- und Egerland bildete es die künftigen königlichen Domänen – eine kompakte Landmasse als Machtbasis der Krone, die von Altenburg über Chemnitz, Zwickau und Eger bis Nürnberg reichte und mit der die Staufer versuchten, der wettinischen Machtexpansion Einhalt zu gebieten.

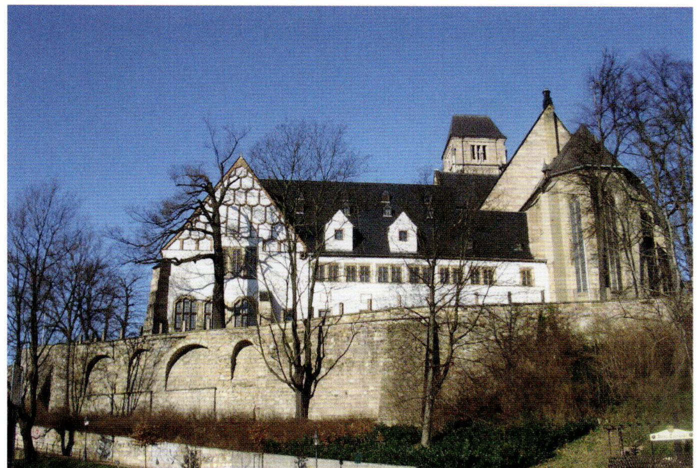

Das Benediktinerkloster zu Chemnitz behielt als Reichskloster die enge Bindung an die Könige und Kaiser zeit seiner Existenz bei: Obwohl diese Beziehung machtpolitisch kaum noch wirksam werden konnte – was letztendlich mit dem zunehmenden Schwinden der realen Macht der Zentralgewalt im Reich nach dem Niedergang der Staufer zusammenhing –, beriefen sich die Chemnitzer Äbte immer wieder auf die in den Urkunden der Krone verbrieften Rechte und Privilegien, um ihre Interessen gegenüber den sächsischen Fürsten oder der Stadt Chemnitz zu behaupten. Das Selbstverständnis als Vertreter kaiserlicher Gewalt im ehemaligen Reichsterritorium erklärt die zeit der Klosterexistenz bestehende Interessendivergenz gegenüber den Wettinern und, nebenbei bemerkt, beantwortet sie auch die Frage nach der offenkundigen *damnatio memoriae* – die Frage, warum die Erinnerung an das Kloster so gründlich aus dem öffentlichen Bewusstsein gelöscht wurde und wir heute vom Schloss- und nicht vom Klosterberg sprechen …

Mit dieser Strategie des Festhaltens am verbrieften Reichsstatus hatte die Chemnitzer Abtei 400 Jahre lang Erfolg, wenngleich ihr die vollständige rechtliche und machtpolitische Anerkennung als im Reichstag vertretene Reichsprälatur zeit ihrer Existenz versagt blieb. Das geschickte Agieren von Abt und Konvent in *temporalia* und *spiritualia*, in den weltlichen und geistlichen Belangen des Klosters aber gewährte selbigem auf der Grundlage einer soliden Überlieferung königlich-kaiserlicher Privilegien immerhin so etwas wie eine »gefühlte Reichsunmittelbarkeit«, die dem Chemnitzer Benediktinerkloster ein doch recht ordentliches Maß an Unabhängigkeit gegenüber territorial-feudalen oder städtebürgerlichen Begehrlichkeiten gewährte. Ende und Untergang der Chemnitzer Abtei, einer der bedeutendsten benediktinischen Einrichtungen in der östlichen Hälfte des Heiligen Römischen Reiches, resultierte daher weniger aus vermeintlichen Schwächen des Klosters selbst als vielmehr aus den infolge der allgemeinen Schwäche von Kirche, Reich und Kaiser notwendig gewordenen gesellschaftlichen Veränderungen, die die Reformation mit sich bringen musste.

Anmerkungen

**1** Vgl. Hörsch, Markus: Astwerkportal der Chemnitzer Benediktiner-Klosterkirche, in: Fiedler, Uwe/Thiele, Stefan/Krüger, Antonia/Hörsch, Markus: Gotik ohne Grenzen. Sachsen und Böhmen im Spiegel der Kunst um 1500, Chemnitz 2016, S. 118 f. **2** Vgl. Fasbender, Christoph/Mierke, Gesine: »quasi fundator secundus«. Der Chemnitzer Abt Heinrich von Schleinitz (1483–1522) in seiner Zeit, Würzburg 2018. **3** Vgl. Römer, Christof: Chemnitz, in: Römer, Christof/Lücke, Monika (Bearb.): Germania Benedictina. Bd. X: Mecklenburg-Vorpommern, Sachsen-Anhalt, Thüringen und Sachsen. Hrsg. von der Historischen Sektion der Bayerischen Benediktinerakademie München, Sankt Ottilien 2012, S. 227 ff. **4** Vgl. Posse, Otto/Ermisch, Hubert: Codex diplomaticus Saxoniae regiae, Zweiter Hauptteil, 6. Bd.: Urkundenbuch der Stadt Chemnitz und ihrer Klöster, Leipzig 1879 (im Folgenden UB Chemnitz), N° 461. **5** Vgl. Bräuer, Helmut: Chemnitz zwischen 1450 und 1650. Menschen in ihren Kontexten, Chemnitz 2005, S. 52 ff. **6** Vgl. Hörsch: Astwerkportal (wie Anm. 1), S. 118 f. **7** Da die Tingierung der Schilde verloren gegangen ist, sind auch andere »Abtskonstellationen« (erster und aktueller Abt?) vorstellbar. **8** Die erhaltenen Dokumente sind in Posse/Ermisch: UB Chemnitz (wie Anm. 4), niedergelegt – wenngleich in einem falschen Kontext, handelt es sich doch mitnichten um die »Klöster der Stadt Chemnitz«, wie der Titel etwas irreführend assoziiert. **9** Vgl. Petzold, Klaus: Monasterium Kempnicense. Eine Untersuchung der Vor- und Frühgeschichte des Klosterwesens zwischen Saale und Elbe, Leipzig 1982. **10** UB Chemnitz, Anhang II. **11** Vgl. Römer: Chemnitz (wie Anm. 3), S. 234. **12** UB Chemnitz, N° 322. **13** UB Chemnitz, N° 354. **14** UB Chemnitz, N° 355. **15** UB Chemnitz, N° 381; 382. **16** Viertel, Gabriele: Zur Verfassungs- und Verwaltungsgeschichte von Chemnitz im 15. Jahrhundert, in: Fiedler, Uwe/Thoß, Hendrik/Bünz, Enno: Des Himmels Fundgrube. Chemnitz und das sächsisch-böhmische Gebirge im 15. Jahrhundert, Chemnitz 2012, S. 149 f. **17** Vgl. dazu Kramarczyk, Andrea: Der große Landverkauf im Jahr 1402 – Güter zwischen Kloster und Stadt Chemnitz, in diesem Band, S. 103–113. **18** Zur Anwesenheit des Chemnitzer Abtes bzw. seines Vertreters auf dem Konzil vgl. Richental, Ulrich von: Konzilium zu Konstanz. Augsburg, bei Anton Sorg, 1483, Sächsische Landesbibliothek – Staats- und Universitätsbibliothek Dresden, Signatur Ink. 60 (2°). **19** UB Chemnitz N°391. **20** Vgl. dazu Igah, Sandra: Abt und Archidiakon. Die Äbte des Klosters St. Marien zu Chemnitz im 15. Jahrhundert, in: Fiedler/Thoß/Bünz: Fundgrube (wie Anm. 16), S. 87; UB Chemnitz N° 393. **21** UB Chemnitz N° 394. **22** UB Chemnitz N° 408. **23** UB Chemnitz N° 423; 424; 428; 429; 430; 431. **24** Igah: Abt und Archidiakon (wie Anm. 20), S. 92. **25** Vgl. Magirius, Heinrich: Die Schloßkirche Chemnitz. Forschungen zur Baugeschichte der Benediktiner-Klosterkirche im Mittelalter, Beucha 2005, S. 51 ff. **26** Vgl. dazu die Katalogbeiträge von Fasbender, Christoph/Mierke, Gesine/Jurchen, Sylvia/Machert, Christoph/Kramarczyk, Andrea, in: Fiedler/Thoß/Bünz: Fundgrube (wie Anm. 16), S. 313 ff. **27** UB Chemnitz, N° 471. **28** UB Chemnitz, N° 472. **29** UB Chemnitz, N° 477. **30** Vgl. Geupel, Volkmar: Das Benediktinerkloster und die Anfänge der Stadt Chemnitz aus archäologischer Sicht, in: Viertel, Gabriele (Hrsg.): Zur Entstehung und Frühgeschichte der Stadt Chemnitz. Stollberg 2002, S. 108 ff. **31** Vgl. Blaschke, Karlheinz: Geschichte Sachsens im Mittelalter. München 1990, S. 77 ff.

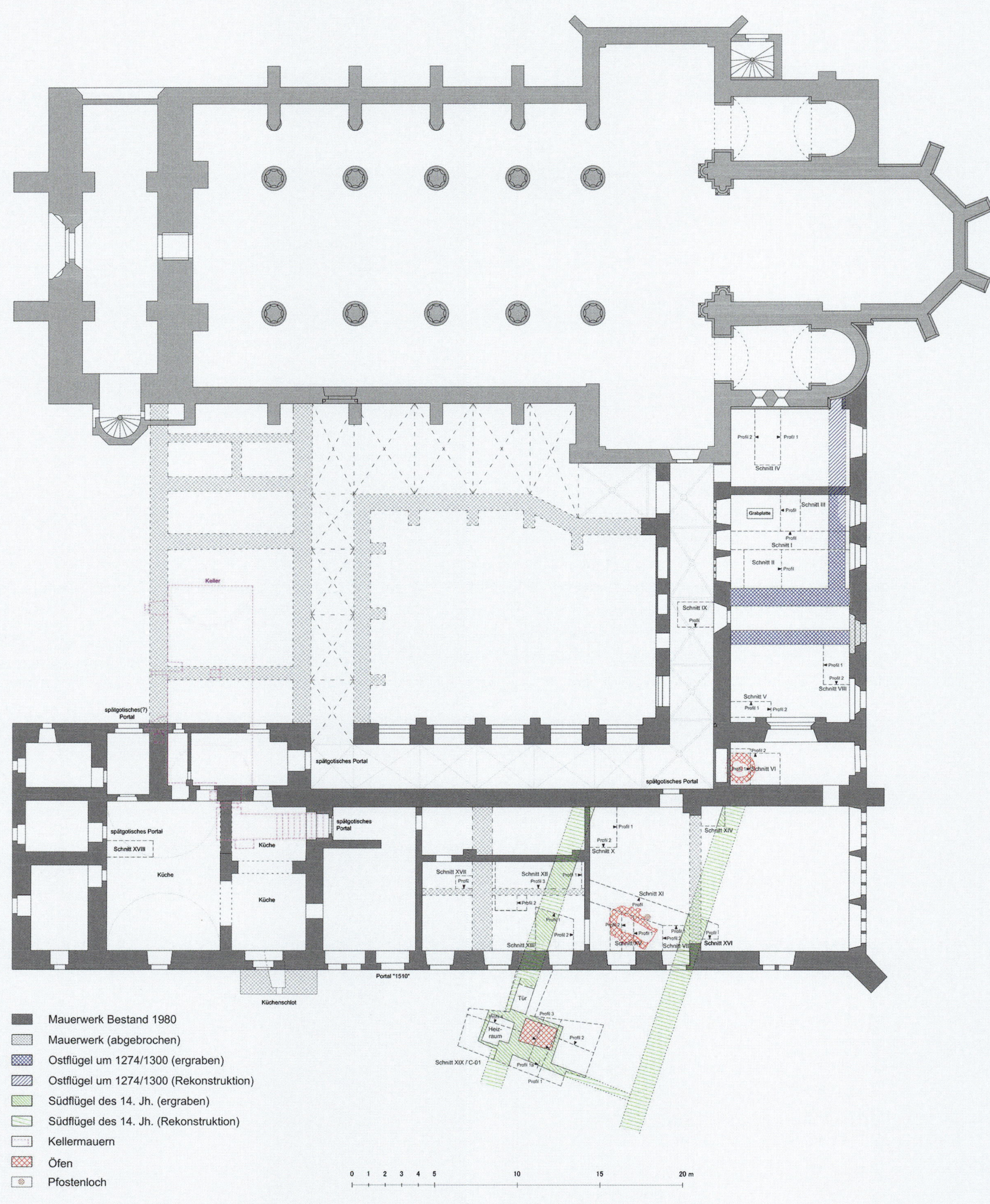
Keller
spätgotisches(?) Portal
spätgotisches Portal
spätgotisches Portal
spätgotisches Portal
spätgotisches Portal
Schnitt XVIII
Küche
Küche
Küche
Portal "1510"
Küchenschlot
Schnitt IV
Grabplatte
Schnitt III
Schnitt I
Schnitt II
Schnitt IX
Schnitt V
Schnitt VIII
Schnitt VI
Schnitt X
Schnitt XIV
Schnitt XVII
Schnitt XII
Schnitt XI
Schnitt XIII
Schnitt XVI
Tür
Heiz-raum
Schnitt XIX / C-01
Mauerwerk Bestand 1980
Mauerwerk (abgebrochen)
Ostflügel um 1274/1300 (ergraben)
Ostflügel um 1274/1300 (Rekonstruktion)
Südflügel des 14. Jh. (ergraben)
Südflügel des 14. Jh. (Rekonstruktion)
Kellermauern
Öfen
Pfostenloch
0 1 2 3 4 5 10 15 20 m

VOLKMAR GEUPEL

# Die Geschichte des Benediktinerklosters Chemnitz und ihre Spiegelung in den archäologischen und bauhistorischen Befunden I

## Die Geschichte des Klosters und die archäologischen Ausgrabungen 1981–1993

Die Nennung des *lokus kameniz* im Diplom König Konrads III. von 1143[1] ist die erste direkte urkundliche Erwähnung von Chemnitz und bezieht sich auf das Benediktinerkloster als frühesten Siedlungskern in den Grenzen der heutigen Stadt. Geografisch gesehen liegt Chemnitz nahe dem Nordfuß des Mittelerzgebirges im Naturraum Vorerzgebirgssenke bzw. Erzgebirgsbecken.[2] Wie das eigentliche Erzgebirge gehört dieses Vorgebirgsland nicht zu den seit der Jungsteinzeit kontinuierlich besiedelten Gebieten, vielmehr erfolgte die großräumige agrarische Erschließung erst im Zuge des großen Landesausbaus in der zweiten Hälfte des 12. Jahrhunderts. Die archäologischen Funde belegen jedoch, dass das Vorgebirgs- und Gebirgsland in ur- und frühgeschichtlicher Zeit, besonders im Neolithikum, in der Bronzezeit und im Frühmittelalter, begangen und wirtschaftlich genutzt worden war.

Der Name Chemnitz ist sekundär von dem gleichnamigen Fluss auf die Siedlung übertragen worden. Es handelt sich um einen altsorbischen, mit »Steinbach« zu übersetzenden Namen (*Kamenica*, zu *kameń* = Stein),[3] der zu den zahlreichen slawischen Flur- und Gewässernamen des Erzgebirges gehört.[4] Dieses Namensgut bezeugt, dass es in frühmittelalterlicher Zeit zu einer verstärkten Durchdringung des Erzgebirgswaldes gekommen sein muss, wobei vor allem an vorwiegend von Slawen saisonal betriebene Waldgewerbe wie Köhlerei und Pechbrennerei zu denken ist, archäologische Nachweise dafür fehlen aber bislang im Erzgebirge. Die Fundstellen mittel- bzw. spätslawischer Keramik aus der Kirche in Sachsenburg[5] und von der Herrenstraße in Chemnitz[6] erscheinen als von der Offenlandschaft an der Zwickauer Mulde um Rochlitz, die im 7. Jahrhundert in die Landnahme einwandernder slawischer Bevölkerungsgruppen einbezogen worden war, nach Süden auf das Erzgebirge vorgeschoben. Im Zuge der Entwicklung des Rochlitzer Raumes zum Burgward in der zweiten Hälfte des 10. Jahrhunderts und eines danach beginnenden frühen Landesausbaus wurde das Gebiet muldeaufwärts bis Lunzenau/Penig erschlossen,[7] wie das entsprechende Fundmaterial und der unweit des Zusammenflusses von Chemnitz und Zwickauer Mulde gelegene jungslawische »Schlossberg« in Großschlaisdorf,[8] der südlichste Burgwall des Rochlitzer Kleingaus, beweisen. Im frühen 12. Jahrhundert – vor 1143, als Rochlitz seine Reichsunmittelbarkeit verlor und wettinisch wurde – ist die Anwesenheit von Wolfsjägern an der oberen Chemnitz belegt, die im Auftrag der Reichsburg Rochlitz und des zugehörigen Königshofs dort jagten.[9] Aber weder die Begehung und mutmaßliche wirtschaftliche Nutzung in urgeschichtlicher Zeit noch die saisonal betriebenen Waldgewerbe und die Wolfsjagd im frühen und hohen Mittelalter ließen im Erzgebirge und seinem Vorland

Abb. 1 Grundriss der Klausur mit Eintragung der archäologischen Befunde

Dauersiedlungen entstehen. Fraglos vermittelte aber die Durchdringung des Waldes topografische Kenntnisse, die für die Rodung und siedlungsmäßige Erschließung des Berglands während der hochkolonialen Siedelzeit nach der Mitte des 12. Jahrhunderts von Nutzen waren. Als deren wichtigste vorbereitende Maßnahme gilt die Gründung des Chemnitzer Benediktinerklosters.[10]

Am Fuß des Erzgebirges errichtet, stellte das Kloster einen ersten geplanten Ausgriff in das unbesiedelte, jedoch begangene und wirtschaftlich genutzte Waldland dar. Sein Standort war eine markante Randhöhe an der westlichen Seite des hier relativ breiten Chemnitztals, in der der Fluss einst in wechselnden Läufen pendelte. Das Bauensemble der Schloßkirche und der rechtwinklig zueinander stehenden Gebäudeflügel des Schloßbergmuseums erinnert noch lebhaft an die ursprüngliche Anlage als Kloster; die Westseite ist modern geschlossen. Der Nekrolog des Klosters[11] sowie Urkunden König Konrads III.[12] und Kaiser Friedrichs II.[13] nennen Kaiser Lothar III. als Stifter des Klosters. Eine Urkunde über die Gründung gibt es nicht, doch kann nach Walter Schlesinger der Stiftungsakt mit dem letzten Aufenthalt Kaiser Lothars in Merseburg im Mai 1136 in Zusammenhang gebracht werden; wenig vorher waren nach dem Tod Heinrichs von Groitzsch zum Jahreswechsel 1135/36 und dem Aussterben der Familie die Groitzscher Hausklöster Pegau und Bürgel unter den Schutz des Reiches gestellt worden.[14] Das neu gegründete Chemnitzer Kloster wurde mit Mönchen aus der 1091/96 von Wiprecht von Groitzsch als erstes Kloster östlich der Saale gegründeten Pegauer Abtei,[15] die der Benediktinerregel folgten, besetzt.[16]

Für das im siedlungsfreien Erzgebirgsvorland angelegte Kloster stellt sich die Frage nach einer Wegeverbindung in das Altsiedelland. Gebirgsüberschreitende Fernwege, die zur Zeit der Klostergründung bereits bestanden, berührten es nicht direkt. Diese in der schriftlichen Überlieferung seit dem frühen 12. Jahrhundert als böhmische Steige bezeichneten Verkehrslinien querten, aus dem nordwestsächsischen/nordostthüringischen Altsiedelland kommend, den Vorgebirgs- und Gebirgsraum von Nordwest nach Südost.[17] Der dem Kloster nächste Fernweg war der 1174[18] urkundlich erwähnte böhmische Steig Rochlitz – Rübenau – Komotau/Chomutov, der das heutige Chemnitz bei Hilbersdorf tangierte, wo eine noch etwa 500 Meter lange und zehn Meter breite, im spitzen Winkel von der Frankenberger Straße nach Südost abbiegende Hohle als Rest der dem Steig folgenden Fernstraße sichtbar ist.[19]

Die Ersterwähnung des Klosters erfolgte in der Urkunde König Konrads III. von 1143,[20] mit welcher dieser dem Kloster alle Rechte und Freiheiten bestätigte, es in seinen Schutz nahm und ihm das Marktprivileg verlieh. Diesen öffentlichen Markt (*forum publicum*) interpretierte Walter Schlesinger als reichsoffenen königlichen Markt.[21] Weiterhin übertrug die Urkunde dem Kloster Land im Umkreis von zwei Meilen zur vollen Nutzung. Die Marktrechtsverleihung zielte auf die Entstehung eines von Fernhändlern bewohnten zentralen Marktortes und ist als Initiative zur Gründung einer Stadt anzusehen.[22] Da die angestrebte Marktsiedlung aber im rechtlichen Verband des Klosters stand, kann das Diplom von 1143 nicht als Gründungsurkunde für die Reichslandstadt Chemnitz angesehen werden.[23] Fügte sich die Gründung des Klosters durch Lothar III., seiner bedeutendsten Leistung im Raum östlich der Saale,[24] in die die Aufsiedlung und wirtschaftliche Erschließung des Pleißenlandes vorbereitenden Maßnahmen dieses Herrschers ein, so zielte die Marktrechtsverleihung durch seinen Nachfolger Konrad III. direkt darauf: Augenfällig erscheinen in der hierarchisch geordneten Zeugenreihe der Urkunde von 1143 unter den Burggrafen und Reichsministerialen die Namen derjenigen Familien, die später die tragenden Kräfte der *terra plisnensis* bildeten.[25] Siedelversuche im Umland, die mit der Gründung des Klosters einhergingen, wie das die Pegauer Annalen für die Chemnitz vorausgehende Tochterzelle Lausick beschreiben,[26] sind zwar zu vermuten, bislang aber nicht zweifelsfrei nachgewiesen.

Als erster Vogt des Klosters ist der dem Stifter Kaiser Lothar III. von Supplinburg (auch: Süpplingenburg) nahestehende und von ihm als Markgraf von Meißen eingesetzte Konrad von Wettin belegt. Die Urkunde König Konrads von 1143 nennt diesen als Vogt, schränkt aber seine Befugnisse im Sinne der Hirsauer Klosterreform und der Reichsunmittelbarkeit ein. Später hatten die Reichsministerialen von Waldenburg, führende Initiatoren der Kolonisation im Erzgebirge, dieses Amt erblich inne. Sie waren wohl von Kaiser Friedrich I. Barbarossa eingesetzt worden, womit dieser das Kloster in die Reichslandorganisation einbezog.[27] Dennoch entwickelte sich das Kloster nur langsam und hatte bis weit in das 13. Jahrhundert hinein um seine Existenz zu ringen. Zu den Ursachen dafür dürfte gehören, dass Friedrich Barbarossa im Zuge des Auf- und Ausbaus des pleißenländischen Reichsterritoriums ab 1158 mit dem Augustinerchorherrenstift, dem sogenannten Bergerkloster, am Verwaltungsmittelpunkt der *terra plisnensis* Altenburg 1165/72 ein neues (Haupt-)Kloster im Pleißenland gründete,[28] daneben aber auch weitere konkurrierende Klöster[29] entstanden.

Ein schwerer Rückschlag für die Entwicklung des Klosters war schließlich seine direkte Einbeziehung in Kampfhandlungen im frühen 13. Jahrhundert: Aus der urkundlichen Überlieferung geht hervor, dass das Kloster nach von Böhmen ausgegangenen kriegerischen Aktionen zwischen 1212 und 1216 Zerstörungen ausgesetzt war. 1216[30] verhandelte König Friedrich II. mit König Ottokar von Böhmen; er nahm das Kloster, das »wegen der Bosheit der Zeit und den Kriegsstürmen« (*propter temporis malitiam et tempestates bellorum*) als stark geschädigt bezeichnet wird, in seinen Schutz und gab ihm die entfremdeten Güter zurück. Noch zehn Jahre später wurde das Kloster in einem auf Ersuchen des Chemnitzer Abtes erfolgten Spendenaufruf Papst Honorius' III. im Erzbistum Magdeburg als »von Grund aus zerstört« (*funditus dirutum*) genannt.[31] Nach einem laut Walter Schlesinger[32] um

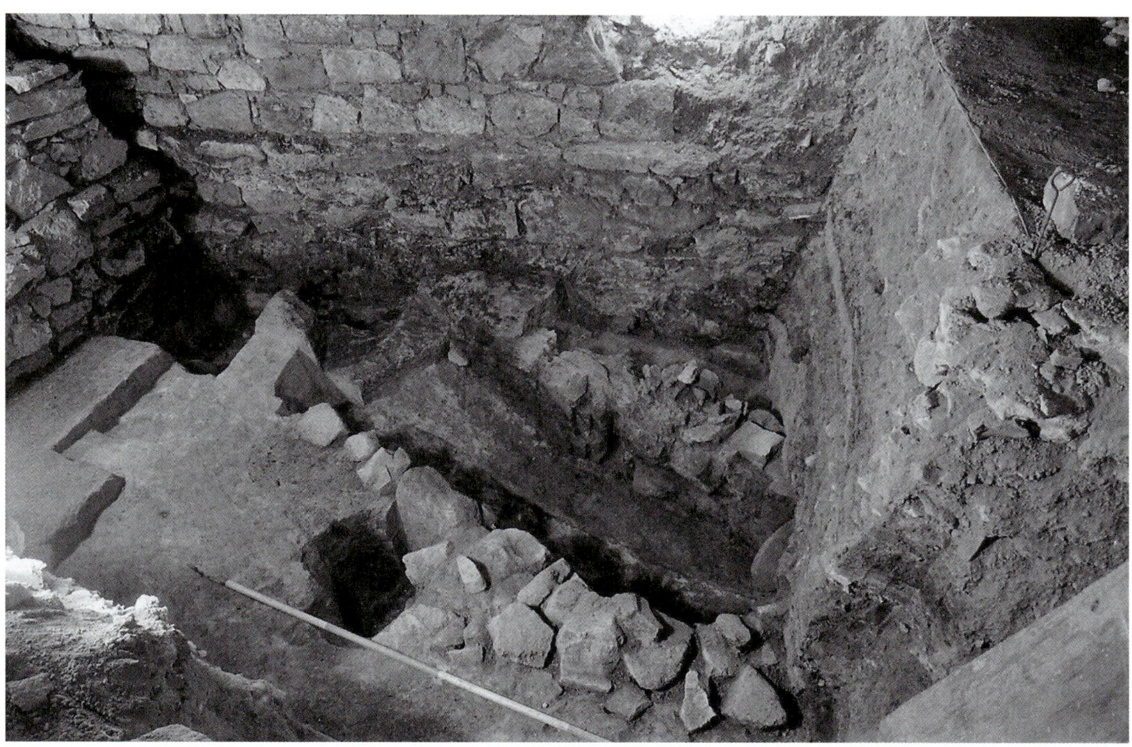

Abb. 2 Steinkuppelofen im archäologischen Befund

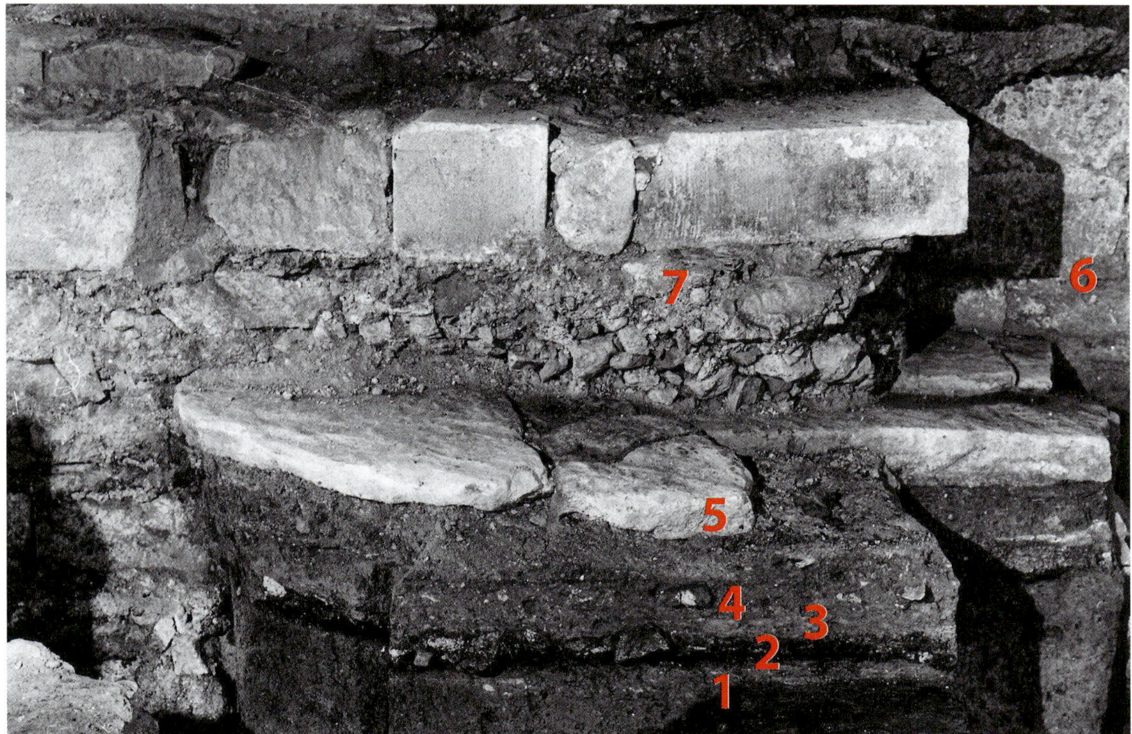


Abb. 3 Schichtenfolge (1–7) im Mittelschiff der Kirche (Südseite)

1 Schicht des 12./frühen 13. Jahrhunderts,
2 Brandschicht (zwischen 1212 und 1216),
3 Werkhorizont aus graugrünem Ryolithtuff,
4 Fußbodenauffüllung,
5 Fußbodenplatten,
6 spätromanischer Pfeilerstumpf,
7 spätgotisches Säulenfundament

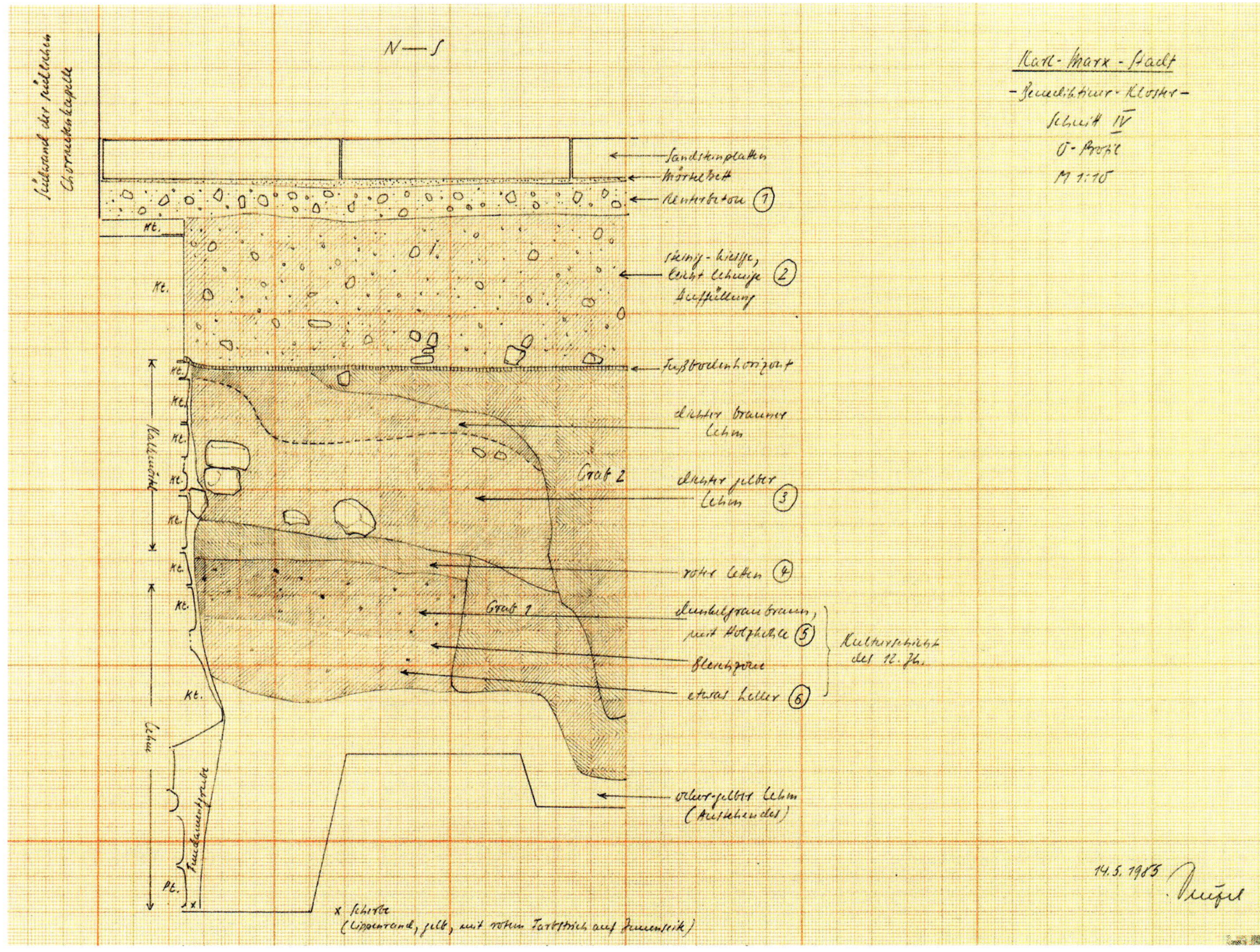


Abb. 4 Schichtenfolge an der südlichen Nebenkapelle

▷

Abb. 5 Auswahl der Funde aus der Metallgießerei. 1:2.

1. Fragmente einer Gußformhälfte für ein Zinnkännchen,
2. Gußformbruchstück aus gebranntem Lehm für eine Glocke(?) mit geradlinigen Profilierungen (Buchstabe H?),
3. Fragment einer Steinform für rosettenartigen Gegenstand,
4. Bruchstück eines Leuchterfußes aus Bronze

1216 entstandenen undatierten Zinsregister gehörten dem Kloster um diese Zeit neun zinspflichtige Orte, die Stelzendorfer Mühle und 15 Grundstücke in der Stadt – ein nicht unbedeutender, aber weit unter der Landschenkung aus dem Jahr 1143 bleibender Besitz. 1235[33] beabsichtigte Papst Gregor IX. die Inkorporation des in geistlichen und weltlichen Dingen verfallenen Chemnitzer Benediktinerklosters in das Zisterzienserkloster Buch. Doch schon 1254[34] wurden ihm von Papst Innocenz IV. alle von Geistlichen und Weltlichen erteilten Rechte und Freiheiten wieder bestätigt und dem Abt in einer Bulle das Patronatsrecht über die Pfarrkirche St. Jacobi in der Stadt Chemnitz übertragen.[35] 1274[36] bestätigte Papst Gregor X. dem Kloster abermals alle Rechte und Freiheiten und beauftragte wenig später den Scholasticus[37] der Meißner Kirche, alle dem Kloster entzogenen Güter wieder an dasselbe zu bringen. Ferner sind im gleichen Jahr Baumaßnahmen im Kloster direkt schriftlich bezeugt: Im Zusammenhang mit »vier Bittbrieffen« zu Spenden für das Kloster heißt es »[…] anno 1274, zu welcher Zeith das Closter zu bauen angefangen worden.«[38]

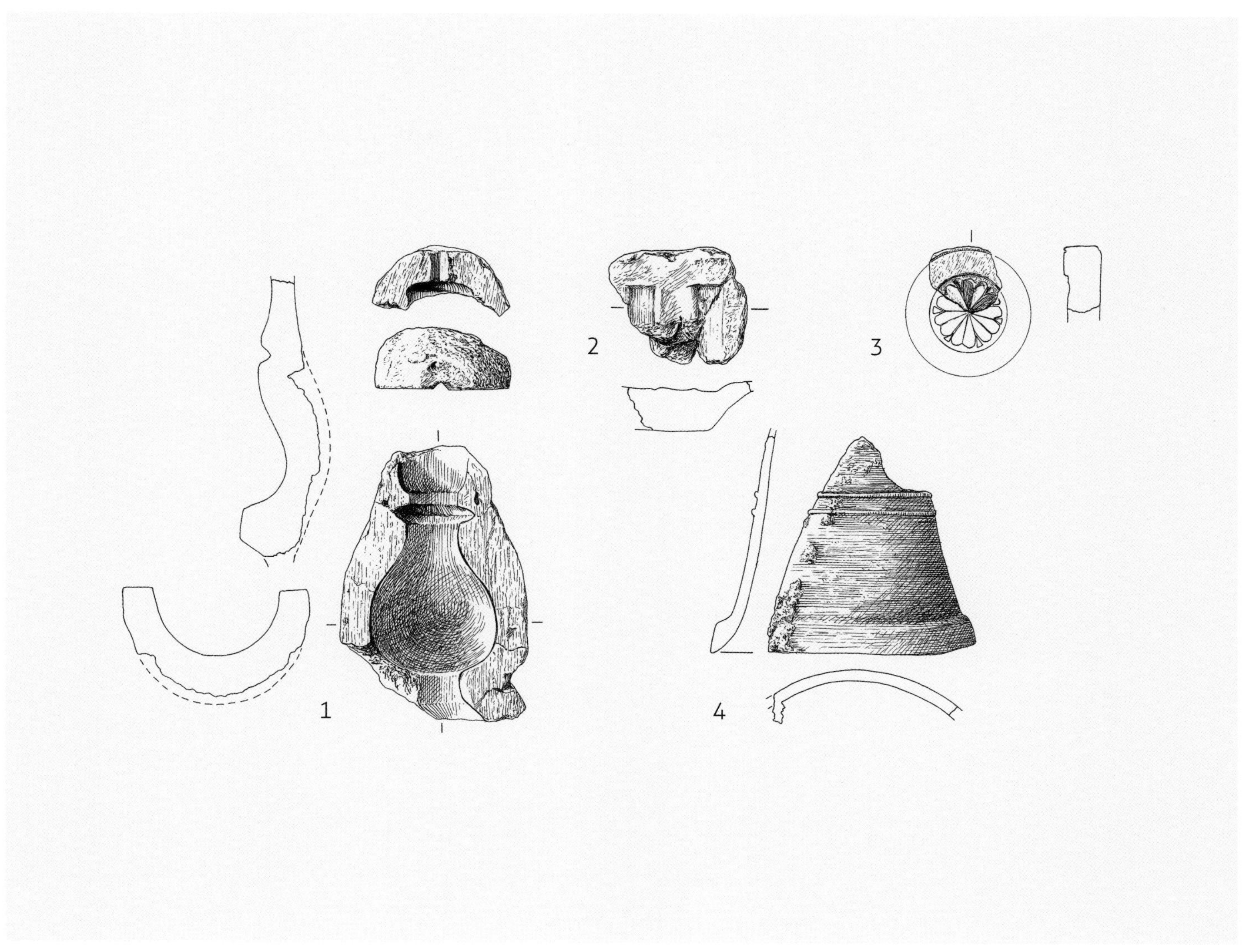


In der Zeit der Revindikation nach 1290 erfuhr das Kloster durch die Könige Adolf von Nassau und Albrecht I. von Habsburg Schutz und Förderung.[39] Die kriegerischen Aktionen beider Könige gegen Markgraf Friedrich I. (den Freidigen) gingen aber wiederum nicht spurlos an dem Kloster vorbei, wie eine Urkunde des Markgrafen von 1308[40] belegt. Im 14. Jahrhundert erlangte das Kloster seine größte Machtfülle und war eines der reichsten Klöster in der Mark Meißen; unter den zahlreichen Erwerbungen befanden sich die Herrschaften Blankenau (1338)[41] und Rabenstein (1375)[42] sowie die Stadt Kopitz/Kopisty in Böhmen (1344).[43] Ferner wurde dem Abt die Archidiakonswürde des Archidiakonats Chemnitz übertragen,[44] wodurch er zum ersten Stellvertreter des Bischofs von Meißen avancierte. Das 15. Jahrhundert durchlief das Kloster ohne größere Höhepunkte, vielmehr ist es von Streitigkeiten mit der Stadt, von Versuchen des Ausgleichs und von abermaligen »Irrungen« durchzogen. An der Wende vom 15. zum 16. Jahrhundert begann eine neue Bauphase im Kloster, doch schon 1540/41 beendete die im albertinischen Sachsen 1539 von Herzog Heinrich (dem Frommen) eingeführte Reformation seine Existenz. Ab 1548/49 wurde es unter Kurfürst Moritz zum Schloss umfunktioniert.

Angesichts des historischen Stellenwerts, der dem ehemaligen Benediktinerkloster zukommt, galt und gilt dem Chemnitzer Schloßberg die besondere Aufmerksamkeit der Archäologie. Als jedoch ab 1981 die Museumsgebäude und ab 1984 die Schloßkirche baulich instand gesetzt wurden, geschah dies ohne Einbeziehung des für die archäologische Denkmalpflege seinerzeit zuständigen Landesmuseums für Vorgeschichte in Dresden, sodass die sofort eingeleiteten Rettungsgrabungen unter den Bedingungen des laufenden Baubetriebs durchgeführt werden mussten.[45] Die hohe archäologische Relevanz des Untergrunds zeigte bereits ein von einem Museumsmitarbeiter widerrechtlich begonnener Querschnitt durch den Ostflügel, wo eine Schichtenfolge vom 12. Jahrhundert bis in die Zeit um 1500 zutage trat.[46] Aufgrund dieses Befunds und der Möglichkeit, einzelne Schichten mit überlieferten Ereignissen der Klostergeschichte verbinden zu können, wurden bis 1993 in Ost- und Südflügel 18 Grabungsschnitte sowie ein weiterer im Außenbereich ange-

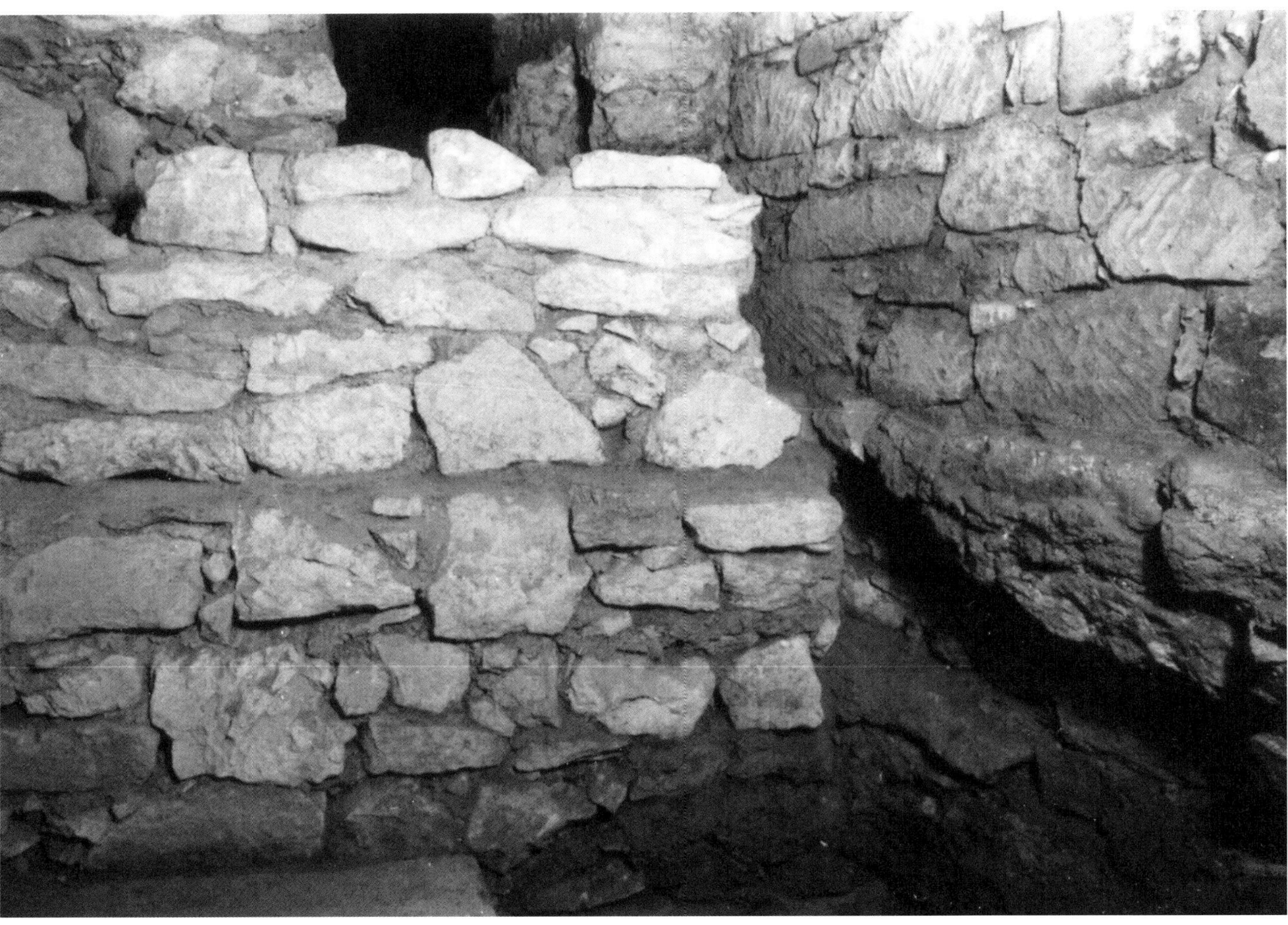

Abb. 6 Gekappte und durchtrennte östliche Längswand des irregulären Südflügels

legt. Mehrheitlich war ihre Lage vom Baugeschehen vorgegeben, wenn möglich, wurde auch zielgerichtet bauhistorischen Fragen nachgegangen. Die Grabungen in der Schloßkirche betrafen das Mittelschiff, wo aber das Schichtpaket zahlreiche Störungen durch frühere Bodeneingriffe, Grabgruben usw. aufwies, im nördlichen und westlichen Teil war es bis auf Restinseln bereits dem Bagger zum Opfer gefallen.

Die angetroffenen archäologischen und bauhistorischen Befunde spiegeln die aus den Quellen zu entnehmenden bescheidenen Anfänge des Klosters und seine zögerliche Entwicklung. Die unterste Schicht mit ihrem Fundniederschlag des 12. und frühen 13. Jahrhunderts war in keinem Schnitt mit zeitgleicher Steinbausubstanz verbunden, sondern wurde ausnahmslos von jüngeren Mauern geschnitten. Mehrfach nachgewiesene Pfosten, verziegelter Lehm und Holzkohle lassen auf eine weitgehend aus Holz- und Fachwerkbauten bestehende Klausur schließen, ohne dass die ausschnitthafte Erfassung der Befunde Aussagen über deren Aussehen und Größe gestattet. In die Gründungszeit des Klosters gehörten zwei Öfen, die mit Lehm- bzw. Feldsteinkuppel einfach konstruiert waren; Ersterer fungierte wahrscheinlich als Backofen,[47] Letzterer war ein Heizofen,[48] wohl eines ersten Kalefaktoriums. Die erste Generation der Mönche muss ferner mit einem unversteinten Interim für seine liturgischen Handlungen ausgekommen sein, wie die stilkundlicher Datierung zufolge erst um 1160/65[49] entstandenen Ostteile der Kirche – der Chor und die beiden Chornebenkapellen mit halbrunden Apsiden – bezeugen. Dass diese Steinbauwerke mit zeitlichem Abstand zur Klostergründung gefolgt sind, ergibt sich auch aus dem Grabungsbefund, wonach die Baugrube der südlichen Nebenkapelle bereits vier anthropogene Schichten schnitt.

Danach stagnierte der Kirchenbau. Trotz der genannten Substanzverluste an dem Schichtpaket steht fest, dass im Mittelschiff eine dem untersten Siedlungsniederschlag in der Klausur entsprechende Schicht lag, zu der Pfostengruben, ein zerstörter (Lehmkuppel-?)Ofen und eine Feuerstelle mit Keramik des 12. Jahrhunderts gehörten. Dieser Schicht, hypothetisch als Hinterlassenschaft der Bauhütte erklärt,[50] folgte nach oben hin eine Planierungsschicht mit Werksteinabfall aus dem als Baumaterial für die romanische Klosterkirche ausschließlich verwendeten graugrünen Ryolithtuff, im südöstlichen Teil des Mittelschiffs schob sich zwischen die Siedlungsschicht und einen Ryolithtuff-Werkhorizont eine Brandschicht. Mit dem Werkhorizont waren quadratische Pfeilerstümpfe aus diesem Gestein verbunden, deren Baugruben Brand- und unterste Schicht schnitten[51]. Die Pfeiler und der daran anschlagende Werkhorizont dürften dem im Vorgang befindlichen Aufbau der Kirche entsprechen, für den der Papst 1226 zu Spenden aufrief, und die den Werkhorizont unterlagernde Brandschicht den in den Quellen 1216 und 1226 genannten vorausgegangenen Zerstörungen. In diese Interpretation fügt sich ein Befund im Südflügel ein, wo die Schicht des 12./frühen 13. Jahrhunderts von einer Schicht des 13. Jahrhunderts bzw. partiell von einem Werkhorizont aus graugrünem Ryolithtuff an deren Basis überlagert wurde. Da zwischen der Bauzeit der Ostteile der Kirche um 1160/65 und dem Beginn des letzten Viertels des 13. Jahrhunderts keine anderen Steinbauwerke entstanden sind, spricht alles dafür, dass der Werkhorizont auch hier mit dem um 1226 in Gang befindlichen Bau des Kirchenschiffs im Zusammenhang steht, mit welchem die erste steinerne Kirche fast 100 Jahre nach Gründung des Klosters als spätromanische Pfeilerbasilika vollendet wurde.[52] Die Schichtenfolge erweist sich darüber hinaus als wichtig in der Frage des Beginns der allgemeinen Verwendung der grauen/blaugrauen Irdenware, die in der der untersten Schicht folgenden des 13. Jahrhunderts erstmals dominierend mit ihren typischen Kragenrändern erscheint. Da die Anfänge dieser Schicht durch den Werkhorizont an ihrer Basis in das dritte Jahrzehnt des 13. Jahrhunderts datiert werden, bestätigt unsere Stratigrafie bemerkenswert genau den auf der Wiprechtsburg in Groitzsch gewonnenen Zeitpunkt des Einsetzens dieser Irdenware als allgemein gebräuchliche Keramik im mittleren Westsachsen zwischen 1220 und 1230.[53]

Die 1274 begonnenen Baumaßnahmen, für welche in Bittbriefen zu Spenden aufgerufen worden war,[54] betrafen mit einiger Wahrscheinlichkeit den für das klösterliche Leben wichtigen Ostflügel als vorerst einziges in Stein errichtetes Klausurgebäude. Grabungsmäßig nachgewiesene Bauteile, die mit dieser Nachricht verbunden werden können, sind die Außen- und die südliche Abschlussmauer des Kapitelsaals. Erstere verlief – wohl mit Rücksicht auf die südliche Chornebenkapelle – 1,30 Meter weiter westlich der jetzigen. Dass der Ostflügel aber bis zu seinem südlichsten und größten Raum, dem mutmaßlichen Parlatorium des Klosters, um 1300 fertiggestellt war, kann mangels einer archäologischen Datierung nur angenommen werden. Dessen Südwand und in der Fortsetzung nach Westen auch die des südlichen Kreuzgangs müssen aber spätestens Mitte des 14. Jahrhunderts vorhanden gewesen sein, da um diese Zeit an beide ein Gebäude im Winkel von 71 Grad angefügt wurde, das sich nach Südwest über den heutigen Südflügel hinaus erstreckte und vor Beginn der Ausgrabungen völlig unbekannt war[55]. Sein im Außenbereich liegender südlicher Abschluss wurde nicht gefasst, die ergrabene Länge beträgt 19,70 Meter.

Das Bauwerk, das archäologisch durch keramische Funde aus der zugehörigen Baugrube und aus dem Lehm seines Fußbodens in die Mitte bis zweite Hälfte des 14. Jahrhunderts datiert, ist trotz seiner irregulären Ausrichtung als erster steinerner Südflügel anzusehen. Die ungewöhnliche bauliche Lösung wird mit dem steilen Geländeabfall nach Südost zu erklären sein, der wohl später auch zum Bau des Stützpfeilers an der Südostecke des regulären Südflügels zwang. In dem unter dem Fußboden des 14. Jahrhunderts erhaltenen älteren Schichtpaket hoben sich ein Holzkohleband und darüber eine kompakte Lage rot gebrannten Lehms mit eingeschlossener Holzkohle heraus, die von einer durch Feuer zerstörten – möglicherweise zweiphasigen – Fachwerkbebauung herrührte. In ihrem oberen Bereich fanden sich verschiedene Bruchstücke von Gießformen aus Lehm und Stein sowie angeschmolzene oder zerbrochene Bronzeteile, darunter das Fragment eines Leuchterfußes[56]. Danach dürfte sich hier eine Metallgießerei befunden haben,[57] die im frühen 14. Jahrhundert abbrannte und deren planierter Brandschutt mit dem ersten steinernen Südflügel überbaut wurde. Die Lage der Reste der Fachwerkbebauung ließ den vorsichtigen Schluss zu, dass diese ähnlich »schräg« ausgerichtet war wie der nachfolgende Steinbau. Die Basis des Schichtpakets bildete auch hier eine ausgeprägte Schicht des 12./frühen 13. Jahrhunderts, zu der der bereits genannte Steinkuppelofen gehörte, dessen Ausrichtung wiederum auffällig mit der des »schrägen« Südflügels korrespondierte, sodass sich an dieser Stelle eine in der Orientierung konstante Bebauung vom 12. bis zum 14. Jahrhundert abzuzeichnen scheint. Mitte des 15. Jahrhunderts wurde in den südlichen Teil des Gebäudes eine Steinofen-Luftheizung eingefügt, die eine ältere ersetzte.[58]

Die letzte Bauphase war der grundlegende hochgotische Umbau des Klosters ab Ende des 15. Jahrhunderts. Im Bereich der Klausur wurde der neue und regelhaft von Ost nach West orientierte Südflügel laut Bauinschrift 1510 gebaut. Damit verbunden war die übertägige Niederlegung des nördlichen Teils des alten Südflügels, dessen gekappte und durchtrennte Längswände bei den Ausgrabungen unter dem Fußboden des großen, die Osthälfte des neuen Südflügels einnehmenden Raumes – in der Klosterzeit das Refektorium – zutage traten. Der südliche, im heutigen Außenbereich liegende Teil des irregulären Südflügels mit der darin installierten Luftheizung aber blieb nach Ausweis der in der Feuerungsgrube entsorgten Keramik bis zum Beginn des Schlossbaus 1548/49 erhalten.[59] Im Ostflügel wurden die zurückgesetzte Außenwand von dessen Nordteil übertägig abgebrochen und der Kapitelsaal und die nördlich anschließende Sakristei auf das heutige Maß verbreitert.

Für die Archäologie ist die angetroffene Stratigrafie ein Glücksfall, da einige Schichten mit urkundlich überlieferten Ereignissen der Klostergeschichte verbunden werden können und damit deren zeitliche Einordnung – und die der darin eingeschlossenen archäologischen Funde – auf sicheren Füßen steht. Das betrifft, wie bereits angesprochen, vor allem die Keramik als häufigstes und für Datierungsfragen meistbenutztes Fundmaterial. Insbesondere bilden die Fundschichten des 12. und 13. Jahrhunderts, deren Datierung mit der der Burgen IV und V der Wiprechtsburg in Groitzsch korrespondiert, nicht nur eine wichtige Stütze für die dortige Keramikchronologie, sondern darüber hinaus für die Kenntnis der zeitlichen Entwicklung der mittelalterlichen Irdenware im mittleren Westsachsen. Die spezifisch archäologischen Aspekte, die nicht Thema des Kolloquiums waren und nur am Rande angesprochen werden konnten, werden in Verbindung mit der Vorlage aller Funde und Befunde zu Archäologie und Baugeschichte ausführlich behandelt.[60]

Anmerkungen

**1** Zeitz, 1143 vor März 13: Monumenta Germaniae Historica. Diplomata regnum et imperatorum Germaniae. Die Urkunden der deutschen Könige und Kaiser, Bd. 9: Die Urkunden Konrads III. und seines Sohnes Heinrich, hrsg. von. Friedrich Hausmann, Köln/Wien 1969 (im folgenden MGH DD K III), Nr. 86 = Codex diplomaticus Saxoniae regiae Zweiter Hauptttheil, Bd. 6: Urkundenbuch der Stadt Chemnitz und ihrer Klöster, hrsg. von. Hubert Ermisch, Leipzig 1879 (im Folgenden UB Chemnitz), Nr. 302. – Die Urkunde enthält eine die Vogtei und vermutlich die Rechte des Vogtes betreffende Interpolation: Schlesinger, Walter: Die Anfänge der Stadt Chemnitz und anderer mitteldeutscher Städte. Untersuchungen über Königtum und Städte während des 12. Jahrhunderts, Weimar 1952, S. 14; Patze, Hans: Zur Chemnitzer Fälschung auf Friedrich II. zu 1226 April 30 Parma, in: Forschungen aus mitteldeutschen Archiven. Zum 60. Geburtstag von Hellmut Kretzschmar, Berlin 1953 (= Schriftenreihe der Staatlichen Archivverwaltung 3), S. 7–33, hier S. 8–10. **2** Bernhardt, Arnd: Erzgebirgsbecken, in: Mansfeld, Karl/Richter, Hans (Hrsg.): Naturräume in Sachsen, Trier 1995 (= Forschungen zur deutschen Landeskunde 238), S. 118–124 u. Karte im hinteren Innendeckel. **3** Eichler, Ernst/Walther, Hans: Städtenamenbuch der DDR, Leipzig 1986, S. 146; Dies. (Hrsg.): Historisches Ortsnamenbuch von Sachsen, Berlin 2001 (= Quellen und Forschungen zur sächsischen Geschichte 21, Bd. 1 A–L), S. 141. **4** Walther, Hans: Slawische Namen im Erzgebirge in ihrer Bedeutung für die Siedlungsgeschichte, in: Beiträge zur Namenforschung 11 (1960), S. 29–77. **5** Diener v. Schönberg, Alfons: Sachsenburg, in: Mitteilungen des Landesvereins Sächsischer Heimatschutz 20, Heft 9/12, 1931, S. 289–334, hier S. 297 f. u. Abb. 5; Herrmann, Joachim/Donat, Peter (Hrsg.): Corpus archäologischer Quellen zur Frühgeschichte auf dem Gebiet der Deutschen Demokratischen Republik (7.–12. Jahrhundert), 4. Lieferung Bezirke Cottbus, Dresden, Karl-Marx-Stadt u. Leipzig, Berlin 1985, S. 262 (122/2) u. Abb. Tafelteil 122/2 (Bearbeiter: Heinz-Joachim Vogt). **6** Geupel, Volkmar: Das ehemalige Benediktinerkloster und die Anfänge der Stadt Chemnitz aus archäologischer Sicht, in: Zur Entstehung und Frühgeschichte der Stadt Chemnitz, Stollberg o. J. (2002) (= Aus dem Stadtarchiv Chemnitz 6), S. 108–128, hier S. 117, Abb. 4 u. Anm. 64; Fassbinder, Frauke: Archäologische Untersuchungen zur Frühgeschichte der Stadt Chemnitz. Die Grabungen 1994–1995, Dresden 2006 (=Veröffentlichungen des Landesamtes für Archäologie – Landesmuseum für Vorgeschichte 42), Abb. 71, 5. **7** Billig, Gerhard: Die Burgwardorganisation im obersächsisch-meißnischen Raum. Archäologisch-archivalisch vergleichende Untersuchungen, Berlin 1989 (= Veröffentlichungen des Landesmuseums für Vorgeschichte Dresden 20), S. 63 f.; Ders.: Rochlitz im frühen Mittelalter, in: 1000 Jahre Rochlitz. Festschrift, Beucha o. J. (1995), S. 14–20, hier S. 15 f. **8** Herrmann/Donat (Hrsg.): Corpus archäologischer Quellen (wie Anm. 5), S. 239 (121/34). **9** Schlesinger: Die Anfänge der Stadt Chemnitz (wie Anm. 1), S. 20–23; Dietze, Herbert: Wolfsjäger um Chemnitz – Exklaven des Amtes Rochlitz, in: Forschungen und Fortschritte 32, 1958, S. 378–383. **10** Schlesinger: Die Anfänge der Stadt Chemnitz (wie Anm. 1), S. 33–56; Kobuch, Manfred: Die Anfänge der Stadt Chemnitz, in: Arbeits- und Forschungsberichte zur sächsischen Bodendenkmalpflege 26, 1983, S. 139–162, hier S. 141. **11** UB Chemnitz, S. 481. **12** Vgl. Anm. 1. **13** Parma, 1226 Apr. 30: UB Chemnitz, Nr. 307. – Die Urkunde ist nach Hans Patze (wie Anm. 1, S. 8/31) grafisch »vollständig gefälscht, ihr Inhalt dagegen aus zwei echten Vorlagen mit unechten Zusätzen kompiliert worden«. Sie »steht auf Palimpsest eines echten Diploms Friedrichs II. von 1226 Ende Mai/Anfang Juni Parma. Das Siegel ist echt. Der Text beruht auf echter Vorlage, nur das Wort advocatia in der Pertinenz und die Abgrenzung des Bergbaugebietes sind Fälscherzutat. Die Zeugenreihe wurde einem Schriftstück Heinrichs (VII.) entnommen.« **14** Schlesinger: Die Anfänge der Stadt Chemnitz (wie Anm. 1), S. 85. **15** Schlesinger, Walter: Kirchengeschichte Sachsens im Mittelalter. Bd. 2, Das Zeitalter der deutschen Ostsiedlung (1100–1300), Köln/Graz 1962 (= Mitteldeutsche Forschungen 27/2), S. 184. **16** Schlesinger: Die Anfänge der Stadt Chemnitz (wie Anm. 1), S. 85. **17** Wißuwa, Renate: Die Entwicklung der Altstraßen im Gebiet des heutigen Bezirkes Karl-Marx-Stadt von der Mitte des 10. Jahrhunderts bis zur Mitte des 14. Jahrhunderts. Ein Beitrag zur Rekonstruktion des Altstraßennetzes auf archäologischer Grundlage. Ungedr. Phil. Diss., Pädagog. Hochschule Dresden, Dresden 1987; Ruttkowski, Manfred: Altstraßen im Erzgebirge. Archäologische Denkmalinventarisation Böhmischer Steige, in: Arbeits- u. Forschungsberichte zur sächsischen Bodendenkmalpflege 44, 2002, S. 264–297. **18** 1174 März 10 bis Sept.: Codex diplomaticus Saxoniae regiae, Erster Haupttheil, Bd. 2: Urkunden der Markgrafen von Meißen und Landgrafen von Thüringen (1100–1195), hrsg. von Otto Posse, Leipzig 1889 (im folgenden UB Meißen Thüringen), Nr. 404. **19** Wißuwa: Die Entwicklung der Altstraßen (wie Anm. 17), Katalog S. 23 (Karte), S. 25 (Beschreibung GAS 5143 B R5). **20** Vgl. Anm. 1. **21** Schlesinger: Die Anfänge der Stadt Chemnitz (wie Anm. 1), S. 23 f. **22** Billig, Gerhard: Die Anfänge der Besiedlung des Chemnitztales, in: Herzog, Steffen/Beier, Hans-Jürgen (Hrsg.): Aus Bronzezeit und Mittelalter Sachsens. Bd. 2, Mittelalter, Langenweißbach 2012 (= Beiträge zur Ur- und Frühgeschichte Mitteleuropas 16/2), S. 169–177, hier S. 175. **23** Schlesinger, Walter: Der Markt als Frühform der deutschen Stadt, in: Vor- und Frühformen der europäischen Stadt im Mittelalter. Teil 1, Göttingen 1973, S. 262–293. **24** Wadle, Elmar: Reichsgut und Königsherrschaft unter Lothar III. (1125–1137). Ein Beitrag zur Verfassungsgeschichte des 12. Jahrhunderts, Berlin 1969, S. 244 f., S. 280. **25** Schlesinger: Die Anfänge der Stadt Chemnitz (wie Anm. 1), S. 199 f.; Billig: Die Anfänge der Besiedlung des Chemnitztales (wie Anm. 22), S. 175 f. Zuerst erscheinen die Vertreter der hohen Geistlichkeit, der Erzbischof von Magdeburg, die Bischöfe von Würzburg und Naumburg. Die weltlichen Zeugen führen Markgraf Albrecht (der Bär) und sein Sohn an, denen die Grafen und danach die Edelfreien, darunter die Träger der mitteldeutschen Reichsburggrafschaften Heinrich von Rötha, Hermann von Meißen, Heinrich von Leisnig und Heinrich von Altenburg, sowie Erkenbert von Tegkwitz folgen. Die Zeugenreihe beschließen Reichsministeriale, unter ihnen Gerhard von Nöbdenitz und Heinrich von Weida. **26** Monumenta Germaniae Historica. Scriptores. Bd. 16: Annales Pegavienses et Bosovienses, hrsg. von Georg Heinrich Pertz, Hannover 1859, S. 232–270. **27** Billig, Gerhard: Die Anfänge. Chemnitz als Reichsstadt, in: Karl-Marx-Stadt. Geschichte der Stadt in Wort und Bild, Berlin 1988, S. 7–22, hier S. 13. **28** Schlesinger: Die Anfänge der Stadt Chemnitz (wie Anm. 1), S. 15 f. **29** *Remse* vor 1165: Thieme, André: Klöster und Stifte in der hohen Kolonisation des Erzgebirges, in: Sachenbacher, Peter u. a. (Hrsg.): Kirche und geistiges Leben im Prozess des mittelalterlichen Landesausbaues in Ostthüringen/Westsachsen, Langenweißbach 2005 (= Beiträge z. Frühgeschichte u. z. Mittelalter Ostthüringens 2), S. 51–62, hier S. 53 f., *Aue-Zelle* 1173 (Goslar, 1173 Mai 7: Monumenta Germaniae Historica. Diplomata regnum et imperatorum Germaniae. Die Urkunden der deutschen Könige und Kaiser, Bd. 10: Die Urkunden Friedrichs I. Teilbd. 3 (1168–1180), hrsg. von Heinrich Appelt unter Mitwirkung von Rainer Maria Herkenrath und Walter Koch, Hannover 1985, Nr. 600 = UB Meißen Thüringen, Nr. 397 = Patze, Hans: Altenburger Urkundenbuch [976–1350], Jena 1955, Nr. 19), *Buch* vor 1192: Schlesinger: Kirchengeschichte Sachsens im Mittelalter (wie Anm. 15), S. 239–244; *Geringswalde* 1233: (ohne Ort, 1233 Januar 2: Schön, Theodor: Geschichte des Fürstlichen und Gräflichen Gesammthauses Schönburg. 1. Bd. des Urkundenbuches der Herren von Schönburg [1182–1419], ohne Ort u. Jahr [1901], Nr. 14) und *Grünhain* um 1233: Schlesinger: Kirchengeschichte Sachsens im Mittelalter (wie Anm. 15), S. 262–265 sowie in der Markgrafschaft Meißen das Zisterzienserkloster *Altzelle* des wettinischen Markgrafen Otto (des Reichen) 1162 (Lodi, 1162 Febr. 26: Monumenta Germaniae Historica. Diplomata regnum et imperatorum Germaniae. Die Urkunden der deutschen Könige und Kaiser. Bd. 10: Die Urkunden Friedrichs I. Teilbd. 2 (1158–1167), hrsg. von Heinrich Appelt unter Mitwirkung von Rainer Maria Herkenrath und Walter Koch, Hannover 1979, Nr. 350 = Codex diplomaticus Saxoniae regiae. Zweiter Hauptteil, Bd. 19: Urkundenbuch des Zisterzienserklosters Altzelle. Erster Teil (1162–1249), bearb. von Tom Graber, Hannover 2006, Nr. 1). **30** Altenburg, 1216 Okt. 6: Monumenta Germaniae Historica. Diplomata regnum et imperatorum Germaniae. Die Urkunden der deutschen Könige und Kaiser, Bd. 14: Die Urkunden Friedrichs II. Teilbd. 2 (1212–1217), hrsg. von Walter Koch unter Mitwirkung von Klaus Höflinger, Joachim Spiegel und Christian Friedl, Hannover 2007, Nr. 384 = UB Chemnitz, Nr. 304. **31** Lateran, 1226 Apr. 10: UB Chemnitz, Nr. 306. **32** Schlesinger: Die Anfänge der Stadt Chemnitz (wie Anm. 1), S. 10. **33** Perugia, 1235 Juni 7: UB Chemnitz, Nr. 308 = Codex diplomaticus Saxoniae regiae, Dritter Hauptteil, Bd. 1: Die Papsturkunden des Hauptstaatsarchivs Dresden. Originale Überlieferung Teil 1 (1104–1303), bearb. von Tom Graber, Hannover 2009 (im folgenden UB Papsturkunden Dresden), Nr. 56. **34** Lateran, 1254 Juli 9: UB Chemnitz, Nr. 309 = UB Papsturkunden Dresden, Nr. 96. **35** Lateran, 1254 Juli 9: UB Chemnitz, Nr. 1 = UB Papsturkunden Dresden, Nr. 95. **36** Lyon, 1274 Mai 28: UB Chemnitz, Nr. 312 = UB Papsturkunden Dresden, Nr. 121. **37** Lyon, 1274 Juli 1: UB Chemnitz, Nr. 314 = UB Papsturkunden Dresden, Nr. 124. **38** Ohne Ort, 1274: UB Chemnitz, Nr. 315. **39** Speyer, 1293 März 15: UB Chemnitz, Nr. 322; Freiberg, 1296 März 10 (nur über ein Archivregister belegt, zwischen 1298 und 1308): UB Chemnitz, Nr. 324. **40** Altenburg, 1308 Juli 21: UB Chemnitz, Nr. 327. **41** Ohne Ort und Datum: UB Chemnitz, Nr. 343–348. **42** Ohne Ort, 1375 Dez. 13: UB Chemnitz, Nr. 371; Prag, 1375 Dez. 13: UB Chemnitz, Nr. 372. **43** Prag, 1344 Dez. 19: UB Chemnitz, Nr. 351; Prag, 1344 Dez. 20: UB Chemnitz, Nr. 352. **44** Ermisch, Hubert: Geschichte des Benedictinerklosters zu Chemnitz bis zum Ende des 14. Jahrhunderts, in: Archiv für die Sächsische Geschichte NF 4, 1878, S. 254–278, S. 289–314, hier S. 301 f.; Bönhoff, Leo: Das Archidiakonat Chemnitz, in: Mitteilungen d. Vereins f. Chemnitzer Geschichte 11, 1901, S. 35–51, hier S. 40–42. **45** Die Grabungsleitung hatte der Verfasser, ständiger Mitarbeiter war Grabungstechniker Matthias Gutsche, 1988 kam Yves Hoffmann hinzu. Als Hilfskräfte wirkten Studenten und die Arbeitsgemeinschaft des örtlichen Bau- und Bodendenkmalpflegers Dipl.-Ing. Horst Richter mit. Die Rettungsgrabung in der Schlosskirche 1985 erfolgte gemeinsam mit Wilfried Stoye, Thomas Walther und Daniel Jakob vom Städtischen Museum Zwickau. **46** Geupel, Volkmar/Schischkoff, Kristina: Stratigraphische Befunde im ehemaligen Benediktiner-Kloster in Chemnitz/Karl-Marx-Stadt. Vorbericht, in: Ausgrabungen und Funde 28, 1983, S. 16–22. **47** Geupel, Volkmar: Weitere Ausgrabungen im ehemaligen Benediktiner-Kloster in Chemnitz/Karl-Marx-Stadt, in: Ausgrabungen und Funde 32, 1987, S. 34–36. **48** Geupel, Volkmar/Hoffmann, Yves: Fortsetzung der Ausgrabungen im ehemaligen Benediktiner-Kloster in Chemnitz in den Jahren 1988 und 1989, in: Ausgrabungen und Funde 36, 1991, S. 18–22. **49** Magirius, Heinrich: Die Schloßkirche Chemnitz. Forschungen zur Baugeschichte der Benediktiner-Klosterkirche im Mittelalter, Beucha 2005 (= Arbeitshefte des Landesamtes für Denkmalpflege Sachsen 7), S. 31–38. **50** Geupel, Volkmar/Stoye, Wilfried: Ausgrabungen in der Schloßkirche zu Karl-Marx-Stadt, in: Ausgrabungen und Funde 31, 1986, S. 40–43. **51** Ebd. **52** Magirius: Die Schloßkirche Chemnitz (wie Anm. 49), S. 31–39. **53** Vogt, Heinz-Joachim: Die Wiprechtsburg Groitzsch. Eine mittelalterliche Befestigung in Westsachsen, Berlin 1987 (= Veröffentlichungen des Landesmuseums für Vorgeschichte Dresden 18), S. 195. **54** Vgl. Anm. 38. **55** Vgl. Anm. 48. **56** Das Fundstück wurde zunächst für das Fragment einer Glocke gehalten: Geupel/Hoffmann: Fortsetzung der Ausgrabungen (wie Anm. 48), S. 20. Die Korrektur dieser Ansprache wird Herrn Dr. Stefan Krabath, seinerzeit Dresden, jetzt Wilhelmshaven, verdankt. **57** Vgl. Anm. 48. **58** Hoffmann, Yves: Eine spätmittelalterliche Steinofen-Luftheizung im Benediktinerkloster zu Chemnitz. Ungedr. Abschlussarbeit a. d. Fachschule f. Technik u. Wirtschaft Berlin, Berlin 1994. **59** Ebd., S. 14–20. **60** Geupel, Volkmar/Hoffmann, Yves: Archäologie und Baugeschichte des ehemaligen Benediktinerklosters Chemnitz. Die Ausgrabungen im Schloßbergmuseum 1981–1993 [im Druck].

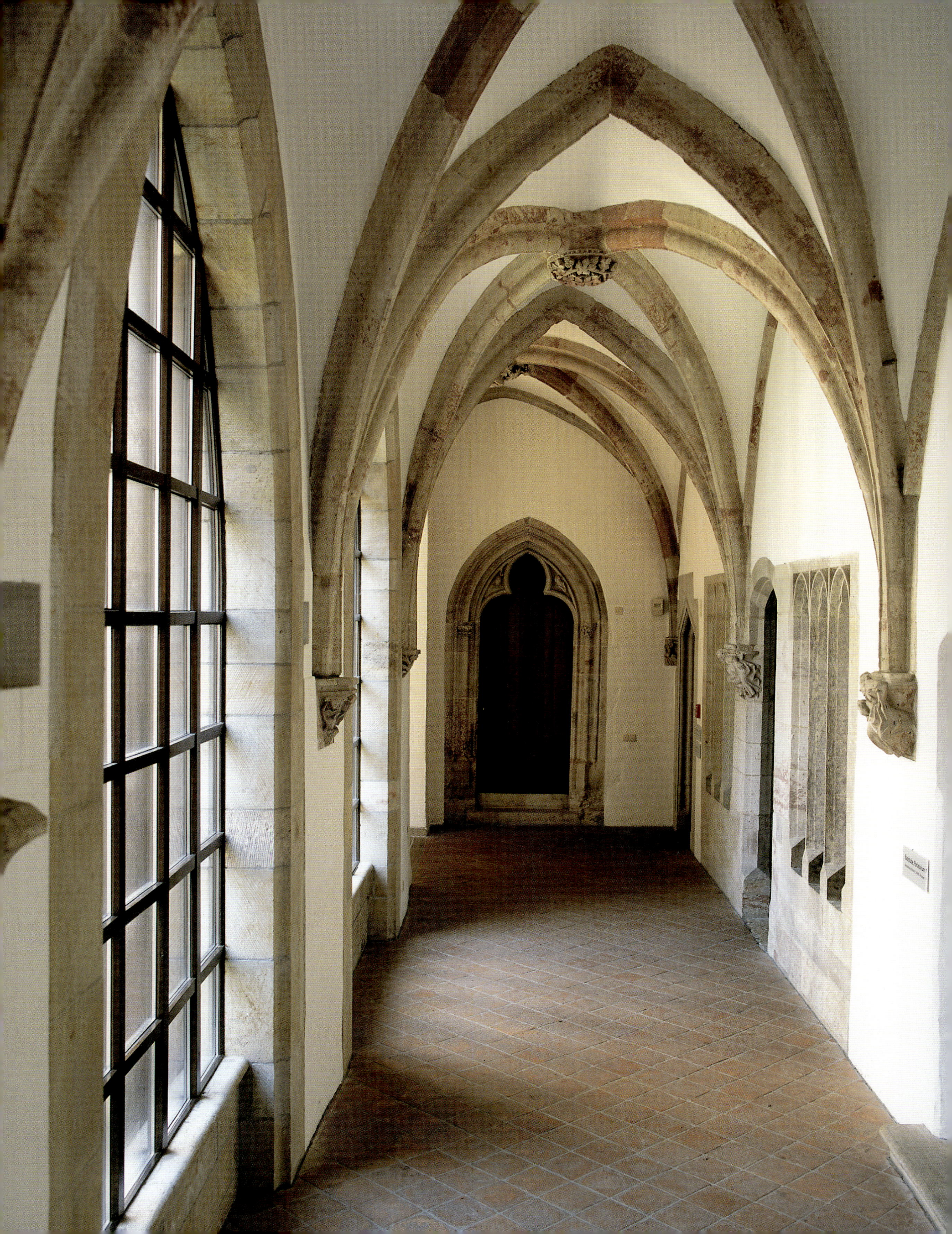

YVES HOFFMANN

# Die Geschichte des Benediktinerklosters Chemnitz und ihre Spiegelung in den archäologischen und bauhistorischen Befunden II

## Bauliche Entwicklung und funktionale Interpretation der Klausur

Die archäologische Untersuchung der Klausur des 1540/41 im Zuge der Reformation aufgehobenen Benediktinerklosters Chemnitz erfolgte von 1981 bis 1993 durch das Landesmuseum für Vorgeschichte in Dresden (seit 1993: Landesamt für Archäologie Sachsen) unter Leitung von Volkmar Geupel.[1] Die freigelegten Schnitte und Flächen entsprachen überwiegend den Anforderungen an die Baumaßnahmen im Zusammenhang mit der Sanierung des seit 1931 als städtisches Museum genutzten Gebäudes. Dennoch konnten 19 Grabungsschnitte eingebracht und zum Teil flächig erweitert werden, sodass wesentliche Grundlinien der Entwicklung der steinernen Klausur geklärt werden konnten. Dem Charakter der Arbeiten als baubegleitende Grabungen ist es jedoch geschuldet, dass nicht alle Fragen geklärt werden konnten – so wurde beispielweise der Bereich des im 19. Jahrhundert abgetragenen Westflügels nur punktuell untersucht. Bauarchäologische Untersuchungen am aufgehenden Mauerwerk fanden gleichfalls nur marginal statt, sodass viele Detailfragen offen bleiben müssen. Da die ausführliche Darstellung zu den Forschungen in der Chemnitzer Abtei inzwischen als Monografie vorliegt, kann hier auf detaillierte Nachweise verzichtet werden.[2]

Das Klausurgeviert des Chemnitzer Klosters ist bis in das frühe 19. Jahrhundert erhalten geblieben, weil es der regierende Herzog/Kurfürst Moritz (1541–1553) wenige Jahre nach der lutherischen Reformation ab 1548/49 zum Schloss umbauen ließ. Zerstörungen im Dreißigjährigen Krieg und mangelnde Bauunterhaltung führten im 19. Jahrhundert zu Abrissarbeiten und dem Verkauf der Klausur, bis 1885 die Stadt Chemnitz die geschichtsträchtigen Baulichkeiten erwarb und diese nach jahrzehntelanger anderer Nutzung ab 1929 zum Museum umbauen ließ. Oberirdisch erhalten geblieben sind der Ostflügel und erhebliche Teile des Südflügels, während West- und Nordflügel Abbrüchen zum Opfer gefallen sind. Im Zuge der baulichen Instandsetzung des Schloßbergmuseums sind Letztere 1993/94 in modernen Formen rekonstruiert worden.

In sämtlichen Schnitten im Klausurbereich wurden, abgesehen von abgebrochenen Mauern des als solchen bis heute vorhandenen Ostflügels aus dem späten 13. Jahrhundert und dem älteren Südflügel aus dem 14. Jahrhundert (siehe unten), keine Reste von steinernen Bauten festgestellt. Das lässt nur den Schluss zu, dass es bis weit in das 13. Jahrhundert hinein keine steinerne Klausur gegeben haben kann. Da auch das Kirchenschiff nicht vor 1226/30 erbaut wurde,[3] ist eine zuvor errichtete steinerne Klausur höchst unwahrscheinlich. Angesichts der Grabungsbefunde muss davon ausgegangen werden, dass sämtliche steinerne Klausurgebäude in Chemnitz erst im späten Mittelalter erbaut worden sind. Daraus ergibt sich zwangsläufig, dass man mit älteren hölzernen Klausurgebäuden zu rechnen hat, denn die unbedingt notwendigen Funktionsräume muss es mit Einzug der Mönche gegeben haben.[4] Aus der unmittelbaren Anfangszeit des Klosters sind hölzerne Baulichkeiten indirekt durch mehrere Pfostengruben sowie einen Lehm- und einen

Abb. 1 Schloßbergmuseum, Ostflügel des Kreuzgangs nach Norden, letztes Viertel 13. Jahrhundert

Steinkuppelofen nachgewiesen. An dieser Stelle ist an die vor allem schriftlich bezeugten hölzernen Erstbauten von Klöstern zu erinnern.[5]

Ältester Steinbau der Chemnitzer Klausur ist dessen Ostflügel, der wegen der Bedeutung für das klösterliche Leben mit dem Kapitelsaal im Erdgeschoss und dem Dormitorium im Obergeschoss grundsätzlich zuerst errichtet wurde. Aus stilistischen Erwägungen ist der hochgotische Chemnitzer Ostflügel einschließlich des Kreuzgangs immer mit Bauarbeiten in Verbindung gebracht worden, die für 1274 urkundlich bezeugt sind.[6] Dieser Interpretation hat Heinrich Magirius aus kunsthistorisch-stilistischen Erwägungen widersprochen.[7] Vielmehr wurde, so Magirius, erst in den 90er Jahren des 13. Jahrhunderts im Zuge des ersten Umbaus der Klosterkirche, bei der diese ein Gewölbe und einen hochgotischen Chor erhielt, der steinerne Ostflügel der Klausur mit dem architektonisch qualitätvollen östlichen Kreuzgangflügel und dem Kapitelsaal erbaut.

Auffällig sind jedoch die wenig organischen Einbindungen von Gewölbekonsolen des Kreuzgangs in die Türgewände des Ostflügels, sodass es schwerfällt, derartige Lösungen auf eine einheitliche Baumaßnahme zurückzuführen. Damit muss man die Möglichkeit in Betracht ziehen, dass Teile des Ostflügels bereits vorhanden waren, als der Kreuzgangostflügel um 1290/1300 eingewölbt wurde. Anhand der beschriebenen Baubefunde eröffnet sich somit eine Lösung für die Diskrepanz zwischen der Baunachricht von 1274 und der stilistischen Einordnung des Kreuzganggewölbes etwa zwei Jahrzehnte später. Die unorganische Lösung der genannten Gewölbekonsolen spricht dafür, dass die Jocheinteilung des Kreuzgangs ursprünglich anders geplant war. Es kann demnach angenommen werden, dass die Errichtung des Ostflügels tatsächlich mit der Baunachricht von 1274 zu verbinden ist, sowie dass das Kreuzganggewölbe mit den Konsolen und Schlusssteinen, die stilistisch erst um 1290/1300 einzuordnen sind, erst in einer zweiten Bauetappe hinzugefügt wurden. Ausdrücklich ist jedoch darauf hinzuweisen, dass die hier vorgeschlagene Möglichkeit bis zu einer bauarchäologischen Untersuchung, die an den verputzten Mauern nicht möglich war, hypothetisch bleiben muss. Ein Hiatus zwischen der Errichtung des Ostflügels und dem Kreuzgangostflügel lässt sich hin und wieder belegen, so zum Beispiel im Zisterzienserkloster Bronnbach, wo der eigentliche Ostflügel unmittelbar im Anschluss an die Kirche noch im ausgehenden 12. Jahrhundert entstand; der Kreuzgang jedoch erst etwa eine Generation später.[8]

Die beiden nördlichen Räume des Ostflügels sind für das ausgehende 13. Jahrhundert direkt archäologisch bzw. bauarchäologisch gesichert, während dies für die südlich anschließenden Räume nur erschlossen werden kann. Die teilweise ergrabene ursprüngliche östliche Außenmauer der beiden nördlichen Räume lag etwa 1,30 Meter westlich der heutigen Außenmauer. Baulich durch seine nicht verschließbaren Öffnungen hervorgehoben ist der deswegen eindeutig als solcher anzusprechende Kapitelsaal. Dessen Wölbung mit einer oder mehreren Stützen kann durch die Grabung ausgeschlossen werden, denn entsprechende Fundamente hätten erfasst werden müssen. Jedoch belegt eine halbrund verlaufende Abrisskante an der kreuzgangseitigen Mauer, dass der Kapitelsaal eine Wölbung – wahrscheinlich ein Kreuzgratgewölbe – besessen haben muss.

Die gegenüber der Chornebenkapelle um 1,35 Meter eingezogene Außenmauer des Ostflügels im nördlichen Bereich nimmt offenbar Rücksicht auf deren apsidialen Scheitel: Damit der Staffelchor von außen weiterhin vollständig als solcher sichtbar bleiben konnte, musste die Flucht der Klausuraußenmauer etwas zurückgesetzt werden. Anderenfalls wäre der Ostabschluss der Seitenkapelle in dem Gebäudetrakt aufgegangen, wie dies seit dem Umbau um 1500/10 der Fall war (siehe unten). Im Ostflügel der Chemnitzer Abtei hat es ursprünglich offenbar eine Abfolge von nur vier Räumen gegeben: Auf den größeren, etwa 4,1 mal 5,95 Meter messenden Raum unmittelbar südlich der Chornebenkapelle folgte der Kapitelsaal mit einer Größe von etwa 5,65 mal 5,95 Metern, danach der nur 1,45 Meter schmale Raum, der aufgrund des Versatzes der östlichen Außenmauer in Ost-West-Erstreckung eine Breite von 7,20 Metern hatte, und schließlich der größte Raum, der bei gleicher Breite eine Länge von 8,60 Metern hatte.

Weitgehend ungeklärt bleibt der Zeitpunkt der Errichtung des West- und des Nordflügels des Kreuzgangs. Lediglich im östlichen Joch des nördlichen Kreuzgangs haben sich an der südlichen Querhausmauer die Konsole und drei Steine des Gewölbes sowie die Werksteine des Schildbogens zum Teil stark verwittert erhalten. Diese lassen mit ihrer Birnstabprofilierung erkennen, dass sie analog zum Gewölbe des Kreuzgangostflügels in die Zeit um 1290/1300 zu setzen sind. Unsicher bleibt aber, inwieweit dieser Zeitansatz für den gesamten Nordflügel in Anspruch genommen werden kann. Für eine Errichtung bereits im ausgehenden 13. Jahrhundert spricht die hochgotische Einwölbung des Kirchenschiffs, denn hierfür mussten die Schubkräfte des Gewölbes aufgefangen werden. Für den Westflügel des Kreuzgangs sind nur vage Hypothesen möglich. Es wäre durchaus denkbar, dass man nach Errichtung des hochgotischen Ostflügels zunächst von Norden beginnend am Kreuzgang weiterbaute und erst danach im 14. Jahrhundert mit dem Südflügel (siehe unten) den Kreuzgang vollendete. Gleichermaßen vorstellbar ist, dass nach dem Nordflügel zunächst der Kreuzgang-Südflügel und erst zum Schluss mit dem Westflügel das Geviert fertiggestellt wurde.

Abb. 2 Schloßbergmuseum: Ostflügel des Kreuzgangs, Einbindung der Gewölbekonsole neben dem Fragment eines 1929/30 freigelegten Türgewändes, Ostflügel der Klausur

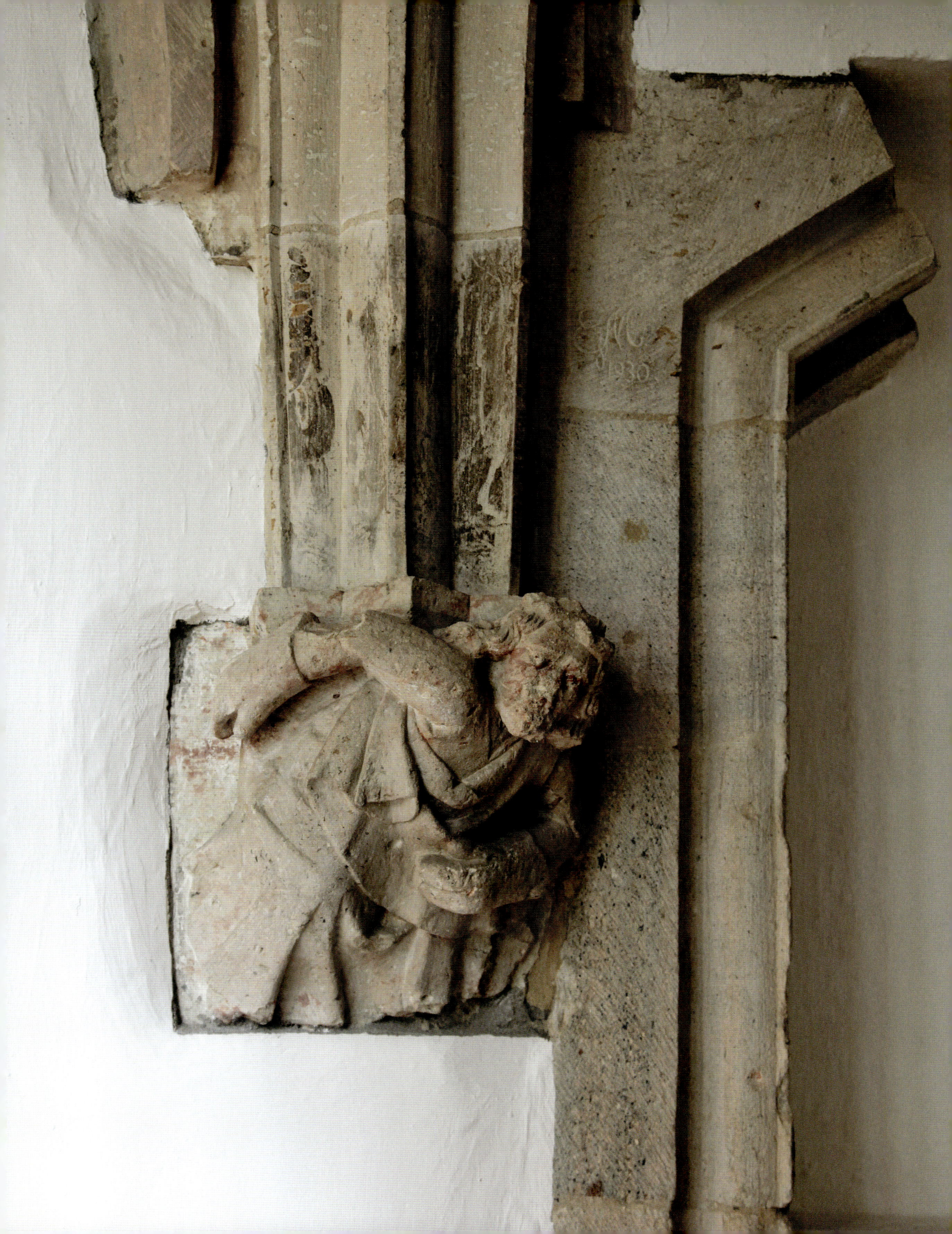
1930

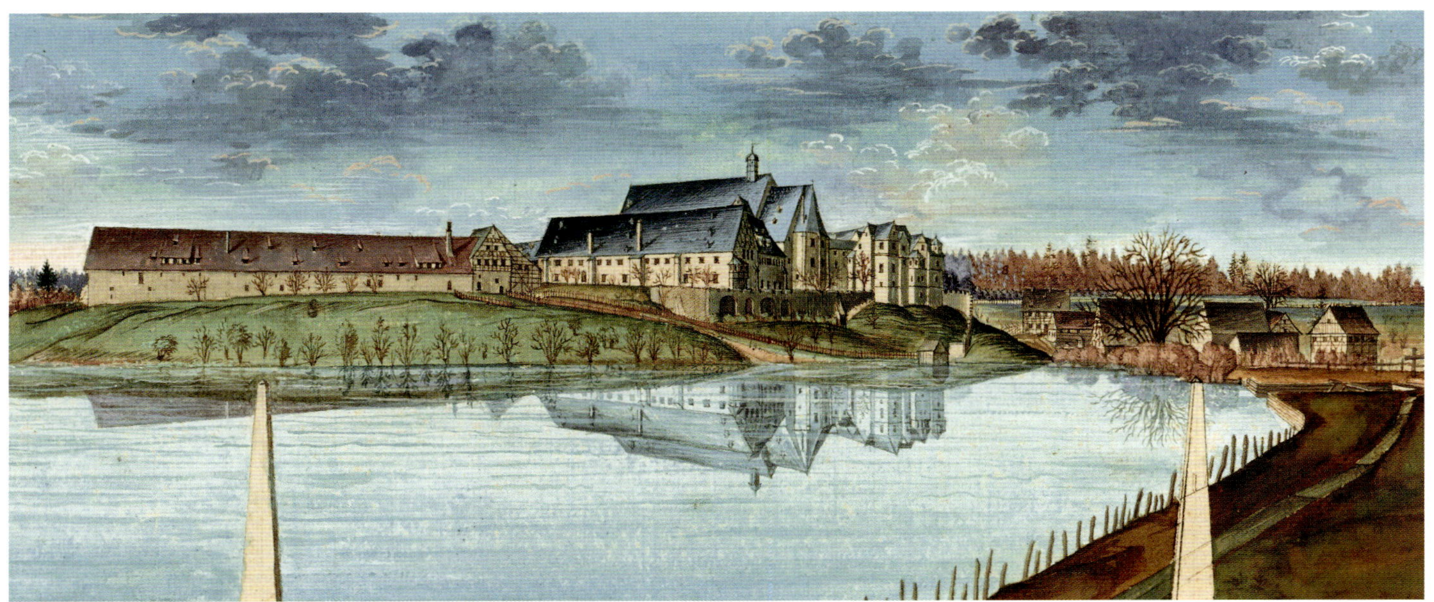

Abb. 3 Ausschnitt aus dem »Prospect deß Königl. u. ChurFürstl. Sächß. Schlosses Chemnitz«, Ansicht von Südosten, farbige Tuschezeichnung, 1728

Aufgrund der bauarchäologischen Zusammenhänge ist gesichert, dass der Südflügel des Kreuzgangs mit deutlich schlichteren Formen an das seit dem ausgehenden 13. Jahrhundert bestehende südliche Eckjoch des Ostflügels anschloss und jünger ist als dieses. Anhaltspunkt für die kunsthistorisch-stilistische Datierung in das 14. Jahrhundert ist die freilich nur spärlich erhaltene Bauplastik, die nach den Abbrüchen des 19. Jahrhunderts auf das dem Eckjoch unmittelbar benachbarte Joch mit den einfach gekehlten Gewölberippen und zwei unterschiedlich gestalteten Gewölbekonsolen beschränkt bleibt. Die zeitliche Einordnung des Kreuzgangsüdflügels in die erste Hälfte bzw. um die Mitte des 14. Jahrhunderts wird prinzipiell auch durch die Schichtenfolge und die zugehörige Keramik in Schnitt X bestätigt. In dieser Zeit bildeten die südliche Außenmauer des Kreuzgangs und in deren Verlängerung die Südmauer des Ostflügels die südliche Grenze des steinernen Klausurgevierts.

In der Mitte des 14. Jahrhunderts bzw. in der zweiten Hälfte dieses Säkulums ist mit Baufuge an diese Außenmauer der erste steinerne Südflügel angeblendet worden, der bemerkenswerterweise nicht parallel oder rechtwinklig zum Kreuzgang situiert war, sondern einen Winkel von 71 Grad einnahm. Während die Breite des »schräg« verlaufenden Gebäudetrakts mit zehn Metern genau angegeben werden kann, wurde dessen südliches Ende in der vom Bau beanspruchten Fläche durch die Grabungen nicht erfasst, sodass lediglich die Mindestlänge von 19,70 Metern zu ermitteln war. Der zunächst naheliegende Gedanke, dass der starke Steilabfall des Geländes nach Südosten zu der ungewöhnlichen Lösung geführt hat, vermag die irreguläre Ausrichtung des Südflügels nicht vollständig zu erklären, wenngleich ein massiver Stützpfeiler an der Südostecke des 1510 errichteten regulär angelegten Südflügels (siehe unten) die enormen statischen Probleme offenbart. Auffällig ist in diesem Zusammenhang, dass die Ausrichtung des älteren Klausursüdflügels in etwa der Ausrichtung eines im Grundriss ovalen Steinkuppelofens in Schnitt XV aus dem 12. Jahrhundert entspricht.[9] Offenbar zeigt dies die generelle Ausrichtung der Holzgebäude des 12. bis 14. Jahrhunderts in diesem Bereich des Klostergeländes an. In den aus dem 14. Jahrhundert stammenden Südflügel wurde in der Mitte des 15. Jahrhunderts eine massive Steinofen-Luftheizung eingefügt, die eine ältere, nur rudimentär erhaltene Anlage ersetzte. Baueinheitlich mit der Heizanlage verbunden war eine dünne, nur 0,40 Meter breite Zwischenmauer, durch die der Südflügel in mindestens zwei Räume geteilt wurde.

Wenige Jahrzehnte vor Einführung der Reformation im albertinischen Sachsen erfolgte während des Abbatiats Heinrichs von Schleinitz (1483–1522) ein umfassender Um- und Neubau des Chemnitzer Benediktinerklosters. Entsprechend eines Eintrags im Chemnitzer Nekrolog galt Abt Heinrich als *fundator secundus*.[10] Der irregulär ausgerichtete Südflügel genügte offenbar nicht mehr den Anforderungen, sodass er dem Neubau eines Südflügels in regulärer West-Ost-Ausrichtung weichen musste. Dieser inschriftlich in das Jahr 1510 datierte Baukörper hatte eine Breite von etwa 8,60 Metern (inneres Maß) und zeugte mit dem weithin sichtbaren spätgotischen Staffelgiebel nach Osten vom Selbstbewusstsein und vom Repräsentationsanspruch der Benediktiner. Im Erdgeschoss befinden sich in dem Giebel drei große, die Wand fast völlig aufbrechende Vorhangbogenfenster mit reichem spätgotischem Stabwerk. Hingegen sind die gleichfalls als Vorhangbogenfenster ausgeführten Öffnungen in der

Südmauer erheblich schlichter gestaltet und lediglich gefast. Im Obergeschoss entstammen allein ein Fenster an der Ostecke und eines im Westgiebel noch dem spätgotischen Neubau von 1510, während die Renaissance-Rechteckfenster auf den Schlossumbau von 1548/49 zurückgehen.

Die Längserstreckung des östlichen Innenraums betrug mindestens 21,40 Meter. Getrennt von einem mittig angeordneten, deutlich kleineren Raum, in den ein spitzbogiges Portal mit der inschriftlichen Datierung »Ao 1 • 5 • 1o •« führte, folgt die in Grundzügen noch heute erkennbare große Küche. Diese besteht aus dem durch einen Stichbogen zweigeteilten Herdbereich im östlichen Teil, dem innen noch erkennbaren und in Plänen des 19. Jahrhunderts sowie auf Ansichten des 17. und 18. Jahrhunderts gut belegten Küchenschlot an der südlichen Außenmauer und einem ehemals tonnengewölbten Raum westlich des Herdes, der von diesem ebenfalls durch zwei Stichbögen getrennt ist. Funktional zugehörig waren auch die westlich anschließenden kleinen Räume, von denen der mittlere durch das oben erwähnte Portal erschlossen wird. Bemerkenswert ist, dass im Zuge des Neubaus des Südflügels 1510 der südliche Teil des »schrägen« Flügels aus dem 14. Jahrhundert mit der Heizanlage aus der Mitte des 15. Jahrhunderts zunächst erhalten blieb. Jedenfalls wurde die Feuerungsgrube des Ofens, wie die darin entsorgte Keramik belegt, erst ein halbes Jahrhundert später – sehr wahrscheinlich im Zusammenhang mit dem Umbau des Klosters zum kurfürstlichen Schloss 1548/49 – verfüllt.

Der Ostflügel war ebenfalls einer archäologisch fassbaren Umgestaltung unterworfen: Die im Kapitelsaal ergrabene ursprüngliche Außenmauer wurde von einem spätgotischen Fußboden aus sechseckigen roten Backsteinplatten überdeckt, der bis an die heutige Außenmauer reichte. In der Spätgotik hat man die Flucht der Außenmauer des Ostflügels um 1,30 Meter nach Osten verschoben, was möglicherweise mit umfangreicheren Umbauten auch im Obergeschoss zusammenhängt. Es liegt nahe, den partiellen Umbau des Ostflügels in denselben zeitlichen Zusammenhang wie den Neubau des Südflügels zu stellen, ohne dass eine Differenzierung möglich ist. Über die bauliche Entwicklung des im frühen 19. Jahrhundert abgebrochenen Westflügels liegen keine direkten Kenntnisse vor. Aus historischen Plänen ist der Gebäudetrakt in seiner Grundstruktur unmittelbar vor dem Abbruch bekannt. Es bleibt jedoch ungewiss, ob es vor dem spätgotischen Um- und Neubau der Klausur überhaupt einen steinernen westlichen Gebäudeflügel gegeben hat. Ein tonnengewölbter Keller unter dem Westflügel mit seinem im Südflügel befindlichen Kellerhals könnte möglicherweise älter sein, weil er deutlich schmaler ist als der Westflügel.

Weitere Bauarbeiten betrafen die Klosterkirche: Im Jahr 1514 folgte die Durchfahrt mit dem Unterbau für eine geplante, jedoch nie vollendete Westturmanlage der Kirche. Aus dem Umstand, dass diese nicht an den spätromanischen Westgiebel der Kirche angefügt wurde, sondern ein Zwischenraum von etwa zwei Metern gelassen wurde, ergibt sich zwangsläufig, dass bereits zu diesem Zeitpunkt der Neubau eines Kirchenschiffs geplant war. Nach bisheriger Meinung begann man damit jedoch erst nach dem Tod Abt Heinrichs 1522 in den 20er Jahren des 16. Jahrhunderts. Als Baumeister des Langhauses ist Andreas Günther aus Komotau belegt. Der Abschluss der Bauarbeiten wird mit der nach 1527 erfolgten Einfügung des Schlingrippengewölbes und dem Einbau eines neuen Hallenlettners 1533 markiert.

Mit dem Tod des altgläubigen Herzogs Georg am 17. April 1539 und der Herrschaftsübernahme von dessen Bruder Heinrich, der in seinem Herrschaftsgebiet bereits 1537 die Reformation eingeführt hatte, ist letztlich das Ende des Reichsklosters Chemnitz besiegelt gewesen. Nach einer nur wenige Jahre währenden Übergangszeit, in der die verbliebenen Mönche im Kloster noch geduldet wurden und der ehemalige Abt Hilarius von Rehburg unter Beibehaltung seines Titels zum Verwalter des Klosters bestellt worden war, erfolgte unter Kurfürst Moritz eine baulich zum Teil tiefgreifende Umgestaltung von Kirche und Klausur zum Schloss. Darauf ist hier nicht näher einzugehen;[11] jedoch sei darauf verwiesen, dass unter weitgehender Beibehaltung zumindest der Strukturen im Erdgeschoss vor allem die Obergeschosse des Süd- und des Ostflügels verändert und zum Teil völlig neu errichtet worden sind.

Die funktionale Ansprache der jeweiligen Räume ist wegen der spärlichen Schriftquellen und des fragmentarischen Baubestands nur zum Teil möglich. Mit den Befunden der Archäologie und Bauarchäologie kann jedoch erheblich über frühere Zuweisungsversuche hinausgekommen werden.[12] Die Baubefunde der Chemnitzer Klausur sind vor dem Hintergrund der in Benediktinerklöstern üblichen Strukturen zu interpretieren. Das wird dadurch erschwert, dass es zu Benediktinerklöstern kaum zusammenfassende Darstellungen gibt. Außerdem haben sich Klausuranlagen des Benediktinerordens in Deutschland vergleichsweise seltener erhalten. Aus diesen Gründen musste wiederholt auf Vergleiche zu wesentlich besser untersuchten Klöstern, insbesondere auf die ebenfalls der Benediktinerregel folgenden Zisterzienserabteien zurückgegriffen werden. Vor allem für den Chemnitzer Ostflügel des ausgehenden 13. Jahrhunderts und den Südflügel des frühen 16. Jahrhunderts sind dennoch relativ gesicherte Aussagen möglich. Grundsätzlich ist zu beachten, dass es über die *Regula Benedicti*[13] hinausgehende Gewohnheiten – *consuetudines* – gab, nach denen eine Klausur funktional und baulich gestaltet war. Matthias Untermann verwies ausdrücklich auf das unbedingte Vorhandensein der notwendigen »›Funktionsräume‹ […] von Anfang an […] – und sei es in primitivster Form«.[14] Der Ostflügel war üblicherweise den Mönchen und der Westflügel den Konversen[15] vorbehalten. Über Letzteren erfolgte der Kontakt zur Außenwelt, was sich baulich beispielsweise in einem Pfortenraum niederschlug. Im gegenüber der Kirche liegenden Flügel findet sich in aller Regel das Refektorium und in dessen Westteil daran angeschlossen die Küche.

Bei einer Rekonstruktion der Raumfunktionen eines Klosters ist zu berücksichtigen, dass es immer Ausnahmen gegeben hat, sodass die Frage nach den ursprünglichen Nutzungen nicht pauschal allein anhand des Grundrisses beantwortet werden kann.

Die nur ausschnittsweise nachweisbaren hölzernen Gebäude des 12. bis 14. Jahrhunderts entziehen sich naturgemäß einer funktionalen Deutung, da zusammenhängende Strukturen nicht zu erkennen sind. Der Steinkuppelofen des 12. Jahrhunderts in Schnitt XV könnte Überrest des Kalefaktoriums gewesen sein, da die Wärmestube eines Klosters am ehesten im Südflügel der Klausur zu suchen ist. Da die räumliche Erstreckung der Chemnitzer Klausur im hohen Mittelalter jedoch unbekannt ist, muss dies eine Vermutung bleiben. Sichere Angaben sind erst mit dem Ostflügel der Klausur aus der Zeit um 1274/1300 möglich. Gesichert ist der als Versammlungsort des Kapitels architektonisch besonders ausgezeichnete Kapitelsaal, der sich mit dem Zugang vom Kreuzgang und zwei symmetrisch angeordneten Dreifenstergruppen unzweifelhaft als solcher zu erkennen gibt. Aufgrund seiner Lage im Ostflügel und den großzügigen – freilich zum Teil rekonstruierten – und ursprünglich nicht verschließbaren Fenster- und Türöffnungen zum Kreuzgang ist dieser Raum eindeutig als Kapitelsaal, den bedeutendsten Raum der Abtei nach der Kirche, zu identifizieren, obgleich dessen Nord- und Südmauer sowie die ursprüngliche Ostmauer[16] nicht erhalten geblieben sind. Bei dem Raum zwischen dem Kapitelsaal und der romanischen Seitenkapelle muss es sich, analog zu anderen benediktinischen Klausuren, um die ehemalige Sakristei handeln. Aufgrund ihrer Größe erscheint es möglich, dass diese durch Holzwände unterteilt und ein Armarium für die zum täglichen Gebrauch bestimmten Bücher baulich abgetrennt war. Weniger wahrscheinlich dürfte eine hier situierte Treppe in das Dormitorium im Obergeschoss sein. Die Sakristei muss wie heute über den Kreuzgang durch ein nicht erhaltenes Portal zugänglich gewesen sein. Ein direkter Zugang in die Kirche war nicht möglich; dieser erfolgte über den Kreuzgang.

Gesichert ist weiterhin das Dormitorium im Obergeschoss des Ostflügels, wo dieses in aller Regel situiert war. Das war aus liturgischen Gründen unabdingbar, da vom Schlafsaal aus der Zugang in die Kirche auf kürzestem Weg erfolgen musste. Das entsprechende Portal ist in Chemnitz bauarchäologisch für die Zeit um 1300 im Obergeschoss der Ostmauer des Südquerhauses nachgewiesen und als solches angesprochen worden.[17] Auch im Inventar von 1541 lässt sich die Lage des Dormitoriums im Obergeschoss des Ostflügels erschließen (siehe unten). Weitere Interpretationen zu den Räumen im Ostflügel südlich des Kapitelsaals müssen zum Teil hypothetisch bleiben. Da es im Ostflügel als zunächst einzigem in Stein errichteten Klausurgebäude auch eine Treppe zum Obergeschoss in das Dormitorium gegeben haben muss, bietet sich der schmale Raum südlich des Kapitelsaals für eine solche Interpretation an. Die Dormitoriumstreppe mündete oft in der Mitte des Schlafsaals.[18]

Problematischer ist die funktionale Ansprache des südlichen Raumes, der mit den inneren Maßen von 8,6 mal 7,20 Metern der größte Raum in diesem Trakt war. Wichtiger Bestandteil des Ostflügels war üblicherweise das Auditorium (Parlatorium), das entweder direkt neben dem Kapitelsaal lag oder durch eine Treppe bzw. einen Durchgang von diesem getrennt war.[19] Aus diesem Grund dürfte auch der südlichste Raum im ursprünglichen Ostflügel der Chemnitzer Abtei eine solche Funktion eingenommen haben. Andere Räumlichkeiten der Klausur lassen sich für die Zeit um 1300 nicht bestimmen, da die zu diesem Zeitpunkt offenbar noch immer benutzten hölzernen Gebäude nicht fassbar sind. Mit der Erweiterung der Steinbauten der Klausur durch den schräg an die Kreuzgangmauer angefügten Südflügel in der Mitte oder in der zweiten Hälfte des 14. Jahrhunderts und vor allem mit dem Einbau einer neuen Heizanlage in der Mitte des 15. Jahrhunderts können weitere befundorientierte Funktionsansprachen erfolgen. Rechtwinklig zum Südflügel angeordnete Gebäudeflügel kommen als Mönchsrefektorien häufiger vor. Das betrifft vor allem Zisterzienserabteien, wo bereits die Primarabteien Cîteaux, Clairvaux und La Ferté eine derartige Lösung aufweisen. Aber auch in Benediktinerabteien lassen sie sich nachweisen, so beispielsweise im Kloster Bosau bei Zeitz.[20]

Besonders zu beachten ist in dem Zusammenhang die in der Mitte des 15. Jahrhunderts in einen Teil dieses Südflügels eingefügte Heizanlage, die ihrerseits mindestens eine ältere, aber gleichfalls zu dem Bauwerk gehörende Heizung überlagerte. Da für die Refektorien und die größeren Arbeitsräume Heizanlagen nachgewiesen sind und die in der Mitte des 15. Jahrhunderts in Chemnitz eingefügte Luftheizung überdurchschnittlich aufwendig und in gewissem Maße sogar repräsentativ gestaltet war, liegt es nahe, den von der Heizung hauptsächlich erwärmten nördlichen Raum mit einer Grundfläche von 124,6 Quadratmetern als Refektorium anzusprechen. Bei dem sich südlich anschließenden Raum, in den lediglich über eine kleine, durch die Zwischenmauer geführte, Luftaustrittsöffnung in deutlich geringerem Maße Warmluft einzuleiten war, könnte es sich um ein zweites Auditorium gehandelt haben. Weiterhin wird man vermuten dürfen, dass sich in der Nähe des Refektoriums wie üblich die Küche befunden hat. Aufgrund der topografischen Gegebenheiten in Chemnitz kommt dafür nur der Bereich westlich des irregulären Südflügelvorgängers infrage.

Ausgehend vom erhaltenen Baubestand, historischen Plänen und den Grabungsergebnissen lassen sich zu dem 1510 neu erbauten Südflügel relativ sichere Aussagen zur Funktion einzelner Räume treffen, bei anderen – insbesondere im Obergeschoss von Süd- und Westflügel – muss dies hypothetisch bleiben. Bei dem großen Saal im Osten muss es sich um das neue Mönchsrefektorium handeln. Abgesehen von der Lage innerhalb der Klausur spricht auch die großzügige Durchfensterung mit den Vorhangbogenfenstern im Osten und den überlangen Fenstern im Süden für diese Interpretation.

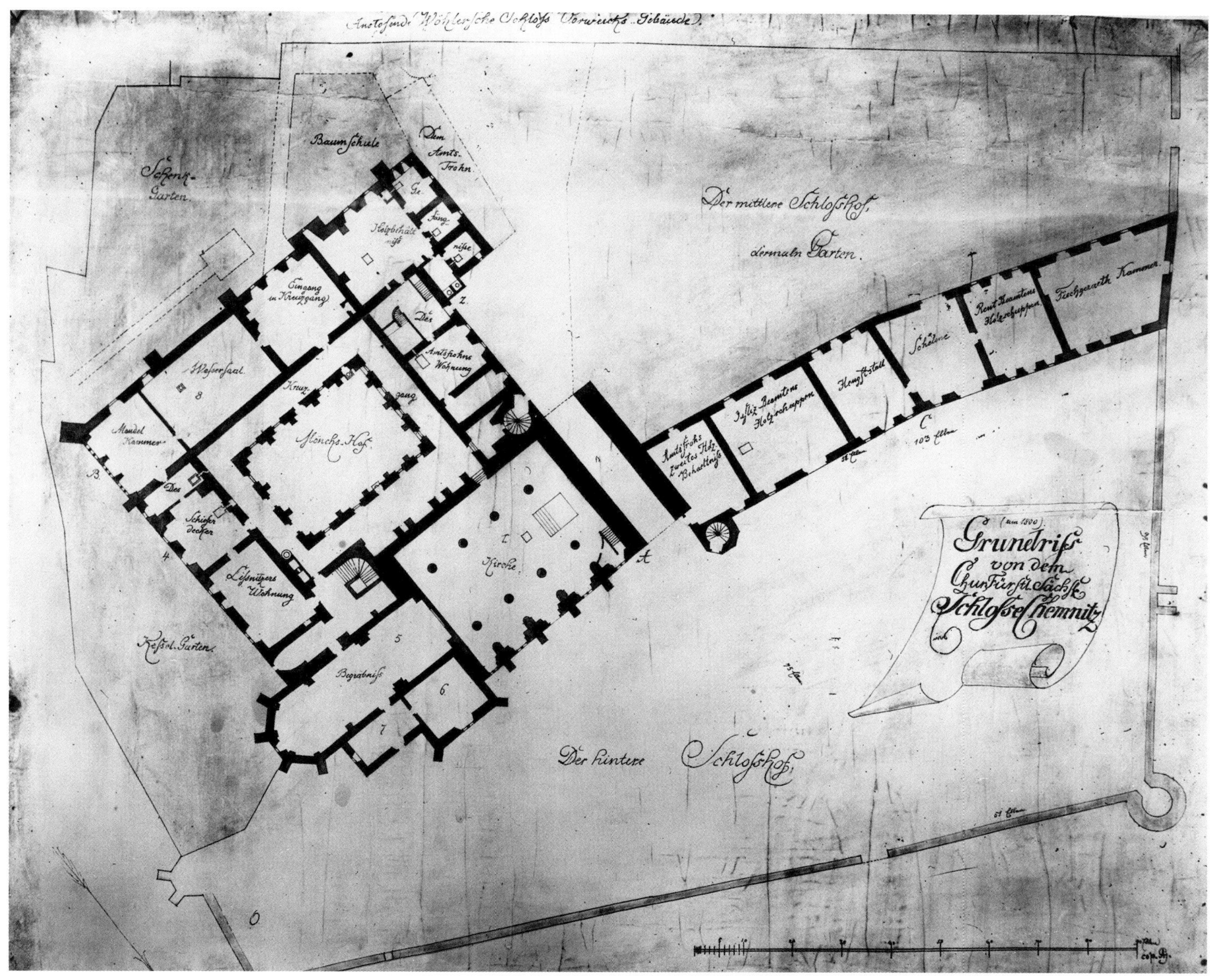


Abb. 4 Grundriss des Schlosses und der Schloßkirche, Tuschezeichnung, um 1808

Bei den kleineren und größeren Räumen im westlichen Teil des Südflügels handelt es sich um die klosterzeitliche Küche, die als solche mit den geöffneten Bögen von »Raum« 7 und 8 zu Raum 9 und den Resten des Rauchschlotes in Raum 8 nicht nur auf historischen Plänen und Ansichten dargestellt, sondern noch heute erkennbar ist. Die Küche war üblicherweise in der äußeren westlichen Ecke der Klausur zu finden.[21] Die angrenzenden Räume dürften Nebenräume der Küche gewesen sein. Ungewiss bleibt die Interpretation des von außen zugänglichen, annähernd quadratischen Raumes 6 von 9,05 mal 8,65 Metern Größe zwischen der Küche und dem Refektorium, der durch ein etwas außermittig liegendes Spitzbogenportal von Süden her erschlossen wird und in welchem sich der Kellerhals für den Keller im Westflügel befindet. Hier würde man am ehesten das Kalefaktorium, den Wärmeraum des Klosters, vermuten, ohne dass detaillierte Angaben zu dessen Gestalt und der dafür notwendigen Heizeinrichtung möglich sind.

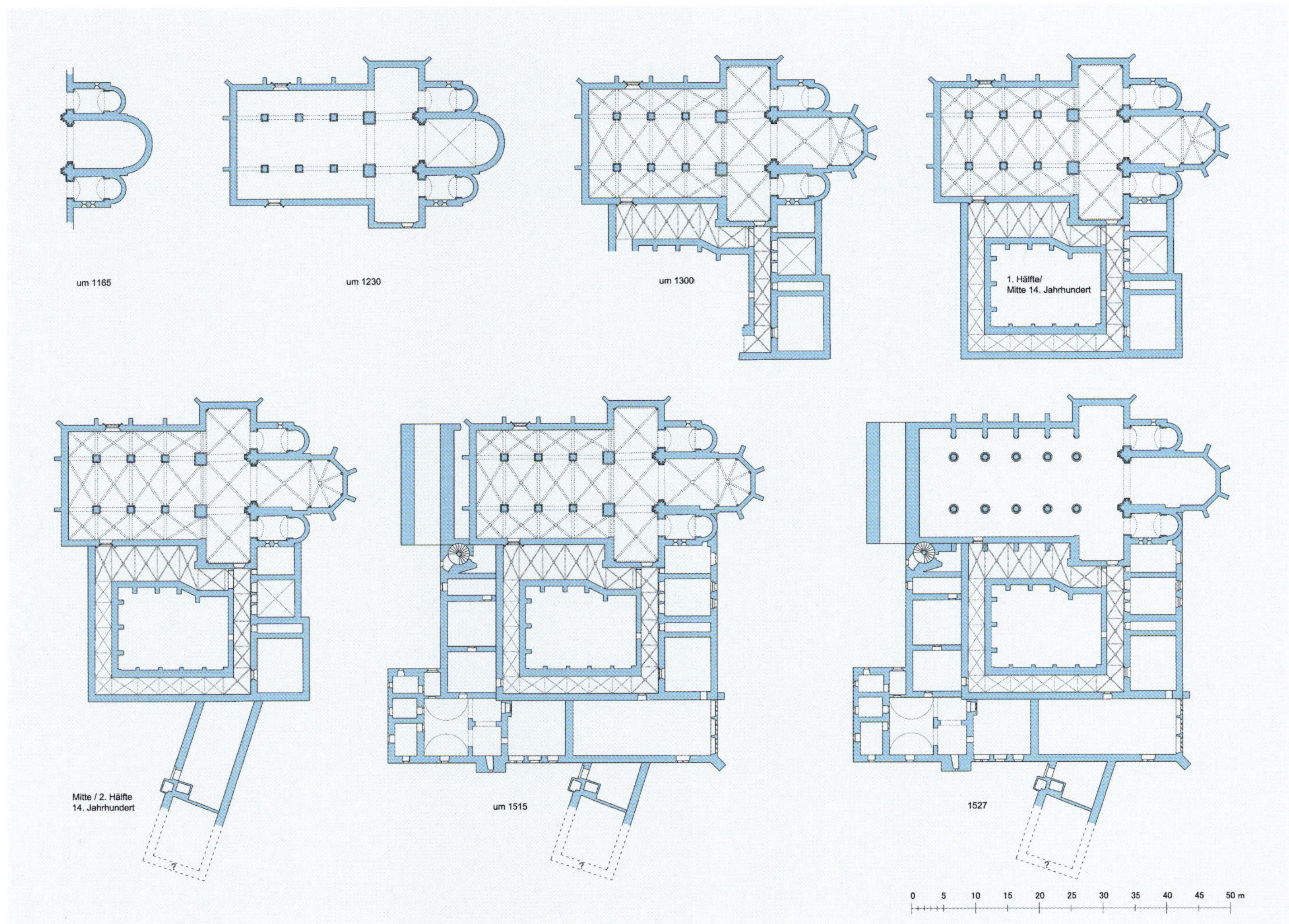


Abb. 5 Entwicklung der steinernen Baulichkeiten von Kirche und Klausur vom 12. Jahrhundert bis zur Aufhebung der Abtei (zum Teil hypothetisch)

Weitgehend offen muss die Funktion der verschiedenen Räume des mutmaßlich ebenfalls erst im frühen 16. Jahrhundert errichteten und 1811 abgebrochenen Westflügels bleiben. Dieser diente im hohen Mittelalter üblicherweise den Konversen, die hier vor allem das Laienrefektorium und – sicher im Obergeschoss – ihr Dormitorium sowie weitere Räume genutzt haben. Im späten Mittelalter waren mit dem Rückgang der Konversenzahlen auch Teile des Westflügels in die innere Klausur einbezogen worden,[22] sodass weitere Unsicherheiten gegeben sind und es überhaupt fraglich ist, ob diese in Chemnitz einen eigenständigen Gebäudetrakt benötigten. Sollte es in dieser Zeit überhaupt noch einen baulich getrennten Speisesaal für die Konversen gegeben haben, dann wird man diesen am wahrscheinlichsten direkt neben der Küche (Raum 12) oder im nördlich anschließenden Nachbarraum (Raum 15) zu vermuten haben. In Raum 16 ist der unbedingt erforderliche Pfortenraum in die Klausur zu vermuten.

Für den Ostflügel gibt es keine Anhaltspunkte über grundlegende funktionale Veränderungen, zu denen es im Zusammenhang mit dem spätgotischen Um- und Ausbau der Klausur gekommen sein könnte. Sowohl die oben rekonstruierten Raumfunktionen im Erdgeschoss als auch das Dormitorium im Obergeschoss lassen sich zum Teil mit Sicherheit, zum Teil mit hoher Wahrscheinlichkeit im ältesten erhaltenen Inventar nachvollziehen. Dieses haben im Zusammenhang mit der Auflösung des Klosters vier namentlich genannte Sequestratoren, der Notar und zwei Zeugen am 8. Februar 1541 angefertigt.[23]

Frühneuzeitliche Schlossinventare folgen in aller Regel einer bestimmten Reihenfolge, die den bei der Inventarisierung zurückgelegten Weg nachzeichnet, sodass anhand solcher Aufzeichnungen eine Rekonstruktion der Raumnutzung zu dem jeweiligen Zeitpunkt möglich ist. Grundlage hierfür ist natürlich, dass die in der Schriftquelle genannten Räume eindeutig mit dem Baubestand in Übereinstimmung gebracht werden können.

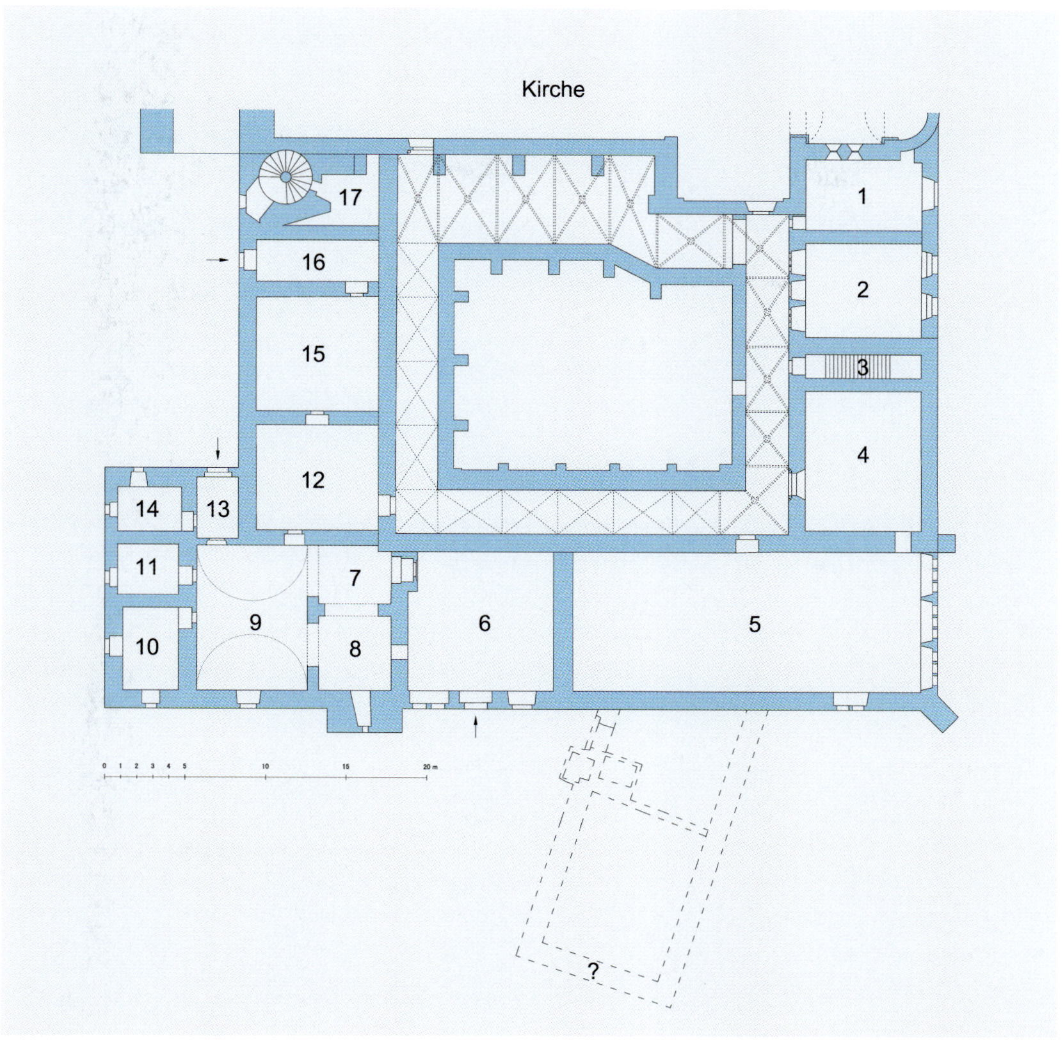


Das Chemnitzer Inventar folgt nur teilweise einer strikten Reihenfolge und »springt« zuweilen zwischen den einzelnen Gebäuden hin und her, was eine Rekonstruktion erschwert bzw. zum Teil unmöglich macht. An dieser Stelle kann nicht ausführlich auf das Inventar und die damit verbundenen Interpretationsschwierigkeiten eingegangen werden.[24] Es muss ausdrücklich betont werden, dass zwar einerseits einige Räume zweifelsfrei identifiziert werden können, für andere wiederum mehrere Interpretationen möglich sind. Gesichert sind beispielsweise die Küche (»In der kuchen«) und deren zugehörige Nebenräume (»kuchengewelb«, »grosse kuchecamer«, »kuchenstublein«), der Kapitelsaal (»In der conventstuben«), der Speisesaal (»remptor«), die Sakristei (»festerei«)[25] oder das Dormitorium (»uffm schloffhause«).

Da sich zur Lage des Dormitoriums im Anschluss an die Chemnitzer Tagung 2017 eine Diskussion ergeben hat,[26] sei auch hier etwas ausführlicher auf die Problematik eingegangen. In Chemnitz lag entsprechend des Inventars von 1541 neben dem »Schlafhaus« die sogenannte »oberfesterei«, also der Raum über der Festerei, wie die Sakristei 1541 genannt wurde.

Abb. 6 Grundriss der Klausur zur Zeit der Auflösung des Klosters mit Eintragung der mutmaßlichen Raumfunktionen

| | |
|---|---|
| 1 | Sakristei |
| 2 | Kapitelsaal |
| 3 | Aufgang in das Dormitorium im Obergeschoss |
| 4 | Parlatorium (?) |
| 5 | Refektorium |
| 6 | Kalefaktorium (?) |
| 7–9 | Küche |
| 10, 11 | zur Küche gehörige Nebenräume |
| 12 | Verbindungsraum zwischen der Küche und dem Westflügel |
| 13 | Außenzugang zur Küche (?) |
| 14 | Vorratsraum (?) |
| 15 | Laienrefektorium (? – sofern es ein solches in der Zeit gegeben hat) |
| 16 | Eingangsraum in die Klausur |
| 17 | Nebenraum |

Allein dies verdeutlicht zweifelsfrei die Lage des Dormitoriums im Obergeschoss des Ostflügels, denn die Sakristei muss unmittelbar an die Kirche angegrenzt haben. Hinzu kommt, das in der heute besser als Obersakristei zu bezeichnenden »oberfesterei« unter anderem »VI bloßbelge [Blasebälge] zu der orgel« waren. In Klosterkirchen befand sich nun die Orgel oft in deren Querarm,[27] sodass auch für 1541 gesichert ist, was anhand der hochgotischen Türöffnung im Südquerhaus (siehe oben) bereits für das ausgehende 13. Jahrhundert belegt werden kann: Der Schlafsaal der Mönche lag auch in Chemnitz immer im Obergeschoss des Ostflügels. Ergänzend sei darauf hingewiesen, dass selbst bei Klosterumbauten in der Spätgotik das Schlafhaus üblicherweise wieder im Obergeschoss des Ostflügels eingerichtet wurde.[28] Genannt werden können exemplarisch die zum Teil in Zellen unterteilten Schlafräume von 1478/80 in Blaubeuren,[29] von 1479/90 in Alpirsbach,[30] im ausgehenden 15. Jahrhundert in Heisterbach,[31] um 1500 in Bronnbach[32] und um 1515 in Bebenhausen.[33] Damit ist sowohl anhand der Befunde als auch aufgrund des Inventars von 1541 und nicht zuletzt vor dem Hintergrund grundlegender Erfordernisse in benediktinischen Gemeinschaften die Lage des Schlafsaals, sei es als großer Saal oder in einzelne Zellen unterteilt, in der Chemnitzer Abtei im Obergeschoss des Ostflügels gesichert. Dieser Befund wird durch Vergleiche mit vielen anderen spätgotischen Klausuren bestätigt, während ein Dormitorium im Obergeschoss des Südflügels in höchstem Maße ungewöhnlich gewesen wäre.

Die Interpretation des Inventars von 1541 kann nicht den Anspruch einer zweifelsfreien Zuweisung der einzelnen Räume erheben, weil dafür die Quellengrundlagen nicht gegeben sind. Damit kann zusammengefasst werden, dass es sehr wohl möglich ist, Aussagen zu Raumfunktionen der Chemnitzer Klausur zu treffen. Trotzdem werden einige Fragen für immer offen bleiben. Manche Probleme können jedoch bei künftigen Bauuntersuchungen am aufgehenden Mauerwerk einer Lösung nahegebracht werden, und auch erneute zielgerichtete Ausgrabungen würden möglicherweise für etwas mehr Klarheit sorgen.

Die Klausur des Chemnitzer Benediktinerklosters ist ein gutes Beispiel für die zögerliche bauliche Entwicklung eines solchen Gebäudekomplexes bei einer von der aktuellen politischen Entwicklung zum Teil abgeschnittenen mönchischen Gemeinschaft.[34] Die Bedeutung der Chemnitzer Abtei innerhalb der markmeißnischen Klosterlandschaft liegt nicht zum Geringsten auch darin, dass hier überhaupt in namhaftem Umfang Teile der Klausur oberirdisch erhalten geblieben sind.

Anmerkungen

**1** Der Aufsatz schließt unmittelbar an die Ausführungen von Volkmar Geupel in diesem Band an. **2** Geupel, Volkmar/Hoffmann, Yves: Archäologie und Baugeschichte des ehemaligen Benediktinerklosters Chemnitz. Die Ausgrabungen im Schloßbergmuseum 1981–1993, Dresden 2018. Eine kurze Zusammenfassung ist kürzlich erschienen – vgl. Geupel, Volkmar/Hoffmann, Yves: Die Baugeschichte der Klausur des Benediktinerklosters Chemnitz vom 12. bis zum 16. Jahrhundert, in: Rüber-Schütte, Elisabeth (Hrsg.): Vom Leben in Kloster und Stift. Wissenschaftliche Tagung zur Bauforschung im mitteldeutschen Raum vom 7. bis 9. April 2016 im Kloster Huysburg (= Arbeitsberichte des Landesamtes für Denkmalpflege und Archäologie Sachsen-Anhalt – Landesmuseum für Vorgeschichte Halle 13), Halle 2017, S. 209–224. **3** Magirius, Heinrich: Die Schlosskirche Chemnitz. Forschungen zur Baugeschichte der Benediktiner-Klosterkirche im Mittelalter, Beucha 2005 (= Arbeitshefte des Landesamtes für Denkmalpflege Sachsen 7), S. 31–38, 46–51. **4** Untermann, Matthias: Forma Ordinis. Die mittelalterliche Baukunst der Zisterzienser, München/Berlin 2001 (= Kunstwissenschaftliche Studien 89), S. 196. **5** Vgl. beispielsweise für Zisterzen ebd., S. 172–181, 190 f. **6** Urkundenbuch der Stadt Chemnitz und ihrer Klöster, hrsg. von Hubert Ermisch, Leipzig 1879 (= Codex diplomaticus Saxoniae regiae [im Folgenden: UB Chemnitz] II, 6), S. 274, Nr. 315. **7** Magirius, Heinrich: Meißnische Bauformen und meißnischer Bauschmuck des späten 13. Jahrhunderts im Benediktinerkloster Chemnitz und im Zisterzienserkloster Ossegg/Osek, in: Royt, Jan / Ottová, Michaela / Mudra, Aleš (Hrsg.): Regnum Bohemie et Sacrum Romanum Imperium. Sborník k poctě Jiřího Kuthana, Prag 2005, S. 149–164. **8** Krug, Katinka: Kloster Bronnbach. Die Baugeschichte von Kirche und Klausur des Zisterzienserklosters, Stuttgart 2012 (= Forschungen und Berichte der Bau- und Kunstdenkmalpflege in Baden-Württemberg 15), S. 39, 65–76. **9** Vgl. den Aufsatz von Volkmar Geupel in diesem Band. **10** UB Chemnitz (wie Anm. 6), S. 480. **11** Bachmann, Walter: Das Alte Chemnitz. Ungedr. Maschinenmanuskript, Dresden um 1956 [Exemplar im Landesamt für Denkmalpflege Sachsen]; Magirius, Heinrich: Die Schloßbauten des Kurfürsten Moritz, in: Thieme, André / Vötsch, Jochen / Gräßler, Ingolf (Hrsg.): Hof und Hofkultur unter Moritz von Sachsen (1521–1553), Dresden 2004 (= SAXONIA. Schriften des Vereins für sächsische Landesgeschichte 8), S. 99–112, hier S. 105–107. Kramarczyk, Andrea: Das kurfürstliche Schloß zu Chemnitz, in: Kassner, Jens / Viertel, Gabriele / Weingart, Stephan (Hrsg.): Das Kellerhaus und der Chemnitzer Schloßberg, Chemnitz 2001, S. 27–35; Dies.: Reiter im »blauen Schloss«. Vorgeschichte, Blüte und Niedergang von Schloss Chemnitz, in: Fiedler, Uwe (Hrsg.): Der Kelch der bittersten Leiden. Chemnitz im Zeitalter von Wallenstein und Gryphius, Chemnitz 2008, S. 64–75. **12** Zu verweisen ist besonders auf Sandner, Arthur: Das Benediktinerkloster und seine Kirche in Chemnitz, Bautzen 1928, und auf Bachmann: Das Alte Chemnitz (wie Anm. 11). Ergänzend ist außerdem Fritz Rauda zu erwähnen (Die Baukunst der Benediktiner und Zisterzienser im Königreich Sachsen und das Nonnenkloster zum Heiligen Kreuz bei Meißen, Meißen 1917, S. 181 f., 217). Hingegen ist der Versuch Rainer Tippmanns von grundlegenden Irrtümern durchzogen, auf die bei Geupel/Hoffmann: Archäologie und Baugeschichte (wie Anm. 2), S. 98–110, detailliert eingegangen wird (Tippmann, Rainer: Die Baugeschichte der Klausur des ehemaligen Benediktinerklosters Chemnitz im 15. und 16. Jahrhundert als Beitrag zu einer baulichen Rekonstruktion, Textband. Ungedr. Diplomarbeit an der Martin-Luther-Universität Halle, Halle 1984 [Exemplar im Landesamt für Archäologie Sachsen]). **13** Steidle, Basilius: OSB, Die Benediktus-Regel lateinisch-deutsch, 4. Aufl. Beuron 1980. **14** Untermann: Forma Ordinis (wie Anm. 4), S. 196. **15** Die Frage der Konversen kann für die Chemnitzer Abtei an dieser Stelle nicht ausführlich erörtert werden – es sei auf Geupel/Hoffmann: Archäologie und Baugeschichte (wie Anm. 2) S. 100, 102 verwiesen. Hinsichtlich der für die Konversen benötigten Räumlichkeiten lässt sich zusammenfassend feststellen, dass solche im 12./13. Jahrhundert angesichts einer größeren Anzahl zwingend vorhanden gewesen sein müssen. In den folgenden Jahrhunderten ging die Zahl der Laienbrüder offenbar sukzessive zurück, sodass es fraglich ist, ob man im 16. Jahrhundert überhaupt Bauten für Konversen benötigte. **16** Wie oben dargestellt, bildete seit dem spätgotischen Umbau des Ostflügels unter Abt Heinrich von Schleinitz die heutige Ostmauer die Außenmauer des Kapitelsaals. **17** Magirius: Schlosskirche Chemnitz (wie Anm. 2), S. 41, 53, Abb. 45. Die zugehörige Treppenanlage im Südquerhaus der Kirche, über welche die Mönche vom Schlafsaal im Obergeschoss des Ostflügels direkt in das Oratorium gelangten (ebd., S. 7–9, Abb. 3, 6–8), wurde offenbar erst 1868 mit einem historistischen Umbau unter Karl Moritz Haenel abgebrochen (ebd., S. 11, Abb. 11). **18** In dem schmalen Raum hatte Tippmann ein »Mönchsbad« lokalisiert (Tippmann: Die Baugeschichte der Klausur [wie Anm. 12], S. 33 f.), was völlig abwegig ist. **19** Untermann, Matthias: Das »Mönchshaus« in der früh- und hochmittelalterlichen Klosteranlage. Beobachtungen zu Lage und Raumaufteilung des Klausur-Ostflügels, in: Sennhauser, Hans Rudolf (Hrsg.): Wohn- und Wirtschaftsbauten frühmittelalterlichen Klöster. Internationales Symposium, 26. 9. – 1. 10. 1995 in Zurzach und Müstair, im Zusammenhang mit Untersuchungen im Kloster St. Johann zu Müstair, Zürich 1996 (= Veröffentlichungen des Instituts für Denkmalpflege an der ETH Zürich 17), S. 233–257, hier S. 252 f.; Ders.: Handbuch der mittelalterlichen Architektur, Darmstadt 2009, S. 124. **20** Schmitt, Reinhard: Zur Baugeschichte des ehemaligen Benediktinerklosters Bosau (Posa bei Zeitz), in: Schmitt, Reinhard/Steinecke, Uwe/Titze, Mario (Hrsg.): »ES THVN IHER VIEL FRAGEN …« Kunstgeschichte in Mitteldeutschland. Hans-Joachim Krause gewidmet (= Beiträge zur Denkmalkunde in Sachsen-Anhalt 2), Petersberg 2001, S. 53–72, hier S. 64, 67 mit Abb. 10; Ders.: 2008, S. 153 f. **21** Untermann: Das »Mönchshaus« (wie Anm. 19), S. 129. **22** Binding, Günther/Untermann, Matthias: Kleine Kunstgeschichte der mittelalterlichen Ordensbaukunst in Deutschland, 3. Aufl. Darmstadt 2001, S. 212; Untermann: Forma Ordinis (wie Anm. 4), S. 71 f., 252 f. **23** UB Chemnitz, S. 467 f. **24** Vgl. ausführlich Geupel/Hoffmann: Archäologie und Baugeschichte (wie Anm. 2), S. 98–110, 112. **25** Die Sakristei wird im Lateinischen zuweilen als *Vestiarium* bezeichnet – siehe Magirius, Heinrich: Die Baugeschichte des Klosters Altzella, Berlin 1962 (= Abhandlungen der Sächsischen Akademie der Wissenschaften zu Leipzig. Philologisch-historische Klasse 53/2), S. 110; Schaich, Anne: Mittelalterliche Sakristeien im deutschsprachigen Gebiet. Architektur und Funktion eines liturgischen Raums, Kiel 2008 (= Schleswig-Holsteinische Schriften zur Kunstgeschichte 17), S. 31. **26** Dr. Thomas Schuler und Andrea Kramarczyk wollten das Dormitorium des 16. Jahrhunderts im Obergeschoss des Südflügels lokalisieren. Sie folgen hierbei offenbar Bachmann: Das Alte Chemnitz (wie Anm. 11) und Tippmann: Die Baugeschichte der Klausur (wie Anm. 12), S. 6 f., 15. **27** Zur Orgel im Querarm von Zisterzienserklosterkirchen siehe Untermann: Forma Ordinis (wie Anm. 4), S. 279; Ders.: Das »Mönchshaus« (wie Anm. 19), S. 121. **28** Grundlegend Weyer, Angela: Die mittelalterliche Klausur des Klosters Alpirsbach. Architektur und Reform, in: Alpirsbach. Zur Geschichte von Kloster und Stadt, Stuttgart 2001 (= Forschungen und Berichte der Bau- und Kunstdenkmalpflege in Baden-Württemberg 10), S. 215–348, hier S. 328–238; ergänzend Krug: Kloster Bronnbach (wie Anm. 8), S. 220 f., 229 f., 234 f. **29** Wilhelm, Johannes: Die Bau- und Kunstgeschichte des Klosters und der Stadt Blaubeuren (mit Ausnahme des Chores der Klosterkirche) mit einem Beitrag von E. Schmidt zur archäologischen Rettungsgrabung im Kloster Blaubeuren, in: Decker-Hauff, Hansmartin/Eberl, Immo (Hrsg.): Blaubeuren. Die Entwicklung einer Siedlung in Südwestdeutschland, Sigmaringen 1986, S. 709–802, hier S. 719 f., 725 f.; Weyer: Die mittelalterliche Klausur (wie Anm. 28), S. 330 f.; Kayser, Christian: Mönchszellen, Spitztonnen, Formziegel. Untersuchungen am Dormentbau und Kapitelsaal des ehemaligen Klosters Blaubeuren, in: Denkmalpflege in Baden-Württemberg 43 (2014), S. 33–38. Der in Blaubeuren als »Dorment« bezeichnete Schlaftrakt reichte bis in den Südflügel, wobei der nach Norden ausgreifende Teil des Südflügels »eine Folge größerer Stuben« einnahm, »die für besondere Gäste des Klosters vorbehalten waren« und damit nicht als Schlafräume der Mönche gedient haben (Wilhelm: Die Bau- und Kunstgeschichte des Kloster [wie oben], S. 725, Abb. S. 713). **30** Weyer: Die mittelalterliche Klausur (wie Anm. 28), S. 273–277, 280 f. **31** Keller, Christoph: Überlegungen zur Klausur des Klosters Heisterbach im Mittelalter, in: Analecta Cisterciensia 61 (2011), S. 222–251, hier S. 241. **32** Krug, Katinka: Klausurbauten im späten 15. und 16. Jahrhundert im ordensübergreifenden Vergleich, in: Analecta Cisterciensia 61 (2011), S. 29–60; Dies.: Kloster Bronnbach (wie Anm. 8), S. 205, 214. **33** Köhler, Mathias: Die Bau- und Kunstgeschichte des ehemaligen Zisterzienserklosters Bebenhausen bei Tübingen. Der Klausurbereich, Stuttgart 1995 (= Veröffentlichungen der Kommission für geschichtliche Landeskunde in Baden-Württemberg, Reihe B, Forschungen 124), S. 133, 167–171, 181–188, 202–206, 237, 386; Marstaller, Tilmann: 820 Jahre Holzbaukunst. Die Dachwerke über Klosterkirche und Klausur Bebenhausen, in: Beuckers, Klaus Gereon / Peschel, Patricia (Hrsg.): Kloster Bebenhausen. Neue Forschungen. Tagung der Staatlichen Schlösser und Gärten Baden-Württemberg und des Kunsthistorischen Institut der Christian-Albrechts-Universität zu Kiel am 30. und 31. Juli 2011 in Kloster Bebenhausen, Stuttgart o. J. [2001] (= Wissenschaftliche Beiträge der Staatlichen Schlösser und Gärten Baden-Württemberg 1), S. 79–95, hier S. 82–84. Hier wurden wegen der größeren Zahl der Mönche die Zellen des Dormitoriums im Ostflügel und im unmittelbar angrenzenden Teil des Südflügels eingebaut. **34** Vgl. dazu den Aufsatz von Volkmar Geupel in diesem Band und Geupel/Hoffmann: Archäologie und Baugeschichte (wie Anm. 2), S. 18 f., wo sämtliche weiterführende Literatur zu finden ist. Zu korrigieren ist natürlich die dort aufgrund einer Textkürzung irrtümlich entstandene Angabe, Kaiser Lothar III. sei ein welfischer Herrscher gewesen. Lothar von Süpplingenburg war Sachsenherzog. Dessen Tochter Gertrud heiratete mit Herzog Heinrich dem Stolzen einen Welfen.

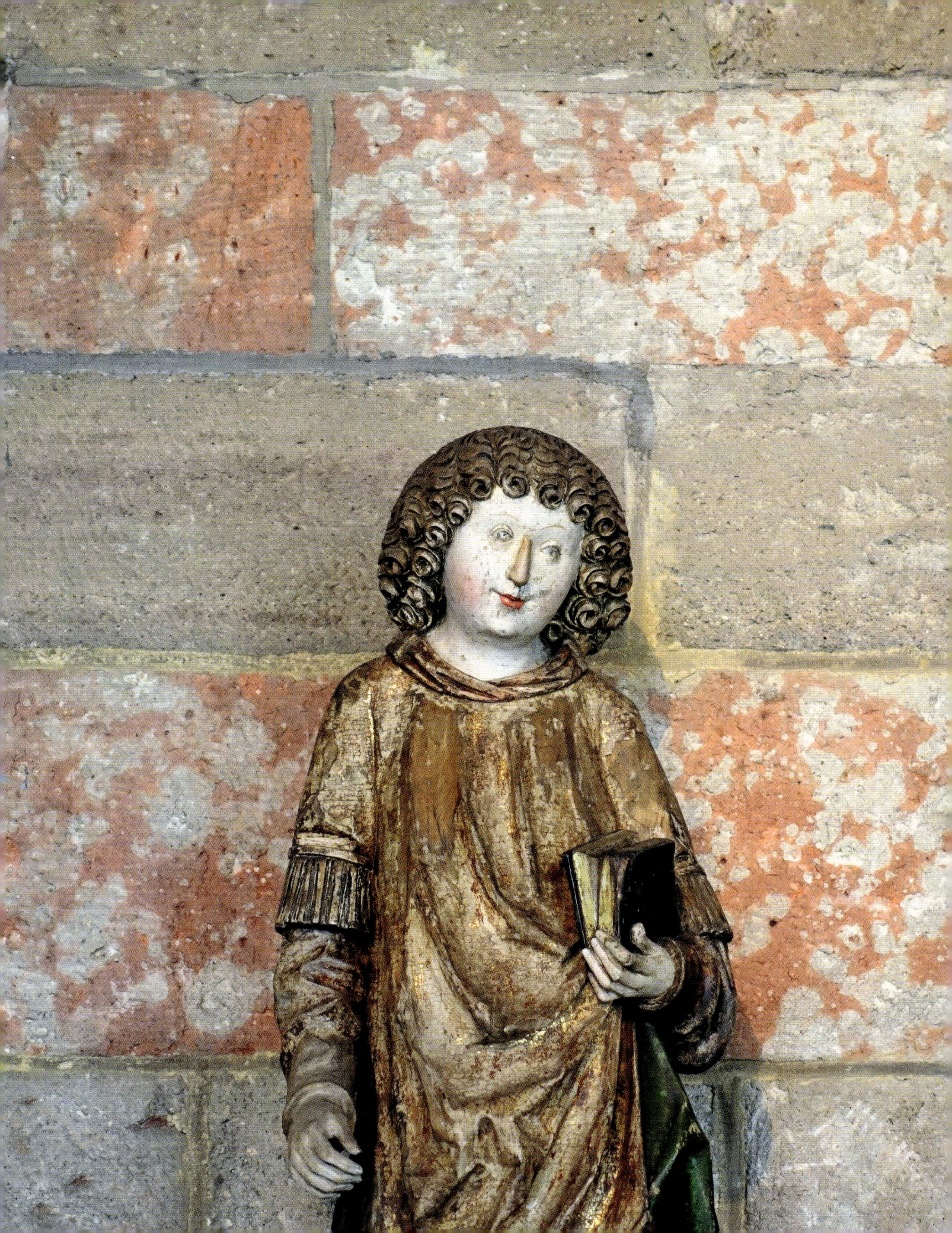

FRIEDER JENTSCH

# Die Baugesteine des Benediktinerklosters und ihre Herkunft

Zu Beginn des 13. Jahrhunderts hatte die Kolonisation die Kammregionen des Erzgebirges erreicht. Neue Herrschaftsverhältnisse waren geschaffen, die ihre Macht in repräsentativen Bauten wie Burgen und in Stein errichteten Klöstern zu dokumentieren begannen. Das Benediktinerkloster am Oberlauf der Chemnitz gehörte maßgeblich zu den exponierten Standorten, schon allein deshalb, weil der Ort an einem der böhmischen Pfade eine wichtige strategische Lage innehatte. Die Obliegenheit, seine Macht durch entsprechende Bauwerke zu zeigen, setzte aber auch voraus, dass Baufachleute vor Ort waren, die sowohl in der Lage waren, geeignete Baumaterialien zu finden, als auch die Bauten selbst ausführen zu können.

Die Benediktiner waren in diesen Fragen prädestiniert. Die von ihnen im Westen Europas gewonnenen Erfahrungen setzten Maßstäbe. Bedeutende Klosterbauten entstanden durch ihre Kunstfertigkeit im Umgang mit Stein. Denken wir nur an solche Anlagen wie die von Cluny in Mittelfrankreich,[1] Maria Laach in der Vulkaneifel[2] oder an die nur noch als Torso erhaltene Klosterkirche auf dem Petersberg von Erfurt im Thüringer Becken.[3] Diese und andere Standorte zeichnen sich durch eine akkurate Verarbeitung des Steinmaterials und eine geeignete Auswahl verschiedener Gesteine nach Farbe und Verwendungsfähigkeit aus, die ein hohes Wissen sowohl über Eigenschaften und die Bearbeitung der Steine als auch über deren zweckmäßigen Einbau in die Bauwerke voraussetzen.

In die Region des heutigen Chemnitz kamen Mönche des Pegauer Benediktinerklosters St. Jacob, einer der ältesten Klostergründungen Sachsens. Die ersten Pegauer Mönche waren von der östlich von Würzburg gelegenen Benediktinerabtei Münsterschwarzach am Main entsandt. Dieses Kloster gehörte zu den wichtigsten der Benediktiner und verfügte über reichlich Bauerfahrungen. Im 11. Jahrhundert war dort die karolingische Abteikirche durch einen 1066 vollendeten romanischen Bau ersetzt worden.

Im nordwestsächsischen Raum zählen die romanischen Kirchenbauten St. Kilian in Bad Lausick, der doppeltürmige Westbau der Kirche St. Nicolai in Geithain und das Kloster Zschillen in Wechselburg zu den bedeutenden Sakralbauten, bei denen in größerem Umfang Naturwerkstein eingesetzt wurde.[4] Die Errichtung der Kilianskirche erfolgte nach 1105 im Zusammenhang mit der Einrichtung einer Probstei des Klosters Pegau als nahezu schmuckloser und verputzter Bruchsteinbau. Bemerkenswert ist die Verwendung gut behauener Steinquader von Rochlitzer Porphyrtuff als Eckmauerung und für das 1150 angesetzte Westportal aus dem gleichen Material. Dass der Rochlitzer Berg mit der Steinlagerstätte zwölf Kilometer von Lausick und acht Kilometer von Geithain entfernt ist, lässt erahnen, welchen Aufwand die Bauleute für den Transport der Gesteinsblöcke auf sich zu nehmen hatten, zumal hier der einzige brauchbare Werkstein im näheren Umland angetroffen wurde. Dieses Gestein erwies sich als Werkstein höchst brauchbar, da es im bergfrischen Zustand leicht zu bearbeiten war, mit zunehmender Austrocknung erhärtete, sich dann kaum noch bearbeiten ließ und gegenüber jeglichen Witterungseinflüssen resistent blieb.

Wesentlich näher, in vier Kilometer Entfernung von den Steinbrüchen, lag das Augustinerchorherrenstift Zschillen, heute zu Wechselburg gehörig, das sich um die Mitte des 12. Jahrhunderts und nahezu zeitgleich mit dem Benediktinerkloster entfaltete. In Sachen Werkstein hatte Zschillen einen Standortvorteil, wobei die zu überwindende Zwickauer Mulde kein Hindernis

Abb. 1 Schloßkirche, Strebepfeiler mit verschiedenen Porphyrtufftypen an der Südwand (heute im Schloßbergmuseum): Kristalltuff (geschichtet, graugelb), Porphyrtuff vom Typ Kapellenberg (feinkörnig, gelb-rot gefleckt)

beim Steintransport darstellte. Seit etwa 1160 war die Stiftskirche im Bau, 1168 ist eine Teilweihe datiert. Ihre Fertigstellung erfolgte im letzten Viertel des 12. Jahrhunderts.

Der Rochlitzer Porphyrtuff kam in romanischer Zeit auch flussaufwärts der Chemnitz zum Einsatz, so als Gliederungen und Bauschmuck in der aus dem letzten Viertel des 12. Jahrhunderts stammenden Ursulakirche in Auerswalde.[5] Vermutlich stammt aus dieser frühen Zeit auch ein Säulenfuß aus Rochlitzer Porphyrtuff in der Einfriedungsmauer der Judokuskirche in Chemnitz-Glösa, der hier als Überbleibsel eines Vorgängerbaus eingemauert ist. Für das seit 1143 mit Marktrecht ausgestattete Kloster im oberen Chemnitztal gestalteten sich die Verhältnisse anders. Der Rochlitzer Porphyrtuff stand, wie die umfangreichen Ausgrabungen ergaben, nicht zur Verfügung. Ursachen hierfür können in der Entfernung von etwa 25 Kilometern einschließlich einer schlechten Wegsamkeit zum Rochlitzer Berg oder auch in Regularien zu suchen sein, die einem Abbau für Dritte entgegenstanden. Immerhin erforderte der Bau des Klosters Zschillen enorme Mengen an Tuff. Anderes Werksteinmaterial als Alternative war zunächst nicht verfügbar.

Die ersten Behausungen der Benediktiner im Chemnitztal waren sicher aus dem Holz des angrenzenden Waldes gebaut. Von Anfang an hatten sie den Auftrag und auch das Wissen im Gepäck, steinerne Gebäude nach ihren Vorstellungen und den Maßstäben des Ordens zu errichten. Zudem kamen noch Erfahrungen dazu, für die Bauten verwendungsfähiges Steinmaterial aufzufinden, seine Beständigkeit abschätzen zu können und es zu bearbeiten, damit letztendlich dauerhafte und zugleich repräsentative Bauwerke entstehen konnten. Der Benediktinerorden war bereits im 11. Jahrhundert – ausgehend von Cluny – zu größtem Ansehen und Einfluss gelangt. Überall in Europa waren etwa 1 500 Tochtergründungen entstanden, und die Regel forderte, dass jeder Novize wenigstens einmal nach Cluny pilgerte und sich neben dem religiösen Anliegen auch praktische Erfahrungen aneignete.[6]

Wesentliche Kenntnisse über die Naturwerksteinverwendung in Sachsen, auch Zusammenhänge mit anderen, weit älteren Stätten der Steingewinnung sowie deren Verarbeitung, lieferte Walter Fischer. Der Rochlitzer Berg mit seinem Porphyrtuff war für ihn ein Forschungsschwerpunkt. Den Anstoß dazu gab ein Besuch in einem römerzeitlichen Steinbruch am Kriemhildenstuhl bei Bad Dürkheim, »dessen senkrechte Wände und stufenförmigen Abbauflächen […] sofort die Erinnerung an die Rochlitzer Porphyrtuffbrüche weckten und diesen Aufsatz anregten.«[7] Bei näherer Betrachtung lässt sich diese in Rochlitz etablierte Art des Gesteinsabbaus mit Schrämen und Keilspalten später auch in der Chemnitzer Region nachvollziehen. Zunächst standen die Mönche vor der Herausforderung, überhaupt ein geeignetes Gestein zur Ausführung von Bauwerken zu finden. Aus der Erfahrung heraus verwendeten die Benediktiner weiches, möglichst gut zu Formstücken behaubares Material. In Cluny waren es Kalke, in Maria Laach basaltische Tuffe, Buntsandstein in der Umgebung von Würzburg und für das Kloster auf dem Petersberg bei Erfurt. Für den neuen Standort an der Chemnitz war nun ein ebenbürtiges Gestein zu finden. Man muss davon ausgehen, dass bereits Erfahrungen bei der Suche nach brauchbaren Baugesteinen vorlagen, dass die Oberfläche nach Lesesteinen abgesucht werden musste, dass bevorzugt an Hängen von Fließgewässern zu suchen war, wo der Grundwasserstand tief lag und wenig verwittertes Material zu erwarten war, oder dass die Zuversicht bestand, an der Oberfläche mehr stückiges, in der Tiefe jedoch festes und für den Bau brauchbares Material zu finden.

Wie diese Suche im Detail ablief, bleibt im Verborgenen. Fakt ist aber, dass für die neu entstehende Klosterkirche mit einem Porphyrtuff, dem sogenannten Kristalltuff, ein Material gefunden werden konnte, das zur Herstellung akkurat behauener Quader zur Aufführung ganzer Wände, wie es bei den Benediktinern üblich und althergebracht war, geeignet war. Diese bevorzugt steinsichtige Bauweise im Außenbereich hat sich auch bei den Folgebauten im Kloster fortgesetzt, insbesondere an deren Kirche, wenngleich auch später andere Tuffgesteine wegen der sich verändernden Verfügbarkeit der Materialien zum Einsatz kamen. Das Rotliegende im Erzgebirgsbecken ist gekennzeichnet durch hauptsächlich sedimentäre Bildungen von Sandsteinen, Schluffen und Tonen, die durch zwei vulkanische Schichtkomplexe unterbrochen werden, die Planitzer und die Leukersdorfer Schichten. In beiden finden sich Tuffablagerungen, die je nach Verfestigungsgrad Werksteinqualität erreichen können und an einigen Orten abgebaut werden konnten. Die Tuffe treten entsprechend der wannenartigen Beckenstruktur umlaufend zutage. In ihren Ausstrichsbereichen befanden sich auch die Steinbrüche. Sie sind teilweise erhalten, manche noch nachweisbar, andere nicht mehr auffindbar.

In den Planitzer Schichten ist es der sogenannte Kristalltuff, der an drei Stellen Werksteinqualität erreicht: Ein Vorkommen südwestlich des alten Stadtkerns, aus dessen Bereich das Material für die romanischen Bauten des Benediktinerklosters herstammen dürfte, ferner ein Vorkommen nahe der Ebersdorfer Stiftskirche, das für deren Bau den Hauptbaustein lieferte, und ein Vorkommen in Adelsberg nahe der Ortslage Gablenz, dessen Gestein noch an alten Bauerngütern verbaut gefunden werden kann. Wesentliche Merkmale des Kristalltuffs, auch zur Unterscheidung von anderen Tuffen der Region, sind seine meist durchgängig graugrünlichgelbe Färbung, die gewöhnlich deutlich ausgeprägte Schichtung und das Auftreten von kleinen graugrünen Schieferpartikeln bis zu wenigen Millimetern Größe. Der wichtigste Tuff der Leukersdorfer Schichten mit Werksteinqualität ist der bekannte Zeisigwalder Tuff. Er ist farblich sehr abwechslungsreich – in den Tönen Weiß, Gelb, Violett und Rot – sowie in der Farbverteilung sehr variabel.[8] Es handelt sich dabei um einen Aschentuff, der nicht geschichtet ist und selten Einschlüsse zeigt. Als Gewin-

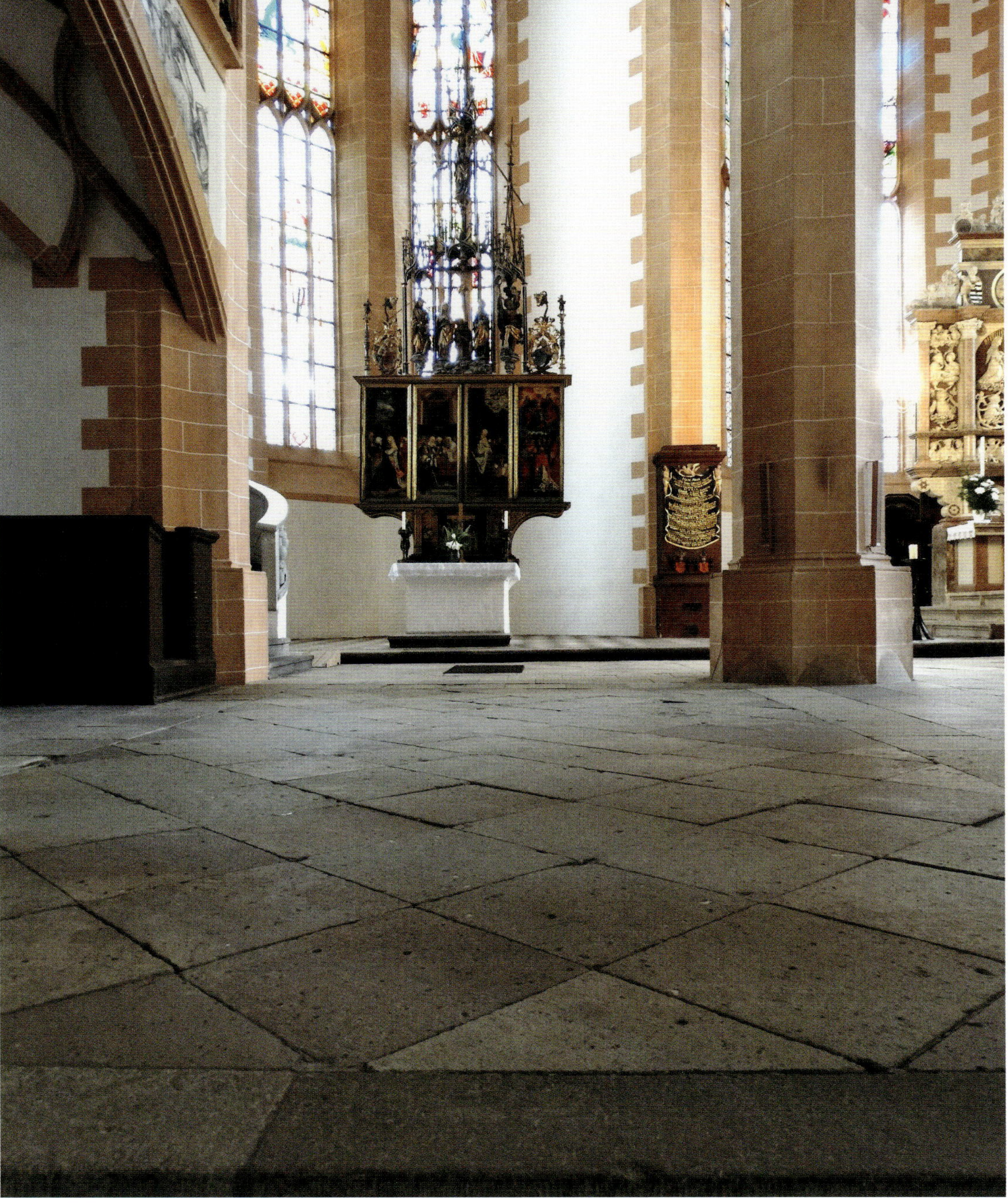

Abb. 2 St. Annenkirche Annaberg: Fußbodenplatten von hellrötlichem und hellbraungelbem Porphyrtuff vom Schloßberg, im Schachbrettmuster verlegt

nungsorte sind der Zeisigwald im eigentlichen Sinne, der Kapellenberg einschließlich eines mutmaßlichen Vorkommens[9] an der Johanniskirche und – für diesen Beitrag von besonderem Interesse – am Schloßberg zu unterscheiden.

Der Geologe Gerald Urban war es, der vor einem halben Jahrhundert die Grundlage dafür lieferte, die Verwendung der einzelnen Tuffe bestimmten Zeitepochen zuzuordnen.[10] Diese Gliederung hat bis heute Bestand, auch wenn der eine oder andere Zuwachs an Detailerkenntnissen zu vermerken ist. Auch die umfangreichen archäologischen Untersuchungen an der Klosterkirche durch Heinrich Magirius, Volker Geupel und andere konnten auf diesen Ergebnissen aufbauen und eine Feingliederung für die Zeit der Gotik vorlegen.[11] Demnach schließt sich nach dem in der Romanik verbauten Kristalltuff die Verwendung eines roten, gelblich gefleckten Porphyrtuffs der hochgotischen Bauphase an, der vom Kapellenberg stammen dürfte. Zeitlich darauffolgend ist es ein heller, meist gelbbräunlicher Porphyrtuff, der im Bereich der ehemaligen, 1514 datierten Unterfahrt verbaut ist und der in Chemnitz nur hier zu beobachten ist.[12] Danach ist es ein hellviolettes Material der spätgotischen Bauphase, wie wir es ähnlich auch aus dem Zeisigwald kennen, wenn auch hier etwas heller im Erscheinungsbild. Bruchfrisch kann man das Gestein im Kellerhaus in Augenschein nehmen, auch wenn hier wohl nur verhauene Stücke vom Wiederaufbau nach dem Dreißigjährigen Krieg verbaut sind.[13] Über die zwei letztgenannten Gesteine, deren Abbaustellen vom Schloßberg stammen dürften, wird im Zusammenhang mit der St. Annenkirche von Annaberg noch zu berichten sein.

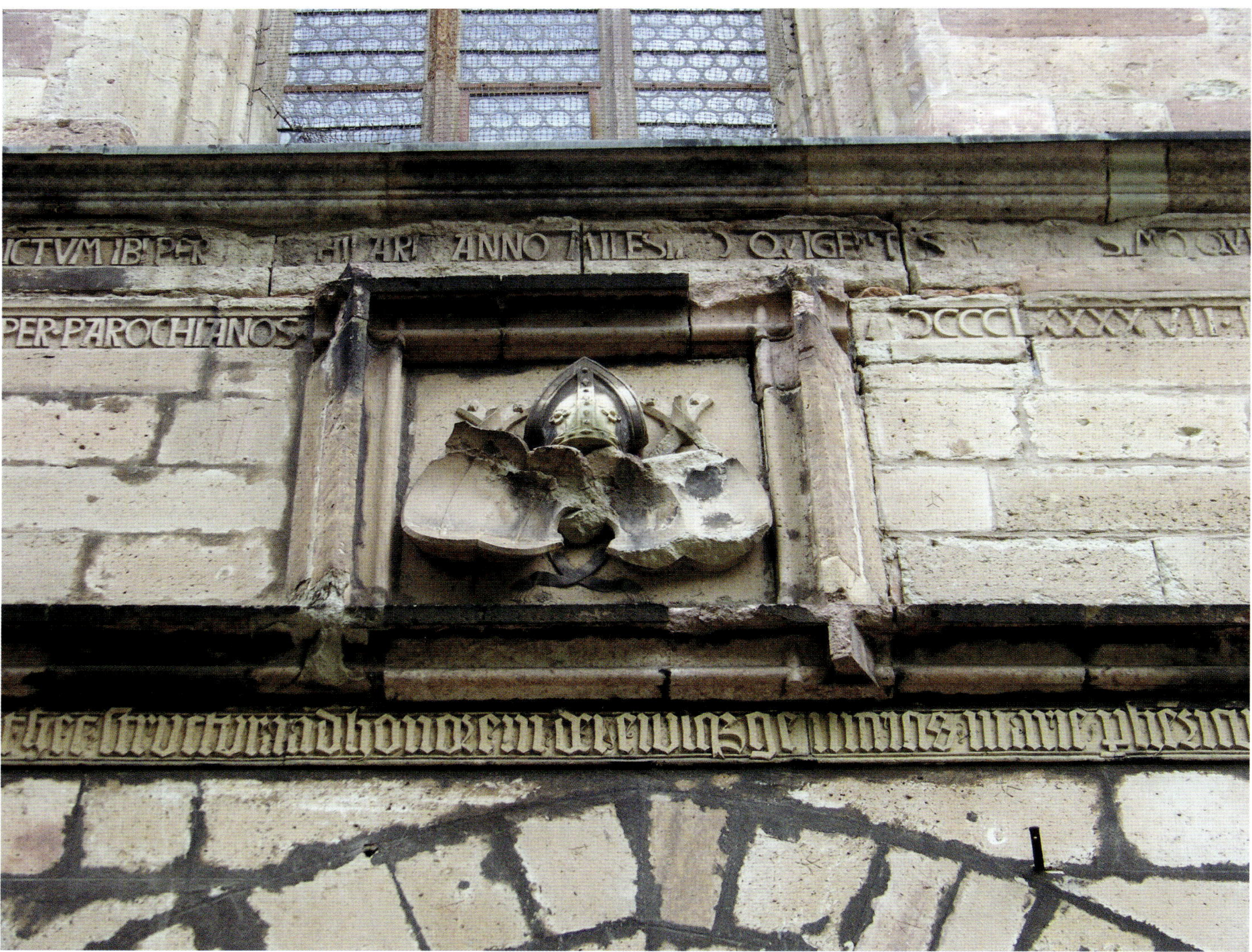


Komplizierter gestaltet sich hingegen die Antwort auf die Frage der Herkunft des Kristalltuffs. Um zu wissen, welche Herkunft ein verbautes Gestein hat, ist es hilfreich, dasselbe im Anstehenden beobachtet zu haben. Der Kristalltuff hat uns leider lange Zeit die Möglichkeit verwehrt, bis Gerald Urban diese Gelegenheit im Jahr 1998 in einer Baugrube an der Zschopauer Straße in Höhe der Lutherstraße hatte. Gut erkennbar ist die teils plattige Teilbarkeit, die wegen der Oberflächennähe ziemlich kleinstückig ausgeprägt ist. Die gute Gewinnbarkeit mit einfachen Werkzeugen ist zu erahnen. Hier in der Nähe der Zschopauer Straße dürften auch die Steinbrüche gelegen haben,[14] deren Betriebszeit allerdings durch Abtauchen des gewinnbaren Materials in die Tiefe wahrscheinlich natürliche Grenzen gesetzt waren. Die Hauptzeit seiner Verwendung könnte im letzten Drittel des 12. Jahrhunderts gelegen haben, als der romanische Vorgängerbau der Klosterkirche und zudem wohl auch die romanische Jakobikirche entstanden sind. Heute ist er in der romanischen Südapsis, in Sockeln von Pfeilern sowie im Stützmauerwerk der Klosterkirche zu entdecken.[15] Zudem findet sich der Kristalltuff auch als wiederverwendetes Material in Einzelblöcken im aufgehenden Mauerwerk des gotischen Baus der Chemnitzer Jacobikirche.[16]

Die begrenzten Gewinnungsmöglichkeiten des Kristalltuffs waren vielleicht auch ein Grund dafür, dass etwa 300 Jahre lang im Kloster keine wesentliche Bautätigkeit erfolgte. Erst an der Wende vom 15. zum 16. Jahrhundert kam es zu einer Belebung mit den baulichen Umgestaltungen und Erweiterungen des Klosters durch die Äbte Heinrich von Schleinitz (reg. 1483–1522) und Hilarius von Rehburg (1480–1551). Demzufolge bestand neuer Bedarf an Baugestein, der Tradition der Benediktiner folgend insbesondere an Werksteinmaterial. Der Obere Porphyrtuff vom Typ Kapellenberg hatte sich bereits beim Bau der Stadtbefestigung und insbesondere beim Bau des aus einfachem Bruchsteinmauerwerk[17] ausgeführten Roten Turmes seit dem 13. Jahrhundert bewährt. G. Urban vermutete, dass man Steine hierzu auch in einem Steinbruch am Stadtgraben nahe der Johanniskirche brach,[18] wohl aber weitgehend im Bereich hinter der Nikolaikirche am Kapellenberg gewann.[19]

Abb. 3 Schloßkirche, ehemalige Tordurchfahrt, heute Unterbau des Glockenturms; Gestein wohl am östlichen Hang des heutigen Schloßbergs gebrochen

▷

Abb. 4 Baugrubenaufschluss nahe der Zschopauer Straße, in dem der Kristalltuff im Anstehenden zu beobachten war, 1998

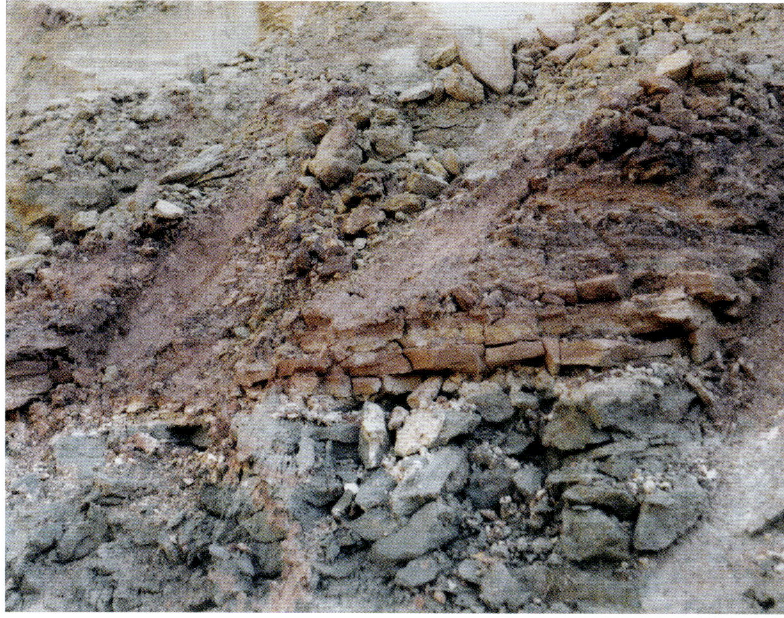

Die Bezugsmöglichkeiten an brauchbaren Werksteinen änderten sich für die Bauten am Benediktinerkloster. Erste konkrete Anhaltspunkte zu den neuen Bezugsquellen lieferte Georgius Agricola 1546 in seiner »De natura fossilium« über den Oberen Porphyrtuff von Chemnitz: »Das Gestein ist in der Farbe genauso unterschiedlich wie der Sandstein. Denn weißes, rotes, geflecktes, das ist teils weißes, teils rotes, findet man in Chemnitz / in verschiedenen Steinbrüchen. Weißes nämlich an zwei Stellen des Waldes im Osten, hellrotes und geflecktes an zwei Stellen nahe der Stadt nach Westen zu, nämlich auf einem länglichen, steilabfallenden Berge, der von den Jungfern seinen Namen bekommen hat, und in einem Steinbruch hinter der Kirche zum Heiligen Nicolaus.«[20]

Auf dieser Grundlage ergänzte Petrus Albinus in seiner »Berg-Chronica«[21] mit weiteren Details: »Bey vns in Meyssen ist der Kemnitzer der fürnembste / welcher entweder gar weis und rot / oder sprencklicht / aus weis vnd rot vermischet vmb / wie er daselbst in etlichen Steinbrüchen gefunden wird. Der weisse bricht an zweyen orten / im Walde gegen auffgang der Sonnen. Der rote vnd sprencklichte auch an zweyen orten bey der Stadt gegen niedergang / nemlich auff eim langen vnd hohen Berge / so man den Catzschenberg nennet (welcher nach etlicher meynung den namen von den Jungfrawe hat / die man auff der alten Sabinorum sprach daselbst vmb Katzschen nennen soll / welches ich allhie in seinen wirden lasse / vnd anderswo mehr davon melden will) vnd von dem Steinbruch hinder S. Niclas Kirchen. Der Katzschenberger ist weich / der so aus dem andern Steinbruch bey S. Niclas mittelmessig / wie auch so aus dem einen Steinbruch im Walde auff der rechten hand / davon die Kirche des herrlichen Klosters / Bededictiner Ordens / bey der Stadt Chemnitz gelegen / so jtzt ein Fürstlich Schloss gebawet ist.«[22]

Drei Fundgebiete des Tuffes sind also seinerzeit benannt. Ersteres mit weißem Stein dürfte das Gebiet des Zeisigwaldes sein, jenes Material, aus dem die Freiberger Tulpenkanzel und das in der Stiftskirche Chemnitz-Ebersdorf befindliche Grabdenkmal von Dietrich von Harras gefertigt wurden. Das hellrote und gefleckte Material an dem steil abfallenden Berg, dem Katzschenberg, dürfte vom heutigen Schloßberg sein, denn der Katzschenberg ist der Kaßberg, wo kein Porphyrtuff vorkommt. Das dritte betrifft die Steinbrüche am Kapellenberg. Alle drei kommen theoretisch als Steinlieferant infrage, denn bei großen Bauvorhaben wurden alle zur Verfügung stehenden Ressourcen ausgeschöpft. Der Baufortschritt musste mit der Gewinnung, dem Transport der Steine, der passgerechten Bearbeitung und letzten Endes dem Einbau der Steine in das Gebäude schritthalten können. Die Hauptmasse des Baugesteins scheint aber zweifellos vom Schloßberg selbst und vom Kapellenberg zu stammen. Anzumerken wäre noch, dass der Steinabbau im Zeisigwald von Euba und Wiese, dem heutigen Ober- und Niederwiesa, ausging, denn Nachweise für eine Tuffgewinnung im Westteil des Zeisigwaldes durch die Stadt Chemnitz sind erst im späten 16. Jahrhundert bekannt und belegt.

Der Schlossteich wurde 1493 erstmals als Fischteich zur Versorgung der Mönche während der Fastenzeit erwähnt.[23] Das Anstauen des Pleißbaches erforderte den Transport erheblicher Erdmassen, die der Hang des Berges zum Kloster lieferte.[24] Dabei wurde an seinem Fuß der zwischen Sandsteinen und Tonen lagernde Tuffkörper freigelegt und die Grundlage zu dessen Abbau für den Klosterbau gelegt. Noch heute erinnert eine Haldenlandschaft an der Schönherrstraße an die ehemalige Steinbruchtätigkeit. Von den Benediktinern ist bekannt, dass sie bei einer fugengenau akkuraten Verarbeitung des Steinmaterials auch

Übersicht über die in Chemnitz vorkommenden und als Werkstein verwendeten Porphyrtuffe

| Geologische Position | Gesteinsbezeichnung | Hauptmerkmale | Fundort | Zeitlicher Schwerpunkt der Gewinnung |
|---|---|---|---|---|
| Rotliegend, Oberer Porphyrtuff | Porphyrtuff, Typ Zeisigwald | feinkörnig, kräftig violett, rot, beige, Farben ineinander fließend, gefleckt, ungeschichtet | Chemnitz-Hilbersdorf, Zeisigwald | 16. bis 20. Jh. |
| | Porphyrtuff, Typ Kapellenberg | feinkörnig, beige und kräftig rot, gefleckt, Farben scharf abgegrenzt | Chemnitz-Kappel, Kapellenberg, Stadtgraben am ehemal. Zschopauer Tor | 13. bis 16. Jh. |
| | Porphyrtuff. Typ Schloßberg | feinkörnig, gelb bräunlich oder hell-violett-rot-grau, wenig gefleckt, ungeschichtet | Fuß des Osthangs am Schloßberg | 15. bis 18. Jh. |
| Rotliegend, Unterer Porphyrtuff | Kristalltuff Typ Chemnitz | kleinkörnig, graugelb, wenig geschichtet, mit graugrünen Schieferpartikeln | etwa 1 km südlich der Johanniskirche nahe der Zschopauer Straße | 12. Jh. |
| | Kristalltuff Typ Ebersdorf | kleinkörnig, graugelb, gut geschichtet, mit graugrünen Schieferpartikeln | vermutlich am Nordabschluss des Friedhofs an der Stiftskirche Ebersdorf | 12. (?) bis 15. Jh. |
| | Kristalltuff Typ Adelsberg | mittelkörnig, farblos-weiß bis weißgelb, geschichtet, mit graugrünen Schieferpartikeln | in der Ortlage Adelsberg nahe Sandgrubenweg | 18./19. Jh. |

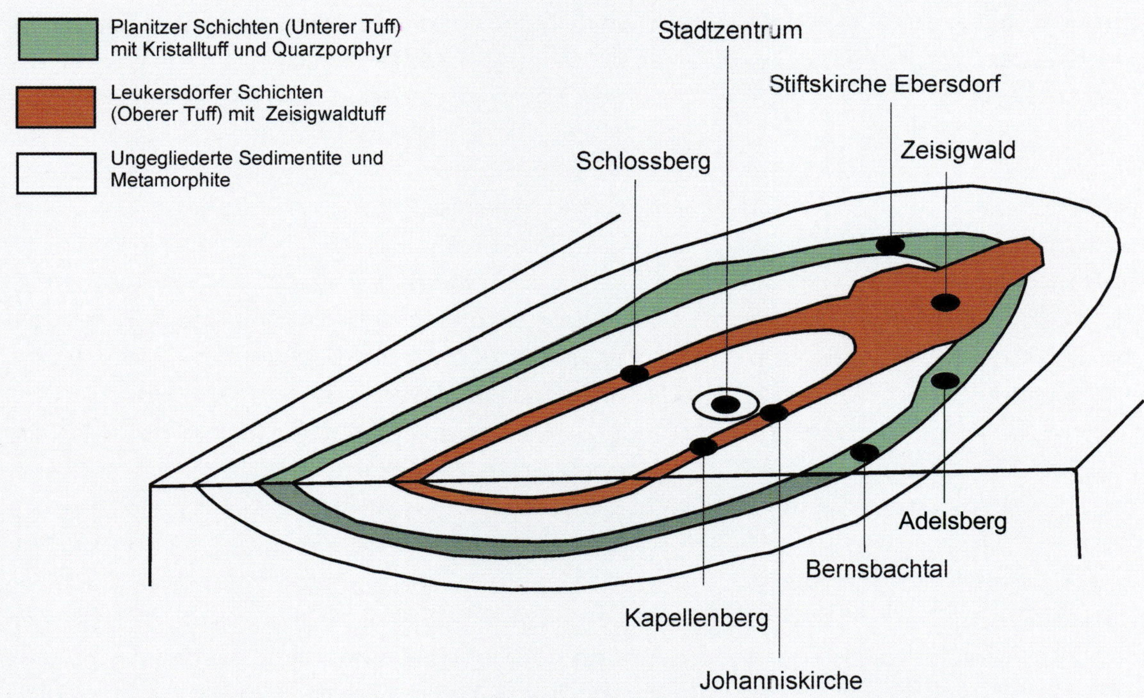


Abb. 5 Idealisiertes Blockbild des Rotliegend von Chemnitz

Wert auf dessen farblich abgestimmte Anordnung legten. Wie der Baufortschritt am Kloster und dessen Kirche ablief, kann man insbesondere an der Klosterkirche am differenziert eingesetzten Material erkennen. Augenfällig ist der Unterschied des Tuffmaterials von den aufgehenden Mauern des Langhauses und der ehemaligen Tordurchfahrt, wobei das eine an den von Agricola beschriebenen hellrot gefleckten Porphyrtuff erinnert, der von der Toreinfahrt jedoch, ein mehrheitlich gelbbräunlich getönter Porphyrtuff, auffällt.[25] Erfahrungsgemäß ist der Gesteinskörper des Oberen Porphyrtuffs farblich und ebenso in der Qualität recht heterogen aufgebaut, sodass auch am Schloßberg eine selektive Gewinnung von verschiedenen Typen möglich gewesen sein dürfte. So muss auch die Frage nach der Herkunft des Materials vom Nordportal unbeantwortet bleiben, wobei ein Ursprung vom Fuße des Schloßberges nicht ausgeschlossen ist. Die Einheitlichkeit des verbauten Materials trifft nicht für die Stützpfeiler im gesamten Klosterkomplex zu. Bei ihnen sind mehr oder weniger wahllos verfügbare Blöcke verschiedener Vorkommen verwendet worden, selbst der ehemals in romanischer Zeit verbaute Kristalltuff hat hier Platz gefunden. Verhältnismäßig häufig im Vergleich zu anderen aus Porphyrtuff aufgeführten Bauten ist der sogenannte Streifentuff verwendet worden, ein Zeichen dafür, dass oberflächennah gewonnenes Gestein, beispielsweise bei Neuaufschluss eines Steinbruchs, eingesetzt wurde.[26]

Auf den Sachverhalt, dass erhebliche Mengen Tuffmaterial zum Klosterbau in nächster Nähe des Klosters gewonnen wurden, verweist eine Nachricht in der alten Kirchengalerie, deren Quellen im Verborgenen liegen: »Das Mauerwerk besteht aus Quadern aus einem damaligen Steinbruch im Küchenwalde. Besonders merkwürdig ist die Eingangsthüre, welche von 2 hohen Baumstämmen mit abgestutzten Ästen, die sich oben in einen Bogen verschließen, eingefaßt […].«[27]

Die Metalllagerstätten im Erzgebirge und die finanzielle Beteiligung zahlreicher Geldgeber zur Erschließung der Vorkommen brachten auch dem Chemnitzer Benediktinerkloster Gewinne. Besonders die Beteiligung am Annaberger Bergbau war wohl recht erfolgreich, um die eigenen Baumaßnahmen am Kloster realisieren zu können. Im Ganzen mögen es Hunderte Kuxen gewesen sein, die das Kloster verlegte, und die Summen, welche der Abt zum Bau der St. Annenkirche in Annaberg beisteuerte, stammen ohne Zweifel zu bedeutenden Teilen aus Berggewinnen.[28] Darüber hinaus blühte auch der Steinhandel mit Annaberg. »Chemnitzer Stein« findet sich zahlreich in der St. Annenkirche bildnerisch verarbeitet,[29] selbst in den noch erhaltenen Teilen des Annaberger Franziskanerklosters ist er als Gewänderest zu finden.[30] Anzumerken ist der Umstand, dass der wohl vom Fuße des Schloßbergs stammende gelbbräunliche Porphyrtuff zusammen mit dem hellroten, gesprenkelten Tuff im Altarbereich der Annenkirche schachbrettartig verlegt wurde.

Das Bild einer Stadtentstehung durch den einmaligen Akt herrschaftlicher Stadtgründung nun neu als einen stufenweisen Prozess zu sehen, ist eine grundlegende andere Betrachtungsweise.[31] Heute geht man auch für die Stadt Chemnitz von einer mehrstufigen Stadtgründung aus[32] und kann sich damit von dem Zwang befreien, ein Gründungsdatum finden zu müssen. Das Dokument aus dem Jahr 1143, das die Gründung eines Klosters bestätigt und dazu ein Marktrecht benennt, markiert den Anfang der organisierten Besiedlung in der hiesigen Region.[33] Ausgewählt als Standort für das Kloster war ein Bergsporn am Chemnitzfluss von erheblicher strategischer Bedeutung. Von hier aus konnte man weite Teile der Flussaue überschauen und kontrollieren. Es galt nun, auf dem heutigen Schloßberg die Bemühungen der weltlichen Zentralgewalt zur Besiedlung des Erzgebirges und seines Vorlands im Interesse der weltlichen und kirchlichen Macht in Gang zu setzen.[34] Die Gegend war bis dahin nahezu unberührt. Besiedler und einheimische Slawen lebten offenbar nebeneinander her, wenngleich bereits in der Hierarchie zugunsten der neuen Ankömmlinge strukturiert.

Die Pegauer Mönche verfügten aus früheren Klosterbauten über Erfahrungen zur Erkundung und Gewinnung von Bausteinen. Sie wussten mit weichen Gesteinen umzugehen, geeignete Abbaumethoden auszuwählen und zweckmäßige Werkzeuge einzusetzen, wie sie großteils bereits von den Römern in den oberrheinischen Tuffgebieten angewandt wurden.[35] So ist anzunehmen, dass diejenigen, die einen für den Bau des Klosters geeigneten Werkstein in erreichbarer Entfernung suchten und fanden, die Mönche selbst waren. Auch wenn wir heute über Details der Fundstelle und deren Lage noch rätseln, stehen wir nicht am Anfang. Die uns bekannte geologische Situation gibt einen ziemlich engen Rahmen vor. Immerhin konnte man von diesem Vorkommen so viel Gestein gewinnen, dass der Bau der Klosterkirche und, wenngleich auch zeitlich versetzt, der städtischen Jakobikirche im letzten Drittel des 12. Jahrhunderts in Stein bewerkstelligt werden konnten. Der Kristalltuff ist das erste Baugestein für die Klosterkirche. Bei späteren Umbauten und Erweiterungen wurden verwendbare Teile wieder eingesetzt. Dass das Mittelschiff des Bauwerks damit nicht fertiggestellt wurde,[36] ist ein Hinweis darauf, dass der Kristalltuff nicht mehr zu gewinnen war. Als wiederverwendetes Baugestein wurde er teilweise noch genutzt, insbesondere in der südlichen Außenmauer des Langhauses und in Stützpfeilern.

In der Chemnitzer Jakobikirche bietet sich ein ähnliches Bild. Auch hier sind im aufgehenden Mauerwerk nur noch einzelne Steinquader von Kristalltuff zu beobachten.[37] Zahlreiche bei Grabungen aufgefundene Architekturteile belegen hier ebenfalls seine einstige Bedeutung am romanischen Baukörper, insbesondere mit Merkmalen eines stilistischen Zusammenhangs mit der Bauhütte von Wechselburg.[38] Für den Baufortschritt dürfte der Materialausfall sowohl die Klosterkirche als auch die Jakobikirche ähnlich betroffen haben, zumal beide Gebäude, das eine auf Klostergrund, das andere auf Reichsbesitz stehend, in gewisser Weise im Wettbewerb miteinander gestanden haben dürften.

Ohne auf Machtkonflikte zwischen Kloster und Stadt seit dem ausgehenden 12. Jahrhundert eingehen zu wollen,[39] war Ersatz für den ausgebliebenen Kristalltuff zu besorgen. In Betracht kam der Porphyrtuff vom Kapellenberg.[40] Das in hochgotischer Zeit verbaute, rotgelbe Gestein lieferte ein im Eigentum des Klosters befindlicher Steinbruch hinter der Nicolaikirche, von dem auch Steine »gegen Zins« an die Stadt abgegeben werden konnten.[41] Das Kapellenberger Material wurde nun sowohl in der Klosterkirche als auch in der Jakobikirche reichlich als Mauerstein und für feingliedrigere Architekturteile, wie Fenstergewände, verbaut. Doch auch hier waren die Vorräte begrenzt, es wurden weitere Steinquellen gebraucht. Für die Stadt kamen im ausgehenden 15. Jahrhundert die ihr gehörenden Teile des Zeisigwaldes infrage, in dem massenhaft der behaubare Obere Tuff erschlossen werden konnte. In dieser Zeit ist auch der städtische Ratssteinbruch angelegt worden. Das Benediktinerkloster dagegen konnte sich nach wie vor auf die östlichen Hänge des Schloßbergs orientieren und gewann den dort ebenfalls anzutreffenden Oberen Tuff.

Die Benediktiner stellten große Ansprüche an ihre Bauten in Bezug auf Ästhetik und Bauausführung. Nach Georg Dehio (1925) erhielt das Äußere der im frühen 12. Jahrhundert errichteten Benediktinerkirche auf dem Petersberg bei Erfurt durch sein »vollendet schön behandeltes Quadermauerwerk [eine Errungenschaft der Hirsauer Schule aus ihren burgundischen Beziehungen] eine alle örtlich und zeitlich naheliegenden Bauten hoch überragende monumentale Würde«.[42] Dieses lässt sich auch im Ansatz für unsere Klosterkirche bemerken. So weist der Kristalltuff »an allen architektonisch hervorgehobenen Partien wie Sockeln, Basen, Vorlagen, Kämpfern und Gesimsen eine äußerst sorgfältige steinmetztechnische Bearbeitung auf. Auch die Wände zeigen im Äußern ein Quadermauerwerk unterschiedlicher, aber durchlaufender Schichthöhen.«[43]

Die ersten steinernen Kirchenbauten in der Region erforderten eine Vielzahl von Arbeitskräften verschiedener Gewerke: Steinbrecher und Steinhauer in den Steinbrüchen, Steinmetze und Bildhauer auf den Werkplätzen, zudem auch Zimmerleute für Gerüste und Holzkonstruktionen, Schmiede zur Herstellung und Wartung der Werkzeuge, Wagner zur Herstellung von Transportwagen und -karren für den massenhaften Materialtransport. Andere waren für die Versorgung zuständig, in der Summe wohl einige Hundert Menschen. Bei der Dauer der Bautätigkeit über Jahre und Jahrzehnte hinweg entstanden Familien. Die Bevölkerung wuchs so weit an, dass in der Ansiedlung in der Talaue, die zugleich Bauhütte, Lieferant für das Kloster und Markt sein konnte, eine Kirche benötigt wurde. Die Fachleute zum Bau waren schon vor Ort.

Schon im Mittelalter erforderte der Arbeitsprozess, dass die steinverarbeitenden Handwerker als Vorläufer der Zünfte organisiert waren. Je nach Bedarf zogen sie von Baustelle zu Baustelle. Es war sicher für sie unerheblich, gerade auch in der hochwassergefährdeten, deshalb wohl kaum dicht bewaldeten Talaue des Chemnitzflusses, ihr zeitweiliges Anwesen zu errichten. Begünstigend dürfte das zwischen dem 11. und 14. Jahrhundert wirksame Klimaoptimum gewirkt haben.[44] Der Vorzug, gut gewinnbares und behaubares Baumaterial in Form verschiedener Tuffgesteine und auch Hartgesteine wie Quarzporphyr in erreichbarer Entfernung zur Verfügung zu haben, war zugleich ein nicht zu unterschätzender Anziehungspunkt und Standortvorteil für die Stadt. Kirchen und die Stadtmauer entstanden.[45] Der in der Urkunde von 1143 erwähnte Markt, also ein Handelsort, schließt ein, dass in ansehnlicher Menge Produkte der Steinbearbeitung in das Umland geliefert wurden. Damit erhielt die Ansiedlung Chemnitz bereits städtische Züge. Obwohl von dem einstigen Bestand romanischer und gotischer Bauwerke in der Region Chemnitz nur noch Relikte erhalten sind, lässt sich doch an einigen Orten verbauter Kristalltuff aus Chemnitz nachweisen.[46] Letztlich bleibt die Frage, ob Chemnitz überhaupt de jure per Verfügung gegründet wurde oder de facto in die Rolle einer Stadt hineingewachsen ist. So könnte ihr Ausgangspunkt eine bevölkerungsreiche Siedlung von Steinhauern, Steinmetzen, Bildhauern und anderen Handwerkern mit ihren Werkplätzen und Werkstätten im Dienst des Klosters oder als Zuwanderer in freien Berufen einschließlich deren Familien sein, die zugleich auch als Kaufmannssiedlung fungieren konnte. Die Ausgrabungen im Stadtzentrum in den 1990er Jahren haben Hinweise geliefert, wie sich zunehmend Gewerbe angesiedelt haben, die Infrastruktur sich ausbaute und wie man sich um die Trockenhaltung der Stadt und ihre Wegsamkeit in einem sumpfigen Gebiet bemühte, das für die Bewohner eigentlich nicht den Vorzug verdiente, aber ihnen eine Lebensgrundlage bot.[47]

Ein Fazit: Die Entstehung von Chemnitz war eng mit Gewinnung, Verarbeitung und Bau von Naturwerksteinen verbunden. Damit hatte die sich im Mittelalter entwickelnde Siedlung eine exponierte Stellung, gewissermaßen ein Alleinstellungsmerkmal für die Region am Fuße des Erzgebirges, das es zu besiedeln galt. Dem Kristalltuff kann man die Rolle des Naturwerksteins zur Zeit der Besiedlung unseres Gebiets zukommen lassen, wie sie in Nordwestsachsen dem Rochlitzer Porphyrtuff gebührt. Chemnitz war jahrhundertelang nachweislich Werksteinlieferant für weite Teile des Erzgebirges und erbrachte damit einen nicht zu unterschätzenden Beitrag für Besiedlung und wirtschaftliches Wachstum der Region.

Anmerkungen

**1** Cluny, burgundische Stadt in Zentralfrankreich mit ehemaliger Benediktinerabtei, gegr. 910, Ausgangspunkt der cluniazensischen Reform, bis 1135 drei teilweise erhaltene Kirchenbauten. Im 11. Jahrhundert bereits 1043 Niederlassungen in Europa. **2** Maria Laach, Benediktinerabtei am Laacher See in der Vulkaneifel, sechstürmige romanische Basilika, 1093 bis 1220/30 erbaut. **3** Petersberg bei Erfurt, romanische Benediktiner-Klosterkirche, 1103 geweiht nach etwa 20-jähriger Bauzeit, ältester Bau der »Hirsauer Schule« in Thüringen. **4** Vgl. Löffler, Fritz: Die Stadtkirchen in Sachsen. 4. Aufl., Berlin 1980, S. 219. **5** Vgl. Hummel, Georg u. a.: Die Dorfkirche St. Ursula zu Auerswalde. Der kleine sakrale Kunstführer Bd. 6, Altenburg o. J., 42 S. Vgl. Dehio, Georg: Handbuch der Deutschen Kunstdenkmäler Sachens, Bd. 2 (1998), S. 35. **6** Vgl. Jaxtheimer, Bodo W.: Stilkunde Gotik. Die Baukunst, München/Zürich 1982, S. 52. **7** Fischer, Walther: Abbau und Verarbeitung des Porphyrtuffs auf dem Rochlitzer Berge (Sachsen). Gedanken über die Herkunft der Steinbruchstechnik, in: Abhandlungen des Staatlichen Museums für Mineralogie und Geologie zu Dresden, Bd. 14 (1969), S. 1–110, hier S. 51. **8** Vgl. Jentsch, Frieder: Steine in der Stadt – Teil I, in: Chemnitzer Roland, Nr. 56, Heft 3 (2012), S. 19–23. **9** Richter, Adam Daniel schrieb in seiner Chronica der Stadt Chemnitz von 1753, S. 46: »Der allerälteste Steinbruch in Chemnitz ist vor dem Chemnitzer Thore auf der tchopauer Straße gewesen, von welchen Steinen, bey dem Anfang der Stadt, ein großes und fast das halbe Theil der Stadtmauer, sonderlich bey dem Klosterthore herum, ist erbauet worden. Es werden in diesem Steinbruche noch iezo viele Steine zu dem Straßenbau gewonnen, und ist ein grauer porphyrartiger harter Gestein, durch welches bisweilen Chalcidon setzet.« Es dürfte sich zweifelsfrei um den Bruch im ausstreichenden Quarzporphyr handeln, der auf dem »Trenckmannschen Riß« von 1763 vermerkt ist. Durch das periodisch die Stadt treffende Hochwasser und zufließendes Grundwasser dürfte eine Gewinnung des nahe der Johanniskirche vorkommenden Oberen Porphyrtuffs problematisch gewesen und wenn überhaupt, nur zeitlich begrenzt beim Bau der Stadtbefestigung erfolgt sein. Zudem haben die Grabungen der 1990er Jahre an der Stadtmauer auch die Verwendung von Quarzporphyr nachgewiesen. Vgl. dazu auch Anm. 45 unten. **10** Urban, Gerald: Die Chemnitzer Porphyrtuffe und ihre Nutzung im Verlauf der Stadtgeschichte, in: Veröffentlichungen des Museums für Naturkunde Karl-Marx-Stadt 12 (1983), S. 3–14. **11** Vgl. Magirius, Heinrich: Die Schlosskirche Chemnitz – Arbeitshefte des Landesamtes für Denkmalpflege Sachsen 7, 2006, S. 41. **12** Nach einer Information von G. Urban wurde das Gestein am Schloßberg auch in einem Aufschluss beobachtet. Auch der Verfasser hatte 2007 diese Gelegenheit. **13** Vgl. Morgenstern, Thomas: Denkmalgeschützte Fachwerkhäuser am unteren Schloßberg, in: Kassner, Jens/Viertel, Gabriele/Weingart Stephan (Hrsg.): Das Kellerhaus und der Chemnitzer Schloßberg, Chemnitz 2001, S. 93–105. **14** Vgl. Urban, Gerald: Chemnitzer Porphyrtuffe – Bausteine seit über 800 Jahren, in: Chemnitzer Roland 14, 2, 2007, S. 13–17. Der Autor konnte 2008 nahe der Zschopauer Straße in Höhe Luther- und Melanchthonstraße den Kristalltuff in einer Baugrube beobachten. Die Bestimmung der konkreten Steinbruchslage ist durch Verfüllung, landwirtschaftliche Rückgewinnung der Flächen und mehrfache Bebauung des Gebiets nicht gegeben, wenn nicht ein temporärer Aufschluss die konkrete Lage erhellt. **15** Vgl. Geupel, Volkmar: Das Benediktinerkloster und die Anfänge der Stadt Chemnitz aus archäologischer Sicht, in: Zur Entstehung und Frühgeschichte der Stadt Chemnitz (= Aus dem Stadtarchiv Chemnitz 6), Chemnitz 2002, S. 108–128. **16** Vom Autor bei der Rekonstruktion der Kirche steinsichtig beobachtet. **17** Das sind hier wenig behauene, mit Zwickelsteinen von Quarzporphyr in der richtigen Lage gehaltene Steinblöcke von Porphyrtuff. **18** Vgl. Urban: Chemnitzer Porphyrtuffe (wie Anm. 14). **19** Die Steinbruchtätigkeit dürfte sich auf die Durchörterung des am Stadtgraben ausstreichenden Porphyrtuffs beschränkt haben, da mit erheblichem Zustrom von Grundwasser in der Talaue zu rechnen war. Spätere Berichte vom Steinbruchbetrieb im Zeisigwald verweisen auf einen Abbau »bis aufs Wasser«, also mit Erreichen des Grundwassers wurde der Abbau eingestellt. **20** Agricola, Georgius: De natura fossilium. Handbuch der Mineralogie, übers. von Georg Fraustadt, Wiesbaden 2006, S. 257. **21** Albinus, Petrus: Meißnische Bergk-Chronika, Dresden 1590, S. 167. **22** Die Formulierung »gegen Aufgang der Sonne« wurde in einem vom Chemnitzer Lehrerverein 1932 herausgegebenen Büchlein »Die schwarzen Mönche vom Chemnitzer Bergkloster« herangezogen, die Herkunft des Baugesteins der Klosterkirche als »Kemniczer Porphyr« ist im Zeisigwald zu sehen. In Wahrheit trifft es aber für den bei Albinus als zweitgenannten Fundort, den Katzschenberg, zu. Inwieweit der Katzschenberg im Zusammenhang mit dem Kaßberg zu sehen ist, wo nach der Richter'schen Chronik kein Tuff, sondern nur Letten – das sind lehmige Gesteine – zu finden sind, muss hier offen bleiben. **23** Vgl. Weingart, Stephan: Der Schloßteich und seine Anlagen, in: Kassner/Viertel/Weingart (Hrsg.): Das Kellerhaus (wie Anm. 13), S. 79–91. **24** Das heutige Oberflächenniveau am Damm des Schloßteiches, wo ehemals das Tal des Pleißbaches gelegen war, lässt erahnen, welche Massen zum Aufschütten des Dammes und für das dahinter liegende Land, das zudem auch hochwassergefährdet war, zur Verfügung standen. **25** Nach einer freundlichen Information von G. Urban wurde dieses Material am Fuße des Schloßbergs in einem Aufschluss angetroffen. **26** Den Streifentuff kennzeichnen braune, meist das Gestein wellig durchsetzende Streifen, die durch Absatz von gelösten Eisensalzen und deren Umbildung zu Limonit bei wechselnder Grundwasserhöhe entstanden sind. **27** Sachsens Kirchengalerie, Bd. 8: Die Inspektionen Chemnitz, Stollberg, Zwickau und Neustädtel, Dresden 1840–1843, S. 173. **28** Vgl. Werner, Theodor Gustav: Das fremde Kapital im Annaberger Bergbau und Metallhandel des 16. Jahrhunderts. Neues Archiv für Sächsische Geschichte und Altertumskunde 58 (1934), S. 159: Demnach erwarb das Benediktinerkloster Ende des 15. Jahrhunderts unter Abt Heinrich von Schleinitz Annaberger und Schneeberger Kuxe und später auch Bergteile in Marienberg. 1503 besaß es u. a. drei Kuxe der Vereinigten Kupfergruben Ober Nicol Schmidt und König David, und auch am Hengster Zinnbergbau war das Kloster beteiligt. In Kleinchursdorf bei Penig besaß es Erzgruben. **29** Vgl. Meier, Johann Christian: Die Herrlichkeit des Annaberger Tempels, Chemnitz 1776, S. 6. **30** Vgl. Jentsch, Frieder: Steine in der Stadt Annaberg, in: Erzgebirgische Heimatblätter 37 (2015), H. 2, S. 7–10. **31** Vgl. Herrmann, Konstantin/Thieme, André: Sächsische Geschichte im Überblick, Leipzig 2013, S. 39. **32** Vgl. Viertel, Gabriele: Irritationen um ein Chemnitzer Stadtjubiläum: 1143 oder 1165, in: Sächsische Heimatblätter Heft 4 (2014), S. 429–427. **33** Vgl. Hengst, Karlheinz: Die Gründung des Klosters und ihre Bedeutung für das Umland, in: Chemnitzer Roland 24 (2017), H. 1, S. 3–5. **34** Vgl. Hengst, Karlheinz: Klostergründung am Chemnitz-Fluss als Auftakt zur Besiedlung des Erzgebirges, in: Erzgebirgische Heimatblätter 39 (2017), H. 1, S. 27–30. **35** Vgl. Fischer, Walther: Abbau und Bedeutung des Porphyrtuffs auf dem Rochlitzer Berge (Sachsen). Gedanken über die Herkunft der Steinbruchtechnik, in: Abhandlungen des Staatlichen Museums für Mineralogie und Geologie, Bd. 14 (1969), S. 1–110. **36** Geupel: Das Benediktinerkloster und die Anfänge der Stadt Chemnitz (wie Anm. 15), S. 114. **37** Vom Verfasser 2004 an der steinsichtig hergestellten Nordseite des Mittelschiffs festgestellt. **38** Vgl. Richter, Horst: Grabungen in alten Chemnitzer Kirchen, in: Mitteilungen des Chemnitzer Geschichtsvereins 65, Neue Folge IV, Chemnitz 1995, S. 137–144. **39** Vgl. Richter, Tilo: Die Stadtkirche St. Jakobi zu Chemnitz, Chemnitz 2000, S. 17. **40** Hierzu wird das zum Bau der Chemnitzer Stadtmauer genutzte Vorkommen von Porphyrtuff im Bereich des Stadtgrabens einbezogen, da dieses Material sich von dem vom Kapellenberg in der Färbung nicht unterscheidet; vgl. hierzu auch Urban: Chemnitzer Porphyrtuffe (wie Anm. 18). **41** Vgl. Urkundenbuch der Stadt Chemnitz, Nr. 194, S. 87. Rechtsstreit vom 26. August 1428. **42** Dehio, Georg: Handbuch der deutschen Kunstdenkmäler, Bd. 1: Mitteldeutschland. 3. Aufl., Berlin 1924, S. 295. **43** Magirius: Die Schlosskirche Chemnitz (wie Anm. 11), S. 31. **44** Vgl. Geupel, Volkmar: Führer zu den Burgen und Wehrkirchen im Erzgebirge. Landesamt für Archäologie Dresden 2013, S. 16. **45** Vgl. Hemker, Christiane/Hoffmann, Yves/Krabath, Stefan: Stadtarchäologie in Chemnitz, in: Sächsische Heimatblätter Heft 4 (2014), S. 411. Die Stadtmauer hatte innen und außen eine Bruchsteinschale von Quarzporphyr und war mit Porphyrtuff gefüllt. **46** Beispiele sind für den Kristalltuff Türgewände der Kirche von Chemnitz-Röhrsdorf und der Kirchen von Ottendorf bei Mittweida, im Mauerwerk der Kirchen von Kleinolbersdorf und Neukirchen; ein Fenstergewand im »Dicken Heinrich« in Zschopau; für den Kapellenberger Tuff eine noch steinsichtige Mauer an der Bergkirche von Ehrenfriedersdorf, im Stützmauerwerk der Burg Rabenstein u. a. m. Vgl. auch Geupel: Führer (wie Anm. 44), S. 216. **47** Vgl. Zur Entstehung und Frühgeschichte der Stadt Chemnitz. Kolloquium des Stadtarchivs Chemnitz, 24. April 2002 (= Aus dem Stadtarchiv Chemnitz 6), Chemnitz 2002.

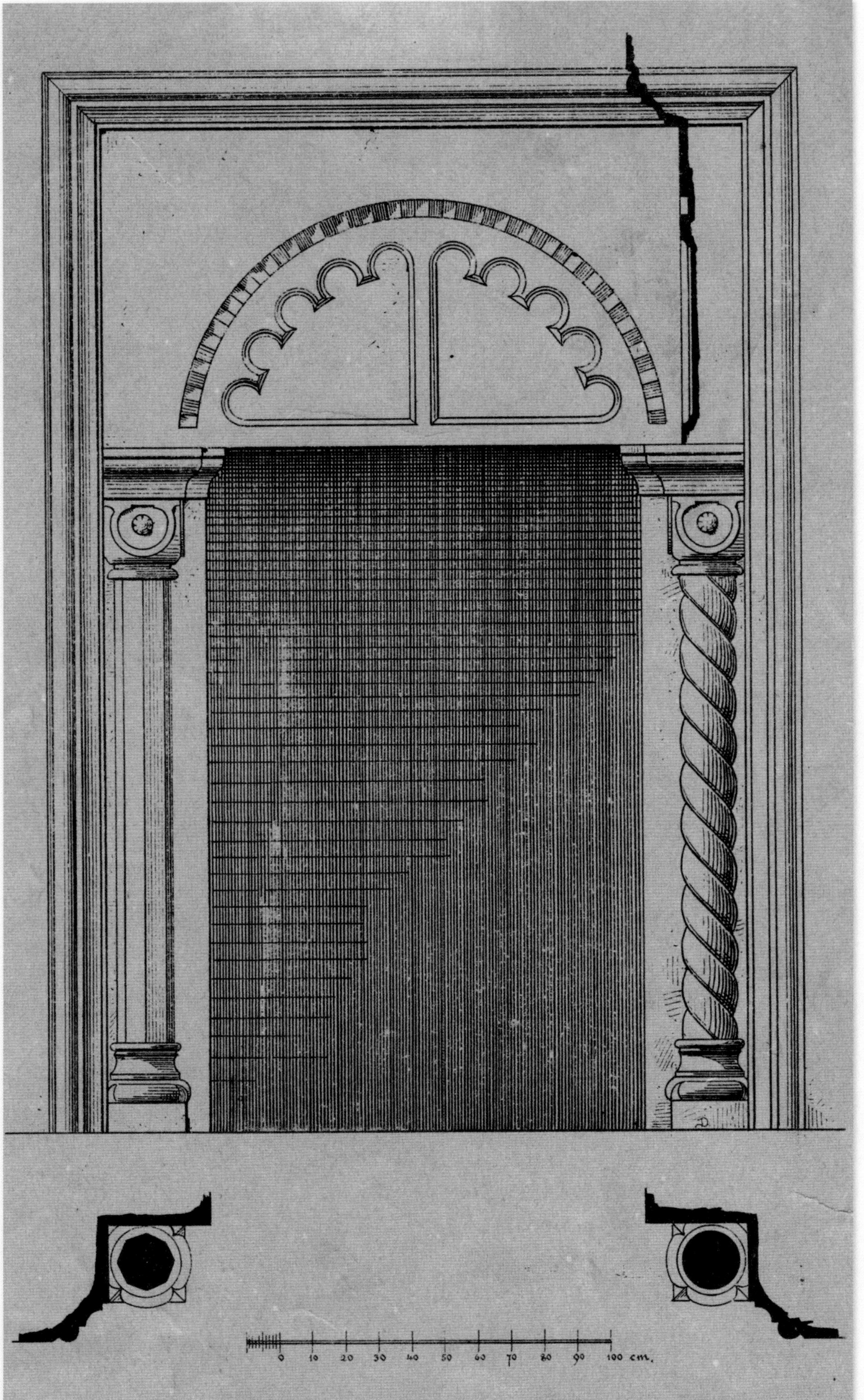
0 10 20 30 40 50 60 70 80 90 100 cm.

STEFAN THIELE

# Romanische Bau- und Bildkunst in der »provincia Kempnitz«

Im Zuge der Gesamtsanierung des mittelalterlichen Gebäudekomplexes auf dem Chemnitzer Schloßberg zwischen 1979 und 1994 gerieten auch jene Teile verstärkt ins Blickfeld, die Zeugnis von der frühesten Bauphase des ehemaligen Benediktinerklosters St. Marien ablegen. Während die Ergebnisse der Bauforschung hauptsächlich in Fachkreisen diskutiert wurden, erregte die weithin sichtbare Rekonstruktion der südlichen Nebenapsis der heutigen Schloßkirche Anfang der 1990er Jahre großes öffentliches Interesse. Plötzlich erhielt eine Epoche gleichsam wieder ein Gesicht, die bis dahin im hoch- und spätgotisch geprägten Erscheinungsbild nur unterschwellig wahrnehmbar war. Für die Chemnitzer Kunstgeschichte ist die Sichtbarmachung der ältesten Bauteile ein kaum zu überschätzender Gewinn, denn sie sind nahezu die einzigen baukünstlerisch relevanten Zeugnisse romanischer Architektur im heutigen Stadtgebiet. Ergänzt werden sie durch eine kleine Anzahl von Spolien, die meistenteils im Kontext von Kirchenum- bzw. Neubauten im späten 19. Jahrhundert ans Licht kamen und seit 1931 im Schloßbergmuseum präsentiert werden. Trotz des sehr überschaubaren Umfangs an aussagekräftigem Material soll der Versuch unternommen werden, die Anfänge künstlerischer Betätigung im Chemnitzer Raum nach der Mitte des 12. Jahrhunderts zu skizzieren.

Als geografischer Rahmen wurde die *provincia kempnitz*[1] gewählt, das Klosterterritorium, wie es sich seit den 1140er Jahren allmählich herausgebildet hatte und im sogenannten »Zinsregister« des Benediktinerklosters – entstanden wohl zwischen 1200 und 1216[2] – erstmals konkret fassbar wird. Das Dokument umfasst zwar nur wenige Zeilen, die jedoch – wie Karlheinz Hengst herausgestellt hat – die ersten konkreten Belege für Ortsnamen am südlichen Fuß des Erzgebirges enthalten.[3] Es geht dabei um neun Dörfer, eine nicht näher bezeichnete Mühle sowie eine Anzahl von Bürgern der Stadt Chemnitz. Bei den erwähnten Dörfern handelt es sich um: Kappel, Klaffenbach, Adorf, Neukirchen, Altendorf, Altchemnitz, Gablenz und Stelzendorf. Hinzu kommt die umstrittene *uuilla abbatis*, das Abtsdorf, hinter dem sich wahrscheinlich die in den heutigen Stadtteilen Kaßberg und Schloßchemnitz aufgegangene Ortswüstung Borssendorf verbirgt.[4] – Die Chemnitzer Kirchen St. Johannis und St. Jakobi, welche zunächst nicht auf Kloster-, sondern auf Reichsland entstanden und erst Mitte der 1250er bzw. 1260er Jahre unter die Verfügungsgewalt der Abtei gelangten, sollen im vorliegenden Zusammenhang indes nicht unerwähnt bleiben, weil ein Verzicht gerade auf den bedeutenden, zudem gut dokumentierten Vorgängerbau der Jakobikirche ein verzerrtes Bild von der Sakraltopografie und der baukünstlerischen Entwicklung im Untersuchungsgebiet bedeutet hätte. Unberücksichtigt geblieben sind dagegen die zahlreichen Objekte in den teilweise weit entlegenen Dörfern, die nach und nach – vorrangig im 14. und 15. Jahrhundert – in den Besitz der Chemnitzer Benediktinerabtei gelangten und nach der Reformation im Amt Chemnitz aufgingen.

Abb. 1 Altchemnitz, St. Peter und Paul, Südportal, Federzeichnung, um 1886

Mit der *provincia kempnitz* ist ein Territorium umschrieben, das sich in kreisförmiger Anordnung in südöstliche bzw. südwestliche Richtung erstreckte, wobei das Kloster selbst an der nördlichen Peripherie lag. Dieser gleichsam »innere Ring« definiert nach Rudolf Strauß in etwa jenes Areal, das unmittelbar im Zusammenhang mit der Stiftung des Klosters gegen 1136 von diesem kolonisiert wurde oder – wie im Falle von Altchemnitz und Altendorf – bereits seit längerer Zeit vermutlich slawisch besiedelt war. Demgegenüber markieren die weiter im Südwesten liegenden Orte Neukirchen, Klaffenbach, Stelzendorf und Adorf eine zweite Ausbaustufe, die bis gegen 1216 abgeschlossen gewesen sein dürfte.[5] In unserem Zusammenhang ist dabei die Frage nach der kirchlichen Versorgung von besonderem Interesse: Die unabdingbare seelsorgerliche Betreuung der Siedler zog den Aufbau einer organisierten Struktur von Pfarreien nach sich, an die die Anlage entsprechender Pfarrkirchen gekoppelt war. Hier fanden die für den Christenmenschen konstitutiven liturgischen Vollzüge statt, was beispielsweise am Recht der Sakramentsspendung – insbesondere Taufe und Letzte Ölung – durch die für den jeweiligen Bereich zuständigen Geistlichen deutlich wird.[6] Im Raum der Pfarrkirche begann und vollendete sich der Lebenskreis des Gläubigen, was ihren Charakter als Dreh- und Angelpunkt des christlichen Gemeinwesens und seiner individuellen Glieder in besonderer Weise kennzeichnet. Davon zu unterscheiden sind die Filialkirchen als Außenstandorte ohne eigenen Priester und mit eingeschränkten Rechten, sowie einzelne Kapellen als Orte der Messfeier ohne Tauf- oder Bestattungsmöglichkeit. Dörfer ohne Kirche wurden den Pfarr- bzw. Filialorten angeschlossen, die Bewohner waren an die dort vorhandenen Kirchen gewiesen, wobei sich teilweise sehr ausgedehnte Parochien ergaben. Dieses im gesamten mitteldeutschen Raum anzutreffende Prinzip ist auch für das dem Kloster Chemnitz zugewiesene Territorium zu konstatieren, ohne dass es hier zur Bildung ausgesprochener Großpfarreien – wie es beispielsweise im Vogtland oder in der Lausitz der Fall war – gekommen wäre. Das Kloster fungierte als Gründer und Verwalter der jeweiligen, sehr überschaubaren, Seelsorgebezirke, dem, ähnlich den anderen hierfür infrage kommenden Kräften (wie etwa adligen Grundherren[7]) das Patronatsrecht über die neu entstehenden Kirchen zufiel. Für die *provincia* ergibt sich für das 1. Jahrzehnt des 13. Jahrhunderts folgender Befund:

**Benediktinerklosterkirche St. Marien:** Entgegen der ansonsten bei den alten Orden üblichen Regelung, wonach Klosterkirchen von seelsorgerlichen Aufgaben im Sinne einer Territorialpfarrei exemt sind, scheint die Chemnitzer Benediktinerkirche ausnahmsweise die Funktion einer »dörflichen« Pfarrkirche wahrgenommen zu haben.[8] Noch 1540 heißt es im Zuge der Neuorganisation nach der Auflösung der Abtei, dass die Bewohner Altendorfs bis dahin »aus dem Closter sein vorsehen gewest«.[9] Gleiches könnte auch auf die mit Borssendorf identifizierte *uuilla abbatis* sowie auch auf das wüste Streitdorf südöstlich des Klosters zutreffen – Orte, über deren kirchliche Verhältnisse bislang gar nichts bekannt ist. Freilich ist diese Problematik mit einer Reihe weiterer, vor allem kirchenrechtlicher Fragestellungen behaftet, die einer bislang ausstehenden näheren Untersuchung bedürfen.

**Nikolaikirche:** Das ausgedehnte Kirchspiel umfasste neben Kappel die (1216 noch nicht genannten) Ortschaften (Sankt) Niklasgasse,[10] Helbersdorf, Schönau und Höckericht. Kappel dürfte vermutlich Standort einer bislang nicht lokalisierbaren Kapelle gewesen sein. Als Filial zugeordnet war Altchemnitz mit der Kirche St. Peter und Paul.

**Johanniskirche:** Die Kirche findet im Zinsregister keine Erwähnung, lediglich das zu ihrem Kirchspiel gehörige große Bauerndorf Gablenz, das unter den hier zu behandelnden Orten mit dem höchsten Abgabesoll belastet war, wird genannt.[11] Ihre Existenz bereits um 1200 ist von der älteren Forschung sicher zu Unrecht bestritten worden.[12] Allerdings scheint sie nicht von Anfang an unter klösterlichem Recht gestanden zu haben: Erst 1264 gelangte sie aus staufischem Besitz dahin, wobei die Urenkelin Kaiser Friedrich I. Barbarossas, Landgräfin Margarethe (um 1237–1270) gemeinsam mit ihrem Gemahl Albrecht II. (1240–1314) als bisherige Verfügungsberechtigte agierten.[13] Die Forschung interpretiert St. Johannis daher überwiegend als königliche Gründung und sieht in ihr die Pfarrkirche einer frühstädtischen Ansiedlung, wobei Kobuch die Funktion als erste Chemnitzer Stadtkirche herausstellte.[14] Indes sind weder Zeitpunkt und Anlass der Gründung, die tatsächliche Funktion sowie die kirchenrechtliche Stellung vor allem in Hinblick auf das (mit 1424 allerdings erst spät nachweisbare) Filialverhältnis zur Jakobikirche wirklich geklärt.[15] 1478 wurde St. Johannis dann ausdrücklich als Pfarrkirche bezeichnet.[16] Zu ihrem Kirchspiel gehörten neben dem bereits erwähnten Gablenz auch noch Bernsdorf und möglicherweise das wüste Streitdorf im Norden der späteren Stadtflur, sofern dieses nicht, wie oben angeführt, in die Klosterkirche eingepfarrt war.

**Marktkirche St. Jakobi:** Ähnlich wie St. Johannis ist auch die Hauptpfarrkirche der Stadt Chemnitz erst spät, nämlich 1254 durch die römische Kurie dem Kloster inkorporiert worden.[17] Da dieser Akt zehn Jahre darauf wiederholt wurde, und zwar im Zusammenhang mit dem oben erwähnten Übergang von St. Johannis aus königlicher in klösterliche Befugnis, lag möglicherweise ein mit der Gründung von Stadt und Kirche(n) auf Reichsland verbundener Eigentumsanspruch vor, auf den schließlich – wohl im Sinne eines Seelgeräts – zugunsten des Klosters verzichtet wurde.[18] Die damit geschaffene Option der direkten Einflussnahme des Abtes in die geistlichen Belange der Bürgergemeinde blieb bis zur Reformation ein ständiger Zankapfel zwischen Stadt und Abtei. Im Übrigen sind die oben bezüglich der Johanniskirche festgestellten stadtgeschichtlichen Problemfelder auch für St. Jakobi evident, hier noch zusätzlich vermehrt um einen spezifisch kunstgeschichtlichen Diskurs, wie er besonders seit 1983 interdisziplinär geführt wurde.[19] Vergleiche mit dem erstaunlich ähnlich gelagerten Fall der Marienkirche in Zwickau[20] lassen auch für Chemnitz den Schluss zu, dass die wohl auf Initiative Friedrich Barbarossas in den 1180er Jahren gegründete Marktkirche von Beginn an als Stadtkirche für die im Entstehen begriffene Kommune bestimmt und in diesem Sinne auch mit den entsprechenden Pfarrrechten ausgestattet gewesen ist. Das zugehörige, wie in Zwickau offenbar sehr ausgedehnte Friedhofsareal konnte im 19. und 20. Jahrhundert partiell nachgewiesen werden. [21] Die Entstehungszeit des Friedhofs ist archäologisch nicht gesichert; urkundlich lässt er sich bis ins 16. Jahrhundert belegen, bevor er zugunsten des Johannisfriedhofs als alleinigem Stadtgottesacker aufgegeben wurde.[22] – Die erst 1365 unter diesem Patrozinium bezeichnete Jakobipfarre[23] umfasst bis in die Gegenwart das bis Anfang des 19. Jahrhunderts durch die Befestigungsanlagen definierte Territorium der Chemnitzer Altstadt.

**Neukirchen:** Die Parochie war mit den vier zugehörigen Dörfern die größte innerhalb der *provincia* in ihrer Ausdehnung um 1216. Neben dem namengebenden Kirchdorf zählten dazu noch die Orte Adorf, Klaffenbach und Stelzendorf.

Bei der bau- bzw. kunstgeschichtlichen Analyse der infrage kommenden Bauten ist auf folgende Voraussetzung hinzuweisen: Keines der Objekte ist auch nur annähernd vollständig erhalten. Die Rekonstruktion des ursprünglichen Zustands ist daher vom Grad der im aufgehenden Mauerwerk bzw. im Boden überlieferten romanischen Substanz abhängig. Besonders gute Voraussetzungen bieten in dieser Hinsicht die ehemalige Klosterkirche sowie die Jakobikirche. Auch die Kirche in Neukirchen bewahrt umfangreiche Reste ihrer bauzeitlichen Substanz, während die Existenz von Material des 12. Jahrhunderts im Mauerwerk der Johanniskirche nur vermutet werden kann. Völlig verschwunden sind die alte Nikolaikirche sowie deren einstige Filia St. Peter und Paul in Altchemnitz. Ihre Gestalt lässt sich nur auf archäologischem Weg, im günstigsten Fall kombiniert mit der Auswertung von Archivalien bzw. Zeichnungen nachvollziehen. Dies betrifft vor allem Altchemnitz, wo zwar Bodenuntersuchungen wenig erfolgversprechend sind, jedoch eine Reihe von Ansichten der 1888 abgebrannten Kirche existiert.

Um den Forschungsstand und damit verknüpfte Veröffentlichungen zu den infrage kommenden Objekten ist es unterschiedlich bestellt. Die Frage nach der romanischen Gestalt der Kloster- wie auch der Stadtkirche wurde bereits im 19. Jahrhundert diskutiert; endgültige Klarheit brachten indes erst die umfangreichen Untersuchungen im Stadtkern seit 1953 (Horst Richter)[24] sowie auf dem Schloßberg ab 1981 (Volkmar Geupel, Wilfried Stoye, Horst Richter).[25] Demgegenüber blieben die ebenfalls in den 1960er Jahren durch Richter initiierten, 1991 noch einmal vorangetriebenen Schürfungen auf dem Niklasberg ohne greifbares Ergebnis.[26] Beinahe völlig unerforscht ist nach wie vor das Terrain der ehemaligen Johannisvorstadt einschließlich der für die Stadtgeschichte so bedeutenden, in der öffentlichen Wahrnehmung dagegen kaum noch als Denkmal präsenten Kirche.[27] An einigen Stellen war es möglich, die im Zuge der bauarchäologischen Untersuchungen herauspräparierten Befunde in das nach denkmalpflegerischen Gesichtspunkten wiederhergestellte Gesamtbild einzubinden, wie beispielsweise im Bereich der östlichen Vierungspfeiler sowie des Südchors der Schloßkirche oder an der südlichen Außenwand der Kirche in Neukirchen. Leider sind die Ergebnisse der hier seit 2000 durchgeführten Bauuntersuchungen bislang nicht publiziert.

Typologisch vertreten die frühesten Kirchenbauten des Klosterterritoriums – soweit wir sie fassen können – das für die Zeit allgemein gängige Repertoire aus Basilika und Saalkirche, Letztere in unterschiedlichen Varianten mit oder ohne Westturm. Als anspruchsvollstes Bauvorhaben steht dabei die Klosterkirche an erster Stelle. Inwieweit dem infolge stilkritischer Überlegungen sowie bauarchäologischer Untersuchungen erst nach 1160 anzusetzenden steinernen Bau eine in Holz ausgeführte Anlage – möglicherweise an anderer Stelle – vorausging, muss vorerst offen bleiben.[28] Die in den Ostteilen der heutigen Kirche enthaltene romanische Substanz vermittelt, gestützt durch die Grabungsergebnisse, ein relativ schlüssiges Bild der ursprünglichen Anlage: eine dreischiffige Pfeilerbasilika über kreuzförmigem Grundriss mit Chorquadrat, Nebenchören sowie drei gestaffelten Apsiden. Davon ist die südliche – wenn auch in weiten Teilen als Architekturkopie des 20. Jahrhunderts – noch erhalten. An ihr lässt sich der knappe Formenapparat des ersten Bauabschnitts gut nachvollziehen: Über einem Sockel mit attischem Profil setzt das in Quadern aus Kristalltuff sorgfältig versetzte Mauerwerk an. Ein Rundbogenfenster mit schräg geführter Laibung und Sohlbank wirkt wie daraus ausgestanzt. Den oberen Abschluss bilden ein Rundbogenfries mit Zahnschnitt sowie karniesförmig profiliertem Hauptgesims.

Auf ähnliche Weise werden auch die nicht erhaltenen Apsiden von Haupt- und Nordchor gestaltet gewesen sein. Von der Einwölbung sind die einfachen Tonnen der Nebenchöre erhalten, während das für den Hauptchor angenommene Kreuzgratgewölbe bei tiefgreifenden, mit dem Ersatz der Hauptapsis durch einen polygonalen Abschluss und einer Erhöhung von Chor und Querhausarmen verbundenen Umbauten in den 1280er Jahren verloren ging. Romanische Substanz – in unterschiedlichem Grad durch mehrfache Überarbeitungen während der beiden Restaurierungsphasen des 19. Jahrhunderts beeinträchtigt[29] – birgt darüber hinaus das östliche Vierungspfeilerpaar. Hier sind insbesondere die nach Süden bzw. Norden gerichteten Vorlagen zu

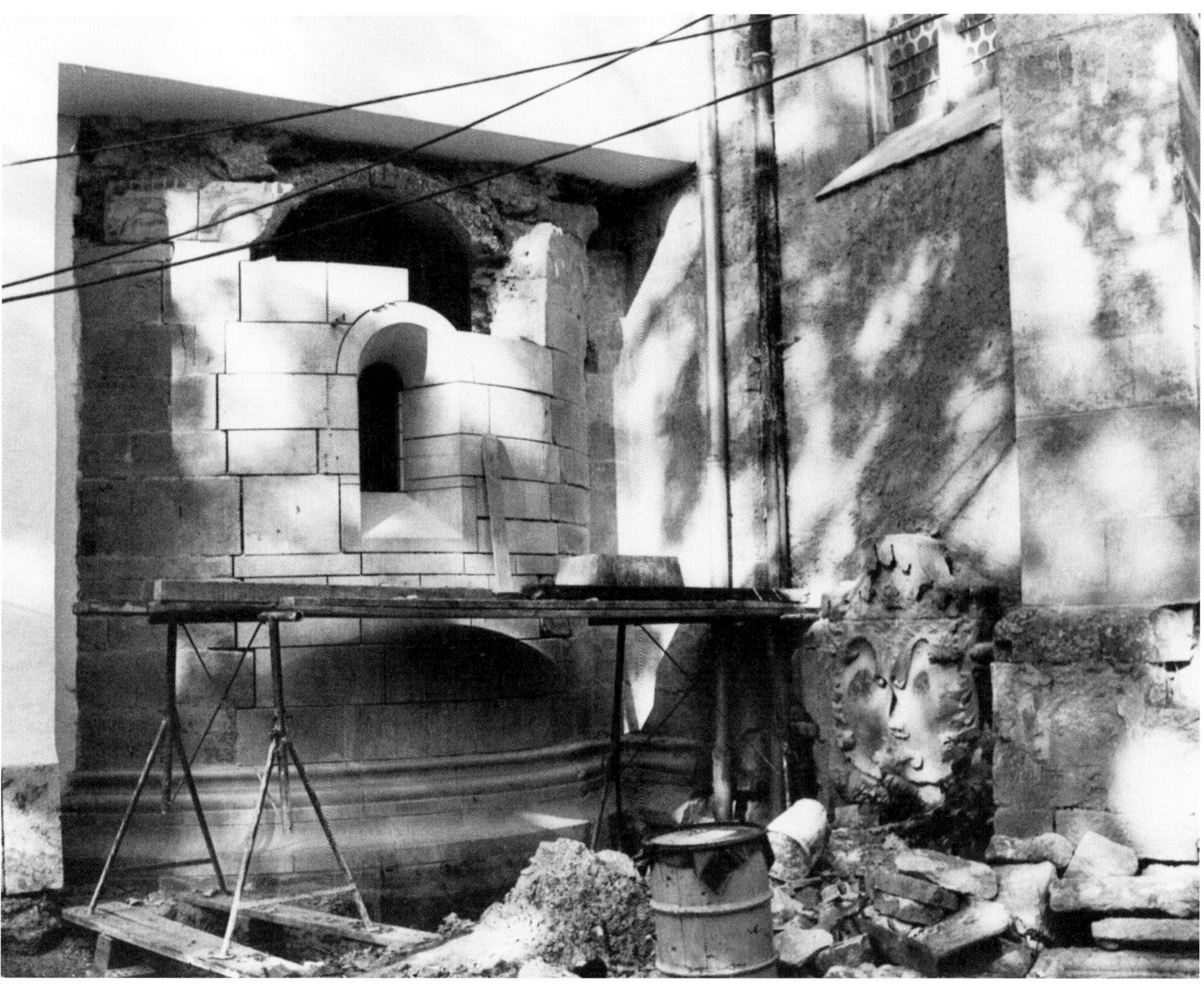

Abb. 2 Schloßkirche, südliche Nebenapsis während der Rekonstruktion 1991

nennen, die noch ihre originalen Kapitelle besitzen. Die originale Sockelzone der westlichen Vorlagen konnte nach der Absenkung des Fußbodens unterhalb der angeblendeten neuromanischen Sockelpartien wieder sichtbar gemacht werden. Die überlieferten bauzeitlichen Architekturdetails vermitteln gemeinsam mit den unterschiedlich ornamentierten Kämpfern in beiden Nebenkapellen einen Eindruck von der baukünstlerischen Ausgestaltung des ersten Bauabschnitts. Dieser musste vorläufig als provisorisch eingerichtetes Oratorium dienen, nachdem das zugehörige Langhaus im 12. Jahrhundert nicht mehr ausgeführt werden konnte und wohl erst gegen 1230 als vierjochige, flachgedeckte Pfeilerbasilika seine Vollendung erfuhr. Eine seitens der älteren Forschung wiederholt angenommene Doppelturmfassade im Westen konnte nicht nachgewiesen werden.

Vor allem hinsichtlich ihrer Chorausbildung schließt sich die Chemnitzer Benediktinerklosterkirche an ältere Baugewohnheiten des Ordens an, wobei an dieser Stelle nur auf die gestaffelten Chöre der Klosterkirchen in Paulinzella (geweiht 1124) und Thalbürgel (Ostteile um 1150 vollendet) hingewiesen sei.[30] Die speziellen liturgischen Bedürfnisse des Ordens mit ihrer in der reichhaltigen Liturgie begründeten Forderung nach einer möglichst großen Anzahl separierter Altarstandorte hatte darin eindrucksvoll Gestalt gewonnen. Vielleicht reflektiert die Chemnitzer Kirche auch die in ihrer baulichen Form nahezu unbekannte Kirche des Benediktinerklosters in Pegau (gegründet 1091), das 1136 den Chemnitzer Gründungskonvent stellte. Bezüglich der Ableitung des sehr sparsam eingesetzten Baudekors verwies Heinrich Magirius dagegen auf Einflüsse der oberrheinischen bzw. elsässischen Kunstlandschaft, von wo aus charakteristische Einzelformen wie etwa der Zahnschnittfries oder die grob geschnittene, wie ausgeschabt wirkende Palmettenornamentik der Kämpfer im Inneren der Chemnitzer Nebenchöre angeregt sein könnten. Vielleicht wurden sie über die nach 1105 begonnene, von Pegau abhängige Benediktinerprioratskirche St. Kilian in Lausick nach Obersachsen transponiert, deren karger, auf das Westportal konzentrierter Bauschmuck ähnlich archaische Züge wie der wahrscheinlich von der Pegauer Klosterkirche stammende Rest einer Säulenstellung mit palmettenverziertem Kämpferaufsatz aufweist.[31]

In Lausick ist auch der eigentümlich gedrungene Grundriss des Chemnitzer Langhauses vorgebildet, wie er an mehreren zeitgenössischen Bauten zwischen Elbe und Mulde – etwa in Wurzen, Meißen oder Dresden – erscheint.[32] In einem von jeglicher Kunstproduktion bislang nahezu völlig unberührten Landstrich mögen sich diese vergleichsweise grob erscheinenden Anlagen in jedem Fall innovativ ausgenommen haben. Eine »schulbildende« Wirkung blieb ihnen indes versagt: Nach 1170 entstand nur wenige Kilometer flussabwärts von Chemnitz mit der Kirche des Augustinerchorherrenstiftes Zschillen (Wechselburg) ein Bau, dessen ganz andersartige Formenwelt im Raum zwischen Zwickauer und Freiberger Mulde und damit auch für die folgenden Bauprojekte der *provincia Kempnitz* tonangebend werden sollte. Die nur wenige Jahre älteren Objekte der Gründungszeit waren demgegenüber kaum mehr von Interesse. Nur die schlichte Bauornamentik der in enger Verbindung mit dem benachbarten Benediktinerinnenkloster zu sehenden Dorfkirche St. Georg in Remse bei Glauchau (zweite Hälfte des 12. Jahrhunderts)[33] sowie ein Konvolut bislang kaum untersuchter romanischer Spolien aus der St.-Jodokus-Kirche in Chemnitz-Glösa[34] – beide außerhalb unseres eigentlichen Untersuchungsgebiets gelegen – sind in diesem Zusammenhang zu nennen. Ihnen ist auch die Verwendung des für diese Zeit charakteristischen Materials – graugrüner Kristalltuff aus den im Bereich des Chemnitzer Lutherviertels lokalisierten Brüchen – gemeinsam.[35]

Dies trifft gleichermaßen auf die wenigen bislang bekannt gewordenen Fragmente aus der Chemnitzer Nikolaikirche zu, von der sich als Solitär der Rest eines in das 12. Jahrhundert zu datierenden Kapitells erhalten hat. Bekanntlich spricht vieles dafür, im nordöstlichen Umfeld des Niklasberges jene im Kontext der Urkunde von 1143 genannte klösterliche Marktsiedlung zu verorten.[36] Erstmalig erwähnt wird der auf einem Hangsporn oberhalb der Ansiedlung gelegene »sente Niclas Kirchhoff« im Zusammenhang mit der Regelung von Rechtssachen durch das Kloster im Jahr 1331.[37] Die bis zur Zerstörung 1945 und dem anschließenden Abbruch 1948 bestehende St. Nikolaikirche (errichtet 1886–1888) war der Nachfolger einer südwestlich davon gelegenen, romanischen Anlage. Horst Richter interpretierte die bei begrenzten Untersuchungen in den 1960er Jahren zutage getretenen Befunde als Chorturmsaal mit Apsis.[38] Dabei ließ er die Möglichkeit offen, ob der seiner Ansicht nach mit einem Turm überbaute Chor ursprünglich als freistehende Warte angelegt war und erst nachträglich um Schiff und Apsis ergänzt wurde[39] – ein Vorgang, wie er ähnlich auch für die in vergleichbarer topografischer Situation befindliche St.-Jodokus-Kirche über dem Chemnitztal in Glösa angenommen wird.[40] Schriftliche Überlieferung – die sich heute nicht mehr ohne Weiteres kontrollieren lässt und daher nur mit Vorsicht heranzuziehen ist[41] – sowie Beobachtungen, die kurz vor dem Abbruch durch den Leipziger Architekten Oskar Mothes vorgenommen wurden, lassen indes eher an einen Saalbau des »vollständigen Typs« mit Westturm, Chor und Apsis denken. Sollte diese Annahme zutreffen, wäre die Chemnitzer Nikolaikirche – ähnlich wie die als Chorturmsaal mit Apsis angelegte Nikolaikirche in Zwickau (drittes Viertel des 12. Jahrhunderts) – ein Sonderfall unter den für Sachsen nachweisbaren frühstädtischen Kaufmannskirchen, die in der Regel als turmlose Säle erscheinen.[42]

Der romanische Turmschaft von St. Nikolai war über querrechteckigem Grundriss angelegt, seine giebelbekrönten Schmalseiten lagen in einer Flucht mit den seitlichen Umfassungen des Saales. Die Glockenstube öffnete sich nach Norden und Süden in Biforien. Das Hauptgesims erreichte angeblich eine Höhe von etwa elf Metern. Wahrscheinlich blieb der Kern des Chemnitzer Nikolaikirchturms bis zu einem eingreifenden Umbau im Jahr 1750 erhalten, als er durch Niederlegung seiner Ost- und Durchbrechung der Westwand in das nach Westen erweiterte Kirchenschiff integriert wurde.[43] In diesem Zusammenhang dürfte auch das Glockengeschoss abgebrochen und ein einheitliches Dach mit ausdrucksvollem barockem Dachreiter über das somit entstandene neue Schiff gezogen worden sein. Schon in den Jahrhunderten zuvor waren durch Umbauten und Zerstörungen erhebliche Verluste am romanischen Baukörper eingetreten. Dazu zählte beispielsweise der für 1487 überlieferte Beginn eines »Neubaus«,[44] unter dem möglicherweise der Ersatz der bisherigen Apsis durch einen neuen, polygonal geschlossenen Saalchor zu verstehen ist – eine Maßnahme, wie sie im Verlauf des 15. Jahrhunderts häufig an älteren Bauten zu beobachten ist und die sich mit einer umfangreicheren Entfaltung der Liturgie sowie einem erhöhten Platzbedarf für Nebenaltäre verbindet.

Über die baukünstlerische Ausgestaltung der romanischen Nikolaikirche lässt sich kaum etwas sagen. Beim Abbruch 1884 trat eine Reihe »einzelne[r] kleine[r] Bruchteile romanischer Säulen«[45] zutage, von denen sich heute nur noch das oben erwähnte Fragment von der Kapitell- bzw. Kämpferzone eines Portals nachweisen lässt.[46] Das in Kristalltuff gearbeitete, stark beschädigte Bruchstück entstammt vermutlich der rechten Gewändeseite eines Stufenportals mit einfachem Rücksprung. In diesen war wohl eine Dreiviertelsäule eingeschoben, die durch ein Palmettenkapitell in derber, schematisierter Formensprache abgeschlossen wurde. Es dürfte in die zweite Hälfte des 12. Jahrhunderts zu datieren sein.

Wie bereits erwähnt, waren der Nikolaikirche zwei weitere Kirchen bzw. Kapellen zugeordnet. An die im Zinsregister erwähnte *capella* knüpft sich eine Reihe von Fragestellungen, die bislang nicht befriedigend geklärt werden konnten. Der Bau, der nach verbreiteter Lesart dem heutigen Chemnitzer Stadtteil Kappel seinen Namen gegeben hat, wird im Verlauf des 15. Jahrhunderts mehrfach unter dem Patrozinium des Heiligen Kreuzes bzw. des Heiligen Leichnams genannt, bis er nach Einführung der Reformation 1541 aus dem Blickfeld verschwindet.[47] Bönhoff hielt ihn für einen unmittelbar an die Nikolaikirche anschließenden Kapellenbau, der den zuvor in der Kirche selbst stehenden Kreuz- bzw. Fronleichnamsaltar aufgenommen habe.[48] Allerdings lässt sich eine derartige Translozierung urkundlich nicht nachweisen. Ob man daraus die Gleichsetzung der nicht näher bezeichneten »Kapelle« mit der eigentlichen Nikolaikirche schon im 12. Jahrhundert schlussfolgern kann, erscheint zumindest fraglich, ebenso die Ableitung der Flurbezeichnung »Kapellenberg« von diesem postulierten Anbau an St. Nikolai.

Die bereits erwähnte Filialkirche St. Peter und Paul in Altchemnitz ließ bis zuletzt ihre romanische Grundanlage noch gut erkennen.[49] Es handelte sich um einen turmlosen, flachgedeckten Saal mit eingezogenem Chor, über dessen ursprünglichen östlichen Abschluss keine Aussagen möglich sind. Zuletzt präsentierte er sich in Gestalt eines Fünfachtel-Polygons, das nach Ausweis der architektonischen Gliederungen wohl in der Zeit um 1500 angefügt wurde. Sehr wahrscheinlich ersetzte er eine ältere Apsis. Ihre besondere Bedeutung verdankte die Kirche in erster Linie dem reich gestalteten Hauptportal an der Südseite, das zu den wesentlichsten Leistungen romanischer Kunst im Bereich der Klosterherrschaft gezählt werden muss. Seine erste kunstgeschichtliche Würdigung fand es durch Steche, der darüber hinaus eine sorgfältige Restaurierung forderte.[50] Leider wurde dieses Ansinnen durch die Ereignisse überholt: 1888 brannte die Kirche vollkommen aus, wobei auch die wertvolle Ausstattung (u. a. mit einem großen spätgotischen Flügelretabel) verloren ging. Im Zuge des Abbruchs der Ruine war die romanische Portalumrahmung gemeinsam mit dem ebenfalls bei Steche behandelten spätgotischen Sakristeiportal zur Bergung bestimmt, während das übrige Material – einschließlich der auszubrechenden Fundamente – Eigentum des ausführenden Bauunternehmens werden sollte.[51]

Offensichtlich waren beide Portale zunächst für eine Wiederverwendung in dem nach Plänen von Christian Gottfried Schramm an anderer Stelle errichteten und 1891 geweihten Nachfolgebau (seit 1894 St. Michaeliskirche genannt) vorgesehen. Einer Bemerkung von Pfarrer Gotthelf Michael ist zu entnehmen, dass zumindest das Säulenportal tatsächlich in der neuen Kirche eingebaut worden sein muss,[52] was umso verwirrender ist, als es sich dort bislang nirgends nachweisen ließ und bis auf spärliche Fragmente – ein Kapitell sowie eine Basis – in den Sammlungen des Schloßbergmuseums verloren zu sein scheint. Die ursprüngliche Gestalt ist jedoch glücklicherweise durch eine Zeichnung des Chemnitzer Baurats Alwin Gottschaldt dokumentiert. Sie zeigt ein Stufenportal mit einfachem Rücksprung. Die mit variierender Schaftausbildung – links oktogonal, rechts spiralförmig gewunden – ausgestalteten Säulen setzten über attischen Basen mit Eckspornen an. Den oberen Abschluss bildeten einfache Würfelkapitelle mit Rosetten in kreisförmiger Rahmung. Ein profilierter Kämpferaufsatz mit steigendem Karnies und Platte stellte den Übergang zum Türbogenfeld dar, welches seine äußere Begrenzung in einem bogenförmig angeordneten Zahnschnittfries fand. Das so definierte »Tympanon« wurde durch zwei viertelkreisförmige Füllungen mit rundbogenfriesartig gebildeter Peripherie eingenommen. Eine rechteckige, fein profilierte Rahmung umgab die ausgewogene Portalkomposition.

Mit seinem Formenapparat steht das Altchemnitzer Portal im Kontext einer Reihe vergleichbarer Objekte, die im ausgehenden 12. und beginnenden 13. Jahrhundert vielerorts im Raum zwischen Pleiße und Mulde sowie in Ostsachsen entstanden. Ausgeprägte Parallelen finden sich etwa in den repräsentativen Hauptportalen der Dorfkirchen in Flemmingen (Altenburger Land) und Langenleuba-Oberhain (zerstört) sowie in Rochsburg und Wiederau.[53] Das hier verwendete Vokabular wurde über die schon genannte Wechselburger Bauhütte in das Muldental verpflanzt, geht jedoch letztlich auf die Augustinerchorherrenkirche auf dem Petersberg bei Halle zurück, die nach 1174 neu errichtet wurde. Im Unterschied zu den Vergleichsbeispielen der näheren und weiteren Umgebung fällt das Altchemnitzer Portal durch die Reduktion bestimmter Detailformen auf. Dazu zählen unter anderem die fehlenden Archivolten sowie der Verzicht auf eine bildkünstlerische Gestaltung des Tympanons, das andernorts zur Entfaltung eines ikonografischen Programms genutzt

Abb. 3 Otto Heuker: Altchemnitz, St. Peter und Paul, Ansicht von Osten, Aquarell, 1860

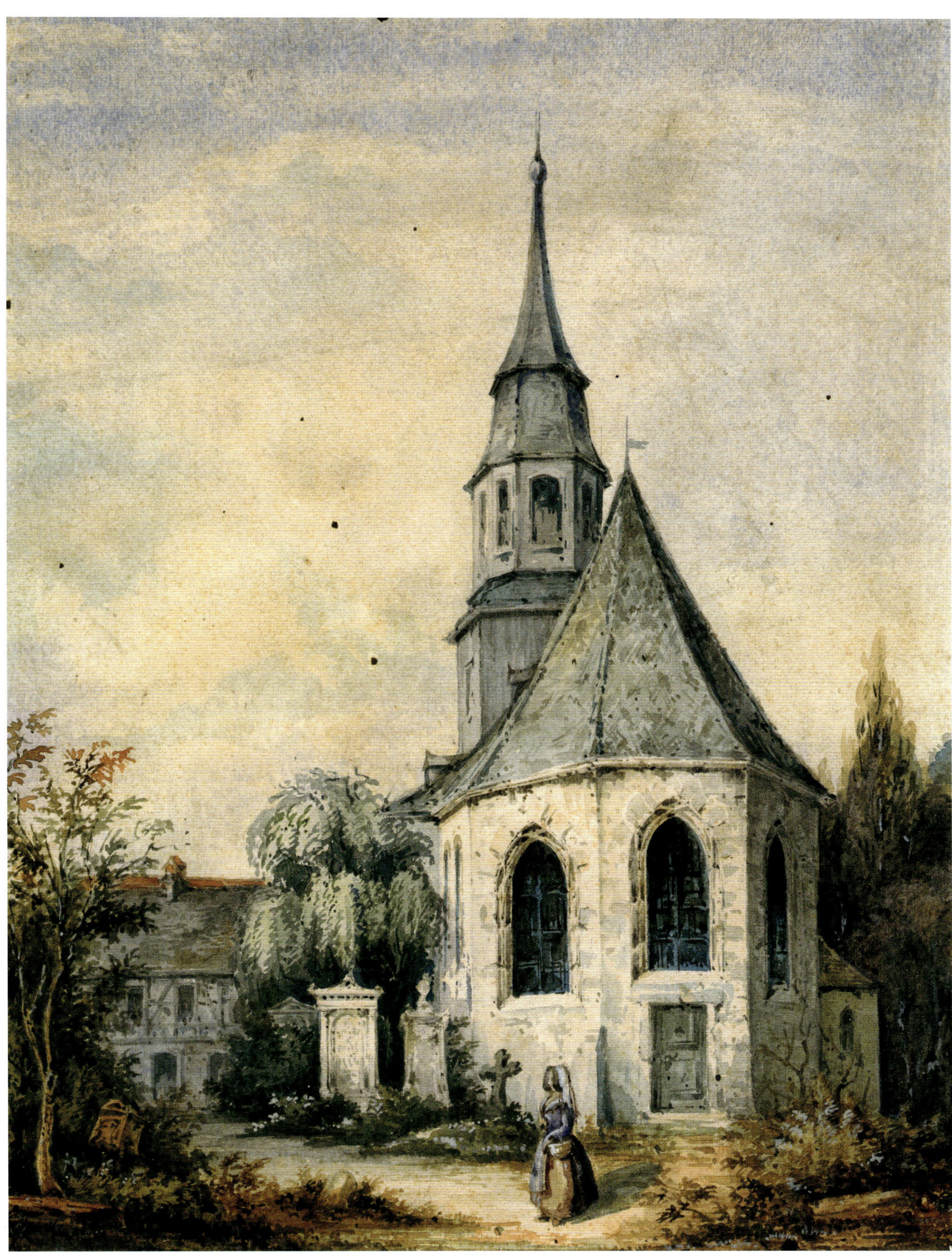

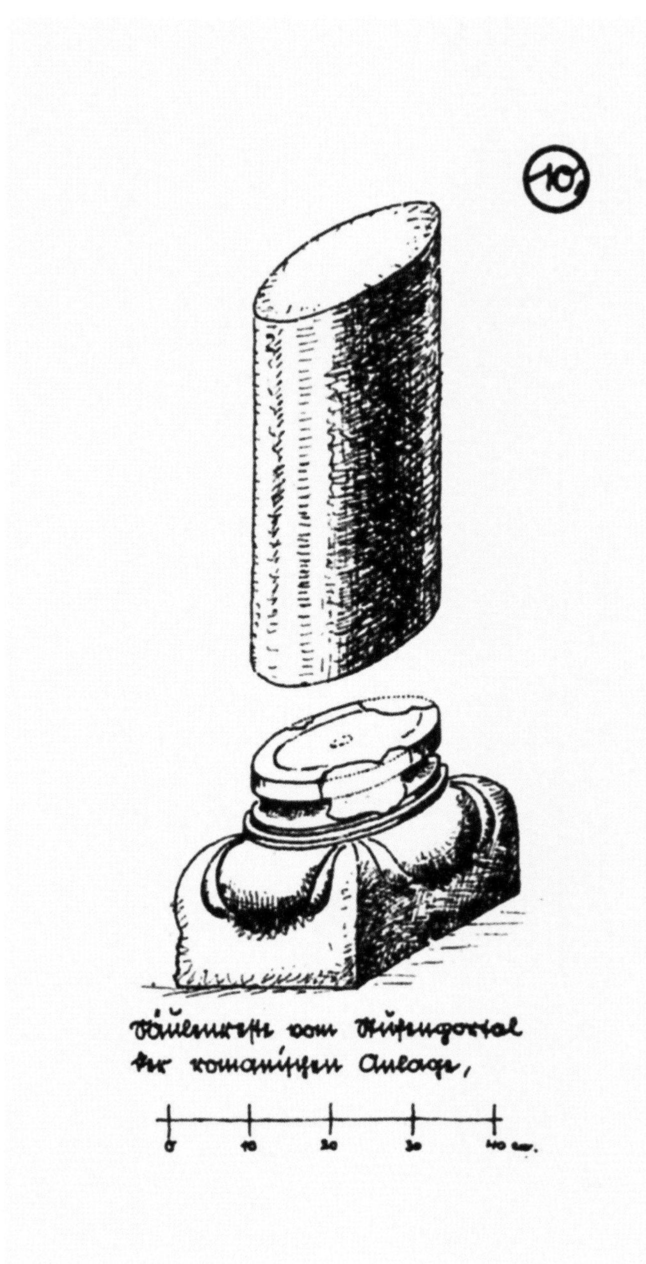


Abb. 4 Georg Laudeley: Säulenfragmente vom Südportal der romanischen Jakobikirche, Zeichnung, um 1930

wurde. Die »Flächigkeit« findet ihre nächste Parallele im Südportal der Ägidienkirche zu Altpenig, während die an niedersächsische Traditionen erinnernde Rechteckrahmung – genannt sei hier beispielweise das Nordportal von St. Godehard in Hildesheim – sonst nicht weiter nachweisbar ist.

Die oft herausgestellte Wirkmächtigkeit der Wechselburger Stiftskirche auf die mittelsächsische Kunstlandschaft der Zeit um 1200 wird auch an der Chemnitzer Marktkirche St. Jakobi evident.[54] Es handelt sich nicht nur um den weitaus größten und hinsichtlich seiner architektonischen Ausgestaltung anspruchsvollsten Kirchenbau auf dem Gebiet der Klosterherrschaft, sondern darüber hinaus im gesamten Landstrich zwischen Zwickau, Zschillen/Wechselburg und Freiberg. Die Frage nach Baugeschichte und -gestalt der romanischen Kirche war bereits im ausgehenden 19. Jahrhundert Gegenstand der Stadtgeschichtsforschung. Seit Mating-Sammler ging man von einem mehrstufigen Entstehungsprozess aus, wobei sich die Vorstellung einer womöglich hölzernen Anlage, die später durch eine in Stein erstellte Basilika ersetzt wurde, als besonders langlebig erwies.[55] Als Entstehungszeit nahm man, ausgehend von der Marktrechtsurkunde, die Zeit um 1143 an. Im Rahmen seiner Dissertation baute Georg Laudeley diese Theorie weiter aus. Er postulierte eine dreischiffige Pfeilerbasilika mit gestaffelten Apsidenendigungen im Osten.[56] Als Rest dieser Anlage interpretierte er den südlich der heutigen Kirche solitär stehenden Glockenturm, den er sich als Teil einer Doppelturmfassade dachte. Die Gestalt der romanischen Kirche konnte somit aus der für die zweite Hälfte des 12. Jahrhunderts in Obersachsen gängigen Typologie abgeleitet werden, im Blick dabei insbesondere die Frauenkirche in Grimma sowie die Nikolaikirche in Geithain. Erklärungsbedürftig erschien jedoch die gegenüber den Baufluchten der gotischen Hallenkirche, aber auch des Rathauses sowie der anschließenden Marktplatzbebauung nach Südosten abweichende Ausrichtung des Turmkörpers: Konsequenterweise musste dies auch für das zugehörige Langhaus angenommen werden, was angesichts des gotischen Nachfolgebaus zu dessen Neuausrichtung führte.

Alle daran gebundenen reichlich komplizierten Erwägungen wurden indes durch die Ergebnisse der Untersuchungen seit 1953 überholt. Sie ergaben im Unterschied zu den bisherigen Annahmen eine große Saalkirche des »vollständigen Typs« mit einer dem heutigen Bau entsprechenden Ausrichtung: Der Rechtecksaal besaß eine Länge von 19,65 Metern bei einer Breite von 11,60 Metern; das anschließende Chorquadrat wies eine Seitenlänge von 7,90 Metern auf. Den östlichen Abschluss bildete eine Apsis, während im Westen ein gewaltiger Querturm mit seinen Abmessungen von 16,06 zu 6,40 Metern den Saal beidseitig um etwa das Doppelte der Mauerstärke übertraf.[57] Der Fußboden lag etwa 1,50 Meter unter dem Niveau der gotischen Hallenkirche.[58] Saal und Chor waren durch einen Triumphbogen voneinander getrennt, während das Erdgeschoss des Turmhauses in Form einer dreiteiligen Bogenstellung mit dem Saal kommunizierte. Von ihr konnten die Pfeilerfundamente sowie Ansätze der entsprechenden südlichen und nördlichen Wandvorlage nachgewiesen werden. Abgesehen von den Fundamenten des Hauptaltars sowie zwei weiteren, als Unterbauten für Nebenaltäre[59] interpretierten Steinpackungen beidseitig der Öffnung zum Chor konnten keine weiteren festen Einbauten nachgewiesen werden. Im Schiff ist jedoch mit dem Vorhandensein eines massiven Taufsteins zu rechnen, wie er beispielsweise in St. Bartholomäus in Altenburg nachgewiesen werden konnte.[60]

Die romanische Anlage wurde im letzten Drittel des 14. und zu Beginn des 15. Jahrhunderts schrittweise durch die bestehende gotische Halle ersetzt, nachdem der ursprüngliche Chor mit Apsis bereits um 1290/1300 einem geräumigeren Saalchor mit geradem Abschluss weichen musste.[61] Daher ist vom aufgehenden Mauerwerk oberirdisch nichts mehr vorhanden. Das bis zur Höhe der Schräge nachweisbare Sockelmauerwerk des Turmhauses ist im westlichen Kellerbereich zwar erhalten, jedoch weitgehend verblendet. Im Bereich des südwestlichen Chorjoches konnten dagegen die untersten Schichten der südlichen Chorumfassung sichtbar gemacht werden. Sie wird gebildet durch Schräge, fallenden Karnies und Hornauslauf. Auf welche Weise die Wandflächen gegliedert waren, ist anhand verschiedener leider nur noch fotografisch überlieferter Architekturfragmente ansatzweise erschließbar.[62] Die schlichten, aus sorgfältig bearbeiteten Kristalltuffblöcken gefügten Wandflächen setzten über der beschriebenen Sockelgliederung an und waren durch rundbogige, in profilierter Rahmung sitzende Fensteröffnungen unbekannter Anzahl und Größe gegliedert. Die Gebäudeecken waren wahrscheinlich durch Lisenen betont. Auch für die Apsis kommt eine entsprechende Gliederung infrage, wie es im niedersächsischen Kunstkreis vorgebildet ist. Über Wechselburg in die Muldenregion vermittelt, fand es bald weite Verbreitung bis in den ländlichen Kirchenbau, wie das Beispiel von St. Ursula in Auerswalde (um 1180) zeigt.[63] Den oberen Abschluss bildeten ein karniesförmig profilierter Rundbogenfries mit Zahnschnitt sowie ein ebenfalls mit Karnies versehenes Hauptgesims.

Der Hauptzugang lag an der dem Markt zugekehrten Südseite des Saales; ein Westportal ist hingegen nicht nachweisbar. Bereits 1874 wurde bei Schachtarbeiten im südlichen Seitenschiff die »Säulenordnung eines Portals« mit zwei vorgelagerten Stufen von zusammen 50 Zentimetern Steigung entdeckt.[64] Den knappen Aufzeichnungen zufolge handelte es sich um ein dreifach zurückspringendes Stufenportal mit eingestellten Säulen – wohl die aufwendigste und künstlerisch anspruchsvollste Portalanlage dieser Zeit in der Region. Die lichte Weite der Türöffnung betrug 1,57 Meter, während die Säulen in einem Abstand von etwa 57 Zentimetern angeordnet waren. Ein aufgefundener Rest, bestehend aus attischer Basis mit Eckspornen sowie dem unteren Schaftabschnitt, gelangte in die Sammlungen des Vereins für Chemnitzer Geschichte.[65] Ein weiteres, wahrscheinlich mit diesem Portal in Verbindung stehendes Fragment kam nachträglich zum Vorschein, als im Februar 1946 der ausgebrannte Jakobikirchturm einstürzte. Dorthin war es wahrscheinlich nach dem Abbruch des romanischen Saales um die Mitte des 14. Jahrhunderts gelangt, als die gotische Glockenstube auf dem vermutlich älteren Unterbau errichtet wurde.[66] Es handelt sich um das rechte Feld eines skulptierten Tympanons, das im Kampf zwischen Löwe und Basilisk den endgültigen Triumph Christi über die Mächte der Finsternis thematisiert. Ausgehend vom linken Nordportal der Wechselburger Stiftskirche fand das Motiv des Drachenkampfes Eingang in zahlreiche zeitgenössische Portalgestaltungen und war – wie das großartige Tympanonrelief aus der Burgkapelle in Lichtenwalde belegt – noch bis in die 1230er Jahre hinein gebräuchlich.[67] Indes offenbaren sich bei derartigen Vergleichen schnell die Grenzen des Chemnitzer Relieffragments, das in seiner archaischen Formensprache kaum mit dem prachtvollen, stilgeschichtlich weiter entwickelten Beispiel aus Lichtenwalde konkurrieren kann. Festzuhalten bleibt jedoch, dass die kleine Spolie aus St. Jakobi das früheste bislang nachweisbare Zeugnis bildkünstlerischer Gestaltung der Chemnitzer Region darstellt.

Die Datierung der romanischen Jakobikirche in die letzten Jahrzehnte des 12. Jahrhunderts sowie ihre kunstgeschichtliche Verortung im Umfeld typologisch vergleichbarer Anlagen Mitteldeutschlands sind seit den Untersuchungen von Heinrich Magirius seit 1989 wiederholt thematisiert worden.[68] Saalkirchen des »vollständigen Typs« sind demnach im Raum zwischen Saale und Elbe für die zweite Hälfte des 12. Jahrhunderts vielerorts – wenn auch in meist geringerer Dimensionierung – nachweisbar, und zwar sowohl im städtischen als auch im dörflichen Kontext.[69] Ihre architektonische Struktur leitet sich aus dem im niedersächsischen Altsiedelland Üblichen ab und gelangte – über den Magdeburger Raum – gemeinsam mit dem entsprechenden baukünstlerischen Formenapparat in das Kolonisationsgebiet. Das Modell fand in Obersachsen an den Stadtkirchen in Grimma und Borna Anwendung und trat dann im letzten Viertel des 12. Jahrhunderts in den bekanntlich besonders eng mit Chemnitz verflochtenen »pleißenländischen« Städten Altenburg und Zwickau auf.[70] Auffallend ist dabei insbesondere die frappierende Parallelität zwischen der Chemnitzer Jakobikirche und dem in die 1180er Jahre zu datierenden, 1192 erstmals genannten Vorgängerbau der Marienkirche in Zwickau.[71] Vielleicht gehörte auch die dortige Katharinenkirche in diesen Kontext, dem – sollte sich die oben dargelegte Interpretation zur Gestalt der Chemnitzer Nikolaikirche als zutreffend erweisen – ein weiteres regionales Beispiel aus dem städtischen Umfeld hinzuzufügen wäre.

Ließen sich die bislang behandelten Bauten im Bereich des Chemnitzer Klosterherrschaft hinsichtlich ihrer baulichen Struktur mehr oder weniger deutlich fassen, fehlen bezüglich der Johanniskirche dafür nahezu alle Voraussetzungen. Die Frage

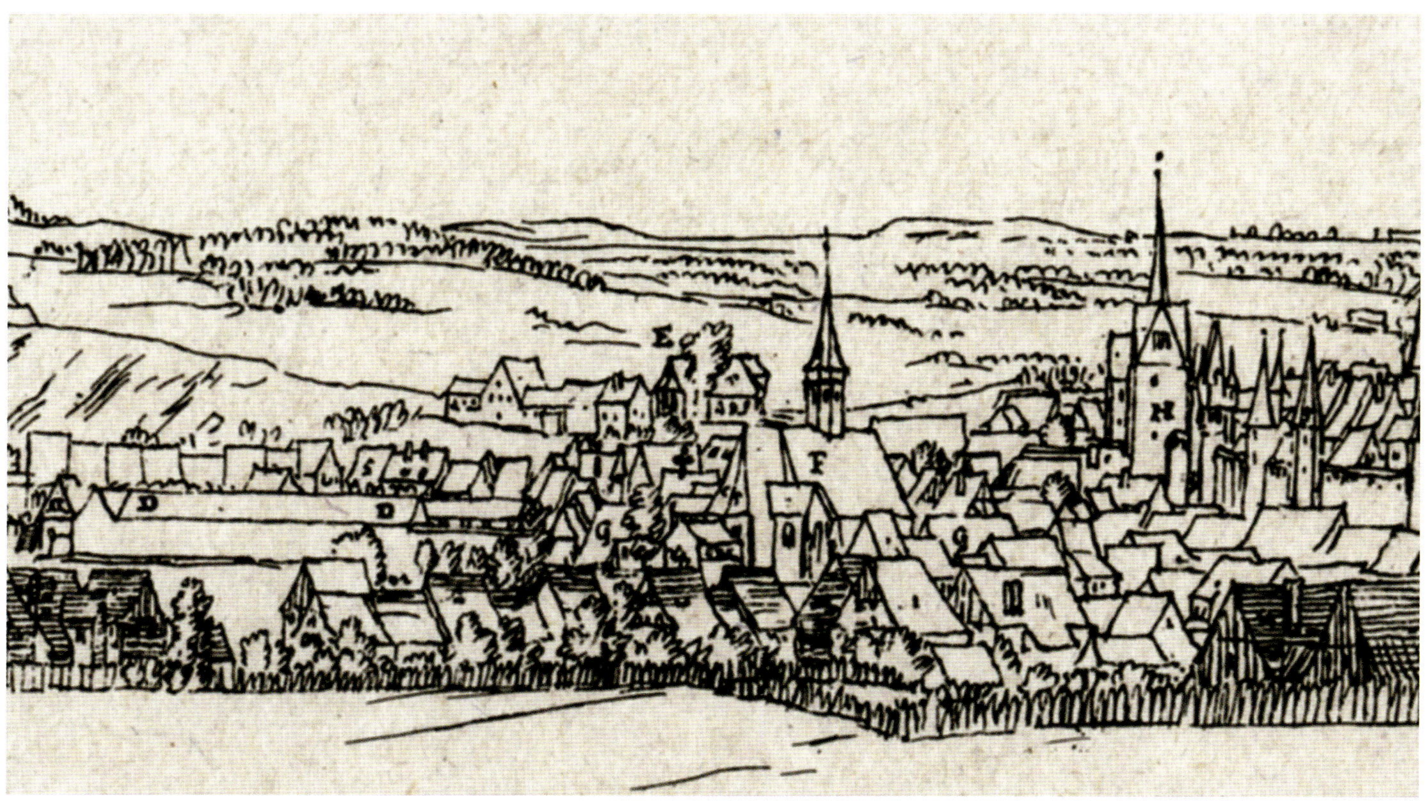

nach der Gestalt des Vorgängerbaus ist kaum gestellt worden, da sich die Forschung bislang ausschließlich auf den stadt- und kirchengeschichtlichen Kontext fokussierte. Dass der Kirchenbau in der Vergangenheit nur wenig Anreiz zu intensiver Beschäftigung bot, ist nicht weiter verwunderlich: Gravierende Umbauten vor allem im 20. Jahrhundert haben das Erscheinungsbild derartig gründlich verwischt, dass selbst der geschulte Blick Mühe hat, ältere Zustände zu rekapitulieren.[72] Im Kern handelt es sich um eine langgestreckte, flachgedeckte Saalkirche mit schwach eingezogenem, polygonal geschlossenem Chor sowie einem zweigeschossigen Sakristeianbau im Norden. In dieser Form dürfte sie im ausgehenden 15. Jahrhundert entstanden sein.[73] Ihr im Wesentlichen bis 1913 bewahrtes spätgotisches Gepräge erhielt die Kirche im Zuge eines Wiederaufbaus zwischen 1565 und 1566. Die bauliche Disposition lässt darauf schließen, dass der in jedem Fall vorauszusetzende romanische Vorgängerbau zu wesentlichen Teilen in der spätgotischen Anlage aufgegangen ist. Analog zu vergleichbaren Vorgängen an anderen Orten wäre auch hier eine »vollständige« Saalkirche denkbar, die durch Erweiterung des Chores mit Ersatz der Apsis durch einen polygonalen Schluss sowie Verlängerung des Saales nach Westen mit entsprechender Erhöhung eine neue Gestalt erhielt. Als Fixpunkt ist der noch bis 1913 zumindest in seiner Stellung innerhalb des Baugefüges unverändert gebliebene Triumphbogen anzusehen.[74] Im Falle einer Bauuntersuchung wäre daher insbesondere zu prüfen:

Abb. 5 Wilhelm Dilich: Stadtansicht, Blick auf Chemnitz von Osten mit Nikolaikirche (E) und Johanniskirche (F) (Ausschnitt), 1628

- ob und inwieweit die Nord- und Südwand des Chores sowie die nördliche Umfassungswand des Saales tatsächlich noch romanische Substanz enthalten;[75]
- ob ein im heutigen Freigelände nördlich der Kirche noch im 18. Jahrhundert beobachteter Mauerzug in Verbindung mit dem romanischen Bau stand;[76]
- ob der bis zum Bau des neugotischen Kirchturms 1881 bestehende westliche Abschluss des gotischen Saales identisch war mit dem des Vorgängers und
- ob dieser einen Turm besaß.

Letzteres ist unwahrscheinlich, da ein Turm, trotz der tiefgreifenden Baumaßnahmen des 15. und 16. Jahrhunderts, kaum verschwunden sein dürfte, ohne irgendwelche bauliche Spuren oder wenigstens einen entsprechenden Niederschlag in der (bezüglich St. Johannis erfreulich aussagekräftigen) lokalen Geschichtsschreibung hinterlassen zu haben. Nicht zuletzt dürfte auch die Altersbestimmung des die Kirche umgebenden, 1399 erstmals genannten Friedhofs von Interesse sein.

Das letzte für unser Thema relevante Objekt ist die Kirche in Neukirchen bei Chemnitz. Der Bau bot aus verschiedenen Gründen für die Bearbeiter der Denkmälerinventare und Kunsttopografien des 19. und 20. Jahrhunderts wenig Anreiz zu intensiverer Beschäftigung. Dazu haben nicht zuletzt tiefgreifende Umbauten am Ende des 19. Jahrhunderts beigetragen. Entsprechend dürftig ist auch die Forschungsliteratur bis in die Gegenwart – und das, obwohl in der jüngsten Vergangenheit eine Reihe bauarchäologischer Beobachtungen angestellt werden konnten, die den romanischen Kern der Anlage wieder stärker ins Bewusstsein hoben. Der Ort mit dem sprechenden Namen taucht als *nova ecclesia* im Zinsregister auf. Er bildet den Mittelpunkt einer Gruppe von insgesamt vier Orten, die in einer nach Südwesten gelegenen Ausbuchtung der Klosterherrschaft angeordnet sind. Die heutige Kirche, auf einer Anhöhe über dem Würschnitztal gelegen, stellt sich als ein durch zahlreiche Umbauten bis ins 20. Jahrhundert hinein verunklärter, heterogener Baukörper dar. Es handelt sich um einen turmlosen, flachgedeckten Rechtecksaal mit polygonal geschlossenem Chor sowie vorrangig neuzeitlichen Anbauten im Norden, Süden und Westen. Umfangreiche Reste romanischer Substanz bergen insbesondere die Umfassungsmauern des Saales. Im Zuge umfangreicher Sanierungsarbeiten in den vergangenen Jahren konnten Fragmente der ursprünglichen Fassadengliederung mit mehreren Fenster- und Türgewänden dokumentiert und als bauarchäologische Präparate an der Südseite sichtbar gemacht werden.

Damit ist die Kunsttopografie des Chemnitzer Benediktinerklosters, soweit es das erste Dreivierteljahrhundert seines Bestehens betrifft, umrissen. Die räumliche und zeitliche Beschränkung des Themas bringt es mit sich, dass zahlreiche weitere Kirchenbauten der Chemnitzer Region mit zum Teil bedeutender erhaltener oder nachgewiesener romanischer Bausubstanz – genannt seien nur Auerswalde, Röhrsdorf, Mittelbach oder Ebersdorf – in diesem Zusammenhang weitgehend unberücksichtigt blieben. Sie hätten das Bild des Sakralbaus in dem gewählten Querschnitt jedoch nur unwesentlich erweitert. Insgesamt wird deutlich, dass der Bau von Kirchen – ausgehend von der Klosterkirche über die ersten frühstädtischen Pfarrkirchen bis hin zu den Dorfkirchen – eingebunden ist in die allgemeinen Entwicklungsprozesse romanischer Kunst in Obersachsen. Bautypen und Formengut kamen vorrangig aus jenen Regionen, die durch ihren inzwischen erreichten Entwicklungsstand am ehesten dazu in der Lage waren, künstlerische Anregungen in soeben kolonisiertes Gebiet weiterzugeben: dem Rheinland und der Harzregion. In unterschiedlicher Art und Weise rezipieren die Kirchenbauten der Chemnitzer Klosterherrschaft diese Einflüsse, wobei die beiden »Leitbauten« – die Klosterkirche sowie die Marktkirche – in ihrem auffallenden Dualismus zwischen retrospektiven und innovativen Tendenzen den Prozess der Stilbildung eindrucksvoll veranschaulichen. Für die Region war damit gleichsam die Initialzündung einer fruchtbaren künstlerischen Produktion gegeben, die in den herausragenden architektonischen und bildkünstlerischen Leistungen der Spätgotik ihren Höhepunkt fand.

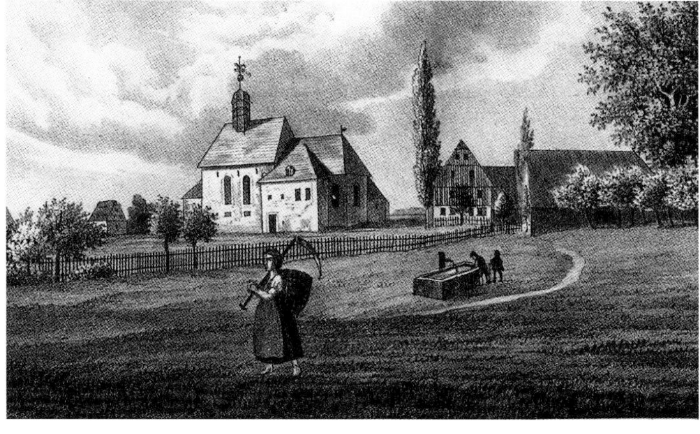

Abb. 6 Neukirchen, Pfarrkirche, Lithografie, um 1840

Anmerkungen

**1** Der Begriff taucht erstmals 1216 auf. Vgl. Urkundenbuch der Stadt Chemnitz und ihrer Klöster, hrsg. von Hubert Ermisch, Leipzig 1879 (Codex diplomaticus Saxoniae regiae 2, VI), Nr. 304 (im Folgenden: UB Chemnitz). **2** UB Chemnitz, Nr. 303. Vgl. auch den Beitrag von Stephan Pfalzer in diesem Band. **3** Hengst, Karlheinz: Klostergründung am Chemnitz-Fluss als Auftakt zur Besiedlung des Erzgebirges, in: Erzgebirgische Heimatblätter, 39 (2017), S. 27–30. **4** Vgl. hierzu zusammenfassend: Strauß, Rudolf: Zur Problematik der villa abbatis, in: Beiträge zur Heimatgeschichte von Karl-Marx-Stadt 23 (1979), S. 65–78 und Römer, Christof: Chemnitz, in: Germania Benedictina. Bd. X: Mecklenburg-Vorpommern, Sachsen-Anhalt, Thüringen und Sachsen, bearb. von Christof Römer und Monika Lücke, Sankt Ottilien 2012, S. 228–287, hier insbes. S. 228 (Anm. 3) und S. 259. **5** Strauß: villa abbatis (wie Anm. 4), S. 66. **6** Vgl. hierzu zusammenfassend: Bünz, Enno: Die Pfarrkirche, in: Alltag und Frömmigkeit am Vorabend der Reformation in Mitteldeutschland. Katalog zur Ausstellung »Umsonst ist der Tod«, hrsg. von Hartmut Kühne, Enno Bünz und Thomas T. Müller, Petersberg 2013, S. 31 f. **7** In diesem Zusammenhang sind vor allem die kleinen Herrschaften der Reichsministerialen von Blankenau und Rabenstein zu nennen, die unmittelbar am Klosterbezirk rainten und mit denen Pfarrkirchen unter adligem Patronat verbunden waren. **8** Für die geistliche Versorgung der Bevölkerung wurden oftmals in unmittelbarer Nähe der Klosterkirchen kleinere Pfarrkirchen errichtet. Im Chemnitzer Umland ist in diesem Zusammenhang auf Remse (St. Georg) und Zschillen/Wechselburg (St. Otto, romanischer Vorgängerbau um 1200) hinzuweisen. Mit Chemnitz vergleichbar scheint die Situation des 1114 gegründeten Benediktinerklosters Bosau (Posa) bei Zeitz gewesen zu sein, für dessen Frühzeit dezidiert auch Pfarraufgaben (u. a. die Spendung des Taufsakraments) genannt werden (freundliche Mitteilung von Dr. Frank Schmidt, Dresden). **9** Zit. nach: Michael, G[otthelf]: Die Parochie St. Nicolai, in: Neue sächsische Kirchengalerie. Die Ephorien Chemnitz I und II. Leipzig 1902, Sp. 189–314, hier Sp. 308, Anm. 4. In diesem Zusammenhang wurde Altendorf der Nikolaikirche zugeordnet, wo es bis zur Auspfarrung 1883 verblieb. **10** Diese Bezeichnung für den stadtwärts gelegenen Teil Kappels erst seit 1402. Davon zu unterscheiden ist die spätere Nikolaivorstadt in der Aue, deren Bewohner nach St. Johannis eingepfarrt waren. **11** Zu St. Johannis vgl. Franke, R[ichard]: Die Parochie St. Johannis, in: Neue sächsische Kirchengalerie. Die Ephorien Chemnitz I und II. Leipzig 1902, Sp. 2–120. Der umfangreiche Aufsatz bietet nach wie vor den besten Einstieg in das breit gefächerte Thema. **12** Vgl. Leipoldt, Johannes: Die Entstehung von Chemnitz (seit 1953 Karl-Marx-Stadt), in: Zur Frühgeschichte von Chemnitz/Karl-Marx-Stadt. Beiträge zur Heimatgeschichte von Karl-Marx-Stadt, 12 (1965), S. 78–98, hier S. 88. **13** UB Chemnitz, Nr. 2. **14** Kobuch, Manfred: Noch einmal: Die Anfänge der Stadt Chemnitz, in: Zur Entstehung und Frühgeschichte der Stadt Chemnitz. Kolloquium des Stadtarchivs Chemnitz, 24. April 2002 (= Aus dem Stadtarchiv Chemnitz 6), Chemnitz 2002, S. 26–35, hier S. 28. Demgegenüber kritisch: Hemker, Christiane / Hoffmann, Yves / Krabath, Stefan: Stadtarchäologie in Chemnitz, in: Sächsische Heimatblätter 60 (2014), S. 406–419, insbes. S. 416. **15** UB Chemnitz, Nr. 102: »Ecclesia filialis sancti Johannis extra muros opidi Kempnicz«. Eine knappe Zusammenfassung der über 100-jährigen Forschungsgeschichte zur Stadtentstehung und der damit einhergehenden Problematik von St. Johannis und St. Jakobi bieten: Viertel, Gabriele: Zum Anliegen des Kolloquiums, in: Zur Entstehung und Frühgeschichte der Stadt Chemnitz. Kolloquium des Stadtarchivs Chemnitz, 24. April 2002 (= Aus dem Stadtarchiv Chemnitz 6). Chemnitz 2002, S. 5–11 sowie ausführlich: Fassbinder, Frauke: Archäologische Untersuchungen zur Frühgeschichte der Stadt Chemnitz, Dresden 2006 (= Veröffentlichungen des Landesamts für Archäologie mit Landesmuseum für Vorgeschichte), S. 11–15. Zu den jüngsten Ergebnissen aus siedlungsgeschichtlicher bzw. archäologischer Sicht vgl.: Oelsner, Norbert: Zur Frühgeschichte der ehemaligen Reichsstadt Zwickau – ein Überblick über den gegenwärtigen Erkenntnisstand mit vergleichenden Überlegungen zu den Anfängen der Schwesterstadt Chemnitz, in: Die Frühgeschichte Freibergs im überregionalen Vergleich. Städtische Frühgeschichte – Bergbau – früher Hausbau, hrsg. von Yves Hoffmann und Uwe Richter, Halle (Saale) 2013, S. 99–135, hier S. 122 f. und Hemker/Hoffmann/Krabath: Stadtarchäologie (wie Anm. 14), S. 408, 416. **16** UB Chemnitz, Nr. 272. **17** UB Chemnitz, Nr. 1. **18** UB Chemnitz, Nr. 2. Vgl. Schlesinger, Walter: Die Anfänge der Stadt Chemnitz und anderer mitteldeutscher Städte. Untersuchungen über Königtum und Städte während des 12. Jahrhunderts, Weimar 1952, S. 57. **19** Vogt und daran anschließend Kobuch traten für eine Datierung zwischen 1210 und 1230 ein und begründeten dies mit der dem seinerzeitigen Stand der Ausgrabungen im Stadtkern geschuldeten negativen Fundsituation für die letzten Jahrzehnte des 12. Jahrhunderts. Vgl. Vogt, Heinz-Joachim: Die ältesten mittelalterlichen Siedlungsreste aus dem Stadtkern von Karl-Marx-Stadt, in: Zur Frühgeschichte von Chemnitz/Karl-Marx-Stadt. Beiträge zur Heimatgeschichte von Karl-Marx-Stadt, 12 (1965), S. 7–23, hier S. 16; Kobuch: Noch einmal (wie Anm. 14), S. 32. Auf die damit verbundenen Diskrepanzen hinsichtlich der stilgeschichtlichen Einordnung der romanischen Jakobikirche hat Heinrich Magirius 1989 bzw. 2003 hingewiesen und die Notwendigkeit der Datierung »vor 1200« bekräftigt: Magirius, Heinrich: Architektur und Skulptur der Augustiner-Chorherrenstiftskirche Wechselburg – ihre Bedeutung für die Stilentwicklung in Obersachsen im 12. und 13. Jahrhundert, in: Denkmalpflege in Sachsen. Mitteilungen des Landesamtes für Denkmalpflege Sachsen, Beucha 2003, S. 7–23, hier S. 23, Anm. 32. Vgl. in diesem Zusammenhang auch Oelsner: Zur Frühgeschichte (wie Anm. 15), S. 119–130 sowie zuletzt Hemker/Hoffmann/Krabath: Stadtarchäologie (wie Anm. 14), S. 410, 415 (zu den Ergebnissen der Stadtkernforschung nach 1990). **20** Oelsner: Zur Frühgeschichte (wie Anm. 15), S. 103 f. **21** Bereits 1863 stieß man westlich der Kirche im Bereich der Inneren Klosterstraße auf Bestattungen, angeblich auch im Fundamentbereich der die Paradiesvorhalle tragenden Pfeiler. Im Zuge des Abbruchs des Jakobikirchviertels ab 1907 wurden östlich des Chores bis in eine Entfernung von 20 Metern und nach Süden hin bis zur ehemaligen Gebäudekante der nördlichen Marktfront (die sogenannten »Lauben«) Bestattungen in einer Tiefe von 3,50 Metern festgestellt. Auch im Fundament- bzw. Kellerbereich der abgebrochenen Häuser waren Gräber nachgewiesene worden. Nach Laudeley stammten sie aus dem 12. und 13. Jahrhundert. Vgl. Laudeley, Georg: Die Marktkirche St. Jacobi zu Chemnitz. Ein Beitrag zu ihrer Baugeschichte, in: Mitteilungen des Vereins für Chemnitzer Geschichte 29 (1934), S. 35. Im Unterschied dazu konstatierte Vogt das Fehlen eines »ausgedehnten« Stadtfriedhofs im 12./13. Jahrhundert und betonte die geringe Anzahl der nachgewiesenen Bestattungen. Vgl. Vogt: Siedlungsreste (wie Anm. 19), S. 23. **22** Vgl. UB Chemnitz, Nr. 199. Im Jahr 1468 wurde der Missbrauch des Friedhofs als Kloake durch die Anwohner verboten. **23** Zwar sind Fälle von Patrozinienwechseln auch in Sachsen bekannt, doch darf das Jakobuspatrozinium trotz seiner vergleichsweise späten urkundlichen Ersterwähnung auch für die romanische Marktkirche angenommen werden. **24** Richter, Horst/Mechelk, Harald: Stadtkernforschung in Karl-Marx-Stadt, in: Ausgrabungen und Funde 2 (1956), S. 96–101; Richter, Horst: Karl-Marx-Stadt, Jakobikirche, in: Denkmale in Sachsen. Ihre Erhaltung und Pflege in den Bezirken Dresden, Karl-Marx-Stadt, Leipzig und Cottbus. Erarbeitet im Institut für Denkmalpflege, Weimar 1978, S. 398–400. Den wichtigen Ergebnissen wäre eine umfassende Publikation zu wünschen, zumal die in diesem Zusammenhang aufgefundenen Reste romanischer Architekturglieder verschollen sind und nur noch fotografisch belegt werden können (vgl. Anm. 62). **25** Geupel, Volkmar/Stoye, Wilfried: Ausgrabungen in der Schloßkirche zu Karl-Marx-Stadt, in: Ausgrabungen und Funde 31/1 (1986), S. 40–43; Geupel, Volkmar: Weitere Ausgrabungen im ehemaligen Benediktiner-Kloster in Chemnitz/Karl-Marx-Stadt, in: Ausgrabungen und Funde 32/1 (1987), S. 34–36; Magirius, Heinrich: Die Schloßkirche Chemnitz. Forschungen zur Baugeschichte der Benediktiner-Klosterkirche im Mittelalter, Beucha 2005 (= Arbeitshefte des Landesamtes für Denkmalpflege Sachsen 7). **26** Vgl. Richter, Horst: Grabungen in alten Chemnitzer Kirchen, in: Mitteilungen des Chemnitzer Geschichtsvereins 65 (IV), 1995, S. 137–144; Geupel, Volkmar: Das Benediktinerkloster und die Anfänge der Stadt Chemnitz aus archäologischer Sicht, in: Zur Entstehung und Frühgeschichte der Stadt Chemnitz. Kolloquium des Stadtarchivs Chemnitz, 24. April 2002 (= Aus dem Stadtarchiv Chemnitz 6). Chemnitz 2002, S. 108–128. **27** Begrenzte Sondierungen innerhalb des Kirchenschiffs (2006) erbrachten keine baugeschichtlich relevanten Befunde. Vgl. Hemker/Hoffmann/Krabath: Stadtarchäologie (wie Anm. 14), S. 414. **28** Vgl. Hoffmann, Yves: Zum Kirchenbau in Obersachsen bis in die erste Hälfte des 12. Jahrhunderts, in: Der Dom St. Marien zu Wurzen. 900 Jahre Bau- und Kunstgeschichte der Kollegiatstiftskirche St. Marien zu Wurzen. Beiträge des Kolloquiums vom 17. Oktober 2014, Halle (Saale) 2015, S. 47–61, hier S. 56. **29** 1867–1875 durch Carl Moritz Haenel (Dresden); 1895–1897 durch Gotthilf Ludwig Möckel (Doberan). Der Umfang der ausgewechselten oder ergänzten Partien ist anhand des andersartigen Steinmaterials gut nachvollziehbar. **30** Zu Paulinzella und Thalbürgel vgl. Dehio, Georg: Handbuch der deutschen Kunstdenkmäler. Thüringen, bearb. von Stephanie Eißing, Franz Jäger u. a., München/Berlin 1998, S. 955–958; 1220–1223. **31** Magirius: Schloßkirche (wie Anm. 25), S. 53, Abb. 91. Zu Bad Lausick vgl.: Dehio, Georg: Handbuch der deutschen Kunstdenkmäler. Sachsen II. Regierungsbezirke Leipzig und Chemnitz, bearb. von Barbara Bechter, Wiebke Fastenrath, Heinrich Magirius u. a., München/Berlin 1998, S. 54–56. **32** Hoffmann: Kirchenbau (wie Anm. 28), S. 55. **33** Vgl. Magirius: Schloßkirche (wie Anm. 25), S. 51, 55, Abb. 93, 94. **34** Zu Glösa vgl. Dehio: Handbuch (wie Anm. 31), S. 147. Eine grob gearbeitete Säule mit Kapitell (heute im Schloßbergmuseum Chemnitz) sowie ein weiteres Kapitell mit derb abstrahierter Rankenornamentik (heute als Taufständer in Glösa benutzt). Reste eines weiteren Säulenschaftes sind in der südlichen Kirchhofmauer in Glösa verbaut (freundlicher Hinweis von Dr. Frieder Jentsch, Chemnitz). **35** Zur Verwendung des Materials in romanischer Zeit vgl. Hoffmann, Yves/Hofmann, Robert: Ein romanisches Kirchenportal in Ottendorf bei Mittweida, in: Archäologie und Baugeschichte. Forschungsberichte aus dem Landkreis Hainichen, hrsg. von Wolfgang Schwabenicky, Mittweida 1994 (=Veröffentlichungen der Kreisarbeitsstelle für Bodendenkmalpflege Mittweida 4), S. 22–27. Zu verweisen ist außerdem auf den Beitrag von Frieder Jentsch in diesem Band. **36** Archäologische Sondierungen auf dem Gelände des Niklasberges, welcher in der älteren Forschung ebenfalls als möglicher Standort der Ansiedlung angesehen wurde, brachten diesbezüglich keine Ergebnisse. Vgl. hierzu auch: Geupel: Benediktinerkloster (wie Anm. 26), S. 118 f. **37** UB Chemnitz, Nr. 9. **38** Nähere Angaben über Veranlassung und Umfang der entsprechenden Untersuchungen in den Jahren 1991 bis 1993 bei Geupel: Benediktinerkloster (wie Anm. 26), S. 119 sowie Anm. 76. Herrn Dr. Yves Hoffmann (Dresden) sei für weitere Hinweise herzlich gedankt. **39** Richter, Horst: Grabungen in alten Chemnitzer Kirchen, in: Mitteilungen des Chemnitzer Geschichtsvereins 65 (IV), 1995, S. 137–144, hier S. 142. **40** Vgl. hierzu die Ausführungen in: Karl-Marx-Stadt. Ergebnisse der heimatkundlichen Bestandsaufnahme im Gebiet von Karl-Marx-Stadt, Berlin 1979 (= Werte unserer Heimat 33), S. 125. **41** Vgl. Michael: Parochie St. Nicolai (wie Anm. 9), Sp. 191, 221, 309 (Anm. 15). **42** Magirius, Heinrich: Kathedrale, Stiftskirche, Klosterkirche, Burgkapelle, Stadtkirche und Dorfkirche. Zu Typologie und Stil der romanischen Steinkirchen in Obersachsen, in: Frühe Kirchen in

Sachsen. Ergebnisse archäologischer und baugeschichtlicher Untersuchungen, Stuttgart 1994, S. 65–91 (= Veröffentlichungen des Landesamtes für Archäologie – Landesmuseum für Vorgeschichte 23), S. 76. Zu St. Nikolai in Zwickau vgl. Oelsner: Zur Frühgeschichte (wie Anm. 15), S. 102 f. **43** Michael: Parochie St. Nicolai (wie Anm. 9), Sp. 226. Dort heißt es zu den Arbeiten: »Schon früher wohl [vor 1750, S. T.] hatte man die östliche Mauer des alten Turmes, welche denselben von der Kirche trennte, niedergerissen, die westliche hingegen mit einer weiten Öffnung durchbrochen, wodurch der neu angebaute Raum, der übrigens nur im Parterre massiv, im Obergeschoß hingegen Fachwerk war, mit der Kirche in Verbindung kam.« **44** Richter, Adam Daniel: Umständliche, aus zuverläßigen Nachrichten zusammengetragene Chronica Der an dem Fuße des Meißnischen Ertzgebürges gelegenen Königl. Pohln. und churfürstl. Sächß. Stadt Chemnitz, nebst beygefügten Urkunden [...] 1. Teil, Zittau/Leipzig 1763, S. 209. **45** Michael: Parochie St. Nicolai (wie Anm. 9), Sp. 191. **46** Steche, Richard: Beschreibende Darstellung der älteren Bau- und Kunstdenkmäler des Königreichs Sachsen. Heft 7: Amtshauptmannschaft Chemnitz, Dresden 1886 (Reprint 2001), S. 34; Hoffmann/Hofmann: Kirchenportal (wie Anm. 35), S. 23. **47** 1495: »Corporis Christi alias crucis apud sanctum Nicolaum"; 1541: »capella crucis zu sant Nicklaß« (UB, Anhang 1, S. 464). Zit. nach: Michael: Parochie St. Nicolai (wie Anm. 9), Sp. 303, Anm. 4 sowie Sp. 306, Anm. 15. **48** Bönhoff, Leo: Die Nebenaltäre im Chemnitzer Kirchenkreise. Ein Beitrag zur Kirchengeschichte der Stadt Chemnitz, in: Mitteilungen des Vereins für Chemnitzer Geschichte XVI (1913/14), S. 49–68, hier S. 63 f. **49** Steche: Beschreibende Darstellung (wie Anm. 46), S. 3–6; Mertens, Klaus: Romanische Saalkirchen innerhalb der mittelalterlichen Grenzen des Bistums Meißen, Leipzig 1973 (= Studien zur katholischen Bistums- und Klostergeschichte 14), S. 1973, S. 29, 128; Magirius: Architektur und Skulptur (wie Anm. 19), S. 12, 14; Flemming, Elke/Thiele, Stefan: 125 Jahre St. Michaeliskirche Chemnitz. Festschrift zum 125-jährigen Bestehen der Kirche am 3. Juli 2016, hrsg. von der Ev.-Luth. St.-Michaelis-Kirchgemeinde Chemnitz, Chemnitz 2016, S. 12. Der Neubau wurde an anderer Stelle, östlich der Annaberger Straße aufgeführt. Der Standort des Vorgängerbaus befindet sich auf dem Gelände der heutigen Altchemnitzer Schule, Schulstraße 2. **50** »Leider ist die beachtenswerthe Arbeit mehrfach übertüncht und durch einen Treppenbau in ihrem oberen Theile verdeckt, auch theilweise ihrer Gliederungen beraubt [...]«. Steche: Beschreibende Darstellung (wie Anm. 46), S. 3. **51** Pfarrarchiv St. Michaelis, Chemnitz: Akten des Kirchenvorstandes der Michaelisgemeinde Chemnitz-Altchemnitz (1888–1893), Erd-, Maurer-, Zimmerer-, Schlosser- u. a. Arbeiten beim Kirchenneubau, Bl. 9 (freundliche Mitteilung von Elke Flemming, Chemnitz). **52** Michael: Parochie St. Nicolai (wie Anm. 9), Sp. 196. **53** Zu Flemmingen vgl. Dehio: Handbuch (wie Anm. 30), S. 411; zu Rochsburg und Wiederau vgl. Dehio: Handbuch (wie Anm. 31), S. 434, 661, ferner hierzu sowie zu Langenleuba-Oberhain Magirius: Architektur und Skulptur (wie Anm. 19), S. 14. **54** Magirius, Heinrich: Der Freiberger Dom. Forschungen und Denkmalpflege, Weimar 1972 (= Schriften zur Denkmalpflege in der Deutschen Demokratischen Republik), S. 164; Ders.: Der romanische Vorgängerbau der St.-Bartholomäi-Kirche in Altenburg und seine Krypta. Ergebnisse archäologischer Untersuchungen der Jahre 1981–1982, in: Bau- und Bildkunst im Spiegel internationaler Forschung. Festschrift zum 80. Geburtstag von Prof. Dr. Edgar Lehmann, Präsident des CVMA Nationalkomitees in der DDR, Berlin 1989, S. 52–71, bes. S. 63; Magirius: Architektur und Skulptur (wie Anm. 19), bes. S. 14 f.; daneben auch Mertens: Saalkirchen (wie Anm. 48), S. 128 und passim. **55** Mating-Sammler, Alfred: Zur Geschichte der Jakobikirche in Chemnitz, in: Mitteilungen des Vereins für Chemnitzer Geschichte 7 (1889/90), S. 35–74, hier S. 36. Ähnlich noch bei Sobotta, Julia: »Di do gestifft ist in sende Jacoffskirchin.« Pfarrkirche und Gemeinde im mittelalterlichen Chemnitz, in: Fiedler, Uwe/Thoß, Hendrik/Bünz, Enno (Hrsg.): Des Himmels Fundgrube. Chemnitz und das sächsisch-böhmische Gebirge im 15. Jahrhundert, Chemnitz 2012, S. 69–81, hier, S. 70 (Holzbau), allerdings in Fehlinterpretation der baugeschichtlichen Entwicklung. Für die Existenz einer – per se nicht auszuschließenden – hölzernen Vorgängerkirche am heutigen Standort liegen keine Befunde vor. **56** Laudeley: Marktkirche (wie Anm. 21), S. 25–34, Abb. 5. **57** Die Angaben nach Richter: Jakobikirche (wie Anm. 24) bzw. Richter: Grabungen (wie Anm. 26), S. 140. Zur romanischen Anlage vgl. außerdem Thiele, Stefan: Die mittelalterliche Baugeschichte der Stadtkirche St. Jakobi zu Chemnitz, in: Die Stadtkirche St. Jakobi zu Chemnitz. Festschrift zum 600. Jubiläum der Vollendung des Hallenchores, hrsg. v. Stefan Thiele, Chemnitz 2012, S. 7–23, hier S. 7 f.; Oelsner: Zur Frühgeschichte (wie Anm. 15), S. 122–124. **58** Der gegenwärtige, 2009 eingebrachte Bodenbelag wurde im Langhaus etwa 50 Zentimeter zu hoch angeschlagen. Im Chor liegt das Niveau etwa einen Meter zu hoch, was am Sichtschacht an einem der südlichen Pfeiler nachvollziehbar ist. Bedauerlicherweise wurden die gotischen Fußbodenhöhen, obwohl sie bekannt gewesen sind, bei den umfangreichen Wiederherstellungsarbeiten im Inneren der Jakobikirche zwischen 2004 und 2012 nicht berücksichtigt. **59** Für St. Jakobi sind Nebenaltäre indes erst in der Zeit nach 1365 urkundlich nachweisbar und damit dem gotischen Bau zuzuordnen. Vgl. Mating-Sammler: Jakobikirche (wie Anm. 55), S. 52. **60** Magirius: Vorgängerbau (wie Anm. 54), S. 61. **61** Ob ein für 1333 überlieferter Stadtbrand tatsächlich den Ausschlag für den Neubau gab, sei dahingestellt. Im Inneren der Kirche wurde ein Brandhorizont nachgewiesen, der auch an entfernteren Stellen im Stadtgebiet angetroffen wurde. Vgl. Vogt: Siedlungsreste (wie Anm. 19), S. 16. **62** Im Zuge der Grabungen waren seit 1953 insgesamt 35 Werksteine des romanischen Vorgängerbaus sowie der um 1270/1290 erfolgten hochgotischen Chorerweiterung geborgen worden. Dieser bedeutende Bestand, der später noch um zusätzliche Funde aus anderen Bereichen der Stadtkerngrabungen vermehrt worden war, wurde während des Wiederaufbaus innerhalb der Jakobikirche mehrfach umgelagert. Im November 1961 erfolgte schließlich der Abtransport zum Schloßbergmuseum, wo ein großer Teil unsachgemäß abgeladen und dabei schwer beschädigt wurde. Sie sind ebenso verschwunden wie die zunächst in der Kirche verbliebenen Stücke (darunter auch die Fragmente des Rundbogenfrieses), deren Verbleib bereits 1963 nicht mehr geklärt werden konnte. Vgl.: Pfarrarchiv St. Jakobi-Johannis, Bericht von Horst Richter über den Verbleib der romanischen Fundstücke, 7. 4. 1963 (unverzeichnet). Weitere romanische Spolien (Zahnschnitt, Rundbogenfries usw.) konnten im Sockelmauerwerk des frühgotischen Saalchores nachgewiesen werden; sie wurden fotografisch dokumentiert und anschließend wieder verfüllt. **63** Zu Auerswalde vgl. Dehio: Handbuch (wie Anm. 31), S. 35. **64** Laudeley: Marktkirche (wie Anm. 21), S. 26, 28, 34. Dort – freilich in Unkenntnis der späteren Grabungsergebnisse – als nördlicher Zugang der romanischen Anlage interpretiert. **65** Abb. bei Laudeley: Marktkirche (wie Anm. 21), Bl. 4, Fig. 10. **66** Müller, Joseph: Deutsche Bildhauerkunst aus 8 Jahrhunderten. Katalog zur Plastik-Abteilung des Schloßberg-Museums Karl-Marx-Stadt, Karl-Marx-Stadt 1954 (=Bilderheft der Städtischen Kunstsammlungen Karl-Marx-Stadt), S. 6; Magirius: Architektur und Skulptur (wie Anm. 19), S. 12. Beachtenswert ist die von der bisherigen Auffassung (Befestigungsanlage des 12. Jahrhunderts) abweichende Interpretation zu Baugeschichte und Verwendungszweck des Turms (von vornherein Glockenturm der Marktkirche) bei Oelsner: Zur Frühgeschichte (wie Anm. 15), S. 129. **67** Zur Datierung des Lichtenwalder Reliefs vgl. Magirius: Architektur und Skulptur (wie Anm. 19), S. 17. **68** Vgl. Anm. 23. **69** Eine Zusammenstellung der infrage kommenden obersächsischen Bauten findet sich bei Magirius: Kathedrale (wie Anm. 42), S. 76. **70** Zu Grimma und Borna vgl. Magirius: Kathedrale (wie Anm. 42), S. 80; zu Altenburg vgl. Magirius: Vorgängerbau (wie Anm. 54). **71** Oelsner, Norbert: Die Marienkirche in Zwickau. Erkenntnisse zu ihrer mittelalterlichen Baugeschichte und zur Entstehung der Stadt, in: Denkmalpflege in Sachsen 1894–1994, Teil 2, Halle (Saale) 1998, S. 209–232 sowie Oelsner: Zur Frühgeschichte (wie Anm. 15), S. 103–106. **72** Eine Kette von Umbauten verlieh dem Bauwerk seine gegenwärtige Gestalt: 1875; 1881; 1912/13; 1975–1978. Vgl. Dehio: Handbuch (wie Anm. 31), S. 117 f. **73** Altarstiftungen sind für das gesamte 15. Jahrhundert überliefert: 1424, 1441, vor 1478 sowie eine weitere, nicht genau fixierbare. Der Hochaltar wurde um 1505 mit einem neuen Retabel versehen (heute in St. Jakobi). 1475 wurde die große, 1485 die kleine Glocke gegossen. Vgl. Franke: Parochie St. Johannis (wie Anm. 11), Sp. 4–6. **74** Er wurde damals abgebrochen und der Saal – auf Kosten des westlichen Chorbereichs – nach Osten erweitert. **75** Die Südwand des Saales wurde beim Umbau 1913 abgebrochen und durch eine Pfeilerstellung zum damals neu angefügten Seitenschiff ersetzt. **76** Vgl. Franke: Parochie St. Johannis (wie Anm. 11), Sp. 113, Anm. 5. Das noch 1725 beobachtete Mauerwerk wurde als Fundament- bzw. Sockelmauerwerk eines größer dimensionierten Vorgängersaals interpretiert. Entsprechende Befunde von der Südseite liegen nicht vor.

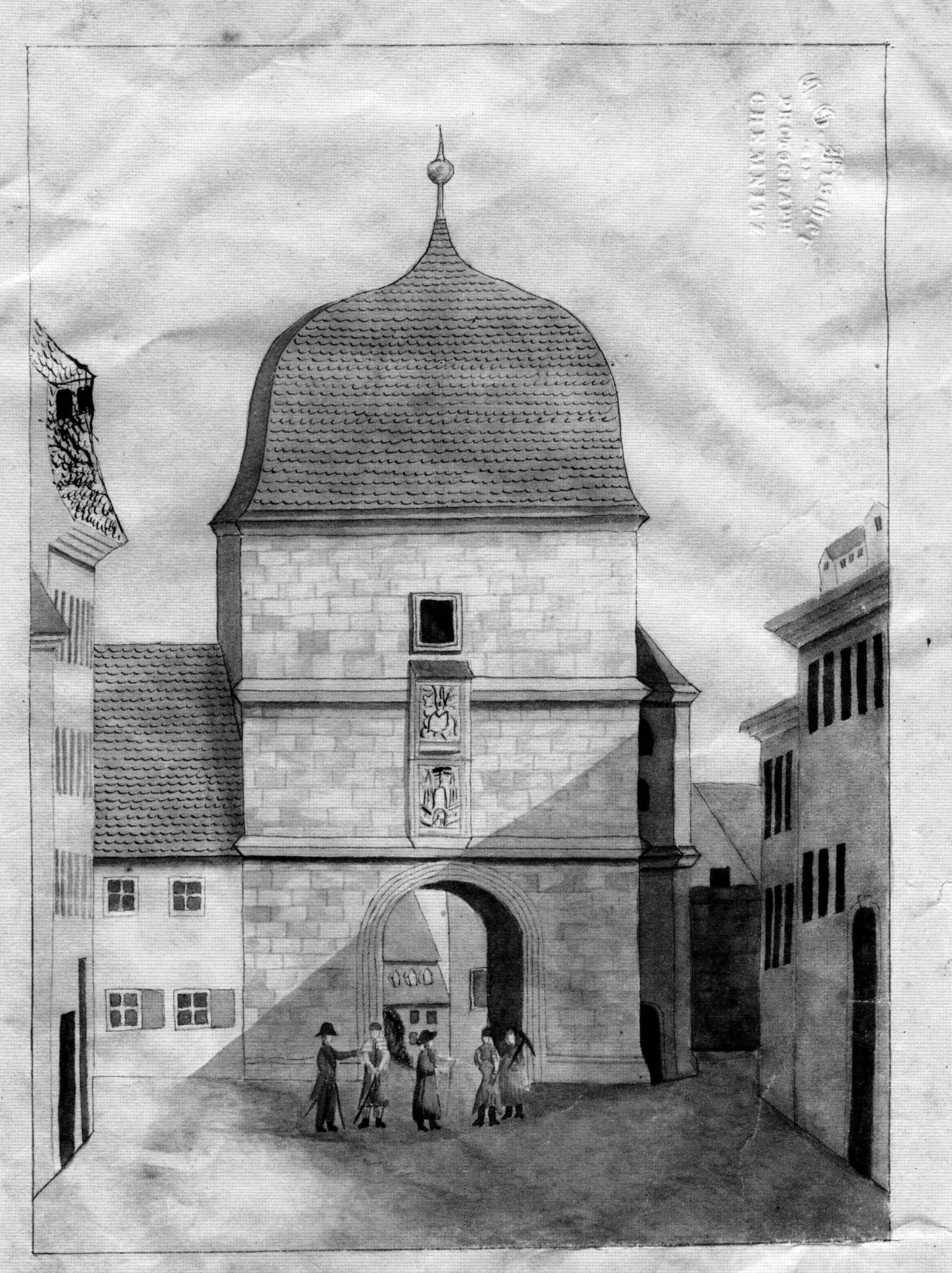

DAS KLOSTERTHOR ZU CHEMNITZ.

erbaut im Jahr 1547

u. wiederabgetragen i. J. 1828

STEPHAN PFALZER

# »Gotteshausleute« und ihre Beziehungen zur Stadt Chemnitz

## Versuch einer Annäherung

In seiner umfänglichen Beschreibung der Rechtsverhältnisse im damaligen Heiligen Römischen Reich erläuterte 1769 der Staatsrechtslehrer und Königlich-dänische Staatsrat Johann Jacob Moser im Kapitel »Von denen mittelbaren Unterthanen« die Verschiedenartigkeit der Verhältnisse zwischen den Herrschenden und ihren Untergebenen. Zu diesen »mittelbaren Untertanen«, die außer dem Kaiser und dem Landesherrn noch eine weitere Obrigkeit hatten, zählte er auch die »Gotteshaus=Leute« und beschrieb sie wie folgt: »Ins besondere tragen auch derer Clöster und Kirchen Unterthanen den Namen Gotteshaus=Leute, ja sie haben auch mancherley seltsame Namen von denen Heiligen«.[1] Im »Deutschen Wörterbuch« von Jacob und Wilhelm Grimm finden wir dann schon eine weit konkretere Erläuterung des Verhältnisses von »Untertanen« und »Obrigkeit« in Bezug auf die Gotteshausleute. Laut Wörterbuch sind sie »in irgendeinem abhängigkeitsverhältnis stehende[.] angehörige[.] einer geistlichen, besonders klösterlichen grundherrschaft«.[2]

Historisch belegt ist der Begriff der »Gotteshausleute« seit dem 13. Jahrhundert vor allem in der deutschen Schweiz, was auch dazu führte, dass dort die wohl bislang einzige größere Arbeit zu diesem Thema entstand,[3] sowie im südwestdeutschen (alemannischen) Raum; gerade der Eintrag im »Deutschen Wörterbuch« verweist aber zumindest ab dem 14. Jahrhundert auch auf Brandenburg, Niedersachsen und Lübeck.[4] Karl Heinz Burmeister, Jurist, Historiker sowie Professor an der Universität St. Gallen und somit mit der Problematik bestens vertraut, fasste 2007 in seiner Definition im »Historischen Lexikon der Schweiz« die verschiedenen Aspekte zusammen: »Mit dem Begriff G[otteshausleute] […] wurden die von einem Kloster oder einer Kirche abhängigen Menschen bezeichnet. Dabei handelte es sich sowohl um Leibeigene wie Freie, die durch die Immunität in einer klösterl[ichen] Grundherrschaft zusammengeführt wurden.«[5]

Damit werden die verschiedenen Betrachtungsebenen deutlich, nämlich die Bindung an eine geistliche Körperschaft; der unterschiedliche Grad der Abhängigkeit, der durchaus persönliche Freiheit einschloss; und der rechtliche Schutz, eben die »Immunität«, durch die Bindung an die geistliche Körperschaft.

In unserem Fall ist also die Existenz von »Gotteshausleuten« an die Existenz des Benediktinerklosters gebunden. Wir dürfen dabei davon ausgehen, dass es sich um persönlich Freie handelte, die jedoch zu Zinsen, Leistungen und (Natural-)Abgaben verpflichtet waren und die unter dem rechtlichen Schutz des Klosters standen.

### Um 1200: erste Befunde

Dem Begriff und damit dem Phänomen »Gotteshausleute« begegnen wir in der Chemnitzer stadtgeschichtlichen Literatur erst nach dem Erscheinen des von Hubert Ermisch besorgten Urkundenbuchs;[6] ältere Chroniken von Johann Gottlob Richter und Adam Daniel Richter aus dem 18. Jahrhundert verweisen

Abb. 1 Klostertor von der Stadtseite aus gesehen, getönte Tuschezeichnung von 1828

jedenfalls inhaltlich darauf nicht. Im Urkundenbuch selbst edierte Hubert Ermisch zunächst eine handschriftliche Originalaufzeichnung, die er zeitlich in das Ende des 12. (»Sec. XII ex«) bzw. den Beginn des 13. (»Sec. XIII in«) Jahrhunderts einordnete und die das Zinsregister des Klosters bzw. zumindest Teile davon beinhaltet. Aus dem Text geht hervor, dass dem Kloster *Capella,*[7] Klaffenbach, Adorf, Neukirchen, Altendorf, Altchemnitz, Gablenz und Stelzendorf sowie eine nicht weiter bestimmte Mühle zinspflichtig waren. Ebenfalls Erwähnung findet die *uuilla abbatis.*[8] Können wir die erstgenannten Orte bis heute in und um Chemnitz lokalisieren, so war die Lokalisierung dieser *uuilla* im vorigen Jahrhundert ein kontrovers diskutierter Gegenstand in der regionalgeschichtlichen Literatur, wobei wohl die letztlich auch von Rudolph Strauß mitgetragene Auffassung, dass es sich dabei um Borssendorf handelt, zutreffend ist,[9] was Karlheinz Hengst in seinem Beitrag in diesem Band aus namenskundlicher Sicht bestätigt.[10]

Das Zinsregister enthält noch einen weiteren Teil, der uns nun auf unsere Thematik hinlenkt. Unter *De civitate*[11] – aus der Stadt also – werden 14 Personen genannt, die dem Kloster zinspflichtig waren. Im hier vorgegebenen Rahmen wollen wir allerdings die Problematik der Chemnitzer Stadtentstehung nicht weiter aufgreifen, sondern es lediglich mit dem Hinweis auf das Resümee von Wissenschaftlern des Landesamtes für Archäologie in Auswertung der neuesten Literatur zum Thema aus dem Jahr 2014[12] bewenden lassen. Der Verweis auf die 1180er Jahre als Zeitraum der Stadtentstehung bestätigt jedoch auch die Datierung des Zinsregisters. Für uns bleibt wichtig, dass Chemnitz bereits den Charakter als Stadt hatte, in der Zinspflichtige des Klosters lebten. Zu deren Charakterisierung griff Zöllner den Begriff »Gotteshausleute«[13] auf. Natürlich werden wir die Bewohner der oben genannten Orte – bis auf die Wolfsjäger in Altendorf und Altchemnitz, die dem Königssitz Rochlitz unterstanden – als »Gotteshausleute« zu fassen haben.

Sowohl Hubert Ermisch als auch Curt Wilhelm Zöllner beleuchteten nun die mit den Zinspflichtigen zusammenhängenden Probleme. Ermisch und noch stärker Zöllner[14] verwiesen darauf, dass ein Teil von ihnen mit Geld, ein anderer Teil aber mit Wachs zinste. Darüber hinaus entnahm Zöllner dem Register durchaus zutreffend, dass auch von einem Teil mit beidem gezinst wurde. Eine Rasur, die schon Ermisch auffiel,[15] könnte dahingehend interpretiert werden, dass noch andere Verpflichtungen bestanden.

Geld wie auch Sachleistungen – hier Wachs – weisen auf Formen von Abhängigkeit hin, die durchaus den bereits eingangs genannten Ebenen entsprechen. »Wachszinsige oder Wachszinspflichtige waren Hörige, die als Gegenleistung für Schutz als Abgabe alljährlich nur einen Zins in Form von Wachs oder Wachskerzen zu liefern hatten [...] Die Wachszinsigkeit war die mildeste Art der Hörigkeit.«[16] Wachszinsige konnten »sich unter Aufgabe ihres Eigentums und Freiheit freiwillig einer befestigten Stadt, einem Oberhof oder einer Klostergemeinschaft anschließen und standen so als Wachszinsige oder Klosterhörige unter meist kirchlichem Schutz.«[17] Die vorliegende Definition der Wachszinsigen weist auch darauf hin, dass deren Stand und sozialer Status über dem der anderen Abhängigen gelegen habe könnte und ihre Zahlungsverpflichtungen geringer gewesen wären. Mit den insgesamt doch dürftigen Angaben im Zinsregister sind allerdings dazu keine Aussagen möglich. Fest steht aber, dass wie erwähnt eine Bindung an eine Klostergemeinschaft, eben das Benediktinerkloster, bestand, die sich in der Zinsesschuld ausdrückte, und dass eine Differenzierung in der Abhängigkeit von Freisein bis hin zur Hörigkeit existierte.

Curt Wilhelm Zöllner gelangte bei seinen Betrachtungen der verschiedenen Abhängigkeitsverhältnisse zu folgenden Schlüssen: 1. Die »Gotteshausleute« waren für ihn Hörige des Klosters, und die Abgabe von Wachs war das Zeichen ihrer Abhängigkeit.[18] 2. Diejenigen Wachszinsigen, die »neben dem Wachs auch in Geld ihre Abgaben bestreiten«, müssen »in irgend einer Beziehung also schon eine freiere Stellung zur Klosterherrschaft einnehmen«.[19] Die diesen beiden Kategorien Zugehörigen sind für Zöllner »unfreie Einwohner«. 3. Dagegen sieht er in denjenigen, die nur eine Geldabgabe zu leisten hatten, »freie Leute auf des Klosters Grund und Boden«.[20] Der letzte Schluss allerdings würde auch implizieren, dass zumindest Teile der Stadt (noch) dem Kloster gehörten.

Die genannten drei Kategorien – Freie, weniger Freie, Unfreie – wurden also von ihm nicht insgesamt als »Gotteshausleute« gefasst. Vereinbar sind sie allerdings dennoch im Rahmen der eingangs gegebenen Definition, aber ebenso unter dem Rechtsverhältnis des Hofrechts, auf das die Definition der Wachszinsigen ja auch abstellt. Danach galt dieses Recht für freie, minderfreie und unfreie Leute auf dem Hof eines Grundherrn. Es »gewährte der der Herrschaft unterworfenen Fronhofsgenossenschaft Schutz und Unterhalt und verpflichtete sie ihrerseits zu Zinszahlung, Treue und Dienst«.[21] In unserem Fall sind Grundherr und Kloster gleichzusetzen. Die Freien zinsten offenbar dem Kloster, um eben in dessen Schutz zu gelangen und so die »Immunität« (als »Gotteshausleute«) zu erreichen. Zu hinterfragen wäre dann nur noch, welche Bewandtnis es mit der im Zinsregister genannten *curia Richolfi*[22] (Hof des Richolfus) auf sich hat, worauf auch Zöllner schon aufmerksam machte. In welchem Verhältnis stand dieser zum Kloster, und welche innere Verfasstheit wies er auf? Auf diese Fragen werden wir jedoch aufgrund fehlender Quellen keine Antworten geben können. Zöllner zählte jedenfalls Richolfus und seinen Hof zu den Freien.

Abb. 2 Urkunde vom 2. Juni 1331, u. a. über die Rechte der »Gotteshausleute« in der Stadt Chemnitz (StA Chemnitz, Urk.-Rep. Nr. 2b)

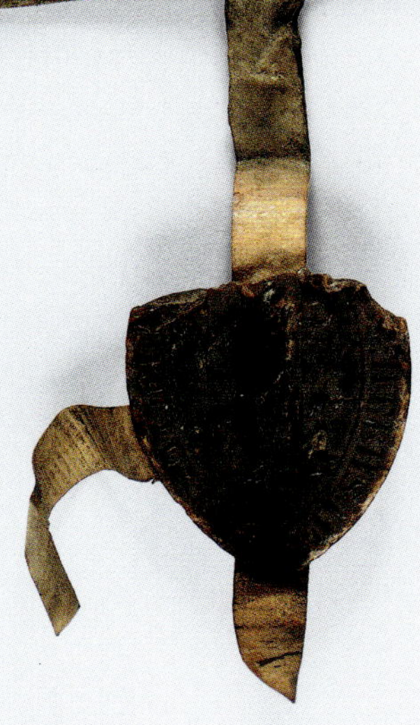

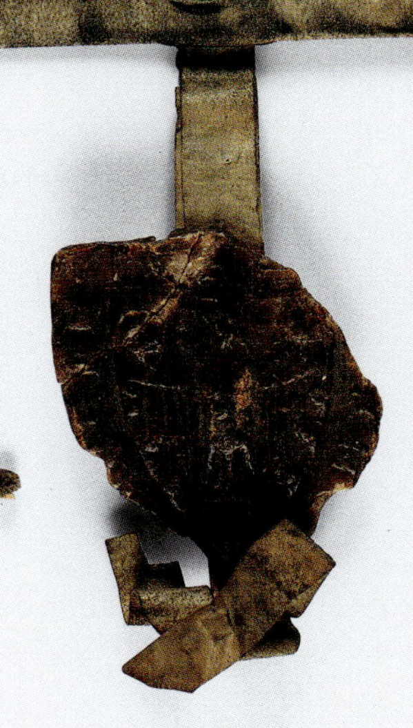

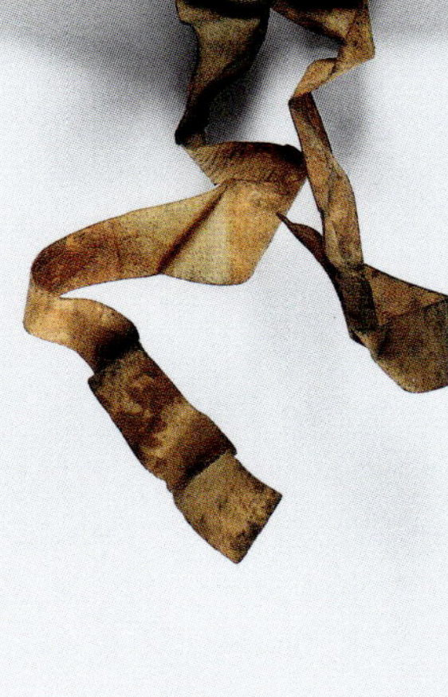

Wenn wir nun die Frage nach dem generellen Verhältnis zwischen Chemnitzer Stadtbevölkerung und Benediktinerkloster zu Beginn des 13. Jahrhunderts stellen, so sind wir wiederum zunächst auf Hubert Ermisch verwiesen. Er schrieb dazu und gab damit auch einen indirekten Hinweis auf die »Gotteshausleute«: »Wir gehen wohl nicht fehl, wenn wir annehmen, dass zu jener Zeit die meisten Bewohner der Stadt an das Kloster einen Grundzins entrichteten, der das Obereigenthum des Klosters anerkannte, daß sie vielleicht größtenteils Hörige des Klosters waren und unter Hofrecht standen.« Einschränkend fuhr er allerdings fort: »Der Mangel an Nachrichten, besonders solchen, die über die Qualität des Besitzes Ausdruck geben, und der Umstand, daß sich später unvermerkt ganz andere Verhältnisse entwickelten, gestattet uns jedoch nicht, einen eigentlichen Beweis für diese Annahme zu führen.«[23]

An anderer Stelle warf Hubert Ermisch dann explizit die Frage auf, ob es nicht doch weitaus mehr »Gotteshausleute« in der Stadt gegeben habe, als sich aus dem Zinsregister ergibt, und schrieb: »Daß jenes sehr kurze Zinsregister vollständig sei und zur Zeit der Ausstellung keine anderen Zinspflichtigen als die hier angeführten existirt hätten, kann keinesfalls behauptet werden.«[24] Ermisch sah also durchaus auch Freie als »Gotteshausleute« an. Und er verwies – wie wir oben schon gesehen haben – ebenso auf das Hofrecht, das Freie wie Unfreie einschließt, sowie darauf, dass die »Qualität des Besitzes«, also die tatsächlichen Besitz- und damit Abhängigkeitsverhältnisse, nicht näher bestimmt werden könnten.

## Stadt und »Gotteshausleute« in der Urkunde von 1331

Der Begriff »Gotteshausleute« begegnet uns dann erst wieder im Zusammenhang mit einer Urkunde vom 2. Juni 1331. Diese ist allerdings sehr aufschlussreich und gestattet in der Rückschau einen Blick insbesondere auf die Situation des Klosters insgesamt, auf seine Rolle als Inhaber richterlicher Gewalt sowie auf seine Beziehungen zur Stadt Chemnitz und deren Entwicklung. Durch die Immunität kam Klöstern die Gerichtsbarkeit auf ihrem Gebiet zu. Sie übten diese allerdings nicht selbst aus, sondern übertrugen diese an Vögte, die dann daraus auch Einnahmen bezogen. Auch beim Benediktinerkloster lässt sich dieser Prozess beobachten. Im 14. Jahrhundert waren schließlich die Herren von Waldenburg auf Rabenstein im Besitz der Vogtei.[25] Beachtet werden sollte jedoch die Bemerkung Hubert Ermischs, dass während des 13. Jahrhunderts »das Kloster eine Periode schwerer Bedrängnis durchzumachen hatte, in welcher es viele Güter, Einkünfte und Rechte veräußert«[26] hatte.

Parallel dazu und eigentlich folgerichtig vollzog sich für die Stadt Chemnitz ein Prozess, in dessen Ergebnis »allmählich volle persönliche Freiheit an die Stelle hofrechtlicher Abhängigkeit trat«. Und Ermisch resümierte: »[...] von den gewöhnlichen Resten alter Unfreiheit, von Grundzinsen, die dem Abt zu entrichten gewesen wären, finde ich keine Spur«.[27] Eine »Folge dieses Aufblühens« (Hubert Ermisch) war neben der Entwicklung des Handwerks und des Handels eine am Ende des 13. Jahrhunderts ausgebildete Stadtverfassung: 1290 oder 1291 finden wir den urkundlichen Nachweis eines *loci iudice*[28] und 1298 die Erwähnung des *magister civium* und der *consules*.[29] Die Stadt hatte somit »in Bezug auf die niedere öffentliche Gerichtsbarkeit sich schon sehr früh Selbständigkeit [...] zu verschaffen gewußt«.[30] Und eine Sequenz in der Urkunde deutet sogar schon auf die hohe Gerichtsbarkeit hin (»dy burgere [...] von alder verterbet haben«). Ob es nun *in civitate* noch »Gotteshausleute« gab, müssen wir offenlassen, der Urkundentext von 1331 verweist jedenfalls auf solche nicht. Curt Wilhelm Zöllner vermerkte dazu und griff damit den oben zitierten Gedanken Ermischs auf, dass »sich nun derjenige Theil der Stadtbevölkerung, welcher von Anfang an im Verhältniß der Hörigkeit zum Kloster gestanden hatte, [...] mehr und mehr von jenem Verhältniß losgelöst«[31] hatte. Abhängigkeiten der Stadt vom Kloster bestanden allerdings fort und konnten zum Beispiel 1428/29 auf dem Kaufweg abgelöst werden;[32] eine letzte Ablösung erfolgte sogar erst 1535.[33] Das Entstehen von neuen Abhängigkeitsverhältnissen von Stadtbürgern zum Kloster und die Frage, ob damit die Etablierung neuer »Gotteshausleute« einherging, erläuterte Ermisch in Zusammenhang mit dem weiter unten zu kommentierenden Landkauf von 1402.[34]

Die Zahl der »Gotteshausleute« außerhalb der Stadtmauern hingegen war deutlich gestiegen. Nachdem das Kloster 1263 schon den Getreidezehnt in Reichenbrand und Grüna[35] erworben hatte und 1288 die Mühle in Borna erhielt,[36] erfolgte ab 1290 eine deutliche Vergrößerung des Klostergebiets und damit der Zahl der vom Kloster abhängigen Personen. Hilbersdorf, Oberhermersdorf, Altenhain, Altchemnitz, Streudorff (Streitdorf), Dittmannsdorf, (Klein-)Olbersdorf und Glösa gelangten bis 1330 in den Besitz des Benediktinerklosters.[37] Im Jahr 1300 war der von Schönau zu leistende Zehnt ebenfalls an das Kloster übergegangen.[38] Und die Besitzerweiterungen waren 1331 noch keineswegs abgeschlossen, sondern die bedeutenden Erwerbungen des Blankenauer Grundes und der Herrschaft Rabenstein standen ja erst noch bevor. Vor diesem Beziehungsgeflecht muss die Urkunde vom 2. Juni 1331 gesehen werden; es hatte sich offensichtlich Regelungsbedarf in vielerlei Hinsicht angehäuft, denn die Stadt war jetzt weitgehend von Klostergebiet eingeschlossen.

Welchen Stellenwert nehmen nun die »Gotteshausleute« in der Urkunde ein, und welche diese betreffende Regelungen enthält sie? Versuchen wir, den Text zu strukturieren und die Themenfelder wie folgt zu bestimmen. 1. Die Urkunde stärkte zunächst die Gerichtsbarkeit der Stadt gegenüber den »Gotteshausleuten«. Sollten diese in ihren Gerichten ein Urteil »selber vinden nicht enkonden«, so sollten sie sich in der Stadt »yre orteil holen«.[39] Zum Tode Verurteilte aus den Klosterdörfern, die dem Kloster zinsten, sollten dort gerichtet werden, wo auch die Stadt ihre Hinrichtungen ausführte, nämlich »bey des keisers forste«,[40] dem Zeisigwald also. Diejenigen aber, die im Zusammenhang mit den Hinrichtungen in die Stadt kamen bzw. durch sie hindurchzogen, sollten von den Bürgern nicht gehindert werden.

2. Sie sicherte den »Gotteshausleuten« zugleich jedoch auch ein Maß an Freizügigkeit in der Stadt zu. An den drei Tagen des Landdings – der Gerichtstage auf dem Nikolaifriedhof –, den drei hohen kirchlichen Festen, dem Jahrmarkt und der Kirmes durften sie die Stadt frei betreten, hatten sich jedoch an die an der Stadt geltenden Gepflogenheiten zu halten. Der Text lautet, die Bürger sollten sie »nicht uffhaldin in der stadt noch in yrem wichbilden«.[41]

3. Allerdings griff die Urkunde tief in die wirtschaftlichen Verhältnisse der Klosterdörfer und damit der »Gotteshausleute« ein. In ihr bestätigen Abt und Vogt das Meilenrecht der Stadt Chemnitz. Für die Klosterdörfer heißt das konkret, dass es außer in Hermersdorf, Altenhain, Neukirchen, Adorf, Klaffenbach und Mittelbach keinen Kretschmer, keinen Schankwirt also, geben sollte. In allen Dörfern durfte zudem weder gemälzt noch gebraut werden.[42] Das Bier für die Klosterdörfer musste also aus Chemnitz bezogen werden. Der Burkhardtsdorfer Wirt durfte zwar Bier herstellen, aber nur in der Menge, die er selbst ausschenken konnte. Nicht eindeutig hingegen erscheint die Passage, dass »uff dem vorgenannte gute unses gotshawß sal kein hantwergesman sein«.[43] Dies wurde in der Folgezeit immer dahingehend interpretiert, dass es tatsächlich keine Handwerker auf den Klosterdörfern geben sollte. Der folgende Halbsatz allerdings lässt auch eine andere Deutung zu: Es durfte keinen Dorfhandwerker geben, der seine Produkte »uff den marckte in die stat oder vor den kirchen«[44] mit Ausnahme der Kirmes anbietet und verkauft. Das würde dann lediglich das Verbot des Anbietens und Handelns mit dörflichen Handwerksprodukten in der Stadt bedeuten. Die Lesart wäre dann »kein hantwergesman [...], der icht veiles wircke«.[45] Diese Sichtweise finden wir schon bei Hubert Ermisch.[46] Die »Gotteshausleute« erhielten das Recht, in der Stadt zu besonderen Anlässen Bier zu brauen und Backwaren selbst herzustellen,[47] woraus Curt Wilhelm Zöllner den Schluss zog, dass sie ansonsten ebenfalls auch ihre Backwaren aus der Stadt beziehen mussten.[48]

4. Auf einen letzten Punkt wollen wir zu sprechen kommen. Er betrifft sowohl die rechtlichen als auch die sozusagen »sicherheitspolitischen« Verhältnisse der »Gotteshausleute«. Von alters her sei es so gewesen, dass Zollfreiheit in der Stadt für diejenigen bestand, die halfen, die Stadt zu »umbzcewnen«,[49] das heißt, die einen Beitrag zum Bau und zur Erhaltung der Stadtbefestigung leisteten. In Kriegs- und Katastrophenzeiten, in denen es zu einem »lantgefluchte« kommen würde, sollten diese ebenfalls »in die stadt flihen« dürfen und diese »sollen auch dy burgere verteidingen«,[50] ihnen also Schutz gewähren. Würde aber die Stadt zu voll werden, so sollte den »Gotteshausleuten« wenigstens zwischen dem Zaun und der Stadtmauer Zuflucht gewährt werden. In jedem Fall mussten sie aber den von ihnen verursachten Unrat (»aldo mistes gemachen«) beseitigen. Kann man daraus nun ableiten, dass alle »Gotteshausleute« Zollfreiheit und Schutz genossen oder wirklich nur diejenigen, die tatsächlich an der Stadtbefestigung mitgearbeitet haben? – Auf diesen Punkt werden wir jedenfalls noch einmal zurückkommen müssen.

Sicher muss man die Urkunde zuerst unter dem Blickwinkel sehen, dass es der Stadt Chemnitz gelang, in ihr wichtige Rechte in Bezug auf die Entwicklung des Handwerks, des Brau- und Schankwesens – die »Bannmeile« eben – festzuschreiben, auch wenn sich daraus ergebende Auseinandersetzungen mit dem Kloster noch über dessen gesamte Existenz hinzogen und mit dessen »Nachfolger«, dem zunächst herzoglichen, später kurfürstlichen Amt immer wieder Konflikte auftraten. Bei den Auseinandersetzungen mit dem Kloster in diesen Fragen, die ein eigenständiges Kapitel ausmachen würden, standen die Landesherren weitgehend auf städtischer Seite. Das weitere ökonomische Erstarken der Stadt bedeutete letztlich auch eine Stärkung markmeißnisch-sächsischer Interessen gegenüber dem Kloster.[51] Durch die Vereinbarungen wurde die Rolle der Stadt als Gerichtsherr gefestigt. Für das Kloster brachte die Vereinbarung jedoch ebenfalls einen entscheidenden Gewinn: Sie erhöhte den Schutz für die »Gotteshausleute«, indem ihnen in Kriegs- und Krisenzeiten, in Zeiten des »Landgeflüchts«, die Zuflucht hinter die Stadtmauern gewährt wurde; das Kloster war somit der Obhutspflicht für seine Untertanen nachgekommen.

Im Rahmen dieses Beitrags soll nicht weiter auf die Problematik des Landdings, über das die Urkunde auch wesentliche Festlegungen enthält, die allerdings über unser Thema hinausgehen, eingegangen werden. Verwiesen sei jedoch auf die Bewertung der Landdinge durch die sächsische Landeshistorikerin Josephine Mey. Sie sieht darin »ein Zentrum, in dem eine gesellschaftliche Vernetzung der unterschiedlichen Teilnehmer stattfinden konnte. Das schuf Voraussetzungen, zukünftige Konflikte oder Fehden zu vermeiden«.[52] Mey hat dabei zwar die Zusammenkünfte der »Großen« in der Mark Meißen im Blick, ihr Ansatz ist jedoch auch auf die untere Ebene übertragbar. Und sie bringt damit zum Ausdruck, dass das Landding eben nicht nur Gerichtsort war.

Kehren wir nach diesem Exkurs nochmals zum vierten Punkt der Bewertung der Urkunde von 1331 zurück. In der urkundlichen Überlieferung des 15. Jahrhunderts spielen diese Fragen noch mehrfach eine Rolle. Eingeordnet in die weitere Abgrenzung der Interessen zwischen Stadt und Kloster wird in der Urkunde vom 28. August 1428 wiederum auf die Urkunde von einem Jahrhundert vorher Bezug genommen und die Zollfreiheit aufgegriffen. Die vormaligen »Gotteshausleute« wurden nun als »unsers herren des aptis lute«[53] charakterisiert. Die Zollfreiheit

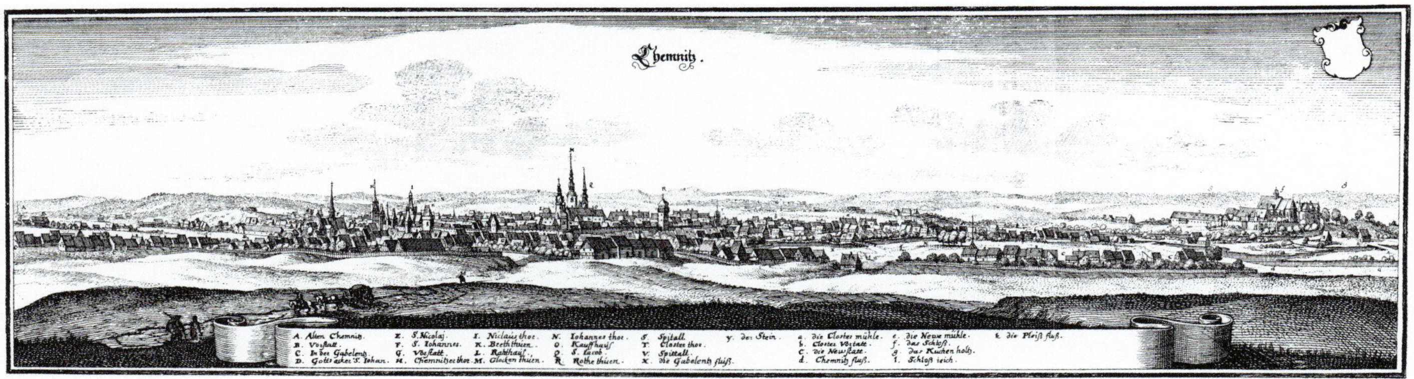


Abb. 3 Matthäus Merian: Ansicht der Stadt Chemnitz, um 1650

wurde bestätigt für »dy dorffschafft, dy do czwene umme dy stad machen adir helfen machen«.[54] Nun ist auch diese Formulierung wieder zweideutig: Bezog sie sich auf alle Leute des Abts, auf die eines Dorfes oder eben nur auf diejenigen, die an der Stadtbefestigung – gerade in Zeiten der »Hussitenangst«[55] – mitbauten oder halfen? Ermisch jedenfalls bezog die Formulierung auf eine »Anzahl Klosterdörfer«,[56] was wiederum die Sache nicht einfacher macht. Zieht man in dieser Frage noch den Zolltarif von 1442 zu Rate, so fällt auf, dass die dort genannten Dörfer, deren Bewohner an der Umzäunung mitgearbeitet hatten, durchaus nicht identisch mit dem Klostergebiet insgesamt sind – so fehlen zum Beispiel die des Blankenauer Grundes und der Herrschaft Rabenstein – und auch Dörfer benannt werden, die nicht zum Klostergebiet gehörten, wie Pfaffenhain, Seifersdorf und Wittgensdorf.[57]

Aus einer weiteren Urkunde aus der Zeit vor dem 7. März 1457[58] erfahren wir nun erstmals, dass mit Zollfreiheit Freiheit vom Marktzoll gemeint war. Wie diese Interpretation zustande kam, müssen wir freilich offen lassen. Da die Stadt keine Hilfe mehr von Seiten der Klosterdörfer für den Zaunbau in Anspruch nehmen brauchte – der sächsische Bruderkrieg war nun ebenfalls vorübergegangen[59] –, glaubte sie, nun von den Dörflern den Zoll erheben zu können. Die Leipziger Schöffen entschieden, dass sie vom Zoll frei bleiben, allerdings auch zu anderen Arbeiten herangezogen werden sollten. Diesen Spruch bestätigte Kurfürst Friedrich II. am 7. März 1457.[60]

Es hatte sich offenbar ein dichtes Geflecht zwischen Stadt und umsitzenden »Gotteshausleuten« herausgebildet, das zwar Beschränkungen für Letztere beinhaltete, sie aber in vielfältiger Weise am wirtschaftlichen Leben von Chemnitz teilhaben ließ und ihnen eine Sicherheit beim Bezug von Waren gewährte. Und keineswegs unterschätzt werden sollten die Fragen der Sicherheit im Rechtsverkehr sowie in Kriegs- und Krisenzeiten.

## Der Landkauf von 1402 und seine Auswirkungen

Bei der Urkunde von 1331 konnten wir bereits den Eindruck gewinnen, dass sie durchaus die eine oder andere Auslegung ermöglichte. Hubert Ermisch kam auf diesen Gedanken im Zusammenhang mit einem weiteren und für die Stadt ebenso bedeutsamen Rechtsgeschäft, dem Landkauf von 1402, zurück. Sehr deutlich stellte der Bearbeiter des Urkundenbuchs in Bezug auf die Urkunde vom 29. September 1402 fest, dass »die Form der Urkunde, wie leider so oft, eine wenig präcise«[61] sei. Bislang wurde die Urkunde verstärkt unter dem Gesichtspunkt der Stadterweiterung betrachtet, sicherte sie doch der Stadt ein Territorium, das bis in die Anfangsjahrzehnte der Industriellen Revolution Raum für Bevölkerungswachstum, Stadtentwicklung und erste Industrieansiedlungen bot, wobei derartige Perspektiven den damals Handelnden unbekannt gewesen sind.

Einen Anhaltspunkt haben wir dennoch: Bereits 1382 trat das Kloster »einen Wiesenfleck«[62] an den Markgrafen Wilhelm zur Anlage einer Bleiche ab; die jährliche Pacht hatte dann der Bleichmeister zu zahlen. Alle seine Rechte behielt sich das Kloster allerdings vor. Bewohnt war der Fleck offenbar nicht, das Kloster gab also auch keine Rechte an »Gotteshausleute« ab. Der Markgraf bestätigte den Bleichgewerken 1390 nochmals den Besitz der (mittlerweile) drei Bleichen zwischen Stadt und Kloster.[63] Dass somit ökonomische Erwägungen beim nun folgenden Landkauf durchaus eine Rolle spielten, liegt auf der Hand. Gemäß unserem Blickwinkel wollen wir die Urkunde von 1402 nun inhaltlich zu den »Gotteshausleuten« befragen.

Leider liegen zu dem in der Urkunde einen breiten Raum einnehmenden Streitdorf, das ja immerhin schon seit 1318 zum Kloster gehörte, kaum Informationen vor. Das »Historische Ortsverzeichnis von Sachsen« enthält keine Aussagen zu dessen verwaltungsmäßiger und kirchlicher Zuordnung sowie zu den grundherrschaftlichen Verhältnissen und ebenso keine Aussage zum Übergang an die Stadt Chemnitz.[64] Eindeutig hingegen ergibt sich aus der Urkunde, dass das Dorf bewohnt war, also »Gotteshausleute« beherbergte. Ebenso eindeutig wird das große Interesse deutlich, das sowohl der Abt als auch die Stadt daran hatten: Kein Geringerer als Markgraf Wilhelm war um Rat und Schied gefragt worden und für beide Seiten wurden angesehene Adlige und der Abt von Altzella beim Vergleich tätig.[65] Den sehr umfangreichen Text zu Streitdorf kann man auch als »Urkunde in der Urkunde« ansehen, weist er doch Regularien des Aufbaus von Urkunden auf.

Alfred Mating-Sammler bemerkte dazu: »Jedenfalls hütete er [der Abt – St. P.] die ihm über Streitdorf zustehenden Rechte mit größerer Eifersucht als die über die übrigen verkauften Fluren. Die Stadt brauchte Streitdorf, um Raum zur Ausdehnung zu gewinnen, und da die Felder z. T. in Bauplätze […] verwandelt wurden, so musste ihr ganz besonders daran liegen, diejenigen Lasten abzuwälzen, welche die Streitdorfer Bauern als Unterthanen [man könnte auch sagen: als ›Gotteshausleute‹ – St. P.] zu tragen hatten.«[66] Wie sah nun die Lösung aus? 1. Der Vergleich regelte zunächst den Kauf und Verkauf von Gütern, ermöglichte Stadtbürgern deren Erwerb und sicherte, dass kein Rückkauf erfolgte. 2. Er ermöglichte »Gotteshausleuten«, in die Stadt zu ziehen, dort das Bürgerrecht zu erwerben und somit aus der Immunität des Klosters auszuscheiden. Der Satz »Stadtluft macht frei« erhielt so einen konkret auf Chemnitz bezogenen Inhalt. 3. Bestimmte Rechte an den Gütern verblieben bei Abt und Kloster und damit auch Formen der Abhängigkeit vom Kloster.

Man ist versucht, zunächst einen »Tausch« von »Gotteshausleuten« anzunehmen. Aber dem ist nicht so. Diejenigen ansässigen Bauern, die ihre Güter verkauften, konnten mit dem Erlös in die Stadt ziehen und dort Bürger werden. Eine Zunahme an Bevölkerung und damit einhergehend die weitere Bebauung der Stadt waren insbesondere nach den Stadtbränden Ende des 14. Jahrhunderts[67] im allgemeinen Interesse. Ebenso durften Bauern das Chemnitzer Bürgerrecht erwerben und dennoch im Besitz ihres Landes bleiben. Diese waren – so Hubert Ermisch – aber keine »persönlich Hörige[n]«,[68] also Freie. Sie tauschten tatsächlich den ihnen bislang vom Kloster gewährten Rechtsschutz gegen den der Stadt. Und Bürger, die Landbesitz erwarben, blieben natürlich Bürger der Stadt und genossen weiterhin deren Schutz. Stadtbürger, die schon vorher auf Klosterboden Land besessen hatten und dafür dem Abt zinsten, waren ja – wie Andrea Kramarczyk in ihrem Beitrag am Beispiel des Hans Schwenckenstein aufzeigt – ebenfalls keine »Gotteshausleute«.

Aus »unfreien Bebauer[n]« – so Hubert Ermisch – waren »freie, Stadtbürger«[69] geworden. Im Umkehrschluss kann man auch sagen, dass das Kloster – bedenken wir die Eingangsdefinition mit dem Verweis auf die Immunität als Charakteristikum – »Gotteshausleute« verloren hatte, ohne neue zu gewinnen, obwohl natürlich Abhängigkeiten und Verpflichtungen ihm gegenüber fortbestanden. Gerade unter diesem Aspekt war es dem Abt wichtig, für sich und sein Haus Rechte, Leistungen und Abgaben zu sichern. Als Rechtsakt behielt sich der Abt die Belehnung vor, wenn ein Städter das Gut kaufte, und nahm ein Versprechen für die zu leistenden Dienste ab. Die Güter waren unter anderem von Geschoss und Hirtengeld befreit. Vieh- und Getreidezehnt, Zinsen für Pflügen, Eggen und Mähen sowie den Garten- und Hühnerzins und auch Pfändungsrechte behielt sich der Abt jedoch vor.[70] Unter Betrachtung all dieser Zusammenhänge resümierte Hubert Ermisch: »Dieser Vertrag hatte eine Klasse von Stadtbürgern geschaffen, die von ihrem Grundbesitz dem Kloster noch immer viele Dienste und sonstige Pflichten zu leisten hatten«.[71] Aber: Eine neue Klasse »Gotteshausleute« war nicht entstanden. Die dinglichen Verpflichtungen gegenüber dem Kloster wurden dann nach einem reichlichen Vierteljahrhundert mit klingender Münze abgelöst.[72]

## Exkurs: Bewohner in der »eptey« und Terminer

In der urkundlichen Überlieferung begegnen uns zwei weitere Phänomene, die durchaus in Beziehung zum Thema »Gotteshausleute« stehen. Zum einen handelt es sich dabei um diejenigen Häuser an der späteren Lohgasse, die den Beinamen »eptey« erhielten, und zum anderen um eine Anzahl von Terminern, die in der Stadt zumindest zeitweise ansässig waren.

Aus einer Urkunde vom 14. Dezember 1395 erfahren wir, dass sich das Kloster im Besitz von Häusern befand, die – so die gängige Urkundenformel – schon »von aldir czu unserm goczhuze gehord habin«.[73] Wann und wie sie zum »goczhuse« kamen, bleibt offen. Deren Lage wird so beschrieben: »nebin der mueren hinder dem closterthore«.[74] Die Anlage der Häuser kann somit auch im Zusammenhang mit der Bebauung und Besiedlung des Stadtgeländes zwischen Jakobikirche und Klostertor stehen. In einer späteren Urkunde aus dem Jahr 1440 werden die Häuser als »convent in der lohengasse«[75] bezeichnet. Hubert Ermisch wies schon auf die durchaus differenzierte Rechtslage der Häuser und ihrer Bewohner hin.[76] In der Urkunde von 1395 wurden die Häuser vom Geschoss, dem Zirkeln und Wachdiensten befreit, zweimal im Jahr durfte darin gebraut werden, allerdings nur für den für das Kloster notwendigen Bedarf, womit geschickt Regelungen von 1331 umgangen wurden. Ihre Bewohner hingegen sollten jedoch Leistungen wie alle Bürger erbringen, blieben aber auch vom Zirkeln und Wachen befreit.[77]

Die Befreiung vom Zirkeln und Wachen deutet darauf hin, dass die Bewohner tatsächlich nicht zu den Stadtbürgern bzw. Handwerkern gehörten, denn der Zirkeldienst der Handwerker zum Bespiel war durch Ratsbeschluss geregelt.[78] Gerichtsstand blieb das Kloster, in Fällen von »ufloufte adir totslege«[79] allerdings wurde die Stadt zuständig, was wiederum auf das Innehaben der hohen Gerichtsbarkeit hinweist und über das 1331 Festgelegte hinausgeht. Wer nun allerdings die Häuser bewohnte, muss offenbleiben. Waren es Klostergeistliche, Angehörige des Klosters, die Dienste in der Stadt verrichteten, oder eben »Gotteshausleute«? Im Häuserverzeichnis Max Weigels sind bis 1495 keine Bewohner der Häuser benannt.[80]

Die Rechtsstellung der Häuser änderte sich im Gefolge des Schieds Herzog Georgs von 1493. Sollten der Abt und/oder seine Nachfolger die Häuser verkaufen, verpachten oder vermieten, dann sollten die Bewohner keinerlei Freiheiten mehr genießen und nur diejenigen Rechte haben wie alle anderen Bewohner der Stadt.[81] Offensichtlich vermietete nun der Abt die Häuser; jedenfalls erscheinen im Häuserbuch ab 1495 namentlich genannte Bewohner. 1497, 1498 und 1499 bezeichnete sie Max Weigel als »Untermieter der Abtei«[82] und unter 1526 verzeichnete er ohne Angabe von Mietern »miethheuser des apts zu kemnitz«.[83] »Gotteshausleute« waren das nun selbstverständlich nicht. Es handelte sich um Stadtbewohner, die in ein privatrechtliches Verhältnis, in ein Mietverhältnis eben, mit dem Abt eingetreten waren.

Im ältesten im Stadtarchiv überlieferten Einnahmemanual für die Jahre 1426 bis 1438 finden wir unter dem Trinitatis-Sonntag, dem 11. Juni, des Jahres 1430 folgenden Eintrag: »It[em] xxx gr grabe erbt von h[er]n merten h[er]n francze vnd h[er]n albrecht den terminern hy czu der stat«.[84] Die »Grabearbeit« wurde für den Ausbau und die Verstärkung der Stadtmauer erbracht; dazu waren die Bürger und – wie wir oben gesehen haben – auch die »Gotteshausleute« des Klosters verpflichtet. Die Leistung konnte mit eigener Arbeit, aber – wie in vorliegendem Fall – ebenso durch eine Geldsumme abgegolten werden. Auf den Zusammenhang mit der »Hussitenangst« ist bereits verwiesen worden. Alfred Mating-Sammler erwähnte die drei Terminer schon 1876.[85] Womit haben wir es nun hier zu tun?

Bei Terminern, abgeleitet vom Begriff der Terminei, handelt es sich nach der Definition von Johann Christoph Adelung um Personen, die »in der Terminey Almosen sammeln, und hernach auch betteln«.[86] Adelung setzte also Terminer nicht gleich mit Mönchen. Mit Terminei sind das ihnen zugewiesene Gebiet und dessen Grenzen gemeint. Nach dem ersten Nachweis von 1430 finden wir einen weiteren Hinweis in einer Urkunde aus dem Jahr 1480, in der Johan Moeler erwähnt wird, der zu dieser Zeit schon Terminer in der Augustinerterminei in Querfurt war und vorher 14 Jahre – seit 1466 also – als Terminer in Chemnitz gewesen war.[87] Hubert Ermisch verwies darauf, dass es sich dabei um die sogenannte Grimmaische Terminei handelte.[88] Dieser Johan Moeler wird in der Urkunde nun eben nicht als Angehöriger, sondern als »eyn gehorsamer deß genannten ordens«[89] bezeichnet. Ebenfalls als »Gehorsamer« wird Mauricius Barthußen bezeichnet, der möglicherweise zum Zeitpunkt der Ausstellung der Urkunde Terminer in Chemnitz war. Und genannt wird mit Merten Toderer der Besitzer der Terminei.[90] Diese standen also durchaus in einem Abhängigkeitsverhältnis zu ihrem Kloster, in einer »Dienstpflicht«, die eben darin bestand, für das Kloster Almosen zu sammeln und (für den eigenen Lebensunterhalt?) zu betteln. Dabei standen sie sicher unter dem Schutz ihres Ordens. Der Chemnitzer Kirchenhistoriker Stefan Thiele interpretiert »Gehorsam« ebenfalls nicht a priori im Sinne einer Ordenszugehörigkeit, sondern sieht ihn eher im Sinne von »unterstellt« oder »bediensttet«.[91] Sie sind also durchaus als »Gotteshausleute« fassbar.

Die Grimmaische Augustinerterminei befand sich am Roßmarkt;[92] 1527 wurde sie an die Stadt verkauft.[93] Neben den Augustinern unterhielten die Freiberger Dominikaner eine Terminei an der Unteren Webergasse, die ebenfalls bereits 1466 fassbar ist.[94] Diese existierte bis 1542, zuletzt den »Freiberger Nonnen«[95] zugehörig. Zu welchen Terminern nun die 1430 genannten zuzuordnen sind, müssen wir offenlassen. Festzuhalten bleibt jedoch, dass neben den Benediktinern und Franziskanern, die ja jeweils ein Kloster unterhielten, mit den Dominikanern und den Augustinern die beiden anderen großen Orden in der Stadt präsent waren.

## Aus »Gotteshausleuten« werden sächsische Untertanen

Das Ende der »Gotteshausleute« ist rasch erzählt: Noch 1536 und 1538 hatten Kaiser Karl V.[96] und sein Bruder König Ferdinand I.[97] die Reichsunmittelbarkeit des Klosters und seine Rechte bestätigt sowie es unter den Schutz des Reiches gestellt. Das galt auch für »allen und yeden des gotzhaus und closters [...] ambtleuten diener hindersassen underthanen haben und guter, wo die gelegen und inen zugehoerig sein«.[98] Nach dem Tod Herzog Georgs des Bärtigen führte dessen Bruder und Nachfolger Heinrich 1539 auch im albertinischen Sachsen die Reformation ein. Es erfolgten Sequestration und Säkularisation des Klosters und seine Umwandlung in ein herzogliches Amt. Aus »Gotteshausleuten« wurden erst einmal sächsische Untertanen, die ihre Abgaben nun an den Herzog entrichteten. Aus dem Register von 1541 geht hervor, dass dem Kloster in 41 Dörfern insgesamt 843 besessene Mann und 397 Hausgenossen untertan waren. Jährlich erhielt es von diesen fast 820 Scheffel Getreide (rund 122 180 Liter) und rund 490 Schock an Geld- und Fronzinsen.[99] Hubert Ermisch berechnete auf dieser Basis die jährliche Einnahme des Klosters mit 3 560 Gulden; den Gesamtwert des Klostergutes bewertete er mit 92 000 Gulden,[100] was nun zunächst dem frühneuzeitlichen Staat zufiel.

Allerdings schritt der Landesherr Herzog Moritz im Benehmen mit dem Landtag bald zum Verkauf von Teilen des ehemaligen Klosterbesitzes. 1543 gelangten Schönau an den Peniger Amtmann Peter Büttner sowie Burkhardtsdorf, Klaffenbach und Neukirchen an den Annaberger Bürger, Münz- und Bergmeister Wolf Hühnerkopf.[101] Damit änderten sich nochmals die Untertanenverhältnisse der ehemaligen »Gotteshausleute« oder »des aptis lute«. Die Häuser der »eptey« hingegen übereignete 1544 der Herzog dem letzten Klosterabt Hilarius von Rehburg. Noch im gleichen Jahr verkaufte dieser sie an die Stadt.[102] Damit endet nicht nur die das Chemnitzer Bergkloster betreffende Urkundenüberlieferung, damit geht auch das Kapitel »Gotteshausleute« in Chemnitz zu Ende.

Anmerkungen

**1** Moser, Johann Jacob: Von der Teutschen Reichs=Stände Landen, deren Landständen, Unterthanen, Landes=Freyheiten, Beschwerden, Schulden und Zusammenkünften. Franckfurt und Leipzig 1769, S. 932. (https://books.google.de/books?id=raBeAAAAcAAJ, letzter Zugriff am 26. 6. 2016). **2** Deutsches Wörterbuch, Bd. 8, Sp. 1257 (im Folgenden: DWB). **3** Vgl. Müller, Walter: Freie und leibeigene St.-Galler Gotteshausleute vom Spätmittelalter bis zum Ende des 18. Jahrhunderts. 101. Neujahrsblatt, hrsg. vom Historischen Verein des Kantons St. Gallen 1961. **4** Vgl. DWB, Bd. 8, Sp. 1257/58. **5** Burmeister, Karl Heinz: Gotteshausleute, Artikel vom 9. 1. 2007. (www.hls-dhs-dss.ch/textes/d/D16081.php, letzter Zugriff am 26. 6. 2016). **6** Vgl. Urkundenbuch der Stadt Chemnitz und ihrer Klöster (= Codex diplomaticus Saxoniae Regiae 2, VI), hrsg. von Hubert Ermisch, Leipzig 1879 (im Folgenden: UB). **7** Der Erwähnung von Capella folgt eine Rasur, die möglicherweise auf die Benennung einer Kirche und/oder Kapelle hindeuten kann. Im Rahmen des Kolloquiums am 22. April machte Prof. Dr. Karlheinz Hengst eine entsprechende Anmerkung. Die bisherige Lesart lautet allerdings auf den Ort Kappel. **8** UB, Nr. 303, S. 265. **9** Vgl. Strauß, Rudolph: Zur Problematik der villa abbatis, in: Beiträge zur Heimatgeschichte von Karl-Marx-Stadt, Heft 23, Karl-Marx-Stadt 1979, S. 65 ff. **10** Vgl. auch Hengst, Karlheinz: Klostergründung am Chemnitzfluss als Auftakt zur Besiedlung des Erzgebirges, in: Erzgebirgische Heimatblätter 1/2017, S. 28. **11** UB, Nr. 303, S. 265. **12** Vgl. Hemker, Christiane/Hoffmann, Yves/Krabath, Stefan: Stadtarchäologie in Chemnitz, in: Sächsische Heimatblätter 4/2014, S. 415 f. **13** Zöllner, Curt Wilhelm: Geschichte der Fabrik- und Handelsstadt Chemnitz von den ältesten Zeiten bis zur Gegenwart, Chemnitz 1888, S. 12. **14** Vgl. Ermisch, Hubert: Geschichte des Benediktinerklosters zu Chemnitz bis zum Ende des 14. Jahrhunderts, in: Archiv für Sächsische Geschichte, Neue Folge, IV. Band, Leipzig 1878, S. 272; vgl. Zöllner: Fabrik- und Handelsstadt (wie Anm. 13), S. 12 f. **15** Vgl. UB, Anm. zu 303, S. 265. **16** Vgl. http://de.wikipedia.org/wiki/Wachszinsige, letzter Zugriff am 26. 6. 2016. Die Literatur zur Thematik ist äußerst dünn. Das Handwörterbuch zur deutschen Rechtsgeschichte verweist auch nur auf eine voraussichtliche Veröffentlichung in der 41. Lieferung des VI. Bandes (www.hrgdigital.de/id/wachszins/stichwort.html, letzter Zugriff am 25. 4. 2017). Im Rahmen des Kolloquiums am 21. April 2017 wies Prof. Dr. Enno Bünz darauf hin, dass es sich bei der urkundlichen Erwähnung der Chemnitzer Wachszinsigen um die einzige Erwähnung östlich der Saale handele. **17** Vgl. http://de.wikipedia.org/wiki/Wachszinsige, letzter Zugriff am 26. 6. 2016. **18** Vgl. Zöllner: Fabrik- und Handelsstadt (wie Anm. 13), S. 12. Vgl. dazu auch: Mating-Sammler, Alfred: Stadt und Kloster. Chemnitz bis zur Erwerbung durch die Wettiner, in: Mitteilungen des Vereins für Chemnitzer Geschichte IV, Chemnitz 1884, S. 130 f. **19** Ebd., S. 13. **20** Ebd. **21** https://de.wikipedia.org/wiki/Hofrecht, letzter Zugriff am 26. 6. 2016. **22** UB, Nr. 303, S. 265. **23** Ermisch: Geschichte des Benediktinerklosters (wie Anm. 14), S. 272. **24** Ebd., S. 276. **25** Vgl. ebd., S. 292 ff. **26** UB, Vorbericht, S. XVII. **27** Ebd., S. XVII. **28** UB, Nr. 3, S. 3. **29** Ebd., Nr. 7, S. 5. **30** Ermisch: Geschichte des Benediktinerklosters (wie Anm. 14), S. 294. **31** Zöllner: Fabrik- und Handelsstadt (wie Anm. 13), S. 33. **32** Vgl. Bräuer, Helmut/Richter, Gert u. a.: Karl-Marx-Stadt. Geschichte der Stadt in Wort und Bild, Berlin 1988, S. 24. **33** Vgl. UB, Nr. 470, S. 427. **34** Vgl. Ermisch, Hubert: Geschichte des Benediktinerklosters zu Chemnitz im 15. und 16. Jahrhundert, in: Archiv für Sächsische Geschichte, Neue Folge, V. Band, Leipzig 1879, S. 206. **35** Vgl. UB, Nr. 310, S. 271. **36** Vgl. ebd., Nr. 317, S. 274. **37** Vgl. ebd., Nrn. 318 ff., S. 275 ff. **38** Vgl. ebd., Nr. 326, S. 279. **39** UB, Nr. 13, S. 10. **40** Ebd. **41** Ebd. **42** Vgl. ebd. **43** Ebd. **44** Ebd. **45** Ebd. **46** Vgl. Ermisch: Geschichte des Benediktinerklosters (wie Anm. 14), S. 297. **47** Vgl. ebd., S. 11. **48** Vgl. Zöllner: Fabrik- und Handelsstadt (wie Anm. 13), S. 35. **49** UB, Nr. 13, S. 10. **50** Ebd. **51** Vgl. Pfalzer, Stephan: Landesherrliche Privilegierungen als eine Form der Wirtschaftsförderung – Das Beispiel Chemnitz, in: Fiedler, Uwe/Thoß, Hendrik/Bünz, Enno (Hrsg.): Des Himmels Fundgrube. Chemnitz und das sächsisch-böhmische Gebirge im 15. Jahrhundert, Chemnitz 2012, S. 156–166. **52** Mey, Josephine: Die Landdinge der Mark Meißen als gesellschaftlicher Zentralort, in: Landtagskurier, 3/2016, S. 23. **53** UB, Nr. 76, S. 87. **54** Ebd. **55** Vgl. Fiedler, Uwe: Hussitenangst. Stadt und Gemeinde im Spannungsfeld des sächsisch-böhmischen Beziehungsgeflechtes im 15. Jahrhundert, in: Fiedler, Uwe/Thoß, Hendrik/Bünz, Enno (Hrsg.): Des Himmels Fundgrube. Chemnitz und das sächsisch-böhmische Gebirge im 15. Jahrhundert, Chemnitz 2012, S. 53–67. **56** Ermisch: Geschichte des Benediktinerklosters zu Chemnitz (wie Anm. 34), S. 209. **57** Vgl. UB, Nr. 132, S. 106. **58** Vgl. UB, Nr. 75, S. 141. **59** Vgl. Salisch, Marcus von: Der Sächsische Bruderkrieg. Ein mittelalterlicher Konflikt im Spannungsfeld europäischer Dimension und persönlicher Fehde, in: Fiedler, Uwe/Thoß, Hendrik/Bünz, Enno (Hrsg.): Des Himmels Fundgrube. Chemnitz und das sächsisch-böhmische Gebirge im 15. Jahrhundert, Chemnitz 2012, S. 99–109. **60** Vgl. UB, Nr. 176, S. 142. **61** Ermisch: Geschichte des Benediktinerklosters zu Chemnitz (wie Anm. 34), S. 198. **62** UB, Nr. 50, S. 43. **63** Vgl. ebd., Nr. 58, S. 49. **64** http://hov.isgv.de/Streitdorf, letzter Zugriff am 9. 11. 2016. **65** Vgl. UB, Nr. 76, S. 62 f. **66** Mating-Sammler: Stadt und Kloster (wie Anm. 18), S. 181. **67** StadtA Chemnitz. Archiv des Vereins für Chemnitzer Geschichte gc 9. Vgl. Klimpersche Chronik, Bl. 97r und 100r. **68** Ermisch: Geschichte des Benediktinerklosters zu Chemnitz (wie Anm. 34), S. 198. **69** Ebd. **70** Vgl. Mating-Sammler: Stadt und Kloster (wie Anm. 18), S. 182. **71** Ermisch: Geschichte des Benediktinerklosters zu Chemnitz (wie Anm. 34), S. 206. **72** Vgl. UB, Nr. 104, S. 85 ff.. **73** Ebd., Nr. 63, S. 53. **74** Ebd. **75** Ebd., Nr. 127, S. 102. **76** Vgl. Ermisch: Geschichte des Benediktinerklosters zu Chemnitz (wie Anm. 34), S. 195. **77** Vgl. UB, Nr. 63, S. 53 f. **78** Vgl. ebd., Nr. 69, S. 58 f. **79** Ebd., Nr. 63, S. 53. **80** Vgl. Weigel, Max: Häuserbuch der Stadt Chemnitz, Bd. 1 (= StadtA Chemnitz, Man 3), Bl. 24 b. **81** Vgl. UB, Nr. 431, S. 396. **82** Weigel: Häuserbuch (wie Anm. 80), Bl. 25. **83** Ebd., Bl. 26. **84** StadtA Chemnitz. Rat der Stadt bis 1928, III II 53 a I, Bd. I, Bl. 30 b. **85** Vgl. Mating-Sammler, Alfred: Vortragsbericht, in: Mitteilungen des Vereins für Chemnitzer Geschichte II, Chemnitz 1879, S. 25. **86** https://lexika.digitale-sammlungen.de/adelung/lemma/bsb00009134_3_0_382/Terminey, letzter Zugriff am 9. 8. 2016. **87** Vgl. UB, Nr. 281, S. 243. **88** Vgl. ebd. **89** Ebd. **90** Vgl. ebd., S. 243 f. **91** Persönliche Mitteilung von Dr. Stefan Thiele. **92** Vgl. Weigel: Häuserbuch (wie Anm. 80), Bl. 15 b. **93** Vgl. StadtA Chemnitz. Rat der Stadt bis 1928, VI I 46 b. **94** Vgl. Weigel: Häuserbuch (wie Anm. 80), Bl. 30 b. **95** Ebd., Bl. 111. **96** Vgl. UB, Nr. 471, S. 427 f. **97** Vgl. ebd., Nr. 472, S. 428 f. **98** Ebd., S. 428. **99** Vgl. ebd., S. 461. **100** Vgl. Ermisch: Geschichte des Benediktinerklosters zu Chemnitz (wie Anm. 34), S. 258 ff. **101** Vgl. UB, Nr. 487 ff., S. 441 f. **102** Vgl. ebd., Nr. 490 f., S. 443.

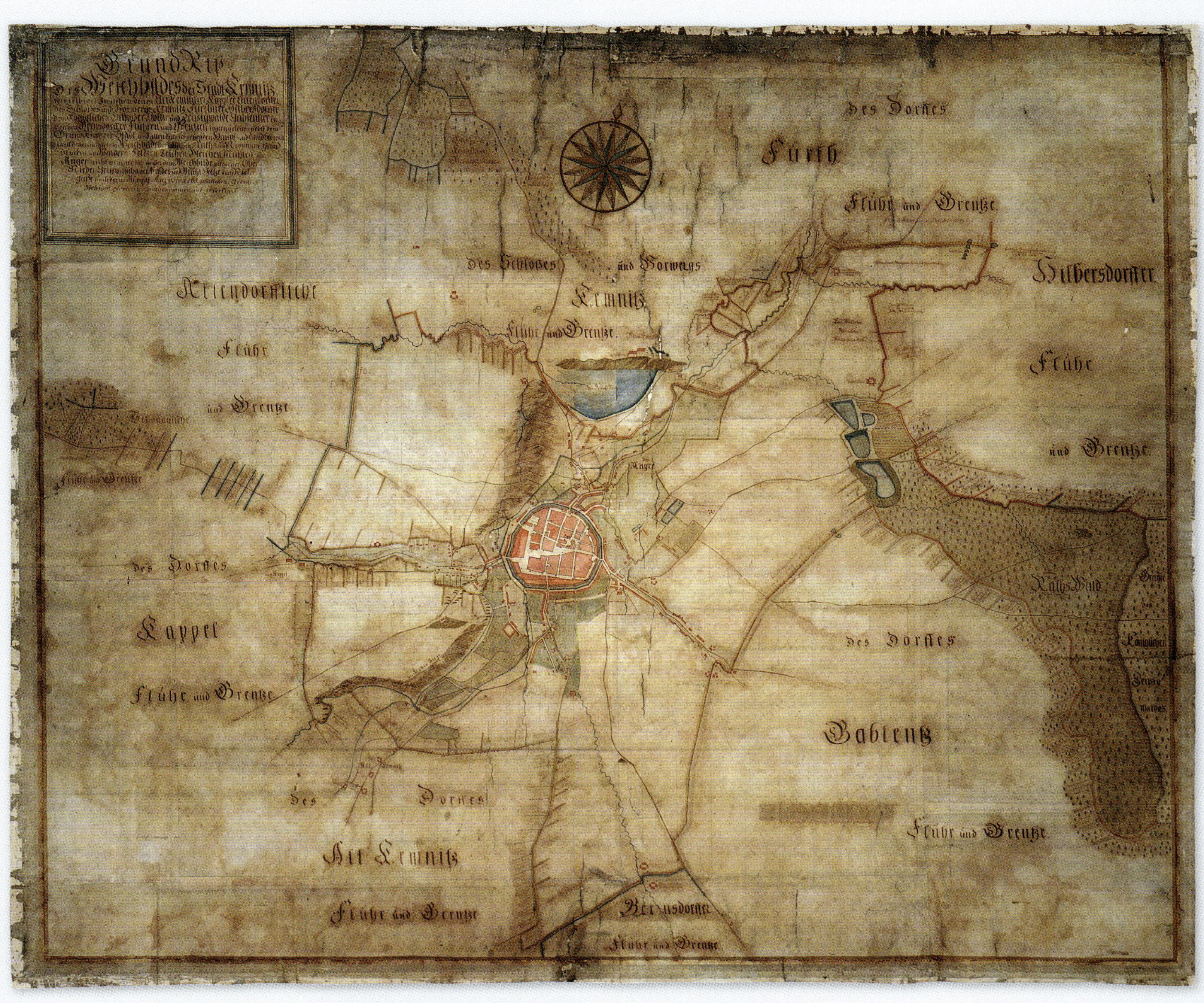

des Dorffes
Furth
Flühr und Grenzze
des Schlosses und Vorwergs
Kemnitz
Flühr und Grenzze
Hilbersdorffer
Flühr
und Grenzze
Flühr
und Grenzze
Flühr und Grenzze
Anger
Raths Wald
des Dorffes
Kappel
Flühr und Grenzze
des Dorffes
Gablentz
Flühr und Grenzze
des Dorffes
Alt Kemnitz
Flühr und Grenzze
Bernsdorffer
Flühr und Grenzze

ANDREA KRAMARCZYK

# Der große Landverkauf im Jahr 1402

## Güter zwischen Kloster und Stadt Chemnitz

Nachdem das Benediktinerkloster Chemnitz im 14. Jahrhundert mit Erwerb und Sicherung der Herrschaft Rabenstein sowie einiger Dörfer im Blankenauer Grund seine Besitzungen wesentlich erweitert hatte, kam es zum Beginn des 15. Jahrhunderts dazu, dass das Kloster umfangreiche Flächen an die Stadt Chemnitz abtrat. Seit diesem Verkauf von Feldern und Wiesen im Jahr 1402 hatte die Stadt eine neue Außengrenze, die bis zum Jahr 1880 für ihr Wachstum ausreichen sollte. Diese Stadtgrenze wurde auf Stadtplänen des 18. und 19. Jahrhunderts festgehalten. Sie schließt diejenigen Güter ein, welche zum Ende des 14. Jahrhunderts dem Benediktinerkloster gehört hatten und die im Jahr 1402 verkauft worden waren; damals stellte sie die neue Grenze zwischen Stadtgebiet und Klostergrund dar.

Über die einzelnen Grundstücke, die in der Verkaufsurkunde benannt sind, ist bislang kaum etwas bekannt. Lässt sich ihre Lage rekonstruieren? Dieser Beitrag widmet sich zuerst dem Verständnis der flurbeschreibenden Textpassagen der Verkaufsurkunde und dem Blick auf das betreffende Areal in frühneuzeitlichen Karten. Danach werden verschiedene Forschungsansätze zur Erkundung der Fluren abgewogen und gefragt, was sich über die Besitzer der Klostergüter herausfinden lässt. Dazu wird im letzten Abschnitt exemplarisch eines der Klostergüter auf Streitdorfer Flur eingehender besprochen.

### Die Urkunde vom 29. September 1402 über die an die Stadt Chemnitz verkauften Flurgrundstücke

Mit gutem Willen, wohlbedacht, rechtens und redlich verkauften laut Aussage des hier betrachteten Dokuments Abt Nikolaus von Meckau und der Konvent des Benediktinerklosters St. Marien bei Chemnitz umfangreiche Ackerflächen aus dem Klosterbesitz an den Bürgermeister, die Bürger und die ganze Gemeinde der Stadt Chemnitz.[1] Für die rings um das damalige Stadtgebiet liegenden Flurstücke wurden nur zum Teil Maße angegeben, zumeist aber auf die Lage und die angrenzenden Güter hingewiesen. Der Preis für diese Äcker betrug 45 »schog grossir phennynghe«, also 2 700 Silbergroschen.[2] Den Anlass zu diesem Rechtsakt boten zurückliegende Streitigkeiten zwischen Kloster und Stadt um Güter und Rechte in Streitdorf, die schließlich das Eingreifen des Fürsten und Schlichtungsverhandlungen notwendig machten. Auf Seiten der Stadt Chemnitz agierte dabei unter anderen Heinrich von Einsiedel, der ehemalige Besitzer etlicher Güter in Streitdorf. Die für die Benediktinerabtei über den Verkauf im September 1402 ausgestellte Pergamenturkunde trug insgesamt fünf Siegel, darunter die des Abtes und des Konvents.

Abb. 1 Johann Paul Trenckmann: Plan der Stadt Chemnitz und ihres Weichbildes, Chemnitz 1761

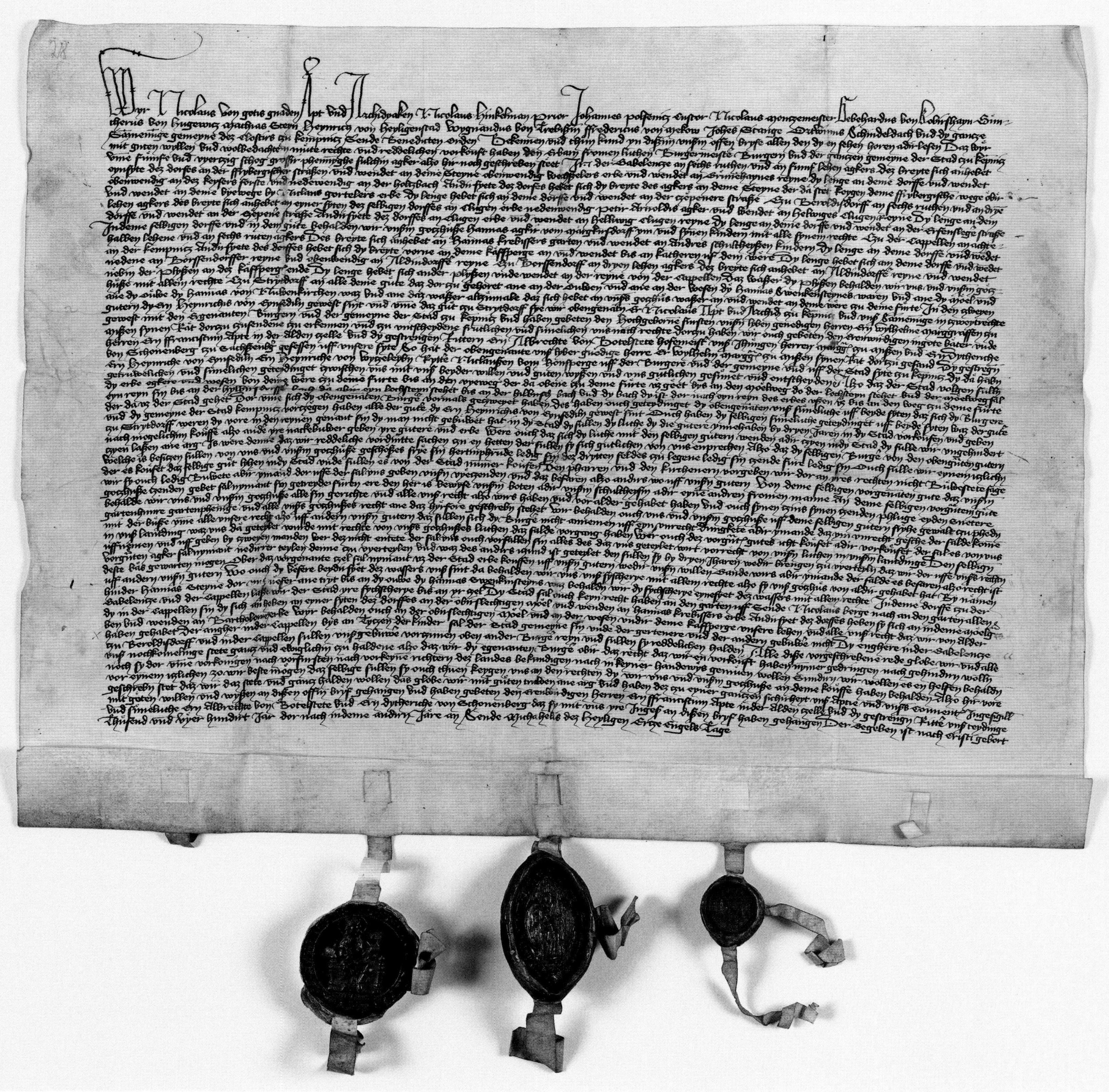

Abb. 2 Abt Nikolaus und Konvent des Benediktinerklosters Chemnitz: Urkunde über den Verkauf von Grundstücken an die Stadt Chemnitz, Chemnitz 1402 (StA Chemnitz, Urk.-Rep. Nr. 28)

Als Zeugen siegelten der Abt des Klosters Altzella sowie die Ritter Albrecht von Buttelstedt und Dietrich von Schönburg. Noch etwa 200 Jahre später wurde das Exemplar des Klosters – also das des Verkäufers – vor Ort vom inzwischen zuständigen Amtsschösser verzeichnet.[3] Es ging wahrscheinlich bei der Plünderung des Schlosses im Dreißigjährigen Krieg verloren.[4] Bewahrt blieb jedoch das schöne Exemplar des Rates der Stadt Chemnitz – also das Exemplar des Käufers – im Stadtarchiv mit noch drei erhaltenen Siegeln.[5]

Im Urkundentext finden Gewässer, Straßen, Wege, der Kaiserforst, einzelne Gräben und Reinsteine zur Abgrenzung der Dorffluren Erwähnung, und ebenso konkret sind die Verweise auf bestimmte Äcker, Wiesen und Gärten. Mit damals gebräuchlichen Begriffen werden Lokalitäten benannt, die den Zeitgenossen in der Stadt, im Kloster und in den jeweiligen Dörfern vertraut waren. Die Flurbeschreibungen enthalten somit die Namen bekannter Personen, welche das betreffende Grundstück aktuell besaßen oder bis vor Kurzem besessen hatten. Beispielsweise zur Beschreibung einer Hälfte des Kaufgutes im Dorf Kappel heißt es: »des breyte sich anhebet an Hannas Krebissers garten unde wendet an Andres Schultheyßen kindern, dy lenge an deme dorffe unde wendet an der Kempnicz«.[6]

Die Verhandlungspartner gingen stets von einem länglichen Teilstück der Flur aus, von einem gedachten Rechteck, denn die Rede ist von einer »Länge« und von einer »Breite«. An welcher Stelle mit der Breite oder der Länge begonnen wird, dafür gibt es vier Möglichkeiten. Da dies zumeist zwei Teilstücke pro Dorf und insgesamt fünf Dörfer betrifft – *Gabelencz, Beroldisdorf, Cappelle, Borssendorff* und *Strytdorff* –, gestaltet sich der Versuch einer Rekonstruktion des neuerworbenen Weichbildes der Stadt Chemnitz zum Jahr 1402 problematisch. Abgesehen von den heute fehlenden Kenntnissen um *Krebissers Garten* lassen sich zwar einzelne topografische Aussagen im Gelände oder anhand gleich bleibender Flurgrenzen in späteren Karten verorten, dennoch bleibt oft unklar, wo genau mit der Beschreibung begonnen wurde und wie die Flurstücke aneinander lagen. Die Übertragung beispielsweise des nördlichen Teilstücks von Kappel, welches mit seiner Grenze zur Altendorfer Flur einen verlässlichen Bezugspunkt bietet, offenbart sogleich die Schwierigkeit, dass das beschriebene Flurstück in der Angabe von Länge und Breite mit den tatsächlichen Maßen nichts zu tun zu haben scheint. Markiert auf dem Stadtplan sieht es einem liegenden Rechteck ähnlich, dessen lange Seite in der Urkunde jedoch als Breite bezeichnet wird und dessen breite Seite als Länge.

### Voraussetzungen für die Rekonstruktion der Flurstücke zum Verständnis der Urkunde

1. Die Dörfer um Chemnitz sind Waldhufendörfer. Die längliche Hufenform bestimmte um das Jahr 1400 die Vorstellung der Bewohner davon, was man unter einer Länge oder einer Breite zu verstehen hatte.

2. Die natürliche Oberfläche und die landschaftlichen Gegebenheiten von Chemnitz haben sich seit dem Mittelalter nicht grundlegend verändert. Auch wenn etwa der Chemnitzfluss gefasst und in seinem Lauf verändert worden ist, gibt es für fluranalytische Fragestellungen viele bleibende Anhaltspunkte.

3. Die Dörfer liegen entlang eines Gewässers. Somit begannen die Hufen ebenso wie die Beschreibungen der Flurteile stets unten im Dorf.

4. Wichtige Straßen haben in ihrem Verlauf Kontinuität. Sie trennten schon damals Grundstücke, ihr Schutz und Ausbau waren rechtsrelevant, insbesondere die vier Landstraßen: eine von Zwickau kommend, eine nach Freiberg gehend, eine von Altenburg kommend und eine nach Zschopau gehend.[7] Ihre Kennzeichnung mit Bäumen, Sträuchern, Gräben oder Steinen war seit August des Jahres 1449 sogar für beide Seiten vorgeschrieben. Auch Wege blieben lange Zeit bestehen und grenzten Güter voneinander ab.

5. Das neu hinzugekommene Weichbild umschloss die Stadt, die benachbarten Flurstücke berührten sich gegenseitig.

6. Die neue Stadtgrenze hatte über mehrere Jahrhunderte Bestand; ihr Verlauf ist an den späteren Plänen ablesbar.

7. Die Erläuterung der Fluren folgt dem Sonnenlauf. Die Beschreibung beginnt im Osten der Stadt im Dorf Gablenz, danach geht es rechts um die Stadt und mit der Fließrichtung des Chemnitzflusses. Auch die Geschosssteuererhebung[8] beginnt nach den Häusern beim Roten Turm vor dem Johannistor und folgt sowohl in der Langen Gasse als auch außerhalb der Mauer zunächst diesem Muster: Es geht rechts herum.

### Das Übertragen der Textaussagen zu den Dorffluren in grafische Formen

Zur Zeit der Abfassung der Urkunde gab es noch keine Landkarten oder Stadtpläne zur Eintragung von Wegen, Brücken, Grenzsteinen oder Höfen, die das betreffende Areal in irgendeiner Form grafisch darstellten. Deshalb werden die verbalen Aussagen zuerst für sich selbst stehend betrachtet, bevor sie im Kontext der erst über 200 Jahre später einsetzenden kartografischen Überlieferung zu Chemnitz ausgewertet werden sollen. Die Urkundenaussagen zu *Beroldisdorf* – im Folgenden ersetzt durch die jüngere Bezeichnung Bernsdorf – seien hier beispielhaft in eine schematische Skizze übertragen, ohne auf das heutige Wissen aus den Plänen Rücksicht zu nehmen. Überraschenderweise stellt sich die verkaufte Dorfflur von Bernsdorf auf dieser Basis regelmäßig dar. Eine Ausnahmebestimmung wurde für den Ratsherrn Hans von Markersdorf und seine Kinder gefunden, die mit ihrem Grundbesitz beim Kloster bleiben würden.

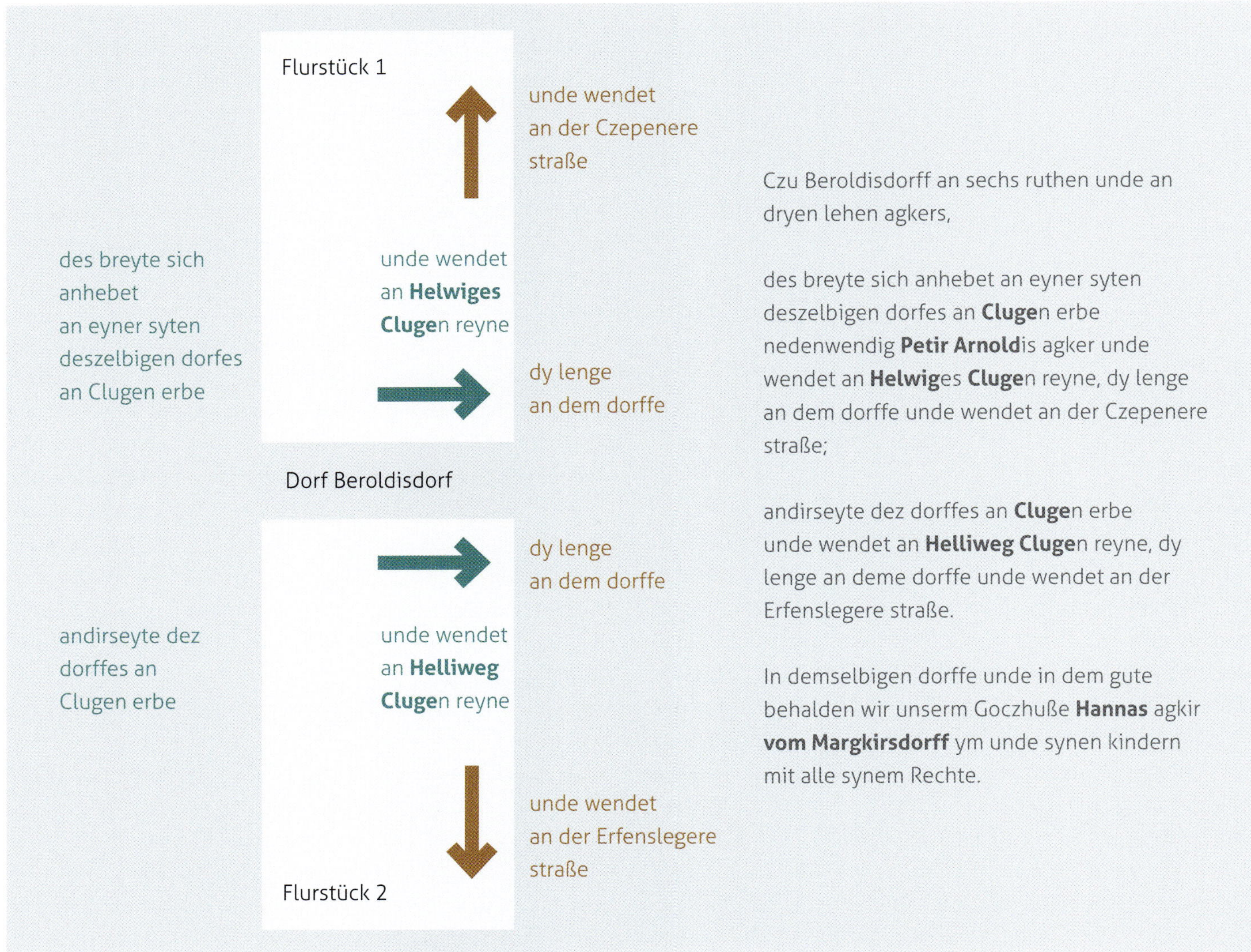


Abb. 3 Schema zur Lage der verkauften zwei Flurstücke in Beroldisdorf/Bernsdorf anhand des Urkundentextes

**Die Einbeziehung der kartografischen Überlieferung**

Das entstandene Schema sollte im nächsten Arbeitsschritt an der im ältesten Stadtplan, dem Trenckmann'schen Plan von 1761, erstmals vollständig festgehaltenen neuen Grenze des Weichbildes ausgerichtet werden, wobei Folgendes zu berücksichtigen ist:

1. Die Zuordnung der im Urkundentext beschriebenen Flurteile zur Kartendarstellung fällt bei den Flächen leichter, die zu Dörfern gehörten oder an Dörfer grenzten, deren Fortbestand als Gemeinwesen dokumentiert ist und deren Grenzen untereinander gewissermaßen einen Anfangspunkt bieten, wie am Beispieldorf Bernsdorf zu sehen ist, welches zwischen Gablenz, Altchemnitz und Kappel liegt.

2. Die an der neuen Stadtgrenze liegenden Äcker gehörten gewiss vor 1402 zum Benediktinerkloster. Die »inneren« Grundstücke jedoch bleiben in ihrer Lage unklar, denn die alte Grenze zwischen Stadt und Kloster lässt sich, so im Beispiel Bernsdorf, kaum bestimmen.

## Das Weichbild der Stadt Chemnitz und seine Erforschung

Eine offene Deutung ohne Verortung im heutigen Stadtplan erzwingen die vermeintlich verschwundenen Dörfer Streitdorf und Borssendorf, insbesondere die Flurgrenze zwischen ihnen. Dabei helfen ältere Pläne nur bedingt weiter, die überdies in Ausschnitt, Maßstab, Genauigkeit, Verzerrung, Dichte sowie Auswahl an Einträgen stark variieren. Hier weichen die bisherigen Thesen am stärksten voneinander ab.[9] Es ist jedenfalls kaum möglich, alle Eckpunkte und Grenzlinien der neuen Flurteile zu bestimmen. Aufgrund dieser Kompliziertheit scheint es bislang in der historischen Forschung unterblieben zu sein, sich auf den Urkundentext in allen Details einzulassen, die genannten örtlichen Gegebenheiten zu katalogisieren und weitere Quellen zu den einzelnen Äckern, Wiesen und Gärten hinzuzuziehen.

### Wirtschaftsgeschichte

Widmet sich der Historiker den Gütern zwischen Kloster und Stadt im Einzelnen, findet er Helmut Bräuers verdienstvolle Zählung von 231 Äckern, 78 Gärten, 34 Wiesen und 24 Scheunen, die im Jahr 1466 im Geschoßsteuerverzeichnis aufgeführt wurden.[10] Die Schwierigkeit der Forschung zu diesen Gütern liegt auf der Hand, denn nicht alle Flurgrundstücke sind zu lokalisieren und über lange Zeiträume zu verfolgen. Eine kritische Auswertung der kartografischen Überlieferung zu einzelnen Grundstücken setzt zunächst ein Überlappen des Kartenmaterials voraus. Auch wenn dies gegeben ist, muss bei der Nutzung der Pläne auf ihre Spezifik Rücksicht genommen werden: Die frühesten Karten sind nur näherungsweise aufeinander zu beziehen! Selbst wenn ein guter Fixpunkt zur Verfügung steht, wie beispielsweise die Brücke über die Chemnitz an der heutigen Hartmannstraße, offenbart der Vergleich, dass es sich – abgesehen von natürlichen und künstlichen Veränderungen des Flusslaufes – zumeist noch um keine Vermessungsdaten handelt.[11]

Die alten Chemnitzer Stadtpläne haben aber auch ihre besonderen Vorzüge, welche kurz überblicksartig und ohne den Anspruch auf Vollständigkeit erwähnt werden sollen: Der sogenannte »Ur-Oeder«, also das vielteilige Kartenwerk von Matthias Oeder (gest. 1614) aus den Jahren nach 1586, bietet Wehre, Mühlen und den Zeisigwald.[12] Die kolorierte Karte seines Neffen Balthasar Zimmermann (1570–1633/34) zum fürstlichen Besitz um das Schloß Chemnitz aus dem Jahr 1622 beschreibt die Felder und Wiesen auf dem ehemaligen Klostergrund.[13] Ein Plan der Schweden aus dem Dreißigjährigen Krieg zeigt den Anstieg der Berge.[14] Johann Paul Trenckmann (1704–nach 1761) – dessen Plan der Stadt und ihres Weichbildes aus dem Jahr 1761 gleich am Beginn dieses Beitrags zu sehen ist – bezeichnet die Grenzgräben, beschränkt sich jedoch bei der Darstellung des Flusses auf Andeutungen.[15] Ferdinand Boehle zeichnete im Jahr 1784 auf seinem Plan von Chemnitz die Vorstädte und die Gärten ein.[16] Carl August Hartwig stellte auf seinem 1828 erschienenen gedruckten »Grundriß der Stadt Chemnitz« die einst ummauerte Stadt und ihre Häuser im Einzelnen dar.[17] Der offizielle Flurcroquis von 1841 dokumentiert die Messpunkte an der Stadtgrenze und die Lage der im Flurbuch verzeichneten Grundstücke.[18] Der gedruckte Chemnitzer Stadtplan aus dem Jahr 1865 zeigt einige Vorwerke im Weichbild.[19] Die jährlichen Stadtpläne etwa aus den Jahren um 1880 erlauben Vergleiche in Zeiten rasanter Veränderung.[20] Vermessungsgewissheiten bieten die im Maßstab 1:1820 gezeichneten Flurkarten der Stadt, welche basierend auf den Erstvermessungen zum Flurbuch von 1840 fortgeschrieben wurden, beispielsweise Blatt 1 der Flur Schloßchemnitz »gez. 1891 von Hennicke«, auf dem sich die älteren Schlingen des Chemnitzflusses mit ihren Messpunkten finden.[21] Der aktuelle Stadtplan im Jahr 2018 enthält, in veränderter Funktion entlang einiger Stadtteilgrenzen, immer noch Flurgrenzen von 1402.[22] Die vergleichende Auswertung der kartografischen Überlieferung zum Stadtgebiet von Chemnitz zur Rekonstruktion von mittelalterlichen Flurgrenzen ist ein Desiderat.[23]

### Fluranalyse

Auf Grundlage der Größenangaben in der Urkunde berechnete Johannes Leipoldt die im Jahr 1402 verkauften Ackerflächen und stellte im Rahmen seiner Fluranalyse folgende Fragen: »Bei dieser auffallenden Vergrößerung, genauer Verdreifachung der Stadtflur, zu Beginn des 15. Jahrhunderts erheben sich nun die Fragen, wie die Einverleibung dieser beträchtlichen Flurteile geschah und von wem nach 1402 diese Flächen agrarisch genutzt wurden. Haben die vorherigen Inhaber und Bewirtschafter auch weiterhin diese Grundstücke besessen und bewirtschaftet? Oder ist eine wesentliche Besitzveränderung erfolgt, die die sozialökonomische Struktur der Stadt wesentlich veränderte? Was ist aus den bäuerlichen Bewohnern dieser 5 hinzugekommenen Flurabschnitte von vor 1402 geworden?«[24]

Die Beantwortung dieser Fragen, sollte sie aufgrund der Quellenlage möglich sein, wäre ohne Zweifel von Interesse. Nur ist zu beachten, dass der Schwerpunkt der zweiten Frage auf der später folgenden sozialgeschichtlichen Entwicklung der Stadt Chemnitz liegt und in der dritten Frage stillschweigend vorausgesetzt wird, dass im Jahr 1402 entwickelte Dorfteile voller »bäuerlicher Bewohner« eingemeindet wurden. Um die Frage nach den Vorbesitzern der Grundstücke beantworten zu können, sollte vielmehr berücksichtigt werden, dass diese rechtlich ans Kloster gebunden waren und sich durch den Landverkauf in erster Linie ihr Rechtsstatus und ihre Steuer- bzw. Abgabenpflicht änderten. Offenbar waren viele Landbesitzer auf dem Klosterterritorium ohnehin bereits Bürger von Chemnitz, denn für diejenigen (wenigen?) Besitzer von Gütern in Streitdorf, die noch nicht innerhalb der Stadt wohnten, wurde ein Passus in die

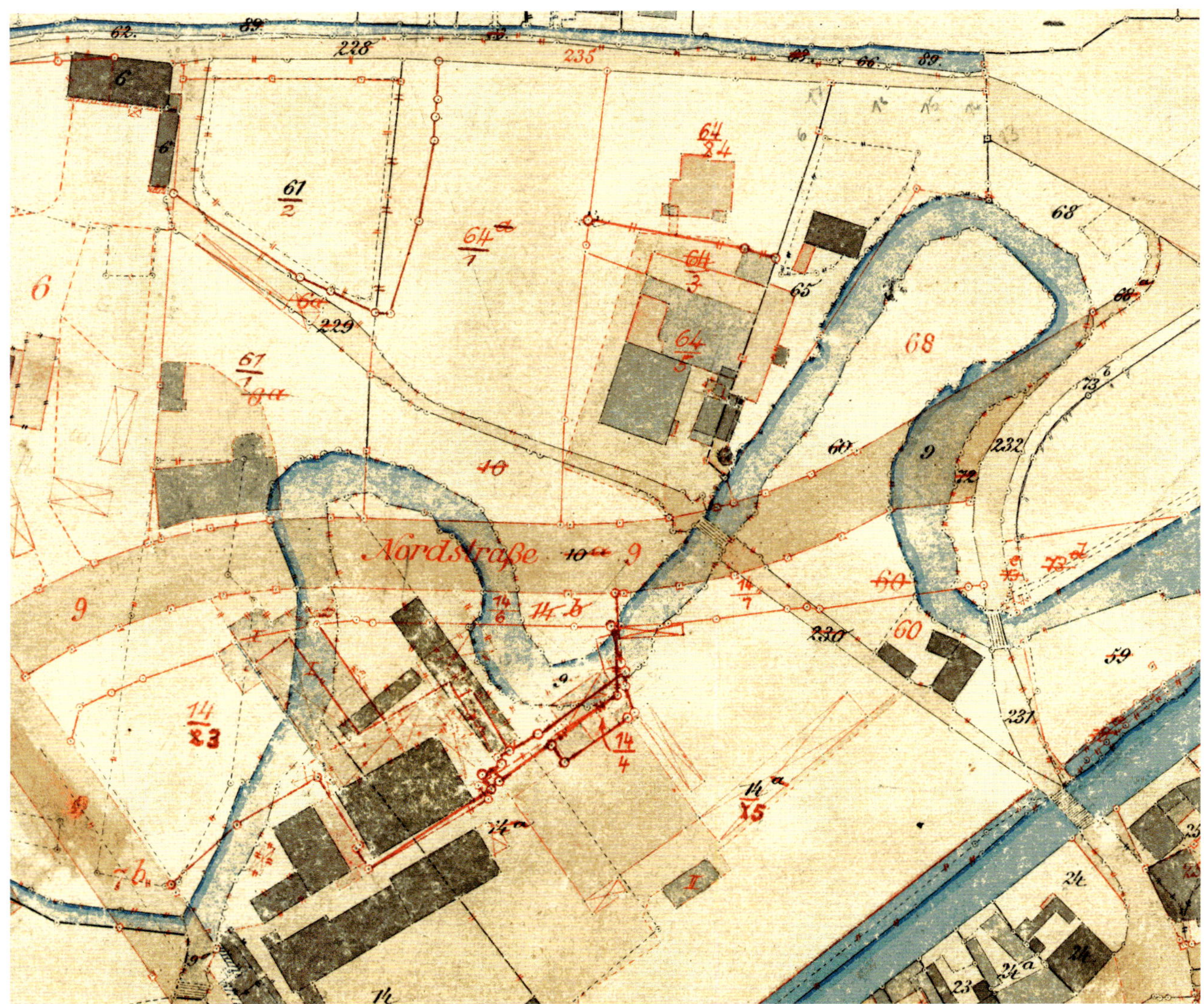


Abb. 4 Flurkarte, Flur Schloßchemnitz Blatt 1, Maßstab 1:1820 (Ausschnitt), Chemnitz 1891

Urkunde aufgenommen, wonach sie binnen drei Jahren in die Stadt umsiedeln sollten. Möglicherweise handelte es sich vor dem Jahr 1402 nicht um die kleinteiligen Grundstücksstrukturen, die wir aus dem im Jahr 1466 aktualisierten Geschoss- und Memorialbuch oder gar aus den Flurkarten des 19. Jahrhunderts kennen und insofern auch nicht um zahlreiche Einzelbauern.

Beide Forschungsansätze – Wirtschaftsgeschichte wie auch Fluranalyse – arbeiten vorrangig mit anonymen Daten und zählen Äcker, Mühlen oder Hektar ohne Rücksicht darauf, wie fruchtbar das betreffende Land jeweils ist.[25] Was können wir aber über die vorherigen Inhaber wissen? Welche Quellen des Mittelalters und der Frühen Neuzeit geben Auskunft über die Eigentümer bzw. Besitzer der Güter zwischen Kloster und Stadt?

▷

Abb. 5 Matthias Oeder: Entwürfe zur kursächsischen Landesaufnahme, genannt »Ur-Oeder« (Ausschnitt), Chemnitz, um 1586

### Personenforschung

Im Sinne einer prosopografischen Forschung geht es vor allem darum, die handelnden Personen zu identifizieren und im Zusammenhang zu betrachten. Eine erste Möglichkeit dafür bietet

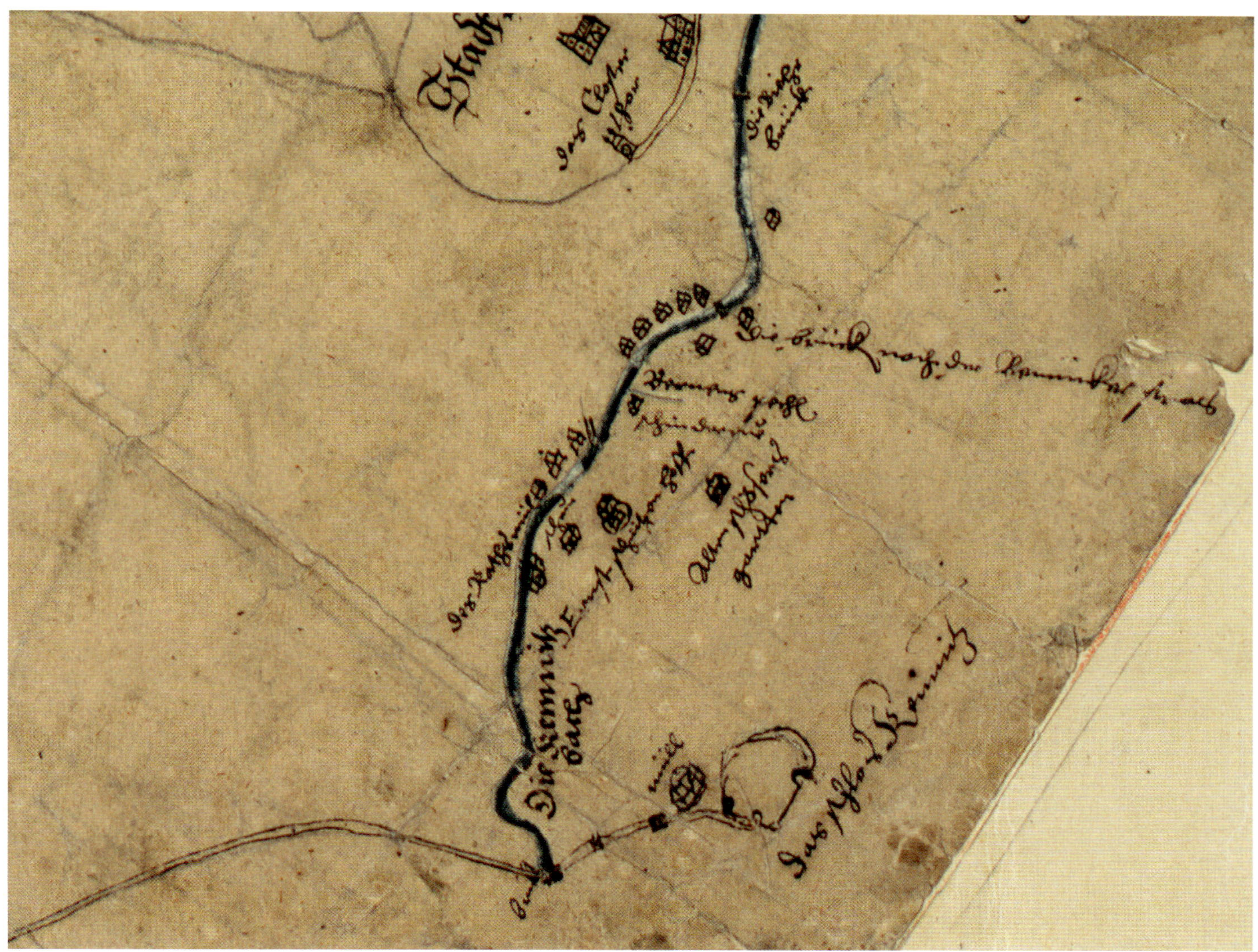

der Blick auf die in der Urkunde genannten Einzelpersonen, die durch weiterführende Forschungen an Gestalt gewinnen. Welche Namen in der Urkunde berechtigen zur Hoffnung auf weitere Quellenaussagen? Ein Beispiel dafür bietet der Abschnitt zu Streitdorf weiter unten.

Eine zweite Möglichkeit nutzt die Karten in Bezug auf Namensnennungen gezielter aus. Aus der Perspektive der Personenforschung sind weniger die sozialökonomischen Veränderungen, sondern die Kontinuitäten wichtig: Welche wohlhabenden grundbesitzenden Chemnitzer Familien vererbten Güter im Weichbild der Stadt Chemnitz, die auf den frühen Plänen der Stadt verzeichnet sind? Leipoldt listete 35 über mehrere Jahrhunderte erwähnte Vorwerke mit unsicheren Zuordnungen der Lage auf, darunter viele Dopplungen aufgrund seiner Methode. Herbert Dietze verortete dagegen mittelalterliche Freigüter, indem er anlässlich ihrer Vergenossenschaftlichung auf frühneuzeitliche Rechtsverhältnisse zurückblickte.[26] Von den Karten ausgehend erscheint es sinnvoller, einige verlässliche Eckpunkte näher zu betrachten, welche die Karten von Oeder und Zimmermann und Trenckmann mit ihren Besitzereinträgen bieten. Des »Alten schösers gartten« an der Stadtgrenze beispielsweise besitzt ein paar Jahrzehnte später die Tochter des Schössers. Auch »Ernst schützen hoff« am Grenzgraben bleibt in der Familie, obwohl das an den eingetragenen Namen nicht sofort zu erkennen ist.[27]

Eine dritte Möglichkeit besteht in der umfassenden Auswertung von Testamenten oder anderen Dokumenten des 16. und 17. Jahrhunderts, bei denen Besitzerwechsel deutlich werden. Dies ist ohne eingehende Familien- und genealogische Forschungen kaum zu bewerkstelligen. In Einzelfällen jedoch, bei besitzenden Familien, die über lange Zeiträume in Chemnitz lebten und wirtschaftlich erfolgreich waren, wird sich dieser aufwendige Ansatz lohnen. Die Chemnitzer Familie Arnold etwa besaß über Jahrhunderte Grundstücke im neuen Weichbild der Stadt, speziell auf Kappeler, Bernsdorfer und Gablenzer Flur.[28] Wenn es im Jahr 1474 heißt, die Bürger hätten Äcker nur stückweis vor den Toren,[29] dann gilt für die Arnolde: ja, aber vor allen drei Toren in der Südhälfte der Stadt und womöglich einst zusammenhängend.

Im Urkundentext wird bereits ein Trend von zunehmenden Grundstücksteilungen spürbar, der in den krassesten Fällen möglichst rückgängig gemacht und künftig zumindest begrenzt werden sollte: »Denselbigen vorgnanten agker sal nymant nedirrer teylen denne czu vyer teylen unde waz des andirs iczund ist geteylet, den sullen sy by dryen iharen wedir brengen czu vyer teylen, daz wir doruffe unsers rechten deste bas gewarten mogen.«[30] Diese Klage über eine Zersplitterung der Ackerflächen sagt etwas über den älteren Zustand aus, als offenbar noch nicht so viele Personen ihre Rechte geltend machten und damit auch das Kloster als Grundherr leicht den Überblick behalten und seine Abgaben mit vertretbarem Aufwand einfordern konnte. Folglich bieten viele der frühneuzeitlichen Grundstücke und sogar die spätmittelalterlichen Ackerzahlen zur Beurteilung der Dorffluren im 14. Jahrhundert kaum Gewissheit. Wenn aber die Anzahl der Grundstücke im Jahr 1402 nicht bekannt ist und einige Grenzen der fünf Dorffluren fraglich bleiben müssen, wie können dann überhaupt Aussagen zur Lage eines einzelnen Grundstücks bzw. zu den Besitzverhältnissen gewonnen werden? Dass dies im Einzelfall möglich ist, soll im Folgenden demonstriert werden.

## Ein Grundstück auf Streitdorfer Flur

Den größten Umfang in der Urkunde nehmen die Erläuterungen zur Flur des Dorfes Streitdorf ein, welches hier nur so und mit keinem anderen Namen genannt wird.[31] Es ist im Vergleich mit den anderen Dörfern, die Flächen abgaben, in der Urkunde überrepräsentiert. Die Überwindung der Streitigkeiten um das Wegerecht der Chemnitzer auf dem Weg nach Furth, der Streit um ein Gut in Streitdorf und die genauen Festlegungen zu den Fischereirechten des Klosters vermitteln den Eindruck, dass hier eine zentrale Frage berührt ist und, mithilfe der Sühneleute auf jeder Seite, vor allem dieser Streit beigelegt werden soll. Die anderen Dörfer gaben stets einen klar abgetrennten Teil in unmittelbarer Stadtnähe ab. Streitdorf jedoch wurde von der Stadt bis zur Flurgrenze von Furth komplett der Stadt einverleibt mit Ausnahme zweier Besitzungen und übrigens ohne Anhaltspunkte dafür, dass Teile des Dorfes wüst lägen. Die Stadt Chemnitz gewann auf diese Weise neue Weideflächen, welche sie benötigte, seitdem sie einen Teil ihres Angers zu Bleichwiesen gemacht hatte. Das Kloster sorgte seinerseits in den Verhandlungen dafür, nicht zu viele Fischereirechte zu verlieren, über die es dort unangefochten verfügte, wo ihm beide Flussufer gehörten. Im Sinne des prosopografischen Ansatzes seien dem konkreten Beispiel Überlegungen zum Autor des Urkundentextes vorangestellt.

### Exkurs zum Verfasser der Urkunde

Der maßgebliche Autor der Urkunde war zum Zeitpunkt der Abfassung womöglich in einem stattlichen Alter, denn er bezog sich in vielen Details auf bereits Vergangenes; auf nicht mehr lebende einst wichtige Akteure, auf zurückliegende Verkäufe oder Erbfälle, auf inzwischen historische Rechtsverhältnisse. Er bezeichnete die derzeitigen Besitzer häufig nicht mit ihren Vornamen, sondern als »die Kinder«. Er war mit den Verhältnissen im Weichbild der Stadt vertraut. Er stellte jedoch keinen Bezug zum jüngst im Sommer 1395 stattgefundenen Wegerechtsverkauf und dem gegenseitigen Grundstücksverkauf der Stadt mit Peter Arnold her, welcher die Aue und den Kapellenberg betraf, also genau die Flur von Kappel, die nun zum Weichbild der Stadt gehörte.[32] Es gibt keine Aussagen zu den Steinbrüchen direkt vor der Stadt oder zu den Bleichen. Der Autor stand dem Kloster, also dem Verkäufer, näher als den Bürgern der Stadt. Vielleicht war Ortwinus Schindeldach, der in der Urkunde vom September 1402 zuletzt genannte Mönch, an der Abfassung beteiligt. Vielleicht half Ortwinus dem betagten Abt Nicolaus von Meckau dabei, am Ende seines Lebens den wahrscheinlich mitverschuldeten Streit zu beenden.[33] Knapp zwei Jahre später, im März des Jahres 1404, agierte Ortwinus als neuer »abt unde archidiaconus czu Kempnicz« und legte als solcher den alten Streit um ein Lehnpferd bei, welches zu einer Aue in Streitdorf gehörte, die inzwischen auf Stadtgebiet lag.[34] In diesem Dokument ist der Benediktiner Mathias Stein als Letzter genannt; wohl ein Verwandter des Chemnitzer Ratsherrn Hans Stein, der selbst über ein Grundstück am Chemnitzfluss verfügte.[35]

### Die Schwenkswiese

Die neue Stadtgrenze, die von 1402 bis ins Jahr 1880 Bestand hatte, vermittelt im Nordosten einen besonders kleinteiligen Eindruck. Dafür mag die geografische Lage der Streitdorfer Flur entlang des Chemnitzflusses und die einst große Bedeutung der Chemnitzfurt in Furth verantwortlich sein sowie die spezielle Rechtslage von bestimmten Grundstücken an der Grenze zu Furth oder des riesengroßen, noch im 19. Jahrhundert zusammenhängenden Gutes, das später »Rotes Vorwerk« genannt wird,[36] insbesondere aber die Geschichte eines Wiesengrundstücks auf Streitdorfer Flur, welches im Jahr 1402 nicht mit an die Stadt Chemnitz verkauft wurde. Speziell um dieses Grundstück soll es im Folgenden gehen. Lässt es sich auf den historischen Landkarten auffinden und in seiner Lage rekonstruieren? Was lässt sich über die Besitzer in Erfahrung bringen?

Das Dorf Streitdorf lag längs des Chemnitzflusses, dessen Flusslauf in großen Schlingen verlief und ursprünglich viel näher an den Berg und das Benediktinerkloster heranreichte. Zu den Wiesen dieser Auenlandschaft am Fluss gehörte die große Wiese, die im Zimmermann'schen Plan aus dem Jahr 1622 als »Die Schwencks wise« ausgewiesen ist.[37] Aufgrund der hohen

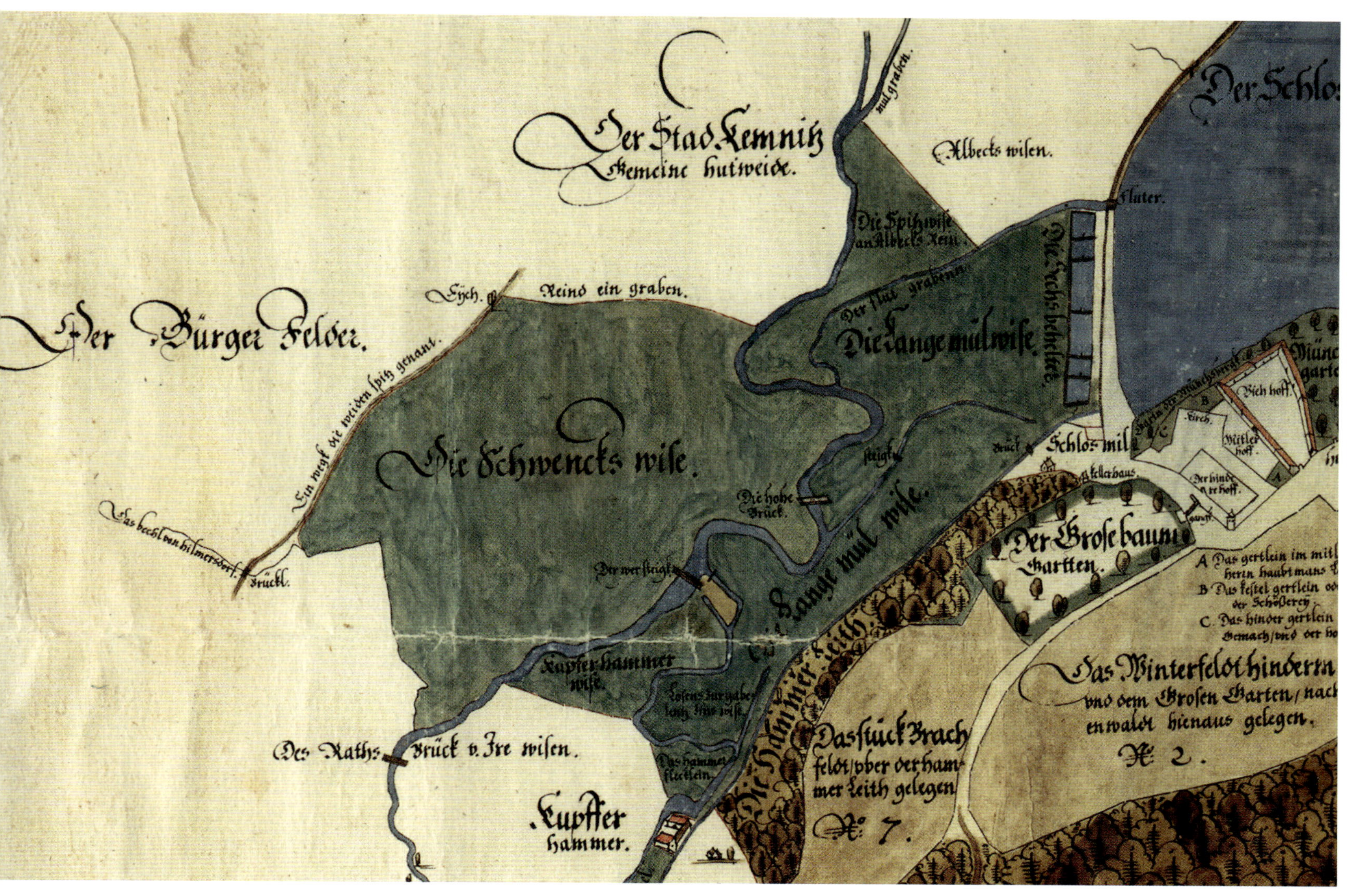


Genauigkeit der nach Süden ausgerichteten Karte Balthasar Zimmermanns lässt sich dieses Wiesengrundstück an der östlichen Flussseite mit seiner charakteristischen Form sehr gut in den späteren Stadtplänen und Flurkarten an der Grenzlinie zum späteren Stadtteil Schloßchemnitz und anhand der noch in Resten erhaltenen alten Flussschleifen auffinden. Die Schwenkswiese war fast so groß wie die einst ummauerte Chemnitzer Innenstadt. Das beachtliche Grundstück verblieb 1402 im Eigentum des Chemnitzer Benediktinerklosters, wahrscheinlich war es erst kurz davor an das Kloster gelangt. Blicken wir auf die Familienverhältnisse des Vorbesitzers dieser Wiese auf Streitdorfer Flur: Bei der umgangssprachlich verkürzten Schwenkswiese handelt es sich um die Schwenkenstein-Wiese, die ursprünglich zu den vielen Besitztümern der Chemnitzer Familie Schwenkenstein zählte. Bereits Nicolaus Schwenkenstein gehörte im Jahr 1324 zum Rat.[38] Im Jahr 1352 ist Frenczel Schwenkenstein als geschworener Bürger in Chemnitz genannt.[39] 1367 bezeugte er

Abb. 6 Balthasar Zimmermann: Plan des Schlosses Chemnitz und seiner Umgebung (Ausschnitt), Chemnitz 1622

gemeinsam mit seinem Verwandten Peter Arnold eine Stiftung, beide besiegelten die betreffende Urkunde.[40] 1371 stiftete Frenczel Schwenkenstein selbst Zinse im Dorf Niederfrankenhain zu einem Altar in der Chemnitzer St. Jakobikirche, das heißt zu einem von den fünf Altären, welche vier Jahre später vom Chemnitzer Abt bestätigt wurden.[41] Seine Söhne, die Brüder Hans und Franz Schwenkenstein, verkauften im Jahr 1401 das ganze Dorf Rottluff und zwei Güter in Röhrsdorf an das Benediktinerkloster gegen Zinse auf Lebenszeit, Besitzungen, die bereits ihre Eltern zu Lehen hatten.[42] Diese waren einst Lehnsmänner der Waldenburger.

Mit dem Erwerb der Herrschaft Rabenstein kamen nicht nur Dörfer, sondern auch mit umfangreichem Grundbesitz Belehnte an das Kloster, die längst auch einflussreiche Bürger der Stadt Chemnitz waren, so »Frenczlinus Swenckenstein in villis Rutloff et Rudigersdorff, Petrus Arnoldi in Helbegesdorff« und »Waltherus de Schonaw«.[43] Das Kloster mag im komplizierten Beziehungsgeflecht zwischen den bestimmenden Stadtbürgern, den Gutsbesitzern der Klosterdörfer oder den einflussreichen adligen Familien im weiteren Umkreis um Klärung der Verhältnisse bemüht gewesen sein.

Hans Schwenkenstein, Hans von Neukirchen und Ritter Heinrich von Einsiedel sind drei in der Urkunde von 1402 genannte Vorbesitzer von Grundstücken auf Streitdorfer Flur. Heinrich von Einsiedels frühere Güter an der Flurgrenze zu Furth wurden nun – im Beisein des gestrengen Herrn von Einsiedel – im Jahr 1402 an die Stadt verkauft. Wahrscheinlich hatte ihm auch das große Gut in Streitdorf gehört.[44] Die einstige Mühle und Aue des Hans von Neukirchen blieb beim Kloster, sie kann daher nichts mit der schon erwähnten Lehnpferd-Aue zu tun haben, sondern lag auf der Klosterseite des Chemnitzflusses. Hans Schwenkensteins Wiese jedoch lag auf der Stadtseite des Flusses, nördlich der heutigen Müllerstraße. In der Urkunde heißt es, das Kloster verkaufe die Streitdorfer Güter ohne die Aue und ohne die Wiese, die Hans Schwenkenstein gehört hatten.[45] Es scheint sich demnach sogar um zwei Grundstücke zu handeln.[46] Die Wiese und die Aue könnten ein Jahr zuvor bei der Übertragung sämtlicher Güter von Hans und Franz gegen Zinszahlung mit an das Kloster gekommen sein. Hans Schwenkenstein hatte wie sein Bruder vermutlich keine Nachkommen. 1412 verzichtete er zugunsten des Klosters auf das Patronatsrecht für den Schwenkensteiner Altar, sein Haus in der Stadt, gelegen am Kirchgässchen, kam schließlich Altaristen zugute.[47] Sollte er zuletzt selbst die Kutte genommen haben? Auch wenn dies nicht der Fall war, scheint das Kloster bei den Verhandlungen zur Aufteilung von Streitdorf darum gerungen zu haben, die große Schwenkenstein-Wiese in der fruchtbaren Flussaue behalten zu dürfen.

Die Form der nördlichen Stadtgrenze bezeugt ebenso wie der Urkundentext die besondere Aufmerksamkeit aller Beteiligten für die Chemnitzaue in Streitdorf. Das Benediktinerkloster trennte sich wahrscheinlich ohne großes Bedauern von einigen Ackerflächen auf den trockenen Bergen rings um die Stadt, was in kurzen lapidaren Sätzen Ausdruck fand. Die Fischerei im gesamten Pleißbach jedoch, die Gärten in der später sogenannten Niklasgasse im Dorf Kappel und wenigstens zwei große Grundstücke in der Streitdorfer Flussaue blieben beim Kloster, ebenso wie das nur wenig eingeschränkte Fischereirecht in der Chemnitz. Mit dem Landverkauf im Jahr 1402 sollten wahrscheinlich die grundherrlichen Rechtsverhältnisse übersichtlicher gestaltet werden. So gesehen wähnte sich das Chemnitzer Benediktinerkloster zu diesem Zeitpunkt vielleicht als Gewinner nicht nur der Rabensteiner Fehde, sondern – entgegen allem Anschein – auch des Streites um Streitdorf.[48]

Das Beispiel des Grundstücks der Schwenks-Wiese zeigt, dass es möglich ist, ein einzelnes Grundstück auf alten Plänen zu erkennen und bis in die Zeiten verlässlicher Vermessungspunkte hinein zu lokalisieren und in der heutigen Stadt zu rekonstruieren. Das Beispiel von Hans Schwenkenstein als Grundstücksbesitzer der Wiese veranschaulicht, was ein prosopografischer Forschungsansatz zu leisten vermag. Aus einem potenziellen Bauern des Dorfes Streitdorf wurde ein besitzender Bürger der Stadt Chemnitz, welcher einer einflussreichen Familie entstammte, die belehnt war mit einem Dorf in der Herrschaft Rabenstein, die entfernte Grundstücke besaß auf halber Wegstrecke nach Leipzig und ihr Andenken als Stifter eines Altars in der der St. Jakobikirche pflegte. Hans Schwenkenstein war ein wohlhabender Mann mit vorteilhafter Verwandtschaft, mit Gütern um und mit Hausbesitz in Chemnitz. Er war dem Benediktinerkloster Chemnitz selbst einmal als Verkäufer gegenüber getreten.

Mit Blick auf das Ringen um die Güter zwischen Kloster und Stadt verdeutlicht gewissermaßen eine Wiese, wie die lokalen und personellen Einzelheiten zum besseren Verständnis der Verkaufsurkunde erschlossen werden können. Die kartografische Rekonstruktion in Verbindung mit der Personenforschung ermöglicht zudem Aussagen, die über das Interesse am Einzelgrundstück und seinem Besitzer hinausreichen und sowohl zur Erforschung der Geschichte des Benediktinerklosters Chemnitz als auch der Chemnitzer Stadtgeschichte beitragen.

Anmerkungen

**1** Vgl. Ermisch, Hubert (Hrsg.): Urkundenbuch der Stadt Chemnitz und ihrer Klöster (= Codex diplomaticus Saxoniae regiae. 2. Hauptteil, 6. Band), Leipzig 1879 (im Folgenden: UB Chemnitz), Nr. 76, S. 61–64. **2** Vgl. UB Chemnitz (wie Anm. 1), S. 62. **3** Johann Georg Arnold (1558–1612) bezeichnete dieses Dokument »im schwartzen Schube-Kästlein auf dem Schlosse Kempnitz« wie folgt: »No. 33. Vergleichunge zwischen dem Closter und der Stadt Chemnitz, der Bereinungen halber, anno 1402«, in: Richter, Adam Daniel: Umständliche aus zuverläßigen Nachrichten zusammengetragene Chronica der [...] Stadt Chemnitz, 1. Teil Annaberg 1753, 2. Teil Annaberg 1754, hier 2. Teil, S. 293 f. **4** So wüteten beispielsweise am 8. Oktober 1634 acht kaiserliche Reiter beim Amtsschösser; sie plünderten, warfen Akten wie Dokumente umher und verteilten darauf Kompott und Honig. Kramarczyk, Andrea: Reiter im »blauen Schloss«. Vorgeschichte, Blüte und Niedergang von Schloss Chemnitz, in: Fiedler, Uwe (Hrsg.): Der Kelch der bittersten Leiden. Chemnitz im Zeitalter von Wallenstein und Gryphius, Chemnitz 2008, S. 65–75, hier S. 72. **5** Stadtarchiv Chemnitz, Urkunde Nr. 28, s. Kat. Nr. 4. **6** UB Chemnitz (wie Anm. 1), S. 62. **7** So wurden sie in einer Urkunde aus dem Jahr 1449 aufgeführt: »von Zcwickow gein Kempnicz und furder gein Friberg, dornoch von Aldemburg uff Kempnicz und von Kempnicz uß uf die Czschape gein Behem«. UB Chemnitz (wie Anm. 1), S. 117 f. **8** Geschoß- und Memorialbuch der Stadt Chemnitz, 1466, Sächsisches Staatsarchiv, Hauptstaatsarchiv Dresden, 10024 Geheimer Rat (Geheimes Archiv), Loc. 09831/32. Siehe Kat.-Nr. 4. **9** Am spektakulärsten nehmen sich die Deutungen zu dem um 1200 genannten Dorf *villa abbatis* aus, für das sich alle damals namenlosen Dörfer anzubieten scheinen. Karl-Heinz Hengst begründet in seinem Aufsatz in diesem Katalogbuch, wieso er Borssendorf für das Dorf des Abtes hält. Diese Zuordnung ist auch deshalb wahrscheinlich, weil das Dorf am Pleißbach nahe beim Kloster sowie auf der gleichen Seite des Chemnitzflusses lag und die große nördliche Borssendorfer Flur stets beim Kloster verblieb. **10** Bräuer, Helmut: Die Stadtbevölkerung von Chemnitz zwischen 1450 und 1600, Karl-Marx-Stadt 1978, S. 24. **11** Auch Pläne, welche auf Grundlage von Vermessungen entstanden sind, beinhalten Daten, Ortshinweise und Linien, die recht frei eingezeichnet wurden, wie der Eintrag zur »brück nach der Benicker stras« von Matthias Oeder zeigt. Oeder, Matthias: Entwürfe zur kursächsischen Landesaufnahme oder »Ur-Oeder«, um 1586, Hauptstaatsarchiv Dresden, Sign. Ur-Oeder, Nr. 745. **12** Ebd. **13** Zimmermann, Balthasar: Plan des Schlosses und seiner Umgebung, Chemnitz 1622, Original im Sächsischen Staatsarchiv, Hauptstaatsarchiv Dresden, 12884 Karten und Risse, Sign. Schrank 3 Fach 37 Nr. 1 (MF 11092). Siehe auch den Abschnitt zu Streitdorf. **14** Fotokopie eines Planes der Schweden aus dem Dreißigjährigen Krieg nach freundlichem Hinweis von Uwe Fiedler. **15** Trenckmann, Johann Paul: Plan der Stadt Chemnitz und ihres Weichbildes, Chemnitz 1761, Schloßbergmuseum Chemnitz, Sign. II4 3544/S. Siehe Kat.-Nr. 25. **16** Boehle, Ferdinand: Karte aus dem Jahr 1786 im Hauptstaatsarchiv Dresden nach einer Reproduktion auf einem Plakat des Verlages Heimatland Sachsen Chemnitz. **17** Hartwig, Carl August: »Grundriß der Stadt Chemnitz«, 1828, Schloßbergmuseum Chemnitz, Sign. cm001288. **18** Heppner, Alexander: »Croquis oder Flur Schlossgasse mit Schloß-Vorwerk«, um 1840, Stadtarchiv Chemnitz, Sign. III B 05 sowie Planarchiv Nr. 1486. **19** Plan der Stadt Chemnitz 1865, Schloßbergmuseum Chemnitz, Sign. XI 438/S. **20** Schloßbergmuseum Chemnitz, Sign. XI 445 S, XI 448 K, XI 484 S, XI 485 S. **21** Städtisches Vermessungsamt, Flur Schloßchemnitz Blatt 1. **22** Stadtplan Chemnitz, hrsg. vom Städte-Verlag mit Unterstützung des Städtischen Vermessungsamtes Chemnitz, 11. Auflage, Maßstab 1:22500, o. J. [2018]. **23** Seit dem Kolloquium »Ein Kloster zwischen König, Stadt und Markgraf« im Schloßbergmuseum Chemnitz im April 2017 trifft sich eine Projektgruppe, die sich dem Anliegen verschrieben hat, historisches Kartenmaterial georeferenziert aufzubereiten. Es ist geplant, hierfür eine offene Arbeitsgruppe beim Chemnitzer Geschichtsverein e. V. zu etablieren. **24** Leipoldt, Johannes: Fluranalytische Untersuchungen zur sozialökonomischen Entwicklung im alten Chemnitz, in: Beiträge zur Heimatgeschichte von Karl-Marx-Stadt 17, Karl-Marx-Stadt 1969, S. 29–55, hier S. 40. **25** Arndt Töpler nahm in seinen vielfältigen Recherchen zur Geografie von Chemnitz darauf Rücksicht. Ein Teil seiner hinterlassenen Notizen und Zeichnungen gehört heute zum Bestand des Schloßbergmuseums Chemnitz. Folgende Manuskriptsammlung im Stadtarchiv gewährt einen Überblick: Töpler, Arndt: Die Arbeiten zur Frühgeschichte von Chemnitz im Lichte der Heimatgeologie. Chemnitz bis 1944, Stadtarchiv Chemnitz, Sign. Mat 30. **26** Dies ist mit vielen Unsicherheiten behaftet; im Fall von Rottluff erhellen die Quellen des 16. Jahrhunderts nicht die Lehensverhältnisse um 1400. Siehe: Dietze, Herbert: Die ehemaligen Freigüter der eingemeindeten Dörfer von Karl-Marx-Stadt und ihre Besitzer, in: Sächsische Heimatblätter 4/1963, S. 344–351, hier S. 349. **27** Die Beispiele zitieren Matthias Oeder und berücksichtigen die auf dem Zimmermann'schen Plan eingetragenen Höfe. Die Grundstücke stellte Johann Paul Treckmann dar, der auch den alten Grenzgraben angab und die Lokalisierung im heutigen Park beim Schlossteich erleichtert. Die Recherchen zu diesen Gütern unterhalb des Berges auf einstigem Klostergrund werden im Rahmen der Epochenprojekte im Schloßbergmuseum Chemnitz fortgeführt als Stadtteilgeschichte von Schloßchemnitz. **28** In welcher Weise die Arnold'schen Äcker und Gärten im Spätmittelalter in der Stadtgesellschaft besprochen wurden, stellte Paulus Niavis in verschiedenen lateinischen Dialogen dar. Dies und viele Hinweise zur Chemnitzer Familie Arnold enthält folgender Aufsatz: Kramarczyk, Andrea: Ottilia Arnold (um 1485–1557) und ihre Familie. Eine Spurensuche zur Mutter von Barbara Uthmann, in: Barbara Uthmann (1514–1575) – Profile einer erzgebirgischen Unternehmerin im mitteleuropäischen Kontext. Tagungsband der Sächsischen Landesstelle für Museumswesen, Chemnitz 2017, S. 55–74, hier insbesondere Anm. 14 zum Grundbesitz der Familie in Chemnitz. **29** UB Chemnitz (wie Anm. 1), S. 222. **30** Ebd., S. 64. **31** Im Geschoß- und Markbuch der Stadt Chemnitz ist um 1466 von einem Acker »czu streytzdorff« die Rede. **32** Der Bleichrichter und Bleichgewerke Peter Arnold und seine Söhne besaßen demnach sowohl vor als auch nach dem Tausch mit der Stadt die zur Reisichtmühle gehörende Aue; die Rede ist von »unser auwen«. Das Dokument bezeugt zugleich die Existenz eines alten Grenzgrabens, wahrscheinlich zwischen dem Weichbild der Stadt und dem Klosterterritorium. Vgl. UB Chemnitz (wie Anm. 1), S. 52 f. **33** »Unde umme das gut czu Strytdorff sye wir obengenannten er Nicolaus apt unde archidyaken czu Kempnicz unde unser sammenunge in czweytrechte gewest«. Ebd., S. 62. **34** Dieses Grundstück lag »zwischen den wassern«, nämlich dem Pleißbach und dem Chemnitzfluss. Ebd., S. 65. **35** Ebd., S. 64. **36** Schon Matthias Oeder vermerkte, das Vorwerk sei »mit Ziegel gedackt«. Oeder: Entwürfe zur kursächsischen Landesaufnahme (wie Anm. 11), Nr. 745. **37** »Die Schwencks wise.« lag auf der dem Kloster abgewandten Seite des Chemnitzflusses. Vgl. hierzu Zimmermann: Plan des Schlosses (wie Anm. 13). Im Register zum Urkundenbuch finden sich auch die Schreibweisen »Schwenckstein-« sowie »Schwengkwieße«. UB Chemnitz (wie Anm. 1), S. 516. **38** Ebd., S. 9. **39** Ebd., S. 14. **40** Ebd., S. 28. **41** Ebd., S. 37 f. **42** Die Pergamenturkunde des Klosters vom 10. Dezember 1401 bezeugt, »den wysen vorsichtigen knechten Hanße unde Franzen Swenkensteyn gebrudern meteburgern czu Kempnicz« alle Besitzungen abgekauft zu haben, die »yre eldern unde sy von unsern vorfaren« einst erhalten hatten. Ebd., S. 352. **43** Ebd., S. 330. Der Chemnitzer Bürger Walther von Schönau stiftete, ebenso wie Franz Schwenkenstein, einen der fünf Altäre in der St. Jakobikirche. Ebd., S. 39. Siehe auch: Weigel, Johannes: Bilder aus dem katholischen Chemnitz, Chemnitz 1928, S. 20 f. **44** Dafür gibt es nur schwache Anhaltspunkte. Die Rede ist von zwei Gütern bei dem Wehr in Furth, die Heinrich von Einsiedel »gewest sint vnnde umme daz gut czu Strytdorff« (was Hubert Ermisch im Urkundenbuch jedoch mit dem Satzzeichen trennt). Stadtarchiv Chemnitz, Urkunde Nr. 28, Zeile 18. An anderer Stelle heißt es zusammenfassend, die Parteien hätten sich geeinigt über alle Güter, die Heinrich von Einsiedel gehört hatten. Die Besonderheit der beiden Güter bei Furth scheint gewesen zu sein, dass man sie »nicht gebuwet hat in dy stad«, was Fragen zu einem früheren Erwerb der stadtnahen Flur von Streitdorf aufwirft, etwa das Gebiet des Angers bis zum Graben an der Schwenkswiese. **45** Im Original steht genau: »ane an der ouwen unde ane an der wesen, dy Hannas Swenkensteynes waren«, Stadtarchiv Chemnitz, Urkunde Nr. 28, Zeile 16. **46** Da die Begrenzung der Schwenkenstein-Aue, für die das Flussufer des Klosters auf Höhe der Schwenkswiese infrage kommt, nicht möglich ist, beschränkt sich die Betrachtung auf die Wiese. **47** UB Chemnitz (wie Anm. 1), S. 71 f. **48** Diese Hoffnung erfüllte sich wohl nicht sofort, denn nun – vielleicht wegen manch inkonsequenter Festlegung in der Urkunde – gingen die Unklarheiten und die kleinen Streitigkeiten erst richtig los; es wurden bald Lochsteine ausgegraben, Leute schworen Lehnseide, die das gar nicht mehr sollten und die Zahlungen für die alten Dienste gerieten ins Stocken.

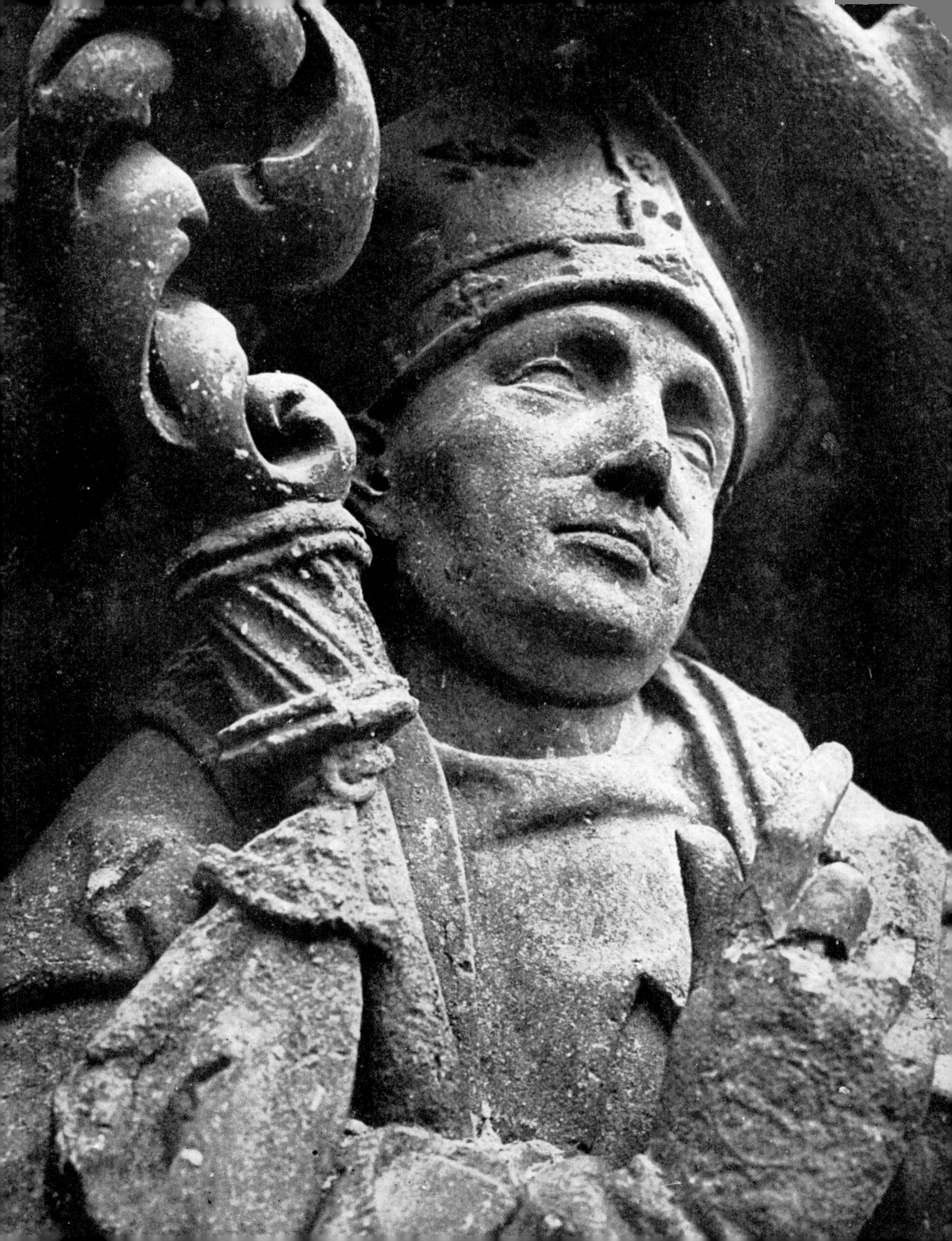

THOMAS SCHULER

# Die Novizendialoge des Paulus Niavis

## Reales und Fiktionales aus dem Chemnitzer Kloster

Meine erste bewusste Begegnung mit Niavis ist bald 20 Jahre her. Damals gelang es Herrn Fiedler, einen sehr selten angebotenen Schülerdialog in München zu ersteigern. Es war für das Schloßbergmuseum der Beginn einer langjährigen Beschäftigung mit diesem Thema, die 2013 ihren Schlusspunkt in der zweisprachigen Edition der Dialoge fand.[1] Zu danken ist Frau Kramarczyk für die Betreuung und das beharrliche Ausräumen aller Hindernisse sowie den beiden Übersetzern, Oliver Humberg und dem inzwischen verstorbenen Gerd Weng, die uns diese wertvollen Zeugnisse aus der Chemnitzer Schulpraxis leicht zugänglich gemacht haben.

Paul Schneevogel[2] bevorzugte als Humanist die lateinische Namensform und nannte sich Paulus Niavis. Er hatte in Ingolstadt und Leipzig studiert und wurde 1485 zum Rektor der Lateinschule in Halle berufen. Weil sich dort die Pest ausbreitete, ging er im selben Jahr nach Chemnitz – wiederum als Rektor der Lateinschule, die er aber schon drei Jahre später wieder verlassen musste. Die Dialoge sind also Früchte seiner ersten Berufsjahre. Für diese Übungen zur lateinischen Umgangssprache nutzte der junge Humanist eine höchst moderne didaktische Methode: Sie sind für drei Lernstufen konzipiert und ihre Gesprächsthemen sind aus der jeweiligen Lebenswelt der Kinder und Jugendlichen gegriffen. So erhalten wir wertvolle Einblicke in die Welt der Kinder, der Schüler und der Novizen – und damit auch in die Stadt Chemnitz und ihr Schulwesen und das Benediktinerkloster. Die Novizendialoge[3] setzen sich aus drei ganz eigenständigen Teilen zusammen, die möglicherweise erst für die Publikation lose zusammengefügt wurden: Die Kapitel 1 bis 3 beschreiben den Weg des Scholars Hubertus vom Postulant zum Novizen; er führt Gespräche mit dem Prior, einem Novizen und dem Abt. In Kapitel 4 und 5 diskutieren die Brüder Mirenus und Dinellus über die Speisen im Kloster und unterhalten sich auf einem Spaziergang. Im letzten Kapitel streiten die Brüder Philhardus und Chilo über die gute alte Zeit und die vom Abt durchgeführte Klosterreform.

Die Leitfrage dieses Beitrags ist, ob die Novizendialoge fiktiv sind oder ob sie als reale Quellen zur Geschichte des Chemnitzer Klosters taugen. Dem Anliegen dieses Kataloges entsprechend, werden Niavis und Chemnitz in den regionalen Kontext der benediktinischen Klosterlandschaft und der Reformbewegungen des späten 15. Jahrhunderts gestellt. Der Gliederung der Novizendialoge folgend, sollen fünf Aspekte im Mittelpunkt stehen: die Widmung an den Chemnitzer Abt, die Aufnahme als Novize, die Besichtigungstour, das Leben im Kloster und die Reformdiskussion. Andere ergiebige Fragestellungen müssen beiseite bleiben, weil sie abseits der Ausstellungsthematik liegen, so die Aussagen zur monastischen Spiritualität, oder das eigentliche Interesse des Autors, das dem Einüben der lateinischen Sprache gilt.

Abb. 1 Meister HW (Hans Witten?): Heiliger Benedikt am Astwerkportal der Klosterkirche (Ausschnitt), um 1505, Aufnahme um 1930

## Die Widmung an Abt Heinrich von Schleinitz[4]

Andrea Kramarczyk[5] wies auf einen von Niavis später publizierten Musterbrief hin und bezog ihn auf den unfreiwilligen Abgang von Niavis aus Chemnitz. Anlass war der Vorwurf einer Affäre mit einer wohlhabenden Ehefrau. Da Niavis beim Offizial des Abtes mit seiner Sicht der Dinge nicht durchkam, suchte er Abt Heinrich von Schleinitz persönlich auf. Er erreichte, dass den Denunzianten kein Glaube geschenkt wurde und erhielt zudem die Erlaubnis, Bücher auszuleihen. Ich teile Frau Kramarczyks Einschätzung, dass die Publikation der Novizendialoge erst nach diesem Treffen anzusetzen und eine Reaktion darauf sei. Die Bemerkung in der Widmung »Da ich deine *humanitas* hinlänglich kennengelernt und auch in der Tat erfahren habe« hat also einen realen Anlass. Hinter der Rhetorik der Widmung steht demnach echte Dankbarkeit.

## Die Aufnahme ins Kloster

Im ersten Kapitel führt der Scholar, der übrigens – wie Niavis selbst – aus Eger stammt, mit dem Prior ein Sondierungs- und Bewerbungsgespräch. Der Prior, der als zuständiger Mönch die ganze Aufnahmeprozedur begleitet, prüft die Lauterkeit der Motive, und möchte klären, ob der junge Mann nur aus der Welt fliehen will, und wie seine Eltern dazu stehen. Er schildert die Rolle des Novizen: »Als *junior* müsse man allen, die vor einem eingetreten sind, mit Ehrerbietung begegnen, ungeachtet von Stand, Lebensalter oder Bildung, sowie ohne Murren alle typischen Hilfsarbeiten verrichten, wie Glockengeläut, Wecken zur Matutin, Kerzen anzünden u. a.« Er betont auch die Härten des Klosterlebens, zum Beispiel den festen Tagesablauf oder dass das ganze Mönchsleben sich in Chor und Zelle abspiele, und dass man das Klostergelände nicht verlassen dürfe. Vor allem prüft er, ob den Postulanten nur ein Strohfeuer gepackt hat; denn ohne Beständigkeit wird das Klosterleben nicht gelingen.

Im zweiten Kapitel ist ein Novize sein Gesprächspartner, der ihn im Auftrag des Priors durch das Gebäude und Gelände führt. Dazu mehr im folgenden Abschnitt. Dieser Novize verrät auch, dass der Prior immer so abschreckend zu Neuankömmlingen sei, weil die Benediktregel solche Prüfungen vorsehe. Davon dürfe man sich nicht entmutigen lassen. Das dritte Kapitel setzt einige Zeit später ein. Der Scholar, der nun Hubertus genannt wird, bittet erneut den Prior um Aufnahme und um seine Unterstützung bei den nächsten Schritten. Zunächst geht es darum, den Abt gewogen zu stimmen, denn bisher stehe dieser der Aufnahme skeptisch gegenüber. Der Prior ermutigt Hubertus, dem gnädigen Herrn persönlich gegenüberzutreten: »Der Abt sei ganz umgänglich und freundlich [*mansuetus et perhumanus*] und man könne mit ihm wie mit einem siebenjährigen Knaben sprechen«. (Ob das Heinrich von Schleinitz wohl als Lob aufgefasst hat?)

Das Gespräch mit dem Abt verläuft positiv; auf Antrag des Priors gewährt er seine Zustimmung, verweist jedoch auf das Kapitel der Mönche, das hierbei ein gewichtiges Wort zu sagen habe. Vor dem Kapitel bittet Hubertus dann um Aufnahme. Darüber wird in seiner Abwesenheit beraten; der Prior befragt dazu jeden Konventualen einzeln. Schließlich überbringt er Hubertus die gute Nachricht. Der wird daraufhin eingekleidet, jedoch ohne das in der Benediktregel vorgesehene Zeremoniell.

In diesen drei Kapiteln sind der Duktus und die Begrifflichkeit durchaus vom Kapitel 58 der Benediktregel inspiriert, in dem die Aufnahme der Brüder behandelt wird. Allerdings fällt auf, dass ein eigener Novizenmeister nicht erwähnt wird, obwohl dieser schon in der Benediktregel vorgesehen ist und bei den zeitgenössischen Reformen eine wichtige Rolle spielt. De facto übernimmt bei Niavis der Prior diese Funktion. Das ist zu Beginn einer Reform, wenn die Gruppe der reformtreuen Mönche noch klein ist, durchaus nicht ungewöhnlich; die Formung der Klosteraspiranten ist schließlich eine Schlüsselfunktion. Vom Unterricht im Noviziat und seinen Inhalten erfahren wir nichts. Dies ist höchst erstaunlich, denn laut Widmung bittet Paulus Niavis den Abt, er möge diese Dialoge den Novizen zu lesen geben. Für die Beurteilung des fiktiven und realen Charakters ist diese Erwartung sehr aufschlussreich. Wer hofft, dass der Abt diese Dialoge seinen Novizen als Lektüre weitergibt, der muss schon realitätsnahe Texte vorlegen – und Niavis nennt ja den Chemnitzer Mönch Martin Arnold von Stollberg als seinen Gewährsmann. Wir dürfen also den drei ersten Kapiteln eine hohe Realitätstreue unterstellen.

## Die Besichtigungstour

In Kapitel 2 führt ein Novize den Schüler durch das Kloster und die Umgebung. Wir müssen uns dabei bewusst sein, dass dieser Besuch noch vor den großen Bauaktivitäten von Heinrich von Schleinitz[6] stattfand; als es noch die ziemlich bescheidenen hochmittelalterlichen Bauten mit dem schräg vorspringenden Südostflügel gab (zum Folgenden vgl. Abb. 2).[7]

Die erste Station des Rundgangs[8] ist der Kreuzgang (*ambitus*). Der Novize weist zwar darauf hin, dass hier Schweigen geboten sei, aber die beiden unterhalten sich munter weiter. Spezielles Interesse weckt dort der Brunnen mit den beiden Wasserspeiern, die als Löwenkopf und als Menschenkopf geformt sind. Dann wandert der Blick in den Innenhof, in dem ein Kräutergarten angelegt wurde. Der Scholar ist sehr beeindruckt von einem spätgotischen expressiven Kruzifix mit ganz verzerrtem Mund.[9] Anschließend geht es in die damals noch hochgotische Kirche (*antiquorum ritu constructum*). Den nicht so hellen Raumeindruck lobt der Novize, weil dies die Andacht fördere – ganz anders, als dies bei den lichtdurchfluteten Kirchen der Gegenwart der Fall sei. Dann verlassen sie die Kirche und den inneren

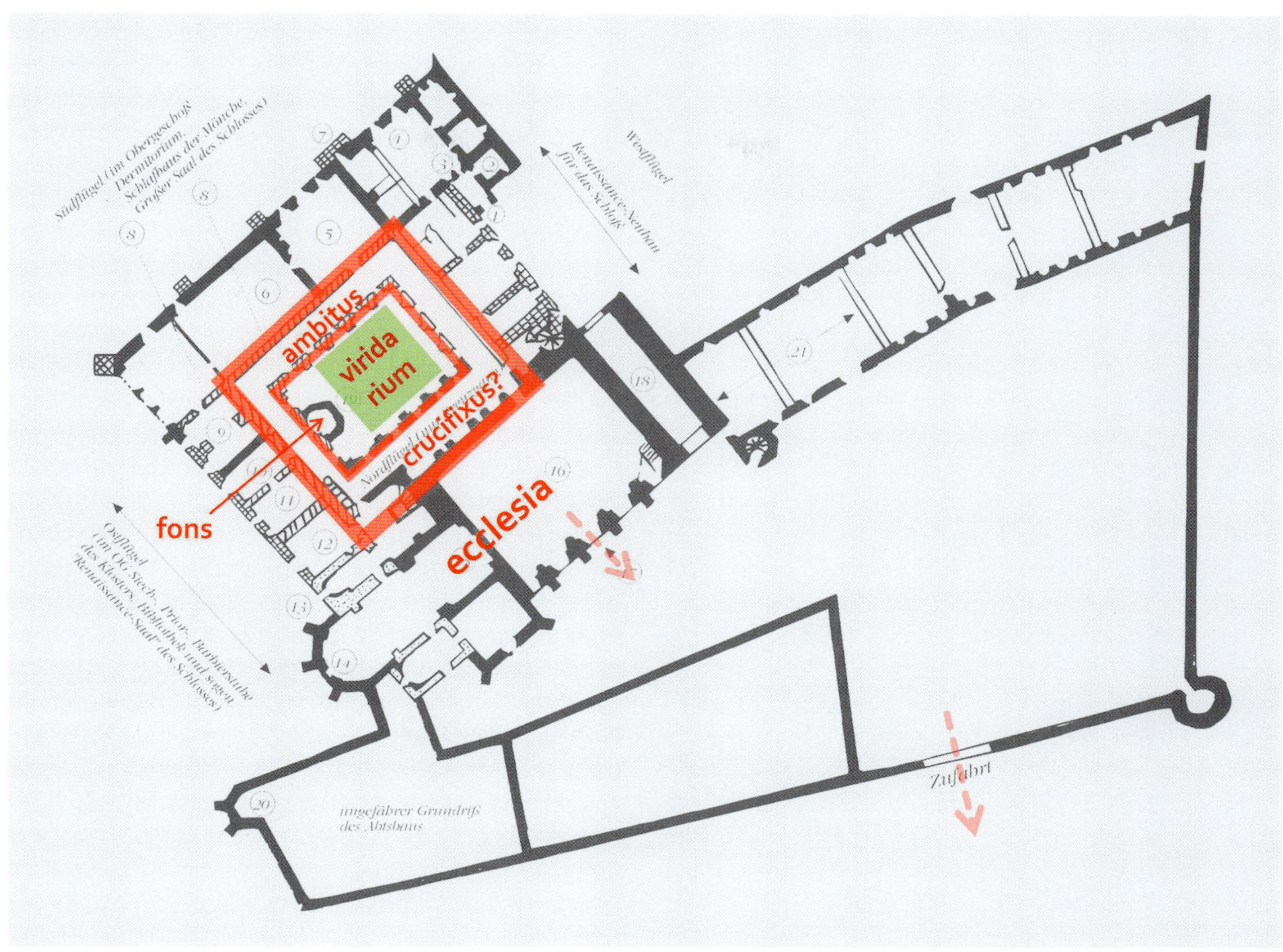


Abb. 2 Der Rundgang innerhalb des Klosters: Die Skizze gibt den bekannten oder erschließbaren Ausbau zur Zeit der Reformation wieder, nicht den Zustand zur Zeit des Niavis.

Bereich des Klosters und gehen zum Bach, »den wir ›Bleiß‹ nennen«. Am Bach[10] liegen Mühle und Scheune; auch das Badehaus der Mönche befindet sich dort. Das ganze Areal wird Hof (*ferma*) genannt. Ebenso sind hier die Häuser der für die Nutztiere zuständigen Dienstleute (*familiares*) und der Handwerker verortet, sowie das – aus Streitigkeiten mit der Stadt hinlänglich bekannte – öffentliche Wirtshaus.[11]

Was den Realitätsgehalt dieses Rundgangs betrifft, so bezieht er sich zweifellos auf die Chemnitzer Situation. Dennoch verwundert, dass nur wenige konkrete Beobachtungen erwähnt werden und dass dem Postulanten nicht der Kapitelsaal, das Refektorium oder das Dormitorium gezeigt werden. Vielleicht galten die bescheidenen Räume des Klosters so kurz vor deren Neubau nicht mehr als vorzeigbar. Meines Erachtens beschreibt Paulus Niavis nur, was er selbst bei seinem Besuch im Kloster auf einem kurzen Weg durch den Kreuzgang gesehen haben kann. Viel ausführlicher wird er dann im zweiten Teil, wo er das öffentlich zugängliche Außengelände beschreibt. Insgesamt ist also der Ertrag dieser Quelle zu Erhellung der Topografie des Chemnitzer Klosters recht gering.

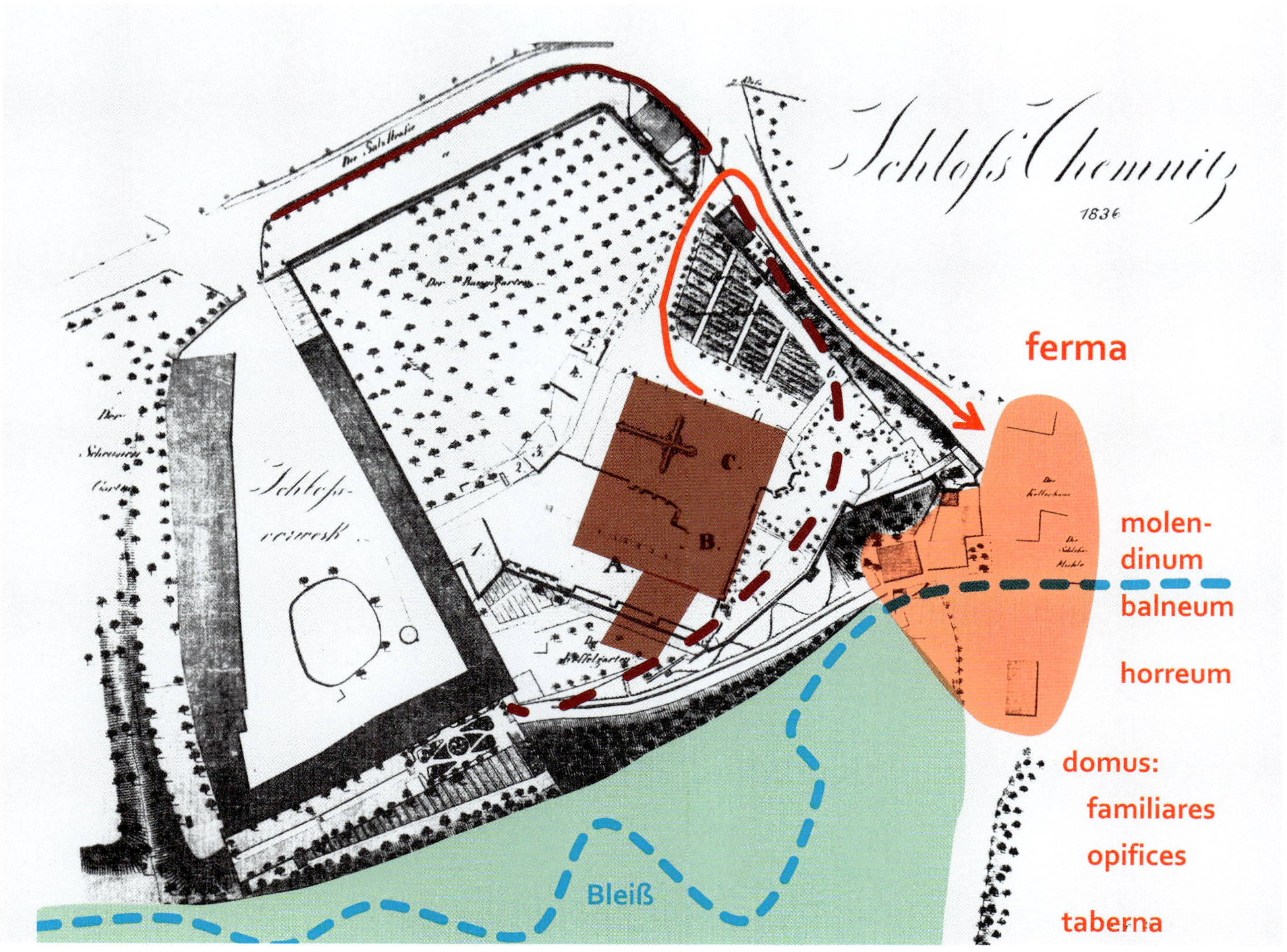


Abb. 3 Der Rundgang im Klostergelände (Kartengrundlage: E. Dehn, 1834)

## Klosterleben und Alltagskultur

Wir können den Dialogen einiges zur Kommunikation und zum Umgang miteinander entnehmen. So muss Hubertus die förmlichen Anreden erst lernen: Der Abt wird mit »gnädiger Herr« angesprochen (*gratiose domine*), der Prior mit »verehrungswürdiger Vater« (*venerabilis pater prior*) und das Kapitel mit: »werte ehrwürdige Väter« (*dignos reverendos patres*), »fromme Herren voll Rechtschaffenheit«. In den Gesprächen zwischen den Brüdern ist jedoch nicht viel von Förmlichkeit beim Umgang miteinander zu spüren. Da wird heftig diskutiert und gestritten. Auch bei den Gesprächsthemen zeigt sich der humanistische Verfasser ganz locker. Doch trotz Gegensätzlichkeit und harter Worte bemühen sich die Brüder, Missverständnisse zu vermeiden, indem sie ihre Intentionen offenlegen. Ein Beispiel: Bruder Mirenus hat dem Bruder Dinellus eine ungespülte Trinkschale, einen schmutzigen Löffel und ein fleckiges Messer auf dessen Platz im Refektorium gelegt. Der ist empört, ekelt sich und denkt, man wolle ihm Schimpf antun. Mirenus gibt die Verfehlung zu, aber sie sei nicht absichtlich geschehen, sondern aus Hast, und er bittet um Verzeihung. Dinellus lässt die Vernunft seinen Zorn zügeln, und er betont seinerseits, dass sein Hinweis nicht aus Bosheit, sondern in brüderlichem Geist geschah.[12] Hubertus wird gewarnt, dass Verfehlungen streng bestraft werden, es kann auch eine schwere Züchtigung durch alle verhängt werden. In leichteren Fällen muss man zur Buße im Durchgang sitzen, in ganz schweren Fällen kommt man in den Kerker bei Brot und Wasser.

Wir erfahren in den Dialogen auch einiges zur Alltagskultur. Zum Beispiel muss Hubertus – sozusagen als »Aussteuer« – mitbringen: »zwei Hemden, ein Tischtuch, eine Kanne, zwei Trinkschalen aus Zinn, ein Federkopfkissen, ein Bett zum Unterlegen aus einfacher Schurwolle von den Tuchscherern, und zwei Tücher, die nach Art von Leintüchern gewebt.«[13]

Zum Thema Hygiene und Gesundheit erfahren wir beiläufig, dass die Mönche sich oft die Hände am Brunnen waschen. Sie nutzen alle 14 Tage das Badehaus und baden im Sommer im Bach. Im Kräutergarten erkennt Hubertus »Salbei, Raute, Ysop, Eberwurz, Polei und Minze«; auch an anderen Stellen wird die Heilkraft der Kräuter thematisiert. Insgesamt sind die Mönche überzeugt, gesund zu leben. Als Argument für Fasten und Askese wird auch angeführt, dass »mäßiges Essen und Trinken der Gesundheit dienlich sei«, und es wird abschreckend auf die Reichen verwiesen, die ihre Gesundheit nur mithilfe von Ärzten aufrechterhalten können. Die Chemnitzer Mönche pochen darauf, dass es eine alte Gewohnheit sei, in den drei Stunden zwischen zwei Chorzeiten im Garten spazieren zu gehen, und es klingt an, dass die Reformer – in diesem Fall in Person des Priors – dies einschränken wollen. Im Garten erzählen Dinellus und Mirenus sich gegenseitig Geschichten,[14] ganz im Stil der zeitgenössischen Schwänke: etwa, wie der hl. Petrus bei Reichen einkehren will, aber verprügelt und hinausgejagt wird. Nachdem Mirenus fertig ist, bindet er aus Weidenlaub ein improvisiertes Kränzchen und setzt es Direnus aufs kahle Haupt, der als nächster eine lustige Geschichte erzählen muss: die von einem hochmütigen Mönch, der die Matutin verschläft und vom Teufel genarrt wird.

Die beiden Mönche haben bei ihrem Spaziergang – wie auch sonst in den Novizendialogen – ein Auge für die Natur: Die Eiche ist ihr nächstes Thema und dann die Fische im Bach. Zu guter Letzt merken die beiden, dass sie schwitzen; Minellus schlägt vor, im Bach zu baden. Dinellus verweist auf die Warnungen der Ärzte vor Fieber, doch Minellus kontert: »Niemand gibt es, der stets nur nach der Gesundheitslehre leben könnte.« Und sie legen die Kutten ab und baden im Bach und suchen nach Krebsen unter dem Anleger.[15] Solche Dialoge würde man nicht unbedingt in einem Text für Novizen erwarten. Da spricht wohl eher der junge Humanist …

Besonders heftig wird über die Ritter geklagt, die »die Gastfreundschaft des Klosters missbrauchen. Sie essen und trinken nach Lust und Laune und lassen die Pferde füttern – ohne ein Wort des Dankes. Wenn Sie ankommen, gehen wir ihnen noch entgegen« (eine Anspielung auf den feierlichen Gästeempfang der Benediktregel). »Aber es sind böse Menschen und Räuber. Einige haben einst eine Fehde angesagt.«[16] Aber die Brüder wissen auch: »Wenn der gnädige Herr mit ihnen keine Freundschaft hielte, gäbe es niemals Frieden.«[17]

## Die Rahmenbedingungen der Klosterreform: Amtskirche – Territorialherr – Reformzentren

In der zweiten Hälfte des 15. Jahrhunderts wird die Reform der Benediktinerklöster zu einem dringlichen Thema. Es zieht sich auch wie ein roter Faden durch alle Kapitel und soll deshalb ausführlicher dargestellt werden. Die Päpste hatten schon seit dem 13. Jahrhundert versucht, die Benediktinerklöster zu reformieren: Papst Innozenz III. schrieb im Jahr 1215 zum ersten Mal den Benediktinern verbindlich vor, dass die Äbte einer Region alle drei Jahre zu einem Kapitel zusammenkommen müssen und dass regelmäßig Visitationen durchzuführen seien. Benedikt XII. konkretisierte dies im Jahr 1336 in seiner Bulle »Benedictina«: Für unser Gebiet wurden die zwei Erzbistümer Magdeburg und Bremen als Rahmen für die Provinzialkapitel der Äbte festgelegt. Das Provinzialkapitel[18] war also seit dem 13. Jahrhundert das zentrale Reforminstrument, auf das die Amtskirche setzte.

Die Reformkonzilien in der ersten Hälfte des 15. Jahrhunderts verschärften die Gangart: Das Konstanzer Konzil (1414–1418) ordnete für die Mainzer Kirchenprovinz eine Äbteversammlung an. Zu den fünf Exekutoren dieser Bulle gehörten übrigens die Äbte von Pegau und Chemnitz. Abt Ortwein hat wohl nicht persönlich am Konzil teilgenommen, sondern wurde durch (seinen späteren Nachfolger) Johannes von Schleinitz vertreten.[19] Das Kapitel kam bereits 1417 in Petershausen bei Konstanz zusammen. Da dessen Impulse vornehmlich im Süden Deutschlands aufgenommen wurden, widmete sich das Konzil von Basel (ab 1431) vor allem Norddeutschland. Es ordnete ein Provinzialkapitel auch in der Provinz Magdeburg-Bremen an, das 1437 in Stade stattfand; die weiteren tagten dann alle drei Jahre in Berge (bei Magdeburg). Die Äbte waren gehalten, persönlich zu erscheinen oder einen Vertreter zu schicken. Chemnitz nahm allerdings nie teil. Auch als der päpstliche Kardinallegat Nikolaus von Kues auf einer Visitationsreise durch Norddeutschland 1450 bis 1452 auf Durchsetzung der Reformen drängte und die Rolle der Provinzialkapitel stärkte, blieb Chemnitz weiter auf Distanz.

Die Klostersymbole auf den abgebildeten Karten signalisieren drei Arten von Herrschaft: Der violette Rand steht für die geistlichen Herren, der grüne steht für die Wettiner und der braune für die anderen weltlichen Herren.

In der südlichen Hälfte unserer Kirchenprovinz befanden sich 18 Klöster: Bistum Merseburg mit den Klöstern Merseburg und Pegau, Bistum Naumburg mit den Klöstern Naumburg, Bosau und Bürgel, Bistum Halberstadt mit neun Klöstern, darunter das an der Saale gelegene Goseck, Bistum Magdeburg mit

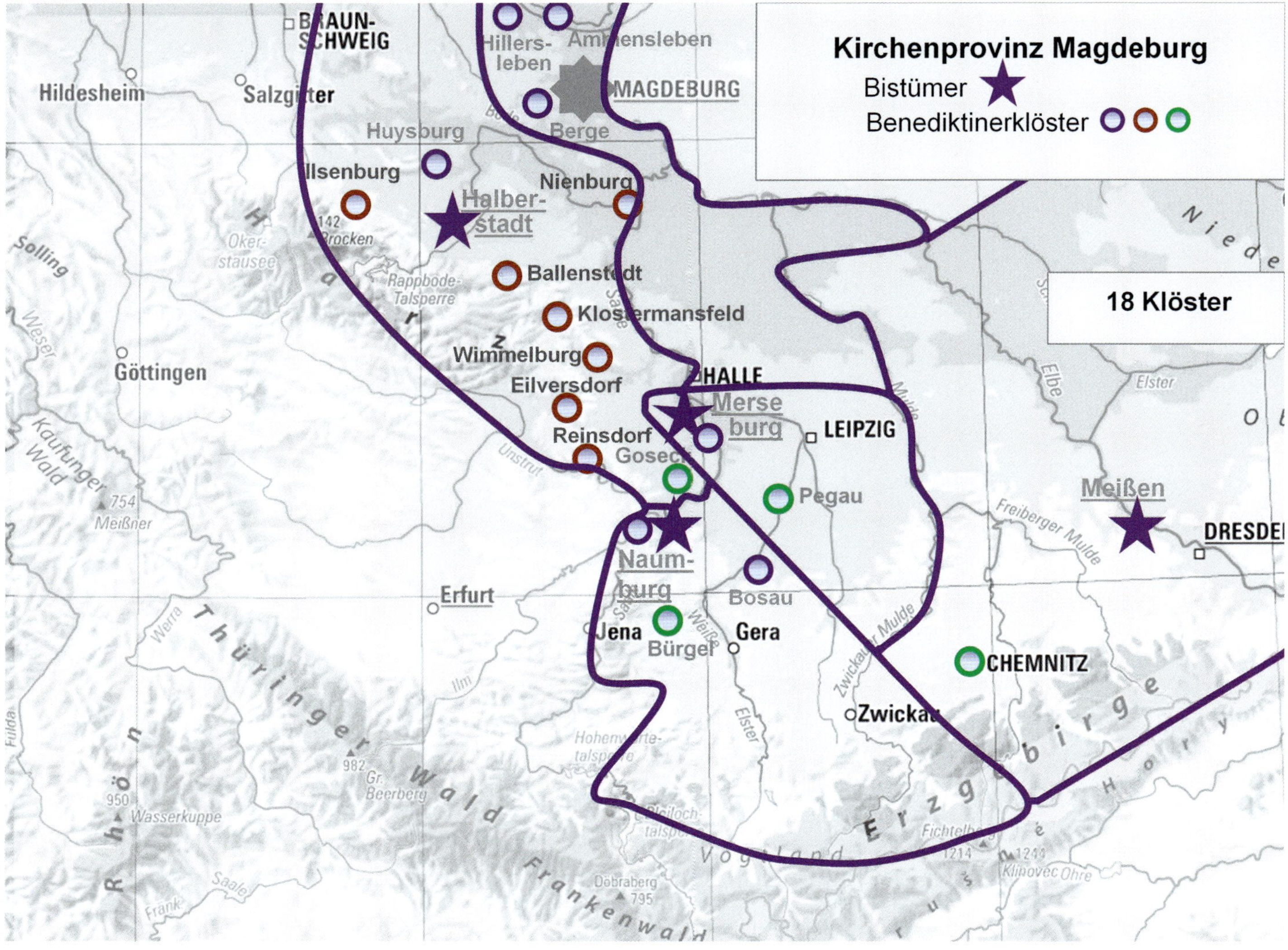


Abb. 4 Die Benediktinerklöster im südlichen Teil der Kirchenprovinz Magdeburg

dem vor den Toren der Stadt gelegenen Kloster Berge und Bistum Meißen, mit Chemnitz als einzigem Benediktinerkloster.

Das Bistum Meißen spielte eine Sonderrolle, da es 1399 direkt dem Papst unterstellt wurde. Dadurch fühlte sich das Chemnitzer Kloster von der Zuordnung zum Provinzialkapitel in Berge entbunden. Dieses pochte jedoch auf seine Zuständigkeit. 1467 bis 1472 eskalierte bekanntlich der Konflikt: Das Kapitel wollte Chemnitz zur Kooperation zwingen und erreichte beim Papst, dass zunächst die Exkommunikation und dann das Interdikt gegen das Chemnitzer Kloster ausgesprochen wurden. Doch durch das Eingreifen des Bischofs von Meißen wurde der Kirchenbann wieder aufgehoben.[20]

Reformimpulse konnten auch von Territorialherren ausgehen, zum Beispiel den Welfen mit ihrem Kloster Bursfelde. Neben den kirchlichen Zuständigkeiten müssen wir daher auch die weltlichen Herren in unsere Überlegungen einbeziehen.

Im Einflussbereich der Wettiner lagen vier Klöster der Kirchenprovinz Magdeburg: Chemnitz, Pegau, Goseck und Bürgel. Hinzu kamen fünf weiter westlich liegende Klöster: Saalfeld, Reinhardsbrunn, Oldensleben, Veilsdorf und Mönchröden. Wir haben es also mit insgesamt neun Benediktinerklöstern unter Wettiner Herrschaft zu tun.

Die entscheidenden Reformimpulse kamen jedoch aus den Klöstern selbst: Das früheste Reformzentrum war Kastl in der Oberpfalz. Es wirkte ab 1393 vor allem in Franken, Bayern und Schwaben und hat die Reformbemühungen der Konzile von Konstanz und Basel mit geprägt.[21] Fulda hatte ab etwa 1400 eine eher regionale Ausbreitung.[22] Hingegen reichte die Ausstrahlung Melks ab 1418 von Oberösterreich donauaufwärts bis zum Südschwarzwald. Es hat die Reform-Observanz von Subiaco (Benedikts erstem Kloster) für süddeutsche Verhältnisse adaptiert.[23] Als letztes und wirkungsvollstes Reformzentrum ist Bursfelde an der Weser zu nennen. Beginnend 1433, hat es in den folgenden 80 Jahren die Benediktinerklöster in weiten Teilen Deutschlands und der Niederlande zu einer straff geführten Kongregation vereint.[24] In unserer Region sind sporadisch die Einflüsse von Fulda und Kastl nachzuweisen, dominant wird auch hier die Bursfelder Reform.[25]

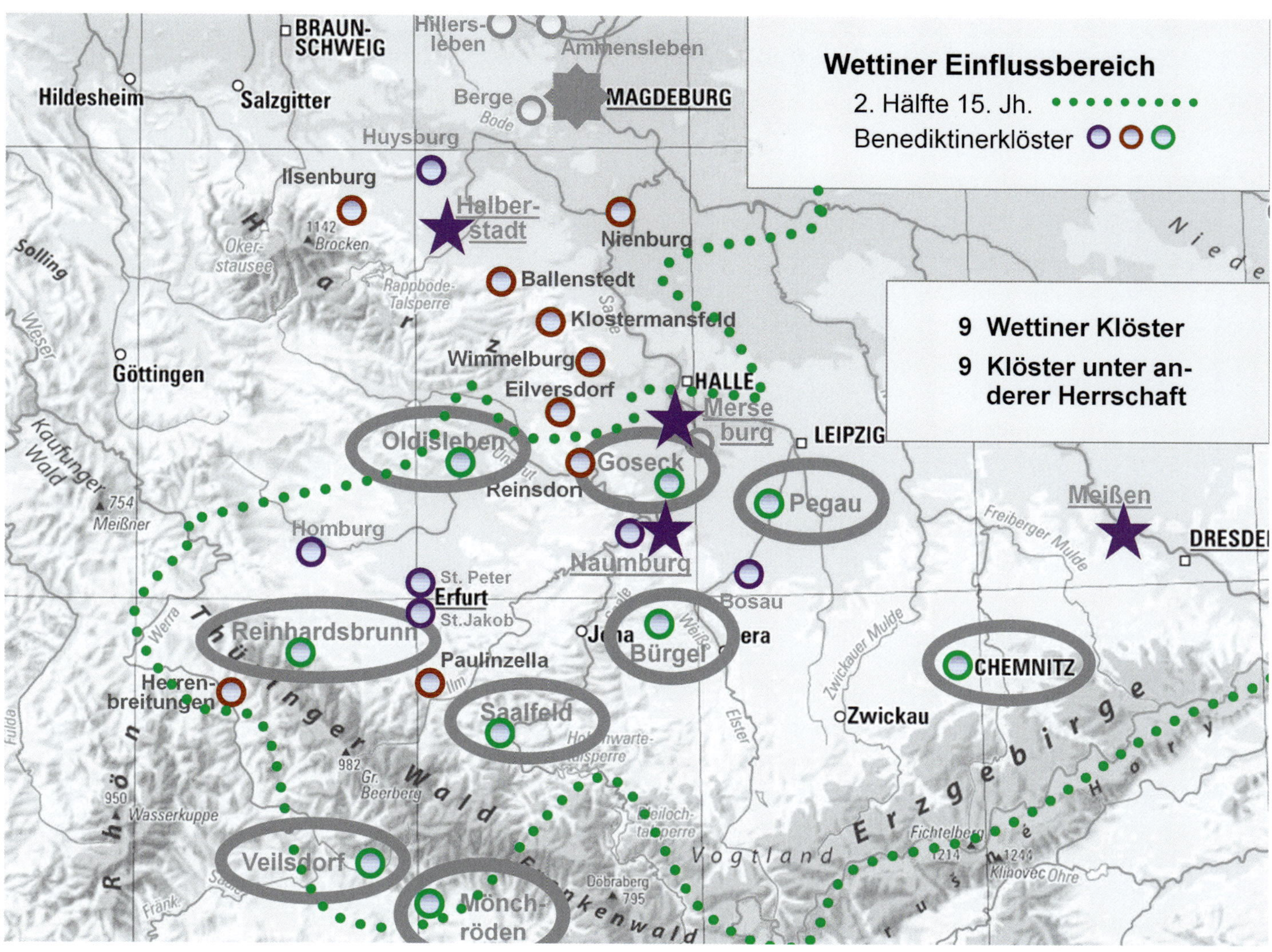


Abb. 5 Die Benediktinerklöster im Einflussgebiet der Wettiner (grün gepunktete Umrandung)

## Die Reformanliegen im Einzelnen

Im Folgenden sollen nun die Einzelaspekte der Reformen skizziert werden, um dann zu klären, was davon in den Novizendialogen angesprochen wird und – ebenso aufschlussreich – was von Niavis nicht erwähnt wird. Was ist die Richtschnur klösterlichen Lebens? Die strikte Befolgung der Benediktregel ist eine Maxime der Reformer und auch Niavis bezieht sich explizit und implizit auf die Regel. Dass es damals konkurrierende Observanzen gab, erwähnt er jedoch nicht. Im letzten Kapitel der Novizendialoge prallen die Meinungen des konservativen Bruders Philhardus und des Reformers Chilo hart aufeinander: »Früher war alles wohl geordnet und gut geregelt«, meint Philhardus. Chilo entgegnet: »Wie liederlich und regellos unser Leben war vor der Umgestaltung. Das wissen wir alle. […] Ein Teil hing dem Spiel an, ein Teil hatte sich mit Weibern befleckt. […]« Das Mönchtum sei in Verruf geraten, Gefahr für unsere Seelen entstanden und Gottes Zorn und Rache drohten.[26] Und so geht es das ganze Kapitel weiter: Der eine verteidigt das Althergebrachte und die lokalen Bräuche und der andere begründet die Notwendigkeit von Reform.

Die innerklösterlichen Konflikte werden bei Niavis etwas verklausuliert dargestellt, sodass kein klares Bild von den Parteien im Kloster entsteht. »Unsere Offizialen [und damit meint er unter anderem den Prior] liegen dem gnädigen Herrn in den Ohren und bereden ihn, die alte Sitte abzuschaffen«. An anderer Stelle bemerkt er, die Mehrheit sei mit den Reformen einverstanden, besonders die Älteren; da nütze es nichts, wenn die Jüngeren dagegen sind. Die Uneinigkeit sei halt schädlich. Dass Mönche vor strengen Reformen in andere Klöster fliehen, weiß auch Niavis und nennt für Chemnitz die Brüder Magnellus und Wendler. Allerdings kam in diesen Jahren auch der umgekehrte Fall vor: Dem Chemnitzer Mönch Antonius Höbeler gingen die Reformen nicht weit genug, und so ging er nach Erfurt in ein Zentrum der Bursfelder Reform. Später wurde er von dort als Reformer nach Goseck geschickt.[27]

Zentrales Anliegen der Reformer war die *vita communis*, das heißt die Wiederherstellung des gemeinsamen Lebens. Deshalb bekämpften sie Pfründenwirtschaft und Privateigentum und forderten, die Privathäuser der Mönche abzureißen. Auch bei Niavis sind die regelmäßigen Zuwendungen an den einzelnen Mönch – beschönigend *consolationes* (Trost) genannt – ein großer Streitpunkt. Philhardus träumt von der größeren Freiheit damals: »Wir besaßen ein wenig Geld und ein klein wenig Eigentum nach unserem Bedarf und für unsere Geselligkeit und konnten Freunde und Verwandte bewirten. Wenn jetzt Freunde zu Besuch kommen, wissen wir nicht, womit wir ihnen Ehrerbietung [*honor*] und Großzügigkeit [*liberalitas*] erweisen können.« Selbst in Bettelorden sei dies erlaubt. Er unterstellt den Reformern unlautere Motive: »Sie handelten nicht aus Frömmigkeit und missionarischem Eifer, sondern aus Gier, Unwillen und Habsucht.« Aber Chilo entgegnet, dass Verwandte wissen, dass Mönche kein Eigentum haben. Die sogenannte »Spende« sei nun einmal ein Besitztum und es sei seit jeher allen Mönchen untersagt, Eigentum zu besitzen. Der Abt gebe jedem, was ihm zustehe.[28]

Das Chorgebet war ein wichtiger Schritt zu Wiederherstellung des gemeinsamen Lebens. Bei Niavis heißt es: »Früher war man nicht streng zum Chorgebet verpflichtet, jetzt aber steht man mitten in der Nacht zur Matutin auf« – diese Neuerung galt als Markenzeichen der Reformbewegung des 15. Jahrhunderts. Die *lectio divina*, also die Lesung der Bibel und der Kirchenväter, wird in den Dialogen nicht erwähnt, demzufolge bleibt offen, ob sie in der Zelle stattfand oder ob man zum Lesen zusammenkam (wie in der Bursfelder Kongregation). Das gemeinsame Essen im Refektorium gehört auch zum Reformkanon. Niavis thematisiert das nicht, es war in Chemnitz wohl schon früher Brauch. Immerhin ist es in Chemnitz gestattet, sich im Refektorium von den Speisen etwas beiseite zu legen und in der eigenen Vorratskammer aufzubewahren, zum Beispiel »Nüsse, Birnen, Äpfel oder Fisch«. Die Wiederherstellung eines gemeinsamen Schlafsaals war eine weitere zentrale Forderung der Reformer. Dies scheint in Chemnitz unstrittig gewesen zu sein. Niavis erwähnt nur, dass »man in Kleidern schlafen müsse, mit bedeckten Beinen und Leib«. Er geht jedoch nicht auf die heikle zeitgenössische Streitfrage ein, wie im Dormitorium die Kontrolle sichergestellt wird. Während Kastl und Melk Zellentüren mit Sichtgittern vorsehen, verzichtet man in Bursfelde auf Türen und ersetzt sie durch Vorhänge.

Die *vita regularis*, das heißt das regeltreue Leben des einzelnen Mönchs, war ein weiter Eckpfeiler und nach Ansicht der Reformer des 15. Jahrhunderts an mehreren Kriterien erkennbar. Einige zentrale werden in den Dialogen angesprochen. Zur Klausur erwähnt Niavis zwar, dass »die eng umschriebenen Grundstücksgrenzen nicht überschritten werden dürfen«. Die Dialoge zeigen jedoch, dass die Grenzen weit gesteckt sind: sowohl beim Rundgang als auch beim Spaziergang im Garten. Das Schweigen wird bei Niavis nur für den Kreuzgang erwähnt, an den Eingängen sei Reden erlaubt. Durch die Gattung »Dialoge« bedingt, erweckt er allerdings beim Leser den Eindruck, die Mönche seien recht mitteilsam. Das strikte Tagesreglement spielt eine wichtige Rolle in den Dialogen. »Alle drei Stunden läutet es zum Chorgebet in der Kirche; einmal am Tag zum Essen im Refektorium.« Man gehe früh schlafen, denn man müsse aufstehen zur Matutin – was das Schwerste im Mönchsleben sei, wie der Novize dem Postulanten verrät. Die strenge Regulierung der Bekleidung spielt in den Dialogen des Niavis keine Rolle. Beiläufig erwähnt er das Unterhemd (*tunica*) und die Kutte (*habitus*).

Zum Thema Fasten heißt es bei Niavis nur, dass »es allgemein wie bei Ordensleuten gehalten« werde. Die Speisevorschriften allerdings sind ein heißes Eisen, da sind sich die benediktinischen Reformer aller Jahrhunderte einig; auch Niavis widmet diesem Thema ein ganzes Kapitel. Der Prior belehrt den Postulanten: »Fleisch essen wir niemals, stattdessen Kohl, Erbsen, Rüben und magere Knödel. Dazu gibt es Eier, Kuhmilchkäse (keinen Schafskäse), manchmal auch kleine Fische. Als Alltagsgetränk wird dünnes nicht hefiges Klosterbier ausgeschenkt.« Da erinnert sich Bruder Mirenus an früher, »als es reichlich Fische gab, und jeder einen Laib Käse pro Monat erhielt. Jetzt aber wird Käse zum Abschneiden vorgelegt.« Überhaupt der Käse: »Manchmal ist der Laib schon vergammelt, er zerläuft und stinkt und ist voller Maden.« Die Mönche, die weder Käse noch Eier mögen, seien jetzt arm dran. Mireneus geht es nicht nur um den Geschmack, sondern er beklagt, dass es kaum Speisen mehr gebe, die irgendwie Ehre einlegen würden. Trotz reicher Zinsen und Abgaben gebe das Kloster kein Zehntel davon für den Lebensunterhalt der Mönche aus. Diesen Tiraden entgegnet Bruder Dinellus, dass im Refektorium kein Mangel herrsche und niemand es hungrig verlassen müsse. Es gibt zwar nur einmal am Tag eine Mahlzeit im Refektorium, doch »soll man nicht mit Gier alles hinunter schlingen, sondern einiges beiseitelegen. Wer unmäßig zulangt, den befallen gewöhnlich viele Krankheiten.«[29]

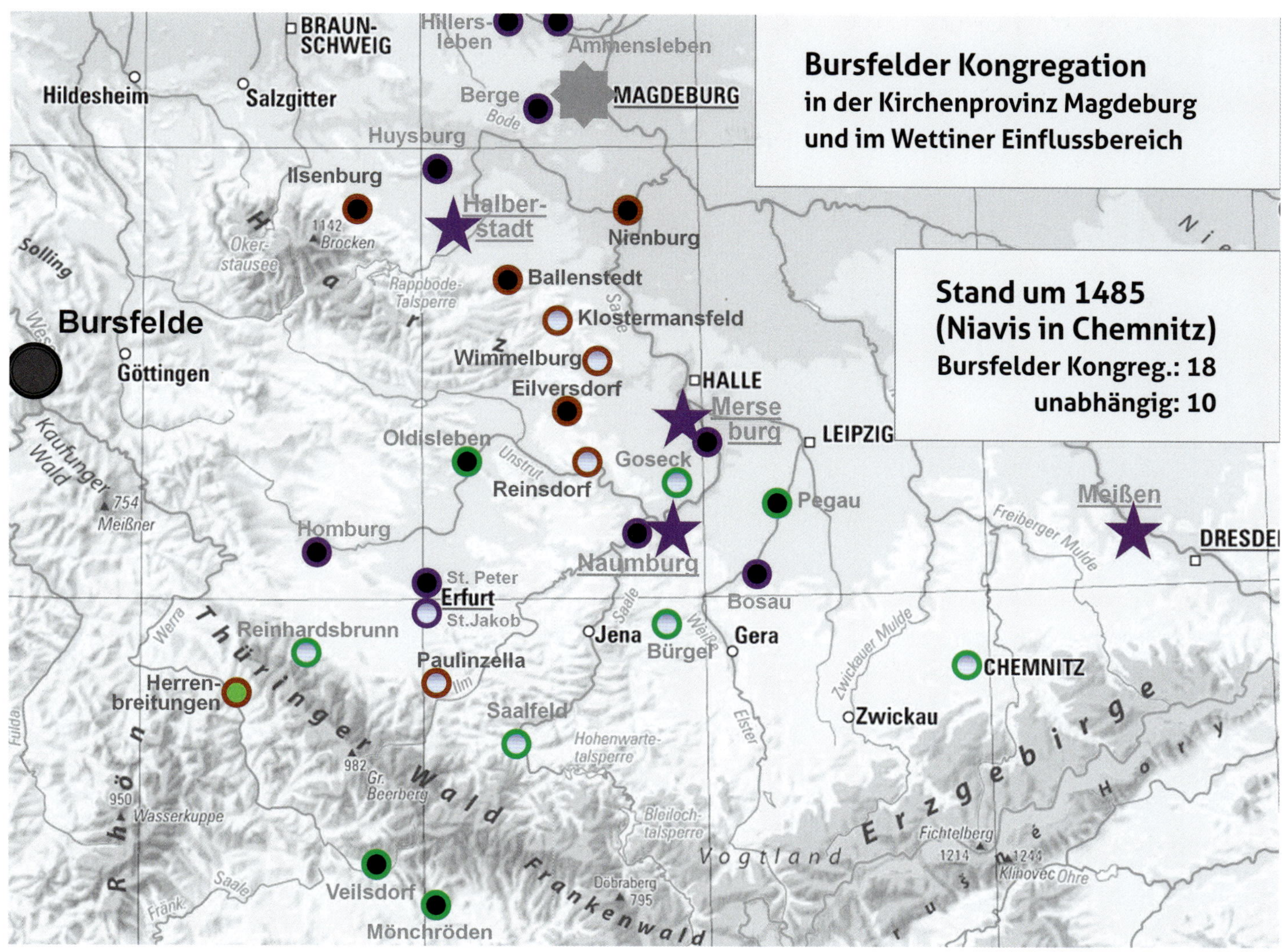


## Die Bursfelder Observanz und ihre Durchsetzung

Abb. 6 Die Expansion der Bursfelder Kongregation zum Zeitpunkt der »Novizendialoge«

Die bisher dargestellten Reformelemente galten im 15. Jahrhundert für alle Observanzen. Über die Bursfelder Besonderheiten hingegen ist nichts bei Niavis zu lesen. In Bursfelder Klöstern förderte man klosterinterne Studien und wandte sich vom Studium an den Universitäten ab. Die Mönche sollten sich als Autoren hervortun und fleißig Bücher kopieren. Erwünscht war auch, sich um die Geschichte des eigenen Klosters zu kümmern. Parallel dazu wurde das Bibliothekswesen verbessert und durch Kataloge erschlossen. Nichts davon hat der Humanist Niavis erwähnt.

Genauso wenig hören wir in den Dialogen von der Bursfelder Distanz zur akademischen Theologie und der Neigung zur Privatfrömmigkeit, beeinflusst von der *devotio moderna*. Die geistige Beschäftigung der Chemnitzer Mönche bestand aus Singen und Bücher lesen – das ist alles, was wir bei Niavis hierzu erfahren. Auch von den wirtschaftlichen und verfassungsrechtlichen Problemen, die bei der Reformierung von Klöstern damals zuhauf auftraten, hören wir nichts: weder von Maßnahmen, um den Verfall zu stoppen (z. B. den Besitz wiederherstellen, die

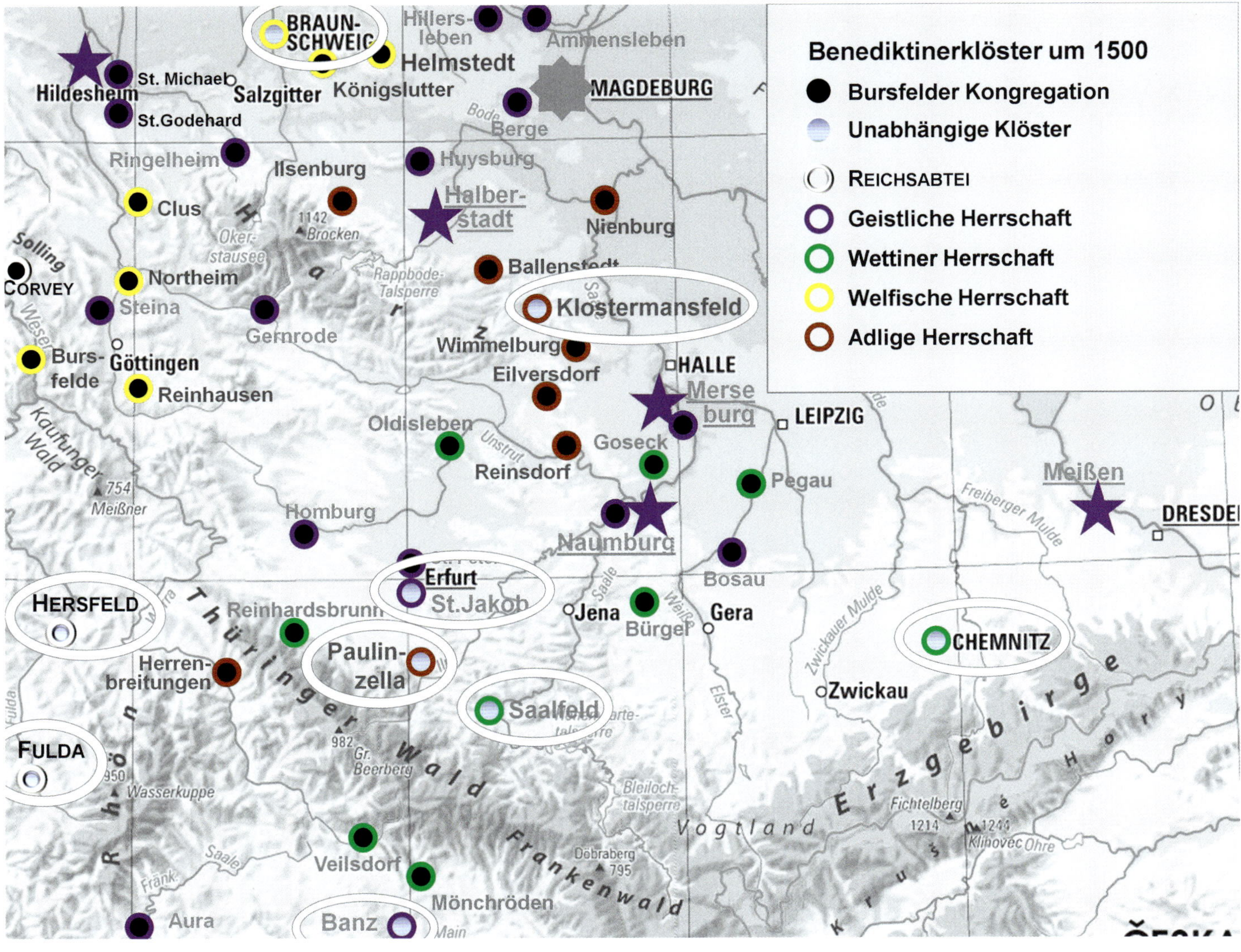


Abb. 7 Benediktinerklöster im frühen 16. Jahrhundert: rechtlicher Status und monastische Observanz

Verwaltung optimieren, die Gebäude sanieren), noch vom Bemühen, Einvernehmen mit der weltlichen Obrigkeit zu erzielen. Die anderen typischen Streitpunkte werden ebenso wenig angesprochen, zum Beispiel dass die Mönche das Kloster in ein Stift umwandeln wollten, dass es Probleme mit der Aufnahme von Mönchen bürgerlicher Herkunft gab oder die Seelsorge durch Mönche in den inkorporierten Pfarreien. Die Sorge um rechte Auswahl und Erziehung des klösterlichen Nachwuchses ist die einzige Schnittmenge mit den Novizendialogen.

Diese Fehlstellen sind zweifellos auch dem Fokus der Dialoge auf die Lebenswelt der Novizen geschuldet. Das gilt erst recht für die organisatorischen Besonderheiten, die wesentlich zum Erfolg der Bursfelder Kongregation beitrugen: Der Leser erfährt bei Niavis nichts von einem straff organisierten Verband mit einheitlicher Liturgie und Lebensform, vom Weisungsrecht des Bursfelder Abtes, den jährlichen Generalkapiteln, wechselseitigen Visitationen und Unterstützung in Notfällen.

Dass Niavis die Bursfeder Bewegung so komplett ausblendet, ist wirklich erstaunlich. Es steht in klarem Widerspruch zur dynamischen Ausbreitung auch in unserer Region. Huysburg schloss sich bereits im Jahr 1444 Bursfeld an. Um 1450 gelang der Durchbruch, denn die Klöster am Sitz der Bischöfe von Magdeburg und Merseburg und vor allem das wichtige Erfurter Peterskloster integrierten sich. In den Folgejahren breitete sich die Kongregation weiter aus, mit Bosau wurde die Saale überschritten. Zu den Nachzüglern gehörte dann Pegau, das im Jahr 1485 beitrat. Als Niavis die Dialoge verfasste, waren also von den 28 Benediktinerklöstern der Region nur noch zehn unabhängig. Da nimmt es schon wunder, dass sich in den Novizendialogen nicht der leiseste Hinweis auf diese Observanz findet.

In den Folgejahren ging der Siegeszug der Bursfelder weiter. In unserer Gegend kamen Goseck und sehr spät auch Bürgel hinzu. In der Zeit zwischen 1515 und der Reformation blieben schließlich nur noch fünf Klöster unabhängig (in Abb. 7 weiß eingerahmt). Aus Bursfelder Sicht waren das »Trotzköpfe« (*contumaces*). Sie können zu zwei Untergruppen zusammengefasst werden: Die wohlhabenden und einflussreichen Abteien Chemnitz, Paulinzella und Saalfeld, und auf der anderen Seite die sehr schwachen Konvente Klostermansfeld und das Erfurter Schottenkloster. Wenn wir den Blick etwas ausweiten und alle 45 auf dem Kartenausschnitt in Abb. 7 liegenden Benediktinerklöster einbeziehen, kommen zur Gruppe der *contumaces* noch die mächtigen Reichsabteien Fulda und Hersfeld, ferner das Stadtkloster in Braunschweig sowie Banz hinzu. Insgesamt blieben neun der 45 Konvente selbstständig; 80 Prozent hingegen hatten sich der Bursfelder Kongregation angeschlossen.

## Das Chemnitzer Kloster vs. Bursfelder Reform

Es ist seit langem bekannt, dass in den Rezessen der Generalkapitel der Bursfelder Kongregation[30] das Chemnitzer Kloster und seine Äbte nicht erwähnt werden. Ebenso schweigen die Chemnitzer Quellen über diesen mächtigen Klosterverbund. Obwohl in den Novizendialogen die Klosterreform eine zentrale Rolle spielt, bleibt der Bursfelder Ansatz mit seinen speziellen Ausprägungen völlig ausgeblendet. Es stellt sich somit die Frage, warum Chemnitz der Bursfelder Kongregation fernblieb. Oder etwas pointierter: Wieso konnte Chemnitz der gewaltigen Sogkraft einer so durchsetzungsstarken Reformbewegung widerstehen? Es mögen da sechs Faktoren eine Rolle gespielt haben, wobei wir ihr Zusammenwirken im Einzelnen nicht gewichten können. Zunächst spielte der Landesherr eine zentrale Rolle. Die Klöster der Wettiner öffneten sich insgesamt spät für die Bursfelder Kongregation. Von den neun Klöstern wurden sieben Mitglied; bei ihnen kommt man auf ein durchschnittliches Beitrittsjahr von 1488. Sonst liegt der Durchschnittswert deutlich niedriger: bei den Klöstern anderer weltlicher Herren ein Jahrzehnt (1477) früher, bei denen unter geistlicher Herrschaft sogar drei Jahrzehnte (1457). Ebenso wichtig war die Exemtion des Bistums Meißen. Wie oben dargelegt, entstand für die Chemnitzer Benediktiner die Sondersituation, dass man sich von dem Magdeburger Provinzialkapitel nichts sagen zu lassen brauchte. Da deren Präsidium (mit den Äbten von Berge, Huysburg und Erfurt) aber fest in Bursfelder Hand war, war die Chemnitzer Verweigerungshaltung zugleich eine Abwehr von Bursfelder Einflussnahme.

Ein weiter Grund bestand darin, dass die Bursfelder bei Reichsklöstern kaum Chancen hatten.[31] Das Chemnitzer Kloster stand zwar seit langem de facto unter dem Einfluss der Wettiner Landesherren, aber man sah sich selbst als »gefühltes« Reichskloster. Noch im 16. Jahrhundert wurde diese Karte ausgespielt. Als förderlich erwies sich zudem, dass Chemnitz ein mächtiges Kloster war, das im 15. Jahrhundert von starken Äbten mit langen Regierungszeiten regiert wurde. Das schuf die wirtschaftliche Basis und das nötige Selbstbewusstsein, um der Bursfelder Reformdynamik zu widerstehen – was auch bei den anderen Klöstern zu beobachten ist, die unabhängig blieben. Des Weiteren war Abt Johannes von Schleinitz geprägt von humanistischem Interesse an Literatur und Wissenschaft. Die Bursfelder Ausrichtung mit ihrer Abneigung gegen den Wissenschaftsbetrieb ihrer Zeit wie auch ihre Privatfrömmigkeit musste ihm dagegen wenig attraktiv erscheinen. Letztlich war es die beste Gegenstrategie, eigenständig Reformen anzugehen. So konnte Abt Heinrich die Reformgedanken seiner Zeit aufgreifen und damit den Reformdruck von außen nehmen und fremde Einflussnahme verhindern.

## Fiktion vs. Realität: Verweis auf »ein anderes Kloster«?

Die Novizendialoge des Paulus Niavis wurden immer wieder als Quelle zur Chemnitzer Bendiktinerabtei herangezogen. Doch dazu gibt es seit langem unterschiedliche Meinungen. Den Zweifel sät Niavis selbst durch seine Bemerkung in der Widmung, er habe den Text »ursprünglich für ein anderes Kloster verfasst, das jedoch mit Chemnitz von der Ordensregel als auch Lage gut zu vergleichen sei.«[32] Man hat gerätselt, auf welches andere Kloster er sich bezog. An seinen vorherigen Wirkungsstätten Leipzig und Halle gab es ja keine Benediktinerklöster. Nimmt man die Kriterien »Ordensregel und Lage«, dann kämen vier Klöster in unserem Raum in Betracht: Bosau:[33] liegt auf einer Anhöhe an der Weißen Elster, vor den Toren der Stadt Zeitz; Pegau:[34] liegt an der Weißen Elster, im Stadtgebiet von Pegau; Goseck:[35] liegt auf einer Anhöhe an der Saale, nahe bei Naumburg; Saalfeld:[36] liegt auf einer Anhöhe an der Saale, vor den Toren der Stadt Saalfeld.

Berücksichtigt man die Observanz und den Stand der Klosterreform als weitere Kriterien, dann scheidet Bosau aus, weil es damals schon ein Vierteljahrhundert zur Bursfelder Kongregation gehörte. Saalfeld kommt nicht infrage, weil man dort Reformen ablehnte. Pegau war gerade der Bursfelder Kongregation beigetreten und in Goseck stand dies in einigen Jahren bevor – aber in beiden Klöstern kamen die Reformer von außen, was eine ganz andere Konstellation ergab als in den Dialogen beschrieben. Wir können die Suche auf die Zisterzienser ausweiten, die ja auch der Benediktregel folgen. Eine Formulierung in den Dialogen klingt sehr nach diesen Orden: »Wir sollen die Heiligen Grundsätze des Ordens einhalten, die von vortrefflichen Männern besiegelt und von jenen [Plural!], die unseren Orden stifteten.«[37] Allerdings kommen Altzella, Buch oder Grünhain von der Lage her kaum in Betracht.

Frau Kramarczyk hat darauf hingewiesen, dass Niavis in einem späteren Brief andeutete, dass er einmal versucht war, in ein Kloster einzutreten.[38] Es kämen daher auch Klöster im Umfeld seiner früheren Lebensstationen infrage: Eger,[39] wo er die Kindheit verbrachte, war eine klosterreiche Stadt; allerdings waren dort nur die Bettelorden (Franziskaner und Dominikaner) und die Ritterorden (der in der Stadt sehr einflussreiche Deutsche Orden sowie die böhmischen Kreuzherren mit dem Roten Stern) vertreten. Die Letztgenannten haben auch die Wallfahrtskirche Maria Kulm betreut, die in einer späteren Novelle von Niavis vorkommt. Die Mönchsorden waren auch in der weiteren Umgebung nicht vertreten. In Plauen,[40] wo er in seiner Schulzeit lebte, hatten sich die Dominikaner und der Deutsche Orden niedergelassen. Dessen Komturei oblag die Seelsorge in der städtischen Pfarrkirche St. Johannis, wo der junge Paul Schneevogel im Schülerchor sang. Unter seinen Lehrern hob er lobend Andreas Hubner hervor, den örtlichen Komtur des Deutschen Ordens. In Ingolstadt,[41] wo er mit dem Studium begann, gab es ein Franziskanerkloster. Klöster der Benediktiner oder Zisterzienser gab es weder in der Stadt noch in der näheren Umgebung. Die nächstgelegenen Benediktinerklöster (in 30 bis 40 Kilometern Entfernung) blieben entweder unreformiert (Münchsmünster) oder es gestaltete sich schwierig, sie nach Melker Vorbild zu reformieren (Biburg, Scheyern, Thierhaupten). Lediglich in Weltenburg konnte sich 1441 die Kastler Reform durchsetzen.

Von seinen biografischen Stationen her hatte Niavis nur in Plauen engen Kontakt zu Ordensleuten. In diesem Lebensalter (zwischen fünf und 20 Jahren) hätte man eine Überlegung zum Klostereintritt sowieso am ehesten vermutet. Allerdings unterschied sich die Lebensweise an einer Komturei, die zudem über Pfarrseelsorge und Lateinschule stark in das städtische Leben einbezogen war, grundlegend von dem Leben, das in den Novizendialogen geschildert wird. Auch finden sich keine Hinweise auf die Spiritualität dieses Ritterordens. Ich glaube also nicht, dass man die Plauener Komturei als jenes »andere Kloster« heranziehen kann. Alle naheliegenden Lokalisierungen können also ausgeschlossen werden. Dann muss es gestattet sein, die gegenteilige Hypothese aufzustellen: Das in der Widmung genannte »andere Kloster« ist eine Fiktion. Ein solcher Hinweis in der Widmung konnte dem Autor als salvatorische Klausel dienen, denn er machte sich durch das fiktive ungenannte Kloster unangreifbar. Wenn eine Passage sich als nicht zutreffend erweisen oder wenn sie Anstoß erregen sollte, dann waren der Autor und sein klösterlicher Gewährsmann, Martin Arnold von Stollberg, abgesichert, und auch das Chemnitzer Kloster konnte sich leicht distanzieren. Ich denke also, dass Niavis die Realität im Chemnitzer Kloster beschrieb.

## Chemnitz-Bezug zu unspezifisch?

Das zweite Argument der Skeptiker lautet, der Bezug zu Chemnitz sei viel zu vage, selbst beim Rundgang würden nur wenige Spezifika genannt. Niavis greife lediglich das Thema Klosterreform auf, das ja überall heiß diskutiert wurde. Die obige Analyse der Reformaspekte hat jedoch eindeutig gezeigt, dass er ein Kloster vor Augen hatte, das die im 15. Jahrhundert gültigen Reformmerkmale weitgehend aufwies, aber bei dem spezifisch Bursfeldisches nicht einmal andeutungsweise erschien. Man wird jedoch in unserer Region ein anderes Benediktinerkloster, das in den 80er Jahren des 15. Jahrhunderts durch den Abt eigenständig reformiert wurde, vergeblich suchen.

## Heinrich von Schleinitz als Reformer?

Weiteren Zweifel hat geweckt, dass über die innerklösterliche Reformtätigkeit von Abt Heinrich aus anderen Quellen kaum etwas bekannt ist, und dass dieser Abt durch seine Forderungen bei seiner Resignation 1522 in einem ganz anderen Licht erscheint.[42] Bei einem Humanisten wie Niavis könnte man ja auch eine kontrafaktische Argumentation in Betracht ziehen; das würde bedeuten, dass Niavis dem nicht reformierten Kloster in Chemnitz einen Spiegel vor Augen halten wollte. Dies kann man allerdings meines Erachtens ausschließen, denn die Widmung an den Abt würde dann keinen Sinn ergeben. Außerdem ist die Quellenlage zum gesamten innerklösterlichen Leben in Chemnitz mehr als bescheiden, sodass wir aus dem Schweigen zu diesem Thema nichts ableiten können.

Ferner muss man berücksichtigen, dass Niavis etwa im fünften Jahr der langen Regierungszeit von Abt Heinrich publiziert hat. Da ist es plausibel, dass im Konvent über die ganz frischen Reformen noch gestritten wurde. Aber es ist unzulässig, von dieser Frühphase des Abbatiats auf seine Endphase zu schließen. Als sich Abt Heinrich 34 Jahre später nach Art eines Prälaten zur Ruhe setzen wollte, war die Situation eine andere: Er konnte auf eine reiche Bautätigkeit und eine gerühmte Bibliothek zurückblicken und er hatte Statur gewonnen als Kirchenfürst – außerdem wurde zu Zeiten der lutherischen Reformation und Kritik am Mönchtum die Kontroverse um seine Abfindung ganz anders rezipiert.

## Lust am Fabulieren und an rhetorischer Zuspitzung

Wenn man fiktive Elemente finden will, dann muss man in einer anderen Richtung Ausschau halten: die Lust des jungen Humanisten am Fabulieren und an der Zuspitzung. Die Dialoge sind eben Übungstexte, die in die Feinheiten des Lateinischen einführen sollen – und dazu gehört auch ein Schuss Rhetorik. Die realen Dialoge im Alltag des Chemnitzer Klosters muss man sich weniger emphatisch und geschliffen vorstellen.

## Tendenz pro Reform

Noch eine weitere Tendenz kann man feststellen. Das breite Schildern von Pro und Contra zur Reform kann nicht darüber hinwegtäuschen, dass der Autor klar Partei ergriff, und zwar auf Seiten des Abtes und der Reformer. Das muss nicht willfähriges Schreiben nach dem Gusto dessen gewesen sein, dem man die Schrift widmete. Der Schlendrian in den unreformierten Klöstern war auch für Humanisten ein Ärgernis. Es liegt also nahe, dass Niavis sehr wohl von den Neuerungen im Chemnitzer Kloster angetan war. Dass Niavis die damals vorherrschende Bursfelder Observanz mit keiner Silbe erwähnte, kann daran liegen, dass er dies als Tabuthema für den Chemnitzer Abt einstufte. Aber ich denke, dass die Humanisten Heinrich von Schleinitz und Niavis in der Abneigung gegen die Bursfelder einer Meinung waren.

Zusammenfassend kann man sagen: Die Reformen unter Johannes von Schleinitz sind als eigenständige Bemühungen zu betrachten, die weitgehend den zeitgenössischen Maßstäben und Erwartungen entsprachen, die aber völlig ohne die damals tonangebenden Bursfelder auskamen. Was konnte Abt Heinrich Besseres passieren, als dass ein Laie und Humanist detailliert über ein wohlgeordnetes Kloster schrieb, das Reformen anging, aber nicht den Bursfelder Weg beschritt! Überspitzt gesagt: Die Broschüre von Niavis hatte also auch – ob intentional oder implizit – die Funktion einer »PR-Begleitmaßnahme« zu den Reformen Heinrichs von Schleinitz, indem sie das Licht des Chemnitzer Sonderwegs auf den Scheffel stellte.

Anmerkungen

**1** Kramarczyk, Andrea/Humberg, Oliver (Hrsg.): Paulus Niavis. Spätmittelalterliche Schülerdialoge lateinisch und deutsch. Drei Chemnitzer Dialogsammlungen mit Einführungen zur Person des Autors, zu seinen Schülerdialogen und zu den Möglichkeiten ihres Einsatzes im Unterricht heute, Chemnitz 2013. **2** Kramarczyk, Andrea: Vom hellen Licht der Unterweisung. Der Autor Paulus Niavis (um 1453–1517) und sein Leben, in: ebd., S. 21–46; Kramarczyk, Andrea: Der Chemnitzer Rektor Paulus Niavis (um 1453–1517), in: Fiedler, Uwe/Thoß, Hendrik/Bünz, Enno (Hrsg.): Des Himmels Fundgrube. Chemnitz und das sächsisch-böhmische Gebirge im 15. Jahrhundert, Chemnitz 2012, S. 189–201. **3** Latinum ydeoma Magistri Pauli Niavis pro noviciis in religionibus constitutis editum, in: Niavis: Schülerdialoge (wie Anm. 1), S. 272–341. **4** Fasbender, Christoph/Mierke, Gesine (Hrsg.): »Quasi fundator secundus« – Abt Heinrich von Schleinitz (1483–1522) in seiner Zeit, Würzburg 2018 [im Druck]. **5** Kramarczyk, Andrea: Paulus Niavis (um 1453–1517) und der »ehrwürdige Vater Abt«, in: ebd. **6** Bürger, S.: Der Umbau von Kloster und Kirche der Chemnitzer Benediktiner unter Heinrich von Schleinitz im Übergang von der Spätantike zur Renaissance, in: Fasbender/Mierke (Hrsg.): fundator (wie Anm. 4). **7** Vgl. dazu Hoffmann, Yves: Die Geschichte des Benediktinerklosters Chemnitz im Spiegel der archäologischen und bauhistorischen Befunde. Bauliche Entwicklung und funktionale Interpretation der Klausur, in diesem Tagungsband; Geupel, Volkmar/Hoffmann, Yves: Archäologie und Baugeschichte des ehemaligen Benediktinerklosters Chemnitz. Die Ausgrabungen im Schloßbergmuseum 1981–1993, Dresden 2018 (= Arbeits- und Forschungsberichte zur sächsischen Bodendenkmalpflege. **8** Nach Tippmann, Rainer/Schuler, Thomas (Hrsg.): Bilder vom Chemnitzer Schloß, Chemmnitz [1995], Abb. 4 a. **9** Dabei handelt es sich nicht um das Kruzifix aus Glösa, das heute im Kreuzgang des Schloßbergmuseums zu sehen ist. Dieses ist im späten 15. Jahrhundert entstanden; es war also zeitgenössisch und kann nicht mit der in den Dialogen erwähnten Verhöhnung durch einen Hussiten in Verbindung gebracht werden. **10** Der (später Schloßteich genannte) kleine See wurde erst wenige Jahre später aufgestaut. Mehr dazu in Weingart, Stephan: Der Schloßteich und seine Anlagen, in: Kassner, Jens/Viertel, Gabriele/Weingart, Stephan (Hrsg.): Das Kellerhaus und der Chemnitzer Schloßberg, Chemnitz 2001, S. 79 f. **11** Vgl. Viertel, Gabriele: Das Kellerhaus und der Bierkrieg, in: ebd. S. 65–69. **12** Vgl. Niavis: Schülerdialoge (wie Anm. 1), S. 308 f. **13** Ebd., S. 302. **14** Ebd., S. 320–327. **15** Ebd., S. 330 f. **16** Diese Bemerkung bezieht sich wohl auf die Rabensteiner Fehde im Jahr 1386. **17** Niavis: Schülerdialoge (wie Anm. 1), S. 306 f. **18** Vgl. Maier, P.: Die Epoche der General- und Provinzialkapitel, in: Faust, Ulrich/Quarthal, Franz (Hrsg.): Die Reformverbände und Kongregationen der Benediktiner im deutschen Sprachraum, St. Ottilien 1999 (= Germania Benedictina 1), S. 195– 224. **19** Vgl. Römer, Christof: Chemnitz, in: Römer, Christof/Lücke, Monika (Hrsg.): Die Mönchsklöster der Benediktiner in Mecklenburg-Vorpommern, Sachsen-Anhalt, Thüringen und Sachsen, St. Ottilien 2012 (= Germania Benedictina 10), S. 227–287, hier S. 245. **20** Vgl. ebd., S. 247–249. **21** Vgl. Maier, Peter: Die Reform von Kastl, in: Faust/Quarthal: Reformverbände (wie Anm. 15), S. 225–269. **22** Vgl. Leinweber, Josef: Die Reform von Fulda, in: ebd., S. 409–418. **23** Vgl. Angerer, Joachim: Reform von Melk, in: ebd., S. 271–313. **24** Vgl. Ziegler, Walter: Die Bursfelder Kongregation, in: ebd., S. 315– 407. **25** Vgl. die Karte von Martin, Jochen: Die Reformen von Bursfeld, Kastl und Melk, in: Atlas zur Kirchengeschichte, Freiburg 1970 (2004), S. 67 und 52*. Einen neueren Forschungsstand bieten die Kartenbeilagen in Römer/Lücke: Mönchsklöster (wie Anm. 19). **26** Niavis: Schülerdialoge (wie Anm. 1), S. 332–339. **27** Das Empfehlungsschreiben von Abt Heinrich – denn dieser war ja weiterhin sein zuständiger Oberer – ist im Einband eines Wiegendrucks von 1496 erhalten, worauf Andrea Kramarczyk hingewiesen hat: Kramarczyk, Andrea: Epistolae familiares, in: Fiedler, Uwe u. a. (Hrsg.): Gotik ohne Grenzen. Sachsen und Böhmen im Spiegel der Kunst um 1500, Chemnitz 2016, S. 133. **28** Niavis: Schülerdialoge (wie Anm. 1), S. 332–335. **29** Ebd., S. 304–319. **30** Vgl. Volk, Paulus: Die Generalkapitel der Bursfelder Kongregation, Münster 1928. **31** Ausnahme war die völlig desolate Reichsabtei Corvey, die zudem ganz nahe bei Bursfelde lag. **32** Niavis: Schülerdialoge (wie Anm. 1), S. 274. **33** Vgl. Meier, Heinrich/Wiessner, Heinz/Römer, Christof: Bosau (Posa), in: Römer/Lücke: Mönchsklöster (wie Anm. 19), S. 101–155. **34** Vgl. Vogtherr, Thomas: Pegau, in: ebd., S. 1195–1224. **35** Vgl. Zöllner, Walter: Goseck, in: ebd., S. 491–503. **36** Vgl. Römer, Christof: Saalfeld, in: Ebd., S. 1355–1419. **37** Niavis: Schülerdialoge (wie Anm. 1), S. 334. **38** Vgl. Bömer, Alois: Paulus Niavis. Ein Vorkämpfer des deutschen Humanismus, in: Neues Archiv für sächsische Geschichte und Altertumskunde 19 (1898), S. 68. **39** Vgl. Niavis: Schülerdialoge (wie Anm. 1), S. 21 f. **40** Vgl. ebd., S. 22 ff. **41** Vgl. ebd., S. 24.

# Umständliche
# aus zuverläßigen Nachrichten zusammengetragene
# Chronica
# Der,
# an dem Fuße des Meißnischen Ertzgebürges
# gelegenen,
# Churfürstl. Sächßl.
# Stadt
# Chemnitz,
# nebst
# beygefügten Urkunden,

durch

**Adam Daniel Richtern,** Jacobi

Direct. Gymnas. Zittauiens.

der Königl. Preuß. deutschen Gesellschaft in Königsberg, der Jenaischen lateinischen Societät, der Fürstl. Anhalt-Bernburgischen gelehrten, wie auch der gelehrten Gesellschaft in Zittau Mitglied.

---

Zwey Theile.

---

Zittau und Leipzig,
In der Spickermannischen Buchhandlung, 1767

CHRISTOPH FASBENDER

# Vom Kloster zur Stadt

## Zur Rezeption der Klostergeschichte im 16. bis 19. Jahrhundert

Mit der Aufhebung des Benediktinerklosters auf dem Berg und der Einführung des protestantischen Bekenntnisses in der Stadt ging eine vier Jahrhunderte währende Ära zu Ende. Ihr schlossen sich – vielleicht mit einer gewissen Notwendigkeit – weitere vier Jahrhunderte an, in denen dem gewesenen Kloster keine nennenswerte Aufmerksamkeit zuteilwerden sollte.[1] In den Kernlanden der Reformation überrascht ein solcher Befund nicht, sodass sich das Kloster zu Chemnitz nicht einmal »rühmen« dürfte, das am schlechtesten erforschte Ordenshaus Mitteldeutschlands zu sein. Gleichwohl zeugt noch der gegenwärtige Zustand der Forschung – »Forschung« hier verstanden im engeren Sinne – von einer Jahrhunderte währenden Interesse- und Ratlosigkeit. Die gegenwärtige Verknüpfung der städtischen Erinnerung mit einer Urkunde, die neben der Verleihung des Marktrechts (1143) auch der Gründung des Klosters (1136) gedenkt, ist da vielleicht nicht ungeschickt gewählt. Der Finger liegt jedenfalls, gut sichtbar, in der Wunde.

Obwohl im Laufe der Jahrhunderte keine einzige monografische Abhandlung über das Chemnitzer Kloster entstanden ist, wurde seiner in anderen Zusammenhängen natürlich immer wieder gedacht. In der Tat ist der Ertrag, den die Stadt- und Landesgeschichten der Frühen Neuzeit abwerfen, in quantitativer Hinsicht durchaus beachtlich. Allerdings haben eben diese gelehrten Darstellungen durch ihre – im Übrigen zeittypischen – Verfahrensweisen nicht wenig zu späterer Konfusion beigetragen. Insbesondere in den frühen Stadtgeschichten griff dreierlei zum Nachteil der Sache ineinander: 1. eine höchst punktuelle Rezeption der Klostergeschichte; 2. eine durchgehend protestantische Sicht auf das mittelalterliche Mönchtum und 3. ein emanzipatorischer Diskurs der stadtbürgerlichen Säkulargesellschaft. Wann immer das Kloster in den 300 Jahren zwischen Paul Langs »Chronicon Citicense« (1520) und Cristian Gottfried Kretschmars »Chemnitz, wie es war und wie es ist« (1822) zur Sprache kam, bestimmten die genannten Perspektivierungen die Darstellung.[2] Der vorliegende Beitrag wird dies am historiografischen Material des 16. bis 19. Jahrhunderts herauszuarbeiten versuchen. Dabei sind einige frühneuzeitliche sächsische Historiografen von Rang zu berücksichtigen: Paul Lang[3] und Erasmus Stella etwa,[4] Petrus Albinus,[5] Georg Fabricius (1516–1571),[6] Peckenstein,[7] auch der »pirnische Mönch« (1530).[8] Seit dem 17. Jahrhundert treten dann die Stadtgeschichten hinzu, wobei ich mich auf einige Hauptzeugen beschränken muss: die »Res memorabiles vrbis patriae perantiquae ac celebris Chemnicii« des Magisters Johann Christian Leonhardt (1702),[9] die »Historische Nachricht von den vornehmsten Denckwürdigkeiten der Stadt Chemnitz« von Johann Gottlob Richter (1734),[10] die »Um-

Abb. 1 Adam Daniel Richter: »Umständliche Chronica Der, an dem Fuße des Meißnischen Ertzgebürges gelegenen Churfürstl. Sächßl. Stadt Chemnitz […]«, Zittau 1767, Titelblatt

ständliche aus zuverläßigen Nachrichten zusammengetragene Chronica Der […] Stadt Chemnitz« von Adam Daniel Richter (1763)[11] oder »Chemnitz, wie es war und wie es ist« aus der Feder des Buchdruckers, Buchhändlers und Privatgelehrten Kretschmar (1822).[12] Gemäß meinen drei Hypothesen – punktuelle Rezeption, lutherische Draufsicht, emanzipatorischer Diskurs – organisiere ich das Material nicht chronologisch. Das wäre auch insofern schwierig, als wir einen regelrechten Entwicklungsgang der Erkenntnisse nicht wirklich feststellen können. Noch im 19. Jahrhundert wurden (natürlich nicht ganz absichtslos) Ansichten über das Kloster verbreitet, die bereits im 16. Jahrhundert als erledigt hätten gelten können. Um dies vorzuführen, eignet sich kein Thema der Stadt- und Klostergeschichte vorzüglicher als die Frage nach deren Anfängen. Sie ist die mit Abstand (und guten Gründen) am häufigsten aufgeworfene Frage und ein Muster für die höchst selektive Rezeption der Klostergeschichte.[13]

## Ab urbe condita

Für ihre Beantwortung standen bereits im frühen 16. Jahrhundert zwei Traditionen zur Verfügung: eine monastische, für die der Bosauer Benediktiner Paul Lang (um 1520) steht, und eine humanistisch-gelehrte, für die der Zwickauer Arzt und Bürgermeister Erasmus Stella (um 1520) steht. Lang, der im Auftrag und im Geiste des Trithemius durch die Lande reiste, hielt sich mehrere Male zu Forschungszwecken im Kloster zu Chemnitz auf. Dort war er Gast des Abtes Heinrich von Schleinitz, für dessen humanistische Gesinnung und materielle Großzügigkeit er in seiner Chronik des Zeitzer Bistums nur überschwängliches Lob finden konnte. Auch über das Alter des Klosters berichtet Lang beiläufig: »Fundavit, inquam, Lotharius, iste gloriosissimus imperator […] celeberrimum coenobium Kemnitz, in dioecesi & territorio Misnensi, in monte prope ejusdem oppidum«.[14] Gemeint ist hier Lothar von Süpplingenburg, der deutsche Kaiser (1125–1137), unter dessen Herrschaft sich *tempora iocunda* entfalteten.[15] Von einem *coenobium*, das in ältere Zeiten zurückwiese, weiß Lang nichts; er kennt nur einen *fundator*, Kaiser Lothar, keinen *fundator secundus* oder gar *tertius*.[16] Ein genaues Gründungsdatum nennt er nicht, aber die Urkunde Kaiser Konrads III. von 1143, die die Stiftung Lothars wiederholt, bestätigt seine Ansetzung. Für das *oppidum* neben dem Berg und dessen Alter interessiert sich der Mönch Lang nicht, und ob er *civitas* geschrieben hätte, wenn er *civitas* gemeint hätte, ist eine müßige Spekulation. Langs Ansetzung entspricht, soweit ich das überblicke, der heutigen Sicht der Dinge, und auch der berüchtigte »pirnische Mönch« hat in seinem »Onomasticon« (1530) mit dem Gründungsjahr 1125 nichts grundsätzlich Abweichendes wiederholt, wenngleich er mit einer Marien-Wallfahrtskirche in der Stadt Chemnitz, die im Jahr 940 großen Zulauf erfahren haben soll, seinerseits zu Spekulationen anregte.[17]

Ungefähr gleichzeitig mit Lang schrieb der gebürtige Leipziger und nachmalige Zwickauer Arzt und Bürgermeister Erasmus Stella an der Geschichte seiner sächsischen Heimat.[18] Im Gegensatz zu Lang, der eine Verherrlichung des Benediktinerordens und seiner Zweige anstrebte, war der humanistische Regionalhistoriograf Stella von dem Gedanken beseelt, »Preußen und Sachsen als germanisch-deutsches Land von Anfang an zu erweisen, ihre Geschichte als kontinuierliche Entwicklung von der germanischen Zeit bis in die Gegenwart vorzustellen, ihnen eine respektable historische Identität zu verschaffen. Ein solches politisch-patriotisches Unterfangen ließ sich angesichts weithin fehlender Quellen nur in einem immer wieder erfinderischen, konjizierenden, klitternden Verfahren verwirklichen.«[19] Nur vor dem Hintergrund derartiger Prämissen ist es zu verstehen, dass Stella nicht Kaiser Lothar III., sondern den von 613 bis 623 regierenden Merowinger Chlothar II. zum Gründer des Klosters Chemnitz erklärte. Im Jahr 618 habe Chlothar, nach erfolgreicher Schlacht gegen die Sorben und Wenden, »in ipso proelio loco« ein Monument zum Andenken an den Sieg errichtet: das Kloster Chemnitz.

Es war, wie wir festhalten dürfen, nicht die ordensgeistliche, sondern eine humanistisch-säkulare Historiografie (wenn auch unglücklichen Zuschnitts), die für die These vom höheren Alter des Klosters verantwortlich zeichnet. Die nicht unerhebliche Differenz von immerhin 500 Jahren hat nachfolgende Generationen zu allerlei akademischen Operationen herausgefordert. Chlotars Sohn Dagobert (623–639) habe das umgehend von den Sorben niedergebrochene *coenobium* wieder aufgerichtet, doch sei es auch danach rasch wieder unter die Räder gekommen.[20] Nachdem erste Zweifel an einem Feldzug des Merowingers in Sachsen aufkamen, brachte der Historiograf Joachim Beckenstein eine neue Lösung hervor: Das Kloster sei eine ottonische Gründung gewesen, die auf der vom »pirnischen Mönch« für 940 postulierten Wallfahrtskirche aufruhte, und Otto III. habe 994 den ersten Abt in Chemnitz investiert.[21] Das Problem einer vermeintlichen Lücke im Gedächtnis der Benediktiner löste schließlich (1589) der »Kurfürstlich sächsische Secretär« und Historiograf Petrus Albinus. Albinus hielt zwar am Merowinger Chlotar als Gründer des Klosters fest, doch habe jener »Canonicos regulares drein gesetzt«. Albinus weiter: »Ich achte […]/es sey also zuuerstehen/Das es von diesem Keyser [Lothar III.] nur von newem erbawet/erhaben und reichlicher begabet worden/vnd das dismals auch die Benedictiner Münche allererst drein komen.«[22]

Abb. 2 Das wundertätige Bild:
Porträt Hilarius von Rehburg,
Kopie nach dem Mannheimer Original,
um 1525, Fotografie von 1874

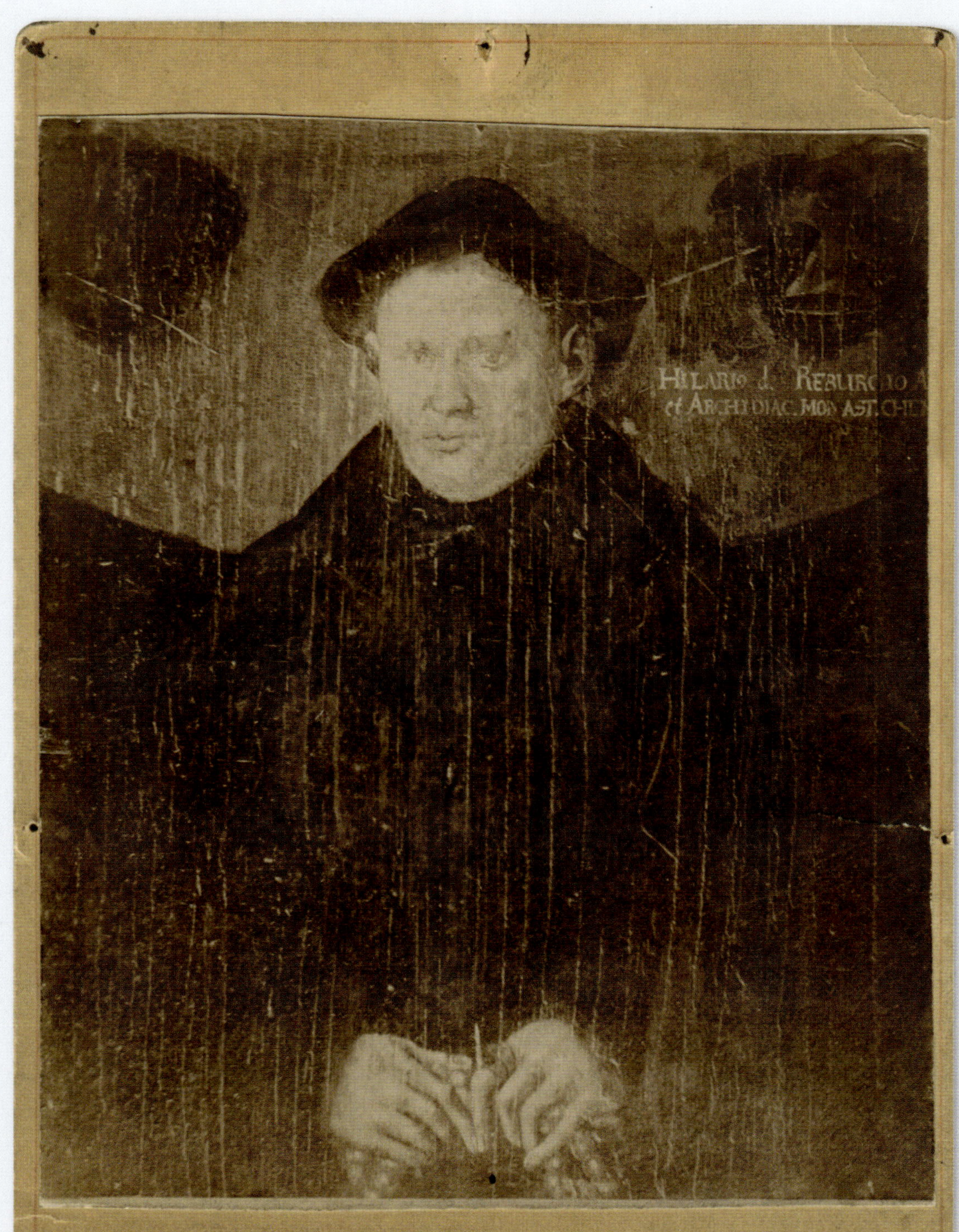


Hilarius, letzter Abt des hiesigen Benediktinerklosters, von 1522–1540.

Geb. um 1480, gest. 1551, Anfang April.

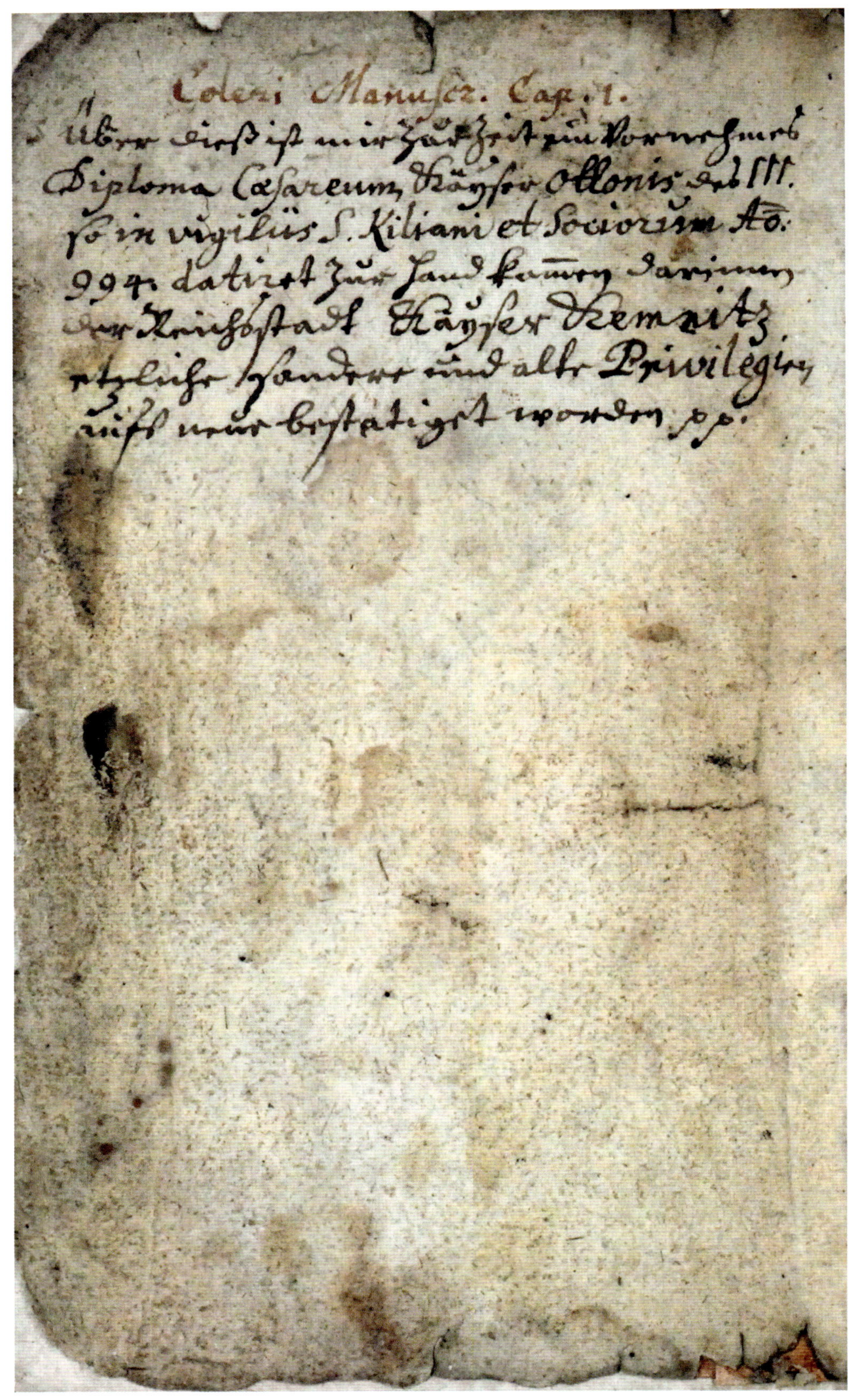
Coleri Manuscr. Cap. 1.
Über dieß ist mir [illegible] zu vernehmen
Diploma Caesareum Käyser Ottonis des III.
so in vigiliis S. Kiliani et Sociorum Ao.
994. datiret zur Hand kommen darinnen
der Reichsstadt Käyser Chemnitz
etzliche besondere und alte Privilegien
aufs neue bestätiget worden. p.p.

Abb. 3 Eintrag aus der sog. »Klimper'schen Chronik« von 1700 (StA Chemnitz, Archiv des Vereins für Chemnitzer Geschichte gc 9): Der Chronist bezieht sich auf eine heute als fiktiv angesehene Urkunde Kaiser Ottos III. von 994, in der alte Privilegien für Chemnitz neu bestätigt würden.

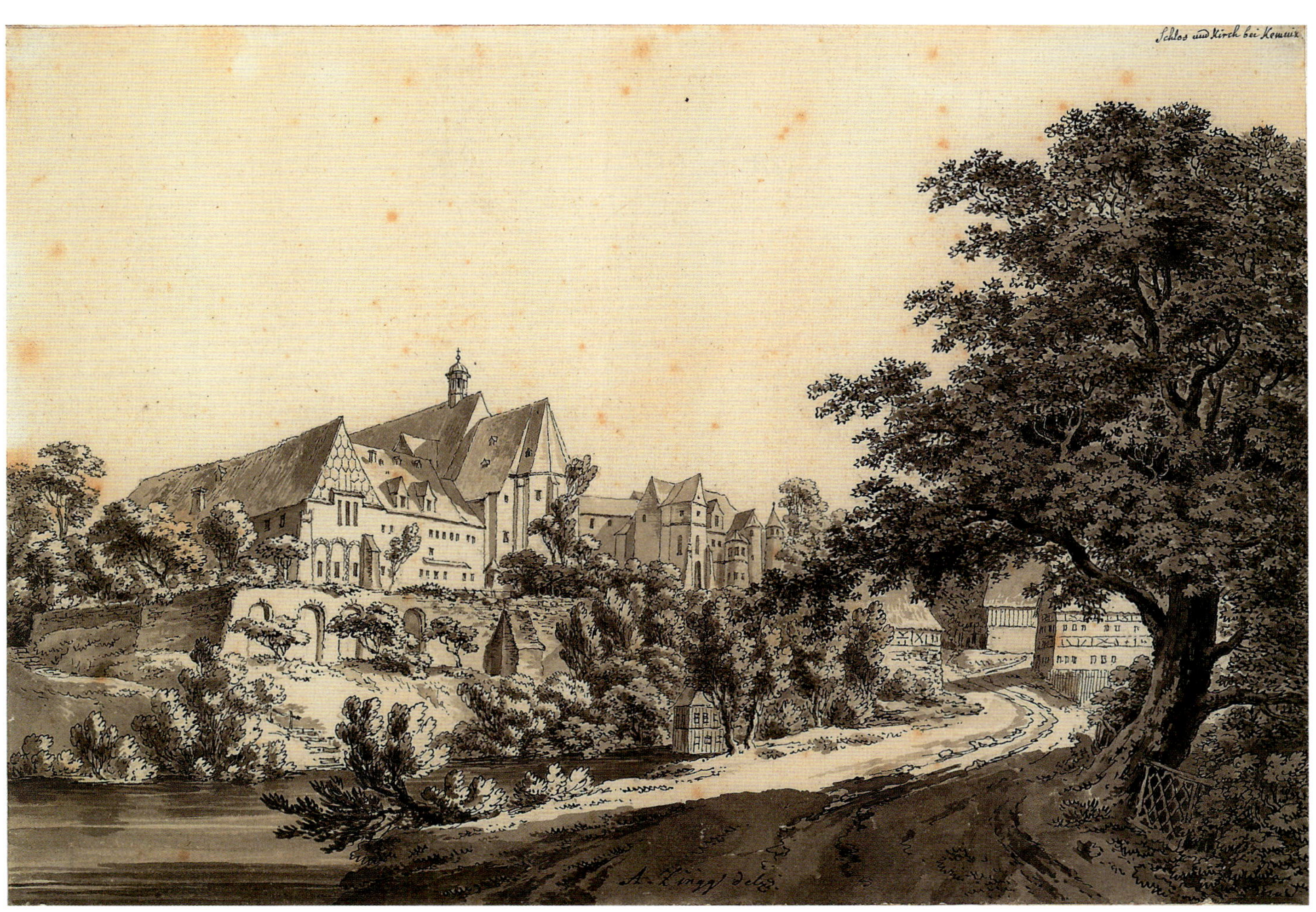


Abb. 4 Adrian Zingg: Das zum Schloss umgebaute ehemalige Benediktinerkloster von Südosten, lavierte Federzeichnung, 1774

Für alle Historiografen des 16. bis 19. Jahrhunderts bestand ein enger Zusammenhang zwischen der Gründung des Klosters und der Stadt. Allerdings herrschte bei nicht Wenigen eine gewisse Unsicherheit, wie dieser Zusammenhang genau zu fassen und zu beschreiben war. Erasmus Stella hatte diesbezüglich noch klare Vorstellungen. Nachdem Chlotars Klostergründung zerstört worden war, erneuerte sie Dagobert, der zu ihrem künftigen Schutz einen Burgwart einrichtete und dabei einen Marktflecken anlegte – eine offenkundig recht getreue Projektion der Verhältnisse um 1143 ins 7. Jahrhundert, und wohl auch aus diesem Grund (als eine Art Universalie) über Chronisten wie Petrus Albinus hinaus[23] ein Narrativ von erstaunlicher Haltbarkeit. Noch für den Magister Leonhardt (1702) war die Stadt Chemnitz eine merowingische Gründung, die der *Rex Lotharius* quasi mit dem Kloster gemeinsam ins Leben gerufen hatte (»cum quo statim coepisse urbem probabile est«).[24] Chemnitz, so seine – sogar Stella noch vereinfachende – These, sei als »pars antiquissima & nobilissima huius Prouinciae« zu begreifen, dessen »origo ad Soraborum tempora, speciatim ad annum 618 refertur.«[25] War die Stadt bei Stella noch gleichsam die Ausbaustufe der Klosterfundation, findet sie sich hier als quasi gleichzeitige Gründung. Für Leonhardt, der ansonsten an keiner Stelle seiner »Res memorabiles« weiter auf die Klostergeschichte eingeht, hatten die Mönche damit ihre Schuldigkeit getan.

In der »Historischen Nachricht von denen vornehmsten Denckwürdigkeiten der Stadt Chemnitz« Johann Gottlob Richters (1734) finden wir erstmals ein großzügig bemessenes Zeitfenster, innerhalb dessen sich die Stadtwerdung vollzogen haben könnte. Dieser grundsätzlich beherzigenswerte Ansatz ist freilich vor allem der inzwischen unübersichtlichen Forschungslage geschuldet. Richter zufolge wäre »der erste Aufbau zwischen dem 6ten seculo […] und dem Anfang des zehenden seculi« plausibel.[26] Der Merowinger Chlotar und sein Sohn Dagobert spielen dabei weiterhin eine wichtige Rolle. Freilich hatten Vorgängige bereits mehrere Lothare für »die Erbauung der Stadt« nominiert: einen fränkischen Kaiser Lothar (840–855), einen fränkischen König Lothar, »der von an. 954 bis 986 regieret, theils auch Keyser Lothario II. Saxoni«, der aber lediglich »das Berg-Kloster wieder aufgerichtet« habe. Als Kompromiss schlägt Richter vor, »da nach dem gemeinen Sprüchwort nichts gesaget wird, woran nicht zum wenigsten etwas wahr«, dass »die benannten Lotharii [und zwar allesamt] die Stadt erneuert, oder erweitert«[27] hätten, wie bereits Fabricius angedeutet habe, »daß also die unterschiedene Meynungen sich leichte vereinigen lassen.«[28] Analysiert man sein Verfahren, so nimmt Richter die aus der merowingischen Klostergründungslegende bekannten Akteure, fügt auch weitere, weniger wahrscheinliche hinzu, lässt sie aber (mit Ausnahme des Süpplingenburgers) samt und sonders nur noch für die Geschichte der Stadtwerdung tätig werden. Diese vollzog sich dann endgültig »im 9ten, oder zu Anfang des 10den seculi« und wurde urkundlich greifbar, als Kaiser Otto III. – nach Peckensteins diplomatischen Forschungen – 994 »der Stadt Chemnitz etliche alte Privilegia aufs neue bestätiget«.[29]

Die bei Leonhardt noch diffus zur Klostergründung parallel sich vollziehende, bei Johann Gottlob Richter dann von jener weitgehend emanzipierte Gründung der Stadt Chemnitz findet sich bei Adam Daniel Richter (1763) erstmals – wenn auch nur als Gedankenspiel – in disponibler Abfolge. Auch der jüngere Richter geht von einer ottonischen Stadtgründung aus, mutmaßt aber: »Inzwischen ist es [das Kloster] vermuthlich nicht lange vor dem Anfang der Stadt, wo nicht gar erst einige Jahre darauf, gestifftet worden.«[30] Diese nicht weiter begründete »Vermuthung« fiel in C. G. Kretschmars »Chemnitz, wie es war und wie es ist« von 1822 auf den fruchtbarsten Boden. Hatte Kaiser Otto I. einstmals ein »Marienkloster« gegründet, das eingegangen »und wahrscheinlich auch die erste kleine Kirche von Holzwerk verfallen war«, erfolgte die Klosterstiftung von 1143 – so Kretschmar – »wohl zu besserm Aufkommen der Stadt und Wiederaufhülfe des christlichen Kirchendienstes«.[31] Es ist nun nicht mehr die Stadt, die sich vom Kloster herschreibt; es ist das Kloster, das der Kaiser der bereits bestehenden Stadt zu ihrem Besten zugesellt. Anders aber als noch bei Leonhardt, der des Klosters weiterhin mit keiner Silbe gedenkt, bleiben die Mönche Kretschmar nicht nur ein Dorn im Auge, sondern auch ein Pfahl im Fleisch der Stadt.

## Das Kloster aus protestantischer Sicht

Bekanntlich hielt die Reformation in Chemnitz erst nach dem Tod des Landesherrn (1539) Einzug. Dass die Stadt dadurch über 20 Jahre in einem komplizierten Beziehungsgeflecht stand, das auch früh protestantische Städte wie Zwickau oder Nürnberg einschloss, versteht sich von selbst. Frühreformatorisches Gedankengut machte gewiss auch in Chemnitz nicht vor den Stadtmauern halt. Ein Beispiel hierfür ist die höchst indiskrete, mit beißenden Kommentaren versehene Veröffentlichung der Abfindungsforderungen (»Leibgedinge«) des Abtes Heinrich von Schleinitz.[32] Dass dieser Text in den Darstellungen des 16. bis 19. Jahrhunderts keine Rolle spielt, ja den Autoren wohl auch nicht bekannt war, passt freilich zu der Haltung, mit der man einem Kloster begegnete, das jenseits seiner Hebammendienste für die Stadt wenig zu bieten hatte. Bei Johann Gottlob Richter (1734) sind es nur noch die Sehenswürdigkeiten auf dem Schloss, die an den alten Aberglauben gemahnen: etwa »die Machine, deren sich die Mönche bey ihren Himmelfarths-Comoedien, oder anderen Gauckeleyen, bedient, um etwas aus der Kirche, durch eine oben im Gewölbe befindliche Oeffnung, hinan zu ziehen, oder herunter zu lassen«,[33] sowie »der Platz unten aufm Pflaster in der Kirche«, der »nach der Farbe, von dem übrigen Fußboden mercklich unterschieden« – war hier doch ein Mönch, der dem Kirchenvolk etwas vorgegaukelt hatte, geradewegs »zu tode gestürtzt«.[34] Es sind vergleichsweise moderate Töne, die Richter hier anschlägt, und obwohl auch er an den unterirdischen Geheimgang glaubt, »wodurch die Mönche unvermerckt aus dem Closter« entwichen, dichtet er doch kein Frauenkloster am anderen Ende des Ganges hinzu, sondern lässt die Brüder direkt bei den Franziskanern herauskommen.[35]

Sind es beim älteren Richter vor allem Anekdoten, die seine Leser das Mönchtum als überkommene Institution in kuriosen Relikten bestaunen lassen, gelingt es C. G. Kretschmar (1822), die Klostergeschichte zumindest punktuell für den weiteren Gang der Stadtgeschichte fruchtbar zu machen. Neben der Klostergründung, die – wie gesagt – gleichsam zur Verbesserung der städtischen Lebensqualität erfolgte, sind es die weitreichenden Befugnisse der Äbte und deren ungehemmtes Streben nach Besitztümern, die eine Folie für seine Darstellung liefern. Von einem regelrechten »Staat im Staate« ist die Rede, »worüber die Stadt in unaufhörliche Streitigkeiten mit dem Kloster gerieth« (S. 41). An mehreren Stellen verweist Kretschmar darauf, dass die Stadt das Kloster wiederholt – 1293, 1388 und 1413 – förmlich befehdete,[36] wobei er auch für die adligen Fehdeführer tadelnde Worte findet. Ähnlich ambivalent geht es beim von den Neefes forcierten Bau des Franziskanerklosters zu, »gereichte es der Stadt« doch »zur Ehre, daß sie nicht bloß der Möncherei fröhnte, sondern auch gleich nach vollendetem Klosterbau in folgendem Jahre 1486 ein öffentliches Stadtschulhaus erbaute«.[37] Als sich 1527 allenthalben protestantischer Geist regt, ist es Herzog Georg, der »dem hiesigen Abt zur Unterdrückung der Lutherschen Lehre die gemessensten Befehle« erteilt.[38] Leider war es mit Paul Bachmann ausgerechnet ein gebürtiger Chemnitzer, der sich als Abt von Altzella zu »den zügellosesten Schmähschriften« gegen Martin Luther hinreißen ließ.[39] Dies alles verfing jedoch nicht, weil es nicht verfangen konnte, wie Kretschmar

Abb. 5 Moderne Rezeption der Klostergeschichte – Hans Brockhage: »Eremit«, um 1994

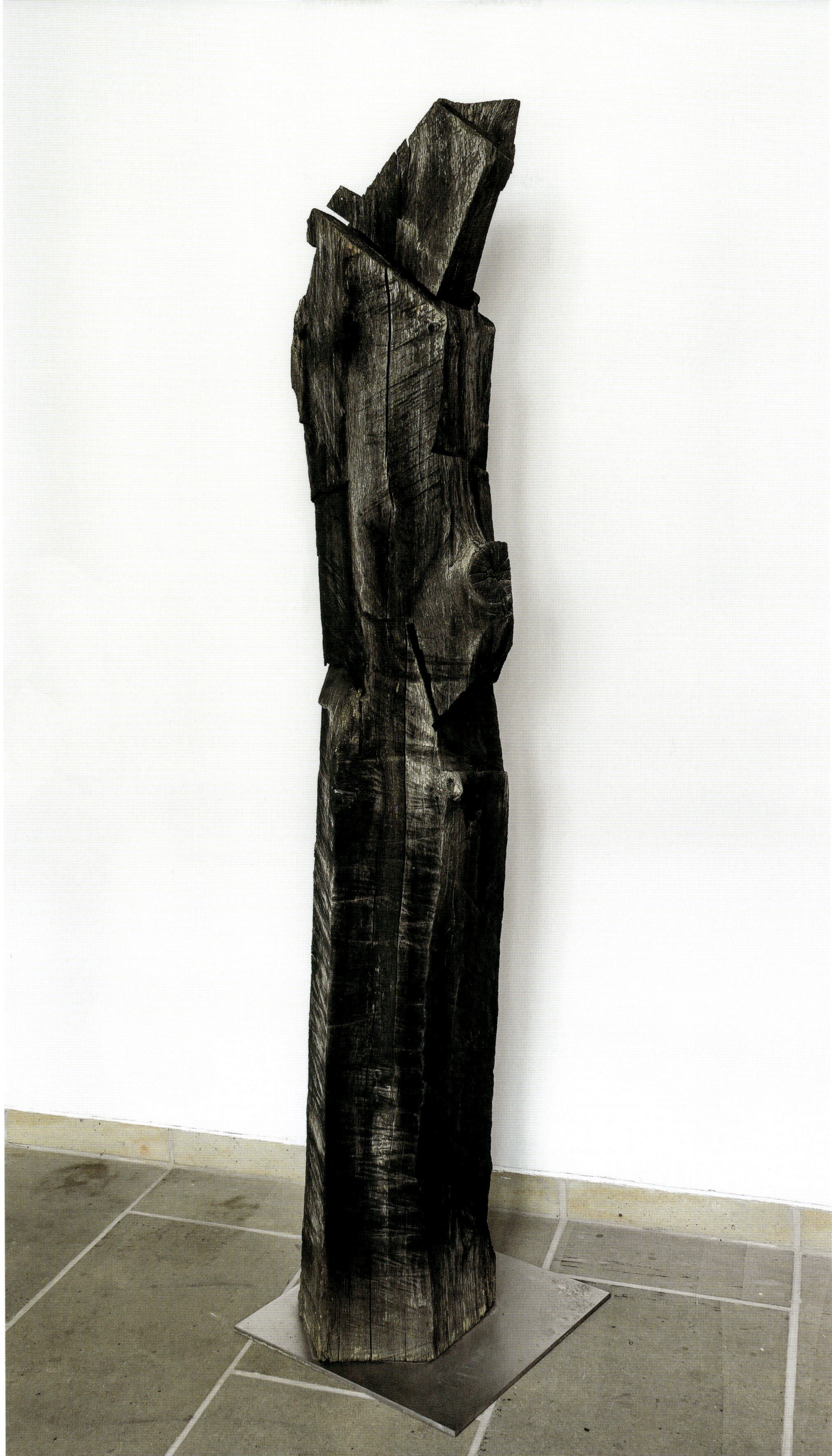

befriedigt resümiert: »Indessen fand die Reformation ungeachtet dieser gewaltsamen öffentlichen Unterdrückung im Geheim nach und nach immer mehr Geneigtheit, so wie im Herzogthum Sachsen überhaupt, so auch in Chemnitz«.[40]

Wenn man etwas Nennenswertes an den Ausführungen des Privatgelehrten Kretschmar entdecken möchte, dann ist das vielleicht sein durchgehend angewandter Kunstgriff, Ambivalenzen herauszuarbeiten: ein Kloster, das zur Stärkung der Stadt gegründet wurde; besitzgierige Äbte, die von dubiosen Adligen attackiert werden; Bürger, die ein neues Kloster und eine neue Schule bauen; ein Landesherr, der die Mönche im Kampf gegen Luther instrumentalisiert, und ein Chemnitzer Mönch in Altzella, der die Reformation aufzuhalten nicht in der Lage ist. Kretschmar fasst das Geschehen zwar von seinem reformatorischen Zielpunkt her, dabei aber keineswegs monokausal auf. Stadtbürger, Adel, Landesherrschaft und Mönche stehen in einem komplexen Beziehungsgeflecht, das der Verfasser zwar kaum vollumfänglich durchschaut, gleichwohl aber spannungssteigernd einzusetzen vermag.

## Auf dem Weg vom Kloster zur Stadt

Natürlich ist alles komplexer, als es hier dargestellt werden kann. Das gilt sogar für Kretschmars schmale Stadtgeschichte. Man könnte das an dem Satz über die Schulgründung von 1486 festmachen, der unvollständig zitiert wurde. Er begann damit, dass die Stadt »gleich nach vollendetem Klosterbau in folgendem Jahre 1486 ein öffentliches Stadtschulhaus erbaute«, und fuhr fort: »und damit die Schule zu einer öffentlichen Anstalt erhob«.[41] Wer will, kann hier Luthers »Ratsherrenschrift« und damit den protestantischen Diskurs im Hintergrund sehen. Für Kretschmar sind die Gründung des Franziskanerklosters und die Gründung der Stadtschule indes zwei einander in der Substanz widersprechende Vorgänge: ein Streben nach »selbstverschuldeter Unmündigkeit« und ein gleichzeitiges Streben nach dem »Ausgang« daraus.

Aufklärerische Absichten ähnlichen Zuschnitts hegte bereits der jüngere Richter (1763). Im Schlussabschnitt seiner im Übrigen gründlichen und quellengestützten Darstellung des Entwicklungsganges des Klosters wiederholt er – teilweise wörtlich – die Kuriositätenschau des älteren Richter, und er wendet sich dabei auch dem Porträtbild des letzten Abtes Hilarius von Rehburg zu, das sich »in der großen Schloßstube« befinde.[42] Der ältere Richter hatte lediglich in einer Fußnote von der Wunderwirksamkeit dieses Bildes berichtet: »Man sagt von solchem Bilde, daß es, ohne Besorgniß eines Unglücks, von niemanden geneckt = noch von seinem Orte genommen werden dürffe; Alß hingegen eine Hauß=Magd daßelbe hübsch gesaubert, soll es ihr mit einem schönem altem Thaler gelohnet haben.« Und er ergänzte: »Ob nun wohl bey dergleichen Dingen zweiffelsohne viel Aberglauben und Fabeln unterlauffen; So würden doch darum diejenigen nicht recht handeln, welche daran freveln wolten, weil auch die Bildniße derer Todten muthwillig nicht zu verunehren.«[43] Wer nun erwartet, dass der jüngere Richter – 30 Jahre später – solchen »Aberglauben und Fabeln« ganz unter den Tisch fallen lassen würde, sieht sich getäuscht. Die putzende Hausmagd, die beim älteren Richter bereits (anonymisiert) sagenhafte Züge angenommen hat, identifiziert der jüngere Richter überraschend mit einer Person, »welche hernach in dem Chemnitzer Spital zum H. Geist gestorben« und die die Geschichte vom hinter dem Bildnis gefundenen Taler als Jugenderinnerung »vor eine Gewißheit« erzählte.[44] Ist damit das sagenhafte »Jetzt und Immer« vom Lohn für die Ehrerbietung als Kolportage einer wenig glaubwürdigen Person enttarnt, bleibt noch das Wunderwirken des Bildes an Übeltätern: »Dieses Bild soll, wie die Einfalt glaubt, schon manchen, der ihm dergleichen gethan, wenn er den Berg herab nach Hause gegangen, in den Schloßteich geworfen haben; es mag aber wohl«, wie der jüngere Richter resümiert, »das Bier gewesen seyn, wenn solche Leute betrunken den Berg herunter gegangen sind.«[45]

Wir sollten, bevor wir dieser Einschätzung befriedigt zustimmen, wenigstens kurz noch bei der Sache bleiben. Wir haben es beim wunderwirkenden Chemnitzer Porträt des Abtes Hilarius von Rehburg mit einer Sage vom handelnden, näherhin strafenden Bildwerk zu tun: einem international verbreiteten Typus, der sich in der Regel auf sakrale Kunstwerke im engeren Sinne bezieht (Kruzifixe, Altarfiguren usw.). Obwohl er eine Blütezeit im 16. Jahrhundert erlebte, ist dieser Typus, der die Realpräsenz des Heiligen in seinen Bildwerken postuliert, doch wesentlich älter.[46] Unterschwellig kann man den Reaktionen des jüngeren Richter zwar einen protestantischen Diskurs ablauschen. Im Vordergrund sehe ich aber den Versuch, einen gleichsam zwiefachen Aberglauben auszutreiben: einen Aberglauben, der den letzten Abt des Klosters zu einem Heiligen, an dessen Bildnis post mortem Wunder geschehen, zu kanonisieren bestrebt ist. Das Gefährliche an der Fabelei der alten Putzfrau ist für den jüngeren Richter nicht ihr Aberglaube. Das Gefährliche ist, dass das alte Kloster noch Jahrhunderte nach seiner Schließung mit der Sage Macht über die Chemnitzer zu haben beansprucht.

Indem der jüngere Richter die Sage dekonstruiert, treibt er den emanzipatorischen Diskurs voran – und bestätigt damit meine dritte und letzte Hypothese hinsichtlich der Bedeutung des Klosters für Geschichte und Selbstverständnis der Stadt vom 16. bis zum 19. Jahrhundert. Ich will das Vorgängige nicht noch einmal zusammenfassen. Deutlich sollte geworden sein, dass das Kloster auf dem Berg in der fraglichen Epoche für alles, was dem Chemnitzer noch heute lieb und teuer ist, eine stets disponible Größe darstellte: für ein hohes Alter der Stadt, für ein beständiges Fortschreiten im wahren Glauben und für den Ausgang des Chemnitzers aus seiner selbstverschuldeten Unmündigkeit.

Anmerkungen

**1** Eine erste monografische Aufarbeitung erfuhr es erst ausgangs des 20. Jahrhunderts. Vgl. Petzoldt, Klaus: Monasterium Kempnicense. Eine Untersuchung zur Vor- und Frühgeschichte des Klosterwesens zwischen Saale und Elbe, Leipzig 1982 (= Studien zur katholischen Bistums- und Klostergeschichte 25). Das Büchlein leidet ein wenig darunter, dass der Verfasser das Chemnitzer Kloster mit aller Gewalt als Gründung Wiprechts von Groitzsch ausweisen möchte. **2** Für die älteren Chemnitzer Stadtgeschichten bis 1822 liegen keine modernen Analysen vor. Wenige, revisionsbedürftige Hinweise gibt Göbel, Kurt: Über alte Chemnitzer Stadtchroniken, in: Mitteilungen des Vereins für Chemnitzer Geschichte 30 (1935–1937), S. 12–27. **3** Vgl. Lang, Paul: Chronicon Citicense, in: Pistorius, Johann/Struve, Burkhard Gotthelf (Hrsg.): Rerum Germanicarum Scriptores, Bd. 1, Regensburg 1726, S. 1116–1291; Paul Lang, Chronica Nevmburgensis Ecclesiae [...], in: Mencke, Johann Burckhardt (Hrsg.): Scriptores rerum germanicarum praecipue Saxonicarum, Bd. 2, Leipzig 1728, Sp. 1–102; Fasbender, Christoph: Lang, Paul, in: Worstbrock, Franz Josef (Hrsg.): Deutscher Humanismus 1480–1520. Verfasserlexikon. 3 Bde., Berlin/New York, Bd. 2 (2013), Sp. 3–12, bes. Sp. 7 f. (= VL Humanismus). **4** Vgl. Lessing, Gotthold Ephraim: Erasmus Stella und dessen nun erst ans Licht tretende Commentarii de rebus ac populis priscis orae inter Albim et Salam, in: Lachmann, Karl (Hrsg.): Gotthold Ephraim Lessings Saemtliche Schriften, dritte Auflage besorgt durch Franz Muncker, Bd. 12, Berlin 1897, S. 115–155; Worstbrock, Franz Josef: Stella, Erasmus, in: VL Humanismus 2 (2013), Sp. 985–995. **5** Vgl. Albinus, Petrus: Meißnische Land und Berg=Chronica/An welcher ein vollnstendige description des Landes/so zwischen der Elbe/Sala und Südödischen Behmischen gebirgen gelegen [...], Dresden 1589. **6** Vgl. Fabricius, Georg: Rerum Misnicarum Libri VII [...], Leipzig 1569; Fabricius, Georg: Originum Illustrissimae Stirps Saxonicae Libri Septem [...], Jena 1597; Fabricius, Georg: Saxoniae Illustratae Libri Novem [...], Leipzig 1606; Fabricius, Georg: Rerum Germaniae Magnae Et Saxoniae Universae, Memorabilium, Mirabiliumque Volumina Duo, Leipzig 1609; Wiegand, Hermann: Fabricius, Georg, in: Kühlmann, Wilhelm u. a. (Hrsg.): Frühe Neuzeit in Deutschland. Literaturwissenschaftliches Verfasserlexikon. 6 Bde., Berlin/Boston, Bd. 2 (2012), Sp. 272–283 (=VL 16). **7** Vgl. Peccensteinius, Laurentius: Theatri Saxonici Dritter Theil/Darinnen Poliographia und historische Beschreibunge aller vornemsten Städte in Sachsen/Meissen unnd Thüringen/sampt anstossenden Provinicien [...], Leipzig/Jena 1608, S. 44–51. **8** Vgl. Lindner, Johannes: Excerpta Saxonica, Misnica et Thuringiaca ex Monachi Pirnensis seu vero nomine, Johannis Lindneri sive Tillani onomastico autographo quod exstat in Bibliotheca Senatoria Lipsiensi, in: Mencke, Johann Burckhardt (Hrsg.): Scriptores rerum germanicarum praecipue Saxonicarum, Bd. 2, Leipzig 1728, Sp. 1447–1632. **9** Vgl. Leonhardt, Johann Christian: Res memorabiles vrbis patriae perantiquae ac celebris Chemnicii, Leipzig 1702. **10** Vgl. Richter, Johann Gottlob: Historische Nachricht von den vornehmsten Denckwürdigkeiten der Stadt Chemnitz, Chemnitz 1734. **11** Vgl. Richter, Adam Daniel: Umständliche aus zuverläßigen Nachrichten zusammengetragene Chronica Der [...] Stadt Chemnitz, Zittau/Leipzig 1763. **12** Vgl. Kretschmar, Christian Gottfried: Chemnitz, wie es war und wie es ist, Chemnitz 1822. **13** Um es noch einmal explizit zu machen: Es geht im Folgenden nicht darum, die einschlägigen Hypothesen zur Frühgeschichte der Stadt zu diskutieren, obwohl sie letzten Endes der bürgerlichen Deutung und Selbstdeutung des 18./19. Jahrhunderts viel stärker verpflichtet sind, als sie selbst zu sehen scheinen. Mein Beitrag zielt trotzdem allein auf die frühe Historiografie und das sich in ihr entwickelnde Bild von den Anfängen der Stadt. **14** Lang: Chronicon Citicense (wie Anm. 3), Sp. 1156. **15** Vgl. ebd. **16** Dazu passt, dass in den internen Quellen Abt Heinrich von Schleinitz als »quasi fundator secundus« firmiert; vgl. Fasbender, Christoph: Quasi fundator secundus. Heinrich von Schleinitz (1483–1522) in seiner Zeit, in: Fasbender, Christoph/Mierke, Gesine (Hrsg.): »Quasi fundator secundus«. Der Chemnitzer Abt Heinrich von Schleinitz (1483–1522) in seiner Zeit, Würzburg 2017 [im Druck]. **17** Vgl. Lindner: Excerpta Saxonica (wie Anm. 8); ihm folgt u. a. Peckenstein: Theatri (wie Anm. 7), S. 47. **18** Das Verhältnis der beiden Historiografen zu einander ist komplizierter. Lang: Chronicon Citicense (wie Anm. 3), griff bereits im »Chronicon Citicense« auf landeshistorische Arbeiten zurück, »quae [...] mihi autem per spectabilem virum dominum Erasmum doctorem, & mirificum antiquitatis indagatorem [...] graciose communicata fuere«, sprach von »excerpta ab alio, licet viro docto« (Sp. 1163), nannte Stella auch namentlich (u. a. Sp. 1163, 1165). Vgl. Müller, K. E. Hermann: Das Chronicon Citizense des Benediktinermönches Paul Lang im Kloster Bosau und die in demselben enthaltenen Quellen, in: Neues Archiv für Sächsische Geschichte 13 (1892), S. 279–314, bes. S. 290 f. Langs Datierung der Chemnitzer Verhältnisse blieb von der Stella-Lektüre indes unberührt. **19** Worstbrock: Stella (wie Anm. 4), Sp. 989. **20** Vgl. Leonhardt: Res (wie Anm. 9), S. 7. **21** Vgl. Peckenstein: Theatri (wie Anm. 7), S. 47 f.; Richter: Umständliche Chronica (wie Anm. 11), S. 57. **22** Vgl. Albinus: Land- und Berg=Chronica (wie Anm. 5), S. 85. **23** Vgl. ebd., S. 136. **24** Leonhardt: Res (wie Anm. 9), S. 7. **25** Ebd., S. 6. **26** Richter: Historische Nachricht (wie Anm. 10), S. 5. **27** Ebd., S. 8. **28** Ebd., S. 9. **29** Ebd; vgl. Peckenstein: Theatri (wie Anm. 7), S. 47 f. **30** Richter: Umständliche Chronica (wie Anm. 11), S. 57. **31** Kretschmar: Chemnitz (wie Anm. 12), S. 23. **32** Zum Text vgl. Dohrn-van Rossum, Gerhard: Das Leibgedinge Heinrichs von Schleinitz, in: Fasbender/Mierke: »Quasi fundator secundus« (wie Anm. 16). **33** Richter: Historische Nachrichten (wie Anm. 10), S. 23 f. **34** Ebd., S. 24. Die Kuriositäten-Übersicht wiederholt Richter: Umständliche Chronica (wie Anm. 11), S. 86 beinahe wörtlich. **35** Richter: Historische Nachricht (wie Anm. 10), S. 24 f. **36** Vgl. Kretschmar: Chemnitz (wie Anm. 12), S. 27 f., 41 f. **37** Ebd., S. 61 f. **38** Ebd., S. 68. **39** Ebd., S. 69. Paul Bachmann (Riparius) aus Chemnitz, der am St. Bernhardskolleg in Leipzig studiert hatte und dem Konrad Wimpina ein »Rosarium rhythmicum«, zahlreiche Sermones, Hymnen und *rithmos consolatorios* zuschreibt, wurde 1522 Nachfolger Martins von Lochau. Vgl. Clemen, Otto: Paul Bachmann, Abt von Altzelle, in: Neues Archiv für Sächsische Geschichte 26 (1905), S. 10–40. Offenbar im Jahr seines Amtsantritts verfasste Bachmann ein antilutherisches Werk (»Martinus Luther, wie es ein Mann sei und was er führt im Schilde«), in dem prosaische Passagen mit Versen abwechseln (vgl. Clemen: Paul Bachmann, S. 14 f.). Zwei Jahre später wartete er mit einer Kampfschrift »Wider das wild geifernd Eberschwein Luthern« auf, die »heftigste und klotzigste« Abhandlung des Abtes (Clemen: Paul Bachmann, S. 15). Als in diesen Tagen die ersten Mönche Altzelle verließen, antwortete der Abt mit einer adhortativen Schrift »Zu Errettung der schwachen Ordenspersonen« (vgl. Clemen: Paul Bachmann, S. 16 f.), zu der Hieronymus Emser, Herzog Georgs Dresdner Hofkaplan, ein Gedicht beisteuerte. 1525 dedizierte der Abt seinem siegreich aus den Bauernkriegen heimkehrenden Landesherrn eine »Epistola gratulatoria«, 1527 ließ Petrus Sylvius einen Sermon Bachmanns (21. Juli) »In Aufnehmung der Reliquien Sancti Bennonis« drucken (Clemen: Paul Bachmann, S. 18). Mit 66 Jahren brachte der Abt (1531) sein »Schnupftüchlein auf Luthers Geifer und Unlust« (gedr. 1532/33), kurz darauf »Ein Maulstreich dem lutherischen lügenhaftigen, weit aufgesperrten Rachen« (vgl. Clemen: Paul Bachmann, S. 23). Mehr und mehr scheint der Abt in den Auseinandersetzungen instrumentalisiert worden zu sein. Ein letztes Pamphlet brachte er 1538 »Wider die Natterzungen, Hohnsprecher und Lastermäuler« (Clemen: Paul Bachmann, S. 25 f.). Kurz darauf starb der Herzog, und Heinrich der Fromme führte die Reformation ein. **40** Kretschmar: Chemnitz (wie Anm. 12), S. 69. **41** Ebd., S. 62. **42** Richter: Umständliche Chronica (wie Anm. 11), S. 86. Abbildung der Kopie des Originals (nach 1526) von Waldemar Bieniek (1995) in: Kramarczyk, Andrea (Hrsg.): Das Feuer der Renaissance, Chemnitz 2005, S. 108 (Nr. 18); Fiedler, Uwe u. a. (Hrsg.): Gotik ohne Grenzen. Sachsen und Böhmen im Spiegel der Kunst um 1500, Chemnitz 2016, S. 120 (Nr. 34). **43** Richter: Historische Nachricht (wie Anm. 10), S. 24. **44** Richter: Umständliche Chronica (wie Anm. 11), S. 87. **45** Ebd., S. 87. **46** Vgl. Belting, Hans: Bild und Kult. Eine Geschichte des Bildes vor dem Zeitalter der Kunst, 6. Aufl. Berlin 2004, mit Blick auf die Frühzeit des Ikonenkults am Übergang von der antiken zur nachantiken Kultur: »das Bild war der Dargestellte in Person, zumindest seine aktive, wunderwirkende Präsenz, wie es bis dahin die Reliquie des Heiligen gewesen war« (S. 60).

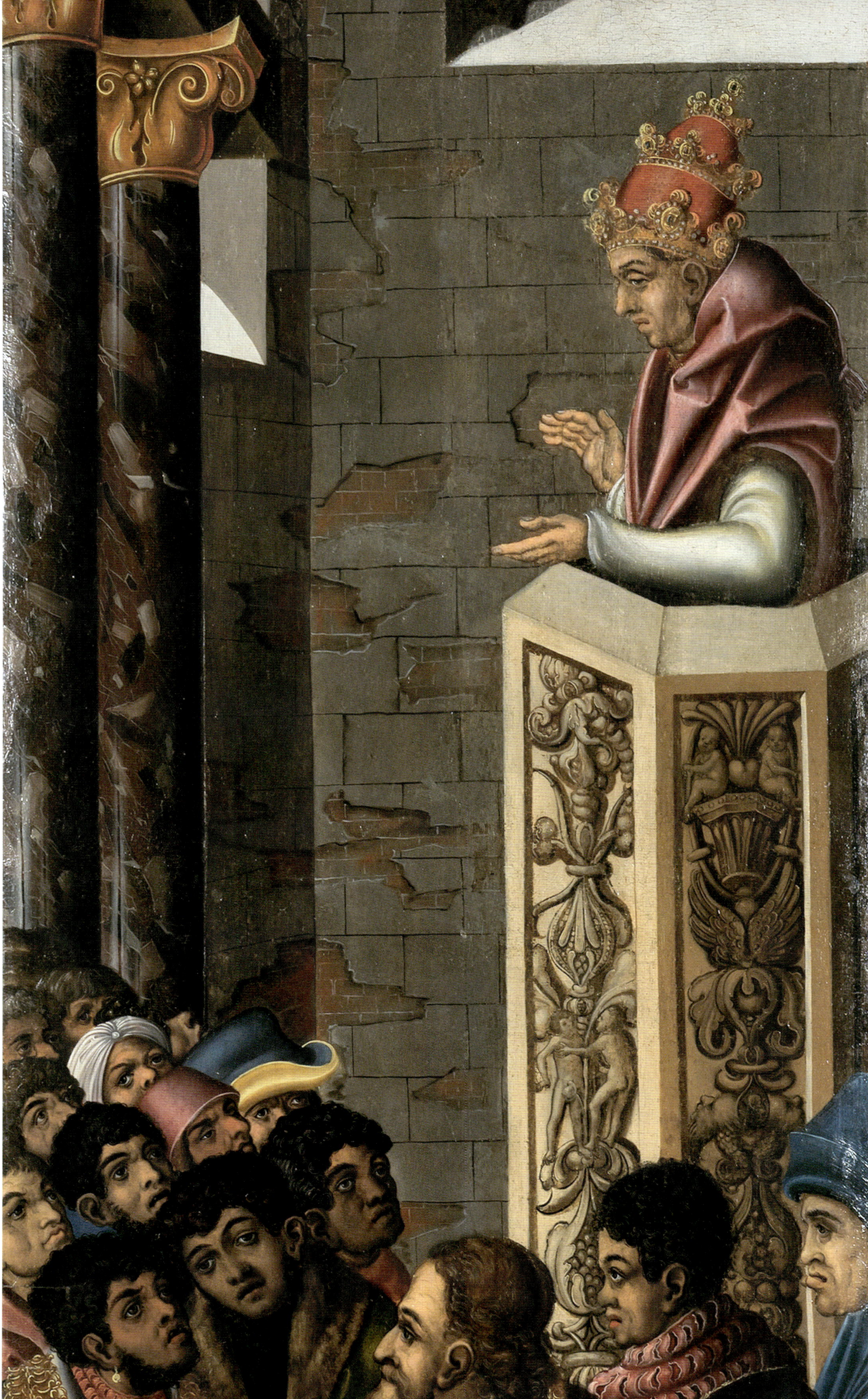

HENDRIK THOSS

# Reform und Reformation

## Das benediktinische Mönchtum im Heiligen Römischen Reich nach Luther

Martin Luthers (1483–1546) Thesen und die sich hieraus ergebenden (religions-)politischen Entwicklungen stellten auch für die christlichen Ordensgemeinschaften eine der größten Herausforderungen überhaupt dar. Wohl hatten sich die Orden seit ihrer Gründung immer wieder mit Kritik auseinandersetzen müssen und hiervon waren auch die Benediktiner aufgrund ihrer wirtschaftlichen wie (kirchen-)politischen Rolle betroffen gewesen. Zugleich gerieten die »traditionellen« Orden jedoch durch das Aufkommen von Bettelorden, den Mendikanten, in eine religiöse Konkurrenz und sahen sich überdies durch das Kommendenwesen in ihrer materiellen Existenz bedroht.[1] Der aus diesen Entwicklungen resultierende Reformbedarf zog in den 1440er Jahren die Gründung der Bursfelder Kongregation nach sich, einer von den Klöstern Clus und Bursfelde ausgehenden Reformbewegung, deren Ziel in einer Rückbesinnung auf das in der Benediktregel fixierte monastische Leben bestand und die den Mönchen etwa den Besitz von Privateigentum verbot.[2] Und dennoch sollte sich keine dieser Herausforderungen mit den durch die Reformation eingeleiteten Veränderungsprozessen vergleichen lassen. Die im Folgenden grob skizzierten Entwicklungslinien setzen mit der Reformation ein und verfolgen die Genese des Benediktinerordens im territorialen Bezugsrahmen des Reiches bzw. seiner Nachfolgestrukturen bis ins beginnende 21. Jahrhundert. Sie zeigen, dass sich die für den Benediktinerorden wie für die anderen Orden auch bestehenden Herausforderungen stets sowohl im Rahmen konfessioneller Fragestellungen wie (territorial-/reichs-/europa-)politischer Entwicklungen bewegten – und dies durchweg vom Ausgreifen der Reformation auf die Konfession der Reichsfürsten (und damit auch all ihrer Untertanen) in der ersten Hälfte des 16. Jahrhunderts bis zu den sich aus den Verwerfungen des Zweiten Weltkriegs und der Entchristlichung bzw. der Kirchen- und Religionsferne seit der Mitte des 20. Jahrhunderts ergebenden Umständen.

Die von dem Augustinermönch Martin Luther am 31. Oktober 1517 erstmals veröffentlichten 95 Thesen zur Lehre und Praxis des Ablasses deckten neben theologischen Anliegen rasch auch aktuell drängende politische Probleme auf, so etwa in Bezug auf die Stellung des Papstes und der Kirche als geistliche Gewalt gegenüber der Gewalt der Fürsten und Herrscher, ebenso aber auch die Funktion der Priesterschaft bei der Rezeption des »Wortes Gottes« durch die Laien. Der in der Folge eskalierende Konflikt zwischen Luther und der Kirche kulminierte schließlich am 3. Januar 1521 im Kirchenbann sowie in der kraft eines kaiserlichen Edikts vom 25. Mai 1521 von Kaiser Karl V. (1500–1558) über ihn verhängten Reichsacht. In dieser für Luther bedenklichen Situation ergriff der sächsische Kurfürst Friedrich III., der Weise (1463–1525)[3] die Initiative und ließ den Reformator im Rahmen einer »Entführung« von Burkhard Hund

Abb. 1 Schloßkirche, Tafelgemälde mit Predigt eines Papstes, Werkstatt Lucas Cranach d. Ä., um 1515–1525 (Ausschnitt)

von Wenkheim und Hans Sittich von Berlepsch am 4. Mai 1521 zum Schein gefangen nehmen und auf die Wartburg verbringen, auf der Berlepsch im Auftrag des Kurfürsten als Burghauptmann diente. Kurfürst Friedrich hatte kühl sowohl auf die ihm im Jahr 1518 aus Rom gemachten Avancen in Gestalt der Verleihung der Goldenen Rose als auch 1521 auf die gegen Luther gerichtete Verhängung von Acht und Bann reagiert. Weder die höchste päpstliche Auszeichnung, die ihn zur Überstellung des »Ketzers Luther« bewegen sollte, noch die Ächtung und Stigmatisierung des Wittenberger Reformators konnten Friedrich davon abhalten, seine eigenen politischen Ziele zu verfolgen. Und die bestanden zum einen in der Beschränkung des politischen Einflusses der Päpste und ihrer stetig steigenden finanziellen Forderungen und zum anderen in der Begrenzung der kaiserlichen Zentralgewalt. Tatsächlich gelang es dem sächsischen Kurfürsten mit der von ihm entworfenen Wahlkapitulation vom 3. Juli 1519, den reichsreformerischen Spielraum des jungen Kaisers Karl V. entscheidend einzuschränken und die Rechte der Kurfürsten zu behaupten.[4]

Weit mehr noch als Friedrich setzte sich sein ihm in der Kurwürde folgender Bruder Johann[5] (1468–1532) für die Belange der Reformation ein. Diese Entwicklung hatte auch für die im ernestinischen Sachsen gelegenen Klöster zur Folge, dass eine Rückkehr zum Status quo ante unwahrscheinlicher wurde. Es häuften sich hier wie andernorts im Reich auch im großen Stil Klosteraustritte von Mönchen und Nonnen, Kirchenstürme als Folge der durch die Reformation entfesselten Volksbewegung, Predigtstörungen oder Spottprozessionen. Die klösterliche Lebensform mit Askese und Gebet schien ebenso durch das öffentliche Handeln »ungeistlicher Christen« (Ulrich von Hutten) diskreditiert wie durch die Thesen Luthers erschüttert.[6] Die Konsequenz war eine deutliche Verringerung der Zahl der Klöster im Reich, die aus der Aufhebung von Klöstern in jenen Reichsteilen resultierte, deren Herrscher sich zum reformierten Glauben bekannten und die hieraus auch das Recht zur Einziehung von Kirchengut ableiteten.[7] In den beiden sächsischen Landesteilen vollzog sich dieser Prozess über einen Zeitraum von den 1520er bis in die 1560er bzw. 1570er Jahre und betraf gleichermaßen benediktinische Mönchs- wie Nonnenklöster.[8] Im zwischen 1524 und 1526 vor allem im Reich zwischen ländlichen und städtischen Unterschichten einerseits und Fürsten, Adel und Klerus andererseits ausgetragenen Deutschen Bauernkrieg[9] wurden vor allem im süd- bzw. südwestdeutschen Raum auch zahlreiche Benediktinerklöster[10] nicht selten schwer in Mitleidenschaft gezogen – richtete sich doch der Zorn der Aufständischen auch gegen die Klöster, deren grundherrschaftliche Ansprüche von ihnen als immense Belastung angesehen wurden. Die vielfältigen Missstände innerhalb der Kirche nahmen natürlich auch die Bauern wahr, sie fanden zudem in den kritischen Predigten und Schriften Martin Luthers, Ulrich Zwinglis (1484–1531) und Thomas Müntzers[11] (1489–1525) eine weite Verbreitung. Insbesondere Luthers bereits 1520 erschienene Schrift »Von der Freiheit eines Christenmenschen« wurde von den Aufständischen als Absage an die materiellen Ansprüche der Kirche ihnen gegenüber interpretiert, überdies die »Vermittlerrolle« der Kirche in der individuellen Auseinandersetzung mit Gott infrage gestellt.

Der vor dem Hintergrund der bäuerlichen Aufstandsbewegung laufende Diskurs in der Reformationsfrage innerhalb der Reichsstände führte weder auf dem Reichstag von Nürnberg 1524 noch auf dem von Speyer 1526 zu einer Klärung der Verhältnisse.[12] Tatsächlich war Kaiser Karl V. entschlossen, die sich mit der Reformation verbindenden Herausforderungen anzunehmen und ihr aktiv und entschlossen entgegenzuwirken.[13] Er fand im sächsischen Kurfürsten Johann Friedrich, dem Großmütigen[14] (1503–1554) und dem hessischen Landgraf Philipp, dem Großmütigen[15] (1504–1567) als Führer des 1531 gegründeten Schmalkaldischen Bundes protestantischer Fürsten und Stände des Reiches bedeutende Gegenspieler. Eine Klärung der Rechtslage ergab sich schließlich mit dem Augsburger Religionsfrieden von 1555. Dieser sah unter anderem die Anerkennung aller bis 1552 vorgenommenen Säkularisationen von Kirchengut vor und bestimmte überdies die Befugnis eines Reichsfürsten, über den Glauben seiner Untertanen entscheiden zu können. Indes hatte auch die Kirche auf die aktuellen Entwicklungen reagiert. Das Konzil von Trient (1545–1563) zog eine Neuordnung des Ordenswesens nach sich und setzte sich für eine Bekämpfung innerhalb der Kirche bestehender Missstände, etwa des Pfründen- und Ablassmissbrauchs ein.[16]

Die sich seit der Mitte des 16. Jahrhunderts anschließende Periode eines angespannten »feindlichen Nebeneinanders« von katholischer Kirche und Protestantismus wurde von der römisch-katholischen Kirche im Verein mit dem Kaiser für umfängliche Versuche genutzt, den reformierten Glauben zurückzudrängen; ein Prozess, der häufig mit den Begriffen Gegenreformation bzw. Katholische Reform[17] beschrieben wird, und der schließlich in die Katastrophe des Dreißigjährigen Krieges münden sollte. Für die weiter bestehenden Klöster brachte diese Entwicklung zahlreiche Präzisierungen in den Regeln des Zusammenlebens mit sich, so bezüglich der Freiwilligkeit des Klostereintritts, eines Mindestalters von 40 Jahren für diejenigen, die sich zur Wahl zum Abt/Prior bzw. zur Äbtissin/Priorin stellten, die Klausur und die Häufigkeit von Kommunion, Beichte und Visitationen.[18] Während in den protestantisch gewordenen Territorien des Heiligen Römischen Reiches das (katholische) Ordenswesen Schritt für Schritt weitgehend erlosch, begann im süddeutschen Raum in zahlreichen Fällen eine Zeit des ökonomischen wie künstlerisch-architektonischen Aufschwungs.

Der Dreißigjährige Krieg, der gleichzeitig drei Konfliktfelder beinhaltete – neben den »reichsinternen« Auseinandersetzungen zwischen den Reichsständen und dem Reichsoberhaupt ging es um einen europäischen Religionskrieg zwischen Katho-

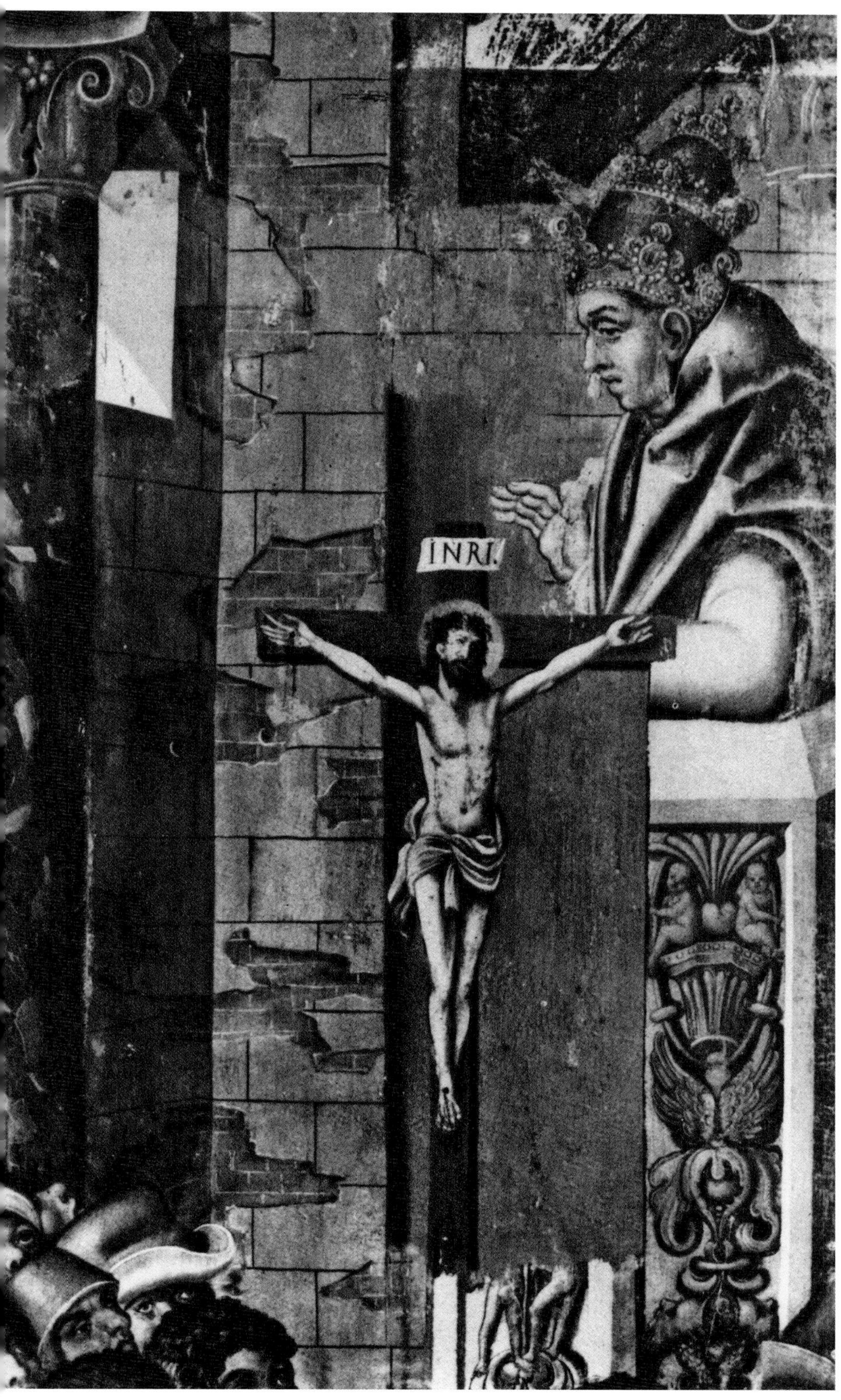


Abb. 2 Schloßkirche, Tafelgemälde mit Predigt eines Papstes während der Abnahme der nachreformatorischen Übermalung, 1953

liken, Lutheranern und Calvinisten und schließlich um einen Konflikt innerhalb des europäischen Mächtesystems[19] –, ließ naturgemäß auch die Klöster jener Gebiete nicht unberührt, die von durchziehenden Streitkräften aller Konfliktparteien im wahrsten Sinne des Wortes verheert wurden. Die sich mit dem Kriegsgeschehen verbindenden Ereignisse sind beispielsweise in den Tagebuchaufzeichnungen des Maurus Friesenegger[20] (1589–1655), Abt des Klosters Andechs, aus der spezifischen Sicht des Benediktiners eindringlich beschrieben worden. Neben Andechs, das zwischen 1627 und 1648 gleich mehrfach besetzt, geplündert und verwüstet wurde, traf es zahlreiche weitere Klöster, so Bronnbach und Eberbach, beide 1631, Marienmünster 1622, 1626, 1641 bis 1646 und in Sachsen das in der Lausitz gelegene und erst 1635 zum Kurfürstentum gekommene Kloster St. Marienstern 1639.

Eine Konsequenz aus den seit der Reformation laufenden vielfältigen Erschütterungen des benediktinischen Ordenswesens im Reich bestand im 17. Jahrhundert in der Bildung von Kongregationen, so der Oberschwäbischen Benediktinerkongregation (gegr. 1603) oder der Bayerischen Benediktinerkongregation (gegr. 1684). Eine einzige, alle im deutschsprachigen Raum befindlichen Benediktinerklöster zusammenfassende Kongregation gab es gleichwohl nicht. Dies lag daran, dass es auch Benediktinerklöster gab, die den Status der Reichsunmittelbarkeit[21] besaßen und deren Äbte im Reichstag vertreten waren. Ziel dieser Zusammenschlüsse war es, das religiöse Leben auf der Basis der Beschlüsse des Konzils von Trient zu erneuern sowie durch das Zusammengehen »Synergieeffekte« bei der Ausbildung der Novizen und bei der wirtschaftlichen Führung der Klöster zu generieren. Hier kam auch der 1620/1622 gegründeten Salzburger Benediktineruniversität eine besondere Rolle als ordenseigener Ausbildungsstätte für Juristen, Philosophen und Theologen zu.[22] Die Struktur dieser Einrichtung verweist bereits auf die fachliche Ausrichtung ihrer Absolventen, so als Seelsorger oder Lehrer – zwei für Mitglieder des Benediktinerordens recht moderne »Berufsfelder«.

Das späte 17. und das 18. Jahrhundert werden häufig als erneute Blütezeit des Benediktinerordens bezeichnet. Dies liegt darin begründet, dass sich etwa im süddeutschen Raum, aber auch in Österreich der Orden der Unterstützung und Förderung durch die Landesherren sicher sein konnte, zumal klösterliche Bildungseinrichtungen in hohem Ansehen standen. Die Folge war ein materieller Wohlstand, der sich bei einer ganzen Reihe von Abteien in teils äußerst umfassenden Bauvorhaben ausdrückte, die in dem zu dieser Zeit modernen Barockstil zur Ausführung gelangten. Bis heute legen etwa das Stift Melk[23] oder das Stift St. Peter in Salzburg Zeugnis von dieser Entwicklung ab. Die Architekten orientierten sich bei diesen als Herrschaftsresidenzen ausgelegten Bauten häufig an den Formen des Escorial, des Königlichen Sitzes Sankt Laurentius von El Escorial, der monumentalen Schloss- und Klosteranlage König Philipps II. von

Spanien (1527–1598) mit einem repräsentativen Kaisersaal,[24] einer Konventkirche, der Bibliothek, zahlreichen Wirtschaftsgebäuden und nicht zuletzt einem Garten.

Auch jenseits unmittelbar mit dem monastischen Leben verbundener Zusammenhänge versuchte sich der Benediktinerorden an »moderne« Zusammenhänge anzupassen, etwa durch die verstärkte Vermittlung »nicht-scholastischer« Fächer wie beispielsweise Mathematik oder Geografie in den vom Orden betriebenen Schulen. Die »Verweltlichung« des Bildungswesens der Benediktiner im Zeitalter der Aufklärung konnte wie im Falle des Klosters Ettal in Bayern sogar zur Gründung einer Ritterakademie für junge Adlige bzw. Bürgersöhne führen. Zum wenig monastischen Bildungskanon zählten hier moderne Fremdsprachen wie Italienisch und Französisch, aber auch Heraldik, Genealogie und Geschichte sowie – dem Status einer Ritterakademie Rechnung tragend – Militärwissenschaften wie Militär- und Zivilarchitektur und Ballistik. Verschiedene dieser Wissenschaften wurden von den Schülern unter fachkundiger Anleitung praktisch geübt, so der Schanzenbau oder die artilleristische Schießausbildung am Geschütz.[25]

Gleichwohl konnte durch derartige Entwicklungen die mit der Aufklärung erneut einsetzende kritische Sicht auf das Ordenswesen auch in den katholischen Ländern des Reiches nicht verhindert werden. Der sich an den zeitgenössischen Kontext anlehnende und hier ablaufende Entwicklungsprozess wird von der historischen Forschung als Katholische Aufklärung bezeichnet.[26] Diese im 18. Jahrhundert innerhalb der katholischen Kirche laufende Modernisierung stand einerseits in Beziehung zur europäischen Aufklärung von Hobbes, Kant und Diderot, andererseits zum Jansenismus bzw. der Reformbewegung des Jean Duvergier de Hauranne (1581–1643). Neben der Individualisierung des Glaubens und der offen postulierten Abkehr von der opulent-barocken Ästhetik der römischen Kurie, aber auch vieler Bistümer und Klöster stand hier die (wissenschaftlich fundierte) Suche nach »Wahrheit« auf der Basis der Vernunft im Mittelpunkt.[27] Davon war auch das benediktinische Mönchtum betroffen. Unter dem Eindruck der Aufklärung, über die die Mönche gut informiert waren, begann sich ihre Sicht auf das Ordensleben bzw. die Ordensdisziplin und auf ihren Lebensstil Schritt für Schritt zu verändern. Dies drückte sich hinsichtlich des Gehorsamsverständnisses gegenüber dem Abt ebenso aus wie in Bezug auf den klösterlichen Tagesablauf, der nun auch vom Kaffee- und Tabakkonsum sowie vom Fleischgenuss während der Fastenzeit geprägt sein konnte.[28] Ausgangs des 18. Jahrhunderts wurde so einmal mehr die Sinnhaftigkeit der Orden und der Existenz von Mönchs- und Nonnenklöstern infrage gestellt. Ihren praktischen Ausdruck fand diese Entwicklung durch die in Frankreich unter König Ludwig XVI. betriebenen Klosteraufhebungen, die 1790 – im Zuge der Französischen Revolution – in der durch die Nationalversammlung am 13. Februar 1790 beschlossenen Aufhebung sämtlicher Orden kulminierte.[29]

Die Revolutionskriege, die die alten Mächte Europas zur Eindämmung der Revolution führten, brachten neben dem Krieg auf Reichsgebiet die unter dem Wirken der französischen Revolutionäre betriebene Aufhebung der Klöster in den linksrheinischen Gebieten des Reiches mit sich. In Österreich kündigten sich unter der Herrschaft Kaiserin Maria Theresias (1717–1780) für die Orden schwere Zeiten an, die mehr noch von ihrem Sohn und Nachfolger Joseph II. (1741–1790) in umfassende staatliche und gesellschaftliche Reformen mündeten und die unter dem Begriff »Josephinismus« bekannt geworden sind.[30] Auf konfessionellem Gebiet zog das Reformwerk Josephs II. eine Indienstnahme der Kirche und damit der Klöster für staatliche Belange nach sich. Das Ziel bestand in der Schaffung einer Staatskirche, die auch von päpstlichen Verfügungen unabhängig sein sollte. Die Reform hatte nicht allein eine deutliche Verringerung der Zahl der Klöster zur Folge, die verbliebenen wurden verstärkt mit der Wahrnehmung seelsorgerischer Aufgaben sowie der Beschulung von Kindern betraut. Wirtschaftlich unrentable Abteien wurden geschlossen.

Eine vergleichbare Entwicklung vollzog sich zeitgleich im Kurfürstentum Bayern. Die in den 1790er Jahren beginnenden Kirchenreformen fußten auf einer 1789 von Maximilian de Montgelas (1759–1838) verfassten einschlägigen Denkschrift. Der Politiker und Reformer verfolgte damit das Ziel, den künftigen bayerischen Kurfürsten Maximilian IV. Joseph (1756–1825) für eine Ausweitung der staatlichen Souveränität auf das Feld kirchlicher Institutionen – und damit auch der Orden – zu interessieren. Seiner Sicht nach würde ein »Abprodukt« dieser Entwicklung in der Vergrößerung des in staatlicher Hand befindlichen Grundbesitzes und damit des Staatsvermögens bestehen. Die Umsetzung dieser für den Benediktinerorden verhängnisvollen Entwicklung vollzog sich dann ab 1802 vor dem Hintergrund der durch die Kriege Napoleons bewirkten Verschiebung der französischen Ostgrenze und der aus dem Reichsdeputationshauptschluss[31] 1803 folgenden Zerschlagung der geistlichen Reichsstände.[32]

In Österreich wie in Bayern hatte die Säkularisation der Klöster zur Folge, dass Mönche gegen Zahlung einer Entschädigung bzw. einer Pension ihr in Aufhebung befindliches Kloster verlassen und sich ein neues Lebensumfeld suchen mussten. Zu diesem Zweck wurden sowohl von den Habsburgern als auch den Wittelsbachern Klöster in sogenannte Aussterbe- bzw. Zentralklöster umgewandelt, in denen keine Novizen aufgenommen werden durften und deren Bestand mit dem Tod des/der letzten dort lebenden Mönches/Nonne erlosch.[33] Von der Aufhebung waren neben den Klöstern 1803 auch die Benediktinerkongregationen und 1810 die Salzburger Benediktineruniversität[34] betroffen. Dieser Prozess blieb selbstredend nicht auf das Reich beschränkt; er versteht sich vielmehr als eine Entwicklung, von der sämtliche christlich-europäische Orden zwischen Polen und Spanien, Italien und dem Heiligen Römischen Reich betroffen waren. Die Bedeutung dieser Zäsur für das Ordenswesen und damit nicht zuletzt für die Benediktiner wird dadurch deutlich, dass ein Anknüpfen an »alte« Traditionen auch nach dem Ende der napoleonischen Ära und der nicht zuletzt durch den Wiener Kongress 1814/15 bewirkten »Restauration« in den meisten Fällen nicht möglich war.

Eine Neueinrichtung des benediktinischen Lebens in den Territorien des 1815 gegründeten Deutschen Bundes erfolgte gegen Ende der 1820er Jahre in Bayern auf Initiative von König Ludwig I. (1786–1868). Dem Wittelsbacher war eine Wiederbelebung des Benediktinerordens in seinem Herrschaftsgebiet offensichtlich ein Anliegen, wenngleich er die damit verbundenen Schwierigkeiten unterschätzte. Denn viele jener Mönche, die im Rahmen der Säkularisation aus ihren Klöstern vertrieben worden waren, zeigten insbesondere aufgrund der damit häufig einher gehenden wirtschaftlichen Unsicherheit keinerlei Bereitschaft mehr, in ein Kloster zurückzukehren. Erst ab den 1830er Jahren gelang es nach und nach, Klöster wiederzueröffnen. Die finanziellen Mittel für das erste dieser Klöster, die Abtei Metten, stellte Ludwig aus eigenem Vermögen zur Verfügung.[35] 1858 bestätigte Papst Pius IX. (1792–1878) die Wiedereinrichtung der Bayerischen Benediktinerkongregation, 1889 erneuerte Papst Leo XIII. (1810–1903) die zwei in Österreich bestehenden Benediktinerkongregationen.

Die Neubegründung des Benediktinerordens im Deutschen Bund im frühen 19. Jahrhundert war von einer strikten Trennung des geistlich-monastischen Lebens, mit Caritas und Seelsorge, vom weltlichen Dasein geprägt. Dies galt jedoch nicht für den Papst. Insbesondere Pius IX. wandte sich kritisch gegen alle Modernisierungstendenzen. Seine insgesamt konservativ-restaurative politische Haltung resultierte aus einer antimodernistischen Sicht auf das Weltgeschehen, insbesondere auf den Kern der Katholischen Aufklärung. Unter seinem von 1846 bis 1878 laufenden Pontifikat kam es unter anderem 1870 im Rahmen des 1869 begonnenen und 1870 auf unbestimmte Zeit vertagten Ersten Vatikanischen Konzils zur Erneuerung des päpstlichen Jurisdiktionsprimats, des Dogmas der päpstlichen Unfehlbarkeit sowie des Anspruchs auf die höchste theologische Lehrvollmacht.[36] Zugleich war das Pontifikat Pius IX. geprägt von bedeutsamen Veränderungen nicht allein des Glaubens, sondern vielmehr auch der politischen Stellung des Papstes als weltlicher Herrscher über den Kirchenstaat, die durch die Besetzung Roms durch italienisches Militär im Herbst 1870 jedoch praktisch aufgehoben war.[37] Dies zeigte sich nicht zuletzt im Deutschen Bund bzw. nach 1871 im Deutschen Kaiserreich. Hatte es bis 1860 in diesem Raum außerhalb Bayerns bzw. des Habsburgerreichs keine Benedikinerabteien mehr gegeben, erfolgte 1861 mit tatkräftiger Unterstützung der konfessionell sehr engagierten Fürstin Katharina von Hohenzollern-Sigmaringen (1817–1893) ein erster Wiederbelebungsversuch im preußischen Kleve. 1863 siedelten die Mönche nach Beuron im Kreis Sigmaringen über. Das 1868 zur Abtei ernannte Kloster Beuron firmierte zugleich als Leitkloster der seit den 1870er Jahren entstehenden Beuroner Kongregation, der heute 18 Männer- und Frauenklöster in Deutschland, Österreich, Südtirol und Dänemark angehören.

Die Zeit der Wiederbelebung des benediktinischen Lebens im 1871 gegründeten Deutschen Kaiserreich vollzog sich vor dem Hintergrund des in den 1870er Jahren zwischen Papst Pius IX. und dem Deutschen Kaiserreich geführten Kulturkampfs.[38] Der Konflikt führte zur Ausweisung aller auf preußischem Boden befindlichen Mönche und Nonnen und der Schließung ihrer Klöster aufgrund des am 3. Juni 1875 verkündeten Gesetzes zur Auflösung der geistlichen Orden (Klostergesetz). Erst 1887, nach der offiziellen Beilegung des Konflikts zwischen dem Reich und dem Vatikan, konnten die Ordensangehörigen zurückkehren. 1893 gelang dem Benediktinerorden mit der Anerkennung der Benediktinischen Konföderation durch Papst Leo XIII. die Einrichtung einer Dachorganisation des inzwischen weltweit agierenden Ordens mit einem Abtprimas an der Spitze. Das Päpstliche Athenaeum Sant'Anselmo in Rom dient seit 1888 als Hauptkloster und Universität des Benediktinerordens. Dennoch konnte die weltweite Betätigung des Ordens nicht darüber hinwegtäuschen, dass sich die Zahl der dem Orden zugehörigen Abteien deutlich verringert hatte und die in der Wende vom 19. zum 20. Jahrhundert existierenden Benediktinerklöster großteils Neugründungen waren, die nur wenige praktische Anknüpfungspunkte an die vorsäkulare Zeit besaßen.

Wie in den meisten anderen Feldern des weltlichen Lebens, bildete der Erste Weltkrieg (1914–1918) den ersten schweren Einschnitt, den das 20. Jahrhundert für das Ordenswesen bereithielt. Dazu zählten etwa die Einberufung von wehrpflichtigen Mönchen und Novizen zum Kriegsdienst[39] und die zeitweilige Umwidmung von Klöstern in Lazarette. In beiden Weltkriegen erlangte für gläubige deutsche Soldaten und ihre Angehörigen das im schweizerischen Kanton Schwyz gelegene Benediktinerkloster Einsiedeln eine besondere Bedeutung. Ihnen galt die Schwarze Madonna von Einsiedeln – eine spätgotische Gnadenstatue und bekanntes Wallfahrtsziel – als Objekt der Fürbitte für die gesunde Heimkehr der im Kampf stehenden deutschen Soldaten.[40] Kirchen- bzw. ordenspolitisch erwies sich die Verkündung des Codex Iuris Canonici (CIC) im Mai 1917 durch Papst Benedikt XV. (1854–1922) beispielsweise hinsichtlich der Rechtsstellung der Ordensgemeinschaften und der Pflichten ihrer Angehörigen als bedeutsam.[41]

Der in den 1920er Jahren in der Weimarer Republik aufkommende Nationalsozialismus stellte auch für den deutschen Zweig des Benediktinerordens eine spirituell-intellektuelle Herausforderung dar. Während einige Repräsentanten des Ordens dem Nationalsozialismus als einigende Kraft im Verhältnis zwischen Staat und Volk zunächst manches abgewinnen konnten und sich ihre Sicht erst im Fortgang der Ereignisse bis zum Ausbruch des Zweiten Weltkriegs 1939 wandelte, standen andere

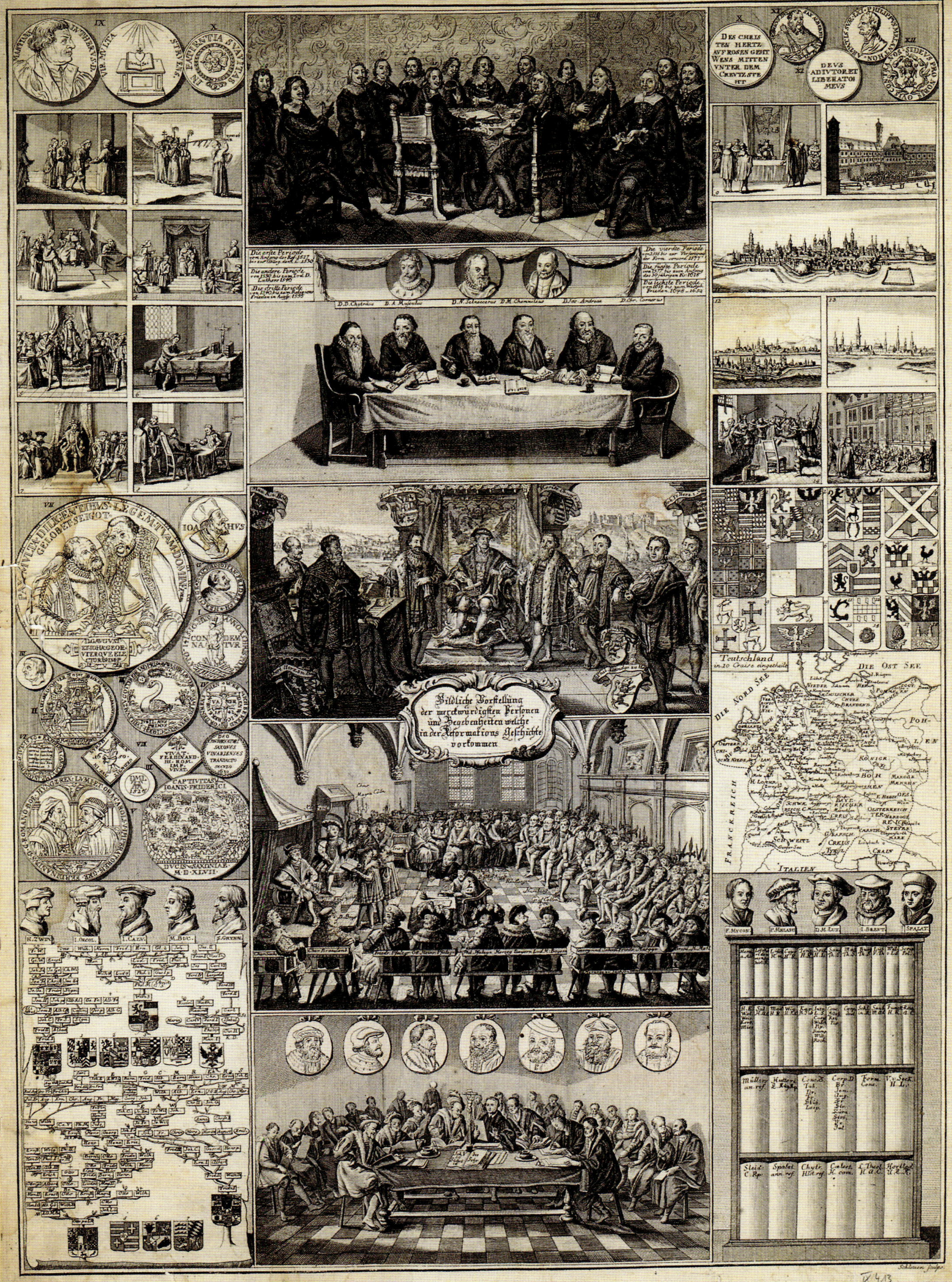
Bildliche Vorstellung
der merckwürdigsten Personen
und Begebenheiten welche
in der Reformations Geschichte
vorkommen
Die Ost See
Die Nord See
Teutschland
Franckreich
Italien
Schleuen sculp.

der NSDAP von Beginn an ablehnend gegenüber.[42] Zwischen Januar und Juli 1941 begannen die Nationalsozialisten die erste Phase der Auflösung von Klöstern und anderen kirchlichen Einrichtungen. Psychisch Kranke sowie Pflegebedürftige aus karitativen Einrichtungen fielen der Euthanasie zum Opfer. Aus aufgelösten Klöstern wurden Lazarette, NSDAP-Schulungsheime oder Erstaufnahmeheime für Volksdeutsche aus den von der Deutschen Wehrmacht besetzten Gebieten Europas, die »heim ins Reich« verbracht worden waren.[43] Ordensangehörige, die sich diesem Vorgehen widersetzten, drohte Inhaftierung. Zu jenem Zeitpunkt waren bereits erneut Brüder des Benediktinerordens als Wehrpflichtige eingezogen worden.[44]

Während die in Deutschland gelegenen Klöster und Abteien durch unmittelbare Kriegseinwirkungen kaum betroffen waren, gestaltete sich dies an anderen Schauplätzen des Zweiten Weltkriegs anders. Symbolhaft für das Desaster, das dieser Krieg auch für den Benediktinerorden bedeutete, steht das Schicksal des Klosters Monte Cassino, des 529 von Ordensgründer Benedikt von Nursia (um 480–547) errichteten Mutterklosters des nach ihm benannten Ordens. Als explizit nicht militärisch besetzter Sektor der Italien quer teilenden deutschen Gustav-Linie wurde der gesamte Klosterkomplex im Rahmen eines schlicht barbarischen Luftschlags der United States Air Force am 15. Februar 1944 nahezu vollständig vernichtet.[45]

Nach dem Ende des Zweiten Weltkriegs und der damit verbundenen wenigstens partiellen Wiederbesiedlung von Klöstern auf dem Gebiet der westlichen Besatzungszonen Deutschlands bzw. der jungen Bundesrepublik bildete das von 1962 bis 1965 laufende Zweite Vatikanische Konzil den formal-theologisch wichtigsten Schnitt in der Geschichte des Benediktinerordens im 20. Jahrhundert. Für die Orden waren insbesondere die im Rahmen des Konzils entwickelten Dokumente »Lumen Gentium«[46] ([Christus ist das] Licht der Völker) vom 21. November 1964 sowie »Perfectae Caritatis«[47] (Dekret über die zeitgemäße Erneuerung des Ordenslebens) vom 28. Oktober 1965 relevant. Die mehr als 3 000 Teilnehmer des Konzils suchten im Rahmen der verabschiedeten Dokumente die Rückkehr zu den religiösen Ursprüngen des Katholizismus, ohne dabei den allgemein-gesellschaftlichen Entwicklungsstand moderner »westlicher« Industriegesellschaften aus dem Blick zu verlieren. Allerdings hatte das Konzil für die Fortentwicklung der katholischen Kirche einen negativen Effekt, der eine etwa 20 Jahre dauernde »nachkonziliare Krise« nach sich zog.[48] Die Fortschreibung des CIC von 1917 unter Berücksichtigung der Ergebnisse des Zweiten Vatikanischen Konzils führte 1983 zu einer Aktualisierung, die als solche am 25. Januar 1983 von Papst Johannes Paul II. (1920–2005) verkündet wurde.[49]

Völlig neue Möglichkeiten ergaben sich für den Benediktinerorden im Gefolge der Systemtransformationen des Jahres 1989, der Friedlichen Revolution in der DDR bzw. den ostmitteleuropäischen Staaten – verband sich doch mit dieser Entwicklung für die christlichen Religionsgemeinschaften die Annahme, an Traditionen anknüpfen bzw. neue Prozesse anstoßen zu können.[50] Tatsächlich liegt heute, 2018, der Tätigkeitsschwerpunkt der der katholischen Kirche zugehörigen Orden im Bereich der Caritas. Im einst lutherischen, heute weitgehend religionsfernen Sachsen sind Klosterneugründungen bzw. -wiederbelebungen eine Ausnahme geblieben; das 1993 gegründete Benediktinerkloster Wechselburg, nordwestlich von Chemnitz gelegen, ist das einzige Kloster des Ordens im Freistaat Sachsen.[51] In ganz Deutschland sind es derzeit immerhin 54.[52]

Im Zusammenhang mit den vielfältigen gesellschaftlichen und kulturellen Entwicklungen und Umbrüchen, die sich im beginnenden 21. Jahrhundert in rascher Folge vollziehen, besteht auch für den Benediktinerorden die Notwendigkeit, sich selbst, seine Traditionen, Werte und Aufgaben zu untersuchen und sich für künftiges Wirken zu rüsten. Dies scheint nicht zuletzt vor dem Hintergrund eines offensichtlich nachlassenden Interesses junger Menschen am Klosterleben und den sich damit verbindenden Fragen nötig.[53] Zugleich sehen sich die Klöster als Teil der digitalen Welt mit Problemen konfrontiert, die man nicht zwangsläufig unmittelbar mit dem Leben als Mönch oder Nonne in Verbindung bringt: der durch moderne technische Mittel bedingten Entgrenzung der Arbeitswelt. Für Ordensangehörige, die heute in vielfältige seelsorgerische, karitative und wirtschaftliche Tätigkeitsfelder ihrer Klöster einbezogen sind, hat dies nicht selten zur Folge, dass die dem monastischen Leben von jeher eigene Lebenskultur, die um Gebet, Arbeit, Lesung und Muße kreiste, verloren geht. Diesen und anderen komplexen Problemfeldern müssen sich die Orden im 21. Jahrhundert stellen, um auch in der Perspektive Teil des europäischen bzw. europäisch beeinflussten Zivilisationsprojekts zu sein.[54]

Abb. 3 J. D. Schleuen: »Bildliche Vorstellung der merckwürdigsten Personen und Begebenheiten welche in der Reformations Geschichte vorkommen«, Kupferstich, 18. Jahrhundert

Anmerkungen

**1** Das Bettelordenwesen gilt als ein europäisches Phänomen des 13. Jahrhunderts. Mit dem Zweiten Konzil von Lyon (1274) wurden alle Orden verboten, die ihr Auskommen ausschließlich vom Betteln zu bestreiten suchten. Ausgenommen davon waren ursprünglich vier Orden: Augustinereremiten, Dominikaner, Franziskaner und Karmeliten. Durch die Kommende erhielt eine Person, die nicht Mitglied der Klostergemeinschaft war, Zugriff auf die dem Kloster zufließenden Einkünfte. Jedoch konnte der von dieser Person ausgehende Schutz dem Kloster nützlich sein. Im vorreformatorischen Europa, insbesondere in Frankreich, verkamen die Klöster zu Versorgungsanstalten des Adels. Zu den Bettelorden vgl. Frank, Karl Suso: Geschichte des christlichen Mönchtums, Darmstadt 1988, S. 86–108; Frank, Isnard Wilhelm: Bettelorden, in: Kasper, Walter (Hrsg.): Lexikon für Theologie und Kirche. 3. Aufl., Bd. 2., Freiburg im Breisgau 1994, Sp. 341 f. Zum Kommendenwesen vgl. Meuthen, Erich: Zum spätmittelalterlichen Kommendenwesen, in: Kéry, Lotte / Lohrmann, Dietrich / Müller, Harald (Hrsg.): Licet preter solitum. Ludwig Falkenstein zum 65. Geburtstag, Aachen 1998, S. 241–264. Zu Martin Luther vgl. Kohnle, Armin: Martin Luther. Reformator, Ketzer, Ehemann, Leipzig 2015; Ders.: Luther, Calvin und die anderen. Die Reformation und ihre Folgen, Leipzig 2016; Korsch, Dietrich / Leppin, Volker (Hrsg.): Martin Luther. Biographie und Theologie, 2., durchges. u. verb. Aufl., Tübingen 2017; Leppin, Volker: Martin Luther. 3., bibliogr. aktual. Aufl., Darmstadt 2017; Schilling, Heinz: Der Reformator Martin Luther 2017. Eine wissenschaftliche und gedenkpolitische Bestandsaufnahme, Berlin 2017. **2** Zur Bursfelder Kongregation vgl. Hammer, Elke-Ursel: Substrukturen, Zentren und Regionen in der Bursfelder Benediktinerkongregation, in: Bünz, Enno/Tebruck, Stefan / Walther, Helmuth G. (Hrsg.): Religiöse Bewegungen im Mittelalter. Festschrift für Matthias Werner zum 65. Geburtstag (= Veröffentlichungen der historischen Kommission für Thüringen, Kleine Reihe, 24), Köln/Weimar/Wien, 2007, S. 397–426; Ziegler, Walter: Die Bursfelder Kongregation, in: Faust, Ulrich/Quarthal, Franz (Bearb.): Die Reformverbände und Kongregationen der Benediktiner im deutschen Sprachraum (= Germania benedictina 1), St. Ottilien 1999, S. 315–407. **3** Zur Biografie Friedrichs des Weisen vgl. Kühnel, Klaus: Friedrich der Weise, Kurfürst von Sachsen. Eine Biographie, Wittenberg 2004; Schirmer, Uwe: Die Ernestinischen Kurfürsten (1485–1547), in: Kroll, Frank-Lothar (Hrsg.): Die Herrscher Sachsens. Markgrafen, Kurfürsten, Könige 1089–1918, München [1]2004, S. 55–75, insbes. S. 56–65. **4** Die Wahlkapitulation ist ediert bei Burgdorf, Wolfgang (Bearb.): Die Wahlkapitulationen der römisch-deutschen Könige und Kaiser 1519–1792 (= Quellen zur Geschichte des Heiligen Römischen Reichs 1), Göttingen 2015, S. 21–32. **5** Vgl. Schirmer: Die Ernestinischen Kurfürsten (wie Anm. 3), S. 65–70. **6** Hier insbes. seine 1521 verfasste Schrift »De votis monasticis«, in der er die Gelübde der Mönche und Nonnen als wirkungslos darstellte. Er forderte Mönche und Nonnen dazu auf: »Werdet andere Mönche und Nonnen oder lasst Kloster und Kutten liegen und werdet wieder Christen.« Der Text ist online zu finden unter: http://reader.digitale-sammlungen.de/de/fs1/object/display/bsb10910809_00001.html (letzter Zugriff am 21. 6. 2018). Vgl. dazu auch Lohse, Bernhard: Luthers Theologie in ihrer historischen Entwicklung und in ihrem systematischen Zusammenhang, Göttingen 1995, S. 159 ff. sowie Lexutt, Athina/Mantey, Volker/Ortmann, Volkmar (Hrsg.): Reformation und Mönchtum. Aspekte eines Verhältnisses über Luther hinaus, Tübingen 2008; allgem. zur Reformation in Sachsen: Helmar Junghans (Hrsg.): Das Jahrhundert der Reformation in Sachsen. SLpB, Leipzig [2]2005. **7** Vgl. Ostrowitzki, Anja: Frauen suchen ihren Weg. Die Benediktinerinnen im Zeitalter von Reformation und katholischer Reform., in: Erbe und Auftrag. Benediktinische Zeitschrift, monastische Welt 84 (2008), S. 154–168, hier S. 155. Ostrowitzki gibt die Zahl der um 1500 auf Reichsgebiet existierenden Benediktinerinnenklöster mit 170 an. 1555 seien es noch 106 gewesen, 1648 gerade noch 72. Vgl. ebd. **8** So etwa Thalbürgel/ Bürgel 1525/30, Lausick 1530, Remse 1533, Chemnitz und Goseck 1540, Memleben 1548 oder Döbeln 1554. **9** Zur Geschichte des Bauernkriegs vgl. Blickle, Peter: Der Bauernkrieg. Die Revolution des Gemeinen Mannes, 5., durchges. Aufl., München 2018; Ders.: Die Revolution von 1525. 4. durchges. u. bibliogr. erw. Aufl., München 2004. **10** So etwa die Klöster Lorch und Murrhardt in Württemberg, Bildhausen und Ebrach in Bayern bzw. Allendorf, Herrenbreitungen und Frauenbreitungen in Thüringen im Jahr 1525. **11** Aktuell: Müller, Thomas T.: Thomas Müntzer im Bauernkrieg. Fakten – Fiktionen – Desiderate, Mühlhausen 2017; Thomas Müntzer – Schriften, Manuskripte und Notizen, hrsg. von Armin Kohnle u. a., Leipzig 2017. **12** Immerhin sah § 4 des Reichs-Abschieds von 1526 für jeden Reichsstand vor, »für sich also zu leben, zu regieren und zu halten, wie ein jeder solches gegen Gott, und Kayserl. Majestät hoffet und vertraut zu verantworten«. Neue und vollständigere Sammlung der Reichs-Abschiede. 2 Teile, Neudruck, Osnabrück 1967, Teil 2, S. 274. Damit schienen für die Reichsstände hinsichtlich der Konfessionsfrage die Weichen in Richtung Selbstständigkeit gestellt. **13** Vgl. dazu die entsprechenden Aussagen Karls V., etwa am 16. September 1528, mit Bezug auf künftige Historiker, die seinen Widerstand gegen »diese Ketzerei« bezeugen sollten, bei Kohler, Alfred: Quellen zur Geschichte Karls V., Darmstadt 1990, S. 138. **14** Vgl. Schirmer: Die Ernestinischen Kurfürsten (wie Anm. 3), S. 70–75. **15** Vgl. Krapf, Friedrich: Landgraf Philipp der Großmütige von Hessen und die Religionskämpfe im Bistum Münster 1532–1536, Marburg 1951 (Neudr. 1997); Schneider-Ludorff, Gury: Der fürstliche Reformator. Theologische Aspekte im Wirken Philipps von Hessen von der Homberger Synode bis zum Interim, Leipzig 2006. **16** Relevant war hier insbesondere das auf der 25. und letzten Session des Konzils beschlossene Dekret über die Regularen und die Monialen, das etwa die Abhaltung von Kongregationen vorsah. Vgl. Haering, Stephan: Spätmittelalterliche monastische Reforminitiativen in der benediktinischen Welt. Die Reformen von Santa Giustina und in Padua und von Subiaco sowie das Provinzkapitel zu Petershausen in kirchenrechtlicher Perspektive, in: Bischof, Franz Xaver / Thurner, Martin (Hrsg.): Die benediktinische Klosterreform im 15. Jahrhundert, Berlin 2013, S. 55–74, hier S. 71 f. **17** Vgl. hierzu Weiß, Dieter J.: Katholische Reform und Gegenreformation. Ein Überblick. Wissenschaftliche Buchgesellschaft, Darmstadt 2005; Lutz, Heinrich: Reformation und Gegenreformation (= Oldenbourg Grundriss der Geschichte 10), München 2005. **18** Vgl. Ostrowitzki: Frauen (wie Anm. 7), S. 162. Unter einer Visitation ist der Besuch eines Kirchenoberen mit Aufsichtsbefugnis in einem Kloster zwecks Kontrolle der Einhaltung der Ordensregeln zu verstehen. Als Visitatoren wirkten Bischöfe, katholische Landesherren, Äbte der Bursfelder Kongregation oder päpstliche Nuntien. Insbesondere die Durchsetzung der Klausur zog in zahlreichen Klöstern umfängliche Baumaßnahmen nach sich. **19** Hier zählten neben dem Reich und seinen Ständen auch Schweden, Frankreich sowie die Niederlande und die Schweiz zu den Konfliktparteien. Aktuell sind aus Anlass des 400. Jahrestags des Beginns dieses Konflikts zahlreiche neue Untersuchungen erschienen. Vgl. Rebitsch, Robert (Hrsg.): 1618 – Der Beginn des Dreißigjährigen Krieges, Wien u. a. 2017; Hartmann, Peter C. / Schuller, Florian (Hrsg.): Der Dreißigjährige Krieg. Facetten einer folgenreichen Epoche, Regensburg 2018; Pantle, Christian: Der Dreißigjährige Krieg. Als Deutschland in Flammen stand, Berlin 2017; Wilson, Peter: Der Dreißigjährige Krieg. Eine europäische Tragödie, Stuttgart 2017; Münkler, Herfried: Der Dreißigjährige Krieg. Europäische Katastrophe, deutsches Trauma 1618–1648, Berlin 2017; Kampmann, Christoph: Europa und das Reich im Dreißigjährigen Krieg. Geschichte eines europäischen Konflikts, Stuttgart 2008. **20** Vgl. Hörger, Hermann: Die Kriegsjahre 1632 bis 1634 im Tagebuch des P. Maurus Friesenegger, nachmaligen Abtes von Andechs (1640–1655), in: Zeitschrift für Bayerische Landesgeschichte 34, 1971, S. 866–876; Friesenegger, Maurus: Tagebuch aus dem 30jährigen Krieg. Nach einer Handschrift im Kloster Andechs hrsg. v. Pater Willibald Mathäser, Neudr., München 2015. **21** So etwa die Benediktinerklöster Augsburg, Elchingen, Konstanz-Petershausen, Münster und Maursmünster im Elsass, Regensburg-Prüfening, St. Peter und St. Georgen im Schwarzwald. **22** Die Universität wurde auf Basis des bereits 1617 in Salzburg eröffneten Akademischen Gymnasiums gegründet. Vgl. Rohr, Christian (Hrsg.): Barocker Geist und Raum. Die Salzburger Benediktineruniversität, Salzburg 2003, hier insbes. der Beitrag von Till, Dietmar: Barockrhetorik in Salzburg. Zur Stellung der Benediktiner im frühneuzeitlichen Rhetorikunterricht, in: ebd., S. 45–80. **23** Vgl. Glaßner, Gottfried/Niederkorn-Bruck, Meta (Hrsg.): Universität und Kloster. Melk als Hort der Wissenschaft im Bannkreis der Universität Wien. Fruchtbarer Austausch seit 650 Jahren (= Thesaurus Mellicensis 3), Melk 2016; Prüller, Maria / Rotheneder, Martin (Hrsg.): Das Stift Melk, Melk 2007. **24** Der Marmor- oder Kaisersaal diente hier vor allem der symbolischen Präsenz des (habsburgischen) Landesherrn und als Hinweis darauf, dass die Äbte ihrerseits im Landtag vertreten waren, d.h. auch überregional/landesweit politischen Einfluss nehmen konnten. Vgl. hierzu den von Gerfried Sitar OSB und Martin Kroker herausgegebenen Ausstellungskatalog: Macht des Wortes. Benediktinisches Mönchtum im Spiegel Europas, Regensburg 2009, insbes. die im Abschnitt »Neue Blüte in der Barockzeit« zusammengefassten Beiträge. **25** Oelhafen, Karl von: Geschichte der königlichen bayerischen Artillerie- und Ingenieur-Schule. Verfasst aus Anlass des 25jährigen Jubiläums, München 1882, S. 7. Selbstverständlich wurden derartige Fächer nicht von Ordensleuten, sondern von externen »Spezialisten« gelehrt. Vgl. dazu allgem. auch Paulsen, Friedrich: Geschichte des gelehrten Unterrichts auf den deutschen Schulen und Universitäten vom Ausgang des Mittelalters bis zur Gegenwart. Mit besonderer Rücksicht auf den klassischen Unterricht, 2 Bde., Leipzig [3]1919/21. **26** Vgl. allgem. Müller, Winfried: Die Aufklärung (= Enzyklopädie deutscher Geschichte 61), München 2002; Möller, Horst: Vernunft und Kritik. Deutsche Aufklärung im 17. und 18. Jahrhundert, Frankfurt/M. 1986. **27** Die katholische Aufklärung führte im ausgehenden 18. Jahrhundert auch in den geistlichen Territorien des Reichs zu Reformen, etwa in den Bereichen Bildung, Justiz, Verwaltung und Wissenschaft. **28** Vgl. Lehner, Ulrich L.: Enlightened monks. The German Benedictines 1740–1803, Oxford/New York 2011; Ders.: Die katholische Aufklärung. Weltgeschichte einer Reformbewegung, Paderborn 2017. **29** Vgl. aktuell Israel, Jonathan: Die Französische Revolution. Ideen machen Politik, Ditzingen 2017; Schulin, Ernst: Die Französische Revolution. 5. Aufl., München 2015. Bereits 1773 hatte Papst Clemens XIV. auf Druck der Könige von Frankreich, Spanien und Portugal den Jesuitenorden aufgehoben. **30** Vgl. Reinalter, Helmut (Hrsg.): Josephinismus als Aufgeklärter Absolutismus, Wien/Köln/Weimar 2008; Wangermann, Ernst: Aufklärung und Josephinismus. Studien zu Ursprung und Nachwirkungen der Reformen Josephs II., Bochum 2016; mit direktem Bezug zur Auflösung von Klöstern Fischer, Albert: Klosteraufhebungen, Pfarrei- und Diözesanregulierung. Die Auswirkungen der theresianisch-josephinischen Kirchenpolitik auf das Territorium des österreichischen Anteils des Bistums Chur 1780 bis 1806/16. Ein Beitrag zum 200-jährigen Gedenken an das Ende des Bistums Chur in seinen historischen Grenzen 1816 (= Forschungen zur Geschichte Vorarlbergs N. F. 12), Konstanz/München 2016. **31** Vgl. Knecht, Ingo: Der Reichsdeputationshauptschluß vom 25. Februar 1803. Rechtmäßigkeit, Rechtswirksamkeit und verfassungsgeschichtliche Bedeutung (= Schriften zur Verfassungsgeschichte 77), Phil. Diss., Marburg 2005/06/Berlin 2007; Hufeld, Ulrich (Hrsg.): Der Reichsdeputationshauptschluß von 1803. Eine Dokumentation zum Untergang des Alten Reiches, Köln/Weimar/Wien 2003. **32** Vgl. Braun, Rainer/Wild, Joachim: Bayern ohne Klöster? Die Säkularisation 1802/03 und die Folgen, Ausstellungskatalog der Staatlichen Archive Bayerns, München 2003; Schmid, Alois (Hrsg.): Die Säkularisation in Bayern 1803. Kulturbruch oder Modernisierung? (= Zeitschrift für Bayerische Landesgeschichte. Beiheft, Reihe B, 23), München 2003; Stutzer, Dietmar: Die Säkularisation 1803. Der Sturm auf Bayerns Kirchen und Klöster, Rosenheim 1978. **33** Der zu diesem Zweck 1782 geschaffene Religionsfonds, in den Mittel flossen, die aus dem Verkauf von Klostereigentum resultierten, blieb bis ins 20. Jahrhundert bestehen. **34** Salzburg gehörte 1810 zum Königreich Bayern. **35** Vgl. Yuen, Marvin: Benediktinisches Ordensrecht in Entwicklung und Gegenwart. Darstellung und Vergleich mit dem Kommunalrecht (= Münsterische Beiträge zur Rechtswissenschaft NF 3), Baden-Baden 2010, S. 43. **36** Vgl. Klausnitzer, Wolfgang: Der Primat des Bischofs von Rom. Entwicklung – Dogma – Ökumenische Zukunft, Freiburg/Br. u. a. 2004; Pottmeyer, Hermann J.: Die Rolle des Papsttums im dritten Jahrtausend (= Quaestiones disputatae 179), Freiburg/Br. u. a. 1999; Pfannkuche, Sabrina: Papst und Bischofskollegium als Träger höchster Leitungsvollmacht (= Kirchen- und Staatskirchenrecht 12), Paderborn u. a. 2011. **37** Bereits im Rahmen der Revolution von 1848 sowie durch die Ausrufung der allerdings kurzlebigen Römischen Republik im Februar 1849 war der Bedeutungsverlust des Heiligen Stuhls in politischen Fragen deutlich geworden. Pius IX. verdankte seine Rückkehr nach Rom 1850 dem Eingreifen französischer und spanischer Interventionstruppen in die Gemengelage auf dem italienischen Kriegsschauplatz. **38** Vgl. Clark, Christopher/Kaiser, Wolfram (Hrsg.): Kulturkampf in Europa im 19. Jahrhundert, Leipzig 2003. **39** Vgl. dazu etwa die 2014 im Kloster Plankstetten gezeigte Ausstellung »Musen an die Front«: www.mittelbayerische.de/region/neumarkt/20-moenche-mussten-an-die-front-21101-art1100680.html (letzter Zugriff am 21. 6. 2018). **40** Vgl. exemplarisch www.zeit.de/2014/20/kloster-einsiedeln-fotos-soldaten-erster-weltkrieg www.nzz.ch/schweiz/post-fuer-die-schwarze-madonna-1.18385736 (letzte Zugriffe am 21. 6. 2018). **41** Vgl. Deutsche Bischofskonferenz (Hrsg.): Codex iuris canonici. Codex des kanonischen Rechtes, Lateinisch-deutsche Ausgabe mit Sachverzeichnis, 8., akt. und verb. Aufl., Kevelaer 2017. **42** Exemplarisch für beide Strömungen innerhalb des Ordens: Ildefons Herwegen (1874–1946), Abt von Maria Laach und Raphael Walzer (1888–1966), Erzabt von Beuron. Walzer emigrierte 1935 über Frankreich nach Algerien. **43** Vgl. Mertens, Annette: Himmlers Klostersturm. Der Angriff auf katholische Einrichtungen im Zweiten Weltkrieg und die Wiedergutmachung nach 1945 (= Veröffentlichungen der Kommission für Zeitgeschichte Reihe B, Forschungen 108), Paderborn u. a. 2006. Insgesamt waren in Deutschland mehr als 200 Klöster betroffen. **44** Vgl. exemplarisch die Geschichte des Klosters Gerleve mit Verweis auf die in beiden Weltkriegen gefallenen Brüder: www.abtei-gerleve.de/kloster/klostergeschichte/ bzw. www.abtei-gerleve.de/kloster/totengedenken/ (letzte Zugriffe am 21. 6. 2018). **45** Gleichwohl gelang den Alliierten die Besetzung des Klosterbergs im Mai 1944 erst, nachdem die zäh verteidigenden deutschen Fallschirmjäger planmäßig zurückgenommen worden waren. **46** Hier besonders Kapitel 6: »Die Ordensleute«. **47** Das für die Orden kaum zu überschätzende Dokument ist in deutscher Übersetzung nachzulesen auf der Homepage des Vatikans: www.vatican.va/archive/hist_councils/ii_vatican_council/documents/vat-ii_decree_19651028_perfectae-caritatis_ge.html (letzter Zugriff am 21. 6. 2018). **48** Vgl. Hoffert, Hans Dieter: In der Kirche gehen die Lichter aus ... Über Kirchenlehrer und Kirchenleerer, Augsburg 2006; Breid, Franz (Hrsg.): Die Kirchenkrise. Referate der »Internationalen Theologischen Sommerakademie 1996« des Linzer Priesterkreises in Aigen/M., Steyr 1996; May, Georg: Die Krise der nachkonziliaren Kirche und wir, Wien 1979; Ders.: Der Glaube in der nachkonziliaren Kirche, Wien/Düsseldorf 1983. **49** Mit einer für die Orden allerdings geringeren Relevanz. **50** Anknüpfen konnten die Orden etwa an die zahlreichen karitativen Einrichtungen der katholischen Kirche in der DDR, die sich vornehmlich der Pflege physisch und psychisch behinderter Menschen widmeten. Vgl. dazu Hockerts, Hans Günter: Caritas in der »Fürsorgediktatur«. Über die Rahmenbedingungen caritativen Handelns im SED-Staat, in: Kösters, Christoph (Hrsg.): Caritas in der SBZ/DDR 1945–1989, Paderborn u. a. 2001, S. 27–36. **51** Vgl. Müller, Torsten W.: Die Entwicklung des Ordenslebens in der SBZ/DDR und in den Neuen Ländern, in: Erbe und Auftrag. Benediktinsche Zeitschrift, monastische Welt 90 (2014), S. 384–397. Die Website des Klosters Wechselburg: www.kloster-wechselburg.de/ (letzter Zugriff am 21. 6. 2018). **52** Vgl. www.benediktiner.de/index.php/abteien-und-kloester-in-deutschland.html?limitstart=0 (letzter Zugriff am 21. 6. 2018). **53** Vgl. dazu das Forschungsprojekt von Hochschild, Michael: Benediktiner zwischen Kontinuität und Wandel. Erkenntnisse und Perspektiven aus einem internationalen Forschungsprojekt, in: Erbe und Auftrag. Benediktinsche Zeitschrift, monastische Welt 89 (2013), S. 22–44 sowie Eckerstorfer, Bernhard A. OSB: Wie können wir weitergehen? Zukunftsperspektiven benediktinischer Gemeinschaften, in: ebd., S. 45–65. **54** Vgl. Hochschild, Michael/Eckerstorfer, Bernhard A. OSB: Arbeit und Gebet – wie geht das zusammen? Monastische Lebenskultur aus dem Geist der Muße, in: Erbe und Auftrag. Benediktinsche Zeitschrift, monastische Welt 86 (2010), S. 52–63.

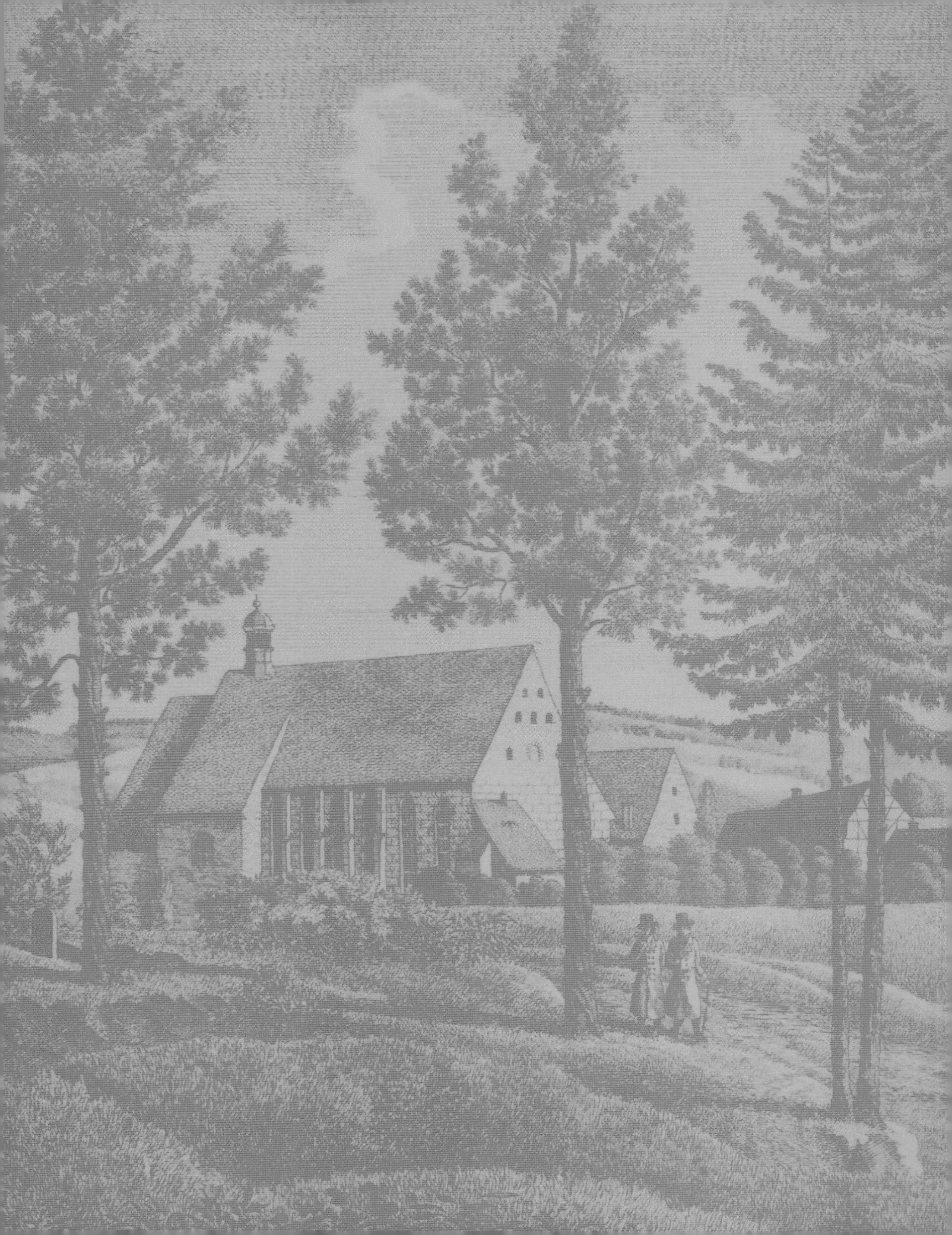

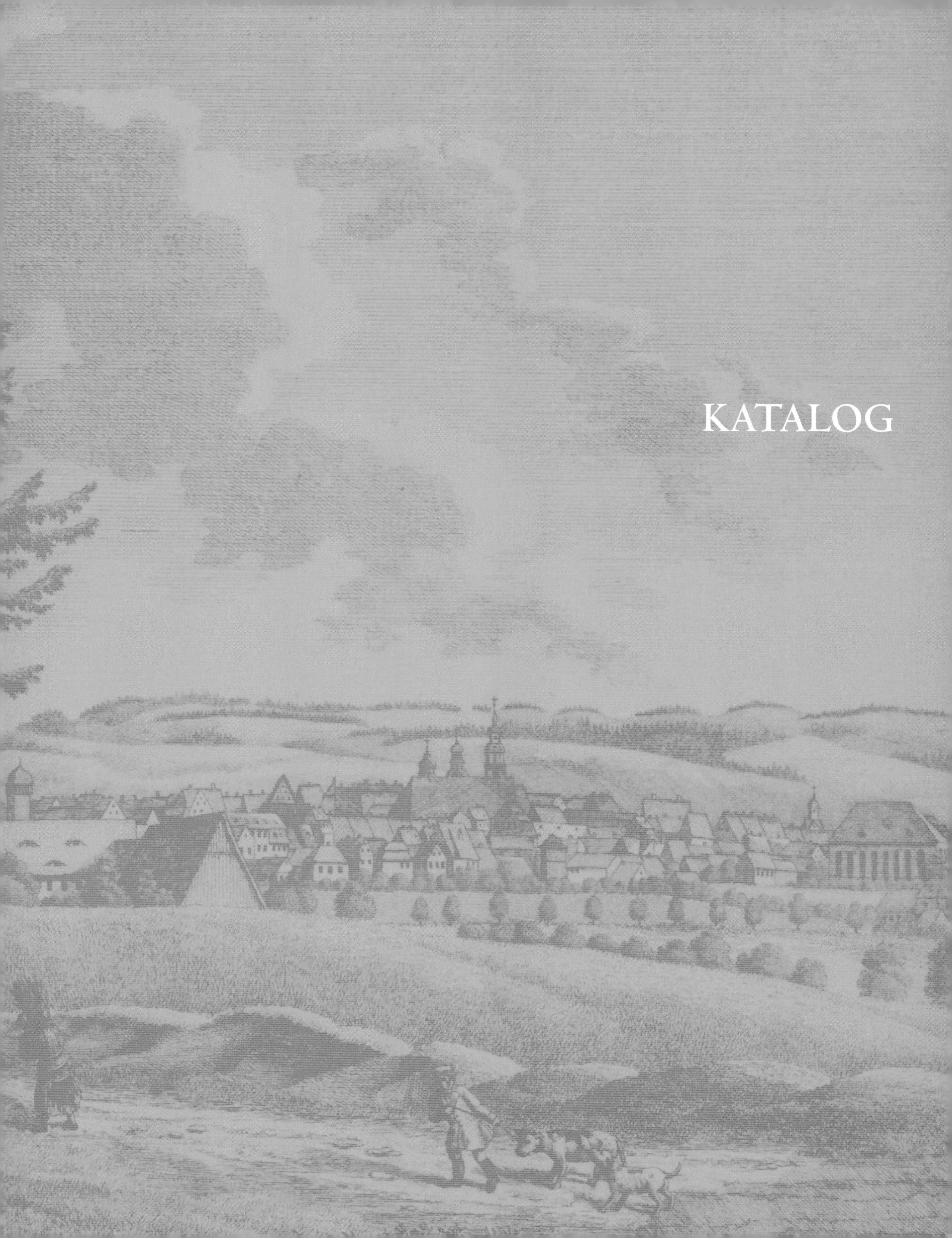

# KATALOG

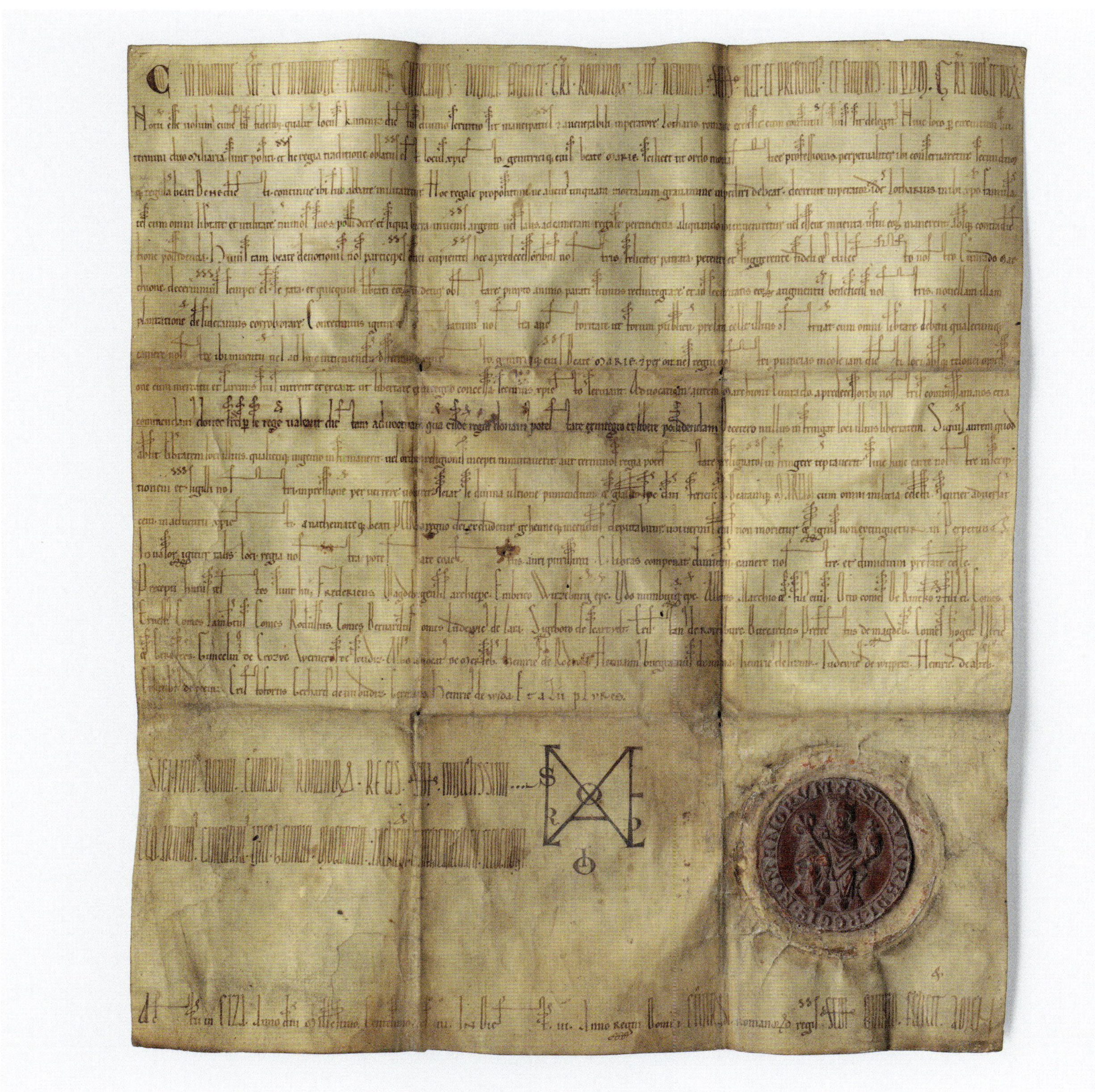

1

**1**

König Konrad III. für das Kloster Chemnitz

## Urkunde zur Bestätigung und Verleihung von Rechten (ver- oder gefälscht)

Zeitz, 1143
Pergament, Tinte, aufgedrücktes rotes Siegel (Fälschung), 48,5 × 43 cm, Siegel Dm etwa 6,5 cm
Hauptstaatsarchiv Dresden, Signatur No. 54

Diese Urkunde nimmt in der Geschichte des Klosters einen prominenten Platz ein, weil hier das Kloster erstmals erwähnt und als Gründung Kaiser Lothars präsentiert wird. Die quellenkritische Beurteilung ist dabei freilich problematisch und noch nicht abgeschlossen. Das Siegel ist als Fälschung schon lange erkannt, in Zeile elf findet sich eine spätere Interpolation auf Rasur. Das Diktat ist ungewöhnlich, und einige inhaltliche Aspekte sind auffällig. Die Forschung geht derzeit davon aus, dass wir es mit einem später verfälschten Original zu tun haben und hält den Urkundeninhalt für authentisch.
Beurkundet wird: Kaiser Lothar III. hat ein Benediktinerkloster in Chemnitz begründet und mit Besitzungen im Umkreis von zwei Meilen ausgestattet. Hierzu zählen explizit auch die bisherigen und zukünftigen Bodenfunde an Silber und Salz. Die Vogtei soll beim Markgrafen von Meißen Konrad (Wettiner) liegen, auf dessen Bitten die Urkunde von 1143 ausgestellt worden ist. Über die Ausstattung seines Vorgängers hinaus bewilligt König Konrad dem Kloster einen Markt (*forum publicum*) mit Fernhandelsprivilegien im Reich.
Hier ist einiges grundgelegt, was für die Geschichte des Klosters entscheidend ist: Die Benediktinerabtei Chemnitz war ein Reichskloster, das von einem Kaiser mit Reichsland ausgestattet wurde. Um diesen Status hat sich Chemnitz in seiner Geschichte immer wieder bemüht. Gleichzeitig sehen wir

im 12. Jahrhundert eine Verbindung zwischen den Wettinern und dem Kloster: Markgraf Konrad wird als Klostervogt genannt und setzt sich als Petent bei Konrad III. für das Kloster ein. Nach dem Nekrolog des Klosters wurden er und alle seine Nachfolger bis 1221 in das Gebetsgedenken der Mönche aufgenommen.
Bezüglich des Fernhandelsmarktes muss festgehalten werden, dass wir hier lediglich die rechtliche Privilegierung greifen und über deren Umsetzung keine Aussagen treffen können. Auch die konkrete Ausgestaltung des Besitzradius von zwei Meilen bleibt im Dunkeln. Deutlich wird durch einige Formulierungen, dass die Mönchsgemeinschaft in Chemnitz hier noch am Anfang ihrer Entwicklung stand: Es ist von »jener neuen Pflanzung« (*novellam illam plantationem*) und durchgehend nicht von »Kloster« (*monastrium*), sondern von »Zelle« (*cella*) die Rede. | MC

Literatur
DK.III.86

**2** | Abb. S. 42

Kaiser Karl V. für das Kloster Chemnitz

## Urkunde zur Bestätigung von Privilegien und Rechten

Rom, 17. April 1536
Pergament, Tinte, abhängendes Siegel an Seidenschnur, geflochten aus weißem und rotem Seidenfaden, 40 × 57 cm, Siegel Dm 15,5 cm
Hauptstaatsarchiv Dresden, Signatur No. 10799

In dieser Urkunde bestätigt Kaiser Karl V. (1500–1558) auf Bitten des Abtes und Archidiakons von Chemnitz, Hilarius von Rehburg, Rechte und Privilegien, die das Kloster von römisch-deutschen Königen und Kaisern seit seiner Gründung erhalten hat. Namentlich werden hierbei folgende Könige und Kaiser genannt: Lothar II. (moderne Zählung: Lothar III.) als Klostergründer, Konrad II. (moderne Zählung: Konrad III.), Friedrich I., Friedrich II., Adolf (von Nassau), Albrecht I., Ludwig IV., Karl IV. und Sigismund. Diese Liste lässt sich nur bedingt mit den heute auf uns gekommenen Urkunden zum Kloster Chemnitz in Einklang bringen. Kaiser Lothar III. wurde spätestens seit dem 13. Jahrhundert als Klostergründer genannt, echte und gefälschte Privilegien mit Besitz- und Rechtsbestätigungen sind heute erhalten auf: Konrad III. (zu 1143), Friedrich II. (zu 1216 und 1226), Adolf von Nassau (zu 1293), Karl IV. (zu 1348) und Sigismund (zu 1415). Eine Urkunde auf Albrecht I. wird in einer im ausgehenden 16. Jahrhundert angefertigten Auflistung zu den Klosterbeständen erwähnt, ist aber heute verloren.
Im vorliegenden Stück bestätigt Kaiser Karl dem Kloster etliche Rechte, unter anderem die Vogtei, die Burg Rabenstein, das Dorf Jahnsdorf mit der niederen und hohen Gerichtsbarkeit, ein Drittel des Gerichtsgefälles aus der Hochgerichtsbarkeit in der Stadt Chemnitz und den Vorstädten, Weinberge, Äcker, Mühlen, Wälder, Gewässer, Silber-, Salz- und Goldfunde und das Recht, sich Defensoren eigenständig zu wählen; unter den Herrschaftsträgern, vor denen das Kloster in Schutz genommen werden soll, werden die Markgrafen von Meißen ausdrücklich genannt.
Diese Urkunde steht auf der einen Seite in einer durchaus üblichen Traditionslinie mit königlichen und kaiserlichen Privilegien für das Kloster Chemnitz; auf der anderen Seite stehen die Bemühungen um kaiserliche Privilegierung und die Betonung des Status als Reichskloster im Kontext der Reformation und des damit verbundenen Zugriffs der Wettiner auf das Kloster. Wir wissen heute, dass der Status als Reichskloster nicht ausreichte, um die Auflösung des Klosters in den 1540er Jahren zu verhindern. | MC

Literatur
Ermisch, Hubert / Posse, Otto: Urkundenbuch der Stadt Chemnitz und ihrer Klöster (Codex diplomaticus Saxoniae regis II,7), Leipzig 1879, S. 427 f., Nr. 471 (Teiledition).

**3** | Abb. S. 104

Abt Nikolaus und Konvent des Benediktinerklosters Chemnitz

## Urkunde über den Verkauf von Grundstücken an die Stadt Chemnitz

Chemnitz, 29. September 1402
Pergament, Tinte, drei Siegel in hölzernen Siegelkapseln, 40 × 53 cm, Siegel Dm 5,5 cm, 7 × 4 cm, Dm 3 cm
Stadtarchiv Chemnitz, Signatur A 00/01 Urkunde Nr. 28

Im Laufe der zehn Jahre seit 1392, die Abt und Archidiakon Nikolaus von Meckau dem Chemnitzer Benediktinerkloster als Abt vorstand, waren er und der Konvent mit den Bürgern der Stadt Chemnitz in Zwietracht geraten, und zwar um ein Gut und einen Weg im Klosterdorf Streitdorf.[1] Um den Konflikt beizulegen, benannte Markgraf Wilhelm von Meißen als Sühneleute Heinrich von Einsiedel, Heinrich von Witzleben und Nicolaus von Honsberg. Abt Nikolaus wurde unterstützt durch den Abt von Kloster Altzella und die Ritter Albrecht von Buttelstädt und Dietrich von Schönberg.
Im Ergebnis der Verhandlungen und nach Aussage der Urkunde vom September 1402 verkaufte das Kloster der Stadt Chemnitz umfangreiche Flurstücke seiner die Stadt umschließenden Klosterdörfer Gablenz, Bernsdorf, Kappel und Borssendorf, sowie mit Ausnahme zweier Grundstücke die gesamte Flur von Streitdorf. Die Kaufsumme für die Äcker und Wiesen betrug 45 »schog grossir phennynghe«, das entsprach 2 700 Silbergroschen.[2] Die neue Grenze des Weichbildes der Stadt Chemnitz hatte bis ins späte 19. Jahrhundert Bestand und ist auf den ältesten Stadtplänen seit 1761 gut dokumentiert.[3]
Die Pergamenturkunde entstammt der städtischen Überlieferung. Von ursprünglich fünf angehängten Siegeln blieben drei erhalten, darunter das rotbraune längliche Siegel der Abtei Chemnitz und das runde Konventsiegel mit der thronenden Madonna im Zentrum. Abgesehen von einer weggelassenen Floskel auf Zeile 4 findet sich der Text in der Lesart Hubert Ermischs im Chemnitzer Urkundenbuch publiziert. | AK

Anmerkung
**1** Vgl. den Aufsatz von Andrea Kramarczyk: Der große Landverkauf im Jahr 1402. Güter zwischen Kloster und Stadt Chemnitz, in diesem Katalogbuch, S. 103 ff.
**2** UB Chemnitz, Nr. 76, S. 62. **3** Vgl. Trenckmann-Plan, Kat.-Nr. 25.

Literatur
Ermisch, Hubert / Posse, Otto: Urkundenbuch der Stadt Chemnitz und ihrer Klöster (Codex diplomaticus Saxoniae regiae), Leipzig 1879 (= UB Chemnitz), Nr. 76, S. 61–64.

4

Stadt Chemnitz

## Geschoss- und Memorialbuch der Stadt Chemnitz

Chemnitz, vor 1466
60 Pergamentblätter, Tinte, Ledereinband aus der zweiten Hälfte des 20. Jahrhunderts mit Lederschließen
30,5 × 27 × 3 cm
Sächsisches Staatsarchiv, Hauptstaatsarchiv Dresden, Signatur 10024 Geheimer Rat (Geheimes Archiv), Loc. 09831/32

Das auf dem modernen Einband so betitelte »Geschoss- und Memorialbuch der Stadt Chemnitz 1466« enthält ein mittelalterliches Abgabenregister im Umfang von 36 Blatt, welches mehrfach überarbeitet und erneuert worden ist, sowie typische Stadtbucheintragungen und auf Blatt 53 die Namen der Dörfer, die Zollfreiheit genossen haben, da sie den Zaun um die Stadt gepflegt haben.

Der älteste Nachweis über eine bestehende Tabelle zur Aufzeichnung der zu zahlenden Steuern für Haus- und Grundbesitz – die »stad tavel unde register« – findet sich in einem Ratsdokument vom 23. April 1367 erwähnt.[1] Die Struktur und einige Daten dieses nicht erhaltenen Originals dürften in das vorliegende Register übernommen worden sein. Der auf das erste Blatt Pergament geschriebene Titel verweist auf das Jahr 1400 und lautet aufgelöst: »Istud est registrum civitatis Kempnitz extractionis et census perpetuue servandum. Scriptum Anno Domini millesimo cccc$^{mo}$ in vigilia Sancti Johannis baptiste«.[2] Zahlreiche Einträge stammen aus dieser ursprünglichen Fassung des Registers über die Abgaben und ewigen Zinse, wie zum Beispiel auf Blatt 29 unter der Rubrik »Am Marckte« der Eintrag »Matth[es] goltschmit iij d[e] agro an hilberstorffer reyn«[3].
Auf Rasur dagegen steht drei Zeilen darüber der Eintrag »v de agr[is] czu streytzdorff sint peters richter«.[4] Dieser jüngere Eintrag ist wie alle Änderungen schwer zu datieren. Spätestens im Jahr 1466 sollte das Register wieder auf den neuesten Stand gebracht worden sein, denn ganz oben über dem Beginn der Auflistung lautet beinahe hineingequetscht der nun neue Titel: »Anno domini etc[etera] lxsexto Ist vornuwet dicz Register am dorstage noch concept[i]o[n]is b[ea]tissi[m]e Ma[r]ie v[ir]g[inis]. Hans stobener Burgermeister Johans friberger no[ta]ri[us]«[5]. | EL/AK

Anmerkungen

**1** UB Chemnitz, Nr. 31, S. 27. **2** Geschoss- und Memorialbuch der Stadt Chemnitz, Hauptstaatsarchiv Chemnitz, Loc. 09831/32, Bl. 0v. Übersetzung: »Dies ist das für die Abgaben und ewigen Zinsen der Stadt Chemnitz dienende Register. Geschrieben im Jahr des Herrn 1400 am Vortag [des Tages] St. Johanni des Täufers [d. h. am 23. Juni]«. **3** Übersetzung: »Matthias Goldschmidt 2 ½ [Groschen] vom Acker am Hilbersdorfer Rain«. **4** Übersetzung: »5 [Groschen] von den Äckern in Streitdorf sind Peter Richters«. **5** Übersetzung: »Im Jahr des Herrn [14]66 wurde dieses Register am Donnerstag nach der allerseligsten Jungfrau Maria Empfängnis [d. h. am 11. Dezember] erneuert. Hans Stobener, Bürgermeister, Johannes Freiberger, Notar«.

Literatur

Ermisch, Hubert / Posse, Otto: Urkundenbuch der Stadt Chemnitz und ihrer Klöster (Codex diplomaticus Saxoniae regiae), Leipzig 1879 (= UB Chemnitz), S. XIII, XIV.

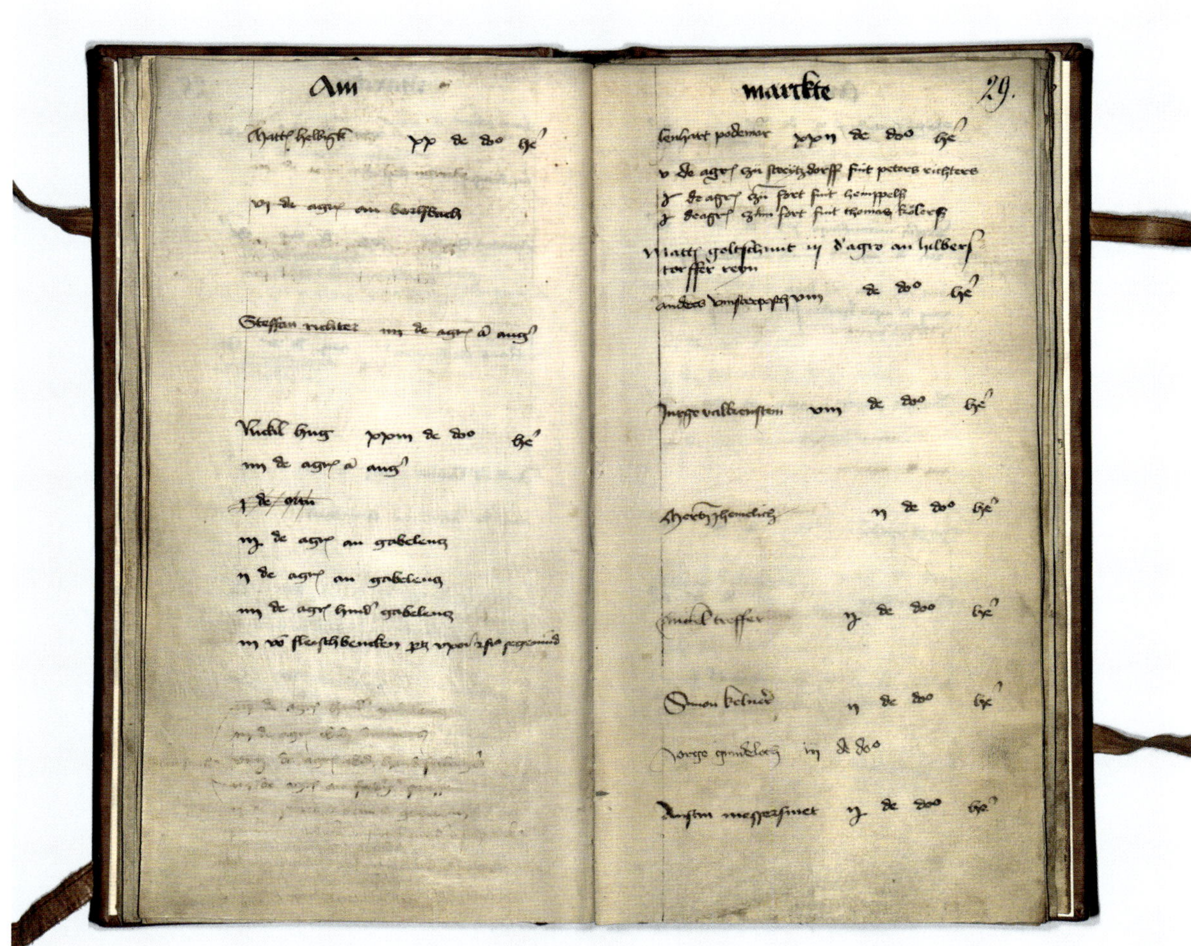

4

5

# Haußhaltungssachen des Benedictiner Münchs Closter zu Chemnitz

Benediktinerkloster Chemnitz, 1539–1541
Papier mit Pappeinband, Tinte, 34 × 22 × 3 cm
Hauptstaatsarchiv Dresden, Loc. 8941

Die Aufhebung des Chemnitzer Benediktinerklosters begann relativ spät, am 19. April 1540, mit einer Visitation im Auftrag des sächsischen Landesherrn. Seitdem war das Schicksal des Klosters besiegelt, doch der Abt wehrte sich, und das Verfahren zog sich hin. Im Februar 1541 entsandte Herzog Heinrich der Fromme schließlich eine Kommission, um die Angelegenheit zu Ende zu bringen. Sie bestand aus vier Sequestratoren: »Hans von Kizscher zu Krokaw« (ein Herzoglicher Rat aus der Oberlausitz), »Vlrich von Grunrode zw Born«, »Haugolt Pfluck zu Lamperßwalde« und »Andreß Wanne, stadtrichter zu Leipsigk«. Federführend war der Schreiber des Chemnitzer Amtmanns, »Valtin von der Triebe«, außerdem waren »Wolf Lindener von Halle« und »Nicol Schein« als Zeugen anwesend.
Dieser Kommission verdanken wir eine genaue Bestandsaufnahme des Klosters zu seinem Endpunkt. In Anbetracht der spärlichen Überlieferungssituation sind diese Protokolle für uns eine äußerst wertvolle Quelle. Sie erlauben uns zudem Vergleich und Einordnung: Nach Altzella war es das zweitreichste Kloster im albertinischen Sachsen. Vom 7. bis zum 9. Februar hatten die Sequestratoren ein beträchtliches Arbeitspensum zu leisten: Sie fertigten eine Liste der Kleinodien, die Kelche und Messgewänder umfasste; das Inventar des Mobiliars und der Gerätschaften des Klosters, der Mühle und der Niederlassungen in Glösa und Rabenstein; das Verzeichnis der gerühmten Klosterbibliothek mit 586 Einträgen[1] und zudem eine Zusammenstellung aller Einnahmen und Ausgaben. Darunter befinden sich auch die Gehaltsliste der 29 Angestellten des Klosters sowie eine Liste der Waffen und Gefängnisutensilien.
Das hier gezeigte Inventar ist ein typisch frühneuzeitliches Inventurprotokoll. Raum für Raum wurde inspiziert und die mobilen Güter notiert, die nun den Eigentümer wechselten. Anhand dieser Notizen fertigte dann der Schreiber umgehend eine Reinschrift an, die nur noch minimal korrigiert und dann unterzeichnet wurde.

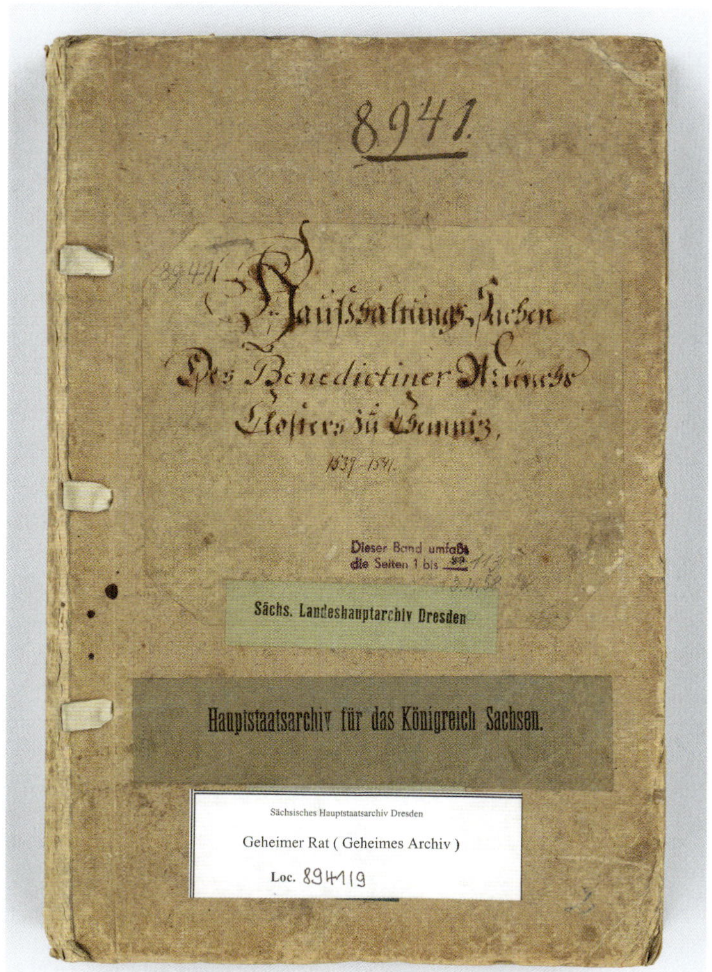


5

Insgesamt wurden 76 Räume verzeichnet. Doch manche zweifellos vorhandenen Räume wurden weggelassen, weil ihre Ausstattung entweder in eigenen Listen verzeichnet worden waren (z. B. Bibliothek oder Sakristei) oder weil sie nicht zum Auftrag der Kommission gehörten (z. B. das »schlaffhaus«/Dormitorium). Besonders bedauerlich ist, dass die Kirche und die Kapellen nicht erfasst wurden; daher wissen wir nichts über deren Altäre und Ausstattung.
Eine andere quellentypische Einschränkung ist, dass in den Zwischenüberschriften nur die Raumbezeichnung angegeben wird, nicht jedoch das Gebäude, der Flügel oder das Stockwerk, in dem sich der Raum befand. Den Rundgang genau nachzuvollziehen, hat daher der Forschung einige Mühe bereitet und zu manchen Irrtümern geführt. Neueste Forschungen[2] haben jedoch weitgehend Klarheit geschaffen: Der Rundweg begann im Wirtschaftshof, dann kamen etagenweise die Flügel des äußeren Hofes (Gästehaus mit 32 Betten, Alte Abtei, Stallungen mit 13 Wägen) und der Neuen Abtei dran. Auf die Klosterküche folgten die Vorratskeller und zum Schluss wurde das Klausurgeviert inspiziert, zunächst das Erdgeschoss des Südflügels, dann die Obergeschosse und zum Schluss wieder das Erdgeschoss des West- und Ostflügels. | TS

Anmerkungen

**1** Sarnowsky, Jürgen: Die Bibliothek des Klosters Chemnitz am Vorabend der Reformation. Ein Bücherverzeichnis von 1541, in: Studien und Mitteilungen zur Geschichte des Benediktinerordens und seiner Zweige, Bd. 108, 1997, S. 321–373. **2** Diese sollen in einer Veröffentlichung des Schloßbergmuseums 2019 erscheinen.

Literatur

Ermisch, Hubert / Posse, Otto: Urkundenbuch der Stadt Chemnitz und ihrer Klöster (Codex diplomaticus Saxoniae regis II,7), Leipzig 1879, S. 467–469 (unvollständig). Eine vollständige Neuedition dieser Listen wird vom Schloßbergmuseum vorbereitet.

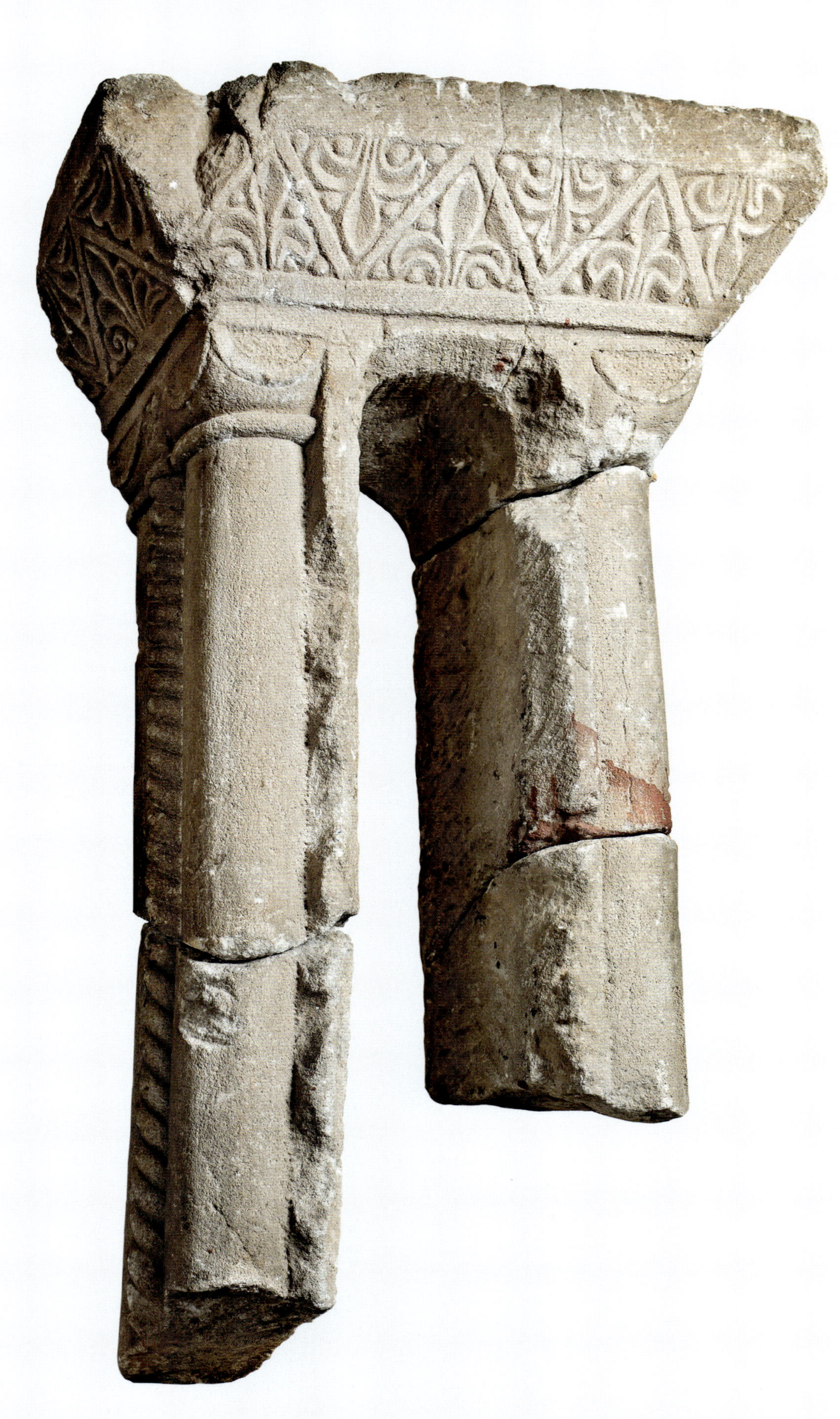

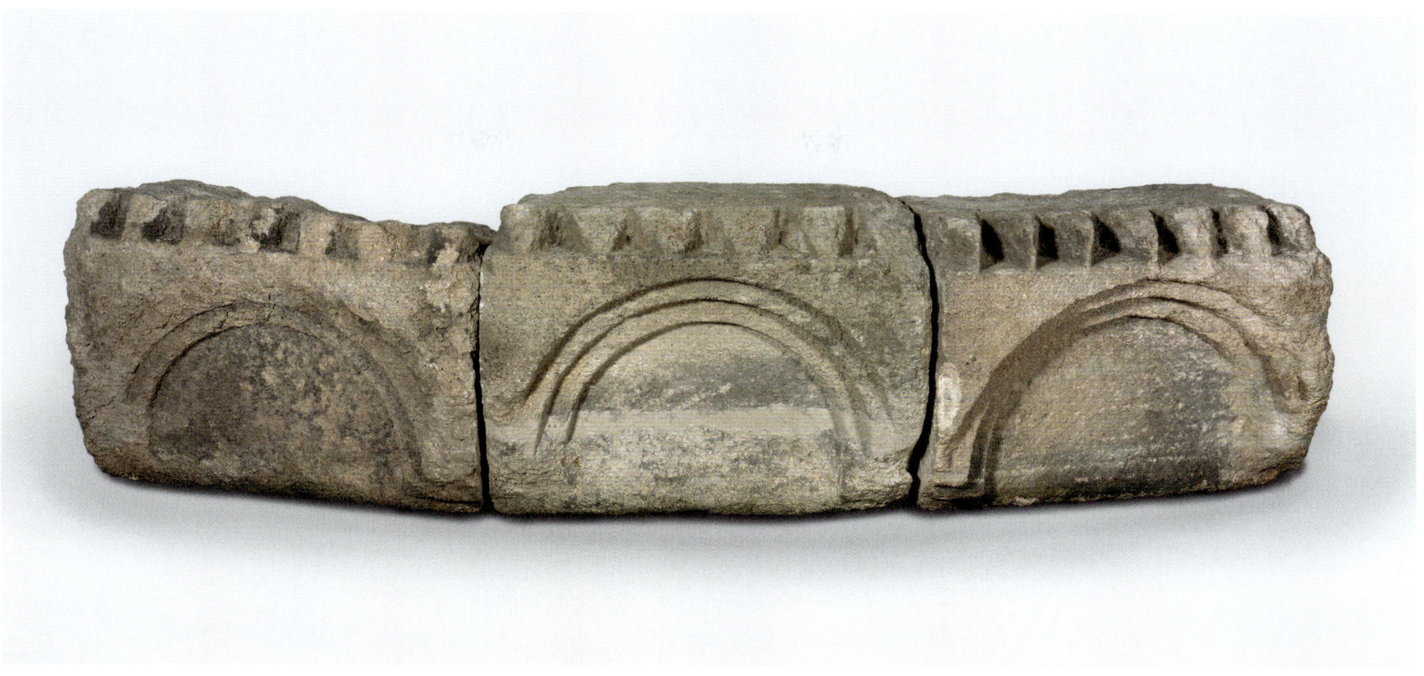

7

6

## Fragment einer Doppelarkade

Pegau, um 1100–1150
Sandstein, 105 × 55,5 × 28 cm
Stadtmuseum Pegau

Von den Gebäuden des 1091 auf Veranlassung Wiprechts von Groitzsch (1050 – 1124) gegründeten Benediktinerklosters in Pegau ist oberirdisch nichts mehr vorhanden. Die gesamte Anlage einschließlich der Klosterkirche St. Jakob fiel nach 1556 dem Abbruch anheim. Verschiedene Spolien – allen voran die bedeutende, um 1240 entstandene Grabplatte des Stifters – haben sich an unterschiedlichen Standorten erhalten. Dazu zählt auch eine Reihe von Architekturfragmenten, die 1912 beim Bau des damaligen Amtsgerichtsgebäudes geborgen und dem Stadtmuseum übergeben wurden. Das Hauptstück bildet der Rest eines gekoppelten Fensters bzw. einer Doppelarkade, deren ursprünglicher baulicher Kontext unbekannt ist. Möglicherweise gehörte das Stück zur Gliederung der Kreuzgangarkaden oder der Öffnungen zum Kapitelsaal. Paarweise gebündelte Dreiviertelsäulen mit torquiertem Rundstab an der Nahstelle und einfachen Würfelkapitellen tragen einen voluminösen Kämpferaufsatz. Er ist mit vegetabilischem Dekor (Lilien) in Dreieckrahmungen geziert. Es handelt sich um eines der frühesten Zeugnisse romanischer Bauornamentik in Sachsen mit den Kämpfergesimsen der Chemnitzer Klosterkirche (Chornebenkapellen) verwandtem Motiv- und Stilhabitus. | ST

Literatur
Magirius, Heinrich: Die Schloßkirche Chemnitz. Forschungen zur Baugeschichte der Benediktiner-Klosterkirche im Mittelalter (= Arbeitshefte des Landesamts für Denkmalpflege Sachsen), Beucha 2005, S. 50; Huth, Mike (Red.): Benediktiner in Sachsen. 888 Jahre Kloster Riesa. Begleitbuch zur Ausstellung im Stadtmuseum Riesa (= Reihe Weiß-Grün, Nr. 37), Dößel 2007, S. 28.

7

## Romanische Architekturteile

Herkunft unbekannt, um 1200
Kristalltuff, Komplex I: etwa 52 × 31 × 36,5 cm; Komplex II: etwa 53 × 35 × 24 cm
Schloßbergmuseum/Kunstsammlungen Chemnitz

Unter den Steinexponaten des Schloßbergmuseums befinden sich einige romanische Spolien, deren Herkunft und ursprünglicher Kontext zum Teil ungeklärt ist. Die drei Fragmente eines Rundbogenfrieses, die mit dem zugehörigen Zahnschnitt aus einem Block gearbeitet sind, gehörten wohl zu einer Apsisgliederung. Sie weisen allerdings eine von den entsprechenden Teilen an den erhaltenen Abschnitten der Ostpartie der Kirche (nach 1160) abweichende, sehr knappe Profilierung (dreifach abgestuft, ohne Karnies) auf. In den Unterlagen des Schloßbergmuseums werden diese Blöcke als Bodenfunde des 19. Jahrhunderts aus dem Bereich der Kirche geführt – leider ohne weitere Angaben.
Es bleibt daher vorläufig ungeklärt, ob es sich um Reste der architektonischen Gliederung der Haupt- oder nördlichen Nebenapsis handelt.
Dies gilt auch für eine zweite Gruppe von Friesbruchstücken, die sich gegenüber den an der heutigen Schloßkirche vorkommenden bzw. den eben beschriebenen Teilen durch eine außerordentliche Plastizität der Bogensegmente (sie weisen eine Tiefe bis zu 16 cm auf) sowie durch die separate Fertigung des darüber liegenden Zahnschnitts auszeichnen. Möglicherweise gehören sie in den Kontext der romanischen Marktkirche St. Jakobi (letztes Viertel 12. Jahrhundert). Die im Zuge der Ausgrabungen von 1959 bis 1964 aufgefundenen umfangreichen Architekturreste sind größtenteils verschollen, nur Weniges gelangte damals in den Bestand des Schloßbergmuseums. Ob sich darunter auch die ausgestellten Fragmente befanden, konnte bislang nicht zweifelsfrei geklärt werden. Ihre sorgfältige, auf Fernwirkung berechnete Bearbeitung legt indes die Zugehörigkeit zu einem repräsentativen Objekt nahe. | ST

8

# Konsolenfragmente aus dem Benediktinerkloster Chemnitz

Benediktinerkloster Chemnitz, vor 1275
Porphyrtuff, je 30 × 30 × 24 cm
Schloßbergmuseum/Kunstsammlungen Chemnitz, Inv.-Nr. 2/B/b/4

Die beiden Fragmente wurden im Jahr 1868 bei Abbrucharbeiten im Umfeld der Schloßkirche, der vormaligen Kirche des Klosters St. Marien geborgen. Sie gehören stilistisch noch der Frühphase der Chemnitzer Benediktinerabtei an. Handelt es sich bei der einen Darstellung um einen Dämonenkopf, dem als sogenannten »Neidkopf« die Aufgabe zukam, im apotropäischen Sinne Unheil vom Kloster abzuwenden, so ist die Deutung des zweiten, als Konsole ausgeführten Fragments nicht ganz so eindeutig: Die Interpretationen gehen gemeinhin in die Richtung eines Nonnenkopfes, der im Programm der bildkünstlerischen Ausschmückung eines benediktinischen Männerklosters insofern durchaus sinnhaftig wäre, als dass auch rund 300 Jahre später mit der Schwester Scholastica – der Schwester des Ordensgründers Benedikt von Nursia – eine vergleichbare Darstellung auf dem als Astwerkportal bezeichneten Haupteingang zur Klosterkirche zu finden ist. | UF

Literatur
Fiedler, Uwe: Museumsführer Kunstsammlungen Chemnitz – Schloßbergmuseum, Chemnitz 2011, S. 14.

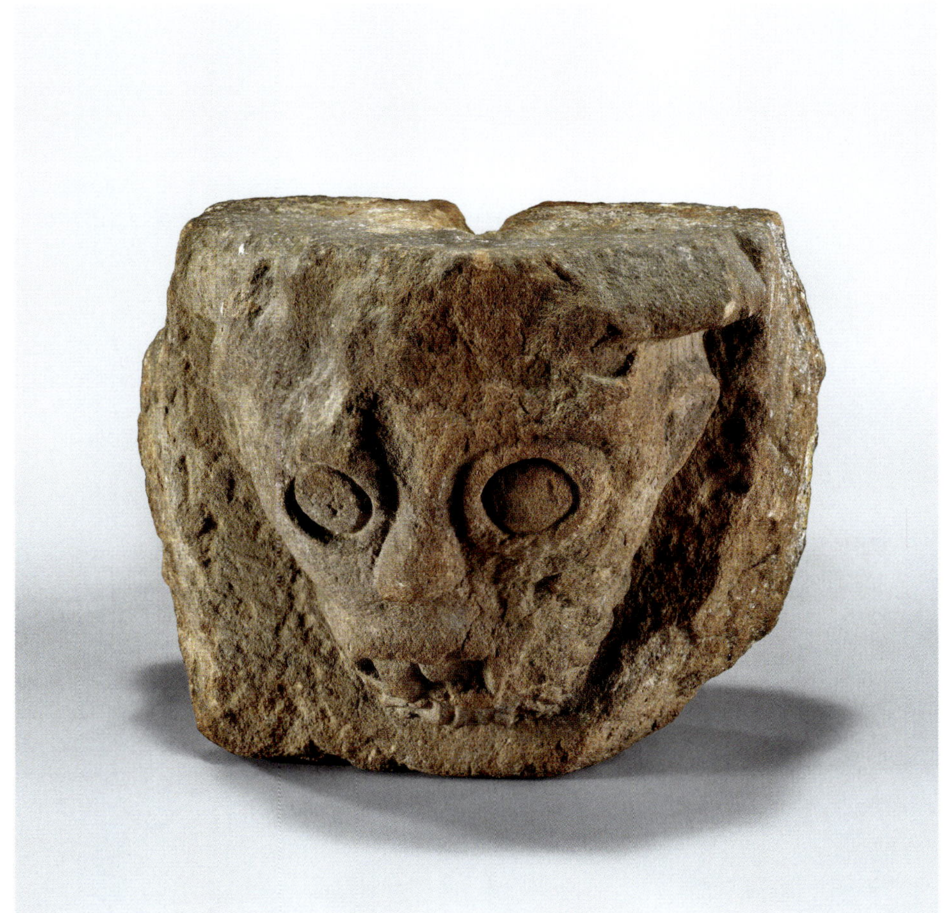

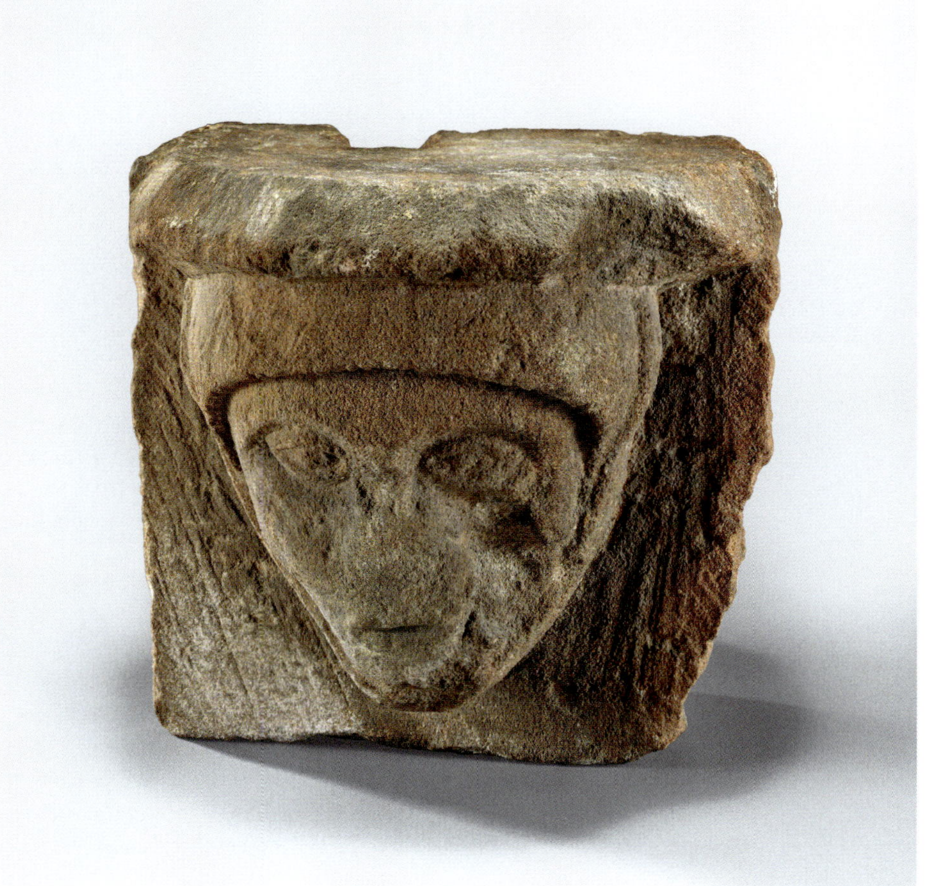

8

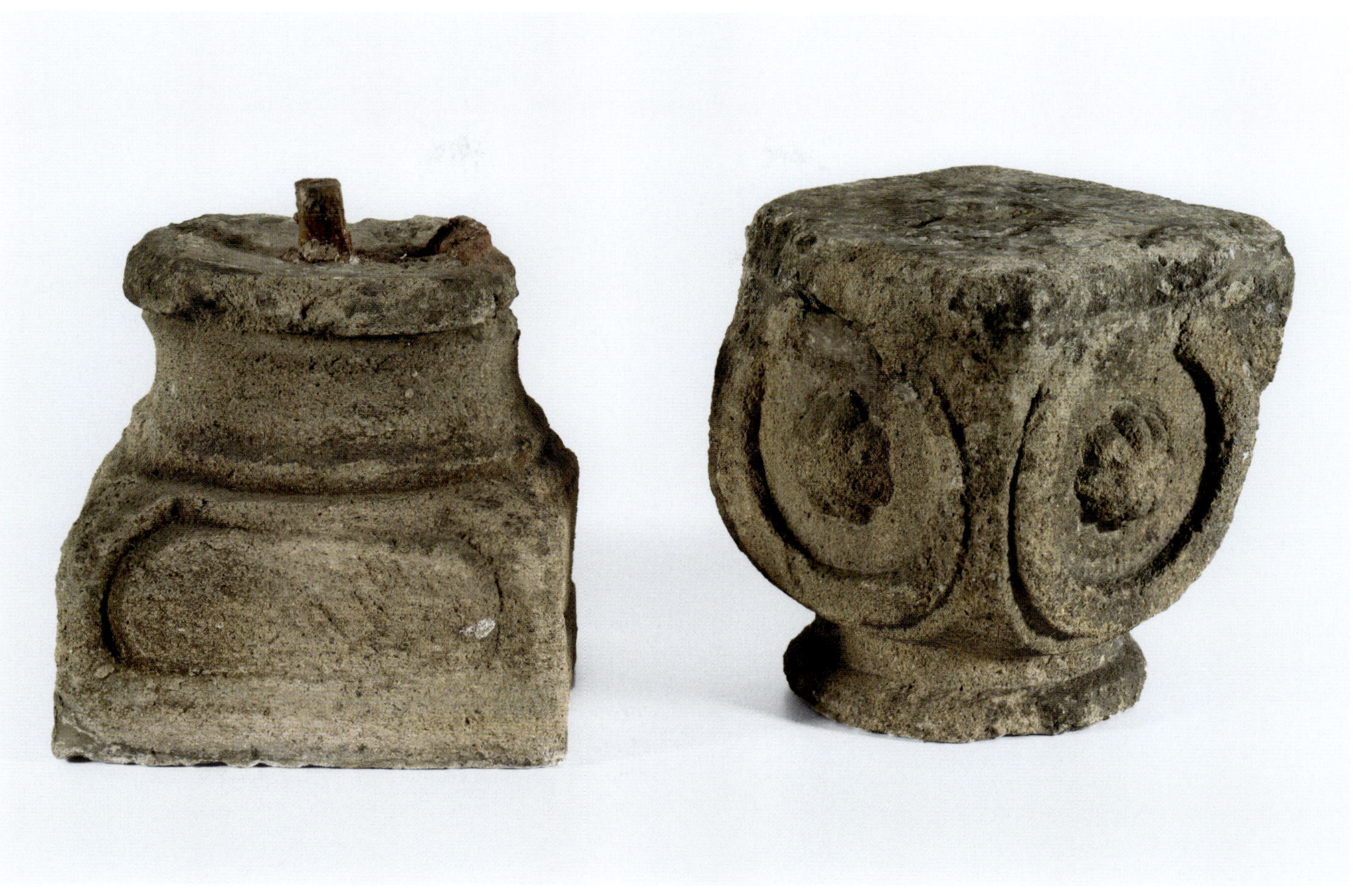

9

9

## Basis und Kapitell von einem Portalgewände

Ehemalige Kirche St. Peter und Paul, Altchemnitz, um 1200/10
Kristalltuff, Basis: 22,5 × 18,5 × 21,5 cm; Kapitell: 20 × 21 × 23 cm
Schloßbergmuseum/Kunstsammlungen Chemnitz, Inv.-Nr. cm008514

Aus der Abbruchmasse der 1888 durch Brand zerstörten und bis 1891 durch einen Neubau ersetzten Kirche in Altchemnitz konnten wesentliche Teile des Hauptportals (möglicherweise sogar die gesamte Architektur) geborgen werden. Seine Bedeutung für die mittelalterliche Kunstgeschichte Sachsens war seit der Inventarisation durch Richard Steche bekannt. Umso verwunderlicher ist die Tatsache, dass davon heute nur noch das Kapitell der rechten Gewändeseite und eine – wahrscheinlich – zugehörige Basis nachgewiesen werden kann. Anhand eines Aufmaßes lässt sich die ursprüngliche Gestalt wie folgt rekonstruieren: Stufenportal mit einfachem Rücksprung, die eingestellten Säulen über attischen Basen mit Würfelkapitellen, ihre Schilde durch einfache Rosetten gefüllt; die Säulenschäfte waren differenziert ausgebildet: links polygonal, rechts torquiert. Die Türöffnung war rechteckig geschlossen, darüber befand sich ein Tympanon mit zwei viertelkreisförmigen, von Rundbogenfriesen gesäumten und ursprünglich wohl bemalten Füllungen (vgl. Altpenig) und umlaufendem Zahnschnitt. Die rechteckige Rahmung war mehrfach profiliert. Trotz des auffälligen Verzichts auf eine bildkünstlerische Gestaltung vertritt das Altchemnitzer Portal eine gegenüber vergleichbaren Anlagen der Region fortschrittlichere Formensprache und gehörte damit zu den anspruchsvollen Portalkompositionen des beginnenden 13. Jahrhunderts im Muldenraum. | ST

Literatur

Steche, Richard: Beschreibende Darstellung der älteren Bau- und Kunstdenkmäler des Königreichs Sachsen, Heft 7: Amtshauptmannschaft Chemnitz, Dresden 1886 (Reprint 2001), S. 34; Magirius, Heinrich: Architektur und Skulptur der Augustiner-Chorherrenstiftskirche Wechselburg – ihre Bedeutung für die Stilentwicklung in Obersachsen im 12. und 13. Jahrhundert, in: Denkmalpflege in Sachsen. Mitteilungen des Landesamtes für Denkmalpflege Sachsen, Beucha 2003, S. 7–23.

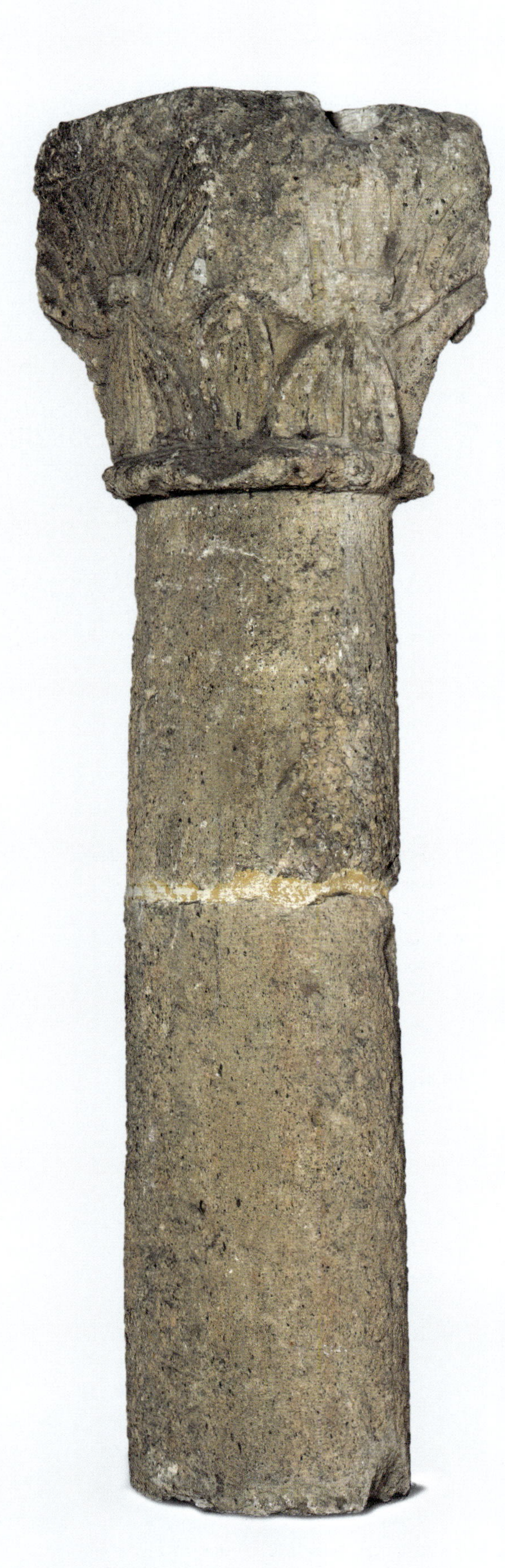

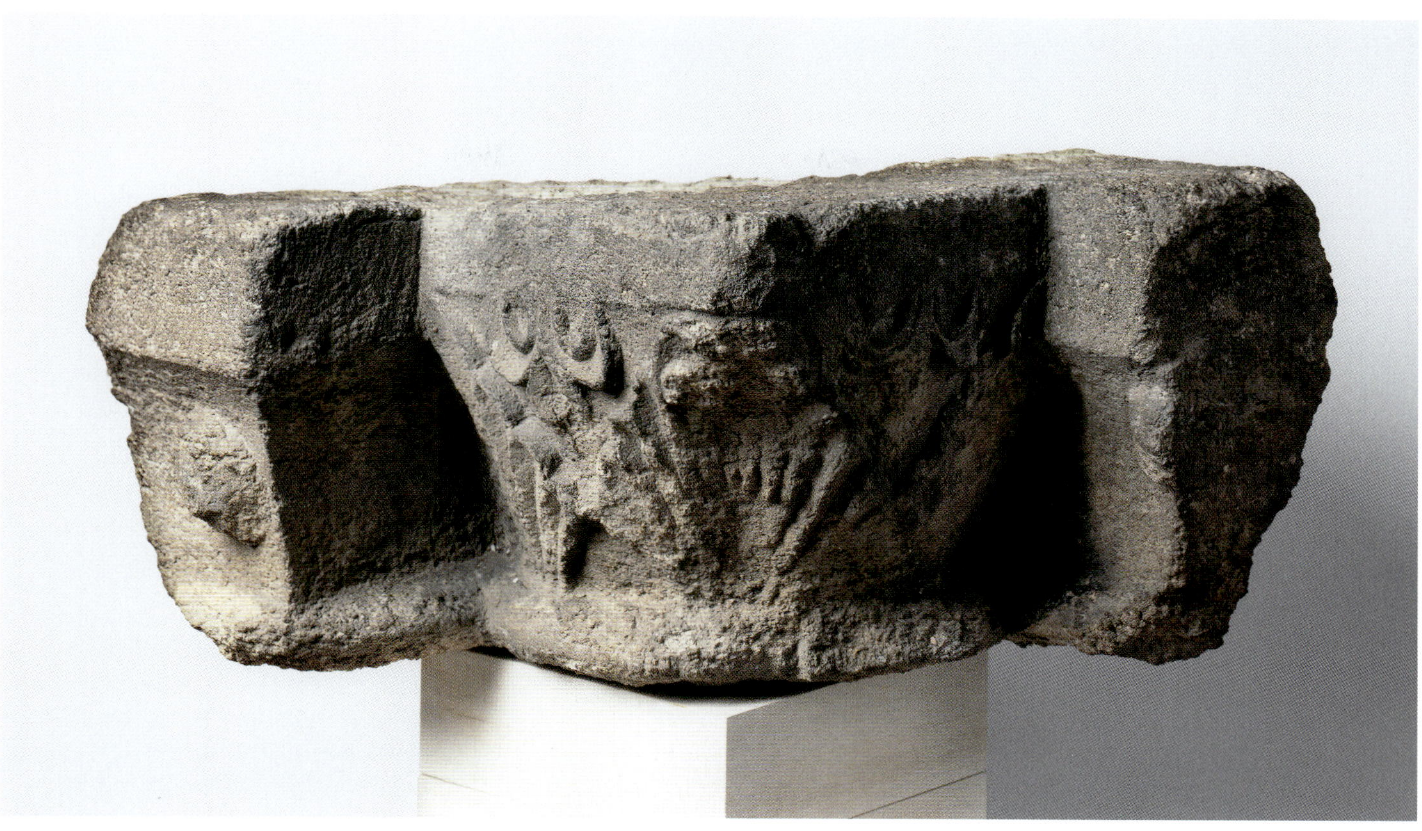

11

10

## Säulenschaft mit Kapitell

St.-Jodokus-Kirche Chemnitz-Glösa, um 1200
Kristalltuff (?), Schaft H 73 cm, Kapitell
H 24,5 cm, Kanten L 25 cm
Schloßbergmuseum/Kunstsammlungen
Chemnitz, Inv.-Nr. cm8520

Die dem Heiligen Jodokus geweihte Kirche des Dorfes Glösa – ursprünglich Pfarrkirche der Herrschaft Blankenau, die 1338 im Klosterterritorium aufging – enthielt bis zur völligen Zerstörung 1945 noch bedeutende Reste an romanischer Substanz. Es handelte sich um einen Chorturmsaal des ausgehenden 12. Jahrhunderts, dem im 15. Jahrhundert ein gewölbtes Chorpolygon angefügt wurde. Im Zuge der Trümmerberäumung nach 1945 konnte eine Anzahl romanischer Spolien geborgen werden, unter anderem ein Kapitell, das jetzt als Träger der Taufschale dient. Der Rest eines Säulenschaftes mit zugehörigem (?) Kapitell gelangte dagegen bereits 1887 in die Sammlungen des Vereins für Chemnitzer Geschichte. Möglicherweise handelt es sich um Teile eines Biforiums, das als Schallöffnung der Glockenstube diente. Vergleichbare Gestaltungen finden sich in der näheren Umgebung unter anderem an den Türmen in Kaufungen, Elsdorf oder Niedersteinbach. In Glösa hatten sich bis 1945 Fragmente eines weiteren gekuppelten Fensters – offenbar in gotischer Zeit verändert – an der Südseite des Turmobergeschosses erhalten. Bis zum Bau der barocken Turmhaube mit Laterne 1688 war hier die Glockenstube untergebracht. Die Schilde des einfachen, vom Schaft durch einen Ring abgesetzten Würfelkapitells werden durch streng geometrische, palmettenartig geschnittene Ornamentik gegliedert. | ST

11

## Stufenkapitell

Ehemalige Nikolaikirche Chemnitz, um 1200
Kristalltuff, 78 × 36 × 47 cm
Schloßbergmuseum/Kunstsammlungen
Chemnitz, Inv.-Nr. cm008563

Der im Kern noch mittelalterliche Vorgängerbau der Nikolaikirche wurde im Jahr 1883 wegen irreparabler Schäden abgebrochen. Eine geringe Anzahl romanischer Architekturteile konnte in diesem Zusammenhang geborgen und dem Verein für Chemnitzer Geschichte übergeben werden. In der Vergangenheit ist dieser Bestand noch weiter dezimiert worden, sodass nur noch das Fragment eines Kapitells nachweisbar ist. Vermutlich entstammt es der rechten Gewändeseite des ehemaligen Hauptportals. Typologisch gehörte es in die Reihe der in der Region weit verbreiteten Stufenportale (vgl. Altchemnitz, Kat.-Nr. 9) mit einfachem Rücksprung, in den jeweils eine Säule eingestellt war. Die kerbschnittartig ausgeführte vegetabile Ornamentik, bestehend aus Palmetten und hängenden Lilienmotiven, ergänzt durch eine Wirbelrosette, repräsentiert den für die regionale Kunstproduktion der Zeit um 1200 erreichten Standard. | ST

Literatur
Michael, G[otthelf]: Die Parochie St. Nicolai, in: Neue sächsische Kirchengalerie. Die Ephorien Chemnitz I und II, Leipzig 1902, Sp. 189–314.

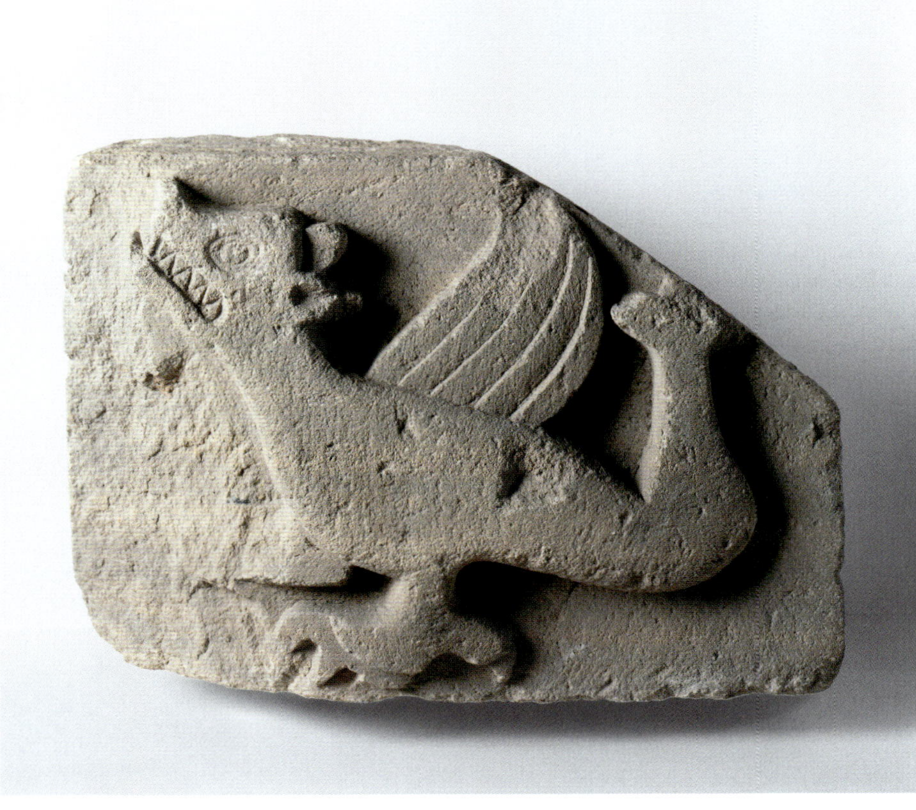

12

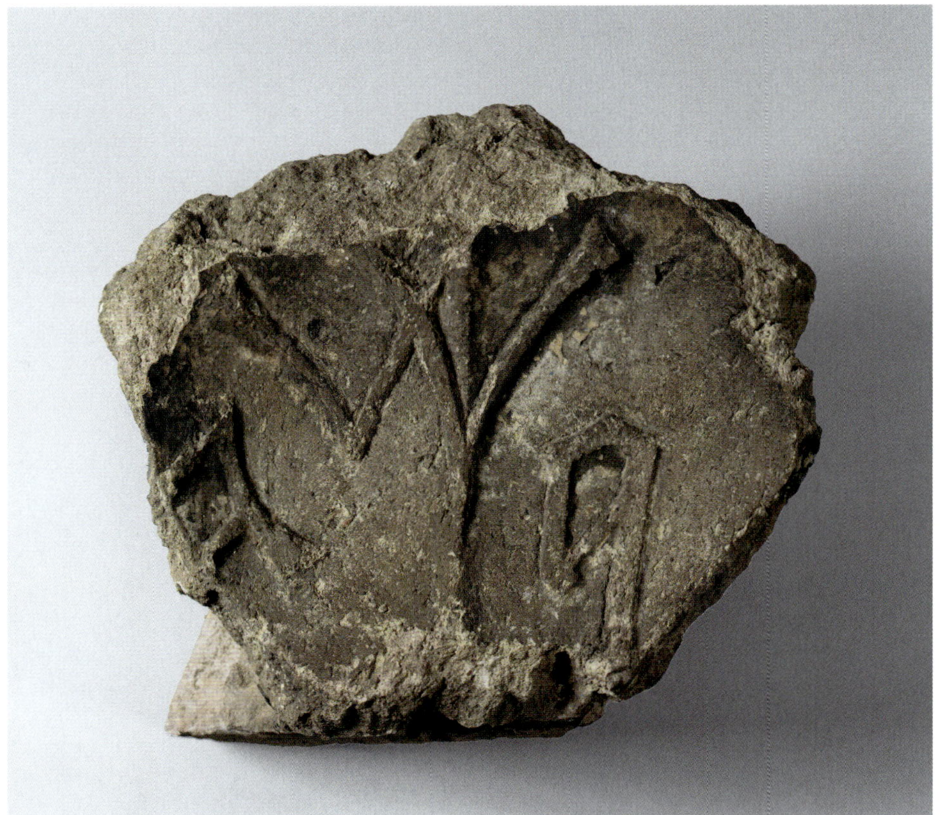

13

12

## Fragment eines Tympanons

Jakobikirche Chemnitz, um 1180
Kristalltuff, 60 × 43 × 35 cm
Schloßbergmuseum/Kunstsammlungen Chemnitz, Inv.-Nr. cm002503

Im letzten Viertel des 12. Jahrhunderts erfolgte die Errichtung der Chemnitzer Marktkirche St. Jakobi als großer Saal mit mächtigem Querwestturm, Chorquadrat und Apsis. Ihre weitgehend erhaltenen Fundamente konnten zwischen 1953 und 1959 nachgewiesen werden, wobei auch umfangreiche Spolien der architektonischen Gliederung zum Vorschein kamen. Die aus dem für die romanische Kunstproduktion des Chemnitzer Umlandes charakteristischen Material – Kristalltuff – gefertigten Teile sind stilistisch der Augustiner-Chorherrenkirche Zschillen/Wechselburg verpflichtet, ohne jedoch deren künstlerische und handwerkliche Qualität zu erreichen. Das Fragment eines Tympanons, das möglicherweise zum Haupteingang an der Südseite der Marktkirche gehörte, macht dies deutlich. Erhalten blieb das rechte Teilstück mit dem in Abwehrhaltung verharrenden hahn- bzw. wolfähnlichen Unwesen; ihm gegenüber ist die Gestalt des zum tödlichen Schlag ausholenden Löwen zu ergänzen. Der Kampf zwischen Licht und Finsternis, zwischen Christus und dem Satan, wird in einer zwar sehr expressiven, dabei jedoch grafisch-schematisierten Form zur Darstellung gebracht. Das Stück, in dessen Kontext vermutlich ein bereits im 19. Jahrhundert aufgefundener Säulenschaft samt Basis gehörte, gelangte wohl im 14. Jahrhundert in die Baumasse des Glockenturms der Jakobikirche, in dessen Trümmern es 1946 zutage trat. | ST

Literatur

Müller, Joseph: Deutsche Bildhauerkunst aus 8 Jahrhunderten. Katalog zur Plastik-Abteilung des Schloßberg-Museums Karl-Marx-Stadt (= Bilderheft der Städtischen Kunstsammlungen Karl-Marx-Stadt), Karl-Marx-Stadt 1954, S. 6; Magirius, Heinrich: Architektur und Skulptur der Augustiner-Chorherrenstiftskirche Wechselburg – ihre Bedeutung für die Stilentwicklung in Obersachsen im 12. und 13. Jahrhundert, in: Denkmalpflege in Sachsen. Mitteilungen des Landesamtes für Denkmalpflege Sachsen, Beucha 2003, S. 7–23, hier S. 12.

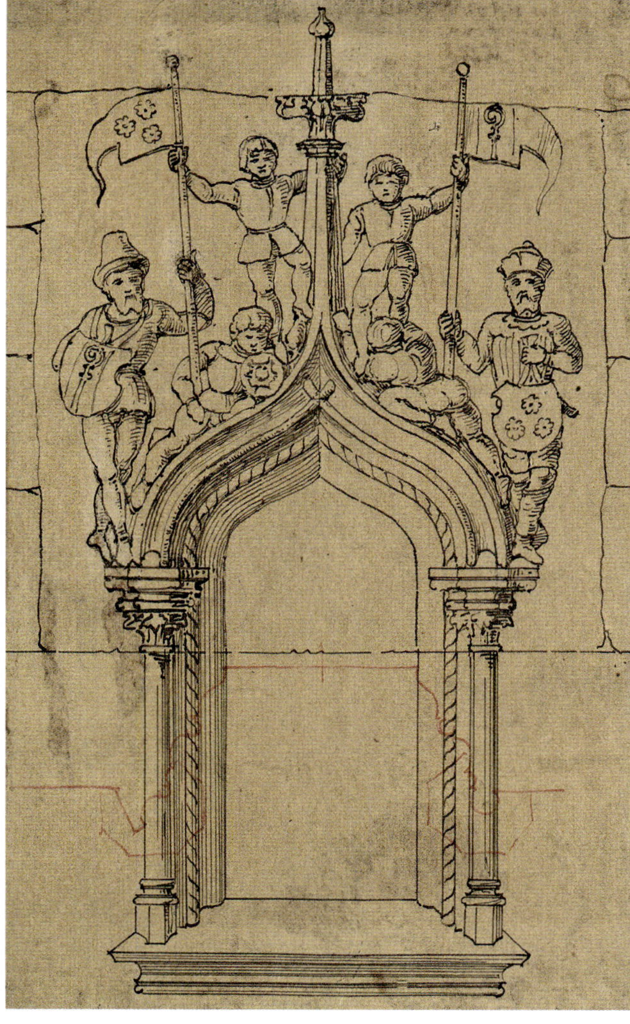

14

## 13

Andreas Günther

# Schlussstein mit Meisterzeichen

Schloßkirche Chemnitz, um 1525
Porphyrtuff, 32 × 26,5 × 29 cm
Ev.-Luth. St.-Petri-Schloßkirchgemeinde Chemnitz

Die ehemalige Klosterkirche ist reich an Steinmetzzeichen, Inschriften sowie plastischen Details, die eine wichtige Quelle für den Fortgang der Arbeiten zwischen 1499 und 1537 bilden. Zu den baugeschichtlich wertvollsten Zeugnissen zählt ein ehemaliger Schlussstein mit dem Meisterzeichen »A G«, das sich auf Andreas Günther (um 1490–1541) bezieht. Der Stein hatte seine ursprüngliche Position im Gewölbe oberhalb des heutigen Orgelstandorts, von wo er nach 1865 an die Südseite des Westwerks (außen) umgesetzt wurde. Im Zuge des neugotischen Turmausbaus von 1895 bis 1897 versetzte man ihn an den neu errichteten Treppenturm, wo er bis Mitte der 1970er Jahre unterhalb des obersten Fensters an der Südseite eingebaut war. Seitdem ist er in der Schloßkirche magaziniert und hat erhebliche Substanzverluste erlitten. Einen vergleichbaren Wappenstein hinterließ Günther am Westportal des Halleschen Doms (1536).
Andreas Günther stammte aus Komotau (Chomutov), einem Dreh- und Angelpunkt sowohl des wirtschaftlichen als auch des künstlerischen Austauschs zwischen Sachsen und Böhmen um 1500. Er stand in der spätgotischen Tradition der Werkmeister um Benedikt Ried, beherrschte jedoch in stärkerem Maße die neuartigen, von Italien über die königlichen Höfe von Budapest und Prag in den Norden vermittelten Stilformen der Renaissance und wurde auf diese Weise auch für mitteldeutsche Auftraggeber interessant.
Weltliche und geistliche Territorialherren versprachen sich von ihm die Realisierung innovativer Architekturfantasien auf hohem künstlerischem Niveau. Seine erste, durch den Chemnitzer Wappenstein belegte Leistung war der Neubau des Langhauses der Klosterkirche (um 1523–1527). Dem in relativ konventionellen, spätgotischen Formen gehaltenen Bau folgten Projekte im Auftrag des Fürsten Ernst II. von Schönburg (Schlösser Forder- und Hinterglauchau, um 1527–1534), des Kardinals Albrecht von Brandenburg (Neue Residenz in Halle, 1533–1537) sowie Fürst Wolfgangs von Anhalt, für dessen Bernburger Schloss er ab 1538 ein spektakuläres Belvedere konzipierte. Hinzu kam eine Fülle weiterer Aufträge auf kommunalem und privatem Sektor, unter denen vor allem die Vollendung des Stadtpalasts »Kühler Brunnen« in Halle (1534) zu nennen ist. Günthers Stellung als Landbaumeister Kurfürst Johann Friedrichs von Sachsen, mit der unter anderem ab 1540 die Weiterführung des Torgauer Schlossbaus verbunden war, endete abrupt durch einen tödlichen Arbeitsunfall in Gotha im September 1541. | ST

Literatur
Beyer, Gerhard: Andreas Günther – der Baumeister der Benediktiner-Klosterkirche, in: Chemnitzer Roland, H. 1 (2011), S. 7–9; Neugebauer, Anke: Andreas Günther von Komotau. Ein Baumeister an der Wende zur Neuzeit (= Hallesche Beiträge zur Kunstgeschichte, Bd. 11), Bielefeld 2011, S. 23–36.

## 14

Alwin Gottschaldt

# Tuschezeichnung zur Rekonstruktion eines Wimpergs mit dem Schleinitz'schen Wappen

Chemnitz, um 1900
Transparentpapier, schwarze und rote Tusche, Pappe, Zeichnung 22,4 × 13,8 cm, Pappe 28,5 × 16,7 cm
Schloßbergmuseum/Kunstsammlungen Chemnitz, Inv.-Nr. VI 175 K2

Im Bestand des Schloßbergmuseums befindet sich ein heute stark verwitterter künstlerisch bearbeiteter Tuffstein von einem spätgotischen Türbogen an einem Gebäude des Chemnitzer Benediktinerklosters, wahrscheinlich von der durch Abt Heinrich von Schleinitz vor 1499 errichteten neuen Abtei. Anlässlich seiner Auffindung um das Jahr 1900 fertigte Baurat Alwin Gottschaldt (1834–1924) eine Zeichnung an, die dokumentiert, welche Figuren, Wappen und Fahnen an diesem Fragment eines Wimpergs vor mehr als 100 Jahren noch zu erkennen waren. Gottschaldt notierte später den Fundzusammenhang: »Teilweise wieder aufgefunden bei Anlage der Schloßgartentreppen um 1900«. Darüber hinaus fertigte der an der regionalen Architekturgeschichte interessierte Professor der Technischen Staatslehranstalten Chemnitz die hier gezeigte Rekonstruktionszeichnung an, welche die am Original vorgefundenen Linien teilweise recht frei weiterführt, um zu zeigen, wie der Wimperg einmal ausgesehen haben könnte. In roter Farbe kennzeichnete Gottschaldt den Grundriss des aufwendigen Rippenprofils am Portalrahmen. | AK

Literatur
Steche, Richard: Beschreibende Darstellung der älteren Bau- und Kunstdenkmäler des Königreichs Sachsen, Heft 7: Amtshauptmannschaft Chemnitz, Dresden 1886 (Reprint 2001), S. 24.

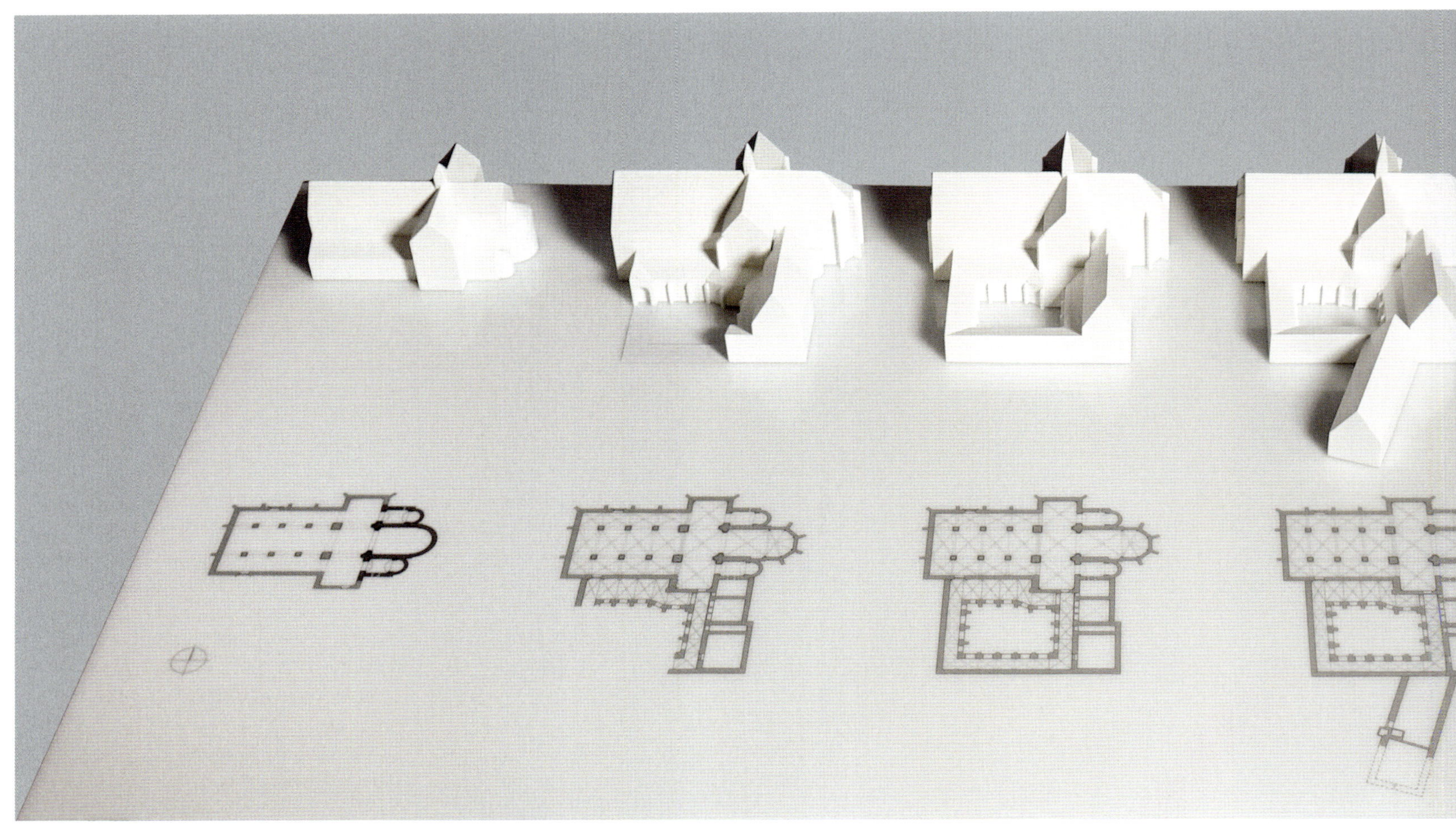

15

**15**

teamdesign gmbh Chemnitz

## Entwicklungsmodell der steinernen Klausur der Chemnitzer Benediktinerabtei 1150–1527

Chemnitz, 2018
Massemodell im Maßstab 1:350, Grundplatte 110 × 55 cm
Schloßbergmuseum/Kunstsammlungen Chemnitz, Inv.-Nr. ZG 2018/1

Mit Erscheinen der Publikation von Geupel und Hoffmann zu den archäologischen und baugeschichtlichen Befunden der Ausgrabungen am Schloßbergmuseum von 1981 bis 1993 war es erstmalig möglich geworden, die Entwicklung der steinernen Bausubstanz der Klausur von den Anfängen um 1160/65 bis in die Jahre kurz vor der Auflösung des Klosters nicht nur anhand von Grundrissen, sondern nunmehr auch in einem dreidimensionalen Entwicklungsmodell visuell nachzuvollziehen. In Kooperation mit dem Freundeskreis Schloßbergmuseum e.V. und gefördert durch die CWE Chemnitzer Wirtschaftsförderungs- und Entwicklungsgesellschaft mbH im Rahmen des 875. Jubiläums der urkundlichen Ersterwähnung des »locus kameniz dictus« übernahm die renommierte Chemnitzer Firma teamdesign gmbh die konzeptionelle und technische Realisierung des Gesamtmodells: Es weist insgesamt sieben Bauphasen in sechs (der erste Befund von Chor und Apsiden wurde in das Modell zum Zustand von 1230 integriert) Einzelmodellen aus, die die Entwicklung der Klausur zu den Zeitschnitten von 1160, 1230, 1274/1300, erste Hälfte bis Mitte des 14. Jahrhunderts, 1499 bis 1515 sowie 1525/27 darstellen, wobei auf der didaktischen Ebene des Modells zusätzlich die jeweils modellbegleitenden Grundrisse sowie die Texte beigegeben sind. Besonders bemerkenswert sind die sich aus dem Vergleich der Modelle ergebenden Erkenntnisse zur stetig anwachsenden Kubatur der Klosterkirche auf ihrem Weg durch die Jahrhunderte, von der niedrigen romanischen Basilika hin zur voluminösen spätgotischen Hallenkirche. | UF

Literatur
Geupel, Volkmar / Hoffmann, Yves: Archäologie und Baugeschichte des ehemaligen Benediktinerklosters Chemnitz. Die Ausgrabungen im Schloßbergmuseum 1981–1993, Dresden 2018.

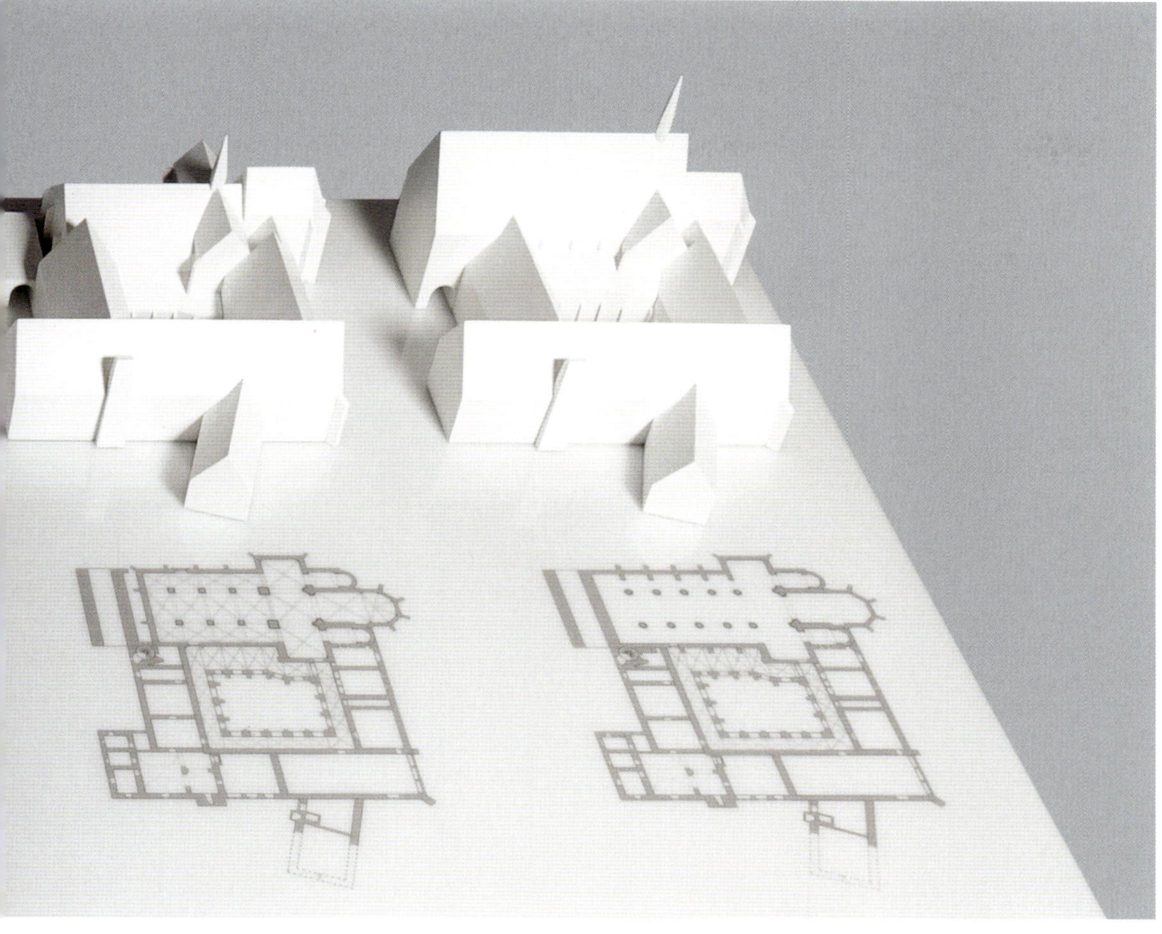

**16**

Wolfgang Schmidt

# Modell der romanischen Marktkirche

Chemnitz, 1995
Holz, farbig gefasst, Kunststoff,
75 × 100 × 43 cm
Schloßbergmuseum/Kunstsammlungen Chemnitz, Inv.-Nr. cm006388

Auf Grundlage der Grabungsbefunde von 1953/1959 entstand dieses Modell der romanischen Marktkirche St. Jakobi. Es zeigt die im ausgehenden 12. Jahrhundert errichtete Saalkirche des »vollständigen« Typs mit Chorquadrat, Apsis und Breitwestturm. Deutlich wird der additive Charakter dieses weit verbreiteten romanischen Bauprinzips. Darüber hinaus ist der Grundriss des um zwischen 1280 und 1300 angefügten rechteckig geschlossenen Saalchors mit angegeben. Details wie zum Beispiel die Architekturgliederungen sind von den Befunden abgeleitet; anderes wurde in Analogie zu vergleichbaren Bauten Mitteldeutschlands – etwa die Dorfkirchen in Klinga oder in Bernburg-Waldau – entwickelt. Als spekulativ erweist sich die (wohl zu große) Höhe des Turmhauses. Für die Existenz eines Westportals fehlen die bauarchäologischen Nachweise. | ST

Literatur

Thiele, Stefan (Hrsg.): Die Stadt- und Marktkirche St. Jakobi zu Chemnitz. Festschrift zum 600. Jahrestag der Vollendung des Hallenchores, Chemnitz 2012.

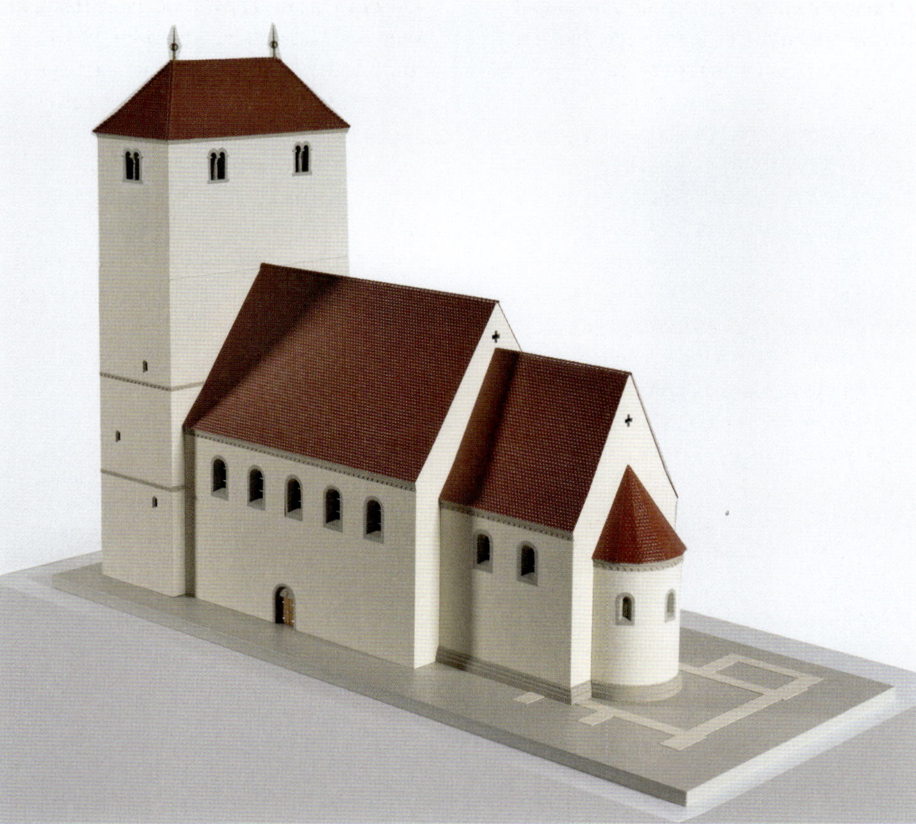

16

**17** | Abb. S. 19

Willi Forkel

## Modell des Chemnitzer Benediktinerklosters um 1500

Chemnitz, 1936
Holz, beschnitzt, tw. lasiert, Maßstab etwa 1:100, 153 × 124 × 53 cm
Schloßbergmuseum/Kunstsammlungen Chemnitz, Inv.-Nr. II4 3466M

Das wenige Jahre nach Eröffnung des Chemnitzer Stadthistorischen Museums – dem heutigen Schloßbergmuseum – durch den damaligen Hausmeister Willi Forkel angefertigte Modell des ehemaligen Benediktinerklosters zeigt die Anlage im baulichen Zustand, wie er sich unter den letzten beiden Äbten, Heinrich von Schleinitz und Hilarius von Rehburg, herausgebildet hatte – jedoch mit der Einschränkung, dass die an sich sehr hochwertige Rekonstruktion dem damaligen Forschungs- und Kenntnisstand entsprach. Dieser orientierte sich vorrangig an den Untersuchungen von Denkmalpfleger Walter Bachmann und beruhte, was das Exterieur der Anlage anbelangt, vor allem auf grafischen Darstellungen des 17. bis 19. Jahrhunderts. So entsprechen beispielsweise die Ausführung des Torhauses und gelegentlich auch die Geschosshöhen nicht dem heutigen Forschungsstand, der jüngst durch die im Juni 2018 publizierten archäologischen und baulichen Untersuchungen von Geupel und Hoffmann einen neuen Schub erhalten hat. Auch muss man sich den etwas unmotiviert im spitzen Winkel in den neuen Südflügel der Klausur integrierten Baukörper des Winterrefektoriums (?) mit der heute noch in situ erhaltenen Steinofen-Luftheizung noch zusätzlich imaginieren; dieser war bis wenigstens 1522/27, wenngleich in bereits rückgebauten Dimensionen, noch im Gesamterscheinungsbild der klösterlichen Anlage erhalten. Trotz dieser verständlichen Einschränkungen ist dem ehemaligen Museumshausmeister ein anschauliches Modell gelungen, dessen Wert und Aussage durch seine heutige schöne Patina noch gesteigert wird und durchaus ein sehr authentisches Betrachtungserlebnis möglich macht. | UF

Literatur

Kramarczyk, Andrea: Katalogbeitrag 89 a, in: Fiedler, Uwe / Thoss, Hendrik / Bünz, Enno: Des Himmels Fundgrube. Chemnitz und das sächsisch-böhmische Gebirge im 15. Jahrhundert, Chemnitz 2012, S. 310; Geupel, Volkmar / Hoffmann, Yves: Archäologie und Baugeschichte des ehemaligen Benediktinerklosters Chemnitz. Die Ausgrabungen im Schloßbergmuseum 1981–1993, Dresden 2018.

**18** | Abb. S. 133

Adrian Zingg

## Ansicht des Chemnitzer Schlosses mit Schloßkirche von Südosten

Chemnitz, 1774
Lavierte Federzeichnung, bez. von Hand am unteren Rand mit »A. Zingg del.« sowie rechts oben mit »Schlos und Kirch bei Kemniz«, 17,3 × 25,8 cm
Schloßbergmuseum/Kunstsammlungen Chemnitz, Inv.-Nr. VI 819/K2

Die lavierte Federzeichnung von Adrian Zingg (1734–1816) ist nicht die älteste Darstellung der ehemaligen Chemnitzer Kloster- und späteren Schlossanlage, doch gilt sie als die zuverlässigste bildliche Quelle zum historischen Exterieur des Baukomplexes. Zingg setzte die markanten, schauseitig zur Stadt hin situierten Gebäudeteile – den Giebel des Südflügels mit dem gotischen Maßwerk, das alles überragende Schiff der Klosterkirche, sowie den filigranen Abtsbau – perspektivisch gekonnt in Szene und betont damit die repräsentative Erscheinung des altehrwürdigen Klosters, auch wenn von dessen Ursprung und Bedeutung im Titel des Bildes »Schlos und Kirch bei Kemniz« selbst nichts zu erfahren ist. Die Erinnerung an ein in königlich-kaiserlicher Gunst stehendes Benediktinerkloster war im Rahmen der wettinisch-protestantisch geprägten sächsischen Geschichtsbetrachtung nicht eben en vogue. | UF

Literatur

Staemmler, Friedrich: Adrian Zingg (1734–1816) und seine Darstellungen sächsischer Landschaften, in: Fiedler, Uwe / Nicklas, Thomas / Thoß, Hendrik: Die Gesellschaft des Fürsten. Prinz Xaver von Sachsen und seine Zeit, Chemnitz 2009, S. 182 ff.

**19**

Unbekannter Meister

## Kruzifix

St.-Jodokus-Kirche Chemnitz-Glösa, um 1500 (?)
Lindenholz, barocke Fassung, zahlreiche Beschädigungen, 66,5 × 58 cm
Schloßbergmuseum/Kunstsammlungen Chemnitz, Inv.-Nr. II 50/K (Leihgabe der Ev.-Luth. St.-Jodokus-Kirchgemeinde Chemnitz-Glösa)

Möglicherweise gehört der kleine Kruzifixus in den Kontext der Neuausstattung der Glösaer Kirche in der Zeit um 1500, während des Abbatiats Heinrich von Schleinitz'. Der bei aller Einfachheit sorgfältig durchgebildete, schmächtige Korpus wird besonders durch die stark eingezogene Hüftpartie gekennzeichnet. Das Haupt mit der auf die Schulter herabfallenden Haarsträhne ist nach rechts geneigt, die Augäpfel treten unter den halb geschlossenen Lidern in fast grotesker Weise hervor, der zu beiden Seiten stark herab gezogene Mund ist leicht geöffnet – dies alles kennzeichnet Christus als soeben Verstorbenen, dem bereits der Lanzenstich als letzter Akt der grausamen Hinrichtung zugefügt worden ist. Die drastische Schilderung der Qual wird durch die intensive Bemalung mit Blutrinnsalen aus Nagel- und Seitenwunden noch verstärkt. Sie ist Bestandteil einer barocken Überfassung, die sich jedoch weitgehend am ursprünglichen Erscheinungsbild orientierte. | ST

Literatur

Thiele, Stefan: Kruzifix, in: Uwe Fiedler u. a. (Hrsg.) Gotik ohne Grenzen. Sachsen und Böhmen im Spiegel der Kunst um 1500, Chemnitz 2016, S. 88.

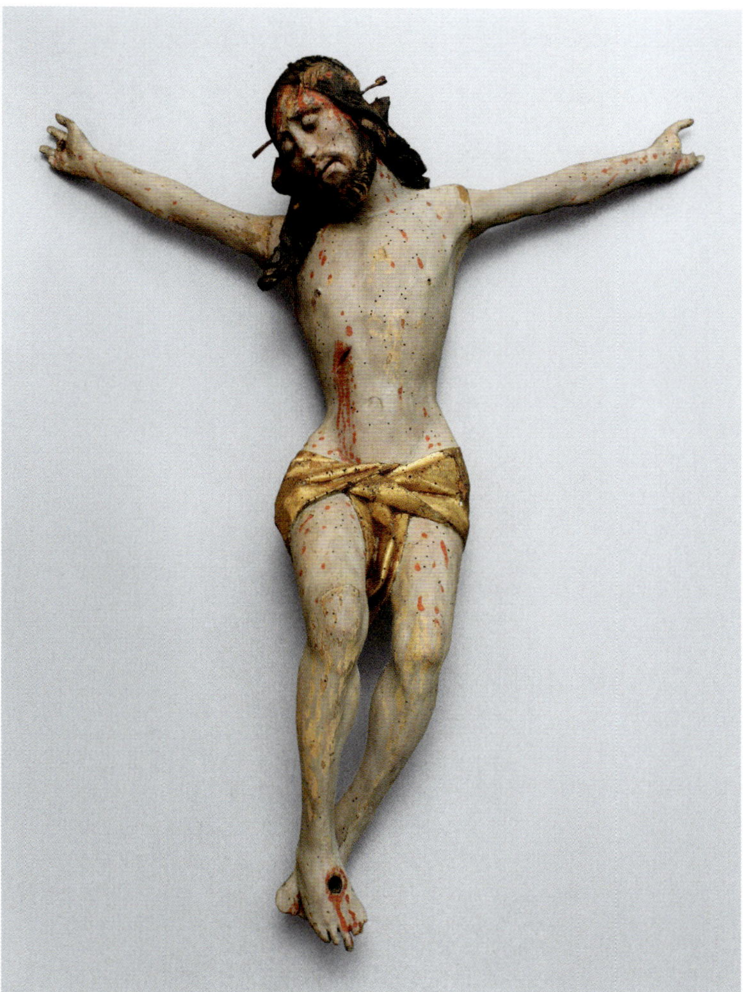

19

**20** | Abb. S. 20

Elisabeth Szimanska- Bieniek (Kopistin)

## Bildnis Hilarius von Rehburg

Original: Mannheim, nach 1526; Kopie: Chemnitz, 1993–1995
Öl auf Holz, 65 × 55 cm
Schloßbergmuseum/Kunstsammlungen-Chemnitz, Inv.-Nr. cm008785

Das Porträt des Abtes Hilarius Carpentarius von Rehburg (1480–1551) entstand wenige Jahre nach seinem 1522 erfolgten Amtsantritt am Chemnitzer Benediktinerkloster. Das Bild, dessen Original sich heute im Städtischen Reißmuseum Mannheim befindet und der Werkstatt Lucas Cranachs d.Ä. wie auch dem Umfeld Hans von Cölns zugeschrieben wird, zeigt den Abt im Habit der Benediktiner als einen energischen, tatkräftigen Angehörigen feudaler Eliten mit durchdringendem, herrischen Blick. Zwei Wappen bestätigen seinen Status – auf der heraldisch rechten Seite auf schwarzem Grund ein roter Pfahl belegt mit einem goldenem Krummstab als Zeichen seiner Würde; auf der linken Seite als sprechendes Wappen auf schwarzem wolkenbelegtem Grund ein nach rechtsgewendeter Rehkopf. Es ist das persönliche Wappen des Hilarius von Rehburg.
Die Kopie des Mannheimer Originals wurde in den Jahren 1993 bis 1995 von Elisabeth Szimanska-Bieniek im Vorfeld der Wiedereröffnung des Chemnitzer Schloßbergmuseums für die neue Dauerausstellung gefertigt. | UF

Literatur

Ermisch, Hubert / Posse, Otto: Urkundenbuch der Stadt Chemnitz und ihrer Klöster (Codex diplomaticus Saxoniae regiae), Leipzig 1879, S. 421 ff.; Kramarczyk, Andrea (Hrsg.): Das Feuer der Renaissance, Chemnitz 2005, S. 108; Römer, Christoph: Chemnitz, in: Germania Benedictina, Bd. X: Mecklenburg-Vorpommern, Sachsen-Anhalt, Thüringen und Sachsen, München 2012, S. 251 ff.; Fiedler, Uwe u. a. (Hrsg.): Gotik ohne Grenzen. Sachsen und Böhmen im Spiegel der Kunst um 1500, Chemnitz 2016, S. 120; Thiele, Stefan: Der neue Glaube und die Kunst. Reformation und Konfessionalisierung im Spiegel der Kirchenausstattung, Chemnitz 2017, S. 15.

**21** | Abb. S. 131

Unbekannter Meister

## Porträt Hilarius von Rehburg

Schloßkirche Chemnitz, um 1525
Bildträger: Holz, 67 × 57 cm
Ev.-Luth. St.-Petri-Schloßkirchgemeinde Chemnitz

Hilarius von Rehburg (eigentlich: Wagner) versah sein Amt als Abt des Chemnitzer Benediktinerklosters von 1522 bis zur Auflösung im Jahr 1541. Eine wertvolle Erinnerung an diese für die »Spätblüte« des Klosters herausragende Person sind zwei Porträts, von denen eines, als jüngere Kopie des heute in Mannheim befindlichen, qualitätvollen Originals (vgl. Kat.-Nr. 20), in der Chemnitzer Schloßkirche hängt. Datierung und Provenienz der Zweitfassung sind unklar. Die ältere Forschung sah in ihr entweder ein Werk der Cranach-Schule oder der Werkstatt des Hans von Cöln. Seit dem 18. Jahrhundert ist das Bild im Chemnitzer Schloss nachweisbar. Nach mehreren Besitzerwechseln gelangte es 1880 in das Eigentum der Schloßkirchgemeinde. Mutwillig herbeigeführte Beschädigungen im Gesicht (möglicherweise infolge der Verwüstungen auf dem Schloss während des Dreißigjährigen Krieges) sowie eine Reihe restauratorischer Eingriffe zu Beginn des 20. Jahrhunderts führten neben Substanzverlusten auch zur Minderung der künstlerischen Ausdruckswerte. Abbildung S. 131 zeigt die früheste fotografische Aufnahme des Gemäldes aus der Zeit um 1874. Auf ihr ist noch die heute verlorene originale (?) Beschriftung unterhalb des Rehburg-Wappens erkennbar: »HILARIO de REBURGIO AB./ et ARCHIDIAC. MONAST. CHEMN.«. | ST

Literatur

Röber, Wolf-Dieter: Kunstwerke des Schloßberg-Museums und der Schloßkirche Karl-Marx-Stadt, Karl-Marx-Stadt 1975, S. 68 f.; Fischer, Sibylle: Was lange währt wird endlich gut, in: Chemnitzer Roland 02/2007, S. 5–8; Fiedler, Uwe: Bildnis Hilarius Carpentarius von Rehburg, in: Fiedler, Uwe u. a. (Hrsg.): Gotik ohne Grenzen. Sachsen und Böhmen im Spiegel der Kunst um 1500, Chemnitz 2016, S. 120; Freundliche Hinweise von Herrn Gerhard Beyer (Chemnitz).

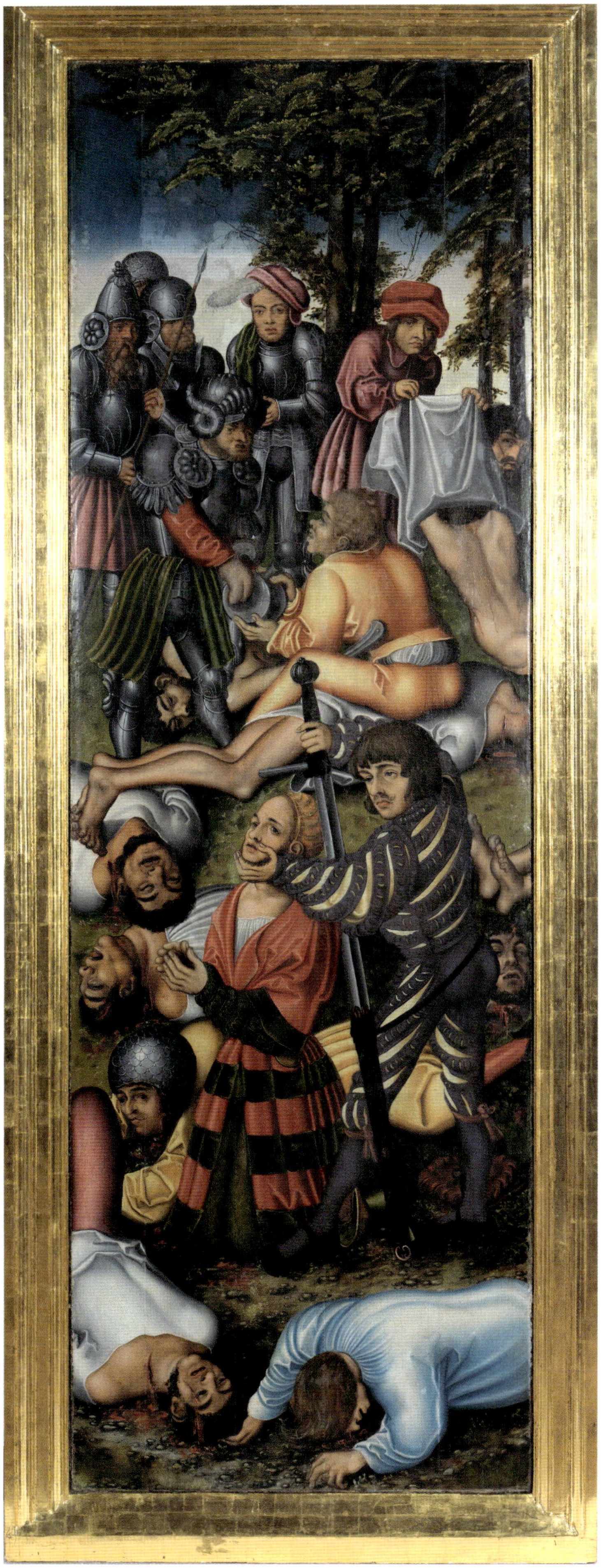

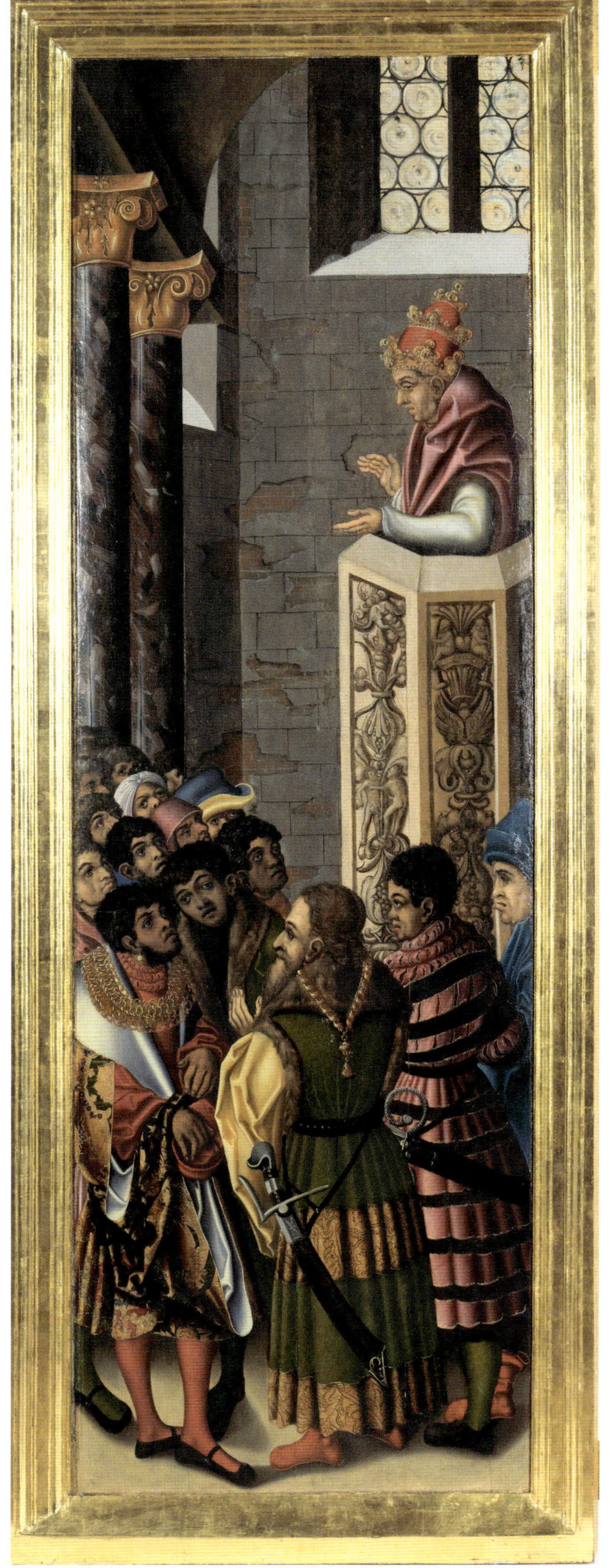

22

Werkstatt Lucas Cranachs d. Ä.

# Tafelmalereien eines Flügelretabels

Schloßkirche Chemnitz, um 1515/1525
Bildträger: Holz
»Marter der zehntausend Christen«
und Predigt eines Papstes
186,5 × 60,5 cm
Ev.-Luth. St.-Petri-Schloßkirchgemeinde
Chemnitz

Über die sicherlich reiche Ausstattung der Klosterkirche mit Werken der Bildkunst ist nur wenig bekannt. Die bis heute aus vorreformatorischer Zeit vorhandenen Kunstwerke sind in ihrem ursprünglichen Kontext kaum zweifelsfrei zu verorten. Dies gilt auch für vier Tafelgemälde, die heute an den Längswänden des Chores angebracht sind: eine doppelseitig bemalte Tafel mit der Heiligen Dreifaltigkeit und der Aufnahme erlöster Seelen in den Himmel, das Martyrium des Jakobus major, die »Marter der zehntausend Christen« (mit der Enthauptung des Heiligen Achatius im Mittelpunkt) sowie die Predigt eines Papstes. Neben gängigen Sujets treten mit der Seelenaufnahme und insbesondere der Papstpredigt auch ikonografisch bemerkenswerte, bislang noch nicht zweifelsfrei gedeutete Motive auf. Die beiden Pendants »Marter der zehntausend Christen« und die Papstpredigt waren ursprünglich Flügelgemälde eines Retabels, zu dem auch das Jakobusmartyrium als Staffel gehört haben dürfte. Die weite Zeitspanne der Datierung ermöglicht keine eindeutige Zuweisung an den Auftraggeber, da im Jahr 1522 der Wechsel zwischen Heinrich von Schleinitz und Hilarius von Rehburg stattfand. Die Anschaffung steht jedoch im Kontext der weitreichenden Baumaßnahmen, die während beider Abbatiate an Klausur und Kirche stattfanden. Dabei ist eher eine Anfertigung um oder sogar nach 1525 wahrscheinlich, da in dieser Zeit der Kirchenbau seiner Vollendung entgegen ging und die wesentlichen Inventarstücke bestellt werden konnten. Die Vergabe des Auftrags nach Wittenberg verdeutlicht dabei den hohen Anspruch der Bauherren. Wie aus einem Gutachten von Alwin Gottschaldt hervorgeht, war der gesamte Gemäldebestand noch bis zur umfassenden Restaurierung der Kirche ab 1867 an einem »Flügelaltar von Renaissanceform« montiert, dessen architektonische Teile zwar 1872 restauriert werden sollten, seitdem jedoch verschollen sind. Wie dieser Aufbau beschaffen war, lässt sich nicht näher bestimmen. Von Interesse wäre dabei insbesondere die Gestaltung des Mittelschreins, von dem nichts bekannt ist. Mit Sicherheit handelte es sich insgesamt um ein Kompositstück, in dem Teile verschiedener Retabel nachträglich vereinigt worden waren. Vielleicht steht diese Maßnahme in Verbindung mit der Einrichtung der ehemaligen Klosterkirche zur evangelischen Schlosskapelle nach 1546. In diesem Zusammenhang kam es zur Umorientierung und zum Bau eines neuen Altars im westlichen Mittelschiffsjoch. Eine ikonografische Korrektur im lutherischen Sinne erfuhr die Papstpredigt durch die Übermalung des Pontifex durch ein Kruzifix (vgl. Abb. S. 141). Dies konnte im Zuge einer Restaurierung 1953 rückgängig gemacht werden, nachdem die Tafeln bereits 1899 in der Werkstatt der Dresdner Gemäldegalerie restauratorisch bearbeitet worden waren. | ST

Literatur
Heese, Alfred / Ruscher, Christian: Die Freilegung eines Gemäldes aus der Cranach-Werkstatt, in: Natur und Heimat, H. 10 (1953), S. 295 f.; Röber, Wolf-Dieter: Kunstwerke des Schloßberg-Museums und der Schloßkirche Karl-Marx-Stadt, Karl-Marx-Stadt 1975, S. 57–62; Sandner, Ingo: Spätgotische Tafelmalerei in Sachsen, Dresden/Basel 1993, S. 174, 178; Sandner, Ingo: Predella (?) mit Darstellung der Dreifaltigkeit sowie der Aufnahme der Seelen zweier Verstorbener, in: Fiedler, Uwe u. a. (Hrsg.): Gotik ohne Grenzen. Sachsen und Böhmen im Spiegel der Kunst um 1500, Chemnitz 2016, S. 112.

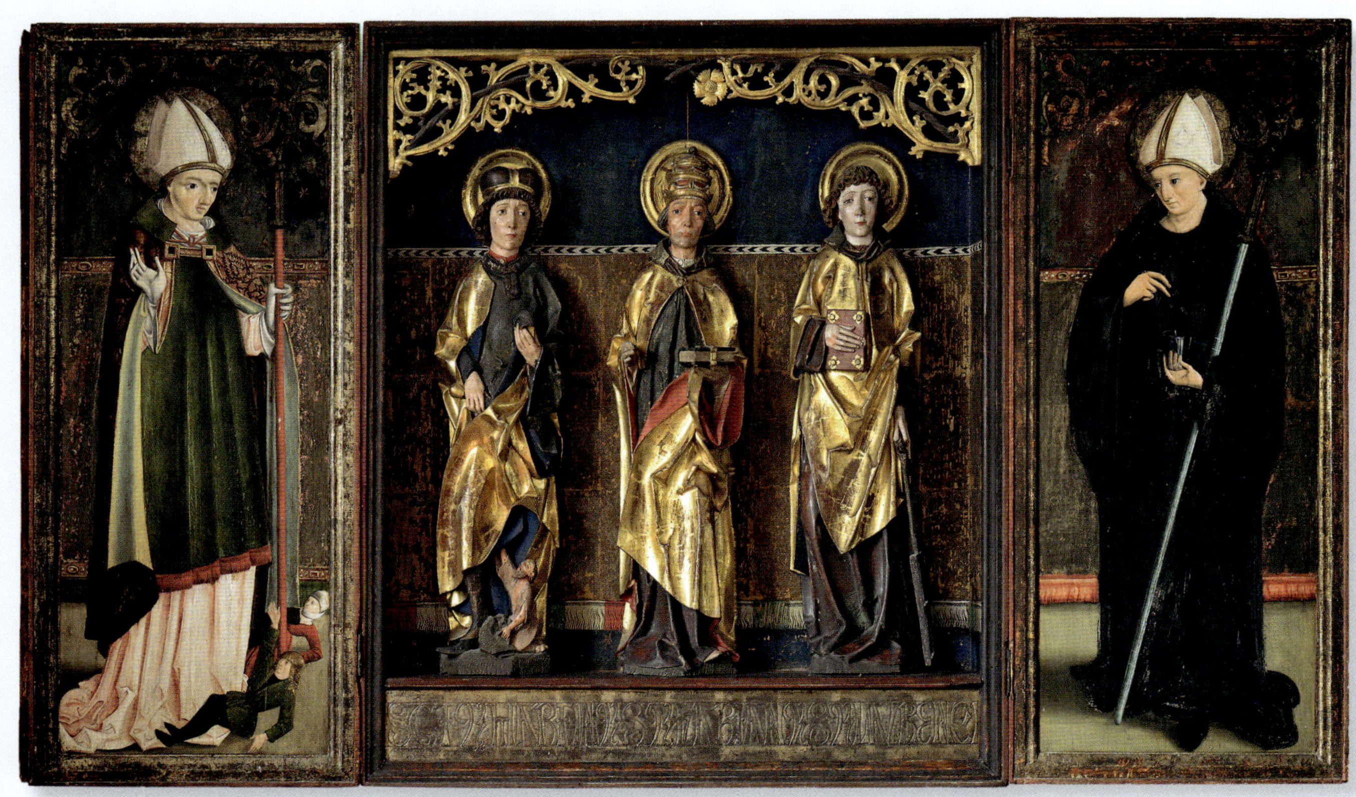

23

**23**

Peter Breuer | Unbekannter Maler

## Flügelretabel aus Kleinolbersdorf

Zwickau, um 1500
Skulptur: Holz, gefasst; Malerei: Tempera auf Holz, Schrein: 133 × 116 × 27 cm;
Flügel: 57 × 133 cm
Ev.-Luth. Kirchgemeinde Kleinolbersdorf-Altenhain (Stadt Chemnitz)

Das mit Ausnahme von Predella und Gesprenge gut erhaltene kleine Retabel ist ein charakteristisches Beispiel für die Ausstattung einer ländlichen Pfarrkirche um 1500. Die Figuren werden Peter Breuer (1472–1541) aus Zwickau zugeschrieben; der Schöpfer der Flügelgemälde ist nicht bekannt. Der Mittelschrein birgt drei Schnitzfiguren: in der Mitte der Heilige Fabian (Papst und Märtyrer, † 250), hier allerdings nicht – wie sonst häufig – in Begleitung des Heiligen Sebastian, sondern sekundiert durch Martin (Bischof von Tours in Frankreich, † 397) und Laurentius (römischer Diakon und Märtyrer, † 258). Die mit ausdrücklichem Bezug auf die frühe römische Kirchengeschichte ausgewählte Ikonografie wird vervollständigt durch die Malereien auf den Innenseiten der Flügel: links der Heilige Valentin (Bischof von Terni und Märtyrer, † 269) mit den Insignien seines Pontifikats sowie – als ikonografische Besonderheit – zwei (!) an Epilepsie erkrankte Menschen (Mann und Frau) zu seinen Füßen. Rechts erscheint der Heilige Benedikt von Nursia († 547), dem als Gründer des Benediktinerordens eine besondere Rolle auch für die lokale Kirchengeschichte zukommt: Kleinolbersdorf gehörte zum Chemnitzer Klosterterritorium, sodass die Vermutung naheliegt, die Beschaffung des Retabels und die Auswahl der Ikonografie dem Einfluss des Klosters und hier namentlich Abt Heinrich von Schleinitz zuzuschreiben. Eine der im obersächsischen Kunstkreis vergleichsweise seltenen Darstellungen des Heiligen Benedikt findet sich wenige Jahre später am Altar der Pfarrkirche Nenkersdorf bei Borna (dat. 1519), die seit dem beginnenden 14. Jahrhundert dem Chemnitzer Kloster als Propstei unterstellt war. Das Kleinolbersdorfer Gemälde zeigt den Heiligen in der schwarzen Kukulle seines Ordens, mit Mitra und Krummstab. Das zersprungene Glas in der linken Hand bezieht sich auf eine Episode aus dem Leben Benedikts, wonach er von den eigenen Anhängern vergiftet werden sollte. Unter dem Zeichen des Kreuzes entwich jedoch das Gift aus dem Becher. – Im geschlossenen Zustand zeigt das Kleinolbersdorfer Retabel die nur schlecht erhaltene Szene der Verkündigung an Maria. | ST

Literatur

Steche, Richard: Beschreibende Darstellung der älteren Bau- und Kunstdenkmäler des Königreichs Sachsen, Heft 7: Amtshauptmannschaft Chemnitz, Dresden 1886 (Reprint 2001), S. 44; Döhler, Ernst Hermann: Die Parochie Kleinolbersdorf, in: Neue sächsische Kirchengalerie. Die Ephorien Chemnitz I und II, Leipzig 1902, Sp. 681–704, hier Sp. 693 f.; Hentschel, Walter: Peter Breuer. Eine sächsische Bildschnitzerwerkstatt, Dresden 1951.

**24** | Abb. S. 135

Hans Brockhage

## Eremit

Schwarzenberg, um 1994
Mooreiche, H 212 cm
Schloßbergmuseum/Kunstsammlungen
Chemnitz, Inv.-Nr. cm009080

Von Hans Brockhage (1925–2009) befinden sich zahlreiche Werke vor allem baugebundener Kunst im Chemnitzer Stadtgebiet. Von ihm stammt auch die Skulptur des »Eremiten«, die das Schloßbergmuseum 1994 aus Anlass der Wiedereröffnung erhielt. Es handelt sich um die stelenartig aufragende, leicht nach vorn geneigte Gestalt eines Mönches mit zum Gebet gefalteten Händen. In der für Brockhage charakteristischen, abstrahierenden Formensprache werden alle zur Erzielung der künstlerischen und ikonografischen Aussage notwendigen Ausdruckswerte auf ein Minimum reduziert. | ST

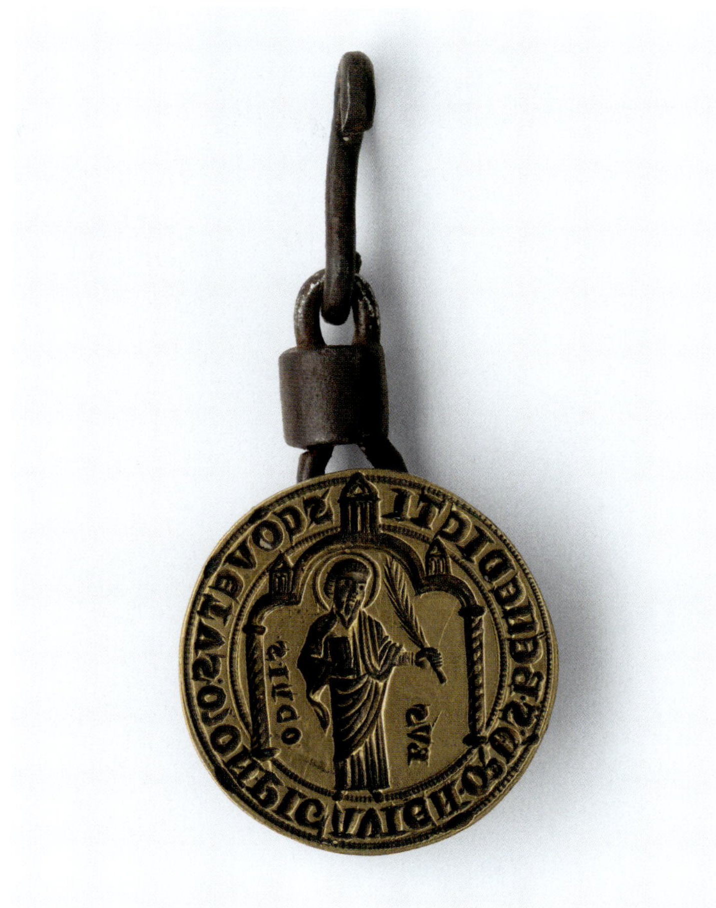

26

**25** | Abb. S. 102

Johann Paul Trenckmann

## Plan der Stadt Chemnitz und ihres Weichbildes

Chemnitz, 1761
Aquarellierte Tuschezeichnung, Büttenpapiere auf Leinwand, Rußtinte, Aquarellfarbe; bez.: »Grund Riß/Des Weichbildes der Stadt Kemnitz […]«, Gesamtgröße 139 × 173 cm, Größe des gezeichneten Bildrahmens 134 × 164 cm
Schloßbergmuseum/Kunstsammlungen
Chemnitz, Inv.-Nr. II4 3544/S

Der älteste Stadtplan von Chemnitz beruht auf der Vermessung des Geometers Johann Paul Trenckmann (1704 – nach 1761) anlässlich der im August 1761 durchgeführten Grenzfestlegung für das Stadtgebiet von Chemnitz. Trenckmann vermaß die Abstände zwischen den Reinsteinen und hielt sie auf dem Grundriss fest.[1] Die Entfernungen sind in Dresdner Ruthen (4,531 m) verzeichnet worden, wie dies auch bei der kursächsischen Landesvermessung Adam Friedrich Zürners einige Jahrzehnte vorher üblich war. Der Plan zeigt die Berge halbplastisch und die Fluss- und Bachläufe vereinfacht. Er dokumentiert die Mauern, Straßen, Postmeilensäulen und Kirchen sowie die Gewässer, Wiesen und Felder im unmittelbaren Umfeld der Stadt, zudem Mühlen, Bleichen, Färbereien und Vorwerke und repräsentiert so die Wirtschaftskraft der Stadt Chemnitz im 18. Jahrhundert. Die Anlage des Schlosses (bzw. des ehemaligen Benediktinerklosters) wurde als einziger Gebäudekomplex abgebildet. Das Schloss Chemnitz thront auf dem Berg, der sich an den Schloßteich anschließt. Rechterhand sind der Ratswald und seine Grenze zum Königlichen Zeisigwald eingezeichnet. Zum ersten Mal wurde damals die Grenze des Stadtgebiets mit ihren Reinsteinen und Grenzgräben kartografisch erfasst. So zeigt der Plan Johann Paul Trenckmanns die Stadt Chemnitz und ihr Weichbild erstmals vollständig in eben jener flächenmäßigen Ausdehnung, Gestalt und Größe, welche die Stadt seit dem umfangreichen Landkauf im Jahr 1402 einnahm. | AK

Anmerkungen

**1** Vgl. Kramarczyk, Andrea: Plan der Stadt Chemnitz, in: Fiedler, Uwe: Museumsführer Kunstsammlungen Chemnitz – Schloßbergmuseum, Bielefeld/Leipzig/Berlin 2011, S. 55.

Literatur

Kramarczyk, Andrea: Plan der Stadt Chemnitz, in: Fiedler, Uwe: Museumsführer Kunstsammlungen Chemnitz – Schloßbergmuseum, Bielefeld/Leipzig/Berlin 2011, S. 55, mit Abb. eines Ausschnitts.

**26**

## Petschaft des Pegauer Konvents

Benediktinerkloster Pegau, Mitte 13. Jahrhundert
Messing, gegossen, graviert, Dm 0,5 cm
Hauptstaatsarchiv Dresden, Inventar: Schrank 33, Kasten 20, Fach 30

Auf der Siegelplatte ist innerhalb der Umschrift »SIGILLUM CONVENTVS MONASTERII PIGAVIENSIES ORDINIS SANKTI BENEDIDICTI« der Schutzheilige des Pegauer Klosters, Sankt Jacobus, mit Nimbus, Buch und Palme dargestellt. Der Gebrauch des Petschafts lässt sich heute frühestens an einer auf 1269 datierten Urkunde nachweisen; es ist folglich älter und dürfte um die Mitte des 13. Jahrhunderts zu datieren sein. | UF

Literatur

Huth, Mike (Red.): Benediktiner in Sachsen. 888 Jahre Kloster Riesa (= Reihe Weiß-Grün, Nr. 37), Dößel 2007, S. 26.

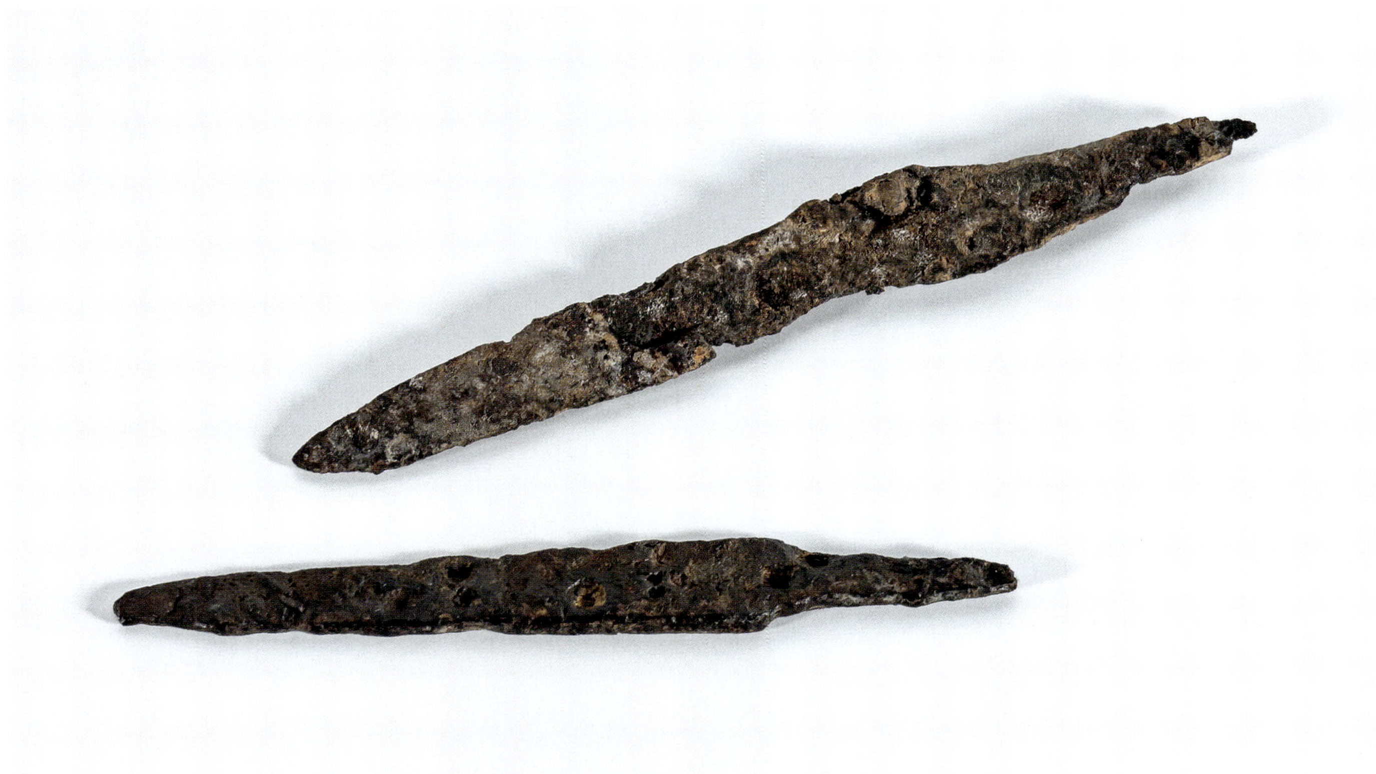

27

27

## Zwei Messerklingen

Chemnitz, 14.–16. Jahrhundert
Bodenfund, gereinigt und konserviert; Eisen, geschmiedet, 12,3 × 1,6 cm bzw. 10, 3 × 1 cm
Schloßbergmuseum/Kunstsammlungen Chemnitz, Inv.-Nr. cm009079

Die beiden Messerklingen kamen in der ersten Hälfte der 1950er Jahre als zufällige Bodenfunde auf dem Museumsgelände in die historischen Sammlungen. Obwohl die Befundsituation seinerzeit nicht ausreichend dokumentiert wurde, liegt eine Verwendung der Objekte im Umfeld des Klosters – sei es durch Mönche, Konventualen oder Bedienstete – nahe. Typologisch gehören die kleinen Rückenklingen mit abgesetztem Heft zu den Gebrauchsmessern, die vom 14. bis zum 16. Jahrhundert als Bestandteil individuellen Essbestecks standesübergreifend und weit verbreitet im Gebrauch waren. | UF

28 a

## Hakenbüchse mit Ladestock

Deutsch, um 1500
Eisen, gegossen und geschmiedet, L 128,8 cm, Kaliber 2,5 cm, L (Ladestock) 125 cm
Schloßbergmuseum/Kunstsammlungen Chemnitz, Inv.-Nr. cm005478

28 b

## Sauspieß

Grabungsfund aus dem Bereich Bernsbach-Platz, Chemnitz
Deutsch, um 1500
Eisen, geschmiedet, Reste von Gravuren, 35 × 8 cm
Schloßbergmuseum/Kunstsammlungen Chemnitz, Inv.-Nr. cm009061

28 c

## Harnisch, sog. Maximilians- oder Riefelharnisch

Nürnberg, um 1530
Eisen, getrieben, Nürnberger Beschau, 92 × etwa 60 cm
Schloßbergmuseum/Kunstsammlungen Chemnitz, Inv.-Nr. V4 570/F

28 d

## Hufeisen

Chemnitz, 15./16. Jahrhundert
Eisen, geschmiedet, 10 × 14,5 cm
Schloßbergmuseum/Kunstsammlungen Chemnitz, Inv.-Nr. ZG 57/2 ff.

Stellt man die Frage, welchen weltlichen Machtfaktor das Benediktinerkloster Chemnitz im Gefüge von Heiligem Römischem Reich und markmeißnischem, respektive sächsisch-herzoglichem Herrschaftsgebiet darstellte, lassen sich auf Grundlage der aktuellen Quellenüberlieferung nur wenige annähernd sichere Antworten geben. Die über die Jahrhunderte immer wieder urkundlich verbriefte Stellung zu Krone und Reich, die Erwerbspolitik des Klosters oder die vielfältigen Beziehungen lehensrechtlicher Natur zum sächsischen (Hoch-)Adel oder zur böhmischen Krone geben den einen oder anderen Hinweis zum machtpolitischen Potenzial der Abtei. Von den letzten beiden Dekaden des 15. Jahrhunderts an finden sich jedoch Hinweise, die in der Lage sind, das Phänomen »Macht« konkreter zu untersetzen und greifbarer zu machen. Dabei assoziiert man zunächst den Gegenstand dieser Verweise kaum mit einem spirituellen Ort wie einem Kloster, denn es geht in einer Reihe bislang eher marginal wahrgenommener Quellen um die militärische Leistungsfähigkeit des Klosters. Hier treten erstaunliche Quantitäten zutage. In »Des apts zu Kempnitz dinstvorzeichnus« (HStA Dresden Loc. 7997) werden für das Jahr 1486 und die Folgejahre die Mannschaftsstärken angegeben, über die das Kloster in Kriegszeiten zu verfügen hatte. Neben 114 Fußknechten nennt die Quelle 822 Hausgenossen, freilich ohne zunächst deren militärischen Wert näher zu beschreiben. Das jedoch erfolgt in weiteren, späteren Dokumenten. 1537 sind das Kloster wie auch der Adel und die Amtsleute im Meißner Amt angehalten, Herzog Georg Bericht über den Bestand an »Mannschaft, Hengst und Feldtpferde[n]« (HStA Dresden Loc. 8000/16) zu geben. Hier nun werden die »Hausgenossen« hinsichtlich des militärischen Potenzials näher beschrieben: 844 Hausgenossen bilden mit Spießen bewaffnet den Kern des klösterlichen Mannschaftaufgebots. Der Sauspieß ist das Mindeste, was an Waffen bei den »besessenen Mann« der Klosterdörfer vorhanden zu sein hat: Das zum Heergerät gehörende Stück Bewaffnung ist in ebenfalls 844 Stück in den Quellen und in Einzelfällen, wie das oben aufgeführte Realstück von Bernsdorfer Flur, auch archäologisch nachweisbar (Kat.-Nr. 28 b). Die Quelle verweist auch nachdrücklich auf die militärische und nicht, wie vielleicht zu vermuten, auf die primär jagdliche Verwendung der Waffe, wie die Formulierung, es »muss auch ein eglich pawer in seinem hawsse mit einen schweins spieß aufs wenigste gerüst seyn« deutlich macht: »gerüst seyn« meint Ausstattung im militärischen Kontext.

Das Kloster ist weiterhin in der Lage, aus 38 Dörfern insgesamt 1 848 Pferde für den Kriegsfall zu stellen; Fuhr- und Karrenpferde zumeist, aber auch etwa 250 Reitpferde samt Sattel, Zaumzeug und Beschlag (Kat.-Nr. 28 d). Eine weitere erstaunlich hohe Zahl erfahren wir aus den Anhängen zu den Visitations-

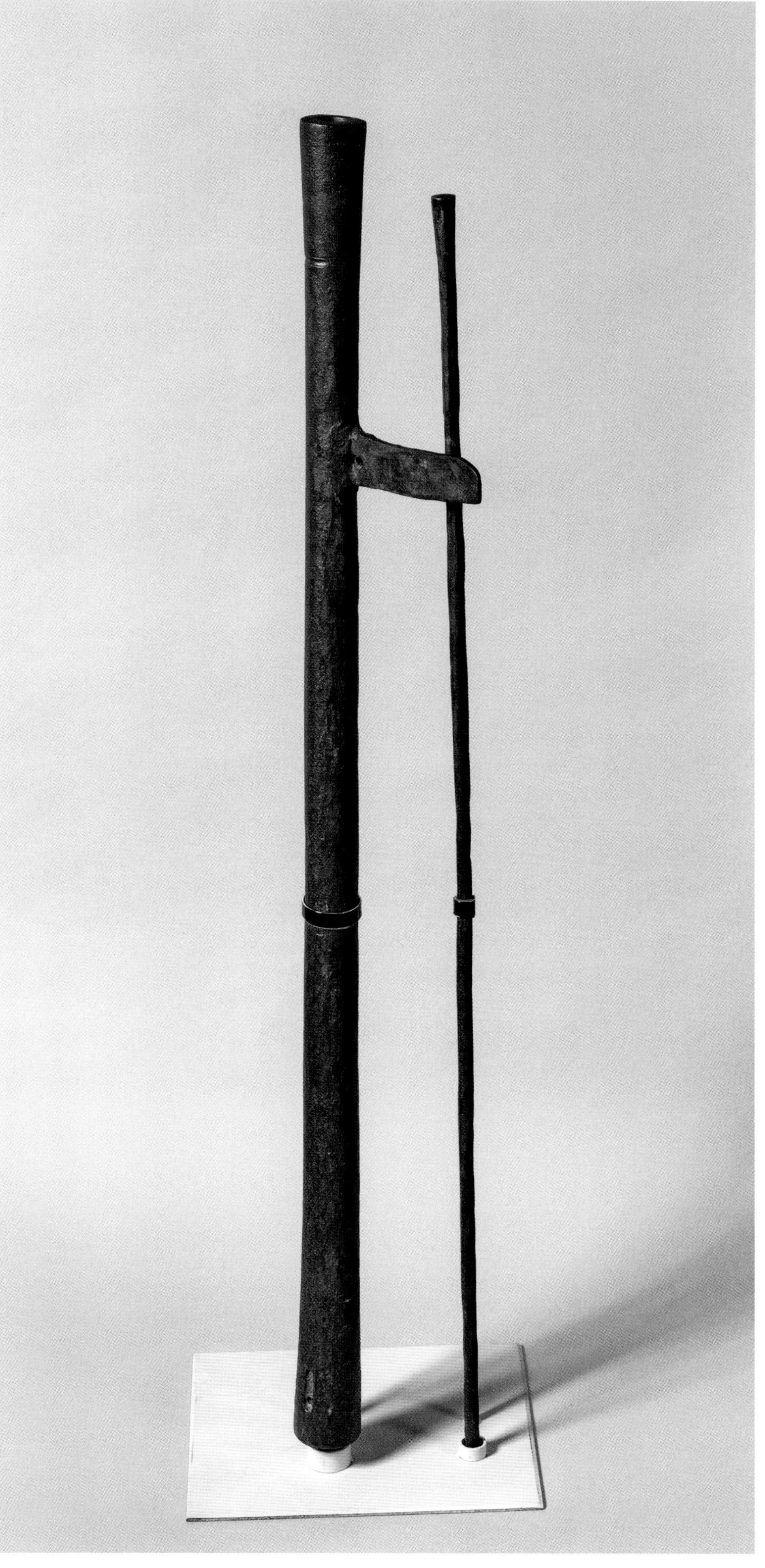

28 a

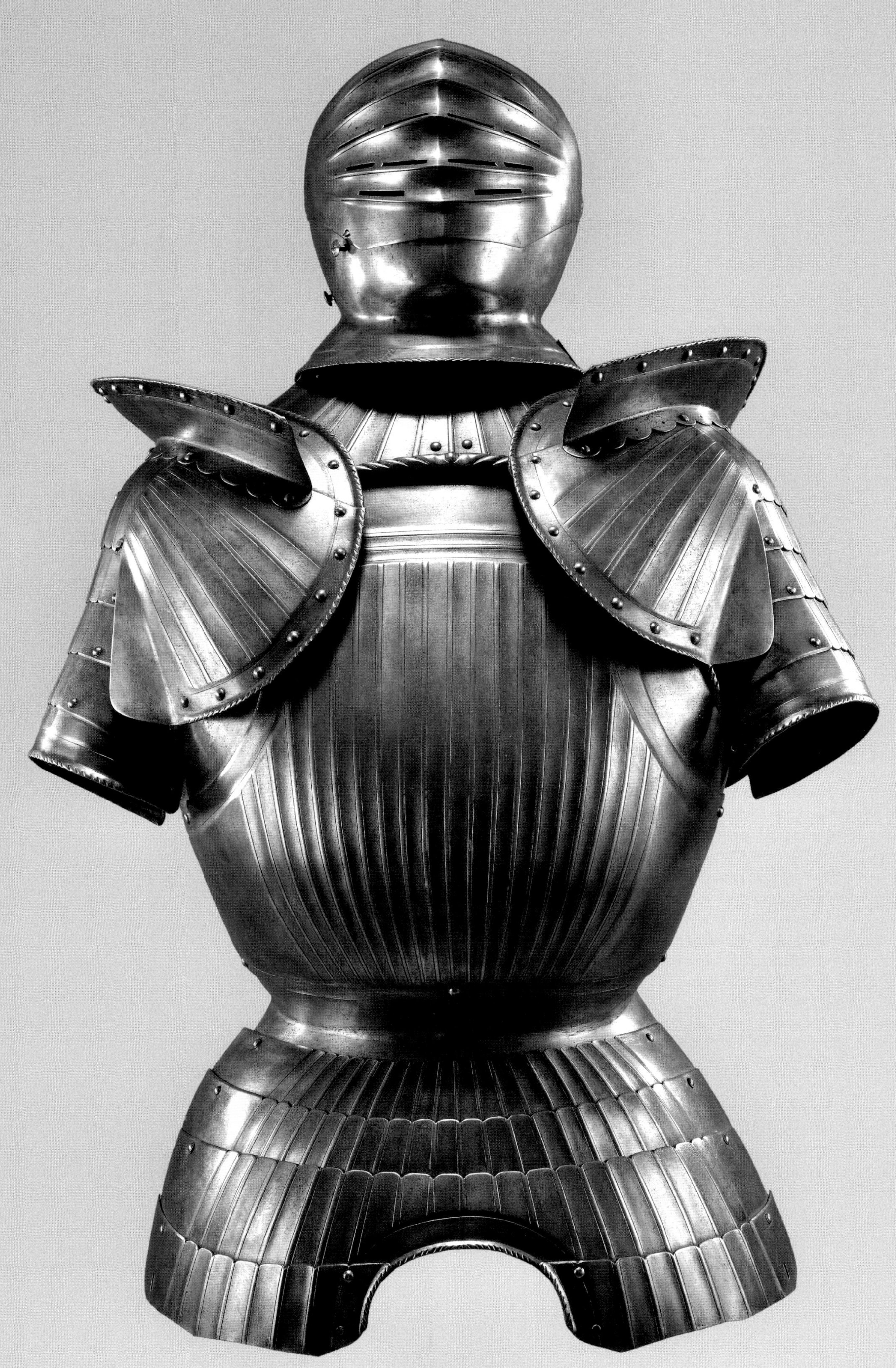

protokollen: War bereits in früheren Jahrhunderten gelegentlich von der Bereitstellung von »Rüstwagen« durch das Kloster zu erfahren (»eyn rüstwayn« oder »5 herfhartswagenn«), gibt das »Register was das closter Kempnitz an gelde getreide auch forwerger und nutzungen [...] hat sampt dem inventario« (HStA Dresden Loc. 8941) an, dass »man In vorrath funffzig streit karrn darauf man hacken bucksen fharn kann« (Kat.-Nr. 28 a) in der Chemnitzer Abtei halte – was auch das dortige Vorhandensein sowohl eines Ober- als auch eines Unterschirrmeisters erklärt. Darüber hinaus gibt es wiederum im Kloster selbst noch eine Harnisch- bzw. Rüstkammer, aus der weitere 24 Personen mit Harnischbrust (Kat.-Nr. 28 c) und Waffe, außerdem mit Heertrommel und einem »seydenn fenleyn« ausgerüstet werden konnten.

Man darf davon ausgehen, dass im Notfall das Kloster ein militärisches Aufgebot von über 1 000, vielleicht sogar 1 200 Personen aus seinen Besitzungen heraus zu stellen in der Lage gewesen ist. Dazu kommen noch diejenigen Dienstleistungen – Pferde und gewappnete Knechte –, die Adelsfamilien wie etwa die Einsiedels oder die Schönbergs stellten, denen das Kloster Dörfer, Ritter- und Freigüter zu Lehen gegeben hatte.

Das ist für die ersten vier Dekaden des 16. Jahrhunderts ein deutliches Viertel mehr, als beispielsweise die Stadt Chemnitz an waffenfähigen Bürgern für den Kriegsfall zu mustern in der Lage war, wobei natürlich hinterfragt werden muss, ob es sich bei den bewaffneten Gefolgsleuten des Klosters um einigermaßen qualifiziertes Kriegspersonal handelte – wie die Spießer, Hellebardiere, Schützen und Schlachtschwertierer des Chemnitzer Bürgeraufgebots. In jedem Falle – und das stellen besonders die Visitationsprotokolle *expressis verbis* heraus – bedeutete die militärische Leistungsfähigkeit des Klosters einen Machtfaktor, den der wettinische Landesherr nur zu gern in Anspruch zu nehmen gedachte. | UF


Literatur

Fiedler, Uwe: Museumsführer Kunstsammlungen Chemnitz – Schloßbergmuseum, Chemnitz 2011, S. 140; Fiedler, Uwe u. a. (Hrsg.): Des Himmels Fundgrube. Chemnitz und das sächsisch-böhmische Gebirge im 15. Jahrhundert, Chemnitz 2012, Kat.-Nr. 68, 69.


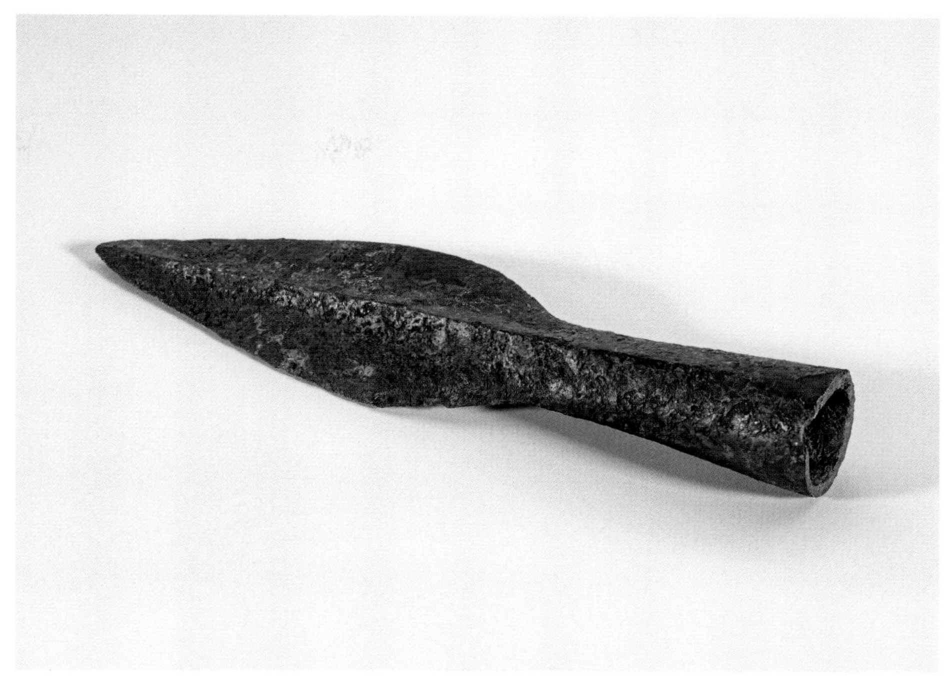

28 b

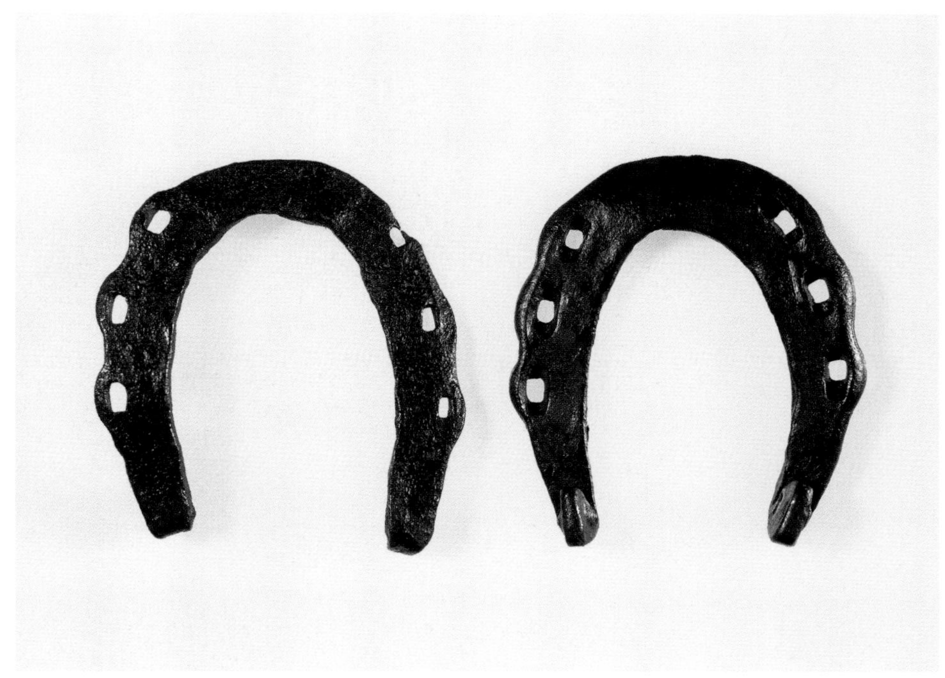

28 d

◁ 28 c

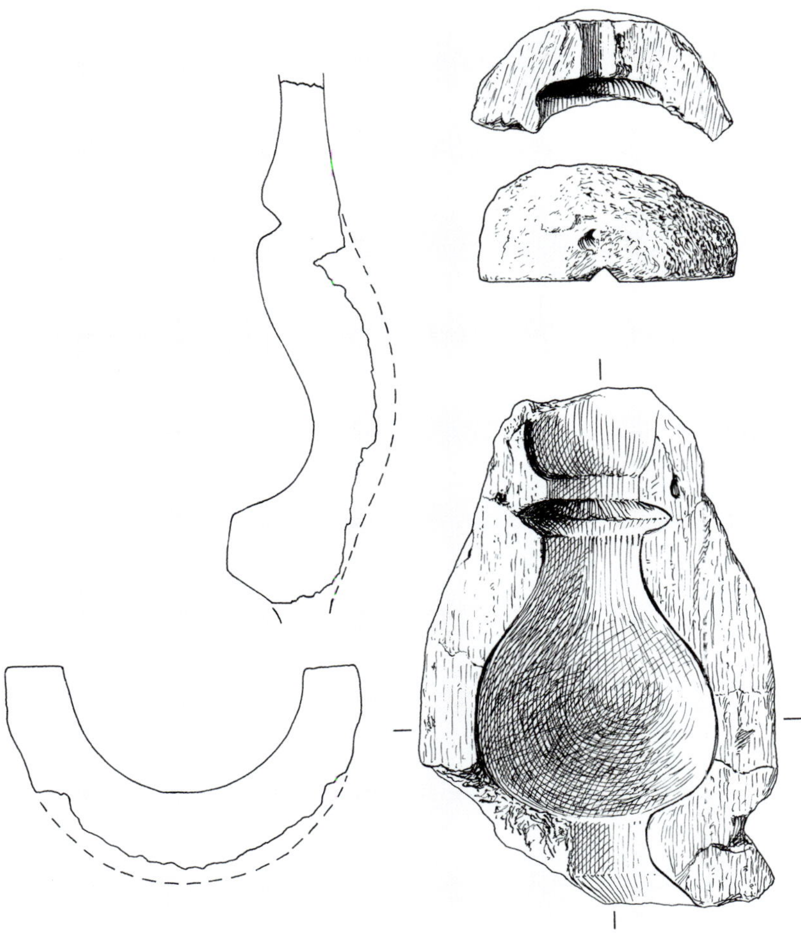

29 a

29

## Funde aus einer Buntmetallgießerei

Benediktinerkloster Chemnitz,
Anfang 14. Jahrhundert
Lehm, Eisen, verbranntes Holz,

29 a
Gussform Zinnkännchen: 14,5 × 10 × 6 cm,

29 b
Leuchterfuß: Boden Dm 19 cm (errechnet),

29 c
Spatenschuh: 19,5 × 17,1 cm,

29 d
Reitersporn: 8,4 × 7,2 cm (erhalten)

Landesamt für Archäologie Sachsen,
Bolislaw Richter

Durch die archäologischen Ausgrabungen wurde die Existenz einer Buntmetallgießerei im mittelalterlichen Kloster nachgewiesen. Sie befand sich in einem Fachwerkgebäude, das im 14. Jahrhundert einem Schadensfeuer zum Opfer gefallen war und danach mit dem ersten, noch irregulär errichteten Südflügel der Klausur überbaut wurde. Aus dem Brandschutt – im archäologischen Befund als massive Schicht rot verfärbten bzw. verziegelten Lehms mit eingeschlossenen Holzkohleteilen erschlossen – konnten etliche Zeugnisse des metallurgischen Handwerks geborgen werden. Darunter befinden sich Lehmbrocken mit erhabenen Strukturen, welche möglicherweise Reste von Buchstaben für die Umschrift auf einer Glocke waren, was auf einen möglichen Glockenguss hinweisen könnte; ferner liegen Gussformenteile aus Stein und Lehm sowie Buntmetallschrott, der wohl zur Wiederverwertung hierher gebracht worden war, vor.

Unter den Gussformteilen befand sich unter anderem eine fragmentierte Halbform, wahrscheinlich für den Guss eines Kännchens aus Zinn. Als Altmetall dürfte das mit typischer grüner Kupferpatina überzogene, an drei Seiten mit Bruchkanten versehene Bronzestück zum Wiedereinschmelzen in die Buntmetallgießerei gelangt sein, das zum Standfuß eines Leuchters mit einem errechneten Fußdurchmesser von 19 cm gehörte. Aufgrund der Ähnlichkeit mit einer Glocke wurde es zunächst auch für ein solches Fragment gehalten, da aber die Profilierung einer Glocke doch etwas von der des Fundstücks abweicht, wurde eine naturwissenschaftliche Analyse des Metalls vorgenommen, die eine Glocke mit Sicherheit ausschließt: Die Bronze enthielt keinen messbaren Anteil an Zinn, welcher aber bei Glockenbronze mit 20 bis 30 Prozent zwingend vorhanden sein muss. In dem abgebrannten Gebäude befanden sich aber auch andere, nicht mit der Metallgießerei in Verbindung stehende Gegenstände, wie ein Spaten und ein Reitersporn. Das Vorhandensein eines Spatens bezeugt ein sogenannter Spatenschuh, ein das hölzerne Blatt eines Spatens einfassender eiserner Beschlag, der das Grabgerät wesentlich wirkungsvoller und widerstandsfähiger machte. Als Teil eines einfachen Arbeitsgeräts ist der Spatenschuh allgemein in das Mittelalter zu datieren. Bei seiner Auffindung im Zerstörungsschutt der abgebrannten Metallgießerei waren noch Teile des total verkohlten hölzernen Spatenblattes zwischen den eisernen Beschlagteilen vorhanden, die aber im Zuge der Eisenkonservierung entfernt werden mussten. Bei dem Reitersporn handelt es sich um einen stark korrodierten eisernen Stachelsporn mit einer unterhalb des Stachels aufgesetzten runden Scheibe. Da die Schweifung des Bügels, ein Datierungskriterium für Sporne, aufgrund der Fragmentierung nicht mehr sicher festzustellen ist, kann das Alter des Fundstücks nur unscharf mit 13. /14. Jahrhundert umschrieben werden. Es fügt sich aber zwanglos in die aus dem sonstigen archäologischen Fundgut und der stratigrafischen Position der Brandschicht erschlossene Datierung in das 14. Jahrhundert ein. Ein vergleichbarer Sporn stammt aus dem mittelalterlichen Stadtkern von Chemnitz. | VG

Literatur
Geupel, Volkmar / Hoffmann, Yves: Archäologie und Baugeschichte des ehemaligen Benediktinerklosters Chemnitz. Die Ausgrabungen im Schloßbergmuseum 1981–1993, Dresden 2018, S. 49, 85 f., 136 f., 150 f.

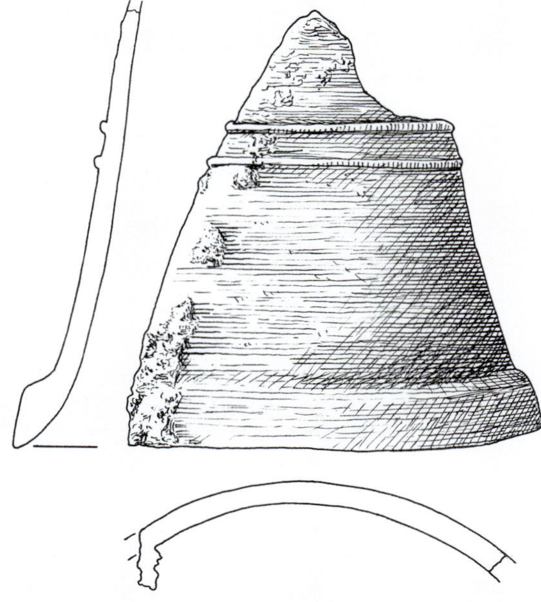

29b

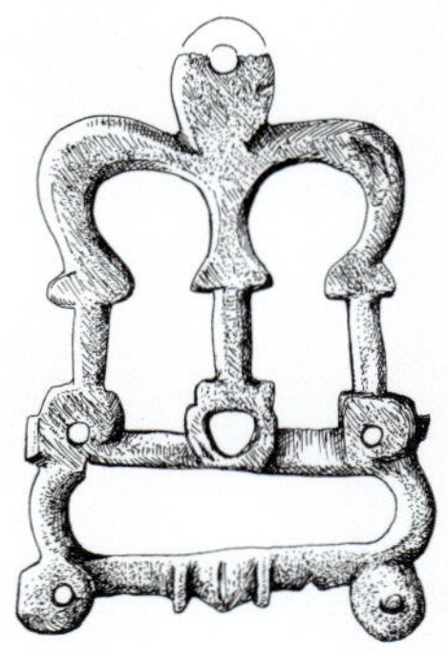

30

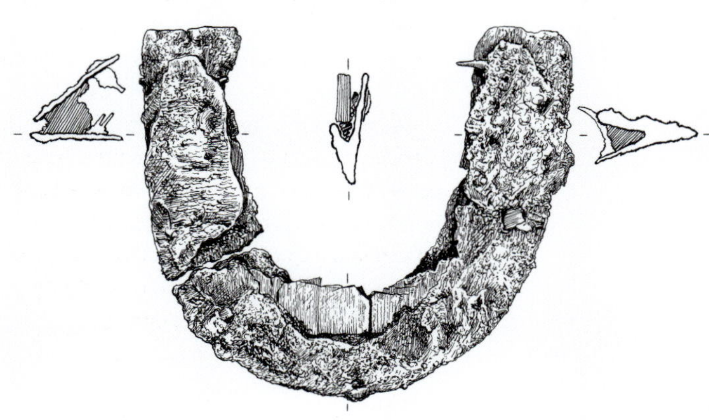

29c

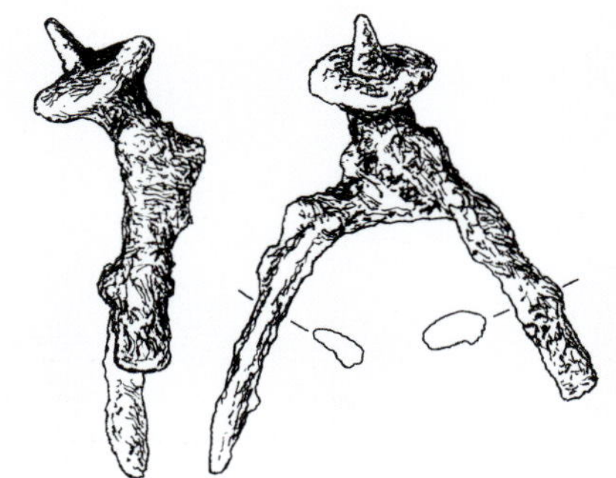

29d

**30**

## Gürtelschnalle

Benediktinerkloster Chemnitz, spätes 12./13. Jahrhundert
Kupferlegierung mit Resten einer Versilberung, L (erhalten) 5,8 cm, B (maximal) 4,1 cm
Landesamt für Archäologie Sachsen, Bolislaw Richter

Aus einer Grabgrube im ehemaligen Kapitelsaal des Klosters (Schnitt I) stammt die Gürtelschnalle, die aus dem Erdmaterial der Grabgrubenverfüllung geborgen wurde. Sie besteht aus einer Kupferlegierung mit einer heute weitgehend abgeriebenen versilberten Oberfläche. Sie gehört zu einer seltenen Form, welche den Übergang von den profilierten Schnallen mit aufgeschobener Hülse zu denen mit Ecknoppen repräsentiert; mit dem zusätzlich fest angegossenen durchbrochenen Beschlag stellt sie aber ein Unikat dar. Da die Schnalle leider nicht in einer datierten Fundschicht angetroffen wurde, kann sie nach den wenigen Vergleichsfunden nur in die zeitliche Spanne vom späten 12. Jahrhundert bis zur zweiten Hälfte des 13. Jahrhunderts eingeordnet werden. | VG

Literatur

Geupel, Volkmar / Hoffmann, Yves: Archäologie und Baugeschichte des ehemaligen Benediktinerklosters Chemnitz. Die Ausgrabungen im Schloßbergmuseum 1981–1993, Dresden 2018, S. 34, 135, 144.

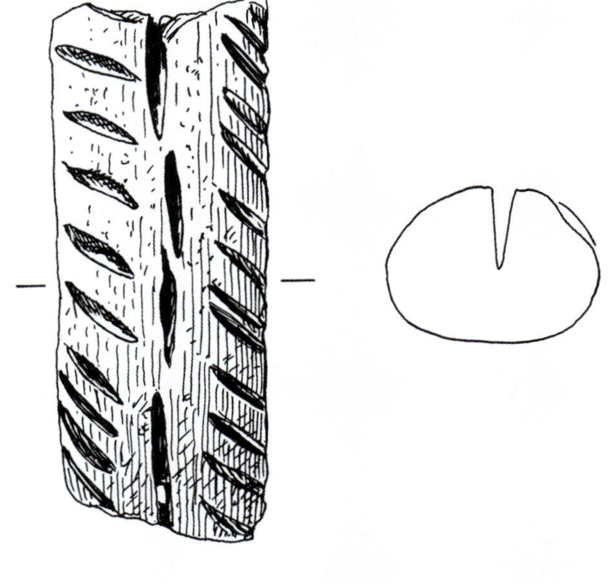

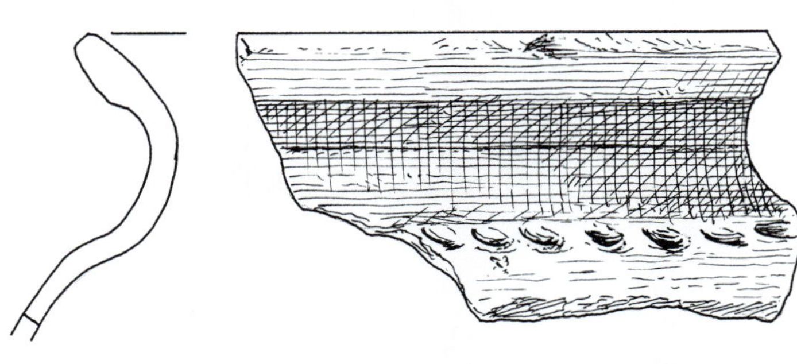

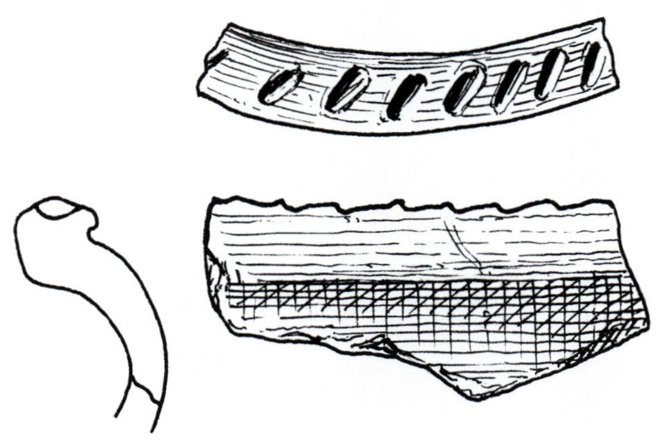

31

31

# Keramik der untersten Schicht

Benediktinerkloster Chemnitz, 1136 bis frühes 13. Jahrhundert
Uneinheitlich gebrannte Irdenware
Landesamt für Archäologie Sachsen, Bolislaw Richter

Keramik bildet in der Regel die Masse der Funde bei Ausgrabungen menschlicher Siedlungen und wird deshalb auch am häufigsten für Datierungsfragen herangezogen. Mit ihr wird aber immer nur eine mehr oder weniger lange Zeitspanne erfasst, innerhalb derer sie in Gebrauch war. Ein besonderes Anliegen der Forschung ist es deshalb, das auf der Keramik beruhende Datierungsgerüst zu präzisieren. Dafür sind Fundschichten, die dendrochronologisch durch Holzfunde, stilkundlich durch Bausubstanz oder, wie im Chemnitzer Benediktinerkloster, durch ihre Verbindung mit historischen Ereignissen datiert werden können, besonders geeignet. Die hier angetroffene Schichtenfolge, die die Zeit von der Gründung der Abtei im Jahr 1136 bis zum Umbau zum Schloss 1548/49 umfasst, ist deshalb ein ausgesprochener Glücksfall für die Archäologie.
Die Keramikbruchstücke sind eine kleine Auswahl aus dem reichen Fundgut der untersten Schicht, die vor der Mitte des 12. Jahrhunderts – 1136 als erschließbares Gründungsdatum des Klosters – einsetzt und im zweiten Jahrzehnt des 13. Jahrhunderts – 1212/16 nach einer urkundlich überlieferten Zerstörung – endet. Diese Irdenware zeigt, dass der Gefäßkörper von Hand aufgebaut und die Randzone auf der Scheibe überdreht wurde. Beim anschließenden Brennen waren die Gefäße einer wechselnden Ofenatmosphäre ausgesetzt, welche eine uneinheitliche Färbung der Oberfläche und eine Schwärzung des Scherbens erzeugte. Ein Teil der Gefäße war mit ein- oder mehrzügigen Wellen oder kerbenartigen Einstichen verziert, ein anderer gar nicht oder nur mit einzelnen unregelmäßigen Gurtfurchen. Diese Unterschiede stellen ein zeitlich differenzierendes Moment innerhalb der 80 Jahre umfassenden Schicht dar: Die in älterer Tradition wurzelnde Verzierungsfreudigkeit vor und in der Mitte des 12. Jahrhunderts verlor sich danach, wie die aus dem Erzgebirge und seinem Vorland gut bekannte verzierungsarme Keramik aus dem späten 12. und dem frühen 13. Jahrhundert (»um 1200«) zeigt. Überdeckt wurde die unterste Schicht

von Planierungs- und Aufbauschichten, in denen die qualitätvolle schnell gedrehte und vollendet reduzierend gebrannte graue/blaugraue Irdenware dominierend oder fast ausschließlich erschien. Das Aufkommen dieser Warenart und deren allgemeine Verwendung vom zweiten Viertel des 13. Jahrhunderts an findet in der Stratigrafie der Wiprechtsburg in Groitzsch, wo sie die Keramik von Burg V (ab 1224) gleichermaßen dominierend repräsentierte, eine treffende Parallele. Das dritte Jahrzehnt des 13. Jahrhunderts stellt damit einen gesicherten Fixpunkt für die Ablösung der uneinheitlich gebrannten Keramik durch die reduzierend gebrannte graue/blaugraue Ware im mittleren Westsachsen dar. | VG

Literatur
Geupel, Volkmar / Hoffmann, Yves: Archäologie und Baugeschichte des ehemaligen Benediktinerklosters Chemnitz. Die Ausgrabungen im Schloßbergmuseum 1981–1993, Dresden 2018, S. 34, 38, 42, 47, 115–118, 121–125.

32

## Beinerne Griffplatte eines Messers

Benediktinerkloster Chemnitz, 2./3. Viertel 13. Jahrhundert
Bein, L 4,7 cm
Landesamt für Archäologie Sachsen, Bolislaw Richter

Der Fund (Schnitt XI, Schicht 6/8) stammt aus einer Schicht, die durch den Baubeginn des Schiffs der Klosterkirche nach 1216 einerseits und den Bau des Ostflügels der Klausur um 1275 andererseits eingegrenzt wird.
Die Griffplatte wurde in zeittypischer Weise durch Punktkreise verziert und weist an beiden Enden je ein Nietloch auf. Höchstwahrscheinlich handelt es sich um die Griffplatte eines Messers und nicht um die Griffplatte eines zweiseitigen Dreilagenkamms, die unserem Stück zum Verwechseln ähnlich sehen. Letztere weisen zumeist an beiden Längsseiten Sägespuren auf, die dadurch entstanden sind, dass man die Schnitte für die Zinken des Kamms bis zu den Griffplatten erst nach der Zusammenfügung der drei Lagen sägte, sodass sich die Sägeschnitte mehr oder weniger deutlich auch an den Griffplatten abzeichneten. Da diese Spuren an dem Chemnitzer Stück fehlen, war es mit großer Wahrscheinlichkeit Bestandteil des Griffes eines kleinen Messers. | YH

Literatur
Richter, Uwe: Der mittelalterliche Langzinkenkamm. Zur Verbreitung und Funktion eines speziellen Knochenkamms, in: Stadt- und Bergbaumuseum Freiberg, Schriftenreihe 11, Freiberg 1994, S. 55–89; Geupel, Volkmar/Hoffmann, Yves: Archäologie und Baugeschichte des ehemaligen Benediktinerklosters Chemnitz. Die Ausgrabungen im Schloßbergmuseum 1981–1993, Dresden 2018, S. 47, 137, 151.

33

## Blattkachel mit dem Brustbild eines bärtigen Mannes

Benediktinerkloster Chemnitz, 2. Viertel 16. Jahrhundert
Grün glasiert, 20,5 × 19,5 cm, Zarge 6,7 cm
Landesamt für Archäologie Sachsen, Yves Hoffmann

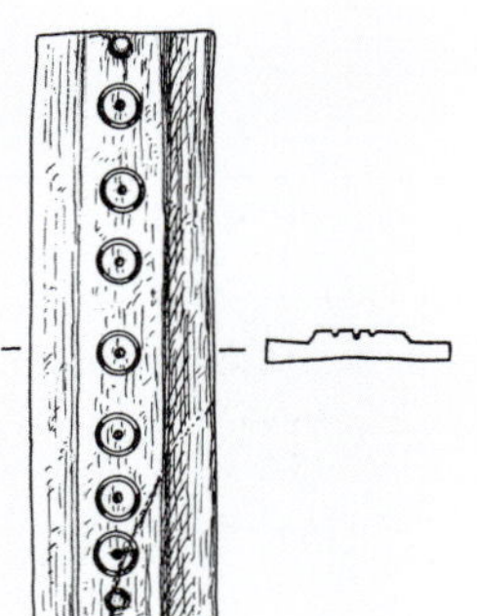

32

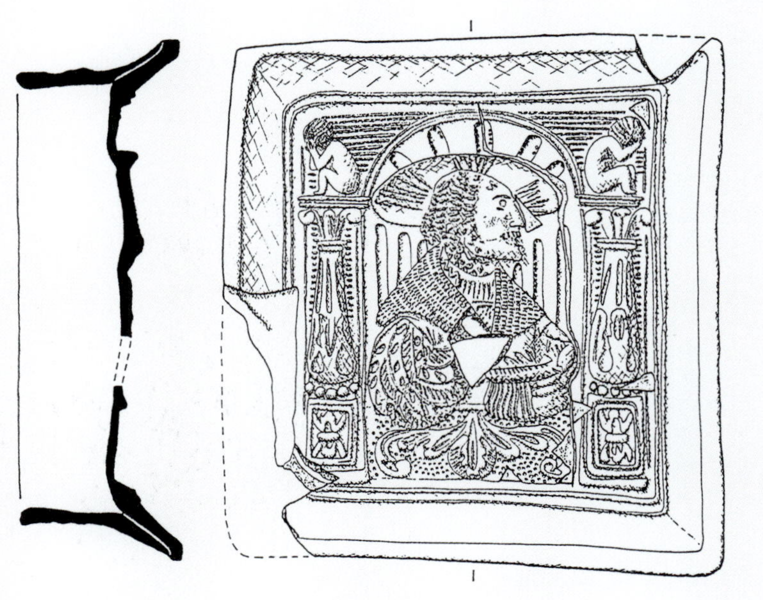

33

Die Kachel mit der Darstellung eines unbekannten bärtigen Mannes mit Schaube und Barett in einer Frührenaissancerahmung wurde in der Verfüllungsschicht der Steinofen-Luftheizung des älteren Südflügels gefunden. Die Heizanlage ist erst im Zuge des Schlossumbaus ab 1548/49 aufgegeben worden. Damit gehörte die Kachel, die deutliche Benutzungsspuren zeigt, zu einem Ofen, der wahrscheinlich zum Bestand des Klosters gehört hat. Sollte dies zutreffen, wäre es ein weiterer Beleg für die auch anderweitig fassbare Zuwendung der Chemnitzer Benediktinermönche zu den Ideen des Renaissancehumanismus, indem spätgotische Kachelöfen mit zumeist christlichen Motiven durch Öfen mit Frührenaissancekacheln mit gänzlich anderen Bildinhalten abgelöst wurden. | YH

Literatur
Thiel, Erika: Geschichte des Kostüms, 9. Auflage, Berlin 1990; Hoffmann, Yves: Eine spätmittelalterliche Steinofen-Luftheizung im Benediktinerkloster zu Chemnitz. Ungedr. Abschlussarbeit an der Fachhochschule für Technik und Wirtschaft Berlin, Berlin 1994; Lange, Daniela: Frühneuzeitliche Keramik aus dem ehemaligen Benediktinerkloster Chemnitz, in: Arbeits- und Forschungsberichte zur sächsischen Bodendenkmalpflege 38, 1996, S. 201–251.

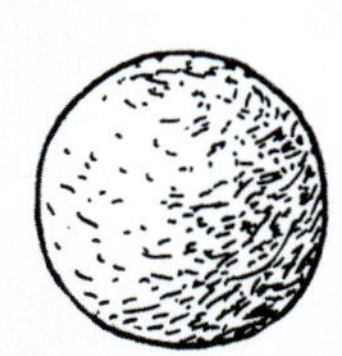

34 a

34

## Spätmittelalterlicher bis frühneuzeitlicher Fundkomplex

Benediktinerkloster Chemnitz,
14.–16. Jahrhundert
Irdenwaregefäße mit und ohne Innenglasur, Steinzeuggefäße, Murmel aus Sandstein
Schnitt VI, Schicht 4

34 a
Murmel aus Sandstein, Dm 1,9 cm

34 b
Fragmentierter Henkeltopf, graue Irdenware, unglasiert, H 12,5 cm

34 c
Fragmentierte Kanne, gemagertes Waldenburger Steinzeug, Boden Dm 8 cm

34 d
Wandungsbruchstücke einer Kanne mit Rollstempelverzierung und Brombeerapplikation, Waldenburger Steinzeug

34 e
Napf mit Ausgussschneppe; gelbe Irdenware, unglasiert, H 8 cm

34 f
Fragmentierter Teller, gelbe Irdenware mit braun erscheinender Innenglasur, Mündung Dm 23,5 cm (errechnet)

34 g
Fragment eines dreibeinigen Grapens mit röhrenförmiger Handhabe, rötliche Irdenware mit braun erscheinender Innenglasur, H 12 cm

Landesamt für Archäologie Sachsen, Bolislaw Richter

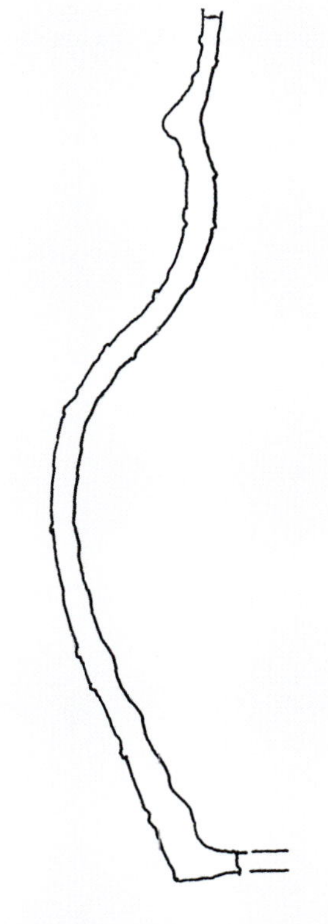

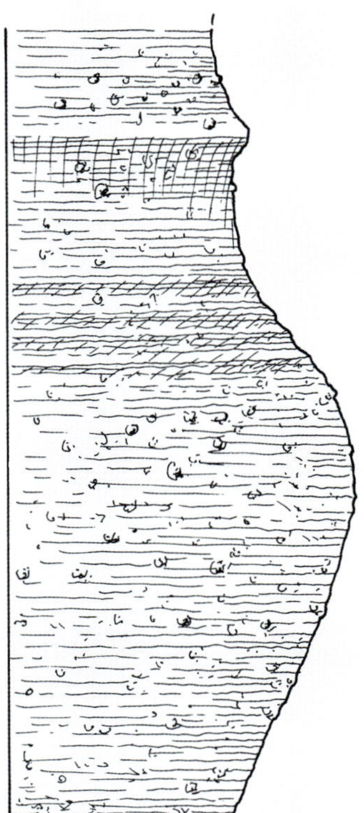

34 c

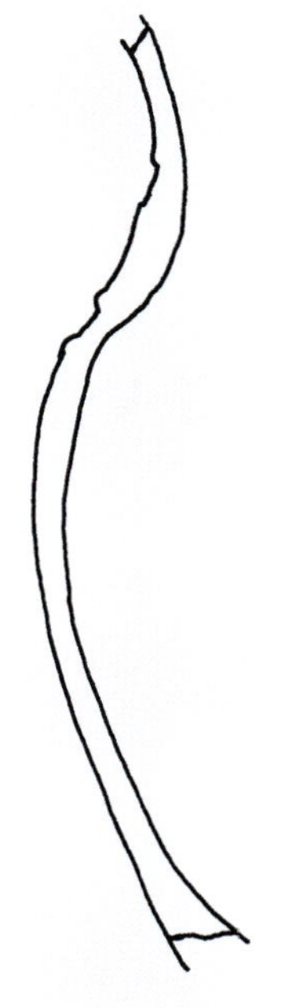

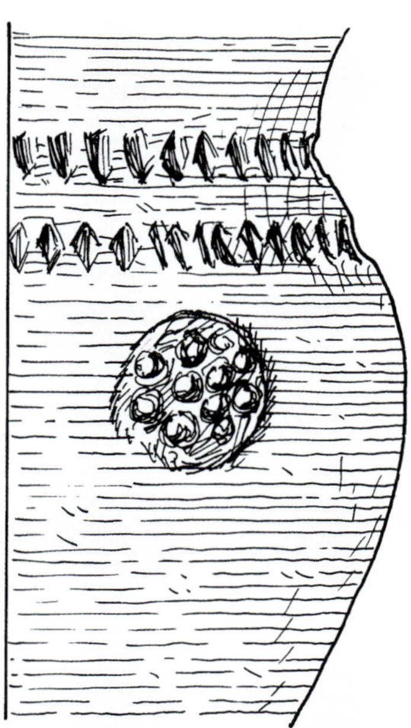

34 d

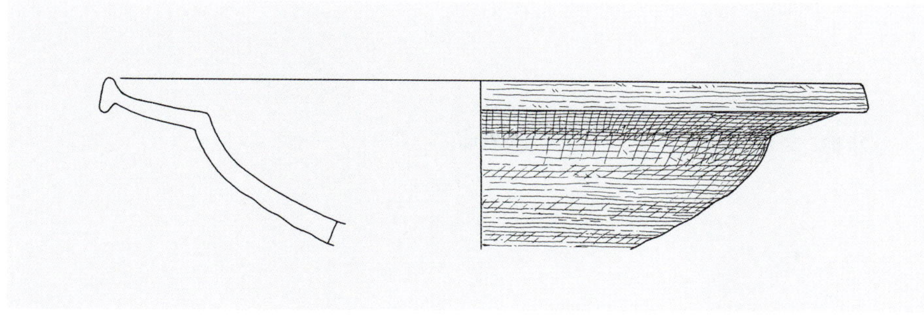

34f

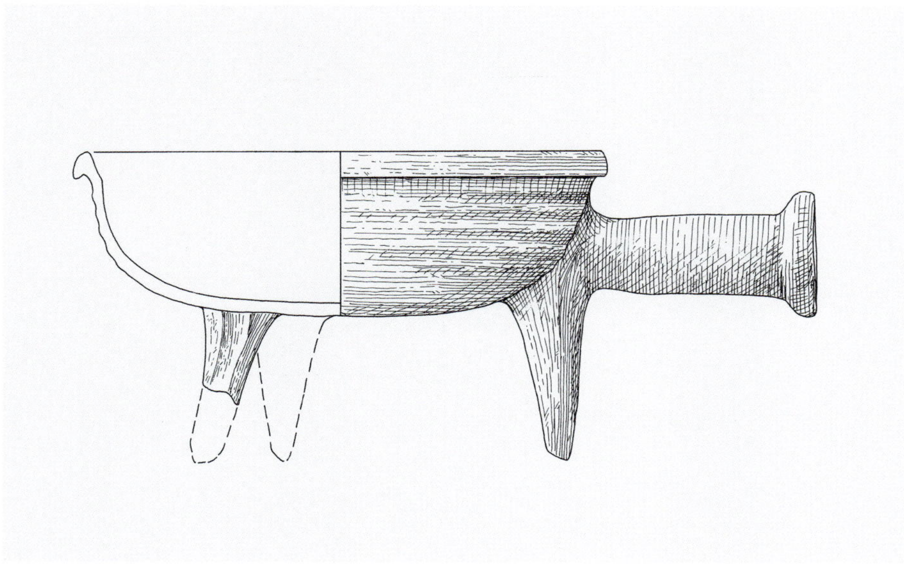

34g

Die Funde entstammen einer Planierungsschicht aus der Mitte des 16. Jahrhunderts, die neben Gefäßfragmenten aus dieser Zeit auch deutlich älteres Fundmaterial enthält. Zu Letzterem gehört neben in Chemnitz nicht gezeigten Stücken des 14. Jahrhunderts beispielsweise die fragmentierte Steinzeugkanne mit Brombeerapplikationen aus dem zweiten Viertel des 15. Jahrhunderts. Keramische Grapen sind in Chemnitz seit der zweiten Hälfte des 15. Jahrhunderts belegt und Teller nach bisherigem Kenntnisstand erst um die Mitte des 16. Jahrhunderts. Mit diesem Fundspektrum markiert jene Aufplanierungsschicht Erdbewegungen, die im Zusammenhang mit dem Umbau des aufgelösten Benediktinerklosters zum kurfürstlichen Schloss ab 1548/49 stattfanden. | YH

Literatur

Geupel, Volkmar / Hoffmann, Yves: Archäologie und Baugeschichte des ehemaligen Benediktinerklosters Chemnitz. Die Ausgrabungen im Schloßbergmuseum 1981–1993, Dresden 2018, S. 40, 130, 133, 135, 145.

35

Wiprecht von Groitzsch (Münzherr), Markgraf von Meißen 1123/24

## Brakteat

Benedektinerkloster Pegau (?), 1123/24
Verso: Brustbild des Markgrafen mit Fahne von vorn
Silber, Dm 2,3 cm
Schloßbergmuseum/Kunstsammlungen Chemnitz (?), Inv.-Nr. V1 528/G1

Diese Silbermünze, die bis jetzt in nur einem Münzfund vorkommt, wird heute Wiprecht von Groitzsch (1050–1124), Markgraf von Meißen 1123/24, dem Stifter des Benediktinerklosters Pegau, zugewiesen.[1] Sie ist einer der frühesten Brakteaten, die in Mitteldeutschland bekannt sind. So bezeichnet man einseitig geprägte Hohlmünzen, auch Hohlpfennige genannt, die vom Beginn des 12. bis zum Anfang des 14. Jahrhunderts per Hammerschlag geprägt wurden. In diese Zeit fällt die Klostergründung des Chemnitzer Benediktinerklosters St. Marien im Pleißenland ausgehend vom Mutterkloster Pegau, der Grablege Wiprechts. Der Fundort von 800 Brakteaten bei Gerstenberg nördlich von Altenburg stützt die Annahme, dass es sich um Prägungen des Benediktinerklosters Pegau handelt. Im Gegensatz zum vorliegenden Stück tragen viele sogar den Namen des dortigen Abtes. | AK

Anmerkung

**1** Vgl. Kramarczyk, Andrea: Brakteat, in: Fiedler, Uwe: Museumsführer Kunstsammlungen Chemnitz – Schloßbergmuseum, Bielefeld/Leipzig/Berlin 2011, S. 88.

Literatur

Schwinkowski, Walter: Münz- und Geldgeschichte der Mark Meißen und Münzen der weltlichen Herren nach meißnischer Art (Brakteaten) vor der Groschenprägung, 1. Teil, Frankfurt a. M. 1931, Tafel 1, Nr. 14; Haupt, Walther: Sächsische Münzkunde, Berlin 1974, Tafel 9, Nr. 4; Kramarczyk, Andrea: Brakteat, in: Fiedler, Uwe: Museumsführer Kunstsammlungen Chemnitz – Schloßbergmuseum, Bielefeld/Leipzig/Berlin 2011, S. 88.

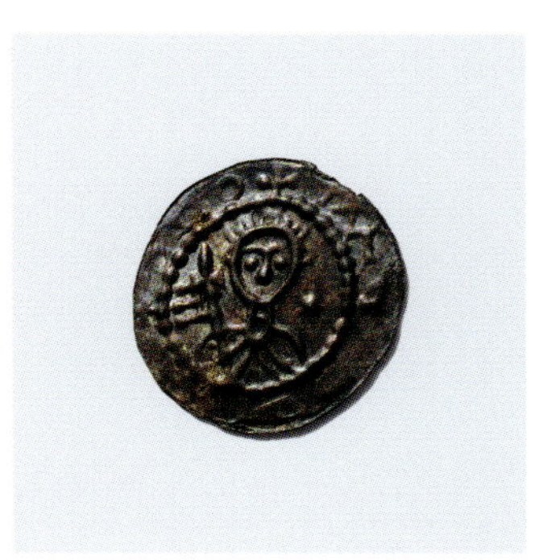

35

# Sammelhandschrift mit biblischen Büchern und Predigten

Benediktinerkloster Pegau (?),
1. Drittel 12. Jahrhundert
Handschrift auf Pergament, Halbfranzband des mittleren 19. Jahrhunderts mit rotbraunem Marmorpapierbezug, Spaltleisteninitialen in Rot und Tinte, 23 × 15,5 cm
Universitätsbibliothek Leipzig, Ms 36

Im Handschriftenbestand der Universitätsbibliothek Leipzig hat sich eine Gruppe von vier Pergamentbänden aus der Frühzeit des Pegauer Benediktinerklosters erhalten, die durch zeitgenössische Einträge als Stiftungen von Abt Windolf gekennzeichnet sind. Windolf, der von 1101 bis 1152 amtierte, war der eigentliche Gründungsabt und die prägende Gestalt der 1096 gestifteten Abtei in der ersten Hälfte des 12. Jahrhunderts, ihm verdankte sich der schnelle wirtschaftliche und kulturelle Aufschwung des jungen Klosters. Unter Windolfs Ägide erfolgte auch die Besiedlung und der Aufbau der benediktinischen Tochtergründung in Chemnitz.
Die vier Windolf-Handschriften Ms 36, Ms 283, Ms 332 und Ms 829, die als die ältesten erhaltenen Bücher Sachsens gelten dürfen, enthalten sämtlich klösterliche Grundlagentexte wie die »Dialogi« Gregors d. Großen (vgl. Kat.-Nr. 42), Cassianus »Collationes patrum« (vgl. Kat.-Nr. 43), Viten wichtiger Heiliger oder wie hier ausgewählte Bücher der Heiligen Schrift und Predigten zu kirchlichen Festen. Sie sind also sicherlich als Teil der Erstausstattung mit den elementaren Lesebüchern für das Klosterleben anzusprechen.
Die Handschrift Ms 36 enthält zum einen Teile des Neuen Testaments (Apostelgeschichte, Apokalypse, Jakobs- und erster Petrusbrief), zum anderen aus dem Alten Testament Proverbia und Ecclesiastes. Zwischen den beiden Texteinheiten sind vier Predigten der Kirchenväter Hieronymus und Augustinus eingetragen. Der Band ist von wahrscheinlich insgesamt vier Schreibern angefertigt worden, die zum Teil gemeinsam einzelne Texte kopierten und sich damit als Skriptoriumsgemeinschaft erweisen. Hier wird demnach wohl ein Personenkreis von durchaus beachtlicher Größe fassbar, der in Pegau unter Windolf an der Buchausstattung der Abtei arbeitete. Eine der Schreibhände dürfte – in unterschiedlichen Entwicklungsstadien bis hin zur, wohl altersbedingten, Versteifung und Vergrößerung der Buchstabenformen – in mindestens zwei weiteren Handschriften der Gruppe wiederkehren; von ihr könnten auch die Stiftungseinträge mit der Nennung Windolfs stammen. Der Gedanke ist reizvoll, in ihr Windolfs eigene Hand zu vermuten. Die Ausstattung mit noch schlichten Spaltleisteninitialen in einfacher roter oder tintenfarbener Linienzeichnung und mit markant voluminös-gerundetem Rankendekor ist typisch für den Pegauer Buchschmuck in dieser frühen Periode. | CM

36

Literatur

Schmidt, Ludwig: Beiträge zur Geschichte der wissenschaftlichen Studien in sächsischen Klöstern, Teil 2: Grünhain, Buch, Pegau, Chemnitz, Thomaskloster in Leipzig, in: Neues Archiv für Sächsische Geschichte und Altertumskunde, Bd. XX (1899), Heft 1 und 2, S. 1–32, hier S. 15; Monumenta palaeographica / Denkmäler der Schreibkunst des Mittelalters, hrsg. von Anton Chroust, Serie 3, Bd. 2, Leipzig 1935, Tafel 563; Helssig, Rudolf: Die lateinischen und deutschen Handschriften der Universitäts-Bibliothek zu Leipzig, Bd. 1: Die theologischen Handschriften, Teil 1 (Ms 1–500). Leipzig 1926, unveränderter Nachdruck Wiesbaden 1995, S. 37–39 (Katalog der Handschriften der Universitäts-Bibliothek Leipzig, Abteilung IV, Bd. 1); Mackert, Christoph: Geist aus den Klöstern. Buchkultur und intellektuelles Leben in Sachsen bis zur Reformation (Schriften aus der Universitätsbibliothek Leipzig Bd. 39), Leipzig 2017, S. 14.

37

# Fragment eines Missale, Sanctorale

Benediktinerkloster Chemnitz,
1. Hälfte 12. Jahrhundert
Pergament, 1 Blatt, 24 × 17 cm (oben und unten beschnitten)
Universitätsbibliothek Leipzig, Fragm. lat. 193

Das Einzelblatt stammt aus einem in der ersten Hälfte des 12. Jahrhunderts in einer spätkarolingischen Minuskel geschriebenen Missale und enthält die Messformulare für die Heiligenfeste vom 18. bis zum 24. Juni. Für die Gesänge verwendete man eine kleinere Schrift und fügte zwischen den Zeilen (interlinear) Neumen ein. Diese seit dem 9. Jahrhundert verwendeten grafischen Zeichen dienten der Fixierung der melodischen Gestalt eines Gesangs und können als Vorläufer der modernen Notation gelten.
Die Rectoseite (Abb.) und der obere Teil der Versoseite (Zeile 1–16) enthalten die Formulare für die römischen Märtyrer Marcus und Marcellianus (18. Juni) sowie Gervasius und Prothasius (19. Juni). Danach (1v, Zeile 16–25) folgen Gebete und gekürzte Gesänge zum Fest des Priesters Albanus (21. Juni). Da über seinen Gebeinen um 805 die Benediktinerklosterkirche St. Alban in Mainz errichtet worden war, wurde dieser Heilige bei den Benediktinern besonders verehrt. Am Schluss (1v, Zeile 25–28) finden sich Gesänge zur Messe am Vorabend (Vigil) des Festes der Geburt Johannes des Täufers (24. Juni). Er gehörte neben der Jungfrau Maria und dem Evangelisten Johannes zu den Patronen des Chemnitzer Klosters. Eröffnet wird die Vigil mit dem Introitus »Ne timeas, Zacharia, exaudita est oratio tua […]«, der auf die von einem Engel verkündigte Geburt Johannes des Täufers (Lukas 1,13–15) Bezug nimmt.
In der zweiten Hälfte des 19. Jahrhunderts wurde das Blatt aus der Handschrift Ms 436 der Leipziger Universitätsbibliothek ausgelöst und in deren Fragmentsammlung eingegliedert (vgl. Kat.-Nr. 41). Die Abklatschspuren auf dem Holz des Vorderdeckels von Ms 436 zeugen von der ursprünglichen Verwendung des Fragments als Spiegel; ein noch auf dem hinteren Deckel vorhandener Streifen stammt von einem zugehörigen Blatt. Da Ms 436 laut einem Besitzeintrag aus dem Benediktinerkloster Chemnitz stammt, dürfte auch die in der zweiten Hälfte der 1480er Jahre bei der Neubindung verwendete Makulatur aus einer Handschrift der Klosterbibliothek stammen. Es ist somit anzunehmen, dass das Missale, aus dem dieses Blatt stammt, zum Gründungsbestand des Chemnitzer Klosters gehörte und das Einzelblatt neben dem Rituale in MS 850 (vgl. Kat.-Nr. 39) als eines der ältesten erhaltenen Schriftzeugnisse aus diesem Kloster anzusehen ist. Nachdem 1481 in Bamberg das Bursfelder Missale (GW M24117) gedruckt und alle Kongregationsklöster vom Generalkapitel verpflichtet wurden, es zu benutzen, bestand kein praktischer Verwendungszweck mehr für die Liturgica aus der Gründungszeit, die deshalb als Material für den Buchbinder zur Verfügung standen. Dass der Binder ein Blatt mit einer Messe für einen der Klosterpatrone wählte und diesem als Spiegel ein Weiterbestehen sicherte, ist sicher kein Zufall. Eine solche bewusste Auswahl von Makulatur ist auch aus anderen Benediktinerklöstern (z. B. Pegau und Erfurt) bekannt. | ME

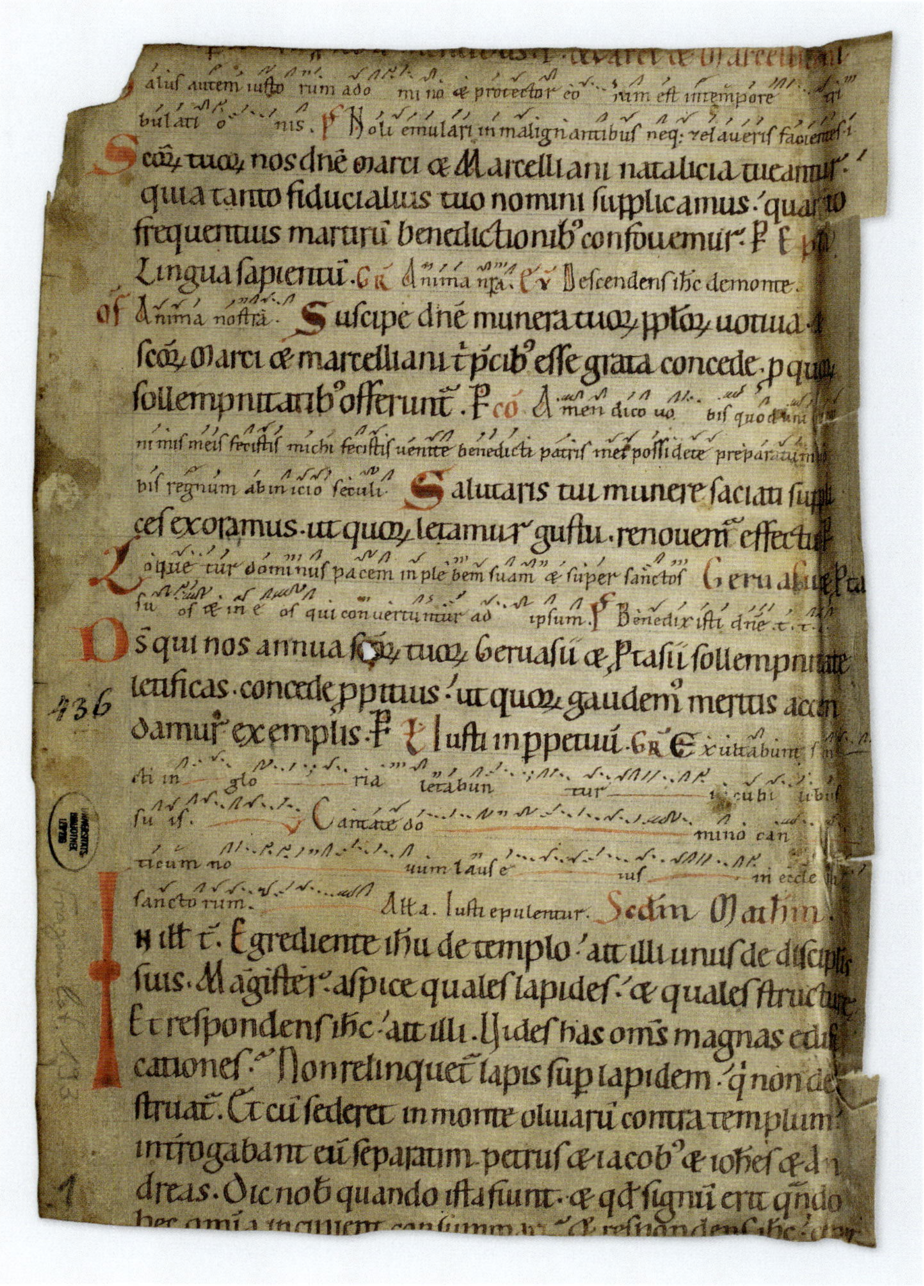

37

Literatur
Beschreibung von Ivana Dobcheva und Digitalisat des Fragments verfügbar unter: https://fragmentarium.ms/overview/F-75k4 (letzter Zugriff am 6. 7. 2018).

38

Rupertus Tuitiensis

## De officiis divinis

Ostmitteldeutschland (Benediktinerkloster Pegau ?), um 1152–1168
moderner Pappeinband mit Marmorpapierüberzug aus den 1850er Jahren, Dedikationsbild (Federzeichnung in Tintenfarbe, Weiß und Rot), Spaltleisteninitialen in Rot, teilweise mit Grün koloriert, rubriziert,
32 × 21 cm
Universitätsbibliothek Leipzig, Ms 1506

Die wohl nach Ausweis der Schrift im dritten Viertel des 12. Jahrhunderts entstandene Handschrift Ms 1506 überliefert den Text »De officiis divinis« (»Der Gottesdienst der Kirche«) des Rupertus Tuitiensis (Rupert von Deutz). Dieser wirkte im ersten Viertel des 12. Jahrhunderts und verfasste nicht nur zahlreiche Bibelkommentare, sondern war von 1121 bis 1129 Abt des Benediktinerklosters Deutz bei Köln, wo er versuchte, die monastische Reform nach dem Vorbild der Siegburger Observanz voranzutreiben. Text und Autor waren zur Zeit der Entstehung der Handschrift also durchaus aktuell.
Der Federzeichnung, die gleich zu Beginn der Handschrift auf Blatt 1r angebracht wurde und über die Hälfte der Seite einnimmt, kommt für die Entstehungs- und Provenienzgeschichte des Bandes eine besondere Bedeutung zu: Es handelt sich um ein Dedikationsbild, in dem Christus im Bildtypus des Pantokrators als Ausgangspunkt aller heilgeschichtlichen Handlung auf einem Thron sitzt. Links neben ihm steht der heilige Jakob, Patron des Pegauer Klosters, mit Kreuznimbus. Ihm zu Füßen befindet sich Heinrich, dritter Abt des Klosters, der ihm von 1152 bis 1163 vorstand, sich Jakob im Gebets- oder Bittgestus zuwendend. In Verbindung mit dem ebenfalls auf Blatt 1r eingetragenen siebenzeiligen Widmungsgedicht und einem auf den Blättern 59v und 60r angebrachten Schenkungsvermerk »Sancto Iacobo apostolo Heinricus abbas« (»Abt Heinrich [schenkt] [dieses Buch] dem heiligen Apostel Jakob [d. h. dem Benediktinerkloster St. Jakob in Pegau]«) ist das Bild gut zu entschlüsseln: Demnach wurde Ms 1506 im Auftrag von Abt Heinrich angefertigt und dem Kloster gestiftet. Wie groß genau der zeitliche Abstand zwischen Entstehung der Handschrift und ihrer Stiftung ist, lässt sich nicht mit Sicherheit sagen. Allzu groß dürfte er nach Ausweis von Schrift und Bild allerdings nicht sein; auch ist es möglich, dass der Codex im Pegauer Klosters selbst entstanden ist. Während der Amtszeit des Abtes Windolf (1101–1152) hatte das Pegauer Kloster eine große Blütezeit erlebt. Sein Nachfolger Heinrich versuchte, die Bemühungen um das Kloster und die Klosterbibliothek fortzusetzen. Dass dabei der erwähnte Schenkungsvermerk auf den Blättern 59v/60r in derselben Art und Weise verzeichnet ist wie die Einträge, die der Pegauer Abtei von Windolf gestiftet wurden, zeigt, wie sehr Windolf noch als vorbildhafter Bezugspunkt präsent war (vgl. Kat.-Nr. 36). | KS

Literatur

Schmidt, Ludwig: Beiträge zur Geschichte der wissenschaftlichen Studien in sächsischen Klöstern, 2. Grünhain, Buch, Pegau, Chemnitz, Thomaskloster in Leipzig, Dresden 1897, S. 16; Mackert, Christoph / Märker, Almuth / Sturm, Katrin: Kurzerfassung der mittelalterlichen Handschriften der Universitätsbibliothek Leipzig im Signaturenbereich Ms 1114 – Ms 1715, Cod. Haen., Ms Thomas, Ms Gabelentz und Ms Apel, Beschreibung zu Ms 1506, Beschreibung verfügbar unter: www.manuscripta-mediaevalia.de/dokumente/html/obj31581282 (letzter Zugriff am 5. 7. 2018); Digitalisat der Handschrift verfügbar unter: https://digital.ub.uni-leipzig.de/object/viewid/0000004436 (letzter Zugriff am 5. 7. 2018).

38 ▷

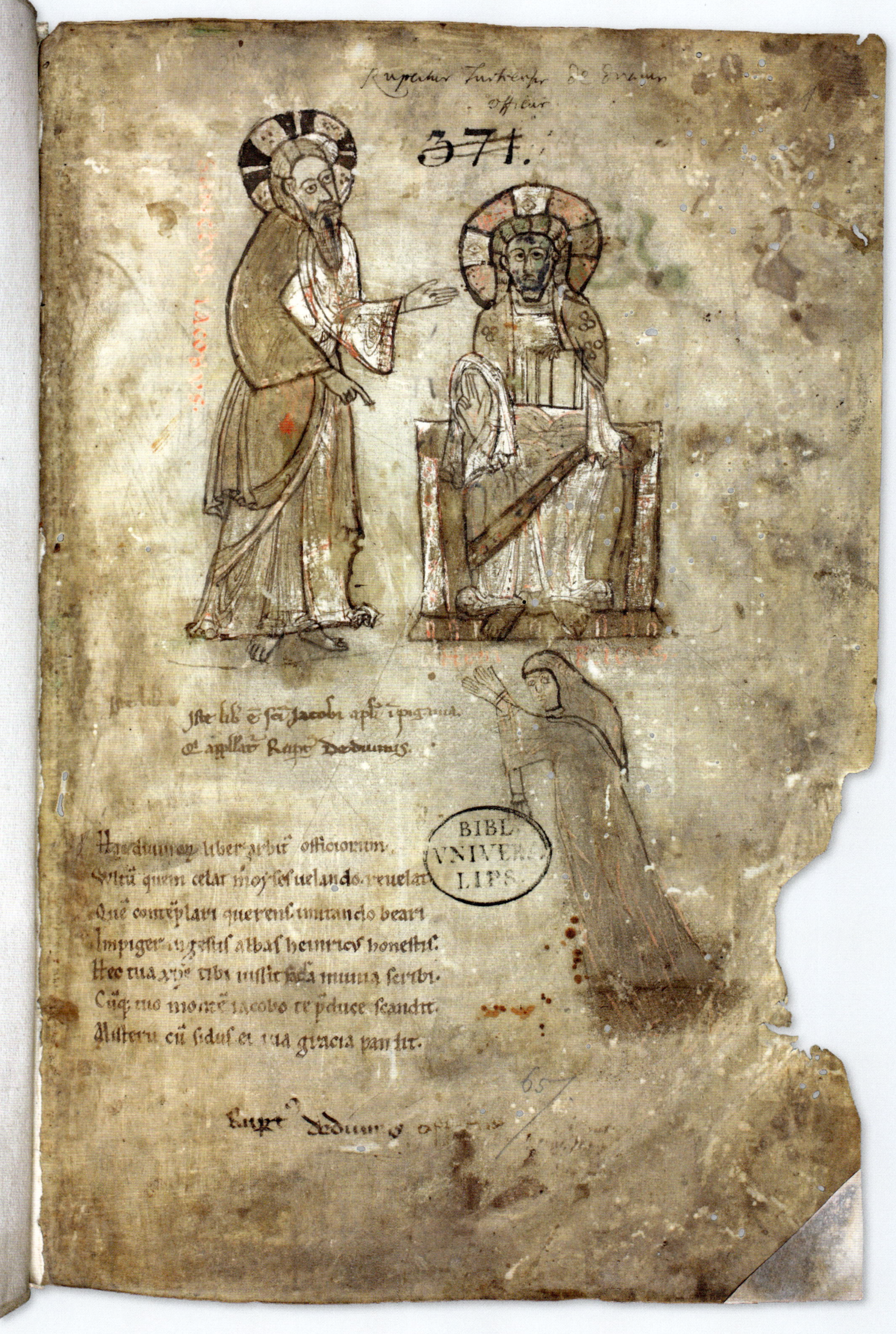
371.
Iste lib e sci Jacobi apli i pegrina.
Q appllat Rupe Dediuinis.
Hic diuinor liber extat officiorum.
Vltu quem celat moyses uelando reuelat
Que contemplari querens imitando beari
Impiger in gestis albas heinricus honestis.
Hec tua xpe tibi iussit sacra munia scribi.
Cuq tuo monte iacobo te pduce scandit.
Alteru cu sidus et tua gracia parit.
BIBL. UNIVERS. LIPS.

39

# Monastische Sammelhandschrift (Kapiteloffiziumsbuch)

Benediktinerkloster Chemnitz, 2. Viertel 12. Jahrhundert – spätes 13. Jahrhundert
Pergament, 101 Blätter, spätmittelalterlicher Ledereinband auf Holzdeckeln, 24 × 18 cm
Universitätsbibliothek Leipzig,
Ms 850 (nicht ausgestellt)

Ein Kapiteloffiziumsbuch besteht aus Benediktregel, Martyrologium und Nekrologium. Es ist ein besonders wichtiger Codex für das Selbstverständnis eines Klosters: Aus diesem Buch wurde täglich im gemeinsamen Kapiteloffizium ein Abschnitt der Regel verlesen und mithilfe des Martyrologiums der Heiligen des Tages gedacht. Die Einträge im Nekrologium wiederum dienten dazu, der Verstorbenen des eigenen Konvents oder anderer Klöster, aber auch befreundeter Laien und Gönner zu gedenken.
Diese Handschrift besteht aus vier eigenständigen Teilen (Faszikeln), die zwischen dem 2. Viertel des 12. Jahrhunderts und dem späten 13. jahrhundert entstanden und durch die Bindung zu einem Codex vereint worden sind. Teil I (Bl. 1–25) enthält das Martyrologium, Teil II (Bl. 26–55) die Benediktregel, Teil III (Bl. 56–73) das Nekrologium und Teil IV (Bl. 74–101) ein Rituale, also eine Übersicht der im Kloster zu vollziehenden gottesdienstlichen Handlungen. Besondere Aufmerksamkeit verdient das *Necrologium Kemnicense* auf Blatt 61r–72v. Den Grundbestand schrieb ein Chemnitzer Mönch, wohl unter Benutzung einer Pegauer Vorlage. So ist es zu erklären, dass etwa 80 Pegauer Mönche, Pegauer Äbte, aber auch der Klostergründer Wiprecht von Groitzsch († 1124) verzeichnet sind. Aber ebenso sind der legendäre Gründer des Klosters Chemnitz Kaiser Lothar III. († 1137) und seine Frau Richenza († 1141) auf Bl. 66r und 72r zum 3. Dezember bzw. zum 10. Juni verzeichnet (vgl. S. 14 und 184). Auch andere Partien der Handschrift verweisen auf ihre Herkunft aus dem Kloster Chemnitz. Am Ende des zweiten Teiles (Bl. 55v, Abb. S. 26) wurde im frühen 13. Jahrhundert ein Zinsregister nachgetragen, in denen einige dem Kloster zinspflichtige Orte (Kappel, Klaffenbach, Adorf, Neukirchen, Altendorf, Altchemnitz, Gablenz und Stelzendorf) verzeichnet sind (Abb. S. 26). Im Rituale, dessen Grundstock in die Zeit der Klostergründung zurückführen dürfte, findet sich eine Aufzählung von Segensformeln für die Räume des Klosters: den Chor, die Kirche, die Infirmerie, das Dormitorium, das Refektorium, die Küche etc. Dass mitten zwischen diesen Segensformeln ein Mariengebet (Bl. 94r »›Ad sanctam Mariam:‹ Fac nos, quesumus, domine, beate Marie semper uirginis subsidiis attolli [...]) eingefügt ist, lässt sich vielleicht als Verweis auf das Marienpatrozinium des Chemnitzer Klosters deuten. Insgesamt handelt es sich bei dieser Handschrift um eine in vieler Hinsicht zentrale Quelle für die Frühzeit des Chemnitzer Klosters, die gleichzeitig von den engen Verbindungen zur Abtei Pegau zeugt.
| ME

39

Literatur

Ermisch, Hubert: Geschichte des Benediktinerklosters zu Chemnitz bis zum Ende des 14. Jahrhunderts, in: Archiv für Sächsische Geschichte, N. F. 4 (1878), S. 254–278, 289–314, N. F. 5 (1879), S. 193–261), hier N. F. 4, S. 272, 276 (zum Zinsregister); Textabdruck des Nekrologiums: Ermisch, Hubert / Posse, Otto: Urkundenbuch der Stadt Chemnitz und ihrer Klöster (Codex diplomaticus Saxoniae regis II,6), Leipzig 1879, S. 470–482; Textabdruck des Zinsregisters: ebd., Nr. 303, S. 265; Sarnowsky, Jürgen: Die Bibliothek des Klosters Chemnitz am Vorabend der Reformation: ein Bücherverzeichnis von 1541, in: Studien und Mitteilungen zur Geschichte des Benediktinerordens und seiner Zweige, hrsg. von der Bayerischen Benediktinerakademie 108 (1997), S. 321–372, hier S. 360; Kurzbeschreibung von Almuth Märker und Digitalisat der Handschrift verfügbar unter: www.manuscripta-mediaevalia.de/dokumente/html/obj31564458 (letzter Zugriff am 6.7.2018)

**40**

Aurelius Augustinus

# De civitate dei

Deutschland (Benediktinerkloster Pegau?), um 1220–1240
Holzdeckeleinband mit braunem Schweinslederbezug, 18 Spaltleisteninitialen in Deckfarben und Gold, rubriziert, 37 × 24 cm
Universitätsbibliothek Leipzig, Ms 262

40

Augustinus entwirft in den 22 Büchern seines Werkes »De civitate dei« die Idee eines Gottesstaats in Abgrenzung und Gegensatz zum Erdenstaat. Die Handschrift Ms 262 überliefert diesen Text nicht vollständig, da zu Beginn eine Lage, die aus vier Pergamentdoppelblättern bestanden haben dürfte, ausgefallen ist.

Mit dem Verlust der ersten Blätter ist vermutlich auch ein besonders reich und qualitätvoll ausgestatteter Textbeginn verloren gegangen. Hiervon zeugen die noch erhaltenen exquisit gestalteten Deckfarbeninitialen in Rot, Blau, Grün, Ocker und Gold, die den Beginn der einzelnen Bücher optisch markieren. Es handelt sich bei ihnen um späte Spaltleisteninitialen, die in ihrer Anlage noch die traditionelle Formensprache aufweisen, denen aber häufig die charakteristische (und eigentlich namensgebende) Spaltung des Buchstabenkörpers fehlt. Damit einhergehend ist das Fehlen der typischen Spangen zu erklären, die, da sie die gespaltenen Leisten zusammenhalten sollen, obsolet geworden sind. Die aus Tier- bzw. Fabelwesen gebildeten Buchstabenkörper und die Fieder- und Palmettenornamentik im Binnenfeld sind dagegen moderne Buchschmuckelemente dieser Zeit und bestätigen, dass bei den Spaltleisteninitialen Ausläufer einer ausklingenden Mode vorliegen, die gut an der Wende vom ersten zum zweiten Viertel des 13. Jahrhunderts vorstellbar sind. Die einfacheren Buchschmuckformen, die bereits den Stil der Silhouetteninitialen (zum Beispiel auf den Blättern 102, 119v, 131v, 230r) aufgreifen, passen gut hierzu, wie auch die paläografische Datierung auf den Zeitraum um 1220 bis 1240.

Nach Ausweis von Schrift und Buchschmuck dürfte die Handschrift aller Wahrscheinlichkeit nach in Deutschland entstanden sein. Ein Besitzeintrag des 15. Jahrhunderts auf dem letzten Blatt belegt, dass sich Ms 262 zu dieser Zeit im Pegauer Benediktinerkloster befunden hat. In einem Bücherverzeichnis des Klosters aus dem zweiten Viertel oder zweiten Drittel des 14. Jahrhunderts, das im Leipziger Codex Ms 848 auf Blatt 115r überliefert wird, ist ein Band mit dem Titel »Augustinus De ciuitate dei« erwähnt.

Wenn dieser Eintrag mit Ms 262 identifiziert werden darf, wäre der Band bereits im 14. Jahrhundert Bestandteil der Klosterbibliothek gewesen. Daher könnte auch eine Entstehung der Handschrift in der Pegauer Abtei selbst in Erwägung gezogen werden, auch wenn sie nicht zu belegen ist. Ausstattungsniveau des Bandes und der damit verbundene Anspruch ließen sich allerdings gut mit der späten Amtszeit des Pegauer Abtes Siegfried von Röcken (amt. 1185–1223) in Einklang bringen, der mit verschiedenen Maßnahmen, wie einem neuen Grabmal für den Klostergründer Wiprecht von Groitzsch oder Wandmalereien innerhalb des Klosters, die Hochrangigkeit Pegaus ausdrücken wollte. | KS

Literatur

Helssig, Rudolf: Die lateinischen und deutschen Handschriften, Bd. 1: Die theologischen Handschriften, Teil 1 (= Katalog der Handschriften der Universitäts-Bibliothek zu Leipzig IV,1), Leipzig 1926–1935 (Nachdruck Wiesbaden 1995), verfügbar unter: www.manuscripta-mediaevalia.de/dokumente/html/obj31561898 (letzter Zugriff am 5.7.2018).

41

# Theologisch-liturgische Sammelhandschrift

Benediktinerkloster Chemnitz, Mitte oder 3. Viertel 13. Jahrhundert
Pergament, 73 Blätter, spätmittelalterlicher unverzierter Ledereinband auf Holzdeckeln, 24 × 15,7 cm
Universitätsbibliothek Leipzig, Ms 436

Die Handschrift wurde in der Mitte oder im dritten Viertel des 13. Jahrhunderts, hauptsächlich von einem Schreiber, angelegt. Der Band enthält unter anderem Predigten des Erzbischofs von Tours Hildebert von Lavardin († 1133) (Bl. 1r – 14v), eine Legende, ein Messoffizium und Gesänge zum Fest der Heiligen Katharina (Bl. 15r – 28r) sowie weitere Predigten und theologische Texte. Die Antiphonen, Responsorien, Hymnen und Sequenzen zum Katharinenfest (Bl. 26v – 28r) sowie zum Fest eines Evangelisten (Bl. 28r – 29v) sind mit zwischen den Zeilen eingefügten (interlinearen) Neumen versehen (vgl. Abb. 3). Am Ende der Katharinenlegende (Bl. 26r) sowie zwischen zwei Predigten (Bl. 56v) vermerkte der Schreiber seinen Namen: »Sum liber Alberti multa bonitate (bzw. uirtute) referti« (»Ich bin das Buch des Albertus, der von Güte (bzw. Tugend) erfüllt ist.«). Dieser Schreiber hat auch die ebenfalls dem Chemnitzer Benediktinerkloster gehörenden Handschriften Ms 172 und Ms 392 angelegt und sie mit gleichlautenden Schreibereinträgen[1] gekennzeichnet. Vielleicht ist er identisch mit einem »Magister Albertus de Ciza« (Zeitz?), der den Brüdern des Chemnitzer Klosters einen Band mit den Sentenzen des Petrus Lombardus (UB Leipzig, Ms 414) stiftete.
In Ms 436 findet sich am unteren Rand von Blatt 1r ein ebenfalls noch in das 13. Jahrhundert (letztes Viertel) zu setzender Besitzeintrag »Sum liber sancte Marie virginis in Kemnitz« (»Ich bin ein Buch der Heiligen Jungfrau Maria in Chemnitz«).
Leider lässt sich kaum etwas über die Person des Stifters ermitteln, der, wenn man von einer Identität mit dem in Ms 414 genannten Magister ausgeht, seinen akademischen Abschluss an einer auswärtigen Universität (vielleicht in Paris) erworben haben dürfte. Auf einen Aufenthalt in Frankreich verweisen zum einen seine französisch geprägte Schrift, zum anderen die in seinen Manuskripten enthaltenen Texte französischer Autoren (etwa die Predigten Hildeberts in Ms 436, der »Liber sacramentorum« des Hugo von St. Viktor in Ms 392 und die »Expositio ›Faletholus‹« des Adam von Petit-Pont in Ms 172). Ob er ein dem Kloster verbundener Laie war oder später dem Konvent beigetreten ist, kann beim jetzigen Wissensstand nicht entschieden werden. Im Nekrolog des Klosters (vgl. Kat.-Nr. 39) sind zwei Personen mit dem Namen Albertus als Priester und Mönch aufgeführt;[2] ob einer der beiden mit dem Vorbesitzer dieser Handschriften identisch ist, lässt sich nicht entscheiden. Möglicherweise gelangten die Bücher des Albertus nach Chemnitz, nachdem der Bischof von Meißen 1274 zu Spenden für das Chemnitzer Kloster aufgerufen hatte.[3]

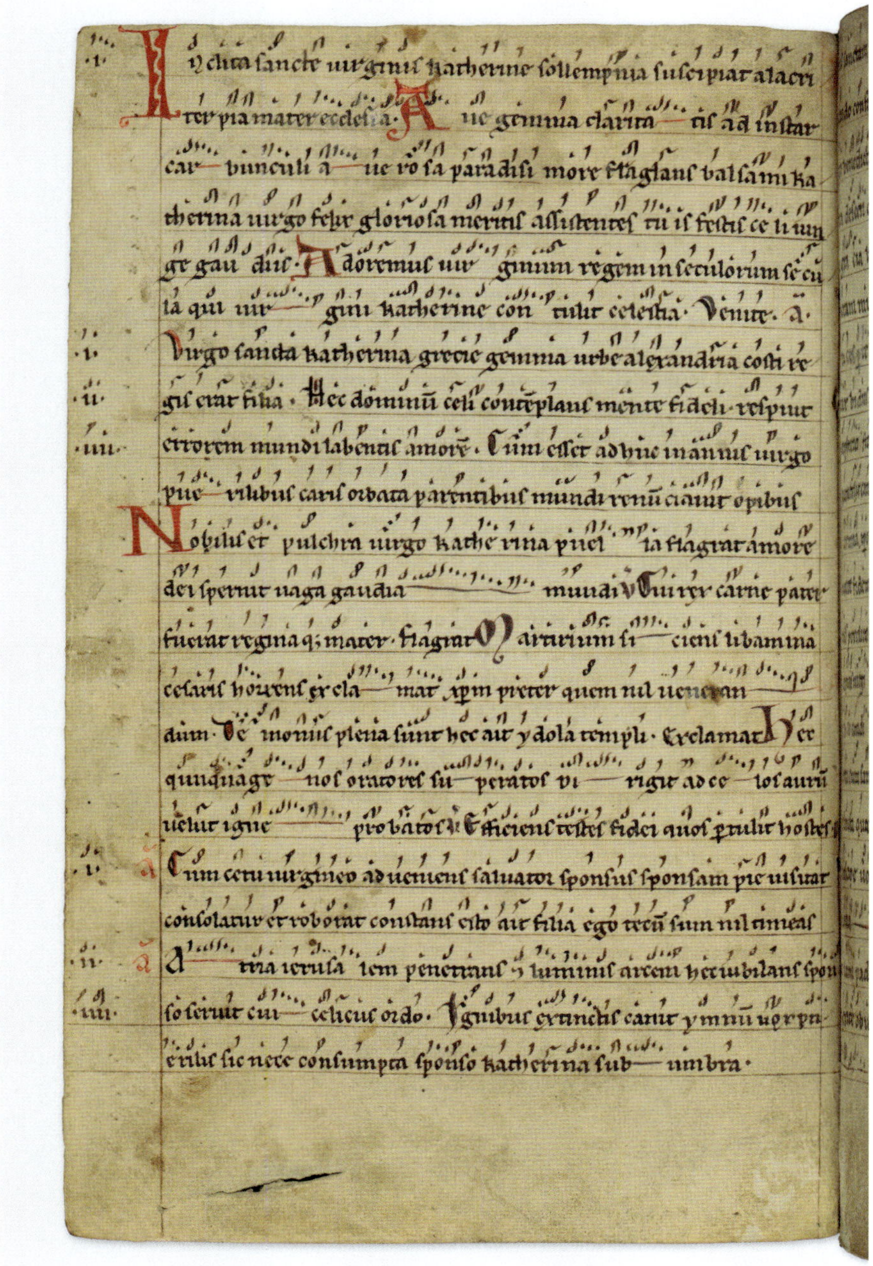

41

Bei der Neubindung im letzten Viertel des 15. Jahrhunderts fügte der Buchbinder in Ms 436 als vorderen Spiegel ein Blatt aus einem Missale aus der ersten Hälfte des 12. Jahrhunderts ein, das aus einer zum Gründungsbestand des Klosters gehörenden Handschrift stammen dürfte (vgl. Kat.-Nr. 37); Ms 392 wiederum enthält Makulatur aus einem Lektionar des 12. Jahrhunderts. Bei der in Chemnitz vom »Eichelzweig- oder Kopfstempelmeister« ausgeführten Neubindung dieses Bandes wurden außerdem unbeschriftete Papierspiegel und Vorsatzblätter eingefügt, die durch die Wasserzeichen auf die zweite Hälfte der 1480er Jahre (um 1486/88) datiert werden können. Somit lässt sich der Zeitpunkt einerseits der Neubindung, andererseits der Makulierung älterer Handschriften der Klosterbibliothek genauer festlegen. Wohl im Zusammenhang mit der Neubindung wurde auf dem letzten Blatt von Ms 436 (Bl. 72r) ein Inhaltsverzeichnis eingetragen.[4] Sowohl die Neubindungen als auch die Erschließung durch Inhaltsverzeichnisse zeugen von einer Neuorganisation der Klosterbibliothek unter dem vorletzten Abt Heinrich von Schleinitz (1484–1522). | ME

Literatur

Zum Katharinen-Offizium vgl. Blume, Clemens / Dreves, Guido M. (Hrsg.): Analecta Hymnica, Bd. 26: Historiae Rhythmicae. Liturgische Reimoffizien des Mittelalters, Leipzig 1897, Nr. 69, S. 197–204; Zu den Sequenzen zu Katharina und den Evangelisten vgl. Blume, Clemens (Hrsg.): Analecta Hymnica, Bd. 55: Thesauri Hymnologici Prosarium. Die Sequenzen des Thesaurus Hymnologicus H. A. Daniels, Leipzig 1922, Nr. 5, S. 9–11, Nr. 202, S. 226–229; Die lateinischen und deutschen Handschriften der Universitäts-Bibliothek zu Leipzig, Bd. 1: Die theologischen Handschriften, Teil 1 (Ms 1–500), beschr. von Rudolf Helssig, Leipzig 1926, unveränderter Nachdruck Wiesbaden 1995 (= Katalog der Handschriften der Universitäts-Bibliothek Leipzig, Abteilung IV, Bd. 1), S. 202 f. (Ms 172), S. 609 f. (Ms 392), S. 641 (Ms 414), S. 689–694 (Ms 436); Du Bouveret, Bénédictins: Colophons de manuscrits occidentaux des origines au XVI^e siècle, Bd. 1 (= Spicilegia Friburgensia Subsidia 2), Fribourg 1965, S. 15, Nr. 109 (mit Verweis auf Ms 172 und Ms 392).

Anmerkungen

**1** Leipzig, UB, Ms 172, Bl. 102v; Ms 392, Bl. 79v. **2** Vgl. Ermisch, Hubert / Posse, Otto: Urkundenbuch der Stadt Chemnitz und ihrer Klöster (Codex diplomaticus Saxoniae regis II,6), Leipzig 1879 (= UB Chemnitz), S. 473, Z. 16, S. 481, Z. 10. **3** Vgl. UB Chemnitz, Nr. 315; Römer, Christof: Chemnitz, in: Germania Benedictina X/1, S. 236. **4** Inhaltsverzeichnisse von derselben Hand finden sich z. B. auch in den aus Chemnitz stammenden Handschriften Leipzig, UB, Ms 111 (Bl. Ir), Ms 808 (Bl. 1r), Ms 172 (Bl. 1r).

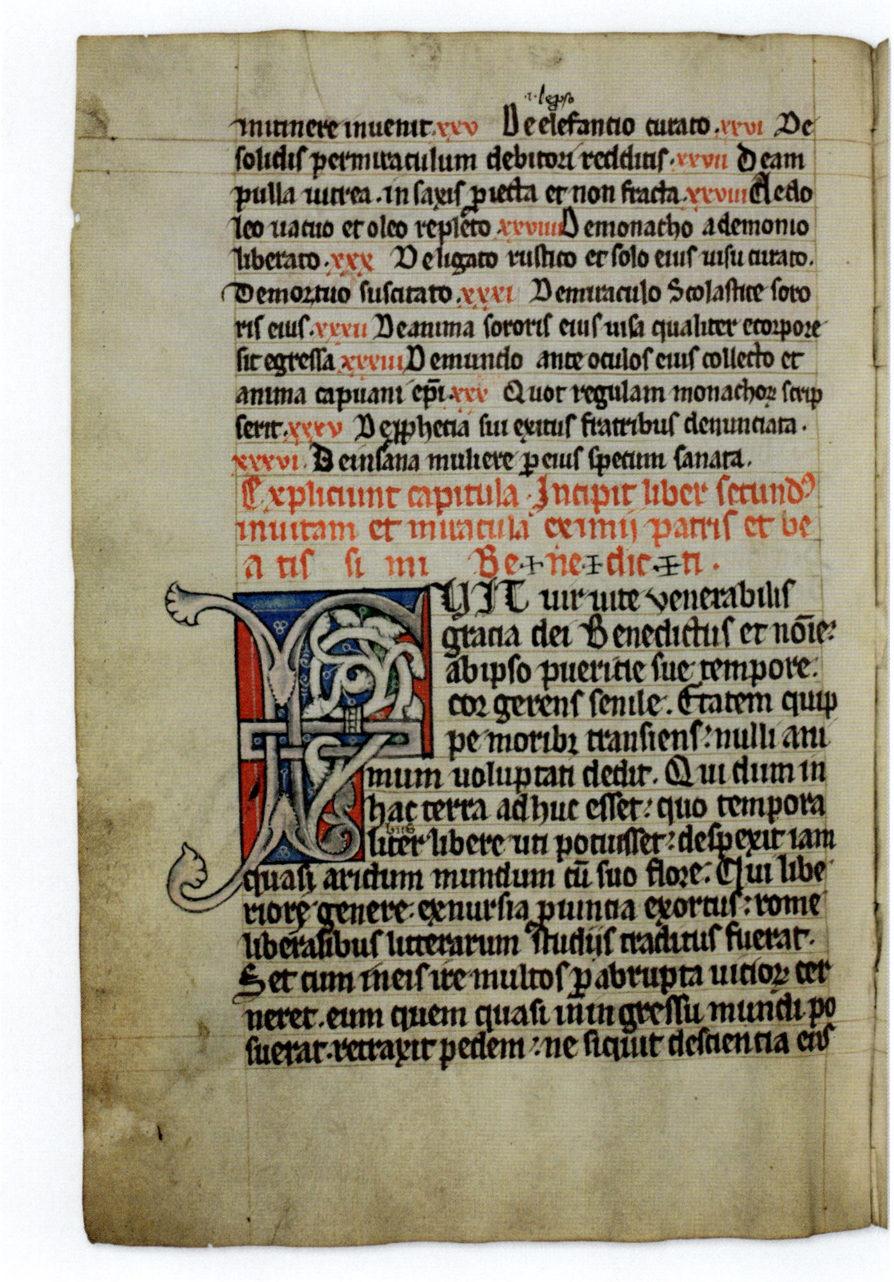

42

**42**

Gregor der Große (Papst Gregor I.)

## Dialogi de vita et miraculis patrum Italicorum

Ostmitteldeutschland (Benediktinerkloster Chemnitz ?), 3. Viertel 13. Jahrhundert
Handschrift auf Pergament, spätmittelalterlicher Holzdeckeleinband mit braunem Schweinslederüberzug, Spaltleisteninitialen in Deckfarbenmalerei, Palmetten-Initialen in Rot und Blau mit gelbem Konturierungen, rubriziert, 29 × 20,5 cm
Universitätsbibliothek Leipzig, Ms 339

Die »Dialogi de vita et miraculis patrum Italicorum« (»Gespräche über das Leben und die Wundertaten der italienischen Väter«) verfasste Papst Gregor I. (540/542–604) Ende des 6. Jahrhunderts. Der Titel »Dialogi« (»Zwiegespräche«) bezieht sich darauf, dass der Text als Gespräch zwischen Gregor und seinem Diakon Paulus gestaltet ist. In der Handschrift werden die wechselnden Sprecherrollen durch die roten Zwischenüberschriften *Petrus* und *Gregorius* markiert.
Bei den »Dialogi« handelt es sich um einen theologischen Grundlagentext in vier Büchern, der in keiner Klosterbibliothek des Mittelalters fehlen durfte. Besondere Rolle spielte das Werk für die Benediktiner, da das gesamte zweite Buch dem Ordensgründer, dem Heiligen Benedikt von Nursia, gewidmet ist. Die Bedeutung des Benedikt-Teils zeigt auch der Initialschmuck der Handschrift: Die das Buch 2 einleitende Spaltleisteninitiale vor rot-blauem Feld auf Blatt 27v ist deutlich aufwendiger als die Initialen zu Beginn der Bücher 3 und 4 ausgeführt und fällt gegenüber der traditionell besonders prachtvollen Initiale für den Textbeginn kaum ab.
Nach Ausweis der Schrift dürfte der Codex wohl im dritten Viertel des 13. Jahrhunderts geschrieben worden sein. Die noch in »Des Himmels Fundgrube« vorgeschlagene Datie-

rung ins zweite Jahrhundertdrittel sollte angesichts des sehr kurzen unteren g-Bogens in die Zeit deutlich nach der Jahrhundertmitte vorgerückt werden, auch wenn es sich bei dieser g-Form um das einzige modernere paläografische Element handelt.
Wohl Ende des 13. oder Anfang des 14. Jahrhunderts wurde auf der Rückseite von Blatt 1 am unteren Rand in Rot der Besitzeintrag »Iste liber est sancte Marie uirginis in Kemnicz« (»Dieses Buch gehört [dem Kloster] der Jungfrau Maria in Chemnitz«) angebracht, wie er sich auch in mehreren anderen Handschriften der Chemnitzer Benediktiner findet. Sollte die Handschrift im Chemnitzer Kloster selbst geschrieben worden sein, was sich freilich nicht belegen lässt, fiele ihre Herstellung in die Frühzeit der Aufbau- und Konsolidierungsphase, die die Abtei nach der Krisenzeit des ersten Viertels des 13. Jahrhunderts erlebte. In jedem Fall befand sie sich kurz nach ihrer Entstehung bereits in Chemnitz. Neben den aufwendigen Deckfarbeninitialen zu Buchbeginn enthält die Handschrift zur weiteren Binnengliederung zahlreiche rote oder blaue Initialen mit gelb gefülltem Palmettenschmuck: ein Initialstil, der für das Mutterkloster Pegau noch im ausgehenden 13. und beginnenden 14. Jahrhundert kennzeichnend ist. | CM/KS

Literatur
Helssig, Rudolf: Die lateinischen und deutschen Handschriften, Bd. 1: Die theologischen Handschriften, Teil 1 (= Katalog der Handschriften der Universitäts-Bibliothek zu Leipzig IV,1), Leipzig 1926–1935 (Nachdruck Wiesbaden 1995), S. 494 f., verfügbar unter: www.manuscripta-mediaevalia.de/dokumente/html/obj31562644 (letzter Zugriff am 5.7.2018); Sarnowsky, Jürgen: Die Bibliothek des Klosters Chemnitz am Vorabend der Reformation. Ein Bücherverzeichnis von 1541, in: Studien und Mitteilungen zur Geschichte des Benediktinerordens und seiner Zweige, 108 (1997), S. 321–373, hier S. 337; Mackert, Christoph: Exponatbeschreibungen zu Leipzig, UB, Ms 339 (Gregor der Große, Dialogi), in: Fiedler, Uwe / Thoß, Hendrik / Bünz, Enno (Hrsg.): Des Himmels Fundgrube. Chemnitz und das sächsisch-böhmische Gebirge im 15. Jahrhundert, Chemnitz 2012, S. 313.

**43**

Johannes Cassianus

## Collationes patrum

Deutschland (Benediktinerkloster Chemnitz?), 4. Viertel 13. Jahrhundert
wohl zeitgenössischer Holzdeckeleinband mit Schweinslederbezug, einfache Initialengliederung in Rot, 23 × 15,5 cm
Universitätsbibliothek Leipzig, Ms 282

Im späten 4. Jahrhundert pilgerte Johannes Cassianus († um 435) nach Ägypten und lebte dort über zehn Jahre bei den Wüstenmönchen. Auf seinen damaligen Erfahrungen mit den ägyptischen Formen monastischen Zusammenlebens basiert seine um 426/428 entstandene Schrift »Collationes patrum« (»Unterredungen mit den [Wüsten-]Vätern«), die schnell zu einem der wichtigsten Grundlagentexte des abendländischen Mönchstums avancierte und im Mittelalter entsprechend außerordentlich verbreitet war.
Die »Collationes« des als Heiligen verehrten Cassianus gehörten üblicherweise zu jenen Texten, die den Kernbestand von Klosterbibliotheken bildeten. Das »Collationes«-Exemplar der Chemnitzer Benediktinerabtei ist freilich, wie der paläografische Befund zeigt, erst im letzten Viertel des 13. Jahrhunderts entstanden, also gut eineinhalb Jahrhunderte nach der Klostergründung. Die Handschrift, die heute als Ms 282 in der Leipziger Universitätsbibliothek aufbewahrt wird, stellt in dieser Hinsicht jedoch keinen Einzelfall dar. Vielmehr ist es insgesamt ein auffälliges Phänomen, dass sich keine Zeugnisse der Chemnitzer Klosterbibliothek erhalten haben, die vor die Mitte des 13. Jahrhunderts zurückführen und bei denen Entstehung in oder für Chemnitz anzunehmen ist. Zudem liegen neben Ms 282 noch weitere Chemnitzer Handschriften aus der zweiten Hälfte des 13. Jahrhunderts oder der Wende zum frühen 14. Jahrhundert vor, die ebenfalls monastische Grundlagentexte enthalten, wie man sie eigentlich für die Erstausstattung eines Klosters erwarten würde.
Das Kapiteloffiziumsbuch mit seinen bis ins 12. Jahrhundert zurückreichenden Teilen (vgl. Kat.-Nr. 39) und das ebenfalls aus dem 12. Jahrhundert stammende Missale-Fragment (vgl. Kat.-Nr. 37) stehen dazu nur scheinbar in Widerspruch, denn beide waren höchstwahrscheinlich nicht Teil der Bibliothek, sondern dürften im Kapitelsaal bzw. in der Kirche oder Sakristei zusammen mit den liturgischen Geräten aufbewahrt gewesen sein.
Dieser Überlieferungsbefund lässt sich gut mit den historischen Nachrichten über die Zerstörungen in Zusammenhang mit dem Böhmeneinfall um 1200 und die anschließende Krisenzeit zusammensehen, als die Abtei offenbar neu errichtet werden musste. Nach der baulichen Wiederherstellung im zweiten Jahrhundertviertel begann man offenbar ab der Mitte des 13. Jahrhunderts mit dem Neuaufbau eines Bibliotheksbestands und konzentrierte sich dabei zunächst auf die klösterlichen Basistexte. Dies legt zugleich nahe, dass der alte Buchbestand im Zuge der kriegerischen Auseinandersetzungen vernichtet worden war – oder zumindest so in Mitleidenschaft gezogen, dass ein Neuanfang erforderlich wurde.
Die Annahme Rudolf Helssigs, dass das Chemnitzer Cassianus-Exemplar aus der alten Pegauer Handschrift Ms 283 abgeschrieben wurde, ist angesichts der Textabweichungen bei den Überschriften in den beiden Handschriften kritisch zu sehen. | CM

Literatur
Schmidt, Ludwig: Beiträge zur Geschichte der wissenschaftlichen Studien in sächsischen Klöstern, Teil 2: Grünhain, Buch, Pegau, Chemnitz, Thomaskloster in Leipzig, in: Neues Archiv für Sächsische Geschichte und Altertumskunde, Bd. XX (1899), Heft 1 und 2, S. 1–32, hier S. 25; Helssig, Rudolf: Die lateinischen und deutschen Handschriften der Universitäts-Bibliothek zu Leipzig, Bd. 1: Die theologischen Handschriften, Teil 1 (Ms 1–500). Leipzig 1926, unveränderter Nachdruck Wiesbaden 1995, S. 411–413 (Katalog der Handschriften der Universitäts-Bibliothek Leipzig, Abteilung IV, Bd. 1); Sarnowsky, Jürgen: Die Bibliothek des Klosters Chemnitz am Vorabend der Reformation. Ein Bücherverzeichnis von 1541, in: Studien und Mitteilungen zur Geschichte des Benediktinerordens und seiner Zweige 108 (1997), S. 321–373, hier S. 373.

43 ▷

2

Collationes patrum · postea gemma crucifixi ·

Hec collata patrum de
lebri sermone prior
In duplici forma
referuntur bis duo
dena Hor quodque tibi quod
honestum conferat audi. Ptum
cum moyses in primis sunt duo
bus Dat. que sit scopos. qui de
beat aut fore telos Discrete que
iubet super omnia uiuere fres.
Pafnucius monachum docet
inde relinquere mundum Cor
poris illecebris daniele docente
resiste. Serapion iterum
uias
notat octonis uiciorum. Secum
loquitur de morte theodorus ab
bas. Carpitur improbitas sa
thane uaga mens que sereno.
Et de spiritibus tradunt ul
ta sinistris Hortatur fres ysa
ac collacio bina Orandum pu
re cum cordis simplicitate Quo
sit pfectum. quid castum. quid ue
parari Seruari que deo ualeat
custode docemur. Collatis tri
nis preceptoris cheremonis Ar
sinum ueri diuina cognitione

Dat que carismatibus confert tibi
nesterus abbas Dictat ami
cicie ioseph firmissima iura
Monstrans pterea que diffini
tio uera Ast genera hinc pi
amon tria psequitur monachorum
Vite iohannis de fine ul' ana
choresis Colloquitur salubris
collacio missa iohannis Cri
mina purgandi condis precepta
pinusi Viuere maiori uenia
quinquagesimali Tempore con
cedit. theonas absoluit et illud
Accedant nobis que fantas
mata noctis Et cur sepe ma
lum quod nolumus hoc operamur
Concludunt omnes seniorum
traditiones Sermones ab
he de carnis lege domante Prefa
cio cassiani abbatis in
libro collacionum

Debitum quod bea
tissimo pape casto
ri in corum uoluminum prefatione
promissum est. que de institutis ceno
biorum et de octo principalium uiciorum
remediis. duodecim libellis duo

Iste liber est sancte marie uirginis et sancti benedicti in
Kemnitz qui eum abstulerit anathema sit

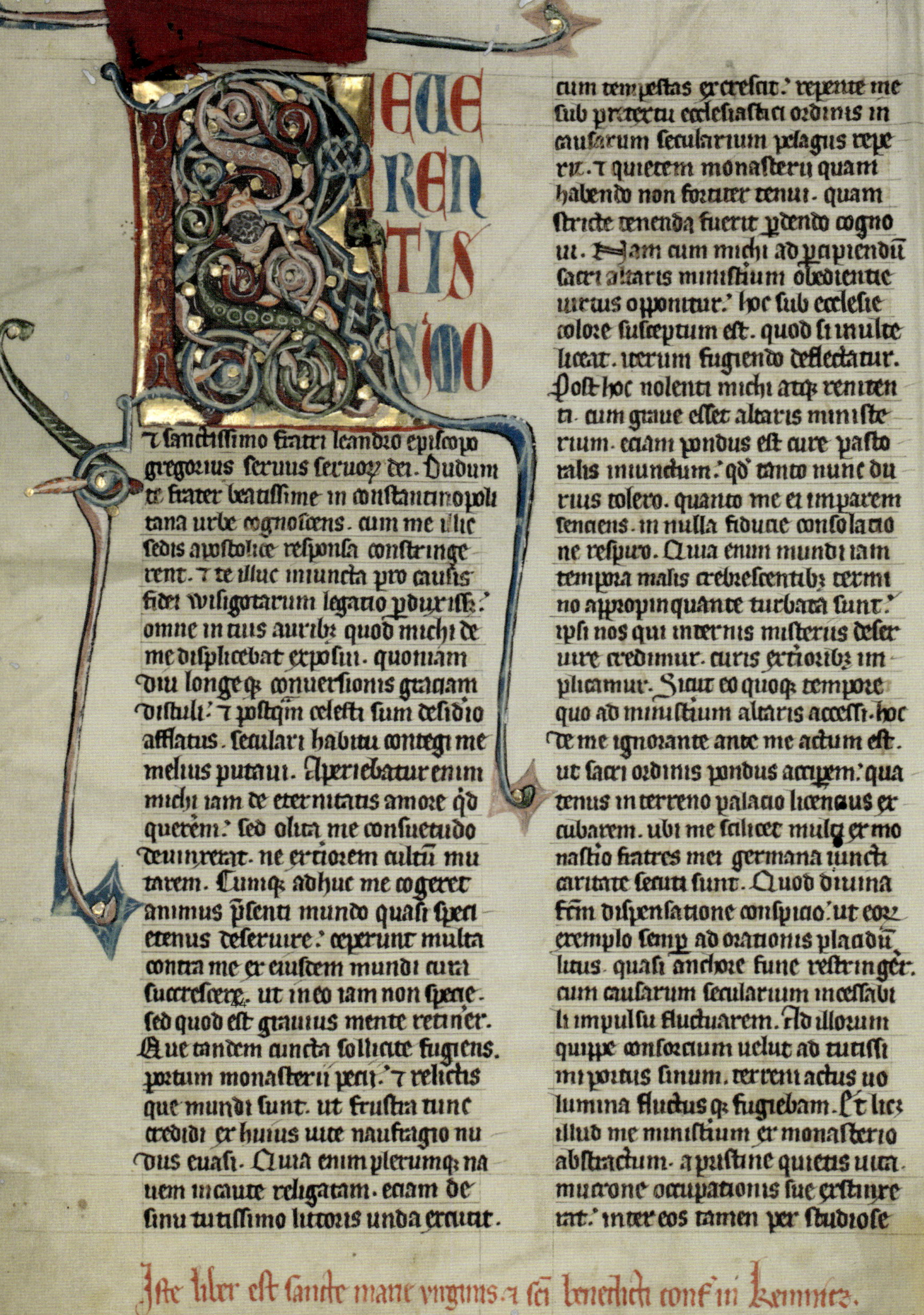

REVERENTISSIMO et sanctissimo fratri leandro episcopo gregorius servus servorum dei. Dudum te frater beatissime in constantinopolitana urbe cognoscens. cum me illic sedis apostolice responsa constringerent. et te illuc iniuncta pro causis fidei wisigotarum legatio perduxisset. omne in tuis auribus quod michi de me displicebat exposui. quoniam diu longeque conversionis gratiam distuli. et postquam celesti sum desidio afflatus. seculari habitu contegi me melius putavi. Aperiebatur enim michi iam de eternitatis amore quod quererem. sed olita me consuetudo devinxerat. ne exteriorem cultum mutarem. Cumque adhuc me cogeret animus presenti mundo quasi specietenus deservire. ceperunt multa contra me ex eiusdem mundi cura succrescere. ut in eo iam non specie. sed quod est gravius mente retinerer. Que tandem cuncta sollicite fugiens. portum monasterii petii. et relictis que mundi sunt. ut frustra tunc credidi ex huius vite naufragio nudus evasi. Quia enim plerumque navem incaute religatam. etiam de sinu tutissimo litoris unda excutit.

cum tempestas excrescit. repente me sub pretextu ecclesiastici ordinis in causarum secularium pelagus repperi. et quietem monasterii quam habendo non fortiter tenui. quam stricte tenenda fuerit perdendo cognovi. Nam cum michi ad percipiendum sacri altaris ministerium obedientie virtus opponitur. hoc sub ecclesie colore susceptum est. quod si inulte liceat. iterum fugiendo deflectatur. Post hoc nolenti michi atque renitenti. cum grave esset altaris ministerium. etiam pondus est cure pastoralis iniunctum. quod tanto nunc durius tolero. quanto me ei imparem sentiens. in nulla fiducie consolatione respiro. Quia enim mundi iam tempora malis crebrescentibus termino appropinquante turbata sunt. ipsi nos qui interius misteriis deservire credimur. curis exterioribus implicamur. Sicut eo quoque tempore quo ad ministerium altaris accessi. hoc de me ignorante actum est. ut sacri ordinis pondus acciperem. quatenus in terreno palatio licentius excubarem. ubi me scilicet multi ex monasterio fratres mei germana vincti caritate secuti sunt. Quod divina factum dispensatione conspicio. ut eorum exemplo semper ad orationis placidum litus. quasi anchore fune restringerer. cum causarum secularium incessabili impulsu fluctuarem. Ad illorum quippe consortium velut ad tutissimi portus sinum. terreni actus volumina fluctusque fugiebam. Et licet illud me ministerium ex monasterio abstractum. a pristine quietis vita mucrone occupationis sue exstinxerat. inter eos tamen per studiose

Iste liber est sancte marie virginis et sancti benedicti conf. in Kemnitz.

**44**

Gregor der Große (Papst Gregor I.)

## Moralia in Iob

Deutschland (Benediktinerkloster Chemnitz?), Ende 13./Anfang 14. Jahrhundert
Handschrift auf Pergament, wohl zeitgenössischer Holzdeckeleinband mit Schweinslederbezug, Deckfarbeninitialen mit Gold sowie Fleuronnéinitialen; 48–48,5 × 33,5 cm
Universitätsbibliothek Leipzig, Ms 288

Wie die »Dialogi« desselben Autors (Kat.-Nr. 42) und Johannes' Cassianus »Collationes patrum« (Kat.-Nr. 43) gehörte auch die umfangreiche Auslegung des biblischen Buches Hiob aus der Feder Papst Gregors des Großen († 604) zu den Standardwerken, die den Grundstock vieler Klosterbibliotheken bildeten. Die großformatige und reich illuminierte »Moralia«-Handschrift des Chemnitzer Benediktinerklosters stammt nach Ausweis von Schrift und Buchschmuck aus der Zeit um 1300 und bestätigt den Befund, dass die Abtei im Zuge des Wiederaufbaus der Bibliothek ab der zweiten Hälfte des 13. Jahrhunderts zentrale Grundlagentexte in neuen und repräsentativ ausgeschmückten Exemplaren beschaffte oder selbst fertigen ließ. Beim vorliegenden Exemplar ist es nach Rudolf Helssig zu erwägen, dass der Codex Ms 290 des Pegauer Mutterklosters die Vorlage gebildet haben könnte.
In der Handschrift sind die Anfänge der einzelnen Bücher, in die sich Gregors monumentales Werk gliedert, durch große Initialen in kostbarer Deckfarbenmalerei und mit Verwendung von reichlich Gold ausgezeichnet. Zum Schutz der Malereien sind Textilvliese eingenäht. Stilistisch lassen sich diese Initialen mit ihren teilweise gespaltenen Buchstabenkörpern, den Spiralrankenfüllungen und den eingefügten Lebewesen als eine sehr späte und hybride Form der romanischen Spaltleisteninitiale auffassen, die um 1300 sicherlich bereits als altehrwürdiges Buchschmuckelement galt und eventuell gezielt eingesetzt wurde, um an die Zeit vor den Zerstörungen des frühen 13. Jahrhunderts anzuschließen. Die Illuminationen wurden von zwei Buchmalern ausgeführt, wobei der erste, der die Ausstattung bis Bl. 93r übernahm, expressiver arbeitete, aber handwerklich nicht das professionelle Niveau erreicht wie der zweite, dessen Hand ab Bl. 133v einsetzt. In der Farbigkeit schließen die Initialen des zweiten Buchmalers an den Buchschmuck in der Pegauer Augustinus-Handschrift (Kat.-Nr. 40) an.
Innerhalb der einzelnen Bücher der »Moralia« erfolgt die weitere Textuntergliederung durch Fleuronnéinitialen in Rot und Blau, die anders als die Deckfarbenmalereien zu Buchbeginn ganz auf der Höhe der zeitgenössischen Initialmode sind. | CM

◁ 44

Literatur
Schmidt, Ludwig: Beiträge zur Geschichte der wissenschaftlichen Studien in sächsischen Klöstern, Teil 2: Grünhain, Buch, Pegau, Chemnitz, Thomaskloster in Leipzig, in: Neues Archiv für Sächsische Geschichte und Altertumskunde, Bd. XX (1899), Heft 1 und 2, S. 1–32; Helssig, Rudolf: Die lateinischen und deutschen Handschriften der Universitäts-Bibliothek zu Leipzig, Bd. 1: Die theologischen Handschriften, Teil 1 (Ms 1–500), Leipzig 1926, unveränderter Nachdruck Wiesbaden 1995 (Katalog der Handschriften der Universitäts-Bibliothek Leipzig, Abteilung IV, Bd. 1), S. 420 f.; Sarnowsky, Jürgen: Die Bibliothek des Klosters Chemnitz am Vorabend der Reformation. Ein Bücherverzeichnis von 1541, in: Studien und Mitteilungen zur Geschichte des Benediktinerordens und seiner Zweige 108 (1997), S. 321–373, hier S. 336; Huth, Mike (Red.): Benediktiner in Sachsen. 888 Jahre Kloster Riesa. Begleitbuch zur Ausstellung im Stadtmuseum Riesa (= Reihe Weiß-Grün, Nr. 37), Dößel 2007, S. 19.

**45**

Thomas von Aquin u. a.

## Theologische Sammelhandschrift: Autoritätensammlung

Ostmitteldeutschland (Benediktinerkloster Pegau ?), Anfang 14. Jahrhundert
Exzerpte aus »De manipulo florum«, »Tractatus de sententia excommunicationis maioris«, »De perfectione vitae spiritualis«, »Expositio in Danielem«
Handschrift auf Pergament, Holzdeckeleinband mit modernem roten Lederbezug unter Verwendung von Teilen des historischen Einbandleders, rote und blaue Initialen mit Knospen und Palmettenfleuronné, 22,5 × 18 cm
Universitätsbibliothek Leipzig, Ms 630

Zahlreiche Besitzeinträge aus dem 14. und 15. Jahrhundert belegen, dass sich die Handschrift Ms 630 über mehrere Jahrhunderte im Pegauer Benediktinerkloster befunden hat. Die wohl ältesten dieser Einträge dürften zeitnah oder eventuell sogar zeitgleich zur Entstehung der Handschrift selbst zu datieren sein, was eine Lokalisierung im Pegauer Benediktinerkloster mehr als wahrscheinlich macht – eine Vermutung, die auch durch den Buchschmuck gestützt wird.
Zur Markierung von neuen Abschnitten wurden ein- bis vierzeilige Initialen alternierend in roter und blauer Tinte verwendet, an denen in der jeweiligen Gegenfarbe Konturbegleitstriche ablaufen, die stilisierte Palmetten ausbilden. Die Binnenfelder sind zusätzlich mit gelben Federstrichen gefüllt. Ein solches Palmettenfleuronné stellt eine der frühen Motivformen des Fleuronnés dar, entwickelte sich ab dem 12. Jahrhundert in Frankreich und war in Deutschland vor allem im ersten und zweiten Drittel des 13. Jahrhunderts eine gebräuchliche Initialverzierung. Nach Ausweis der Schrift, die bereits an einigen Stellen kursive Elemente wie unter das Mittelband hinausreichendes *s* und *f* aufweist, datiert Ms 630 nun aber in das beginnende 14. Jahrhundert, mithin in eine Zeit, in der diese Schmuckform kaum mehr verwendet wird. Hierzu passt allerdings, dass die Palmetten in Ms 630 kaum mehr als lebendig angesprochen werden können. Die Fächerung der Palmettenränder ist häufig nicht mehr durch einzelne an einander gesetzte Bögen gebildet, sondern durch einfache Linien, an die kurze Striche im rechten Winkel angesetzt wurden, was einen statischen und flächigen Eindruck bewirkt. Derselbe Initialstil ist in drei weiteren Handschriften des Pegauer Benediktinerklosters aus dem früheren 14. Jahrhundert – Ms 26, Ms 827 und Ms 848 – belegt, weswegen hier ein eigener Pegauer Lokalstil zu greifen sein dürfte. Bemerkenswert sind die Parallelen in der Initialgestaltung zwischen Ms 630 und der Leipziger Handschrift Ms 339, die aus dem Pegauer Tochterkloster in Chemnitz stammt, aber noch in das dritte Viertel des 13. Jahrhunderts datiert (vgl. Kat.-Nr. 42). Die Palmetten begegnen uns zwar in Ms 339 noch in ihrer ganz lebendigen Ausformung, sie weisen aber dieselbe großflächige und raumeinnehmende Ausgestaltung auf wie in den späteren Pegauer Handschriften. Neben den Verbindungen zwischen dem Pegauer und dem Chemnitzer Benediktinerkloster auf inhaltlicher Ebene, wie sie bei den Codices Ms 288 und Ms 290 (vgl. Kat.-Nr. 44) vorhan-

den ist, sind damit auch Parallelen auf Ebene der Ausstattung und des Buchschmucks zwischen beiden Abteien nachweisbar. | KS

Literatur
Helssig, Rudolf: Die lateinischen und deutschen Handschriften der Universitäts-Bibliothek Leipzig, Bd. 3: Die juristischen Handschriften (= Katalog der Handschriften der Universitätsbibliothek zu Leipzig VI,3), Leipzig 1905 (Nachdruck Wiesbaden 1996), S. 335, verfügbar unter: www.manuscripta-mediaevalia.de/dokumente/html/obj31566701 (letzter Zugriff am 5.7.2018); www.manuscripta-mediaevalia.de/dokumente/html/obj31587110 (letzter Zugriff am 5.7.2018); Digitalisat der Sammelhandschrift verfügbar unter: https://digital.ub.uni-leipzig.de/object/viewid/0000010393 (letzter Zugriff am 5.7.2018); Merker, Almuth: Zeugnisse der Helfta-Rezeption aus dem frühen 14. Jahrhundert, In: Handschriften der Universitätsbibliothek Leipzig, In: Mauerfälle der Mystik. Eine Spurensuche zu Mechthild (von Magdeburg) und zum »Fließenden Licht der Gottheit« in religiösen Netzwerken, Ordenslandschaften und literarischen Diskursen im mitteldeutschen Raum des 13. Jahrhunderts, hgg. Caroline Emmelius / Balasz J. Nemes (im Druck)

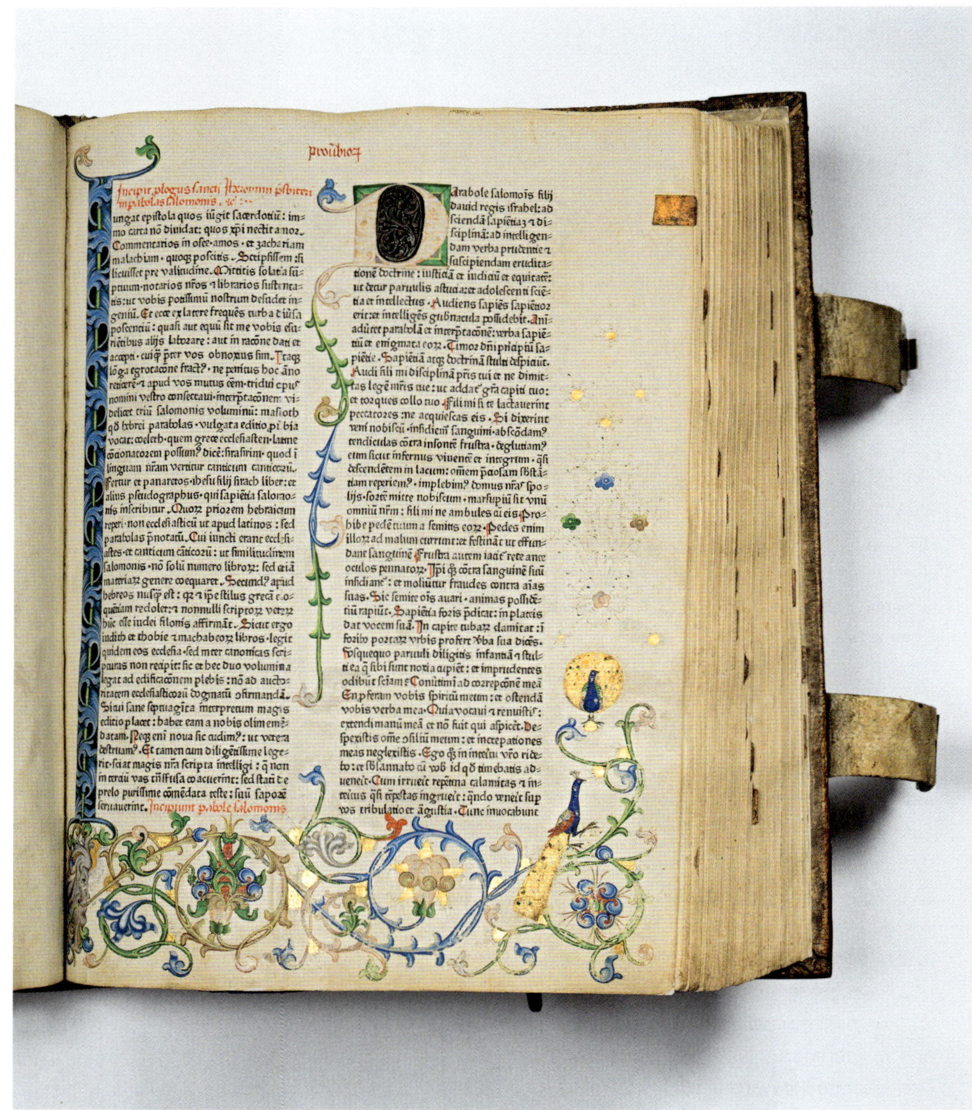

46

46

## Biblia latina aus dem Chemnitzer Benediktinerkloster

Straßburg: Heinrich Eggestein, Frühjahr 1466 (GW 4205)
Geprägter Schweinsledereinband auf Holzdeckeln, Messingbuckel (einer fehlt) und -ecken, zwei verzierte Schließen an breiten Lederbändern, eiserne Öse für die Kette am hinteren Buchdeckel unten, Kette fehlt, früher Wiegendruck auf Papier, lederne Blattweiser, rote Kapitelüberschriften und Lombarden durchgängig, prächtige farbige Initialen, zwei Seiten in aufwendiger Illuminierung unter Verwendung von Gold im Stil der Leipziger Pfauenwerkstatt, Verweise auf die anderen Evangelien in brauner Tinte,
43,5 × 31 × 15,8 cm
Stadtbibliothek Chemnitz, Signatur R 369 J

Unter den Bibeln, die in der Sequestrationsliste des Chemnitzer Benediktinerklosters aufgeführt wurden, befanden sich drei Pergamenthandschriften, vier deutsche Ausgaben und zwei nicht näher beschriebene Bibeln, von denen eine im Chor der Klosterkirche aufbewahrt wurde. Das könnte dieser repräsentative Großfolioband mit der lateinischen Vulgata gewesen sein, der jedoch leider über keinen Besitzeintrag verfügt und aufgrund seiner Überlieferungsgeschichte der Klosterbibliothek der Chemnitzer Benediktiner zugeschrieben wurde.
Es handelt sich um einen beachtlichen frühen Druck, ausgeführt mit Gutenberg-Lettern durch den Drucker Heinrich Eggestein, der selbst bei Gutenberg mitgearbeitet hatte und diese Bibel nun im Jahr 1466 in Straßburg herausbrachte. Der Satz ließ genügend Raum für die zuerst in Leipzig erfolgte Buchgestaltung, insbesondere der wichtigsten großen Anfangsbuchstaben. Diese farbenfrohen Initialen finden sich bei den Kapitelanfängen; ihre feinen ornamentalen Ranken mit Blüten- und Tiermotiven zeugen von hoher Qualität. Die Federn eines schreitenden und eines Rad schlagenden Pfaues wurden mit Gold hervorgehoben. Die Chemnitzer Benediktiner mag dies bei der Betrachtung besonders erfreut haben, ergötzten sie sich doch im Novizendialog von Paulus Niavis gerne an der Schönheit ihrer Pfauen.[1] | AK

Anmerkungen
**1** »Quam pulchri pavones sunt et quam pulcherrime alter caudam extendit et ampliat, velut rotam conficere velit.« Niavis, Paulus: Latinum Ydeoma pro noviciis, in: Paulus Niavis. Spätmittelalterliche Schülerdialoge (lateinisch und deutsch). Drei Chemnitzer Dialogsammlungen mit Einführungen zur Person des Autors, zu seinen Schülerdialogen und zu den Möglichkeiten ihres Einsatzes im Unterricht heute, hrsg. von Andrea Kramarczyk und Oliver Humberg für das Schloßbergmuseum in Chemnitz, Chemnitz 2013, S. 290.

Literatur
Löffler, Anette: Kat.-Nr. 6, in: Kostbarkeiten der Stadtbibliothek Chemnitz, Chemnitz 2008, S. 20–22; Fasbender, Christoph: Kat.-Nr. 99, in: Fiedler, Uwe / Bünz, Enno / Thoß, Hendrik (Hrsg.): Des Himmels Fundgrube. Chemnitz und das Sächsisch-böhmische Gebirge im 15. Jahrhundert, Chemnitz 2012, S. 317 f.

47

Albrecht von Scharfenberg

## Jüngerer Titurel

Straßburg: Johann Mentelin, 1472
(GW M51786)
Druckausgabe auf Papier, Halbfranzband des mittleren 19. Jahrhunderts mit Marmorpapierbezug, einfache rote Initialen und Rubrizierung, 30 × 22 cm
Universitätsbibliothek Leipzig, Ed.vet. 1477,14

Von Wolfram von Eschenbach sind unter anderem Teile einer Dichtung überliefert, die nach der erstgenannten Person des Werks den Titel »Titurel« trägt, tatsächlich aber die Vorgeschichte des Liebespaars Sigune und Schionatulander erzählt, das in Wolframs »Parzival« eine wichtige Rolle spielt. Warum Wolframs »Titurel« Fragment blieb, ist unbekannt, doch war das Bedürfnis nach Komplettierung schon im 13. Jahrhundert groß, wie der »Jüngere Titurel« zeigt, den Albrecht von Scharfenberg wohl im Zeitraum zwischen 1260 und 1275 verfasste. Im Jahr 1472 wurden »Parzival« und »Jüngerer Titurel« von dem Straßburger Erstdrucker Johann Mentelin zusammen im Druck aufgelegt. Beide Drucke gelangten auch in die Bibliothek des Chemnitzer Benediktinerklosters und wurden dort in einem Band vereinigt. Der gesamte Text wurde von Hand mit roten Gliederungszeichen und Initialen durchgearbeitet, doch blieben die Leerräume zu Buchbeginn, die für Illustrationen vorgesehen waren, frei.
Dass sich Werke der weltlich-höfischen Literatur des 13. Jahrhunderts in einer Benediktinerbibliothek finden, ist ungewöhnlich und beleuchtet, welch weiten Interessenshorizont Abt Heinrich von Schleinitz vertrat, unter dessen Ägide zwischen 1482 und 1522 der Chemnitzer Bibliotheksbestand forciert ausgebaut wurde. Unter Heinrich wurden vor allem zahlreiche Drucke angeschafft, viele von ihnen lateinische Klassikerausgaben und humanistische Schriften, aber auch durchaus deutschsprachige Drucke wie hier die beiden Erzähldichtungen des 13. Jahrhunderts. Innerhalb kurzer Zeit nahm der Chemnitzer Buchbestand auf diese Weise ein völlig anderes Profil im Geiste des aufgeschlossenen benediktinischen Klosterhumanismus an. Dass sich Heinrich von Schleinitz für die höfischen Dichtungen tatsächlich persönlich interessierte, legen handschriftliche Ausbesserungen im »Parzival«-Teil nahe, die von derselben Schreibhand wie Schenkungsvermerke in anderen Schleinitz-Büchern stammen und eventuell mit Heinrich selbst identifiziert werden dürfen. Im 19. Jahrhundert wurden »Parzival« und »Jüngerer Titurel« in der Universitätsbibliothek Leipzig wieder einzeln gebunden und liegen heute in separaten Bänden vor. | CM

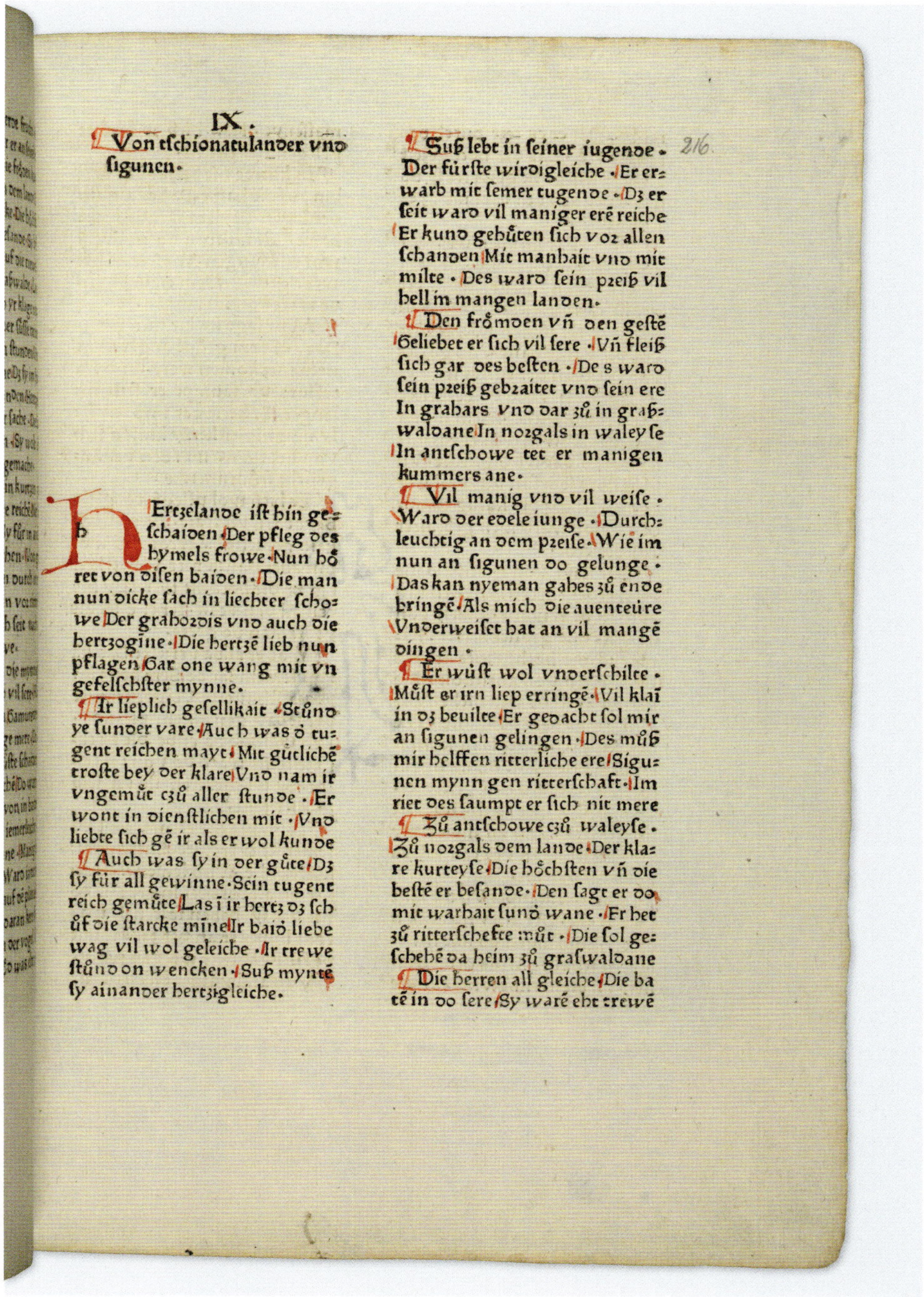

47

Literatur

Lüfling, Hans: Handschriften und alte Drucke. Kostbarkeiten aus Bibliotheken der DDR, Wiesbaden 1981, S. 226; Sarnowsky, Jürgen: Die Bibliothek des Klosters Chemnitz am Vorabend der Reformation. Ein Bücherverzeichnis von 1541, in: Studien und Mitteilungen zur Geschichte des Benediktinerordens und seiner Zweige 108 (1997), S. 321–373, hier S. 332; Die Inkunabeln und Blockdrucke der Universitätsbibliothek Leipzig sowie der Deposita Stadtbibliothek Leipzig, der Kirchenbibliothek von St. Nikolai in Leipzig und der Kirchenbibliothek von St. Thomas in Leipzig (UBL-Ink), beschr. von Thomas Thibault Döring u. a., Wiesbaden 2014, S. 42 und 1333; Mackert, Christoph: Geist aus den Klöstern. Buchkultur und intellektuelles Leben in Sachsen bis zur Reformation, Katalog zur gleichnamigen Ausstellung der Universitätsbibliothek Leipzig vom 13. Oktober 2017 bis 7. Januar 2018, Leipzig 2017, S. 28 f.

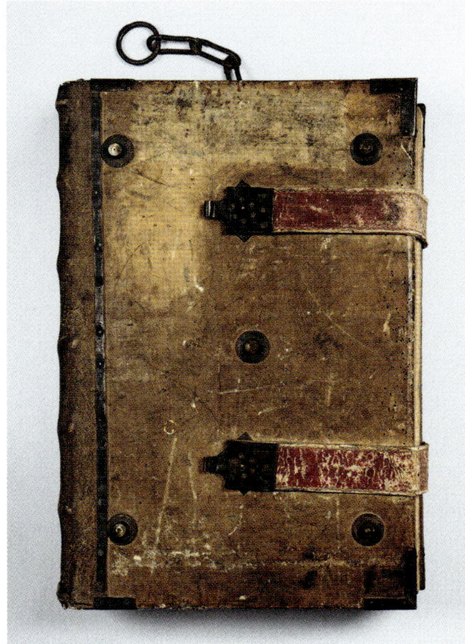

48

48

Antonius Florentinus

## Summa theologica

Nürnberg: Anton Koberger, 17. Oktober 1478 (Teil 1); 10. Oktober 1477 (Teil 2); 26. Januar 1478 (Teil 3); 29. April 1479 (Teil 4)
Papier, Holzdeckeleinband mit Schweinslederbezug, Schließen (Klausuren): Messing, gegossen, 48 × 35 cm
Stadtbibliothek Chemnitz, Signatur R290 J 1-4

Der Verfasser der »Summa« ist der Florentiner Antonius, der von 1389 bis 1459 lebte. Aufgrund seiner geringen Körpergröße wurde sein Taufname in die verniedlichende Form Antoninus abgewandelt. Mit 16 Jahren kam Antonius in einen dominikanischen Konvent, wo er ein acht Jahre andauerndes Theologiestudium absolvierte und Priester wurde.
Im Jahr 1418 übertrug man ihm das Amt eines Priors und 1446 wurde er zum Erzbischof von Florenz ernannt. Sein ausgeprägtes Wissen über kirchliche und bürgerliche Angelegenheiten sowie sein Engagement für den Bildungsstand des Klerus sowie Fürsorgeeinrichtungen und Krankenbetreuung der bürgerlichen Gesellschaft machten ihn zu einer bei der Bevölkerung beliebten und geschätzten Person. Während seines Lebens begleitete er als gern gesehener Ratgeber gleich vier Päpste in ihren Amtszeiten und wurde im Jahr 1523 heilig gesprochen. Seitdem gilt Antonius als der Schutzpatron gegen Unglück und Fieber.
Kunsthistorisch wird Antonius immer im weißen Habit der Dominikaner oder mit Krummstab, Mitra und Pallium, also den typischen Insignien eines Erzbischofs, dargestellt. Zu seinen Heiligenattributen gehört eine Waage mit Obst in der einen und einem Zettel mit der Aufschrift *Deo gratias!* in der anderen Waagschale. Die Darstellung ist auf eine Begebenheit zwischen Antonius und einem Bauern, bei dem er sich mit eben diesen Worten für einen Korb voll Äpfel bedankte, zurückzuführen. Nachdem der Bauer sich darüber erzürnte, schrieb Antonius die Worte *Deo gratias!*, also »Dank sei Gott«, auf einen Zettel, der, auf die Waage gelegt, schwerer wog als der Korb voll Obst.
Mit seiner »Summa« versuchte Antonius, ein Handbuch der Ethik zu schaffen, das sich neben moralischem Handeln auch mit ethischen Fragen einer gerechten Gesellschafts- und Wirtschaftsordnung auseinandersetzt. Die »Summa« umfasst neben Ehe, Kindern, Besitz und Freiheit alle Themenbereiche, die für die damalige Gesellschaft von Bedeutung waren. An oberster Stelle stand für Antonius der Praxisbezug. Zunächst sollte der Text für dominikanische Priester und ihre Schulung in möglichst vielen Situationen ihres Alltags, vor allem aber für die Predigt, fruchtbar gemacht werden. Die Rezeption zeigt, dass sich der Text über die dominikanischen Grenzen hinaus verbreitet hat und vielfach aufgegriffen wurde.
Das Werk besteht im Nürnberger Druck aus vier Folianten, die vielleicht schon vor dem Abbatiat des Heinrich von Schleinitz in die Bibliothek des Benediktinerklosters Chemnitz gelangten. Alle vier Bände der »Summa« wurden dort angekettet. Zum Schutz des Textes enthalten drei der vier Bände Makulatur aus liturgischen Handschriften. Der erste Teil des Werkes lässt sich mit der Nummer 24 in der klösterlichen Sequestrationsliste von 1541 nachweisen. Allerdings finden sich alle vier Bände im Bücherverzeichnis von 1776 unter den Nummern 2 bis 5 (100 bis 103) mit den Angaben von Drucker, Druckort und -datum. | BT/SF

Literatur
Sarnowsky, Jürgen: Die Bibliothek des Klosters Chemnitz am Vorabend der Reformation. Ein Bücherverzeichnis von 1541, in: Studien und Mitteilungen des Benediktinerordens und seiner Zweige 108 (1997), S. 321–373; Kostbarkeiten der Stadtbibliothek Chemnitz, Chemnitz 2008, S. 34; Schweiger, Cornelia: Die Naturrechtskonzeption des Antoninus von Florenz OP. Ein Spiegel theoretischen Erbes oder praktischer Erfordernisse? (= Studien der Moraltheologie, Beiheft 20), Berlin 2012.

49

Guido de Baysio

## Rosarium Decretorum

Venedig: Johann Herbort für Johann von Köln, Nikolaus Jenson und Genossen, 3. April 1481 (GW 3747)
416 Blatt, Papier, Kalbsledereinband mit Schließen (Klausuren), 45,5 × 30,3 cm
Stadtbibliothek Chemnitz, Signatur R 350 J

Guido de Baysio, der aus Reggio nell'Emilia stammte, ist seit 1295 als Kanoniker in Chartres und Erzdiakon in Bologna nachweisbar. Als Protegé des Kardinalbischofs von Sabina stieg Guido zum Erzkanzler der Universität Bologna auf und befand sich damit im Machtzentrum einer in Europa führenden Lehrstätte des kanonischen Rechts. Im Januar 1300 widmete er sein »Rosarium Decretum« seinem bischöflichen Gönner Gerhard Bianchi († 1302). Als er das Werk überreichte, war das kanonische Recht eine seit langer Zeit bestehende Wissenschaft. Innovation war quasi nur dort möglich, wo Vorgänger Lücken gelassen hatten. Der gewichtigste Prätext war das zwischen 1140 und 1142 entstandene »Decretum Gratiani«. Der spätere Halberstädter Kanoniker Johannes Teutonicus, der zu den bedeutendsten Kommentatoren des kanonischen Rechts gehörte, hatte um 1216/20 in Bologna einen umfangreichen Glossenapparat zum »Decretum Gratiani« erarbeitet. Guidos de Baysio »Rosarium« erhob immerhin den Anspruch, Fragen, die Johannes Teutonicus hatte offen lassen müssen, zu schließen. In diesem Sinne ist das dickleibige, aus Vorlesungen über das »Decretum Gratiani« hervorgegangene Werk als »Glosse zur Glosse« zu verstehen. Nach einer jahrhundertelangen handschriftlichen Überlieferung ging es 1471 erstmals in Straßburg in den Druck.
Die Chemnitzer Benediktiner besaßen das »Rosarium« in einer Ausgabe, die ein auf juristische Texte spezialisierter Deutscher 1481 in Venedig druckte. Der Text ist abwechselnd mit roten und blauen Lombarden geschmückt; gelegentlich findet sich prächtigerer Initialschmuck, der noch im Herkunftsland hergestellt worden sein könnte. Dass die Mönche das »Rosarium« eifrig lasen, wird man nicht annehmen müssen. Fragen des Kirchenrechts beschäftigten vor allem den Abt, der zugleich Archidiakon von Chemnitz war. Der in Leipzig und Ingolstadt studierte Heinrich von Schleinitz (1484–1522) hatte von Amts wegen fortwährend in

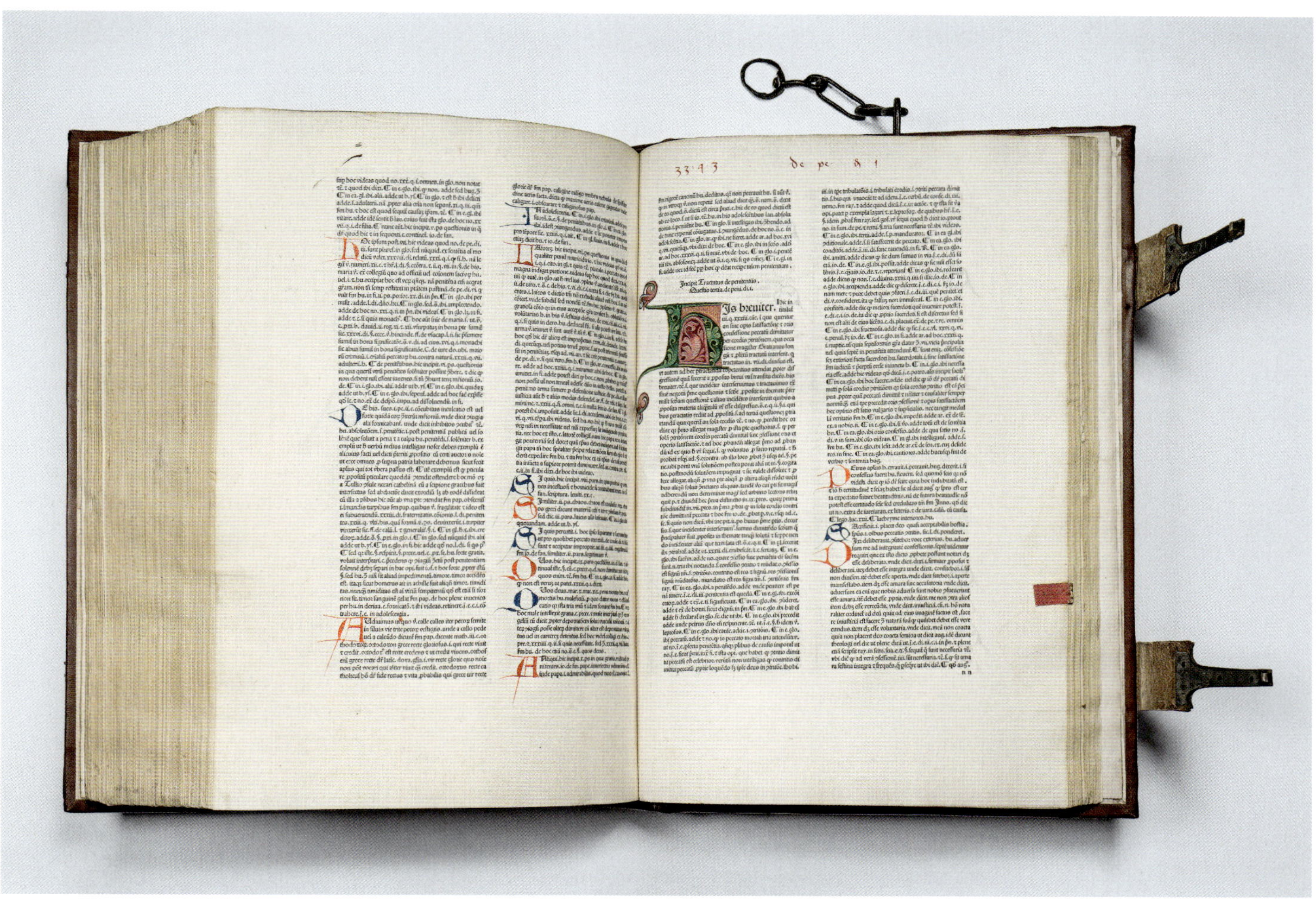

49

Rechtsangelegenheiten zu entscheiden. Tatsächlich dürfte der bibliophile Heinrich den Band vor 1492 angekauft haben. Aus diesem Jahr scheint ein handschriftlicher Eintrag im Vorderdeckel zu stammen, der auf den großen Chemnitzer Stadtbrand hinweist (»Anno domini 1492 magna pars huius civitatis kempnitzensis igne consumpta est Dominica Cantate«). Der Codex findet sich im Sequestrationsverzeichnis von 1541. | CF

Literatur
Deckert, Helmut: Katalog der Inkunabeln und beigebundenen Post-Inkunabeln der Stadt- und Bezirksbibliothek Karl-Marx-Stadt, in: Beiträge zur Inkunabelkunde. Dritte Folge 3 (1967), S. 55–92, hier S. 64; Sarnowsky, Jürgen: Die Bibliothek des Klosters Chemnitz am Vorabend der Reformation. Ein Bücherverzeichnis von 1541, in: Studien und Mitteilungen des Benediktinerordens und seiner Zweige 108 (1997), S. 321–373; Kostbarkeiten der Stadtbibliothek Chemnitz, Chemnitz 2008, S. 40.

**50**

Friedrich I. Barbarossa

## Authentica, continens privilegia et libertates scholarium

Leipzig: Gregor Böttiger, 1493
26 Blatt, Papier, Ledereinband, 31,6 × 24 cm
Stadtbibliothek Chemnitz, Signatur R 668 J 2

Im Jahr 1155 besuchte der Stauferkaiser Friedrich Barbarossa (1122–1190) die Universität in Bologna. Hier traf er, wie das »Carmen de gestis Frederici I. imperatoris in Lombardia« weiß (v. 456–503), mit Studenten und Professoren der Rechtswissenschaft zusammen, die ihn auf einige kaiserliche Rechte aufmerksam machten, die dem Kaiser bisher unbekannt waren. Den Rat der Juristen vergalt ihnen der Kaiser mit einer Reihe von Privilegien für die Mitglieder der Universität. Mit der »Authentica« vom November 1158, auf die sich künftige Jahrhunderte immer wieder beziehen sollten, liegt »eine Art Grunddokument mittelalterlicher akademischer Freiheit« (Boockmann 1999, S. 20) vor. Im Kern enthielt die »Authentica« drei wesentliche Privilegien: Sie gewährte allen, die die Universität besuchen wollten, Schutz auf dem Wege dorthin und von dort zurück in die Heimat; sie klärte weiterhin, dass kein Scholar für die Schulden eines Landsmannes haftbar gemacht werden konnte; sie gestattete schließlich jedem Mitglied der Universität, das irgendwo beklagt wurde, freie Richterwahl, was faktisch bedeutete, dass es einen geistlichen Richter zuziehen durfte. Man wird in diesen Punkten veritable Probleme der Universität erblicken dürfen, und es ist hoch wahrscheinlich, dass die Bologneser die kaiserliche Urkunde selbst formuliert haben. Sie schlugen denn auch gleich die Stelle im spätantiken kaiserlichen Rechtsbuch, dem »Codex Justinianus« vor, an der das Dokument eingefügt werden sollte – eine Stelle über das Haftungsrecht (Titel: »ne filius pro patre […]«). Mit dieser Einordnung zeigt

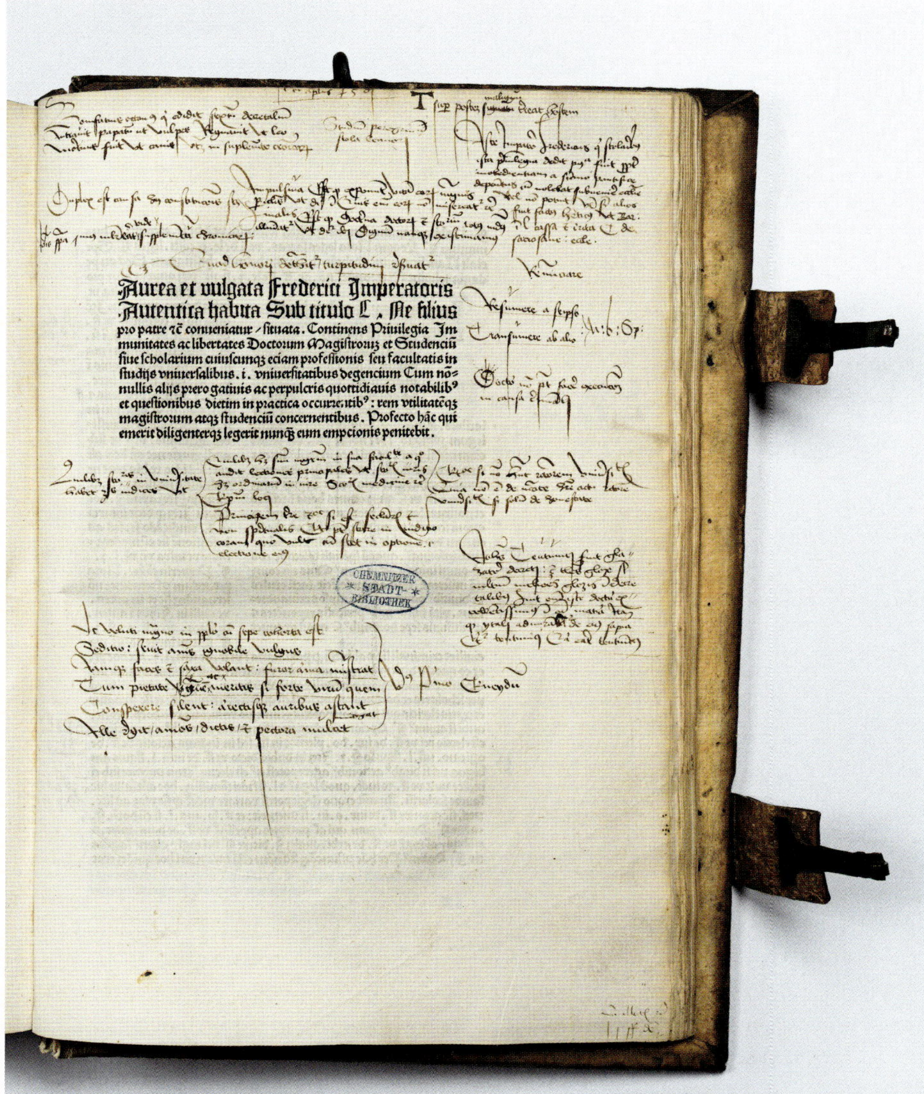
Aurea et vulgata Frederici Imperatoris Autentica habita Sub titulo C. Ne filius pro patre rc conueniatur / situata. Continens Priuilegia Immunitates ac libertates Doctorum Magistrorũ et Studenciũ siue scholarium cuiuscunqʒ eciam professionis seu facultatis in studijs vniuersalibus. i. vniuersitatibus degencium Cum nõnullis alijs prerogatiuis ac perpulcris quottidianis notabilibꝰ et questionibus dietim in practica occurrentibꝰ: rem vtilitatẽqʒ magistrorum atqʒ studenciũ concernentibus. Profecto hãc qui emerit diligenterqʒ legerit nunqʒ eum empcionis penitebit.



50

sich, an welchem Problem die Juristen am meisten interessiert waren. In einer Zeit, in der sich Studenten in der Fremde in landsmannschaftlichen Bursen organisierten, war das auch von höchst praktischer Bedeutung. Der Nachdruck der »Authentica« dreieinhalb Jahrhunderte nach ihrer Entstehung war daher natürlich alles andere als ein antiquarischer Akt. Das Dokument wurde, wie im Kolophon des Leipziger Druckers Böttiger vermerkt, auf die Situation der Leipziger Universität hin gelesen.
Von eifriger Lektüre der Privilegien zeugen zahlreiche Randbemerkungen von zwei verschiedenen Händen. Wir wissen nicht viel über das Studium der Chemnitzer Benediktiner. Wohl aber hatte Abt Heinrich von Schleinitz, während dessen Abbatiat (1484–1522) der Codex erworben wurde, die Universitäten in Leipzig (1479) und Ingolstadt (1484) besucht. Der kurze Text wurde angebunden an die zweibändige »Summa theologica« des Thomas von Aquin (1225–1274), hier im Nürnberger Druck vom Januar 1496. | CF

Literatur

Deckert, Helmut: Katalog der Inkunabeln und beigebundenen Post-Inkunabeln der Stadt- und Bezirksbibliothek Karl-Marx-Stadt, in: Beiträge zur Inkunabelkunde. Dritte Folge 3 (1967), S. 55–92, hier S. 69 (Nr. 39); Rüthing, Heinrich: Die mittelalterliche Universität (= Historische Texte/Mittelalter 16), Göttingen 1973, S. 32–34; Sarnowsky, Jürgen: Die Bibliothek des Klosters Chemnitz am Vorabend der Reformation. Ein Bücherverzeichnis von 1541, in: Studien und Mitteilungen des Benediktinerordens und seiner Zweige 108 (1997), S. 321–373; Boockmann, Hartmut: Wissen und Widerstand. Geschichte der deutschen Universität, Berlin 1999, S. 19–21; Kostbarkeiten der Stadtbibliothek Chemnitz, Chemnitz 2008, S. 50 f.

**51**

Enea Silvio Piccolomini (Papst Pius II.)

## Epistolae familiares aus dem Chemnitzer Benediktinerkloster

Nürnberg: Anton Koberger, 1496 (GW M33699)
Kalbsledereinband auf Holzdeckeln, vorn längs ein Stück abgebrochen, Rücken fehlt, ursprünglich mit einer Mittelschließe (fehlt), Wiegendruck auf Papier, sparsame Unterstreichungen und Glossen in roter und brauner Tinte, 23,4 × 16,8 × 7,8 cm
Stadtbibliothek Chemnitz, Signatur 1 X 813

Der italienische Schriftsteller Enea Silvio Piccolomini (1405–1464) ging als Papst Pius II. (seit 1458) in die Geschichte ein; mit einem Namen, der die gelehrte Welt an »pius Aeneas«, den frommen Aeneas bei Vergil, erinnerte.[1] In seinen Briefen, den Epistolae, pflegte er ein eloquentes Latein, das sich an antiken Vorbildern orientierte und nun in Abschriften und Drucken in Europa verbreitet wurde. Im Inventar der Benediktinerabtei Chemnitz aus dem Jahr 1541 finden sich zwei Drucke mit seinen Werken; neben den »Epistole Aenee Silvii« auch die »Cosmographia Papa Pii«.[2] Der Einband der Epistolae wurde der Werkstatt »Chemnitz Eichelzweig« zugeschrieben, die einige Bücher der Klosterbibliothek gebunden hat.[3]
Auf dem freien Raum des Titelblatts befindet sich die zum Teil schwer leserliche Fassung eines Brieftextes, der ebenfalls als Musterbrief dienen sollte. Der Chemnitzer Abt und Archidiakon Heinrich empfiehlt darin dem Abt des Klosters Goseck einen dorthin reisenden Bruder, der zum Priester geweiht war.[4] Der Verfasser des Briefes dürfte Abt Heinrich von Schleinitz gewesen sein, der die Chemnitzer Klosterbibliothek maßgeblich erweiterte.[5] Das Schreiben ist undatiert. Falls es für die Reise des Chemnitzer Benediktiners Antonius Höbler nach Goseck aufgesetzt wurde, wäre ein Anhaltspunkt gegeben: Höbler soll im Jahr 1492 nach Goseck gesandt worden sein, um das dortige Kloster entsprechend der Bursfelder Consuetudines zu reformieren.[6] Enea Silvio Piccolomini beauftragte während seines Wirkens als Papst Pius II. die Bursfelder Kongregation mit der Reformierung der deutschen Benediktinerklöster. Aufmerksam gelesen und sparsam glossiert wurden die Epistolae mit

besonderem Interesse für die Glaubenssätze der in den Hussitenkriegen bedeutenden Taboriten. | AK

Anmerkungen
**1** Vgl. folgenden Katalogeintrag: Kramarczyk, Andrea: Epistolae familiaris aus dem Chemnitzer Benediktinerkloster, in: Fiedler, Uwe u. a. (Hrsg.): Gotik ohne Grenzen. Sachsen und Böhmen im Spiegel der Kunst um 1500, Chemnitz 2016, S. 133. **2** Sarnowsky, Jürgen: Die Bibliothek des Klosters Chemnitz am Vorabend der Reformation. Ein Bücherverzeichnis von 1541, in: Studien und Mitteilungen zur Geschichte des Benediktinerordens und seiner Zweige, Bd. 108, 1997, S. 321–373, »Epistole Aenee Silvii«, Nr. 530, S. 358, »Cosmographia Papa Pii«, Nr. 470, S. 356. **3** Siehe Löffler, Anette: Kat.-Nr. 40, in: Kostbarkeiten der Stadtbibliothek Chemnitz, Chemnitz 2008, S. 61, sowie Deckert, Helmut: Katalog der Inkunabeln und beigebundenen Post-Inkunabeln der Stadt- und Bezirksbibliothek Karl-Marx-Stadt, in: Beiträge zur Inkunabelkunde, Folge 3, Berlin 1968, insbesondere Nr. 25 (Gabriel Biel: Sermones, Tübingen 1499 mit Besitzeintrag), Nr. 49 (Martyrologium, Straßburg 1499) und Nr. 47 (Michael Lochmaier: Parochiale curatorum, Leipzig 1497). **4** Es heißt »quidam ex nostris, fr[ater] N. sacerdos«; für die Transkription und Auflösung der lesbaren Passagen danke ich Oliver Humberg und Christoph Schubert. **5** Bisherige Buchbeschreibungen machten nicht auf Abt Heinrich als Autor dieses Briefes aufmerksam, der hier wohl in einer Abschrift vorliegt. Zu Abt Heinrich und seiner Ausleihe von Büchern siehe: Kramarczyk, Andrea: Paulus Niavis (um 1453–1517) und der »ehrwürdige Vater Abt«, in: Fasbender, Christoph / Mierke, Gesine (Hrsg.): Quasi fundator secundus – Abt Heinrich von Schleinitz (1483–1522) in seiner Zeit, Band zur Tagung 2013, Würzburg 2018 (in Vorbereitung). **6** Nach freundlicher Mitteilung von Gerd Fügmann über die Forschungen von Robert Weinkauf zu den Benediktinern in Goseck; ihm zufolge wirkte Höbler in den 1490er Jahren als Kantor und Novizenmeister in Goseck. Leider ist nicht bekannt, seit wann der im Jahr 1516 gewählte Abt Hilarius († 1551) dort gelebt hatte, welcher 1522 der Nachfolger von Abt Heinrich von Schleinitz in Chemnitz wurde. Dass Beziehungen zwischen den beiden Klöstern bestanden haben, dürfte jedoch gewiss sein.

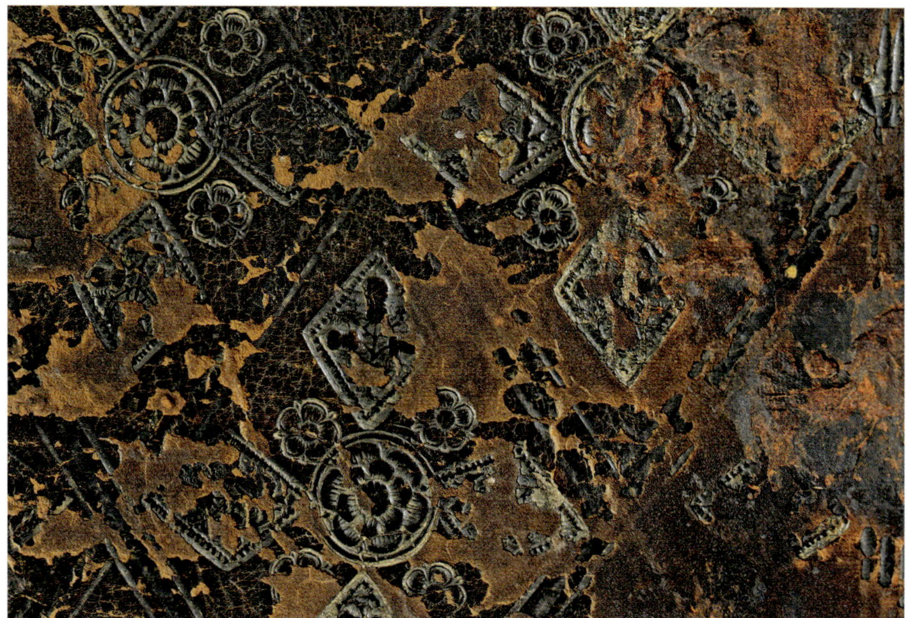

51

**52** | keine Abb.

Bernardus Claravallensis

## Sermones super Cantica Canticorum

Straßburg: Martin Flach, 1497 (GW 3937)
202 Blatt, Papier, Ledereinband, doppelter Rahmen aus Streicheisenlinien mit großgerautetem Innenfeld, Buckel und Filetten (Eckbeschläge) aus Messing, mit floralen Ornamenten verziert, 31,5 × 21,3 cm
Stadtbibliothek Chemnitz, Signatur R 367 J

Zwischen 1135 und seinem Todesjahr 1153 arbeitete Bernhard, Zisterziensermönch aus Cîteaux (1112) und Gründungsabt des Klosters Clairvaux (1115), an seinem literarischen Vermächtnis: den 86 »Sermones super Cantica Canticorum«, seinen Predigten über das »Hohe Lied Salomos«. Mit ihnen begründete Bernhard seinen Ruf als *doctor mellifluens*, als honigfließender Prediger. In ihnen, die in mehreren Redaktionen vorliegen und mehrfach auch ins Deutsche übertragen wurden, entwickelte er seine wirkmächtige Christus- und Brautmystik. Die gläubige Seele empfängt darin ihren himmlischen Bräutigam und vereint sich mit ihm in der *unio mystica*. Eine solche Deutung des »Hohen Liedes« stand in einer langen Tradition. Früh schon verstand man die ursprünglich weltliche Sammlung von Liebesliedern, die wohl nur über den Namen ihres vermeintlichen Verfassers, des Weisheitsdichters Salomo, in das Corpus biblischer Schriften hat finden können, als allegorisch verschlüsselt. Der Bräutigam, der sich nach der Braut sehnte, war in dieser Auffassung des Textes eine Chiffre für Gott, den es nach der Seele des Menschen verlangte.
Nicht also das Verfahren allegorischer Auslegung, sondern die sprach- und bildgewaltige Ausschmückung begründeten die immense Popularität der »Sermones super Cantica Canticorum«.
Vielleicht besaßen die Chemnitzer Benediktiner schon früh eine glossierte Handschrift der »Cantica Canticorum« (UB Leipzig, Ms 96; um 1300). Mystische Tendenzen wird man im Kloster dennoch vergeblich suchen. Dies wird deutlicher, wenn man sich den weiteren Inhalt des Bandes vor Augen führt. Zwar folgen auf Bernhards »Sermones« noch die »Sermones super Cantica Canticorum« des englischen Zisterziensers Gilbert von Hoyland († 1172), doch machen die Festtags- und Heiligenpredigten, die 1493 bei Anton Koberger in Nürnberg als »Paratus« gedruckt wurden (*paratus* nach dem ersten Wort des ersten Sermo), seinen größten Anteil aus. Heinrich von Schleinitz, unter dessen Abbatiat (1484–1522) wohl auch dieser Band erworben wurde, vermehrte mit ihm die ohnehin bereits ansehnliche Sammlung von Predigten; einer Textsorte, die den Mönchen vor allem durch die stille Lektüre zugute kommen musste. Für diese Art der Fürsorge »mit stummen Lehrern« (*mutis magistris*) rühmt das Vorwort des Leipziger Albertus-Magnus-Druckes (1518) den Chemnitzer Abt, der den Druck in Auftrag gab, explizit.
Der Band, dessen Kette von der alten Pultbibliothek noch erhalten ist, lässt sich in der Sequestrationsliste von 1541 nicht zwingend nachweisen, wohl aber in der Bücherliste von 1776, wo sein Inhalt minutiös wiedergegeben wurde. | CF

Literatur
Deckert, Helmut: Katalog der Inkunabeln und beigebundenen Post-Inkunabeln der Stadt- und Bezirksbibliothek Karl-Marx-Stadt, in: Beiträge zur Inkunabelkunde. Dritte Folge 3 (1967), S. 55–92, hier S. 65; Sarnowsky, Jürgen: Die Bibliothek des Klosters Chemnitz am Vorabend der Reformation. Ein Bücherverzeichnis von 1541, in: Studien und Mitteilungen des Benediktinerordens und seiner Zweige 108 (1997), S. 321–373; Kostbarkeiten der Stadtbibliothek Chemnitz, Chemnitz 2008, S. 62.

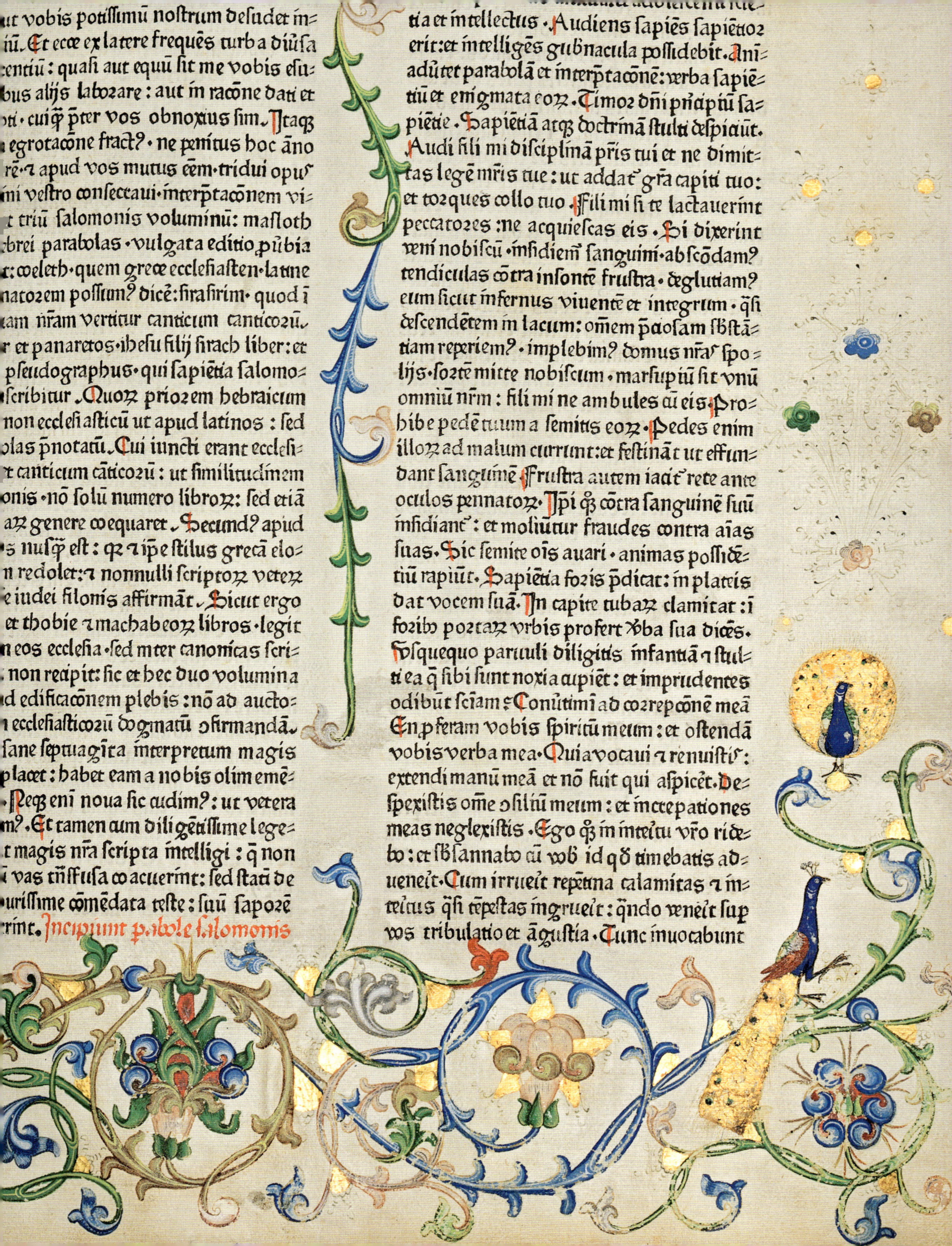

ut vobis potissimū nostrum desudet in
iū. Et ecce ex latere frequēs turba diūsa
entiū: quasi aut equū sit me vobis esu-
bus alijs laborare: aut in racōne dati et
ti· cuiq̄ pter vos obnoxius sim. Itaq;
egrotacōne fract⁹· ne penitus hoc āno
rē· apud vos mutus ēēm· tridui opus
mi vestro consecraui· interptacōnem vi-
t triū salomonis voluminū: masloth
brei parabolas· vulgata editio pūbia
t: coeleth· quem grece ecclesiasten· latine
natorem possum⁹ dicē: sirasirim· quod i
am nr̄am vertitur canticum canticorū.
r et panaretos· ihesu filij sirach liber: et
pseudographus· qui sapiētia salomo-
scribitur. Quor̄ priorem hebraicum
non ecclesiasticū ut apud latinos: sed
olas pnotatū. Cui iuncti erant ecclesi-
t canticum cāticorū: ut similitudinem
onis· nō solū numero librorū: sed etiā
arū genere coequaret. Secund⁹ apud
s nusq̄ est: q; et ipe stilus grecā elo-
n redolet: et nonnulli scriptor̄ veter̄
e iudei filonis affirmāt. Sicut ergo
et thobie et machabeor̄ libros· legit
n eos ecclesia· sed inter canonicas scri-
. non recipit: sic et hec duo volumina
d edificacōnem plebis: nō ad aucto-
n ecclesiasticorū dogmatū ofirmandā.
sane septuagīta interpretum magis
placet: habet eam a nobis olim emē-
. Neq; enī noua sic cudim⁹: ut vetera
m⁹. Et tamen cum diligētissime lege-
t magis nr̄a scripta intelligi: q̄ non
ī vas trāffusa coacuerint: sed stati de
urissime comēdata teste: suū saporē
rint. Incipiunt pabole salomonis

tia et intellectus. Audiens sapiēs sapiētior
erit: et intelligēs gubnacula possidebit. Ani-
aduītet parabolā et interptacōnē: verba sapie-
tiū et enigmata eor̄. Timor dn̄i principiū sa-
pietie. Sapientiā atq; doctrinā stulti despiciūt.
Audi fili mi disciplinā pr̄is tui et ne dimit-
tas legē mr̄is tue: ut addat gr̄a capiti tuo:
et torques collo tuo. Fili mi si te lactauerint
peccatores: ne acquiescas eis. Si dixerint
veni nobiscū· insidiem sanguini· abscōdam⁹
tendiculas cōtra insontē frustra· degluciam⁹
eum sicut infernus viuentē et integrum· q̄si
descendētem in lacum: omem p̄ciosam sbstā-
tiam reperiem⁹· implebim⁹ domus nr̄as spo-
lijs· sortē mitte nobiscum· marsupiū sit vnū
omniū nr̄m: fili mi ne ambules cū eis. Pro-
hibe pedē tuum a semitis eor̄. Pedes enim
illor̄ ad malum currunt: et festināt ut effun-
dant sanguinē. Frustra autem iacit rete ante
oculos pennator̄. Ipi q; cōtra sanguinē suū
insidiant: et moliūtur fraudes contra aīas
suas. Sic semite oīs auari· animas possidē-
tiū rapiūt. Sapientia foris pdicat: in plateis
dat vocem suā. In capite turbar̄ clamitat: i
forib; portar̄ vrbis profert vba sua dicēs.
Vsquequo paruuli diligitis infantiā et stulti ea q̄ sibi sunt noxia cupiēt: et imprudentes
odibūt sciam. Conūtimi ad correpcōnē meā
En pferam vobis spiritū meum: et ostendā
vobis verba mea. Quia vocaui et renuistis:
extendi manū meā et nō fuit qui aspiceret. De-
spexistis omē osiliū meum: et increpationes
meas neglexistis. Ego q; in interitu vr̄o ride-
bo: et subsannabo cū vob id qd timebatis ad-
uenerit. Cum irruerit repentina calamitas et in-
teritus q̄si tēpestas ingruerit: qn̄do venerit sup
vos tribulatio et āgustia. Tunc inuocabunt

# Abbildungsnachweis

Volkmar Geupel:
S. 49, 50, 52

Yves Hoffmann:
S. 46, 59, 64, 65

Frieder Jentsch:
S. 71, 72, 74

Andrea Kramarczyk:
S. 106

Susanne Mayer:
S. 165

Thomas Schuler:
S. 117–124

Stefan Thiele:
S. 41

László Tóth:
S. 2, 10, 56, 102, 135, 138, 154, 155, 157–160, 163, 166, 168, 170, 171, 173, 192, 194–198, Titel

Gerald Urban:
S. 73

May Voigt:
S. 19, 95, 104, 156, 172, Rücktitel

Antiquariat Norbert Haas:
S. 16

bpk, Kupferstichkabinett, Staatliche Museen zu Berlin, Volker-H. Schneider:
S. 60

Hauptstaatsarchiv Dresden:
S. 38, 42, 109, 111, 150, 152, 153, 169

Kunstsammlungen Chemnitz, Schloßberg-museum:
S. 8/9, 20, 31, 44, 45, 68, 78, 82, 85, 86, 88, 92, 98, 128, 131, 133, 144, 148/149, 161, 162, 179 u.

Landesamt für Archäologie Sachsen, Bolislaw Richter:
S. 51, 174–179

SLUB Dresden, Deutsche Fotothek:
S. 63, 141

Stadt Chemnitz, Vermessungsamt:
S. 108

Stadtarchiv Chemnitz:
S. 132

Universitätsbibliothek Leipzig, Handschriftenzentrum:
S. 15, 26, 180, 181, 183–187, 189, 190, 193

Wikipedia:
S. 13 (Frank Kuropka)

**Reproduktionen**

nach Barth, Ernst (Bearb.): Karl-Marx-Stadt. Ergebnisse der heimatkundlichen Bestandsaufnahme im Gebiet von Karl-Marx-Stadt. Berlin 1979 (Werte unserer Heimat; 33): S. 32

nach Hentschel, Walter: Hans Witten, der Meister HW. Leipzig 1938: S. 114

nach Sachsens Kirchen-Galerie. Achter Band: Die Inspectionen Chemnitz, Stollberg, Zwickau und Neustädtel. Dresden o. J. (um 1841): S. 89

**Umschlagabbildung**
Vorderseite:
Schloßkirche, Tafelgemälde mit Predigt eines Papstes, Werkstatt Lucas Cranach d. Ä., um 1515–1525 (Ausschnitt, Kat. 22)
Rückseite:
Schloßbergmuseum, Baufragment, sog. »Neidkopf«, Kat. 8

**Frontispiz**
Antonius Florentinus, Summa theologica, Kat. 46

**S. 8–9**
Ausschnitt aus Adrian Zingg, »Schlos und Kirch bei Kemniz«, 1774

**S. 148–149**
Ansicht von Chemnitz gegen Mitternacht, Kupferstich von H. Kästner, vor 1828

**S. 198**
Ausschnitt aus der Biblia latina, Kat. 46

# Impressum

## AUSSTELLUNG

**Generaldirektion Kunstsammlungen Chemnitz**
Dr. Frédéric Bußmann

**Museumsleiter**
Uwe Fiedler

**Konzeption und Wissenschaftliche Bearbeitung**
Uwe Fiedler, Andrea Kramarczyk, Dr. Stefan Thiele

**Restauratorische Betreuung**
Lars Ehrhardt

**Verwaltungsleitung**
Julia Katrin Hoppen-Magerle

**Ausstellungssekretariat, Verwaltung, Versicherung**
Susann Bauer, Raffaela Kemsies, Ute Böttcher

**Öffentlichkeitsarbeit, Webmaster**
Almuth Neumeister, Peer Ehmke

**Grafische Gestaltung**
Ramona Rother, Gert Langer

**Technische Realisierung**
Heiko Kemsies, Volker Schriever, Tischlerei Kroschke / Burkhardtsdorf

**Zeitweilige Projektmitarbeit**
Richard Bille, Jessica Burda, Johanna Gerling, Marvin Kreische, Michelle Mittag, Emma Sprang

**Leihgeber**
Evangelisch-Lutherische St.-Petri-Schloßkirchgemeinde, Chemnitz
Evangelisch-Lutherische Kirchgemeinde Kleinolbersdorf, Chemnitz
DAStietz, Stadtbibliothek Chemnitz
Museum für Naturkunde Chemnitz
Stadtarchiv Chemnitz
Sächsisches Staatsarchiv – Hauptstaatsarchiv Dresden
Universitätsbibliothek Leipzig, Handschriftenzentrum
Landesamt für Archäologie Sachsen
Stadtmuseum Pegau
sowie private Leihgeber, die anonym zu bleiben wünschen

## KATALOG



**Herausgeber**
Uwe Fiedler, Stefan Thiele für die Kunstsammlungen Chemnitz, Schlossbergmuseum

**Konzeption**
Uwe Fiedler

**Autoren der Aufsätze**
Prof. Dr. Enno Bünz, Leipzig
Prof. Dr. Christoph Fasbender, Chemnitz
Uwe Fiedler, Chemnitz
Volkmar Geupel, Dresden
Prof. Dr. Karlheinz Hengst, Chemnitz
Dr. Yves Hoffmann, Dresden
Dr. Dr. Frieder Jentsch, Chemnitz
Andrea Kramarczyk, Chemnitz
Dr. Stephan Pfalzer, Chemnitz
Dr. Thomas Schuler, Chemnitz
Dr. Stefan Thiele, Chemnitz
Dr. Hendrik Thoß, Chemnitz

**Autoren der Katalogbeiträge**
AK (Andrea Kramarczyk, Chemnitz)
BT (Benjamin Thriemer, Chemnitz)
CF (Prof. Dr. Christoph Fasbender, Chemnitz)
CM (Dr. Christoph Mackert, Leipzig)
EL (Dr. Eckhart Leisering, Dresden)
KS (Katrin Sturm, Leipzig)
MC (Prof. Dr. Martin Clauss, Chemnitz)
ME (Dr. Matthias Eifler, Leipzig)
SF (Svetlana Fedorova, Chemnitz)
ST (Dr. Stefan Thiele, Chemnitz)
TS (Dr. Thomas Schuler, Chemnitz)
UF (Uwe Fiedler, Chemnitz)
VG (Volkmar Geupel, Dresden)
YH (Dr. Yves Hoffmann, Dresden)

**Redaktion Schloßbergmuseum**
Uwe Fiedler, Dr. Stefan Thiele, Dr. Hendrik Thoß

**Lektorat**
Sina Volk, Sandstein Verlag

**Gestaltung**
Joachim Steuerer, Simone Antonia Deutsch, Sandstein Verlag

**Satz und Reprografie**
Gudrun Diesel, Jana Neumann, Sandstein Verlag

**Druck und Verarbeitung**
FINIDR s. r. o., Český Těšín

Die Deutsche Nationalbibliothek verzeichnet diese Publikation in der Deutschen Nationalbibliografie; detaillierte bibliografische Daten sind im Internet über http://dnb.dnb.de abrufbar.



**Museumsausgabe**
ISBN 978-3-933248-05-3

**Buchhandelsausgabe**
ISBN 978-3-95498-423-7

www.sandstein-verlag.de

## KOLLOQUIUM

**Ein Kloster zwischen König, Stadt und Markgraf**
Die Benediktiner in Chemnitz im reichspolitischen und regionalen Kontext

Kunstsammlungen Chemnitz / Schloßbergmuseum, 21. – 22. April 2017, Moderation Dr. Hendrik Thoß, Institut für Europäische Geschichte an der TU Chemnitz